KB174352

v

임동석중국사상100

시경

詩經

林東錫 譯註

象犀珠玉怪珍之物有悅於人之耳目而不適於用而用之則弊取之則竭悅於人之耳目而適於用用之而不弊取之而不竭賢不肖之所得各因其才仁智之所見各隨其分才分不同而求無不獲者惟書乎

丁亥菊秋錄 東坡李氏山房藏書記 丘堂呂元九

"상아, 물소 뿔, 진주, 옥. 이런 진괴한 물건들은 사람의 이목은 즐겁게 하지만 쓰임에는 적절하지 않다. 그런가 하면 금석이나 초목, 실, 삼베, 오곡, 육재는 쓰임에는 적절하나 이를 사용하면 닳아지고 취하면 고갈된다. 그렇다면 사람의 이목을 즐겁게 하면서 이를 사용하기에도 적절하며, 써도 닳지 아니하고 취하여도 고갈되지 않고, 똑똑한 자나 어리석은 자라도 그를 통해 얻는 바가 저마다 그 자신의 재능에 따라주고, 어진 사람이나 지혜로운 사람이나 그를 통해 보는 바가 저마다 그 자신의 분수에 따라주되 무엇이든지 구하여 얻지 못할 것이 없는 것은 오직 책뿐이로다!"

《소동파전집》(34) 본 《眞寶》(後集) 099 〈이씨산방장서기〉에서, 구당(丘堂) 여원구(呂元九) 선생의 글씨

차례

《詩經》 하

Ⅱ 아雅

2. 대아大雅

III 송頌

1. 주송周頌

〈1〉「淸廟之什」

《詩經》 부록

《詩經》 ¼

◈ 책머리에
◈ 일러두기
◈ 解題
◈ 〈毛詩大序〉 ····················· 子夏(?)

I. 국풍國風

1. 주남周南

2. 소남召南

《詩經》 중

I. 국풍國風

7. 정풍鄭風

《詩經》 3/4

Ⅱ 아雅

1. 소아小雅

〈1〉「鹿鳴之什」

〈2〉「白華之什」

2. 대아大雅
총 31편(241–271)

<3> 「蕩之什」

○ 朱熹 <集傳>
說見<小雅>.

〈1〉「文王之什」

○ 鄭玄 <毛詩鄭譜>

此以上爲文武時詩, 以下爲成王·周公時詩. 今按: <文王>首句卽云「文王在上」, 則非文王之詩矣. 又曰「無念爾祖」, 則非武王之詩矣. <大明>·<有聲>幷言文武者非一, 安得爲文武之時所作乎? 蓋正雅, 皆成王·周公以後之詩. 但此什, 皆爲追述文武之德, 故譜因此而誤耳.

○ 朱熹 <集傳>

文王之什十篇, 六十六章. 四百一十四句:

○ 陸德明 <毛詩音義>

自此以下至<卷阿>十八篇, 是文王·武王·成王·周公之正大雅. 據盛隆之時, 而推序天命, 上述祖考之美, 皆國之大事, 故爲正大雅焉.

241(大-1) 문왕(文王)

*<文王>: 周 文王(姬昌, 西伯)이 천명을 받아 周나라를 일으켰음을 칭송한 것.

<序>: <文王>, 文王受命作周也.

〈문왕〉은 문왕이 천명을 받아 주나라를 일으켰음을 읊은 것이다.

〈箋〉: 受命, 受天命而王天下, 制立周邦.

※文王: 周나라 聖王. 姬昌. 后稷(姬棄)의 후손으로 季歷의 아들이며 古公亶甫의 손자. 商(殷)나라 말 紂임금 때 豐에 도읍을 정하고 西伯이 되어 仁政을 베풀었으며 紂의 미움을 받아 羑里(牖里, 지금의 河南 湯陰縣)의 감옥에 갇히는 등 고초를 겪기도 하였음. 그 아들 武王(姬發)에 이르러 紂를 牧野에서 멸하고 周나라를 일으킴. 이에 무왕은 도읍을 鎬로 옮기고 고조 太公(古公亶父)을 '太王'으로, 조부 季歷을 '王季'로, 부친 西伯(姬昌)을 '文王'으로 추존함.《史記》周本紀 참조.

*전체 7장. 매 장 8구씩(文王: 七章. 章八句).

(1) 賦

文王在上, 於昭于天!
文王이 上에 겨샤, 於(오)홉다, 天에 昭(쇼)ᄒ시니!
문왕께서 백성들 위에 계시어, 아, 하늘에서 빛나시도다!

周雖舊邦, 其命維新!
周ㅣ 비록 녯 나라히나, 그 命이 新ᄒ도다!
周나라는 비록 오래된 나라이지만, 그 天命은 새롭도다!

有周不顯? 帝命不時?
周ㅣ 顯(현)티 아니냐? 帝의 命이 時 아니냐?
주나라가 찬란하지 않은가? 상제께서 내리신 천명이 옳지 않은가?

文王陟降, 在帝左右!
文王의 陟(척)ᄒ며 降ᄒ샴이, 帝의 左右(자우)에 겨시니라!
문왕께선 하늘을 오르내리시며, 上帝 곁에 계시도다!

【文王】〈鄭箋〉에는 "文王, 初爲西伯. 有功於民, 其德著見於天, 故天命之以爲王, 使君天下也. 崩, 謚曰文"이라 함.
【在上】〈毛傳〉에 "在上, 在民上也"라 함.
【於昭】毛傳〉에 "在上, 在民上也. 於, 歎辭 昭, 見也"라 하였으나, 〈集傳〉에는 "於, 歎辭;昭, 明也"라 함.
【其命維新】天命.〈毛傳〉에 "乃新在文王也"라 하였고, 〈鄭箋〉에는 "大王聿來, 胥

字而國於周, 王迹起矣. 而未有天命至文王, 而受命. 言新者, 美之也"라 함. 〈集傳〉에도 "命, 天命也"라 함.

【有周不顯】〈毛傳〉에 "有周, 周也; 不顯, 顯也. 顯, 光也"라 함. '有'는 고대 有虞氏, 有巢氏, 有邰氏, 有莘氏 등처럼 나라, 部族, 族屬 등의 이름 앞에 붙이는 語辭. '不顯'은 반어법으로 쓴 것. 〈集傳〉에도 "不顯, 猶言「豈不顯也?」"라 함.

【帝】上帝. 하늘의 임금. 〈集傳〉에 "帝, 上帝也"라 함.

【不時】〈毛傳〉에 "不時, 時也. 時, 是也"라 하였고, 〈集傳〉에도 "不時, 猶言「豈不時也?」"라 하여, "옳지 않겠는가?"의 뜻. 〈鄭箋〉에도 "周之德, 不光明乎光? 明矣; 天命之不是乎? 又是矣"라 함.

【文王陟降】〈毛傳〉에 "言文王升接天下接人也"라 하여, '文王(魂)이 올라가서는 하늘에 接하고, 내려와서는 사람에 接하다'의 뜻.

【在帝左右】〈鄭箋〉에 "在, 察也. 文王能觀知天意, 順其所爲, 從而行之"라 하였고, 〈集傳〉에는 "左右, 旁側也"라 함.

＊〈集傳〉에 "○周公追述文王之德, 明周家所以受命, 而代商者, 皆由於此, 以戒成王. 此章言「文王旣没, 而其神在上, 昭明于天. 是以周邦雖自后稷始封千有餘年, 而其受天命則自今始也. 夫文王在上而昭于天, 則其德顯矣. 周雖舊邦而命則新, 則其命時矣. 故又曰『有周豈不顯乎? 帝命豈不時乎? 蓋以文王之神, 在天一升一降, 無時不在上帝之左右. 是以子孫蒙其福澤, 而君有天下也.』"《春秋傳》(昭公 7年傳)天王追命諸侯之辭曰:「叔父陟恪在我, 先王之左右, 以佐事上帝.」語意與此正相似, 或疑'恪'亦'降'字之誤, 理或然也"라 함.

(2) 賦

亹亹文王, 令聞不已.

亹亹(미미)ᄒ신 文王이, 슈흔 聞이 已티 아니샤,

애쓰시는 문왕, 그 훌륭하신 명성 그침이 없으시어,

陳錫哉周, 侯文王孫子.

周에 베퍼 錫(셕)ᄒ샤ᄃᆡ, 文王ㅅ 孫子(손ᄌ)를 ᄒ시니,

거듭 이 주나라에 은사를 내려주시니, 바로 문왕의 손자로다.

文王孫子, 本支百世.

文王ㅅ 孫子ㅣ, 本이며 支ㅣ 百世시며,

문왕의 손자, 적손이며 서손이 백세를 이어갈 것이며,

凡周之士, 不顯亦世?

믈읫 周ㅅ 士도, 顯티 아니냐? 쏘흔 世로 ㅎ리로다.

무릇 주나라 땅의 士族들, 역시 대대로 빛나지 않겠는가?

【亹亹】부지런히 힘을 씀. 〈毛傳〉에 "亹亹, 勉也"라 하였고, 〈集傳〉에는 "亹亹, 强勉之貌"라 함. 〈鄭箋〉에는 "勉勉乎! 不倦文王之勤, 用明德也"라 함.

【令聞】좋은 칭송. 〈鄭箋〉에 "令, 善"라 하였고, 〈集傳〉에 "令聞, 善譽也"라 함. 〈鄭箋〉에는 "其善聲聞, 日見稱歌, 無止時也"라 함.

【陳錫】'陳'은 敷, '錫'은 賜와 같음. 〈集傳〉에 "陳, 猶敷也"라 함. 그러나 馬瑞辰〈通釋〉에는 "陳錫, 卽申錫之假借. ……申, 重也, 重錫, 言錫之多"라 하여, '거듭 내려주다'의 뜻이라 하였음.

【哉】〈毛傳〉에 "哉, 載"라 하였고, 〈鄭箋〉에는 "哉, 始"라 하여, '시작함'. 그러나 〈集傳〉에는 "哉, 語辭"라 하였음.

【侯】〈毛傳〉과 〈集傳〉에 "侯, 維也"라 함. 그러나 〈鄭箋〉에 "侯, 君也"라 함.

【本支】〈毛傳〉에 "本, 本宗也; 支, 支子也"라 하였고, 〈集傳〉에도 "本, 宗子也; 支, 庶子也"라 함. 〈鄭箋〉에 "乃由能敷恩惠之施, 以受命, 造始周國. 故天下君之其子孫, 適爲天子, 庶爲諸侯皆百世"라 함.

【不顯亦世】〈毛傳〉에 "士者, 世祿也"라 하였고, 〈鄭箋〉에는 "凡周之士, 謂其臣有光明之德者, 亦得世世在位, 重其功也"라 함.

＊〈集傳〉에 "○文王非有所勉也, 純亦不已, 而人見其若有所勉耳. 其德不已, 故今旣没而其令聞, 猶不已也. 令聞不已, 是以上帝敷錫于周. 維文王孫子, 則使之本宗, 百世爲天子, 支庶百世爲諸侯, 而又及其臣子, 使凡周之士, 亦世世脩德, 與周匹休焉"이라 함.

(3) 賦

世之不顯? 厥猶翼翼.

世ㅣ 顯티 아니냐? 그 猶ㅣ 翼翼(익익)ㅎ도다.

대대로 빛을 발하지 않겠는가? 그 모책 공경히 힘쓰리라.

思皇多士, 生此王國.

皇흔 多士ㅣ, 이 王國에 生ᄒ도다.

아름다운 많은 인재들, 이러한 왕의 나라에 태어나도다.

王國克生, 維周之楨.

王國에 능히 生ᄒ니, 周의 楨(정)이로다.

이러한 왕국에 능히 태어났으니, 바로 주나라의 기둥이어라.

濟濟多士, 文王以寧!

濟濟(제제)흔 多士ㅣ여, 文王이 뼈 寧ᄒ샷다!

훌륭하고 많은 인재들, 문왕께서 이로써 평안하셨도다!

【猶】〈鄭箋〉과 〈集傳〉에 "猶, 謀"라 함.

【翼翼】〈毛傳〉에 "翼翼, 恭敬"이라 하였고, 〈集傳〉에 "翼翼, 勉敬也"라 함.

【思皇】〈毛傳〉에 "思, 辭也; 皇, 天"이라 하여, 思는 語辭, 皇은 天의 뜻. 그러나 〈集傳〉에 "思, 語辭; 皇, 美"라 하여, 皇은 美의 뜻으로 보았음. 한편 〈鄭箋〉에는 "思, 願也. 周之臣既世世光明, 其爲君之謀事, 忠敬翼翼然. 又願天多生賢人於此邦, 此邦能生之, 則是我周家幹事之臣"이라 함.

【楨】담이나 성벽을 쌓을 때 양쪽에 세우는 木主. 〈毛傳〉과 〈集傳〉에 "楨, 榦也"라 함.

【濟濟】〈毛傳〉에 "濟濟, 多威儀也"라 하였고, 〈集傳〉에는 "濟濟, 多貌"라 함. 《史記》周本紀에 "西伯曰文王, 遵后稷·公劉之業, 則古公·公季之法, 篤仁, 敬老, 慈少. 禮下賢者, 日中不暇食以待士, 士以此多歸之. 伯夷·叔齊在孤竹, 聞西伯善養老, 盍往歸之. 太顚·閎夭·散宜生·鬻子·辛甲大夫之徒皆往歸之"라 함.

*〈集傳〉에 "○此承上章而言「其傳世豈不顯乎」而其謀猷皆能勉敬如此也. 美哉! 此衆多之賢士, 而生於此文王之國也. 文王之國, 能生此衆多之士, 則足以爲國之榦, 而文王亦賴以爲安矣.」蓋言文王得人之盛, 而宜其傳世之顯也"라 함.

(4) 賦

穆穆文王! 於緝熙敬止.

穆穆(목목)ᄒ신 文王이여! 於(오)홉다, 敬을 緝(즙)ᄒ야 熙ᄒ샷다.

아름다운 문왕이시여! 아, 그 밝으신 빛 공경이 그치지 않으리라.

假哉天命, 有商孫子.

假흔 天命은, 商(샹)ㅅ 孫子애니라.

위대한 천명은, 저 상나라 자손에게서 시작되었도다.

商之孫子, 其麗不億,

商ㅅ 孫子ㅣ, 그 麗(려)ㅣ 億샌이 아니언 마는,

상나라 자손들, 그 많던 숫자 억으로도 셀 수 없었건만,

上帝旣命, 侯于周服!

上帝 이믜 命ㅎ신 디라, 周에 服(복)ㅎ놋다!

상제께서 이윽고 명을 내리시어, 주나라에 복종토록 하셨도다!

【穆穆】〈毛傳〉에 "穆穆, 美也"라 하였고, 〈集傳〉에는 "穆穆, 深遠之意"라 함. 〈鄭
箋〉에 "穆穆乎! 文王有天子之容於美乎? 又能敬其光明之德堅固哉! 天爲此命之
使臣, 有殷之子孫"이라 함.

【緝熙】〈毛傳〉에 "緝熙, 光明也"라 하였고, 〈集傳〉에는 "緝, 續;熙, 明. 亦不已之
意"라 함.

【止】〈集傳〉에 "止, 語辭"라 함.

【假】〈毛傳〉에 "假, 固也"라 하였고, 〈集傳〉에는 "假, 大"라 함. 馬瑞辰〈通釋〉에
"假·嘏, 古同聲通用"이라 함.

【有商】商(殷)을 말함. 商나라 末王 紂가 폭정을 일삼아 天命이 周나라에게로 옮
겨갔음을 뜻함.

【其麗不億】〈毛傳〉에 "麗, 數也. 盛德不可爲衆也"라 하였고, 〈集傳〉에 "麗, 數也;
不億, 不止於億也"라 함. 원래 은나라에게도 천명이 대단하였음을 말함.

【侯于周服】殷나라 신하가 周나라에 복종함. 〈集傳〉에 "侯, 維也"라 하였고, 〈鄭
箋〉에는 "于, 於也. 商之孫子, 其數不徒億多言之也, 至天已命文王之後, 乃爲君於
周之九服之中, 言衆之不如德也"라 함.

＊〈集傳〉에 "○言「穆穆然文王之德, 不已其敬如此. 是以天命集焉. 以有商孫子觀
之, 則可見矣. 蓋商之孫子, 其數不止於億, 然以上帝之命, 集於文王, 而今皆維服
于周矣.」"라 함.

(5) 賦

侯服于周, 天命靡常.

侯服于周하니, 天命이 常(샹)티 아닌 디라,

모두가 주나라에 복종하였으니, 천명은 일정함이 있을 수 없는 것.

殷士膚敏, 祼將于京.

殷士(은사)의 膚(부)하고 敏(민)한 이, 京에 祼(관)을 將(쟝)하니,

殷의 훌륭한 신하들, 우리 주나라 호경에 와서 술 붓고 제물 도우니,

厥作祼將, 常服黼冔.

祼將을 作홈이여, 샹해 黼(보)와 冔(호)를 服하엿도다.

그 제사를 도우러 와서도, 자신들 은나라 복장과 관을 썼구나.

王之藎臣, 無念爾祖?

王의 藎臣(진신)은, 네 祖를 念티 아니 하랴?

저들이 너 성왕에게 나와서 신하가 되었으니, 너의 조상 문왕을 생각지 않을 수 있겠는가?

【靡常】‘無常’과 같음. 항상 똑 같지 않음. 〈毛傳〉에 "則見天命之無常也"라 하였고, 〈鄭箋〉에는 "無常者, 善則就之, 惡則去之"라 함.

【殷士膚敏】〈毛傳〉에 "殷士, 殷侯也; 膚, 美; 敏, 疾也"라 하였고, 〈集傳〉에 "諸侯之大夫, 入天子之國曰‘某士’, 則殷士者, 商孫子之臣屬也. 膚, 美; 敏, 疾也"라 함.

【祼將】鬱鬯酒를 땅에 붓고 제사를 마침. 〈毛傳〉에 "祼, 灌鬯也. 周人尙臭; 將, 行"이라 하였고, 〈集傳〉에 "祼, 灌鬯也; 將, 行也, 酌而送之也"라 함.

【京】〈毛傳〉에 "京, 大也"라 하였고, 〈集傳〉에 "京, 周之京師也"라 함.

【黼冔】黑白의 수를 놓은 下衣와 殷의 冠. 〈毛傳〉에 "黼, 白與黑也; 冔, 殷冠也. 夏后氏曰收, 周曰冕"이라 하였고, 〈鄭箋〉에는 "殷之臣, 壯美而敏來助周祭, 其助祭自服殷之服, 明文王以德, 不以彊"이라 함. 〈集傳〉에도 "黼, 黼裳也; 冔, 殷冠也. 蓋先代之後, 統承先王脩, 其禮物作賓於王家, 時王不敢變焉, 而亦所以爲戒也"라 함.

【王】〈鄭箋〉에 "王, 斥成王"이라 하였고, 〈集傳〉에도 "王, 指成王也"라 함.

【藎】〈毛傳〉에 "藎, 進也"라 하였고, 〈鄭箋〉에 "今王之進用臣, 當念女祖爲之法"이라 함. 〈集傳〉에는 "藎, 進也. 言『其忠愛之篤, 進進無已』也"라 함.

【無念】〈毛傳〉에 "無念, 念也"라 하였고, 〈集傳〉에는 "無念, 猶言「豈得無念也?」"라 하여 반어법으로 표현 한 것.

【爾祖】〈集傳〉에 "爾祖, 文王也"라 함.

＊〈集傳〉에 "○言「商之孫子, 而侯服于周, 以天命之不可常也. 故殷之士, 助祭于周京, 而服商之服也. 於是呼王之蓋臣, 而告之曰:『得無念爾祖文王之德乎?』蓋以戒王而不敢斥. 言猶所謂敢告僕夫云爾. 劉向曰:「孔子論詩, 至於『殷士膚敏, 祼將于京』, 喟然歎曰:『大哉, 天命! 善不可不傳於後嗣, 是以富貴無常.』蓋傷微子之事周, 而痛殷之亡也."라 함.

(6) 賦

無念爾祖? 聿脩厥德.

네 祖를 念티 아니랴? 그 德을 修(슈)홀 디어다.

너의 조상 문왕을 생각지 않을 수 있겠는가? 그러니 그 덕을 잘 닦을 지니라.

永言配命, 自求多福.

기리 命에 配(비)홈이, 스스로 多福을 求홈이니라.

길이 내 하늘 뜻에 부합되게 함이, 스스로 많은 복을 구하는 것이니라.

殷之未喪師, 克配上帝.

殷이 師를 喪티 아녀신 젠, 능히 上帝의 配ᄒ더니,

은나라가 아직 많은 무리를 잃기 전에는, 은나라도 상제의 명에 부합했나니,

宜鑒于殷, 駿命不易!

맛당이 殷에 鑑(감)홀 디어다. 駿(쥰)혼 命은 易(이)티 아니 ᄒ니라!

마땅히 은나라를 거울로 삼을지니, 큰 천명은 지켜내기 쉽지 않도다!

【聿】〈毛傳〉에 "聿, 述"이라 하였으나, 〈集傳〉에는 "聿, 發語辭"라 함.

【永言配命】天命에 符合함. 〈毛傳〉에 "永, 長; 言, 我也. 我長配天命而行爾, 庶國亦

當自求多福"이라 하였고, 〈鄭箋〉에는 "長, 猶常也. 王旣述脩祖德常, 言當配天命
而行, 則福祿自來"라 함. 〈集傳〉에더 "永, 長;配, 合也;命, 天理也"라 함.

【喪師】많은 무리를 잃음. 紂가 망함을 뜻함. 〈鄭箋〉에 "師, 衆也. 殷自紂父之前,
未喪天下之時, 皆能配天而行, 故不忘也"라 하였고, 〈集傳〉에 "師, 衆也"라 함.

【上帝】〈毛傳〉에 "帝乙已上也"라 하여, 帝乙 이상의 殷나라 조상이라 하였으나,
〈集傳〉에는 "上帝, 天之主宰也"라 함.

【鑒】거울로 삼음. 鑑戒의 뜻. 〈鄭箋〉에 "宜以殷王賢愚爲鏡, 天之大命, 不可改易"
이라 함.

【駿命不易】〈毛傳〉에 "駿, 大也"라 하였고, 〈集傳〉에는 "駿, 大也;不易, 言其難也"
라 함. 大命은 지켜내기가 쉬운 것이 아님.

＊〈集傳〉에 "○言「欲念爾祖, 在於自脩其德, 而又常自省察, 使其所行, 無不合於天
理, 則盛大之福, 自我致之, 有不外求而得矣.」又言「殷未失天下之時, 其德足以
配乎上帝矣. 今其子孫乃如此, 宜以爲鑒而自省焉. 則知天命之難保矣.」〈大學〉傳
曰:「得衆則得國, 失衆則失國.」此之謂也"라 함.

(7) 賦

命之不易, 無遏爾躬!

命이 易티 아니니, 네 躬(궁)에 遏(알)티 마롤 디어다!

천명은 지켜내기가 쉽지 않으니, 네 스스로 하는 일에 그침이 없도록
하라!

宣昭義問, 有虞殷自天.

義問(의문)을 宣(션)ᄒᆞ야 昭(쇼)ᄒᆞ며, ᄯᅩ 殷을 虞(우)홈을 天으로브터 ᄒᆞ라.

좋은 소문이 널리 밝게 퍼지게 하며, 은나라의 운명이 하늘로부터였음
을 생각하라.

上天之載, 無聲無臭.

上天의 載(지)ᄂᆞᆫ, 聲이 업스며 臭(취)업거니와,

하늘이 하시는 일은, 소리도 없고 냄새도 없나니,

儀刑文王, 萬邦作孚!

文王을 儀ᄒᆞ야 刑(형)ᄒᆞ면, 萬邦이 作ᄒᆞ야 孚(부)ᄒᆞ리라!

문왕을 법으로 삼아 본받으면, 온 만방들이 믿고 따르리라!

【遏】〈毛傳〉에 “遏, 止”라 하였고, 〈集傳〉에 “遏, 絶”이라 함.

【宣昭義問】‘宣’은 〈鄭箋〉에 “宣, 徧”이라 함. 〈毛傳〉에 “義, 善”이라 하였고, 〈集傳〉에 “宣, 布;昭, 明;義, 善也;問, 聞通”이라 함.

【有虞】有는 又와 같음. 虞는 〈毛傳〉에 “虞, 度也”라 하였고, 〈集傳〉에 “有, 又通; 虞, 度”이라 함. 〈鄭箋〉에는 “有, 又也. 天之大命, 已不可改易矣. 當使子孫, 長行 之無終. 女身則止, 徧明以禮義, 問老成人, 又度殷所以順天之事, 而施行之”라 함.

【載】〈毛傳〉과 〈集傳〉에 “載, 事”라 함.

【無聲無臭】〈鄭箋〉에 “天之道, 難知也. 耳不聞聲音, 鼻不聞香臭”라 함.

【儀刑】본받음. 법으로 삼음. ‘儀’는 象, ‘刑’은 法. 〈毛傳〉에 “刑, 法”이라 하였고, 〈集傳〉에도 “儀, 象;刑, 法”이라 함.

【孚】믿고 따름. 〈毛傳〉과 〈集傳〉에 “孚, 信也”라 하였고, 〈鄭箋〉에 “儀法文王之 事, 則天下咸信而順之”라 함.

＊〈集傳〉에 “○言「天命之不易保, 故告之使無若紂之自絶於天, 而布明其善譽於天 下. 又度殷之所以廢興者, 而折之於天然. 上天之事, 無聲無臭, 不可得而度也. 惟 取法於文王, 則萬邦作而信之矣.」子思子曰:「維天之命, 於穆不已.」蓋曰‘天之所 以爲天’也, 於乎不顯文王之德之純. 蓋曰‘文王之所以爲文’也. 純亦不已, 夫知天 之所以爲天, 又知文王之所以爲文, 則夫與天同德者, 可得而言矣. 是詩首言「文王 在上於昭于天, 文王陟降在帝左右」而終之, 以此其旨深矣”라 함.

참고 및 관련 자료

1. 孔穎達 〈正義〉

作〈文王〉詩者, 言文王能受天之命, 而造立周邦. 故作此〈文王〉之詩, 以歌述其事 也. 上‘文王’, 篇名之目;下‘文王’, 指而說其事. 經五章以上, 皆是受命作周之事. 六 章以下, 爲因戒成王, 言以殷亡爲鑒, 用文王爲法. 言文王之能代殷, 其法可, 則於後 亦是受命之事. 故序言‘受命作周’, 以總之. 〈正義〉曰:言‘受命作周’, 是創初改制, 非 天命則不能然故云. 受命, 受天命也. 「周雖舊邦, 其命維新」, 是立周邦也. 〈無逸〉曰: 「文王受命, 惟中身, 厥享國五十年.」注云:「中身, 謂中年.」受命, 謂受殷王嗣立之命, 彼謂文王爲諸侯, 受天子命也. 此述文王爲天子, 故爲受天命也. 案《春秋》說題辭云 「河以通乾出天苞;雒以流坤吐地符」, 又《易坤靈圖》云:「法地之瑞, 黃龍中流, 見於 雒.」注云:「法地之瑞者, 洛書也.」然則〈河圖〉, 由天;〈洛書〉自地. 《讖緯》注說, 皆言 文王受〈洛書〉, 而言天命者, 以河洛所出, 當天地之位, 故託之天地, 以示法耳. 其寔皆是天命, 故〈六藝論〉云:「河圖洛書, 皆天神言語, 所以敎告王者也.」是圖書皆天所命, 故文王雖受〈洛書〉, 亦天命也. 帝王革易, 天使之然. 故後世創基之王, 雖無'河洛符瑞', 皆亦謂之受命, 以其但有天下是命與之. 故此亦云'受天命而王天下'也. 文王雖未得九州, 以其稱王, 故以天下言之. 文王受命, 毛無明說.〈鴟鴞〉之傳, 謂管蔡爲二子, 則毛意周公無除喪攝政, 避居東都, 罪其屬黨之事. 其受命之年, 必不得與鄭同也.《尚書》武成篇曰:「我文考文王, 克成厥勳, 誕膺天命. 惟九年大統未集.」孔安國云:「言諸侯歸之九年而卒.」故大業未就. 劉歆作《三統曆》考上世帝王, 以爲文王受命九年而崩. 班固作《漢書》律曆志載其說. 於是賈逵·馬融·王肅·韋昭·皇甫謐, 皆悉同之. 則毛意或當然矣. 文王九十七而終, 終時受命九年, 受命之元年年八十九年, 其卽諸侯之位, 已四十二年矣. 故《帝王世紀》云:「文王卽位四十二年, 歲在鶉火. 文王於是更爲受命之元年, 始稱王矣. 乃引《周書》稱'文王受命九年', 惟暮之春, 在鎬召太子發, 作〈文傳〉, 九年猶召太子明其七年未崩, 故諸儒皆以爲九年而崩. 其伏生·司馬遷, 以爲文王受命七年而崩, 故《尚書》周傳云:「文王受命一年, 斷虞芮之訟, 二年伐邘, 三年伐密須, 四年伐犬夷, 五年伐耆, 六年伐崇, 七年而崩.」《史記》周本紀云:「西伯陰行善, 諸侯皆來, 決平虞芮, 旣讓, 諸侯聞之曰:『西伯蓋受命之君也.』」此是受命一年之事. 又曰:「明年伐犬夷, 明年伐密須, 明年敗耆國, 明年伐邘, 明年伐崇侯虎, 而作豐邑, 明年西伯崩.」此雖伐犬夷與伐耆·伐邘, 其年與書傳不次, 要亦七年崩也. 鄭不見《古文尚書》, 又〈周書〉遺失之文, 難可據信依《書傳》·《史記》爲說, 故〈洛誥〉注云:「文王得赤雀, 武王俯取白魚.」皆七年, 是鄭以文王受命爲七年之事. 中候我應云:「季秋之月甲子, 赤雀銜丹書, 入豐止於昌戶」再拜稽首, 受《尚書運期》授引《河圖》曰:「倉帝之治八百二十歲, 立戊午.」蓍注云:「周文王以戊午蓍二十九, 受命.」是類謀云:「文王比隆興始霸, 伐崇作靈臺, 受赤雀·丹書, 稱王. 制命示王意.」注云:「入戊午蓍二十九年時, 赤雀銜丹書而命之.」是鄭意以入戊午蓍二十九年, 季秋之月甲子, 赤雀銜丹書而命之也. 鄭知然者,《易乾鑿度》云:「入戊午蓍二十九年, 伐崇作靈臺. 改正朔, 布王號於天下受籙, 應《河圖》. 注云:「受命後五年, 乃爲此改.」猶如也. 如前聖王所得河圖之書, 由此而論. 旣云「入戊午蓍二十九年.」雖連以伐崇改正之事云. 受籙應《河圖》, 則二十九年之文爲受籙, 而發受籙者, 卽謂受丹書王命之籙也. 以此知入戊午蓍二十九年, 卽是赤雀所命之年也. 先言伐崇·作靈臺·改正朔·布王號於天下, 然後始言受籙者, 以文王之時, 所爲大事, 唯此而已. 此由天命而然, 故旣言受命之年, 卽言所爲之事, 下乃繼以受籙應《河圖》, 此等之事, 皆由受籙而爲之. 故受籙之言, 與二十九年, 文不連耳. 是類謀亦先言伐崇, 然後言受赤雀丹書, 亦以伐崇·作靈臺, 是文王大事, 由受命而然, 故在赤雀之上, 先言之也. 且《乾鑿度》云:「亡殷者紂, 黑期火戊, 倉精授. 汝位正昌.」注云火戊, 戊午蓍也. 午爲火, 必言火戊者, 木精將王火爲之, 相戊土也. 又爲火子, 又火使其子爲已塞水, 是明倉精, 絶殷之象也. 是言文王受命, 在戊午蔀之意. 旣云入戊午蔀二十九年受籙, 復說在戊午之意, 明以二十九年爲受命年也. 受命之月, 已是季秋至明年, 乃改元. 故《書》序云:「惟十有一年, 武王伐殷.」注云:「十有一年.」本文王受命而數之, 是年入戊午蔀, 四十歲矣. 是鄭以受命元年, 爲入戊午蔀三十年, 故改至十年而四十也. 又以曆校之, 入戊午蔀二十九年, 歲在戊午, 其年殷九月二十五日, 得甲子明年, 乃改元, 則元年歲在己未, 至十三年在辛未, 其年正月六日, 得甲子.〈譜〉云:「以曆校之, 文王受命十三年辛未之歲, 殷正月六日, 殺紂.」是得赤雀之命, 後年改元之驗也. 又中候雒師謀云:「唯王旣誅崇侯虎, 文王在豐. 豐人一朝扶老至者, 八十萬戶.」是受命六年而伐崇居豐也. 卽云至磻谿之水呂尙, 釣崖, 王下趨拜曰:「望公七年矣.」所以言七年者, 以本丹書命云:「雒授金鈐師名呂.」故得命卽望之, 今受命六年而言「望公七年」, 通得命之年數之故, 七是得命之後, 明年改元 鄭所參校於玆明矣. 若然鄭於〈金縢〉之末, 注云:「文王年十五, 生武王. 又九十七而終.」終時武王年八十三矣. 若文王受命七年, 武王八十三. 至十一年觀兵得魚之時, 武王八十七矣. 至九十三而終, 則通數取魚之年, 乃得爲七年. 鄭云「文王得赤鳥, 武王俯取魚, 皆七年.」文王以明年數, 武王以其年數者, 文王改元, 須得歲首爲之. 武王未及改元, 唯須正名號耳. 我應說文王之戒武王曰:「我終之後, 但稱太子. 河洛復告邅, 朕稱王.」故〈太誓〉說「武王升冊, 稱皇太子; 得魚, 卽云俯取, 是得告之, 卽須改稱, 故不與文王同也. 如上所說受赤雀之命, 必是歲在戊午蔀二十九年矣. 案《乾鑿度》云:「曆元名握, 先紀日甲子歲甲寅.」又曰「今入天元二百七十五萬九千二百八十歲, 昌以西伯受命.」注云:「受〈洛書〉之命, 爲天子.」以曆法, 其年則入戊午蔀二十四年矣, 歲在癸丑, 是前校五歲, 與上不相當者, 其寔當云二百八十五歲, 以其篇已有入戊午蔀二十九年受籙之, 言足以可明, 故略其殘數. 整言二百八十而不言五也. 知必加五年, 當戊午蔀二十九年者, 依〈三統曆〉, 七十六歲爲一蔀二十蔀爲一紀積一千五百二十歲. 凡紀首者, 皆歲甲寅日甲子, 卽以甲子之日爲初蔀名, 甲子蔀一也. 滿七十六歲, 其後年初日次癸卯, 卽以癸卯爲蔀首二也, 從此以後壬午爲蔀三也, 辛酉蔀四也, 庚子蔀五也, 己卯蔀六也, 戊午蔀七也, 丁酉蔀八也, 丙子蔀九也, 乙卯蔀十也, 甲午蔀十一也, 癸酉蔀十二也, 壬子蔀十三也, 辛卯蔀十四也, 庚午蔀十五也, 己酉蔀十六也, 戊子蔀十七也, 丁卯蔀十八也, 丙午蔀十九也, 乙酉蔀二十也. 是一紀之數終而復. 始紀還然, 今《乾鑿度》入天元二百七十五萬九千二百八十歲以一紀之法, 一千五百二十歲除之, 得一千八百一十五紀, 餘有四百八十歲, 卽是入後紀之年, 其初年還歲甲寅日甲子. 以甲子‧癸卯‧壬午‧辛酉‧庚子‧己卯, 等六蔀除之, 餘有二十四年, 卽是入戊午蔀二十四年. 更加五年爲二十九年, 受赤雀之命, 若推太歲, 卽以六十. 除積年其受命之年, 太歲在戊午, 若欲知日之所在, 乘積年爲積日, 以日行一帀六十除之, 得日之所在. 又案〈三統〉之術, 魯隱公元年, 歲在己未, 其年前惠公之末年, 歲在戊午. 計文王受命, 是戊午之年, 下至惠公末年, 又復戊午, 當三百六十年矣. 而雒師謀注云:「數文王受命, 至魯公末年, 三百六十五歲.」又餘五年者, 本惟云三百六十耳. 學者多聞周天三百六十五度, 因誤而加編. 校諸本, 則無五字也. 或以爲文王再受天命, 入戊午蔀二十四年, 受〈洛書〉二十九年, 受〈丹書〉若如此說, 於《易緯》之文, 上下符合於中候之注年數. 又同必知不然者, 以讖緯所言文王之事, 最爲詳悉. 若赤鳥之外, 別有洛命, 則應有文言之, 今未有聞焉. 明其無也, 所論圖書莫過中候, 而我應及雒師謀, 皆說文王之事, 只言'赤雀丹書', 不言更有所命. 詳檢諸緯, 其辭亦然.《易通卦驗》曰:「有人侯牙倉姬, 演步有鳥, 將顧」其意言文王得赤鳥, 而演易也. 是類謀曰'受赤雀丹書'.《春秋元命苞》曰:「鳳凰銜丹書於文王之都.」皆言丹書鳥雀, 而已曾無斥言, 別有他命. 鄭言〈洛書〉, 卽〈丹書〉」, 是也. 不然鄭何處得〈洛書〉之言乎? 說者, 雖云再命, 旣言七年而崩, 則亦赤雀命後, 始改元矣. 若二十四年已後受〈洛書〉, 所以不卽改元, 而待後命何也. 且鄭云受〈洛書〉之命, 爲天子若前, 命已爲天子後, 命更何所作? 旣天已使爲天子, 猶尚不肯改元, 便是傲慢, 神明違拒天命, 聖人有作決不然也. 又鄭於〈六藝論〉極言瑞命之事云, 太平嘉瑞圖書之出, 必龜龍銜負焉. 黃帝·堯·舜·周公, 是其證也. 若禹觀河見長人, 皐陶於洛見黑公, 湯登堯臺見黑鳥, 至武王渡河白魚躍, 文王赤雀止於戶, 秦穆公白雀集於車, 是其變也. 文王唯言'赤雀', 何得更有〈洛書〉? 且〈洛書〉龜負而出, 乃是太平正法於文王之世, 安得有之? 此其所以大蔽也. 然則文王所受, 實赤雀銜書, 非洛而出. 謂之〈洛書〉者, 以共〈河龍圖〉, 發洛龜書, 感此爲正. 故圖者, 謂雖不從, 河謂之河圖書者, 雖非洛出. 謂之〈洛書〉, 所以統名焉. 故《元命苞》云「鳳凰銜圖, 置帝前. 黃帝再拜受. 堯坐中舟, 與太尉. 舜臨觀鳳凰負授」, 是不從河者也.《坤靈圖》云「黃龍中流見於洛, 注云「謂洛書, 不必皆龜負也.」言河圖龜書見其正耳. 所命文王銜丹書者, 我應是類謀, 謂之赤雀.《元命》苞謂之'鳳凰',《通卦驗》謂之爲鳥. 鳥者, 羽蟲之大名; 赤雀, 鳳凰之雛. 神而大之, 亦得稱鳳. 文雖不同, 其實一也. 受命六年, 乃始伐崇, 旣伐於崇, 乃作邑於豐, 則受命之時, 未都豐矣. 而我應云「赤雀銜丹書, 入豐止於昌戶」.《元命苞》云「鳳凰銜丹書, 遊於文王之都」者, 鄭作我應序云「文王如豐, 將伐崇, 受赤鳥」, 是當時行往豐地, 未都豐也. 所居有屋, 故稱昌戶, 從後言之謂之文王之都.〈太誓〉云「至於王屋」.〈譜〉云「周公避居東都」, 亦此類也.〈文王世子〉稱「武王謂文王曰:『西方有九國焉.』」君王其終撫諸文王, 生稱王也. 其稱王也, 必在受命之後.《元命苞》云「西伯旣得丹書, 於是稱王改正朔, 誅崇侯虎」, 稱王之文, 在誅崇之上. 是類謀云「稱王制命, 示王意」.《乾鑿度》云「改正朔, 布王號於天下」, 二文皆承伐崇作靈臺之下, 伐崇在六年, 則亦六年始稱王也. 但彼文以伐崇之等, 皆是文王大事, 故歷言之其言, 不必依先後爲次, 未可卽以爲定.《書傳》稱「二年伐邗, 三年伐密須, 四年伐犬夷」.《書序》云「殷始咎周」, 注云:「咎, 惡也. 紂聞文王斷虞芮之訟後, 又三伐皆勝, 而始畏惡之. 拘於羑里.」又曰「周人乘黎」, 注云「乘, 勝也. 紂得散宜生等, 所獻寶而釋文王」, 文王釋而伐黎, 明年伐崇. 案〈殷傳〉云「西伯得四友, 獻寶. 免於虎口而克者」,《大傳》曰「得三子獻寶, 紂釋文王, 而出伐黎」, 其言既同, 則黎者一物, 是文王伐犬夷之後, 乃被囚得釋, 乃伐者也. 〈出車〉說「文王之勞. 還師」, 云「春日遲遲」, 是四年遣役, 五年始反, 乃勞之. 當勞訖被囚, 其年得釋, 卽以歲暮伐者, 故稱五年伐者也. 「天無二日, 土無二王」, 若五年以前, 既已稱王改正, 則反形已露, 紂當與之爲敵, 非直咎惡而已. 若已稱王, 顯然背叛, 雖紂之愚, 非實能釋也. 又《書序》〈周人乘黎〉之下, 云「祖伊恐, 奔告於受」, 作〈西伯戡黎〉, 若已稱王, 則愚者亦知其叛, 不待祖伊之明, 始識之也. 且其篇仍云「西伯明, 時未爲王」, 是六年稱王, 爲得其實. 故《乾鑿度》「布王號」之下. 注云「受命後五年, 乃爲改」, 此是鄭意, 以爲六年始王也. 但文王自從國內, 建元久矣. 無故更復改元, 是有稱王之意, 雖則未布行之, 亦是稱王之迹, 故〈周本紀〉云「詩人道西伯, 蓋受命之年稱」. 王皇甫謐亦云「受命元年, 始稱王矣.」正以改稱元年, 故疑其年稱, 王斯言非無理矣. 但考其行事, 必不得元年稱王耳. 然則六年稱王, 七年則崩, 是稱王甚晚.《禮記大傳》√注云「文王稱王早矣」者, 以殷紂尚存, 雖於年爲晚, 而時未可稱, 故爲早也. 時未可稱而必稱之者, 我應云「我稱非早一人固」下, 注云「我稱王, 非爲早. 欲以一人心, 固臣下」, 是早稱之意也. 然則伐崇之時, 未稱王矣.〈皇矣〉說伐崇之事, 而云「是類是禡」.〈王制〉云「天子將出征, 類乎上帝禡. 於所征之地」, 然則類者, 祭天之名, 未稱王而得祭天者, 文王於伐崇之後, 尋卽稱王, 於時天期已至崇, 又大敵, 雖未稱王, 已行王事. 故類禡也. 文王雖稱王, 改正統待行其統, 內六州而已.《禮記大傳》曰「牧之野, 武王之大事. 改正朔, 易服色.」謂克紂之後, 又復頒布, 使天下徧知之. 猶未制禮, 未是大定. 故〈召誥〉云「惟二月三月」, 注云「當爲一月二月」, 不云正月者, 蓋待治定制禮, 乃正言正月故也. 然則從是以後, 始大定矣. 文王之得太公, 無經典正文. 言其得之年月,〈雒師謀〉注云「文王既得崇侯, 乃得呂尙於磻谿之崖」, 是伐崇之年, 得呂尙也.《書傳》云「散宜生·南宮括·閎夭, 三子相與學訟於太公, 四子遂見西伯於羑里, 是文王被囚之年, 得太公也.《史記》齊世家云「西伯政平, 及斷虞芮之訟, 伐崇·密須·犬夷, 大作豐邑. 天下三分, 其二歸周者.」太公之謀計居多, 則是斷虞芮之前, 得太公也. 皇甫謐以爲未受命時, 已得太公. 羣言不同, 莫能齊一. 案《左傳》稱呂伋爲王舅, 則武王之后, 太公女也. 文王受命六年, 武王已八十二矣. 不應此時方取正室. 且文王於今年得之, 明年卽崩, 以人情準之未應, 便爲武王取其女也. 又《書傳》之美太公, 言其翼佐文武, 身有殊勳, 世祚太公, 以表東海. 以其有大功故也. 若伐崇之後, 方始得之, 則文王於時, 基宇已就. 太公無所宣其力, 亦何功業之有乎? 若武王承父, 舊基太公, 因人成事, 牧野一戰, 聖賢多矣. 仗鉞之勞, 不足稱述, 而使經傳之文, 襃揚若此. 六年始得, 深可惑矣.〈齊世家〉云「呂尙, 蓋嘗窮困年老矣. 以魚釣於周, 西伯出獵, 得之.」或曰「太公嘗事紂, 紂無道, 去之. 游說諸侯, 無所遇, 而卒西歸周西伯.」或曰「呂尙隱海濱, 周西伯拘羑里. 散宜生等知而招尙, 曰:『吾聞西伯善養老, 盍往歸

焉?」言呂尙所以事周, 雖異然. 要之爲文武師. 司馬遷馳騁古今, 良亦勤矣. 尙不能
知其事周, 所由安能知得之年月? 今雖考校, 未能正之.《尙書帝命驗》曰「自三皇以下,
天命未去, 饗善, 使一姓不再命.」然則文王已受赤雀, 武王又得白魚者, 一姓不再命,
謂子孫既衰之後, 天下復重命, 使興耳. 非謂創業之君也. 文王雖天意與之, 而仍未
克紂, 復命武王, 使之統一, 故再受命焉.

2. 朱熹〈集傳〉

〈文王〉, 七章, 章八句:

東萊呂氏曰:「《呂氏春秋》引此詩, 以爲周公所作. 味其辭意, 信非周公不能作也.」

○今按此詩, 一章言「文王有顯德, 而上帝有成命也.」二章言「天命集於文王, 則不
唯尊榮其身, 又使其子孫, 百世爲天子諸侯也.」三章言「命周之福, 不唯及其子孫, 而
又及其羣臣之後嗣也.」四章言「天命旣絶於商, 則不唯誅罰其身, 又使其子孫, 亦來
臣服于周也.」五章言「絶商之禍, 不唯及其子孫, 而又及其羣臣之後嗣也.」六章言「周
之子孫臣庶, 當以文王爲法, 而以商爲監也.」七章又言「當以商爲監, 以文王爲法
也.」其於天人之際, 興亡之理, 丁寧反覆至深切矣. 故立之樂官, 而因以爲天子諸侯
朝會之樂. 蓋將以戒乎後世之君臣, 而又以昭先王之德於天下也.《國語》以爲兩君
相見之樂, 特擧其一端而言耳. 然此詩之首章, 言'文王之昭于天', 而不言其所以昭;
次章言其'令聞'不已, 而不言其所以聞. 至於四章然後, 所以昭明而不已者, 乃可得
而見焉. 然亦多詠歎之言, 而語其所以爲德之實, 則不越乎'敬'之一字而已. 然則後章
所謂'脩厥德'而'儀刑'之者, 豈可以他求哉? 亦勉於此而已矣.

242(大-2) 대명(大明)

*〈大明〉: 크게 밝음.
*이 시는 文王이 명덕이 있어, 그 때문에 하늘이 다시 그 아들 武王에게 천명을 주어, 무왕이 바라던 대로 끝내 殷의 紂를 멸하고 천하를 차지하게 되었음을 찬미한 것임.

<序>: <大明>, 文王有明德, 故天復命武王也.

〈대명〉은 문왕이 명덕이 있었으므로, 그 때문에 하늘이 다시 무왕에게 천명을 내려준 것이다.

〈箋〉: 二聖相承, 其明德日以廣大, 故曰大明.

※ 周初系譜: 古公亶父(太公, 太王, 古公)는 아내 太姜과의 사이에 泰伯, 虞仲, 季歷 세 아들을 두었음. 그 뒤 셋째 季歷이 太任을 아내로 맞아 昌(뒤의 文王)을 낳자 古公亶父는 자신의 家統이 昌에게 이어지기를 희망하고 있었음. 그런데 季歷이 셋째이므로 長子繼嗣의 원칙에 맞지 않아 고민하고 있을 때, 태백과 우중이 이를 알아차리고 멀리 吳(지금의 江蘇 蘇州)로 도망하여 昌에게 이어지도록 함. 昌은 뒤에 太姒를 아내로 맞아 發(姬發, 武王)을 낳았으며, 發(武王)이 殷紂를 멸하고, 천하를 차지하게 된 것임. 한편 武王은 도읍을 豐에서 鎬로 옮기고 자신의 조상 高祖 고공단보를 '太王'으로, 조부 季歷을 '王季'로, 부친 西伯(姬昌)을 '文王'으로 추존하였음. 《史記》周本紀 및 《列女傳》(1)「周室三母」를 참조할 것.

*전체 8장. 4장은 6구씩, 4장은 8구씩(大明: 八章. 四章章六句, 四章章八句).

(1) 賦
明明在下, 赫赫在上.

明明이 下애 이시면, 赫赫이 上애 인ᄂ니라.

문왕의 밝은 덕이 땅에 있으면, 밝은 천명이 위에 있느니라.

天難忱斯, 不易維王.

天이 忱(침)홈이 難(난)흔 디라, 易(이)티 아니 홈이 王이니,

하늘만 믿다가는 어려움을 당하느니, 쉽지 않은 것이 왕 노릇이거늘,

天位殷適, 使不挾四方.

天位예 殷ㅅ 適(뎍)을, 호여곰 四方을 挾(협)디 몯게 호시니라.

紂는 천자의 지위에다가 殷의 嫡子였으나, 그로 하여금 천하를 갖지
못하도록 하였노라.

【明明】〈毛傳〉에 "明明, 察也. 文王之德, 明明於下, 故赫赫然, 著見於天"라 하였고,
〈鄭箋〉에는 "明明者, 文王·武王, 施明德于天下, 其徵應炤晢見於天, 謂三辰效驗"
이라 함. 〈集傳〉에도 "明明, 德之明也"라 함.

【赫赫】〈集傳〉에 "赫赫, 命之顯也"라 함.

【忱】〈毛傳〉에 "忱, 信也. 紂居天位, 而殷之正適也"라 하였고, 〈集傳〉에도 "忱, 信
也"라 함.

【不易】〈鄭箋〉에 "天之意難信矣. 不可改易者, 天子也. 今紂居天位, 而又殷之正適,
以其爲惡, 乃棄絶之, 使敎令不行於四方. 四方共叛之, 是天命無常, 維德是予耳.
言此者, 厚美周也"라 하였고, 〈集傳〉에도 "不易, 難也"라 함. 왕 노릇하기가 쉽지
않음을 뜻하며, 이는 殷紂를 가리킴.

【天位】〈集傳〉에 "天位, 天子之位也"라 함.

【殷適】殷의 適嗣. '適'은 嫡과 같음. 〈集傳〉에 "殷適, 殷之適嗣也"라 함.

【挾】〈毛傳〉에 "挾, 達也"라 하였고, 〈集傳〉에는 "挾, 有也"라 함. 紂가 天子이면서
殷나라 嫡子였으나 虐政으로 인해 天命이 바뀌어 周나라에게 옮겨지게 되었
음을 말함.

＊〈集傳〉에 "○此亦周公戒成王之詩. 將陳文武受命, 故先言「在下者, 有明明之德,
則在上者, 有赫赫之命. 達於上下, 去就無常, 此天之所以難, 忱而爲君之所以不易
也. 紂居天位, 爲殷嗣乃使之不得挾四方而有之, 蓋以此爾.」"라 함.

(2) 賦
摯仲氏任, 自彼殷商,

摯(지)ㅅ 仲氏(즁시)언 任이, 뎌 殷商으로브터,

지나라의 둘째 딸 태임께서는, 저 殷의 제후나라로부터,

來嫁于周, 曰嬪于京.

周에 來ᄒ야 嫁(가)ᄒ샤, 京에 嬪(빈)ᄒ시니,

주나라에 시집와, 京에서 왕계의 부인이 되시어,

乃及王季, 維德之行.

王季(왕계)로 밋, 德을 行ᄒ샷다.

남편 왕계와 뜻을 같이하여, 덕을 실행하셨네.

大任有身, 生此文王!

大任(태임)이 身(신)을 두샤, 이 文王을 生ᄒ시니라!

그 태임께서 임신하여, 바로 이 문왕을 낳으셨도다!

【摯仲氏任】〈毛傳〉에 "摯, 國;任姓之中女也"라 하였고, 〈集傳〉에 "摯, 國名;仲, 中
女也;任, 摯國姓也"라 함. '仲氏'는 둘째 딸. 뒤에 太任으로 불림.

【殷商】〈集傳〉에 "殷商, 商之諸侯也"라 하여, 摯나라는 殷의 제후국이었음에도
周나라로 시집을 왔음을 말함.

【嬪于京】〈毛傳〉에 "嬪, 婦;京, 大也"라 하였고, 〈鄭箋〉에는 "京, 周國之地小, 別名
也"라 함. 〈集傳〉에도 "嬪, 婦也;京, 周京也. 「曰嬪于京」, 疊言以釋上句之意, 猶曰
釐降二女于嬀汭, 嬪于虞也"라 함. 그러나 '京'은 豐으로 옮기기 전 古公亶父 때
周原의 邑을 말함.

【及】〈鄭箋〉에 "及, 與也. 摯國中女曰大任, 從殷商之畿內, 嫁爲婦於周之京, 配王
季, 而與之共行仁義之德, 同志意也"라 함.

【王季】〈毛傳〉에 "王季, 大王之子, 文王之父也"라 하였고, 〈集傳〉에 "王季, 文王父
也"라 함. 王季는 大王(太王, 太公, 古公亶父)의 셋째 아들 季歷. 文王(姬昌)의 아버
지. 武王(姬發)이 紂를 명한 뒤 王季로 추존함.

【大任】太任. 王季(季歷)의 부인이며 文王(姬昌)의 어머니. 〈毛傳〉에 "大任, 仲任也"
라 함. 앞의 '摯仲氏任'을 가리킴.

【身】임신함. 昌을 임신하였음을 말함. 〈毛傳〉에 "身, 重也"라 하였고, 〈鄭箋〉에
"重, 謂懷孕也"라 함. 〈集傳〉에 "身, 懷孕也"라 함.

*〈集傳〉에 "○將言「文王之聖, 而追本其所從來者如此.」 蓋曰自其父母而已然矣"라
함.

(3) 賦

維此文王, 小心翼翼.

이 文王이, 心을 小히 ㅎ야 翼翼(익익)ㅎ샤,

바로 이 문왕은, 조심하시기를 익익하게 하시어.

昭事上帝, 聿懷多福.

上帝를 昭(쇼)히 事(ᄉ)ㅎ샤, 多福을 懷(회)케 ㅎ시니,

하느님을 밝에 섬기시어, 많은 복을 내리게 하셨으니,

厥德不回, 以受方國!

그 德이 回티 아니 ㅎ샤, 뻐 方國을 受ㅎ시니라!

그 덕이 어긋나지 않아, 많은 나라들이 내부(來附)함을 받으셨도다!

【小心翼翼】공경하고 삼가는 태도. 〈鄭箋〉에 "小心翼翼", 恭愼貌"라 하였고, 〈集傳〉에도 "小心翼翼, 恭愼之貌. 卽前篇之所謂敬也. 文王之德於此爲盛"이라 함.
【昭】〈鄭箋〉과 〈集傳〉에 "昭, 明"이라 함.
【聿懷】〈鄭箋〉에 "聿, 述;懷, 思也"라 하였으나, 〈集傳〉에는 "懷, 來"라 함. 陳奐〈傳疏〉에는 《繁露》郊祭篇引《詩》'聿懷多福'. 聿與許, 皆語詞. 〈時邁〉傳云:「懷, 可也.」라 하여 聿은 語詞라 하였음.
【回】어긋남. 〈毛傳〉에 "回, 違也"라 하였고, 〈集傳〉에는 "回, 邪也"라 함.
【方國】〈鄭箋〉에 "方國, 四方來附者. 此言文王之有德, 亦由父母也"라 하였고, 〈集傳〉에 "方國, 四方來附之國也"라 함.

(4) 賦

天監在下, 有命旣集.

天에 監(감)홈이 下에 겨샤, 命이 이믜 集혼 디라,

하늘이 우리 이 세상을 살피시어, 천명이 여기에서 성취되니,

文王初載, 天作之合.

文王ㅅ 初載(초지)예, 天이 合을 作ㅎ시니,

문왕이 첫 해에 들자, 하늘이 后妃가 될 사람을 지정하시어,

在洽之陽, 在渭之涘.

洽(흡)ㅅ 陽애 在ㅎ며, 渭ㅅ 涘(ㅅ)에 在ㅎ야,

흡수 북쪽, 渭水 기슭에 미리 점지해 놓으시어,

文王嘉止, 大邦有子!

文王이 嘉(가)ㅎ샴애, 大邦(대방)이 子를 두샷다!

문왕도 이를 아름답게 여기셨으니, 바로 신(莘)나라의 딸이었도다!

【天監】〈鄭箋〉에 "天監, 視善惡於下, 其命將有所依就, 則豫福助之於文王, 生適有
所識, 則爲之生配於氣勢之處, 使必有賢才, 謂生大姒"라 하였고, 〈集傳〉에 "監,
視"라 함.

【集】성취함. 〈毛傳〉과 〈集傳〉에 "集, 就"라 함.

【載】〈毛傳〉에 "載, 識"이라 하였으나, 〈集傳〉에 "載, 年"이라 함. 王先謙〈集疏〉에
는 "初載, 應訓初年"이라 함.

【合】배필이 됨. 〈毛傳〉과 〈集傳〉에 "合, 配也"라 함.

【洽·渭】둘 모두 水名 〈毛傳〉에 "洽, 水也;渭, 水也"라 하였고, 〈集傳〉에 "洽, 水名.
本在今同州部陽夏陽縣, 今流已絶. 故去水而加邑. 渭水, 亦逕此入河也"라 함.

【涘】〈毛傳〉에 "涘, 厓也"라 함.

【嘉】〈毛傳〉에 "嘉, 美也"라 하였으나, 〈集傳〉에는 "嘉, 昏禮也"라 함. 〈鄭箋〉에는
"文王聞大姒之賢, 則美之曰:「大邦有子女, 可以爲妃, 乃求昏.」"이라 함.

【大邦有子】'大邦'은 莘나라. 〈集傳〉에 "大邦, 莘國也;子, 大姒也"라 하여 太姒를
가리킴.

＊〈集傳〉에 "○將言武王伐商之事故此, 又推其本而言「天之監照, 實在於下. 其命旣
集於周矣. 故於文王之初年, 而黙定其配. 所以洽陽渭涘, 當文王將昏之, 期而大
邦有子也.」蓋曰非人之所能爲矣"라 함.

(5) 賦

大邦有子, 俔天之妹.

大邦이 子를 두니, 天의 俔(현)홀 妹(미)로다.

신나라의 딸, 하늘의 누이에 비유될 정도였도다.

文定厥祥, 親迎于渭.

文으로 그 祥(샹)을 定(뎡)ᄒ시고, 渭예 親히 迎ᄒ샤,

점을 쳐서 吉하다는 괘를 얻으시고, 위수에 친히 나가 맞으시어,

造舟爲梁, 不顯其光?

舟를 造ᄒ야 梁을 ᄒ시니, 그 光이 顯티 아니냐?

배를 이어 다리를 놓으니, 그 영광 찬란하지 않았겠는가?

【倪】비유함. 〈毛傳〉에 "倪, 磬也"라 하였고, 〈集傳〉에는 "倪, 磬也.《韓詩》作‘磬’.
《說文》云:「倪, 譬也.」孔氏曰:「如今俗語譬喻物曰磬作然也.」"라 함.《韓詩》에서는
‘磬’으로 되어 있으며,《說文》에 "倪, 譬也"라 함.

【天之妹】〈鄭箋〉에 "旣使問名還, 則卜之. 又知大姒之賢, 尊之, 如天之有女弟"라
함.

【文定厥祥文】〈毛傳〉에 "言大姒之有文德也. 祥, 善也"라 하였고, 〈鄭箋〉에는 "問
名之後卜, 而得吉, 則文王以禮, 定其吉祥. 謂納幣也"라 함. 〈集傳〉에도 "文, 禮祥
吉也. 言卜得吉而以納幣之禮, 定其祥"也라 함.

【親迎于渭】〈毛傳〉에 "言賢聖之配也"라 하였고, 〈鄭箋〉에는 "賢女配聖人, 得其
宜, 故備禮也"라 함.

【造舟爲梁】‘造舟’는 浮橋, 船橋. 배다리. 〈毛傳〉에 "言受命之宜王基, 乃始於是也.
天子造舟, 諸侯維舟, 大夫方舟, 士特舟. 造舟然後, 可以顯其光輝"라 하였고, 〈鄭
箋〉에는 "迎大姒而更爲梁者, 欲其昭著示後世, 敬昏禮也. 不明乎其禮之有光輝,
美之也. 天子造舟, 周制也. 殷時未有等制"라 함. 〈集傳〉에도 "造, 作梁橋也. 作船
於水, 比之而加版於其上, 以通行者. 卽今之浮橋也. 〈傳〉曰:「天子造舟, 諸侯維舟,
大夫方舟, 士特舟.」張子曰:「造舟爲梁, 文王所制, 而周世遂以爲天子之禮也.」"라
함.

【不顯】〈集傳〉에 "不顯, 顯也"라 함.

(6) 賦
有命自天, 命此文王:

命이 天으로브터 혼 디라, 이 文王을 命ᄒ샤믈,

사명이 하늘로부터 있었으니, 문왕에게 이렇게 명하였도다.

「于周于京, 纘女維莘.

"周ㅅ 京에 ㅎ거시늘, 女를 纘(찬)ㅎ리롤 莘(신)이,

"주원의 읍에서, 너의 나라를 이을 자가 신나라 딸에게서 태어나리라.

長子維行, 篤生武王.

長子로 行ㅎ니, 篤(독)히 武王을 生ㅎ샤,

신나라 장녀 태임이 덕을 행하여, 무왕을 낳으리라.

保右命爾, 燮伐大商!」

保ㅎ며 右ㅎ며 命ㅎ샤, 大商을 燮(셥)ㅎ야 伐(벌)케 ㅎ시니라!"

하늘이 보우하사 너에게 명하여, 천명에 따라 상나라를 치게 되리라!"

【于周于京】王先謙 〈集疏〉에 "《白虎通》號篇:「《詩》曰:'命此文王, 于周于京', 此改號
爲周, 易邑爲京也」"라 함.

【纘女維莘】'纘'은 繼. '莘'은 太姒의 고국. 〈毛傳〉에 "纘, 繼也; 莘, 大姒國也"라 하
였고, 〈集傳〉에 "纘, 繼也; 莘, 國名"이라 함.

【長子維行】'長子'는 長女. 太任을 가리킴. 〈毛傳〉에 "長子, 長女也; 維行, 大任之德
焉"이라 하였고, 〈鄭箋〉에는 "天爲將命文王, 君天下於周京之地. 故亦爲作合, 使
繼大任之女, 事於莘國. 莘國之長女大姒, 則配文王維德之行"이라 함. 〈集傳〉에
는 "長子, 長女大姒也; 行, 嫁"라 함. 王先謙 〈集疏〉에는 위의 구절과 함께 문제
를 제기하여 "「文王初載」, 毛訓'載'爲'識', 已滋疑竇. 若解'纘女'爲繼妃, 則與文王
卽位初年合, 可以釋'載'爲'年', 一也. 「長子維行」, 毛訓'長女', 但武王之先有伯邑考,
雖曰早死, 此亦文王太姒之長子, 不應竟置不論. 若以長子指伯邑者, '維行', 解如
箋說'維德之行', 然後接咏武王, 文義大順, 二也. 經義史年, 一一吻合"이라 하여,
문왕과 태사 사이에는 伯邑考라는 長子가 있었으나 일찍 죽어 發이 태자가 된
것이라 하였음. 劉向 《列女傳》(1) '周室三母'를 참조할 것.

【篤】〈毛傳〉에 "篤, 厚"라 하였고, 〈集傳〉에도 "篤, 厚也. 言「旣生文王, 而又生武
王」也"라 함.

【右】'佑'와 같음. 도와줌. 〈毛傳〉과 〈集傳〉에 "右, 助"라 함.

【燮伐】燮은 和. 〈毛傳〉에 "燮, 和也"라 하였고, 〈鄭箋〉에는 "天降氣于大姒厚, 生
聖子武王, 安而助之. 又遂命之:「爾使協和, 伐殷之事」協和伐殷之事, 謂合位三五
也"라 함. 〈集傳〉에는 "燮, 和也"라 함.

＊〈集傳〉에 "○言「天旣命文王於周之京矣, 而克纘大任之女事者, 維此莘國, 以其長
女來嫁于我也. 天又篤厚之, 使生武王. 保之助之命之, 而使之順天命, 以伐商也.」」
라 함.

(7) 賦

殷商之旅, 其會如林.

殷商의 旅(려)ㅣ, 그 會홈이 林곧틱여,

은나라 무리들, 막으러 나선 그 깃발이 숲을 이룬 듯 많았지만,

矢于牧野, 維予侯興.

牧野(목야)에 矢(시)호니, 우리 興호리로다.

무왕이 牧野에서 맹세하시니, 우리 군사들이 일어나도다.

上帝臨女, 無貳爾心!

上帝 너를 臨(림)호야 겨시니, 네 ᄆᆞᆷ을 貳(이)티 마롤 디어다!

하늘이 너희들을 굽어보시니, 그대들 두 마음 갖지 말라 하셨도다!

【旅】〈毛傳〉에 "旅, 衆也"라 함.
【會】 '旝'의 假借로 봄. 무왕이 은을 치러 나서자 이를 막고자 은나라 군사들의
깃발이 많음. 王先謙〈集疏〉에는 "《齊》·《韓》, '會'作'旝'. 《說文》:「旝, 建大木, 置石
其上, 發以機, 以追敵也」라 하여, 나무에 돌을 얹어 쏘아 적을 뒤쫓는 무기 장
치의 일종이라 하였으나, '旝'의 글자 形訓으로 보아 깃발로 봄이 마땅할 듯함.
【如林】〈毛傳〉에 "如林, 言衆而不爲用也"라 하였고, 〈集傳〉에 "如林, 言衆也. 《書》
曰:「受率其旅, 若林.」"이라 함.
【矢】〈毛傳〉에 "矢, 陳"이라 하였고, 〈集傳〉에 "矢, 陳也. 牧野, 在朝歌南七十里"라
함. 그러나 혹 '맹세하다'의 뜻으로도 풀이함.
【牧野】地名. 朝歌(殷의 都邑)의 南쪽 七十里 지점.
【侯】發語辭. 〈集傳〉에 "侯, 維"라 함.
【興】〈毛傳〉에 "興, 起也. 言天下之望周也"라 하였고, 〈鄭箋〉에는 "殷盛, 合其兵
衆, 陳于商郊之牧野, 而天乃予諸侯, 有德者, 當起爲天子. 言天去紂, 周師勝也"라
함.
【臨女】〈鄭箋〉에 "臨, 視也; 女, 女武王也. 天護視女伐紂, 必克, 無有疑心"이라 함.

【貳心】變心함. 두 마음을 가짐. 〈毛傳〉에 "言無敢懷貳心也"라 하였고, 〈集傳〉에 "貳, 疑也"라 함.

【爾】〈集傳〉에 "爾, 武王也"라 함.

＊〈集傳〉에 "○此章言「武王伐紂之時, 紂衆會集如林以拒武王, 而皆陳于牧野, 則維我之師爲有興起之勢耳. 然衆心猶恐武王以衆寡之不敵, 而有所疑也. 故勉之曰:『上帝臨女, 無貳爾心.』」蓋知天命之必然, 而贊其決也. 然武王非必有所疑也. 設言以見衆心之同, 非武王之得己耳"라 함.

(8) 賦

牧野洋洋, 檀車煌煌, 駟騵彭彭!

牧野ㅣ 洋洋ᄒ니, 檀車(단거)ㅣ 煌煌(황황)ᄒ며, 駟騵(ᄉ원)이 彭彭(방방)ᄒ도다!

목야는 드넓고, 박달나무 전차는 휘황하며, 배가 흰 전투마들 씩씩하도다!

維師尚父, 時維鷹揚, 涼彼武王,

師ㅣ언 尚父(샹보)ㅣ, 時예 鷹(응)이 揚(양)ᄐᄒ야, 뎌 武王을 涼(량)ᄒ야,

사상보 太公望이, 새매처럼 떨쳐 일어나, 저 무왕을 도와,

肆伐大商, 會朝清明!

肆(ᄉ)ᄒ야 大商을 伐ᄒ니, 會ᄒ 朝(죠)ㅣ 淸明ᄒ도다!

급하게 몰아쳐 은나라를 정벌하니, 아침 전투에 하늘도 청명했도다!

【洋洋】넓음. 〈毛傳〉에 "洋洋, 廣也"라 하였고, 〈集傳〉에도 "洋洋, 廣大之貌"라 함.

【檀】〈集傳〉에 "檀, 堅木. 宜爲車者也"라 함.

【煌煌】밝은 모양. 〈毛傳〉에 "煌煌, 明也"라 하였고, 〈集傳〉에 "煌煌, 鮮明貌"라 함. 〈鄭箋〉에는 "言其戰地寬廣, 明不用權詐也. 兵車鮮明, 馬又強, 則暇且整"이라 함.

【騵】배가 흰 戰鬪馬. 〈毛傳〉에 "騵馬白腹曰騵. 言上周下殷也"라 하였고, 〈集傳〉에 "騵馬白腹曰騵"이라 함.

【彭彭】强盛한 모양. 〈集傳〉에 "彭彭, 强盛貌"라 함.

【師尙父】太公望 呂尙(姜子牙, 呂望, 姜尙)을 가리킴. 磻溪 사람으로 渭水 가에서 낚시하다가 文王에게 발탁되어, 太公(古公亶父)이 그토록 갈망하던 인물이라 하여 '太公望'으로 불렀음. 師尙父로 존칭하였으며 殷紂를 멸한 뒤 齊나라에 봉을 받아 齊나라 시조가 됨. 〈毛傳〉에 "師, 大師也; 尙父, 可尙可父"라 하였고, 〈鄭箋〉에 "尙父, 呂望也, 尊稱焉"이라 함. 〈集傳〉에도 "師尙父, 太公望爲大師, 而號尙父也"라 함.

【鷹揚】매가 날아오르듯 용맹함. '鷹'은 매. 〈諺解〉 物名에 "鷹:매"라 함. 〈毛傳〉에 "鷹揚, 如鷹之飛揚也"라 하였고, 〈鄭箋〉에 "鷹, 鷙鳥也. 佐武王者, 爲之上將"이라 함. 〈集傳〉에도 "鷹揚, 如鷹之飛揚, 而將擊. 言其猛也"라 함.

【涼】〈毛傳〉에 "涼, 佐也"라 하였고, 〈集傳〉에는 "涼, 《漢書》作亮. 佐助也"라 함. 陳奐 〈傳疏〉에는 "涼, 讀爲亮, 假借字也. 《爾雅》云:「亮, 右也.」"라 함.

【肆】〈毛傳〉에 "肆, 疾也"라 하였고, 〈鄭箋〉에 "肆, 故今也"라 함. 그러나 〈集傳〉에 "肆, 縱兵也"라 하여, '군사들을 풀어놓다'고 풀이하였음.

【會朝】〈毛傳〉에 "會, 甲也"라 하였고, 〈鄭箋〉에는 "會, 合也. 以天期已至兵甲之强, 師率之武, 故今伐殷, 合兵以淸明. 《書》牧誓曰:「時甲子昧爽, 武王朝至于商郊牧野, 乃誓.」"라 함. 〈集傳〉에는 "會朝, 會戰之旦也"라 함. 陳奐 〈傳疏〉에는 "甲朝, 猶〈彤弓〉云'一朝'耳. 甲者, 十之數; 一者, 數之始"라 함.

＊〈集傳〉에 "○此章言「武王師衆之盛, 將帥之賢, 伐商以除穢濁, 不崇朝而天下淸明.」所以終首章之意也"라 함.

┌─────────────────┐
│ 참고 및 관련 자료 │
└─────────────────┘

1. 孔穎達 〈正義〉

作〈大明〉詩者, 言「文王有明德, 由其德當上天, 故天復命武王焉.」言'復更命武王', 以對前命文王. 言文王有明德, 則武王亦有明德, 互相見也. 此經八章, 毛以爲從六章上五句, 長子維行以上, 說文王有德, 能受天命. 故云有命, 自天命此文王, 是文王有明德, 天命之事也. 篤生武王以下, 說武王有明德, 天復命之. 故云「保佑命爾, 爕伐大商」, 是武王有明德, 復受天命之事也. 但說文王之德, 則追本其母, 述武王之功, 則兼言其佐文王. 則天生賢配武王, 則帝所降臨, 皆是欲崇其美, 故辭所汎及. 鄭唯以首章並言文王·武王, 俱有明德, 故能伐殷, 與下爲總目餘同. 〈正義〉曰: 以經有明無大, 故解之也. 聖人之德, 終始實同, 但道加於民化, 有廣狹. 文王則纔及六州, 武王徧被天下. 論其積漸之功, 故云日以廣大, 以其益大, 故曰〈大明〉.

2. 朱熹〈集傳〉

〈大明〉, 八章, 四章章六句, 四章章八句:

名義見〈小旻〉篇一章. 言「天命無常, 惟德是.」與二章, 言王季·大任之德, 以及文王. 三章言, 文王之德. 四章·五章·六章, 言文王·大姒之德, 以及武王. 七章, 言武王伐紂. 八章, 言武王克商, 以終首章之意. 其章以六句八句, 相間又《國語》以此及下篇, 皆爲兩君相見之樂. 說見上篇.

243(大-3) 면(縣)

*〈縣〉: 綿綿不絕의 뜻. 周王室의 王統이 끝없이 계승됨을 뜻함.

*이 시는 周나라 國運은 太王(古公亶父)이 豳에서 岐山 아래 周原으로 옮겨와 터를 잡아 토목 건설 사업을 하고, 文王(姬昌)의 덕행으로 虞芮質正이 있은 뒤, 많은 무리들이 모여듦으로부터 시작되어, 그처럼 끝없이 면면히 이어져 왔음을 찬미한 것이며, 이는 周公(姬旦)이 成王(姬發)에게 일러주어 箴戒로 삼을 것임을 주문한 것이라 함.

<序>: <縣>, 文王之興, 本由大王也.

〈면〉은 文王의 흥기는 太王(大王, 古公亶父)에게서 비롯되었음을 찬미한 것이다.

*전체 9장. 매 장 6구씩(縣: 九章. 章六句).

(1) 比
縣縣瓜瓞! 民之初生, 自土沮漆.

縣縣(면면)혼 瓜(과)며 瓞(질)이여! 民의 처엄 生홈이, 沮漆(져칠)에 土홈으로브터 ᄒ니,

길게 벋은 오이 넝쿨이여! 주나라 백성들 처음 삶의 터는, 저수와 칠수의 땅으로부터 시작되었으니,

古公亶父, 陶復陶穴, 未有家室.

古公亶父(고공단보)ㅣ, 陶(도)ㅣ며 復(복)이며 陶穴(도혈)에 ᄒ야, 家室을 두디 몯ᄒ얏더시니라.

고공단보께서, 땅을 파고 흙을 다져 굴 속에 살았으니, 집조차 없는 때였도다.

【縣縣】면면히 이어져 끊어짐이 없음. 綿綿不絶과 같음을 뜻함. '綿綿'과 같음. 〈毛傳〉에 "興也. 縣縣, 不絶貌"라 하였고, 〈集傳〉에도 "縣縣, 不絶貌"라 함.

【瓜瓞】외의 큰 것은 瓜, 작은 것은 瓞이라 함. 그러나 〈諺解〉物名에는 "瓞:외너출"이라 하여 오이(참외)넝쿨이라 함. 〈毛傳〉에 "瓜, 紹也;瓞, 咇也"라 하였고, 〈鄭箋〉에 "瓜之本, 實繼先歲之瓜, 必小狀似咇, 故謂之瓞, 縣縣然, 若將無長大. 時興者, 喻后稷乃帝嚳之冑, 封於邰. 其後公劉失職, 遷于豳, 居沮漆之地. 歷世亦縣縣然, 至大王而德益盛, 得其民心, 而生王業, 故本周之興云于沮漆也"라 함. 〈集傳〉에도 "大曰瓜, 小曰瓞. 瓜之近本, 初生者. 常小其蔓不絶, 至末而後大也"라 함.

【民】〈毛傳〉과 〈集傳〉에 "民, 周人也"라 함.

【自土沮漆】〈毛傳〉에 "自, 用;土, 居也. 沮, 水;漆, 水也"라 하였고, 〈集傳〉에는 "自, 從;土, 地也. 沮漆, 二水名. 在豳地"라 함.

【古公亶父】古公은 號, 亶父는 名. 뒤에 大王(태왕)이라 추존됨. 豳公으로도 불림. 〈毛傳〉에 "古公, 豳公也. 古, 言久也. 亶父, 字. 或殷以名, 言質也. 古公處豳, 狄人侵之, 事之以皮幣, 不得免焉;事之以犬馬, 不得免焉;事之以珠玉, 不得免焉. 乃屬其耆老而告之曰:「狄人之所欲, 吾土地. 吾聞之君子不以其所養人, 而害人. 二三子! 何患無君?」 去之. 踰梁山, 邑乎岐山之下. 豳人曰:「仁人之君, 不可失也.」 從之如歸市"라 하였고, 〈鄭箋〉에는 "古公, 據文王本其祖也. 諸侯之臣稱君曰公"이라 함. 〈集傳〉에는 "古公, 號也. 亶父名也, 或曰字也. 後乃追稱大王焉"이라 함.

【陶復陶穴】〈毛傳〉에 "陶其土而復之, 陶其壤而穴之"라 하였고, 〈鄭箋〉에 "復者, 復於土上, 鑿地曰穴, 皆如陶然, 本其在豳時也. 傳自古公處豳, 而下爲二章發"이라 함. 〈集傳〉에는 "陶, 窰竈也. 復重窰也. 穴, 土室也"라 함. 굳은 땅을 옆으로 파들어 가는 것을 復, 부드러운 땅은 내려가며 판 것이 穴이라 함.

【家室】〈毛傳〉에 "室內曰家, 未有寢廟, 亦未敢有家室"이라 하였고, 〈集傳〉에는 "家, 門內之通名也. 豳地近西戎, 而苦寒, 故其俗如此"라 함.

＊〈集傳〉에 "○此亦周公戒成王之詩. 追述大王始遷岐周, 以開王業, 而文王因之以受天命也. 此其首章言「瓜之先小後大, 以比周人始生於漆沮之上, 而古公之時, 居於窰竈土室之中, 其國甚小, 至文王而後大也.」"라 함.

(2) 賦

古公亶父, 來朝走馬. 率西水滸,

古公亶父ㅣ, 朝애 來ᄒᆞ야 馬를 走ᄒᆞ샤, 西ㅅ 水滸(슈호)를 率ᄒᆞ샤,

고공단보께서, 어느 아침 말을 몰아 달리시다가, 서쪽 물기슭을 따라 내려와,

至于岐下, 爰及姜女, 聿來胥宇.

岐下(기하)의 至ㅎ시니, 이에 姜女(강녀)로 밋, 來ㅎ야 宇(우)홀 딕릴 胥(셔)ㅎ시니라.

岐山 아래에 이르시니, 이에 姜女 태강과 함께, 거기에서 살림을 차리셨노라.

【來朝走馬】〈鄭箋〉에 "「來朝走馬」, 言其辟惡旱且疾也. 循西水厓沮漆水側也"라 하였고, 〈集傳〉에는 "朝, 早也. 走馬, 避狄難也"라 함.

【率西水滸】〈毛傳〉에 "率, 循也. 滸, 水厓也"라 하였고, 〈集傳〉에는 "滸, 水厓也. 漆沮之側也"라 함.

【岐下】岐山 밑. 〈集傳〉에 "岐下, 岐山之下也"라 함.

【爰及姜女】〈鄭箋〉에 "爰, 於; 及, 與"라 함. '姜女'는 大姜(太姜). 古公亶父의 아내. 大王의 妃. 〈毛傳〉에 "姜女, 大姜也"라 하였고, 〈集傳〉에 "姜女, 大王妃也"라 함.

【聿來胥宇】〈毛傳〉에 "胥, 相; 宇, 居也"라 하였으나, 〈鄭箋〉에는 "聿, 自也. 於是與其妃大姜, 自來相可居者, 著大姜之賢知也"라 함. 〈集傳〉에는 "胥, 相; 宇, 宅也. 《孟子》曰:「太王居邠, 狄人侵之, 事之以皮幣珠玉犬馬, 而不得免. 乃屬其耆老而告之曰:『狄人之所欲者, 吾土地也. 吾聞之也, 君子不以其所以養人者害人. 二三子何患乎? 無君, 我將去之.』去邠踰梁山, 邑于岐山之下居焉. 邠人曰:『仁人也, 不可失也.』從之者, 如歸市.」"라 함.

(3) 賦
周原膴膴, 堇荼如飴.

周原(쥬원)이 膴膴(무무)ㅎ니, 堇(근)과 荼(도) | 飴(이)근도다.

주원의 땅은 기름지고 좋은 곳이어서, 오두나 씀바귀 같은 쓴나물도 엿처럼 달았도다.

爰始爰謀, 爰契我龜.

이예 始ㅎ시며 이예 謀ㅎ시며, 이예 내 龜(귀)를 契(계)ㅎ샤,

이에 비로소 계획을 세워, 우리가 살 곳인지 거북점을 치셨다.

曰止曰時, 築室于茲.

이예 止ᄒᆞ야 이예, 室을 築(축)ᄒᆞ라 ᄒᆞ시니라.

이에 머물러 살라 하는 괘를 따라서, 여기에 집을 지으셨노라.

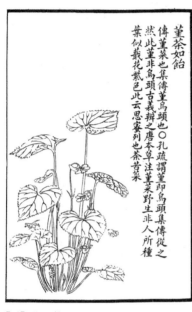

【周原膴膴】〈毛傳〉에 "周原, 沮漆之間也. 膴膴, 美也"라 하였고, 〈鄭箋〉에 "廣平曰原, 周之原地, 在岐山之南. 膴膴然, 肥美其所生菜, 雖有性苦者, 甘如飴也. 此地將可居, 故於是始與豳人之從己者謀. 謀從, 又於是契灼其龜而卜之, 卜之則又從矣"라 함. 〈集傳〉에도 "周, 地名. 在岐山之南. 廣平曰原. 膴膴, 肥美貌"라 함. '膴膴'는 기름지고 아름다운 땅임을 말함.

【菫茶如飴】 오두와 씀바귀가 엿처럼 달콤함. '菫'은 烏頭. 〈諺解〉 物名에 "菫:바곳"이라 함. '茶'는 씀바귀. '苦苣', '苣蕒'로도 불림. 〈毛傳〉에 "菫, 菜也;茶, 苦菜也"라 하였고, 〈集傳〉에도 "菫, 烏頭也;茶, 苦菜. 蔞屬也;飴, 餳也"라 함.

【爰】 發語辭.

【契】 불을 피워 거북을 태우는 것. 〈毛傳〉에 "契, 開也"라 하였고, 〈集傳〉에 "契, 所以然火而灼龜者也. 《儀禮》所謂「楚焞」, 是也. 或曰:「以刀刻龜甲, 欲鑽之處也.」"라 함.

【曰止曰時】〈鄭箋〉에 "時, 是"라 함.

【茲】〈鄭箋〉에 "茲, 此也. 卜從則曰可止, 居於是, 可作室家於此, 定民心也"라 함.

＊〈集傳〉에 "○言「周原土地之美, 雖物之苦者亦甘. 於是大王始與豳人之從已者, 謀居之. 又契龜而卜之, 旣得吉兆, 乃告其民曰:「可以止於是, 而築室矣.」 或曰:'時' 謂土功之時也"라 함.

(4) 賦

迺慰迺止, 迺左迺右,

慰(위)ᄒᆞ며 止ᄒᆞ며, 左(자)ᄒᆞ며 右ᄒᆞ며,

이에 안심하고 머물러, 좌우로 갈라 백성들 살게 하셨다.

迺疆迺理, 迺宣迺畝.

疆(강)하며 理하며, 宣(선)하며 畝(묘)하니,

경계를 지어 땅을 나누고, 도랑 파고 이랑을 내니,

自西徂東, 周爰執事!

西로브터 東의 가다, 이예 事를 執하니라!

서에서 동에 이르기까지, 두루 이에 일을 마치셨느니라!

【迺】 '乃'와 같음. 이에, 혹은 發語辭.
【慰】〈毛傳〉과〈集傳〉에 "慰, 安"이라 함.
【止】〈集傳〉에 "止, 居也"라 함.
【左右】〈集傳〉에 "左右, 東西列之也"라 함.
【疆·理】〈集傳〉에 "疆, 謂畫其大界; 理, 謂別其條理也"라 함.
【宣】〈鄭箋〉에 "時耕曰宣"이라 하였고,〈集傳〉에는 "宣, 布散而居也. 或曰:「導其溝洫也. 畝治其田疇也.」"라 함.
【自西徂東】〈鄭箋〉에 "徂, 往也. 民心定, 乃安隱其居, 乃左右而處之, 乃疆理其經界, 乃時耕其田畝. 於是從西方而往東之人, 皆於周執事, 競出力也. 豳與周原, 不能爲西東, 據至時, 從水滸言也"라 하였고,〈集傳〉에는 "「自西徂東」, 自西水滸而徂東也"라 함.
【周】〈集傳〉에 "周, 徧也. 言「靡事不爲」也"라 함.
【爰】〈毛傳〉에 "爰, 於也"라 함.

(5) 賦
乃召司空, 乃召司徒,

司空을 召(쇼)하며, 司徒를 召하야,

司空을 부르시고, 司徒까지 부르셔서,

俾立室家, 其繩則直,

하여곰 室家를 立하니, 그 繩(승)이 곧 直(직)하거늘,

그들로 하여금 집을 짓도록 하여, 곧게 줄을 쳐서 터를 잡고,

縮版以載, 作廟翼翼!

版(판)을 縮(축)ㅎ야 써 載ㅎ니, 作흔 廟(묘) | 翼翼ㅎ도다!

새끼로 널을 묶어 세우고, 종묘를 지으니 장엄하였도다!

【司空·司徒】〈鄭箋〉에 "司空·司徒, 卿官也. 司空, 掌營國邑; 司徒, 掌徒役之事. 故召之, 使立室家之位處"라 하였고, 〈集傳〉에도 "司空, 掌營國邑. 司徒, 掌徒役之事"라 함.

【俾】〈鄭箋〉에 "俾, 使也"라 함.

【室家】〈毛傳〉에 "君子將營, 宮室宗廟爲先, 廐庫爲次, 居室爲後"라 함.

【繩】줄을 쳐서 건축물을 지을 位置를 定함. 〈集傳〉에 "繩, 所以爲直. 凡營度位處, 皆先以繩正之. 旣正則束版而築也"라 함.

【縮板以載】새끼로 널을 묶어 세움. 양쪽에 널을 세우고, 그 사이에 흙을 넣어 다짐. 〈毛傳〉에 "言不失繩直也. 乘(繩)謂之縮"이라 하였고, 〈鄭箋〉에 "繩者, 營其廣輪方制之正也. 旣正, 則以索縮其築版, 上下相承而起廟成, 則嚴顯翼翼然. 乘, '聲'之誤, 當爲'繩'也"라 함. 〈集傳〉에는 "縮, 束也; 載, 上下相承. 言「以索束版, 投土築訖, 則升下而上, 以相承載也. 君子將營宮室宗廟爲先, 廐庫爲次, 居室爲後.」라 함.

【翼翼】嚴正한 모양. 動詞로 쓴 것. 〈集傳〉에 "翼翼, 嚴正也"라 함.

(6) 賦

捄之陾陾, 度之薨薨,

捄(구)홈을 陾陾(응응)히 ㅎ며, 度(타)홈을 薨薨(홍홍)히 ㅎ며,

끙끙 흙을 다져 담아서, 축판에 횟횟하며 던져 넣어서,

築之登登, 削屢馮馮,

築홈을 登登히 ㅎ며, 屢(루)를 削(샥)홈애 馮馮(빙빙)ㅎ야,

이것을 쾅쾅 다지고 덮어, 평평 다져 담을 쌓아 올리니,

百堵皆興, 鼛鼓弗勝!

百堵(빅도) | 다 興ㅎ니, 鼛皷(고고) | 勝(승)티 몯ㅎ놋다!

높은 담이 모두 세워지니, 응원의 북소리 그칠 수 없었노라!

【捄之陾陾】〈毛傳〉에 "捄, 虆也;陾陾, 衆也"라 하였고, 〈鄭箋〉에 "捄, 抒也"라 함.
〈集傳〉에는 "捄, 盛土於器也;陾陾, 衆也"라 함.

【度】〈毛傳〉에 "度, 居也. 言百姓之勸勉也"라 하였으나, 〈鄭箋〉에는 "度, 猶投也.
築牆者, 抒聚壤土盛之以虆, 而投諸版中"이라 함. 〈集傳〉에도 "度, 投土於版也"라
함.

【薨薨】흙을 던지는 소리. 〈集傳〉에 "薨薨, 衆聲也"라 함.

【登登】흙 다지는 소리. 〈毛傳〉에 "登登, 用力也"라 하였고, 〈集傳〉에는 "登登, 相
應聲"이라 함.

【削屢馮馮】〈毛傳〉에 "削, 牆鍛. 屢之聲, 馮馮然"이라 하였고, 〈集傳〉에는 "削屢,
牆成而削治重複也;馮馮, 牆堅聲"이라 함.

【百堵皆興】一丈을 版, 五版을 堵라 함. 面積의 단위. 〈毛傳〉에 "皆, 俱也"라 하였
고, 〈鄭箋〉에는 "五版爲堵. 興, 起也. 百堵, 同時起, 鼛鼓不能止之, 使休息也. 凡
大鼓之側有小鼓, 謂之應鼙·朔鼙, 《周禮》曰「以鼛鼓」, 鼓, 役事"라 함. 〈集傳〉에도
"五版爲堵;興, 起也. 此言治宮室也"라 함.

【鼛鼓弗勝】工事를 독려하고 응원하는 북소리가 그치지 않아 우렁참. 〈毛傳〉에
"鼛, 大鼓也. 長一丈二尺, 或鼛或鼓, 言勸事樂功也"라 하였고, 〈集傳〉에는 "鼛鼓,
長一丈二尺. 以鼓役事弗勝者, 言「其樂事勸功, 鼓不能止」也"라 함.

(7) 賦

迺立皋門, 皋門有伉.

皋門(고문)을 立ᄒᆞ니, 皋門이 伉(항)하며,

이에 고문을 세우니, 그 고문 높기도 하였으며,

迺立應門, 應門將將.

應門(응문)을 立ᄒᆞ니, 應門이 將將(쟝쟝)ᄒᆞ며,

이에 응문이 세우니, 그 응문 장엄하였고,

迺立冢土, 戎醜攸行.

冢土(총토)를 立ᄒᆞ니, 戎醜(융취) 行ᄒᆞᆯ 배로다.

사직단을 세우니, 큰 공사에 많은 무리들이 이룩한 것이로다.

【皋門】〈毛傳〉과 〈集傳〉에 "傳曰:「王之郭門曰皋門.」"이라 함.

【伉】높은 모습. 〈毛傳〉과 〈集傳〉에 "伉, 高貌"라 함.

【應門】王의 正門. 〈毛傳〉과 〈集傳〉에 "王之正門曰應門"이라 함. 〈鄭箋〉에 "諸侯
之宮, 外門曰皐門, 朝門曰應門, 內有路門. 天子之宮, 加以庫雉"라 함.

【將將】嚴正한 모습. 〈毛傳〉에 "將將, 嚴正也. 美大王作郭門以致皐門, 作正門以致
應門焉"이라 하였고, 〈集傳〉에 "將將, 嚴正也. 大王之時, 未有制度, 特作二門, 其
名如此. 及周有天下, 遂尊以爲天子之門, 而諸侯不得立焉"이라 함.

【冢土】大社. 土地의 神을 祭祀 지내는 곳. 〈毛傳〉에 "冢, 大"라 하였고, 〈鄭箋〉에
"大社者, 出大衆將所告而行也. 《春秋傳》(定公 14년)曰:「蜃(脤), 宜社之肉.」"이라 함.
〈集傳〉에도 "冢土, 大社也. 亦大王所立, 而後因以爲天子之制也"라 함.

【戎醜】'戎'은 大, '醜'는 衆. 大衆을 뜻함. 〈毛傳〉에 "戎, 大;醜衆也. 冢土, 大社也.
起大事動, 大衆必先有事乎社, 而後出, 謂之宜. 美大王之社, 遂爲大社也"라 하였
고, 〈集傳〉에 "戎醜, 大衆也. 起大事動大衆, 必有事乎社, 而後出謂之宜"라 함.

(8) 賦

肆不殄厥慍, 亦不隕厥問.

이럼으로 그 慍(온)을 殄(진)티 몯ᄒ시나, 쏘흔 그 問을 隕(운)티 아니 ᄒ
시니,

이때에 괴롭히는 이민족에 대한 분노가 끊어지지 않았으나, 역시 고공
단보의 이러한 소문이 더욱 퍼졌고,

柞棫拔矣, 行道兌矣.

柞棫(작역)이 拔(패)흔 디라, 行道ㅣ 兌(태)ᄒ니,

작역 같은 가시나무들 뽑아 버리고, 길을 열어 이웃과 통하게 하니,

混夷駾矣, 維其喙矣!

混夷(곤이) 駾(디)ᄒ야, 그 喙(훼)만 ᄒ놋다!

이민족 곤이는 놀라 도망치면서, 숨이 차도록 겁을 내었노라!

【肆不殄厥慍】〈毛傳〉에 "肆, 故今也. 慍, 恚"라 하였고, 〈集傳〉에는 "肆, 故今也.
猶言遂也. 承上起下之辭. 殄, 絶;慍, 怒"라 함.

【隕·問】〈毛傳〉에 "隕, 墜也"라 하였고, 〈鄭箋〉에 "小聘曰問"이라 함. 〈集傳〉에는

"隕, 墜也;問, 聞通. 謂聲譽也"라 함.

【柞棫】'棫'은 〈諺解〉物名에는 "棫:덥가
나무"라 함. 〈鄭箋〉에 "柞, 櫟也;棫白桵
也. 文王見大王立冢土, 有用大衆之義,
故不絶去其株, 惡惡人之心, 亦不廢其
聘問, 鄰國之禮, 今以柞棫生柯葉之時,
使大夫將師旅出聘問, 其行道士衆兌然,
不有征伐之意"라 함. 〈集傳〉에는 "柞,
櫟也. 枝長葉盛, 叢生有刺;棫, 白桵也.
小木亦叢生有刺;拔, 挺拔而上不拳曲
蒙密也"라 함.

【兌】〈毛傳〉에 "兌, 成蹊也"라 하였으나,
〈集傳〉에는 "兌, 通也. 始通道於柞棫之
間也"라 함.

【混夷】'混'은 '곤'(音昆)으로 읽음. '昆夷'
로도 표기함. 당시 北狄을 가리킴. 〈鄭
箋〉에 "混夷, 夷狄國也. 見文王之使者,

柞棫拔矣
傳棫白桵也集傳小木亦叢生有刺○陸疏棫即柞也其
材理全白無赤心者為白桵直理易破蓋亦柞櫟中一種
此方柞櫟亦種類非

榛楛濟濟
集傳楛似荊而赤○陸疏形似荊而赤莖似箸○楛未詳

其灌其栵
傳栵栭也集傳栵行生者也○綱目栗之小如指頂者為
栭栗即爾雅栭栗也一名栭栗可炒食之此方名施拔忽
利然灌已為叢生則集傳栵為行生者其義長矣

將士衆過己國, 則惶怖驚走, 奔突入此柞棫之中而逃. 甚困劇也. 是之謂一年伐混
夷, 大王辟狄, 文王伐混夷, 成道興國, 其志一也"라 함.

【駾】놀라 그 숲으로 돌진하여 도망감. 〈毛傳〉과 〈集傳〉에 "駾, 突"이라 함.

【喙】〈毛傳〉에 "喙, 困也"라 하였고, 〈集傳〉에 "喙, 息也"라 하여 겁을 내어 숨을
헐떡거림.

*〈集傳〉에 "○言「大王雖不能殄絶混夷之慍怒, 亦不隕墜己之聲聞. 蓋雖聖賢不能
必人之不怒己, 但不廢其自脩之實耳. 然大王始至此岐下之時, 林木深阻, 人物鮮
少, 至於其後, 生齒漸繁, 歸附日衆, 則木拔道通. 混夷畏之, 而奔突竄伏, 維其喙
息而已.」言德盛而混夷自服也. 蓋已為文王之時矣"라 함.

(9) 賦

虞芮質厥成, 文王蹶厥生.

虞(우)와 芮(예) 그 成을 質ㅎ여늘, 文王이 그 生을 蹶(궐)ㅎ시니,

虞나라와 芮나라 군주의 송사를 해결하여, 문왕께서 이처럼 그들을
감동케 하시어,

予曰有疏附, 予曰有先後,

나는 골오디 疏附(소부)ᄒ 리 이시며, 나는 골오디 先後ᄒ 리 이시며,

내 말하노니 그는 위아래가 서로 친하도록 한 분이시며, 나는 말하노니 그는 앞뒤에서 서로 이끌도록 하신 분이었으며,

予曰有奔奏, 予曰有禦侮!

나는 골오디 奔奏(분주)ᄒ 리 이시며, 나는 골오디 禦侮(어모)ᄒ 리 잇다 ᄒ노라!

나는 말하노니 그는 자신을 찾아 달려오도록 하신 분이시며, 나는 말하노니 그분은 외적의 모욕을 막은 분이셨다 하노라!

【虞芮質厥成】〈毛傳〉에 "質, 成也;成, 平也"라 하였고, 〈鄭箋〉에 "虞芮之質平, 而文王動其緜緜民初生之道. 謂廣其德, 而王業大"라 함. 〈集傳〉에는 "虞芮, 二國名;質, 正;成, 平也. 傳曰:『虞芮之君, 相與爭田, 久而不平. 乃相與朝周, 入其境, 則耕者讓畔, 行者讓路;入其邑, 男女異路, 斑白者不提挈;入其朝, 士讓爲大夫, 大夫讓爲卿. 二國之君感而相謂曰:『我等小人, 不可以履君子之境.』乃相讓, 以其所爭田爲閒田而退. 天下聞之, 而歸者四十餘國.』蘇氏曰:「虞在陝之平陸, 芮在同之馮翊平陸有間原焉, 則虞芮之所讓也.」라 함.

【蹶厥生】〈毛傳〉에 "蹶, 動也. 虞芮之君相與爭田, 久而不平, 乃相謂曰:「西伯, 仁人也. 盍往質焉?」乃相與朝周, 入其竟, 則耕者讓畔, 行者讓路;入其邑, 男女異路, 斑白不提挈;入其朝, 士讓爲大夫, 大夫讓爲卿. 二國之君, 感而相謂曰:「我等小人, 不可以履君子之庭.」乃相讓以其所爭田爲間田, 而退. 天下聞之, 而歸者, 四十餘國"이라 하였고, 〈集傳〉에는 "蹶生, 未詳其義. 或曰:「蹶, 動而疾也;生,

猶起也.」라 함. '生'은 삶의 本性. 馬瑞辰 〈通釋〉에 "生·性, 古通用"이라 함.

【予】詩人 자신. 〈鄭箋〉에 "予, 我也. 詩人自我也. 文王之德所以至然者, 我念之曰: 「此亦由有疏附先後, 奔奏禦侮之臣力也. 疏附, 使疏者親也; 奔奏, 使人歸趨之"라 함. 〈集傳〉에도 "予, 詩人自予也"라 함.

【疏附】아래를 이끌고 위와 친하게 하는 것. 〈毛傳〉과 〈集傳〉에 "率下親上曰疏附"라 함. '疏'는 〈諺解〉에는 '疎'자로 표기하였음.

【先後】먼저 親附한 者가 뒷사람을 引導하여 親附토록 권함. 〈毛傳〉과 〈集傳〉에 "相道前後曰先後"라 함.

【奔奏】〈毛傳〉과 〈集傳〉에 "喩德宣譽曰奔奏"라 함.

【禦侮】外部로부터 侮辱을 막음. 〈毛傳〉과 〈集傳〉에 "武臣折衝曰禦侮"라 함.

＊〈集傳〉에 "○言「混夷旣服, 而虞芮來質其訟之成. 於是諸侯歸周者衆, 而文王由此動其興起之勢. 是雖其德之盛然, 亦由有此四臣之助而然. 故各以予曰『起之其辭繁, 而不殺者』, 所以深歎其得人之盛也.」라 함.

참고 및 관련 자료

1. 孔穎達 〈正義〉

作〈緜〉詩者, 言文王之興, 本之於大王也. 大王作王業之本, 文王得因之以興. 今見文王之興, 本其上世之事, 所以美大王也. 經九章上七章言「大王得人心, 生王業, 乃避狄居岐, 作寢廟門社」, 是本大王. 下二章乃言「文王興之事」. 敍以詩爲文王而作, 故先言文王之興, 而又追而本之, 各自爲勢, 故文倒也.

2. 朱熹 〈集傳〉

〈緜〉, 九章, 章六句:

一章, 言在豳. 二章, 言至岐. 三章, 言定宅. 四章, 言授田居民. 五章, 言作宗廟. 六章, 言治宮室. 七章, 言作門社. 八章, 言至文王而服混夷. 九章, 遂言文王受命之事. 餘說見上.

244(大-4) 역복(棫樸)

＊〈棫樸〉:〈諺解〉物名에는 "棫:덥가나무;樸:떨기나무"라 함. 혹은 두릅나무와 떨기나무, 또는 덥가나무와 떡갈나무라고도 함. '棫'은 '입/엽'(雨逼反), '樸'은 '복'(音卜)으로 '엽복'으로 읽어야 하나, 〈集傳〉에는 '棫'(音域), '樸'(音卜)이라 하여 이에 따라 〈諺解〉에도 '역복'으로 읽었음.
＊이 시는 文王에게는 훌륭한 많은 보필이 있어 나라를 바르게 다스릴 수 있었음을 찬미한 것임.

〈序〉: 〈棫樸〉, 文王能官人也.
〈역복〉은 문왕이 능히 관직을 마련하여 인물을 잘 활용하였음을 말한 것이다.

＊전체 5장. 매 장 4구씩(棫樸:五章. 章四句).

(1) 興
芃芃棫樸, 薪之槱之.
芃芃(봉봉)훈 棫樸(역복)이여, 薪(신)ᄒ며 槱(유)ᄒ놋다.
무성한 덥가나무와 떨기나무, 이를 잘라 장작 만들어 쌓아두도다.

濟濟辟王, 左右趣之.
濟濟훈 辟王(벽왕)이여, 左右로 趣(추)ᄒ놋다.
위엄 있으신 임금이시여, 좌우 보필이 달려가도다.

【芃芃棫樸】〈毛傳〉에 "興也. 芃芃, 木盛貌. 棫, 白桵也;樸, 枹木也"라 하였고, 〈鄭箋〉에는 "白桵相樸, 屬而生者, 枝條芃芃然. 豫斫以爲薪, 至祭皇天上帝及三辰, 則聚積以燎之"라 함. '芃芃'은 나무가 우거진 모습. 〈集傳〉에 "芃芃, 木盛貌"라 함. '棫'은 두릅나무. '樸'은 떡갈나무. 〈集傳〉에 "樸, 叢生也. 言根枝迫迮相附著也"라 함.

【薪之槱之】장작을 만들어 이를 쌓음. 〈毛傳〉에 "槱, 積也. 山木茂盛, 萬民得而薪之;賢人衆多, 國家得用蕃興"이라 하였고, 〈集傳〉에도 "槱, 積也"라 함.
【濟濟】위엄이 있는 모습. 〈集傳〉에 "濟濟, 容貌之美也"라 함.
【辟王】君王. 〈鄭箋〉에 "辟, 君也. 君王, 謂文王也. 文王臨祭祀, 其容濟濟然敬, 左右之諸臣, 皆促疾於事, 謂相助積薪"이라 함. 〈集傳〉에도 "辟, 君也. 君王, 謂文王也"라 함.
【趣】〈毛傳〉에 "趣, 趍也"라 함.
*〈集傳〉에 "○此亦以詠歌文王之德, 言「芃芃棫樸, 則薪之槱之矣. 濟濟辟王, 則左右趣之矣.」蓋德盛而人心歸附趣向之也"라 함.

(2) 賦

濟濟辟王, 左右奉璋.

濟濟ᄒᆞᆫ 辟王이여, 左右ㅣ 璋(쟝)을 奉(봉)ᄒᆞ놋다.

위엄 있으신 우리 임금이시여, 좌우 신하가 옥을 받들도다.

奉璋峨峨, 髦士攸宜.

璋을 奉홈이 峨峨(아아)ᄒᆞ니, 髦士(모ᄉᆞ)의 宜(의)ᄒᆞᆫ 배로다.

옥을 받들어 엄숙한 모습, 훌륭한 인재가 의당 할 일이로다.

【左右奉璋】〈毛傳〉과 〈集傳〉에 "半珪曰璋"이라 함. '璋'은 〈鄭箋〉에 "璋, 璋瓚也. 祭祀之禮, 王祼以圭瓚, 諸臣助之, 亞祼以璋瓚"이라 하였고, 〈集傳〉에도 "祭祀之禮, 王祼以圭瓚, 諸臣助之, 亞祼以璋瓚, 左右奉之, 其判在内, 亦有趣向之意"라 함.
【峨峨】盛壯한 모습. 〈毛傳〉과 〈集傳〉에 "峨峨, 盛壯也"라 함.
【髦】〈毛傳〉과 〈集傳〉에 "髦, 俊也"라 함.
【士】〈鄭箋〉에 "士, 卿士也. 奉璋之儀峨峨然, 故今俊士之所宜"라 함.

(3) 興

淠彼涇舟, 烝徒楫之.

淠(폐)ᄒᆞᆫ 뎌 涇(경)엣 舟ㅣ를, 烝徒(증도)ㅣ 楫(즙)ᄒᆞ놋다.

두둥실 경수 위의 배는, 많은 이들이 노를 저을 것도다.

周王于邁, 六師及之.

周王이 가 邁(매)ᄒ시니, 六師ㅣ 及(급)ᄒ놋다.

주나라 우리 임금 행차하심에, 六軍의 군사가 함께 하도다.

【淠彼涇舟】〈毛傳〉과 〈集傳〉에 "淠, 舟行貌"라 함.

【涇舟】涇水의 배. 〈集傳〉에 "涇, 水名"이라 함.

【烝】衆也. 무리. 〈鄭箋〉에 "烝, 衆也. 淠淠然, 涇水中之舟, 順流而行者, 乃衆徒船
人, 以楫櫂之故也. 興衆臣之賢者, 行君政令"이라 하였고, 〈集傳〉에 "烝, 衆"이라
함.

【楫】〈毛傳〉에 "楫, 櫂也"라 하였고, 〈集傳〉에도 "楫, 櫂"라 함.

【于邁】〈鄭箋〉과 〈集傳〉에 "于, 徃; 邁, 行也"라 함.

【邁】〈鄭箋〉'行'.

【六師】〈毛傳〉에 "天子六軍"이라 하였고, 〈集傳〉에도 "六師, 六軍也"라 함.

【及之】〈鄭箋〉에 "及, 與也. 周王往行, 謂出兵征伐也. 二千五百人爲師, 今王興師行
者, 殷末之制, 未有師禮. 五師爲軍, 軍萬二千五百人"이라 함.

＊〈集傳〉에 "○言「淠彼涇舟, 則舟中之人, 無不楫之. 周王于邁, 則六師之衆, 追而
及之.」蓋衆歸其德, 不令而從也"라 함.

(4) 興
倬彼雲漢, 爲章于天.

倬(탁)ᄒ뎌 雲漢이여, 天의 章이 도(되)엿도다.

광활한 저 은하수여, 하늘에 그 펼쳐진 무늬로다.

周王壽考, 遐不作人?

周王이 壽考(슈고)ᄒ시니, 엇디 人을 作디 아니 ᄒ시리오?

우리 주왕 만수무강하시어, 어찌 인재를 키우지 않으시리오?

【倬】〈毛傳〉과 〈集傳〉에 "倬, 大也"라 함.

【雲漢】天河. 은하수. 〈毛傳〉에 "雲漢, 天河也"라 하였고, 〈鄭箋〉에는 "雲漢之在
天, 其爲文章, 譬猶天子爲法度于天下"라 함. 〈集傳〉에도 "雲漢, 天河也. 在箕斗
二星之間, 其長竟天"이라 함.

【章】文彩. 〈集傳〉에 "章, 文章也"라 함.

【周王】〈鄭箋〉에 "周王, 文王也"라 함.

【壽考】〈鄭箋〉에 "文王是時九十餘矣. 故云壽考"라 하였고, 〈集傳〉에 "文王九十七乃終, 故言壽考"라 함.

【遐】'遠'과 '何'의 두 說이 있음. 〈毛傳〉에 "遐, 遠也. 遠不作人也"라 하였으나, 〈集傳〉에는 "遐, 與何同"이라 함.

【作人】사람이 되도록 敎化시킴. 〈鄭箋〉에 "遠不作人者, 其政變化, 紂之惡, 俗近如新作人也"라 함. 〈集傳〉에는 "作人, 謂變化鼓舞之也"라 함. 그러나 王先謙 〈集疏〉에는 "'遐不', 猶'瑕不', 卽'胡不'也. '遐不作人'與'胡不萬年'同意, 言周王在位日久, 年已壽考, 德敎養育, 作養人才衆多"라 함.

(5) 興

追琢其章, 金玉其相.

追(퇴)ᄒ며 琢(탁)흔 그 章이오, 金(금)이며 玉인 그 相이로다.

새기고 쪼니 찬란한 그 무늬, 금과 옥의 빼어난 본 바탕.

勉勉我王, 綱紀四方!

勉勉(면면)ᄒ신 우리 王이여, 四方의 綱(강)이며 紀(긔)샷다!

힘쓰고 애쓰시는 우리 왕이여, 사방 온 세상의 기강이 되시네!

【追琢】〈毛傳〉에 "追, 彫也. 金曰彫, 玉曰琢"이라 하였고, 〈鄭箋〉에 "《周禮》「追, 師掌追衡笄」, 則追亦治玉也"라 함. 〈集傳〉에도 "追, 雕也. 金曰雕, 玉曰琢"이라 함. 《荀子》에 인용된 이 구절은 '追'가 '雕'로 되어 있음.

【相】本質. 〈毛傳〉과 〈集傳〉에 "相, 質也"라 함. 〈鄭箋〉에는 "相, 視也. 猶觀視也. 追琢玉, 使成文章. 喻文王爲政, 先以心硏精, 合於禮義, 然後施之. 萬民視而觀之, 其好而樂之, 如覩金玉然. 言其政可樂也"라 함.

【勉勉】〈集傳〉에 "勉勉, 猶言不已也"라 함.

【我王】〈鄭箋〉에 "我王, 謂文王也"라 함.

【綱紀】法度대로 올바르게 나라를 다스림. 紀綱이 바로 섬. 〈鄭箋〉에 "以網罟, 喻爲政. 張之爲綱, 理之爲紀"라 하였고, 〈集傳〉에도 "凡網罟, 張之爲綱, 理之爲紀"라 함.

*〈集傳〉에 "○追之琢之, 則所以美其文者至矣. 金之玉之, 則所以美其質者至矣.

勉勉我王, 則所以綱紀乎四方者, 至矣"라 함.

1. 孔穎達 〈正義〉

毛以爲'芃芃然枝葉茂盛者, 是彼棫木之樸屬, 而叢生也. 我農人得析而薪之, 又載
而積之於家, 使農人得以濟用. 興德行俊秀者, 乃彼賢人之叢集, 而衆多也. 我國家
得徵而取之, 又引而置之於朝, 使國得以蕃興也. 既得賢人, 置之於位, 故濟濟然多
容儀之君王, 其擧行政此賢臣皆, 左右輔助而疾趨之'. 言賢人在官, 各司其職是, 其
能官人也. 鄭以爲'芃芃然枝葉茂盛之棫, 相樸屬而叢生也. 故使人豫斫而薪之, 及
祭皇天上帝, 則又聚積而燎之, 濟濟然, 其臨祭祀, 容貌肅敬之君王, 薪燎以祭之,
時左右諸臣, 趨疾而助之'. 言皆助王積薪, 以供事上帝, 是其能官人也. 〈正義〉曰: 芃
芃, 是棫樸之狀, 故爲盛貌. 〈釋木〉云:「樸, 枹者.」孫炎曰:「樸, 屬叢生謂之.」枹, 以
此故云「樸, 枹木也.」伐木析之謂之薪, 既以爲薪, 則當積聚, 檟在薪下, 故知檟爲積
也. 此詩美其能官人, 則以木茂喻賢人; 德盛樸屬喻賢人多. 薪之似聘取, 賢人積之
似聚置於朝. 故云山木茂盛, 萬人得而薪之; 賢人衆多, 國家得用, 蕃興然. 蕃是在朝
之士, 當以薪濟家用爲喻, 而文不類, 是互相足也. '蕃興'者, 謂蕃殖興盛, 言國家昌
大之意也. 〈正義〉曰: 言樸屬而生者, 〈冬官考工記〉云:「凡察車之道, 欲其樸屬而微
至.」注云:「樸屬, 猶附著堅固貌也.」此言樸者, 亦謂根枝迫迮相附著之貌, 故以樸屬.
言之欲取爲薪, 故言其枝葉茂盛, 芃芃然, 薪必乾乃用之, 故云豫斫. 〈月令〉:「季冬乃
命取秩薪柴, 以供郊廟及百祀之薪.」燎則一歲所須, 檟燎炊爨之薪, 皆於季冬收之,
以擬明年之用, 是豫斫也. 至祭皇天上帝及三辰, 則聚積燎之, 解檟之意也. 知此爲
祭天者, 以下云奉璋峩峩, 是祭時之事, 則此亦祭事檟之. 與大宗伯檟燎文同, 故知
爲祭天也. 大宗伯以禋祀, 祀昊天上帝, 以實柴祀, 日月星辰, 以檟燎祭祀司中司命·風
師·雨師, 彼檟燎之文, 唯施用於司中·司命, 此祭皇天上帝, 亦言檟之者. 彼云禋祀·
實柴·檟燎, 三者, 皆祭天神之禮, 俱是燎柴升煙. 但神有尊卑, 異其文耳. 故注云禋
之言, 煙, 周人尙臭煙氣之臭聞者也. 三祀, 皆積柴實牲體焉. 或有玉帛燔燎, 而升煙,
所以報陽也. 是其禮皆同, 故得爲檟之也. 皇天上帝, 〈月令〉文, 彼注以皇天爲北辰,
耀魄寶上帝爲五帝, 則此亦宜然. 宗伯注:「昊天上帝, 冬至於圓丘, 所祀天皇大帝
也.」昊天上帝, 猶皇天上帝, 《周禮》以爲一而〈月令〉分之者, 以《周禮》文, 自相顧司服
云「王祀昊天上帝」, 則服大裘而冕祀五帝, 亦如之別. 言五帝, 則昊天上帝之中, 無五
帝矣. 故以爲一月令文, 無所對, 宜廣及天帝, 故分之爲二, 此亦廣文, 當同之也. 〈春
官〉神仕之職, 桓二年《左傳》皆有三辰之文, 即宗伯所云日月星辰, 是也. 此章言'祭
天之事', 祭天則大報天, 而主日配以月可兼, 及日月而總言三辰, 以爲兼及星辰者,

以其俱在天神, 皆用柴祭槱之, 可以兼之, 故通舉焉. 此及宗伯, 月在柴燎之限, 則月爲天神, 當以禋祭. 觀禮云:「祭天燔柴祭地瘞」, 注云:「燔柴祭天, 謂祭日也. 則祭地瘞者, 謂祭月也.」日月而云天地靈之也. 又以月爲地神, 而從瘞埋之祭者, 彼注又云:「月者, 太陰之精, 上爲天使然, 以天使從天以陰精, 又從地. 故以祭月.」有二禮月之從埋, 唯此會同, 告神一事而已. 其餘皆從實柴, 故宗伯定之以爲天神也. 文王受命稱王, 必當祭天. 其祭天之事, 唯肇禋, 與是類見於詩, 其外又《中候合符后》云「文立稷配」, 注云:「文王受命, 祭天立稷, 以配之.」諸儒皆以爲郊與圓丘, 異名而實同. 鄭以圓丘與郊別, 文王未定天下, 不宜己祭圓丘, 所以言稷配, 蓋郊也. 何則? 周公祭禮, 始禘嚳, 而郊稷祖文而宗武, 若文王己具其禮, 當使誰配之, 以此知文王之時, 未具祭天之禮, 而分皇天上帝, 爲二者亦以槱. 文可盡兼天神, 廣言之耳. 未必文王己祭天皇大帝也. 此箋異於傳. 孫毓云:「此篇美文王之能官人, 非稱周地之多賢才也.」國事莫大於祀, 神莫大於天, 必擇俊士, 與共其禮, 故舉祭天之事, 以明官人之義. 又薪之槱之, 是燎祭積薪之名, 非謂萬民皆當槱燎. 箋義爲長. 〈正義〉曰:此趣嚮之趣, 義無所取, 故轉爲疾趨. 〈正義〉曰:辟, 君. 〈釋詁〉文, 以時紂存, 嫌不祭天, 故辨之云. 君王, 謂文王也. 文承上'槱之'之下, 故知相助積薪也.

2. 朱熹〈集傳〉

〈棫樸〉, 五章, 章四句:

此詩, 前三章「言文王之德, 爲人所歸」. 後二章言「文王之德, 有以振作, 綱紀天下之人, 而人歸之」. 自此以下至假樂, 皆不知何人所作? 疑多出於周公也.

245(大-5) 한록(旱麓)

*〈旱麓〉: '旱'은 산 이름. '麓'은 산기슭. 山麓. 山脚, 山足, 한산의 기슭.〈毛傳〉과 〈集傳〉에 "旱, 山名; 麓, 山足也"라 함.
*이 시는 文王이 선조 后稷과 公劉의 업을 잘 닦았고, 나아가 太王(古公亶父)과 王季(季歷)가 똑같이 하여 거듭 百福과 祿을 함께 구하였음을 찬미한 것임.

〈序〉:〈旱麓〉, 受祖也. 周之先祖, 世脩后稷·公劉之業. 大王·王季, 申以百福干祿焉.

〈한록〉은 조상의 업적을 이어받음을 말한 것이다. 주나라의 선조들은 대대로 后稷과 公劉의 업적을 잘 닦았고, 태왕과 왕계도 이로써 거듭 백복과 녹을 구하였다.

*전체 6장. 매 장 4구씩(旱麓: 六章. 章四句).

(1) 興
瞻彼旱麓, 榛楛濟濟.
뎌 旱(한)ㅅ 麓(록)을 瞻(쳠)혼딕, 榛楛(진호)ㅣ 濟濟ᄒ도다.
저 한산 기슭 바라보니, 개암나무 이수리나무 많고 많도다.

豈弟君子, 干祿豈弟!
豈弟(개뎨)흔 君子ㅣ여, 祿을 干(간)홈이 豈弟ᄒ도다!
즐거우신 우리 군자여, 복을 구하심도 신나게 하시네!

【榛楛】〈集傳〉에 "榛, 似栗而小; 楛, 似荊而赤"이라 함.
【楛】〈諺解〉物名에는 "楛: 니슈리나무"라 함. 줄기가 싸리나무 비슷하며 붉은 빛이 나고, 화살대 만드는 데도 쓰임.
【濟濟】많은 모습.〈毛傳〉과〈集傳〉에 "濟濟, 衆多也"라 하였고,〈鄭箋〉에는 "旱山之足, 林木茂盛者, 得山雲雨之潤澤也. 喻周邦之民, 獨豐樂者, 被其君德敎"라 함.

【豈弟】‘愷悌’로도 표기하며 樂易을 뜻하는 疊韻連綿語.〈集傳〉에 “豈弟, 樂易也”라 함.

【君子】太王과 王季, 혹 文王이라고도 함.〈鄭箋〉에 “君子, 謂大王·王季”라 하였으나,〈集傳〉에는 “君子, 指文王也”라 함.

【干】〈毛傳〉에 “干, 求也. 言陰陽和, 山藪殖, 故君子得以干祿樂易”이라 하였고,〈鄭箋〉에 “以有樂易之德, 施於民, 故其求祿, 亦得樂易”이라 함.

＊〈集傳〉에 “○此亦以詠歌文王之德. 言「旱山之麓, 則榛楛濟濟然矣. 豈弟君子, 則其干祿也豈弟矣.」干祿豈弟, 言其干祿之有道, 猶曰其爭也, 君子云爾”라 함.

(2) 興

瑟彼玉瓚, 黃流在中.

瑟흔 뎌 玉瓚(옥찬)애, 黃流(황류)] 中에 잇도다.

깨끗하고 선명한 옥찬에, 노란 색깔 흐르는 鬱鬯酒가 그 속에 흐르네.

豈弟君子, 福祿攸降!

豈弟흔 君子] 여, 福祿이 降(강) 하는 배로다!

즐거우신 군자여, 복록이 그에게 내리시도다!

【瑟】〈鄭箋〉에 “瑟, 潔鮮貌”라 하였으나,〈集傳〉에는 “瑟, 縝密貌”라 함.

【玉瓚】구슬로 손잡이를 한 瓚.〈毛傳〉에 “玉瓚, 圭瓚也”라 하였고,〈集傳〉에 “玉瓚, 圭瓚也. 以圭爲柄, 黃金爲勺, 靑金爲外, 而朱其中也”라 함.

【黃流】〈毛傳〉에 “黃, 金所以飾流鬯也. 九命然後, 錫以秬鬯圭·瓚”이라 하였고,〈鄭箋〉에 “黃, 流秬鬯也. 圭瓚之狀, 以圭爲柄, 黃金爲勺, 靑金爲外, 朱中央矣. 殷王帝乙之時, 王季爲西伯, 以功德受此賜”라 함.〈集傳〉에도 “黃流, 鬱鬯也. 釀秬黍爲酒, 築鬱金煮而和之, 使芬芳條鬯, 以瓚酌而祼之也”라 함. 鬱鬯의 모습을 형용한 것. 鬱鬯酒는 검은 기장으로 술을 빚고, 울금초를 넣고 달여서 맛을 낸 것.

【攸降】〈鄭箋〉과〈集傳〉에 “攸, 所;降, 下也”라 함.

＊〈集傳〉에 “○言「瑟然之玉瓚, 則必有黃流在其中. 豈弟之君子, 則必有福祿, 下其躬明. 寶器不薦於褻味, 而黃流不注於瓦缶, 則知盛德必享於祿壽, 而福澤不降於淫人矣.」”라 함.

(3) 興

鳶飛戾天, 魚躍于淵.

鳶(연)의 飛홈은 天의 戾(려)ᄒ거늘, 魚는 淵(연)의셔 躍(약)ᄒ놋다.

솔개는 하늘에 닿도록 날아가고, 물고기는 연못에 뛰어오르네.

豈弟君子, 遐不作人?

豈弟ᄒᆫ 君子ㅣ여, 엇디 人을 作디 아니 ᄒ리오?

즐거우신 우리 군자여, 어찌 백성을 사람으로 만들지 않으리오?

【鳶】〈鄭箋〉에 "鳶, 鴟之類. 鳥之貪惡者也. 飛而至天, 喩惡人遠去, 不爲民害也"라 하였고, 〈集傳〉에 "鳶, 鴟類"라 함.

【戾】至의 뜻. 〈集傳〉에 "戾, 至也"라 함.

【魚躍于淵】〈鄭箋〉에도 "魚跳躍于淵中, 喩民喜得所"라 하였고, 〈集傳〉에는 "李氏曰:《抱朴子》曰:『鳶之在下, 無力及至乎上, 聳身直翅而已. 蓋鳶之飛, 全不用力, 亦如魚躍怡然自得, 而不知其所以然也.』"라 함.

【遐不作人】〈鄭箋〉에 "遐, 遠也. 言大王·王季之德, 近於變化, 使如新作人"이라 하였고, 〈集傳〉에 "遐, 何通"이라 함. 앞장(〈棫樸〉)의 注를 참고할 것. 〈毛傳〉에 "言上下察也"라 함.

＊〈集傳〉에 "○言「鳶之飛, 則戾于天矣. 魚之躍, 則出于淵矣. 豈弟君子, 而何不作人乎?」言其必作人也"라 함.

(4) 賦

淸酒旣載, 騂牡旣備.

淸酒(청쥬)를 이믜 載(지)ᄒ며, 騂牡(성모)를 이믜 備(비)ᄒ니,

맑은 술을 차리고, 붉은 황소 잡아 희생을 갖추어,

以享以祀, 以介景福!

뻐 享(향)ᄒ며 뻐 祀(ᄉ)ᄒ야, 뻐 큰 福을 介케 ᄒ놋다!

신에게 제사드리니, 이로써 큰 복을 내리게 하시리라!

【旣載】〈鄭箋〉에 "旣載, 謂已在尊中也. 祭祀之事, 先爲淸酒, 其次擇牲, 故擧二者"
라 하였고, 〈集傳〉에는 "載, 在尊也"라 함.

【騂】털이 붉은 소.

【備】〈毛傳〉에 "言年豐畜碩也"라 하였고, 〈集傳〉에 "備, 全具也. 承上章, 言「有豈
弟之德, 則祭必受福」也"라 함.

【介】〈鄭箋〉에 "介, 助"라 함.

【景福】큰 福. 〈鄭箋〉에 "景, 大也"라 함. 〈毛傳〉에는 "言年豐畜碩也"라 함.

(5) 興

瑟彼柞棫, 民所燎矣.

瑟흔 뎌 柞棫(작역)은, 民의 燎(료)ᄒᆞᄂᆞᆫ 배로다.

저 무성한 굴참나무 두릅나무, 백성들의 땔감이로다.

豈弟君子, 神左勞矣!

豈弟흔 君子ᄂᆞᆫ, 神의 勞ᄒᆞᄂᆞᆫ 배로다!

즐거우신 우리 군자는, 신이 돕고 위로해주리라!

【瑟】〈毛傳〉에 "瑟, 衆貌"라 하였고, 〈集傳〉에는 "瑟, 茂密貌"라 함.

【燎】〈鄭箋〉에 "柞棫之所以茂盛者, 乃人燌燎除其旁草, 養治之, 使無害也"라 하였
고, 〈集傳〉에 "燎, 爨也. 或曰:「燌燎除其旁草, 使木茂」也"라 함.

【勞】慰撫함. 〈鄭箋〉에 "勞, 勞來. 猶言佑助"라 하였고, 〈集傳〉에 "勞, 慰撫也"라 함.

(6) 興

莫莫葛藟, 施于條枚.

莫莫(막막)흔 葛藟(갈류)ㅣ여, 條枚(됴미)에 施(이)ᄒᆞ엿도다.

무성하게 드리운 산머루, 나뭇가지에 감겨 오르네.

豈弟君子, 求福不回!

豈弟흔 君子여, 福을 求홈이 回티 아니 ᄒᆞ도다!

안락하신 우리 군자여, 복을 구하심이 잘못됨이 없도다!

【莫莫】벋어나가 무성한 모습. 〈毛傳〉에 "莫莫, 施貌"라 하였고, 〈集傳〉에 "莫莫, 盛貌"라 함.

【葛藟】산머루. 〈諺解〉物名에 "藟:멀에 ○묏멀외"라 하여 '머루'라 하였음. 〈鄭 箋〉에 "葛也藟也, 延蔓於木之枚木, 而茂盛. 喩子孫依緣先人之功而起"라 함.

【施】벋어나감.

【條枚】가지와 줄기.

【不回】邪曲됨이 없음. 옳음. 〈鄭箋〉에 "不回者, 不違先祖之道"라 하였고, 〈集傳〉 에 "回, 邪也"라 함.

참고 및 관련 자료

1. 孔穎達 〈正義〉

作〈旱麓〉詩, 言文王受其祖之功業也. 又言其祖功業, 所以有可受者, 以此周之先祖, 能世脩后稷·公劉之功業, 謂大王以前先公, 皆脩此二君之業. 以至於大王·王季, 重以得天之百福, 所求之祿焉. 文王得受其基業, 增而廣之, 以王有天下, 故作此詩, 歌大王·王季, 得祿之事也. '受祖'者, 謂受大王·王季已前也. '王季'者, 文王之父, 而並言祖者, 以卑統於尊, 故繫之大王也. 不言'文王受祖'者, 此祖功業, 後世亦蒙之. 不言文王見其流, 及後世周之先祖, 總謂文王以前世, 脩后稷·公劉之業者. 后稷上世, 賢君功業, 布於天下, 公劉能脩后稷之業, 又是先公之中, 賢俊者, 故特顯其名. 公劉之前, 先公脩后稷之業, 公劉以後之君, 并脩公劉之業, 故連言之. 言周之先祖, 則大王·王季, 在其中矣, 而別言大王·王季, 以大王·王季, 道德高於先君, 獲福多於前世, 故別起其文, 見其盛於往前, 且以結受祖之文, 明受祖者, 受大王·王季也. '申'者, 重也. 今大王, 福祿益多, 故言重也. 以大王言重明, 前已得周祿. 是序者, 要約之旨也. 福·祿, 一也, 而言百福·干祿焉. '福', 言'百', 明祿亦求其數多也; '祿'言'干', 明福亦求得之. 以經有干祿, 故因取而互之. 經六章皆言大王·王季, 脩行善道, 以求神祐, 是取以百福·干祿之事也. 〈縣〉言「文王之興, 本由大王」, 而經有文王之事, 此言受祖而經先說祖之得福, 其言不及文王者. 詩者, 志也. 各言其志, 故辭不可同. 〈生民〉, 周公成王之雅也. 〈維清〉·〈執競〉·〈時邁〉·〈思文〉, 周公·成王之頌也. 其文皆無周公·成王之事, 以其光揚祖業, 足爲子孫之美, 故其辭不復及焉.

246(大-6) 사재(思齊)

*〈思齊〉:〈毛傳〉에 "齊, 莊"이라 하였고, 〈集傳〉에도 "思, 語辭;齊, 莊"이라 함. 따라서 '思'는 發語辭, '齊'는 '재'(側皆反, 音齋)로 읽으며 〈毛詩音義〉에 "齊, 本作齋, 齋壯也"라 하여 文王(姬發)의 어머니 太任(季歷의 아내)과 자신의 아내 太姒의 엄숙하고 장엄하며 거룩함, 그리고 자애로움을 뜻함.

*이 시는 문왕의 성스러움은 하늘로부터 비롯된 것이면서, 동시에 훌륭한 모친 太任의 영향이 컸음을 찬미한 것임. 한편 여기에서는 '周室三母', 즉 太姜, 太任, 太姒를 함께 찬미하여, 여인들의 훌륭함을 높이 여기고 있음. 이에 대해서는 〈關雎〉(001)편의 참고란 劉向《列女傳》을 참조할 것.

〈序〉:〈思齊〉, 文王所以聖也.

〈사재〉는 문왕이 성스러운 이유를 말한 것이다.

〈箋〉: 言非但天性德, 有所由成.

*전체 5장. 2장은 6구씩, 3장은 4구씩(思齊:五章. 二章章六句, 三章章四句).

(1) 賦
思齊大任, 文王之母,

齊(지)흔 大任(태임)이, 文王의 母ㅣ시니,

정숙하고 거룩하신 太任은, 文王의 어머니시요,

思媚周姜, 京室之婦.

周姜의 媚(미)ㅎ샤, 京室에 婦(부)ㅣ러시니,

자애로우신 周姜은, 주나라 왕실 太王의 부인이시며,

大姒嗣徽音, 則百斯男!

大姒(태ㅅ)ㅣ 徽(휘)흔 音을 嗣(ㅅ)ㅎ시니, 곧 百(빅)인이 男이샷다!

太姒가 그들의 아름다운 명성을 이으시어, 많은 아들을 낳으셨도다!

【大任】太任. 王季(季歷)의 妃이며 古公亶父(太王)의 며느리. 文王(姬昌)의 어머니.
摯任氏(任姓, 姙姓)의 둘째 딸.《列女傳》(1)에 "大任者, 文王之母, 摯任氏中女也.
王季娶爲妃. 大任之性, 端一誠莊, 惟德之行. 及其有娠, 目不視惡色, 耳不聽淫聲,
口不出敖言, 能以胎敎. 溲於豕牢, 而生文王. 文王生而明聖, 大任敎之以一而識百,
卒爲周宗. 君子謂:「大任爲能胎敎.」古者, 婦人妊子, 寢不側, 坐不邊, 立不蹕, 不食
邪味. 割不正不食, 席不正不坐, 目不視於邪色, 耳不聽於淫聲. 夜則令瞽誦詩, 道
正事, 如此則生子形容端正, 才德必過人矣. 故妊子之時, 必愼所感, 感於善則善,
感於惡則惡. 人生而肖萬物者, 皆其母感於物, 故形音肖之, 文王母可謂知肖化矣"
라 함.

【媚】사랑함. 자애로움. 〈毛傳〉과 〈集傳〉에 "媚, 愛也"라 함.

【周姜】太美(大姜). 太王(古公亶父)의 妃, 王季의 어머니. 有台氏(姜姓)의 딸. 文王의
祖母. 〈毛傳〉에 "周姜, 大姜也"라 하였고, 〈集傳〉에 "周姜, 大王之妃大姜也"라
함.

【京室】王室. 〈毛傳〉에 "京室, 王室也"라 하였고, 〈鄭箋〉에 "京, 周地名也. 常思莊
敬者, 大任也. 乃爲文王之母, 又常思愛. 大姜之配大王之禮, 故能爲京室之婦. 言
其德行純備, 故生聖子也. 大姜言周大任, 言京見其謙恭, 自卑小也"라 함. 〈集傳〉
에는 "京, 周也"라 함.《列女傳》에 "大姜者, 王季之母, 有台氏之女. 大王娶以爲妃,
生大伯·仲雍·王季, 貞順率導, 靡有過失. 大王謀事遷徙, 必與大姜. 君子謂:「大姜
廣於德敎.」"라 함.

【大姒】太姒. 文王(姬昌)의 妃이며 武王(姬發)의 어머니. 王季와 太任의 며느리. '文
母'로도 불림. 有莘氏(姒姓)의 딸. 〈毛傳〉과 〈集傳〉에 "大姒, 文王之妃也"라 함.

【徽音】아리따운 名聲. 〈鄭箋〉에 "徽, 美也. 嗣大任之美音, 謂續行其善敎令"이라
함. 〈集傳〉에 "徽, 美也"라 함.

【則百斯男】斯는 助字. 많은 아들을 낳음. 〈毛傳〉에 "大姒十子衆妾, 則宜百子也"
라 하였고, 〈集傳〉에 "百男, 擧成數而言其多也"라 함. 劉向《列女傳》(1)에 "大姒
者, 武王之母, 禹後有莘姒氏之女. 仁而明道, 文王嘉之, 親迎於渭, 造舟爲梁. 及入,
大姒思媚大姜·大任, 旦夕勤勞, 以進婦道, 大姒號曰文母. 文王治外, 文母治內. 大
姒生十男: 長伯邑考·次武王發·次周公旦·次管叔鮮·次蔡叔度·次曹叔振鐸·次霍叔
武·次成叔處·次康叔封·次聃季載. 大姒敎誨十子, 自少及長, 未嘗見邪僻之事. 及
其長, 文王繼而敎之, 卒成武王·周公之德"이라 하여, 文王과 太姒 사이에는 伯邑
(姬考), 武王(姬發), 周公(姬旦), 管叔(姬鮮), 蔡叔(姬度), 曹叔(姬振鐸), 霍叔(姬武), 成
叔(姬處), 康叔(姬封), 聃季(姬載) 등 열 명의 아들을 두었다 하였음.

*〈集傳〉에 "○此詩亦歌文王之德, 而推本言之, 曰「此莊敬之大任, 乃文王之母. 實
能媚於周姜, 而稱其爲周室之婦. 至於大姒, 又能繼其美德之音, 而子孫衆多.」上
有聖母, 所以成之者, 遠內有賢妃, 所以助之者, 深也"라 함.

(2) 賦

惠于宗公, 神罔時怨,

宗公에 惠ᄒ샤, 神이 이에 怨이 업스며,

문왕께서는 선대 조상님의 뜻에 순종하시어, 신께서도 이에 불평이 없었으며,

神罔時恫, 刑于寡妻.

神이 이에 恫(통)이 업슴은, 寡妻(고쳐)에 刑ᄒ샤,

신께서 이에게 불평 없었던 것은, 문왕이 아내에게 법이 되시며,

至于兄弟, 以御于家邦!

兄弟예 至ᄒ샤, 뻐 家邦(가방)을 御ᄒ실 시니라!

형제에게까지 이르게 하여, 이로써 나라를 다스렸기 때문이로다!

【惠】〈鄭箋〉과 〈集傳〉에 "惠, 順也"라 함.

【宗公】宗廟에 모신 조상의 신령. 혹 先代의 여러 公들. 〈毛傳〉에 "宗公, 宗神也"라 하였고, 〈鄭箋〉에 "宗公, 大臣也"라 하였으나, 〈集傳〉에는 "宗公, 宗廟先公也"라 함. 馬瑞辰 〈通釋〉에 "宗公, 卽先公也"라 함.

【時】是와 같음.

【恫】〈毛傳〉과 〈集傳〉에 "恫, 痛也"라 하였고, 〈鄭箋〉에는 "文王爲政咨於大臣, 順而行之, 故能當於神明. 神明並無怨恚其所行者, 無是痛傷其所爲者, 其將無有凶禍"라 함.

【刑于寡妻】文王의 덕이 아내에게 법이 되어, 아내가 그 덕을 형제에게 미치도록 함. 〈毛傳〉에 "刑, 法也;寡妻, 適妻也"라 하였고, 〈鄭箋〉에는 "寡妻, 寡有之妻. 言賢也"라 함. 〈集傳〉에 "刑, 儀法也;寡妻, 猶言寡小君也"라 함.

【兄弟】형제와 宗族 모두를 뜻함.

【御】〈毛傳〉과 〈集傳〉에 "御, 迎也"라 함. 〈鄭箋〉에는 "御, 治也. 文王以禮法接待其妻, 至于宗族. 以此又能爲政治于家邦也.《書》(康誥)曰「乃寡兄勗」, 又(大誥)曰「越乃御事」"라 함.

＊〈集傳〉에 "○言「文王順于先公, 而鬼神歆之, 無怨恫者, 其儀法內施於閨門, 而至于兄弟, 以御于家邦也.」孔子曰:「家齊而後國治.」孟子(梁惠王上)曰:「言舉斯心加諸彼而已.」張子曰:「言接神人各, 得其道也.」"라 함.

(3) 賦

雝雝在宮, 肅肅在廟.

雝雝(옹옹)히 宮에 겨시며, 肅肅히 廟애 겨시며,

벽옹의 궁궐 안에서는 온화하시고, 종묘에서는 공경을 다하는 모습.

不顯亦臨, 無射亦保!

顯티 아니 ᄒ야도 ᄯ혼 臨ᄐᆺ ᄒ시며, 射(역)홈이 업서도 ᄯ혼 保ᄒ시ᄂ
니라!

드러내지 않을 때에도 살펴보시며, 싫증냄도 없이 역시 보살피셨노라!

【雝雝】〈毛傳〉에 "雝雝, 和也"라 하였고, 〈集傳〉에는 "雝雝, 和之至也"라 함.
【宮】〈鄭箋〉에 "宮, 謂辟廱宮也. 羣臣助文王養老, 則尙和; 助祭於廟, 則尙敬. 言得
　　禮之宜"라 함.
【肅肅】공경을 다 하는 태도. 〈毛傳〉에 "肅肅, 敬也"라 하였고, 〈集傳〉에는 "肅肅,
　　敬之至也"라 함.
【顯】〈毛傳〉에 "以顯臨之, 保安無厭也"라 하였고, 〈鄭箋〉에는 "臨, 視也"라 함.
　　〈集傳〉에 "不顯, 幽隱之處也"라 함.
【射】싫어함. '역'(音亦)으로 읽음. '斁'(역)과 같음. 〈集傳〉에 "射, 與斁同, 厭也"라 함.
【保】는 守의 뜻. 〈鄭箋〉에 "保, 猶居也. 文王之在辟廱也, 有賢才之質而不明者, 亦
　　得觀於禮, 於六藝無射才者, 亦得居於位. 言養善使之, 積小致高大"라 하였고,
　　〈集傳〉에 "保, 猶守也"라 함. 그러나 이 구절에 대해 馬瑞辰 〈通釋〉에는 "古射字
　　與夜·夕字, 疊韻亦通用. ……皆有闇冥之義. ……'不顯亦臨', 猶云顯則臨. '無射亦
　　保, ……言文王無時不警惕也"라 함.
＊〈集傳〉에 "○言「文王在闉門之內, 則極其和;在宗廟之中, 則極其敬. 雖居幽隱亦
　　常若有臨之者, 雖無厭射亦常有所守焉.」其純亦不已, 蓋如是"라 함.

(4) 賦

肆戎疾不殄, 烈假不瑕.

이러모로 큰 疾(질)을 殄(진)티 몯ᄒ시나, 烈假(렬가)ᄒ야 瑕(하)티 아니 ᄒ
시며,

그러므로 큰 재앙을 끊어 없애지 않아도 되었고, 나쁜 재앙이 심하게
나타나지 않았다.

不聞亦式, 不諫亦入!

聞티 아니 ᄒ시나 ᄯᅩᄒᆫ 式(식)ᄒ시며, 諫(간)티 아니 ᄒ나 ᄯᅩᄒᆫ 入ᄒ시
니라!

들지 않고 행해도 역시 법에 맞았고, 간언이 없이도 역시 도리에 드셨
느니라!

【肆戎】'肆'는 '그러므로 지금'의 뜻. 〈毛傳〉에 "肆, 故今也;戎, 大也. 故今大疾害人
　者, 不絶之, 而自絶也"라 하였고, 〈集傳〉에 "肆, 故今也;戎, 大也"라 함.
【疾不殄】〈集傳〉에 "疾, 猶難也. 大難如羑里之囚, 及昆夷玁狁之屬也;殄, 絶"이라
　함.
【烈假不瑕】나쁜 재앙이 크게 나타나지 않음. 〈毛傳〉에 "烈, 業;假, 大也"라 하였
　고, 〈鄭箋〉에는 "厲假, 皆病也. 瑕, 已也. 文王於辟廱德如此, 故大疾害人者, 不絶
　之而自絶;爲厲假之行者, 不已之而自已. 言化之深也"라 함. 〈集傳〉에는 "烈, 光;
　假, 大;瑕, 過也. 此兩句與「不殄厥慍, 不隕厥問」, 相表裏"라 함. 馬瑞辰〈通釋〉에
　는 "烈, 卽癘之假借;假, 卽瘕之假借"라 함.
【聞·式】〈毛傳〉에 "言性與天合也"라 하였고, 〈鄭箋〉에는 "式, 用也. 文王之祀於宗
　廟, 有仁義之行, 而不聞達者, 亦用之助祭, 有孝悌之行, 而不能諫爭者, 亦得入. 言
　其使人器之, 不求備也"라 함. 〈集傳〉에는 "聞, 前聞也;式, 法也"라 함.
＊〈集傳〉에 "○承上章言「文王之德如此, 故其大難, 雖不殄絶, 而光大亦無玷缺;雖
　事之無所前聞者, 而亦無不合於法度;雖無諫諍之者, 而亦未嘗不入於善」傳所謂
　'性與天合', 是也"라 함.

(5) 賦
肆成人有德, 小子有造.

이러모로 成人이 德이 이시며, 小子ㅣ 造(조)홈이 이시니,

이러므로 성인은 덕을 이루었고, 아이들은 사람 도리를 할 수 있었던
것이니,

古之人無斁, 譽髦斯士!

넷 사롬 斁(역)홈이 업슨 디라, 이 士룰 譽(여)ᄒ야 髦(모)케 ᄒ샷다!

옛 사람들은 싫증을 냄이 없이, 선비들을 영예로운 준사로 길러냈던 것이니라!

【成人】大夫와 士. 〈鄭箋〉에 "成人, 謂大夫士也"라 하였고, 〈集傳〉에는 "冠以上爲 成人"이라 함.

【小子】〈鄭箋〉에 "小子, 其弟子也. 文王在於宗廟德如此, 故大夫士, 皆有德; 子弟, 皆有所造成"이라 함. 〈集傳〉에는 "小子, 童子也"라 함.

【有造】〈毛傳〉과 〈集傳〉에 "造, 爲也"라 함.

【古之人】〈毛傳〉에 "古之人, 無厭於有名譽之俊士"라 하였고, 〈鄭箋〉에도 "古之人, 謂聖王明君也. 口無擇言, 身無擇行, 以身化其臣下, 故令此士, 皆有名譽於天下, 成 其俊乂之美也"라 함. 〈集傳〉에는 "古之人, 指文王也"라 함. 王先謙 〈集疏〉에 "古 之人, 敎士無厭斁, 故能使斯士, 皆成爲譽髦也"라 함.

【斁】'역'(音亦)으로 읽으며, 앞의 '射'(厭)의 뜻. 그러나 鄭玄은 '擇'의 뜻으로 보았 음.

【譽】〈集傳〉에 "譽, 名"이라 함.

【髦】〈集傳〉에 "髦, 俊也"라 함.

*〈集傳〉에 "○承上章言「文王之德見於事者如此, 故一時人材, 皆得其所成就. 蓋由 其德純而不已, 故令此士皆有譽於天下, 而成其俊乂之美也.」"라 함.

참고 및 관련 자료

1. 孔穎達 〈正義〉

作〈思齊〉詩者, 言文王所以得聖, 由其賢母所生. 文王自天性當聖, 聖亦由母大賢. 故歌詠其母, 言「文王之聖, 有所以而然也.」經四章首章, 言大任德行純備, 故能生此 文王, 是其所以聖也. 二章以下, 言文王德當神明, 施化家國, 下民變, 惡爲善小大, 皆有所成, 是其聖之事也. 〈正義〉曰:《論語》(季氏)云:「天生知之者, 上也.」則聖人稟 性, 自天不由於母. 以大姒之賢, 亦生管蔡, 而云德有所由, 成歸德於母者, 以其母實 賢, 遂致歌詠, 見其歎美之深, 錄之以爲後法耳.

247(大-7) 황의(皇矣)

*〈皇矣〉: 위대함. 위대한 하늘의 뜻. 즉 주나라가 천하를 차지한 것은 위대한 천명으로부터 이루어졌음을 강조한 것.

*이 시는 하늘이 殷을 대신할 나라는 서쪽 西伯(姬昌, 文王)밖에 없다고 여겨 명을 내려준 것이며, 문왕은 이에 따라 주변 나라를 정복해 가는 과정을 문왕의 修道行德과 주변 나라의 악행을 제거한다는 구실에 맞추어 찬미한 것임.

〈序〉:〈皇矣〉, 美周也. 天監代殷, 莫若周; 周世世脩德, 莫若文王.

〈황의〉는 주나라를 찬미한 것이다. 하늘이 은나라를 대신할 자로서는 주나라만한 나라가 없다고 보았으며, 주나라가 대대로 덕을 닦음에는 문왕만한 이가 없다고 여겼다.

〈箋〉: 監, 視也. 天視四方, 可以代殷王天下者, 維有周爾. 世世脩行道德, 維有文王盛爾.

*전체 8장. 매 장 12구씩(皇矣: 八章. 章十二句).

(1) 賦
皇矣上帝, 臨下有赫.

皇혼 上帝ㅣ, 下를 臨(림)홈이 赫(혁)ᄒᆞ샤,

위대하신 上帝께서, 땅을 내려다보심이 분명하시니,

監觀四方, 求民之莫.

四方을 監觀(감관)ᄒᆞ샤, 民의 莫(막)홈을 求ᄒᆞ시니,

사방 나라들을 두루 살펴보시고, 백성들이 편안히 살 곳을 찾으시어,

維此二國, 其政不獲.

이 二國이, 그 政이 獲(획)디 몯홀 식,

당초 夏나라와 殷나라에게 맡기셨더니, 그 정사가 제대로 되지 않기에,

維彼四國, 爰究爰度.

뎌 四國애, 이에 究(구)ᄒ시며 이에 度(탁)ᄒ시니,

저 사방 나라에 도가 있는 자를, 다시 찾아보고 생각해 보시고는,

上帝耆之, 憎其式廓.

上帝ㅣ 耆(지)ᄒ샴은, 式廓(식확)을 憎(증)혼 디라,

상제께서는 이들 두 나라 군주들이 늙도록 기다렸으나, 그들의 악행이 더욱 커짐을 증오하여,

乃眷西顧, 此維與宅!

眷(권)히 西로 顧(고)ᄒ샤, 일로 與(여)ᄒ야 宅(퇴)게 ᄒ시니라!

이에 안타깝게 여겨 서쪽 문왕을 돌아보시어, 여기에 자리를 잡고 살 곳임을 허락하셨노라!

【皇】위대함. 天命의 위대함을 뜻함. 〈毛傳〉과 〈集傳〉에 "皇, 大"라 함.

【臨】〈鄭箋〉에 "臨, 視也. 大矣天之視天下, 赫然甚明. 殷紂之暴亂, 乃監察天下之衆國"이라 하였고, 〈集傳〉에도 "臨, 視也"라 함.

【赫】〈集傳〉에 "赫, 威明也"라 함.

【莫】〈毛傳〉과 〈集傳〉에 "莫, 定也"라 함. 백성들이 안정을 찾아 살 수 있는 곳을 뜻함.

【監】〈集傳〉에 "監, 亦視也"라 함.

【求民】〈鄭箋〉에 "求民之定, 謂所歸就也"라 함.

【二國】殷과 夏. 〈毛傳〉에 "二國, 殷·夏也"라 하였고, 〈鄭箋〉에 "二國, 謂今殷紂及崇侯也"라 함. 일설에는 邰와 豳이라고도 함. 〈集傳〉에도 "二國, 夏·商也"라 함.

【其政不獲】〈鄭箋〉에 "正(政), 長; 獲, 得也"라 하였고, 〈集傳〉에는 "不獲, 謂失其道也"라 함. 여기서는 夏桀과 殷紂의 포학한 정치를 함을 뜻함.

【彼】〈毛傳〉에 "彼, 彼有道也"라 함.

【四國】〈毛傳〉에 "四國, 四方也"라 하였고, 〈鄭箋〉에 "四國, 謂密也, 阮也, 徂也, 共也"라 하여, 密, 阮, 徂, 共 등 네 나라를 들고 있음. 〈集傳〉에 "四國, 四方之國也"라 함.

【爰究爰度】'爰'은 助字. '究'는 尋, '度'은 謀. 〈毛傳〉에 "究, 謀;度, 居也"라 하였고,
〈集傳〉에는 "究, 尋;度, 謀也"라 함. 〈鄭箋〉에는 "度, 亦謀也. 殷崇之君, 其行暴亂,
不得於天心. 密阮徂共之君, 於是又助之謀, 言同於惡也"라 함.

【耆】'기'(巨夷反)로 읽어야 하나 〈諺解〉에는 '지'로 읽었음. 〈毛傳〉과 〈鄭箋〉에
"耆, 老也"라 함. 〈鄭箋〉에 "耆, 老也. 天須假此二國養之, 至老猶不變改, 憎其所用
爲惡者, 浸大也. 乃眷然運視西顧, 見文王之德, 而與之居. 言天意常在文王所"라
함.

【憎其式廓】'憎'은 憎惡함. 그러나 朱熹는 '增'으로 보았음. '式廓'은 規模가 커짐.
〈毛傳〉에 "廓, 大也. 憎其用大位, 行大政"이라 하였고, 〈鄭箋〉에는 "天須假此二
國養之, 至老猶不變改, 憎其所用爲惡者, 浸大也. 乃眷然運視西顧, 見文王之德,
而與之居. 言天意常在文王所"라 함. 〈集傳〉에는 "耆·憎·式廓, 未詳其義. 或曰:
「耆, 致也;憎, 當作增;式廓, 猶言規模也. 此謂岐周之地也.」"라 함.

【眷】안타깝게 여김.

【西顧】〈毛傳〉에 "顧, 顧西土也"라 함. '西'는 文王(西伯昌)이 차지하고 있는 서쪽
岐周를 가리킴.

【與】허락함. 許與함. 肯許함.

【宅】〈毛傳〉에 "宅, 居也"라 함.

*〈集傳〉에 "○此詩叙大王·大伯·王季之德, 以及文王伐密伐崇之事也. 此其首章,
先言「天之臨下甚明, 但求民之安定而已. 彼夏商之政, 旣不得矣. 故求於四方之
國, 苟上帝之所欲致者, 則增大其疆境之規模. 於是乃眷然顧視西土, 以此岐周
之地, 與大王爲居宅也.」"라 함.

(2) 賦

作之屛之, 其菑其翳.

作ᄒ며 屛(병)ᄒ니, 그 菑(츼)며 그 翳(예)며,

그 거친 땅의 나무를 도끼로 찍으니, 말라 서서 죽은 나무며 쓰러진
나무들.

脩之平之, 其灌其栵.

脩(슈)ᄒ며 平ᄒ니, 그 灌(관)이며 그 栵(례)며,

이처럼 땅을 정리하니, 나무들이 총총히 줄을 서서 자라게 되었네.

啓之辟之, 其檉其椐.

啓ㅎ며 辟(벽)ㅎ니, 그 檉(쳥)이며 그 椐(거)ㅣ며,

베어 없애고 쳐서 없애니, 이는 바로 갯버들과 버드나무들.

攘之剔之, 其檿其柘.

攘(양)ㅎ며 剔(텩)ㅎ니, 그 檿(엄)이며 그 柘(쟈)ㅣ로다.

가지는 치고 없앨 것은 없애니, 그 나무는 쓸모 있는 뫼뽕과 꾸지뽕나무.

帝遷明德, 串夷載路.

帝ㅣ 明德을 遷(쳔)ㅎ신 디라, 串夷(관이) 路(로)애 載(지)ㅎ거늘,

상제께서 태왕을 이곳으로 옮기도록 하니, 混夷는 도망가느라 길을 메웠네.

天立厥配, 受命旣固!

天이 그 配를 立ㅎ시니, 命 受홈이 이믜 固ㅎ샷다!

게다가 하늘은 문왕에게 太姒를 짝으로 맺어주니, 받으신 천명은 이윽고 견고해졌노라!

【作】뽑아버림, 잘라버림. 〈集傳〉에 "作, 拔起也"라 함. '斫'의 通假字.

【屏】除去함. 〈集傳〉에 "屏, 去之也"라 함.

【其菑其翳】'菑'는 선 채로 죽은 나무. '翳'는 쓰러져 죽은 나무. 〈毛傳〉에 "木立死曰菑, 自斃爲翳"이라 하였고, 〈集傳〉에는 "菑, 木立死者也; 翳, 自斃者也. 或曰小木蒙密蔽翳者也"라 함.

【脩之平之】'脩'와 '平'은 땅을 정리함을 뜻함. 〈集傳〉에 "脩·平, 皆治之, 使疎密正直得宜也"라 함.

【其灌其栵】〈毛傳〉에 "灌, 叢生也; 栵, 栭也"라 하였고, 〈集傳〉에도 "灌, 叢生者也; 栵, 行生者也"라 함. '栵'은 혹 나무가 줄을 서서 자라는 行列이라고도 함.

【啓之辟之】베어 버림. 〈集傳〉에 "啓·辟, 芟除也"라 함.

【檉·椐】쓸모가 크지 않은 갯버들과 버드나무. 〈諺解〉物名에는 "檉: 갯버들; 椐: 버드나무 근튼 것"이라 함. 〈毛傳〉에 "檉, 河柳也; 椐, 樻也"라 하였고, 〈集傳〉에

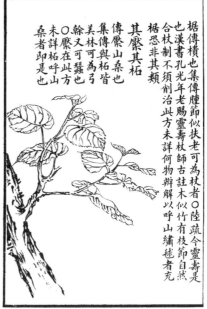

"檉, 河柳也. 似楊, 赤色, 生河邊; 椐, 橫也. 腫節, 似扶老可爲杖者也"라 함.

【攘之剔之】너무 가지 많은 것은 쳐서 成長케 함. 〈集傳〉에 "攘·剔, 謂穿剔去其繁冗, 使成長也"라 함.

【檿·柘】잠상에 쓸모가 큰 메뽕과 꾸지뽕. 〈諺解〉 物名에는 "檿:뫼뽕;柘:뫼뽕, 씌지뽕"이라 함. 〈毛傳〉에 "檿, 山桑也"라 하였고, 〈集傳〉에 "檿, 山桑也. 與柘皆美材, 可爲弓榦. 又可蠶也"라 함. '檿'은 본음은 '염'이나 〈諺解〉에는 '엄'으로 읽었음. 〈鄭箋〉에 "天旣顧文王四方之民, 則大歸往之. 岐周之地, 險隘多樹木, 乃競刊除而自居處. 言樂就有德之甚"이라 함.

【帝遷明德】'帝'는 上帝. '明德'은 밝은 덕을 가진 大王(太王, 古公亶父)을 가리킴. 〈集傳〉에 "明德, 謂明德之君, 卽大王也"라 함.

【串夷載路】〈毛傳〉에 "串, 習;夷, 常;路, 大也"라 하였고, 〈鄭箋〉에 "串夷, 卽混夷, 西戎國名也. 路, 應也. 天意去殷之惡, 就周之德文王, 則侵伐混夷, 以應之"라 함. '載路'는 문왕의 덕에 의해 따라 옮겨옴. 〈毛傳〉에 "徙就文王之德也"라 함. 그러나 朱熹는 '昆夷가 도망함'이라 하였음. 〈集傳〉에는 "串夷載路」, 未詳. 或曰:「串夷, 卽昆夷;載路, 謂滿路而去, 所謂昆夷駾矣者也.」"라 함.

【配】賢妃를 가리킴. 〈毛傳〉에 "配, 媲也"라 하였고, 〈鄭箋〉에 "天旣顧文王, 又爲之生賢妃, 謂大姒也. 其受命之道, 已堅固也"라 함. 〈集傳〉에는 "配, 賢妃也, 謂大

姜"이라 함.

*〈集傳〉에 "○此章言「大王遷於岐周之事. 蓋岐周之地, 本皆山林險阻, 無人之境, 而
近於昆夷. 大王居之人物漸盛. 然後漸次開闢如此. 乃上帝遷此明德之君, 使居其
地, 而昆夷遠遁. 天又爲之立賢妃, 以助之. 是以受命堅固, 而卒成王業也.」라 함.

(3) 賦
帝省其山: 柞棫斯拔, 松柏斯兌.
帝 그 山을 省(성)하시니, 柞棫(작역)이 이에 拔(패)하며, 松栢이 이에 兌
(태)하거늘,

상제께서 그 산을 보시니, 가지 돋친 잡목은 뽑혔고, 소나무 잣나무
곧게 자라고 있기에,

帝作邦作對, 自大伯王季!
帝] 邦을 作하시고 對(디)를 作하시니, 大伯(태빅)과 王季(왕계)로브터 하
샷다!

상제께서 하늘 뜻에 맞을 나라를 세우도록 하니, 이는 太伯과 王季에
게서 비롯된 것이도다!

維此王季, 因心則友, 則友其兄.
이 王季], 心을 因하야 곧 友하샤, 곧 그 兄을 友하샤,

이 진실한 왕계여, 친히 여기는 천성은 우애로 나타나, 그 형 太伯에게
우애를 다했노라.

則篤其慶, 載錫之光.
곧 그 慶을 篤(독)하샤, 곧 光을 錫(셕)하시니,

그 형 훌륭하심을 후하게 여기니, 비로소 형의 영광을 드러내게 되었
도다.

受祿無喪, 奄有四方!
祿을 受하야 喪(상)홈이 업서, 믄득 四方(ᄉ방)을 두샷다!

복록을 받아 잃지 아니하니, 문득 천하를 차지하게 된 것이니라!

【帝省】'帝'는 天帝. '省'은 살펴봄. 혹 '善'의 뜻이라고도 함. 〈鄭箋〉에 "省, 善也. 天旣顧文王, 乃和其國之風雨, 使其山樹木茂盛. 言非徒養其民人而已"라 함.

【拔·兌】〈毛傳〉에 "兌, 易直也"라 하였고, 〈集傳〉에 "拔·兌. 見〈緜〉篇. 此亦言「其山林之間, 道路通」也"라 함.

【作】〈鄭箋〉에 "作, 爲也. 天爲邦, 謂興周國也. 作配, 謂爲生明君也. 是乃自大伯·王季時則然矣. 大伯讓於王季, 而文王起"라 함.

【對】짝. 하늘이 상대할 사람. 明君을 가리킴. 〈毛傳〉에 "對, 配也"라 하였고, 〈集傳〉에는 "對, 猶當也. 作對, 言「擇其可當此國者, 以君之」也"라 함.

【大伯】太伯(泰伯). 太王(太公, 古公亶父)의 長子. 古公亶父에게는 太伯, 虞仲, 季歷 세 아들이 있었음. 王季는 季歷. 계력의 아들이 文王(姬昌)이며 그 뒤를 武王(姬發)이 이어 殷紂를 멸한 뒤 추존하여 王季라 불렸음. 〈毛傳〉에 "從大伯之見王季也"라 하였고, 〈集傳〉에 "大伯, 大王之長子; 王季, 大王之少子也"라 함.

【因心則友】〈毛傳〉에 "因, 親也. 善兄弟曰友"라 하였고, 〈鄭箋〉에 "王季以有因心, 則友之德, 故世世受福祿, 至於覆有天下"라 함. 〈集傳〉에는 "因心, 非勉强也. 善兄弟曰友"라 함. 陳奐〈傳疏〉에는 "因, 古姻字. ……姻訓親, 親心卽因心"이라 함.

【兄】〈集傳〉에 "兄, 謂大伯也"라 함.

【則篤其慶】〈鄭箋〉과 〈集傳〉에 "篤, 厚"라 하였고, 〈毛傳〉에 "慶, 善"이라 함. 陳奐〈傳疏〉에는 "〈傳〉訓慶爲善. ……'篤其慶', 猶云'篤于親'也"라 함.

【載錫之光】〈鄭箋〉에 "載, 始也. 王季之心, 親親而又善於宗族, 又尤善於兄大伯, 乃厚明其功美, 始使之顯著也. 大伯以讓爲功美, 王季乃能厚明之, 使傳世稱之, 亦其德也"라 함. 〈集傳〉에 "載, 則也"라 하였고, 〈毛傳〉에 "光, 大也"라 함.

【喪】〈毛傳〉에 "喪, 亡"이라 함.

【奄】〈毛傳〉에 "奄, 大也"라 하였고, 〈集傳〉에 "奄字之義, 在忽遂之間"이라 함. 곧 바로 문득 武王(姬發)에 이르러 천하를 차지하게 되었음을 뜻함.

＊〈集傳〉에 "○言「帝省其山, 而見其木拔道通, 則知民之歸之者, 益衆矣. 於是旣作之邦, 又與之賢君以嗣其業. 蓋自其初生大伯·王季之時, 而已定矣. 於是大伯見王季生文王, 又知天命之有在, 故適吳不反. 大王没而國傳於王季及文王, 而周道大興也. 然以大伯而避王季, 則王季疑於不友, 故又特言王季所以友其兄者, 乃因其心之自然, 而無待於勉强. 旣受大伯之讓, 則益脩其德, 以厚周家之慶, 而與其兄以讓德之光, 猶曰彰其知人之明, 不爲徒讓耳. 其德如是, 故能受天祿而不失, 至於文武, 而奄有四方也.」"라 함.

(4) 賦

維此王季, 帝度其心,

이 王季를, 帝 그 心을 度(탁)게 ᄒ시고,

바로 이 왕계를, 상제께서 그 마음을 헤아리게 하시고,

貊其德音, 其德克明!

그 德音을 貊(믹)게 ᄒ시니, 그 德이 능히 明ᄒ샷다!

조용히 그 명성의 소문이 나게 하시니, 그 덕이 분명하셨노라!

克明克類, 克長克君,

능히 明ᄒ시며 능히 類(류)ᄒ시며, 능히 長ᄒ시며 능히 君ᄒ시며,

그는 선악을 분명하게 분별했으며, 능히 지도자 되시고 임금 될 분으로서,

王此大邦, 克順克比.

이 大邦애 王ᄒ샤, 능히 順ᄒ시며 능히 比ᄒ더시니,

이 나라에 왕이 되시니, 누구나 그에게 순종하고 그를 따랐으니,

比于文王, 其德靡悔.

文王에 니르샤, 그 德이 悔(회)홈이 업스시니,

그 아들 문왕에 이르러서는, 그 큰 덕에 어떤 아쉬움도 없어,

旣受帝祉, 施于孫子!

이믜 帝祉(뎨지)를 受ᄒ샤, 孫子애 施(이)ᄒ샷다!

이윽고 천제가 내리신 복록을 받으시어, 자손에 길이 전하셨노라!

【度其心】〈毛傳〉에 "心能制義曰度"이라 하였고, 〈集傳〉에 "度, 能度物制義也"라 함.

【貊】〈毛傳〉에 "貊, 靜也"라 하였고, 〈鄭箋〉에는 "德正應和曰貊"이라 함. 〈集傳〉에는 "貊, 《春秋傳》·《(禮記)樂記》皆作'莫', 謂其莫然淸靜也"라 함.

【德音】德있는 聲譽. 덕의 소문.

【克明】능히 善惡에 대해 분명히 함. 〈鄭箋〉에 "照臨四方曰明"이라 하였고, 〈集傳〉에는 "克明, 能察是非也"라 함.

【克類】〈鄭箋〉에 "類, 善也. 勤施無私曰類"라 하였고, 〈集傳〉에는 "克類, 能分善惡也"라 함.

【克長克君】〈鄭箋〉에 "敎誨不倦曰長, 賞慶刑威曰君"이라 하였고, 〈集傳〉에 "克長, 敎誨不倦也; 克君, 賞慶刑威也. 言「其賞不僭, 故人以爲慶; 刑不濫, 故人以爲威」也"라 함.

【王此大邦】〈鄭箋〉에 "王, 君也. 王季稱王, 追王也"라 함.

【克順克比】〈毛傳〉에 "慈和徧服曰順, 擇善而從曰比"라 하였고, 〈集傳〉에 "順, 慈和徧服也; 比, 上下相親"라 함.

【比于文王】〈集傳〉에 "比于, 至于也"라 함.

【文王】王季(季歷)의 아들 文王(姬發). 〈毛傳〉에 "經緯天地曰文"이라 함.

【其德靡悔】〈鄭箋〉에 "靡, 無也. 王季之德, 比于文王, 無有所悔也. 必比於文王, 盛德以聖人爲匹"이라 하였고, 〈集傳〉에는 "悔, 遺恨也"라 함.

【帝祉】〈鄭箋〉에 "帝, 天也; 祉, 福也"라 함.

【施】〈鄭箋〉에 "施, 猶易也, 延也"라 함.

＊〈集傳〉에 "○言「上帝制王季之心, 使有尺寸能度義, 又淸靜其德音, 使無非間之. 言是以王季之德, 能此六者. 至於文王而其德, 尤無遺恨. 是以旣受上帝之福, 而延及于子孫也.」"라 함.

(5) 賦

帝謂文王:「無然畔援,

帝ㅣ 文王씌 니ᄅ샤되, "그러히 畔援(반원)티 말며,

상제께서 문왕에게 이르시되, "배반하는 이들을 그대로 두지 말며,

無然歆羨, 誕先登于岸.」

그러히 歆羨(흠선)티 마라. 키 몬져 岸애 登ᄒ라" ᄒ시다.

너희를 탐내는 자들도 그냥 두지 말며, 우선 송사에 공정히 하라" 하셨다.

密人不恭, 敢距大邦,

密人(밀인)이 恭티 아닌 디라, 敢히 大邦을 距(거)ᄒ야,

密須國 사람들은 공손치 못하여, 감히 주나라를 거역하고는,

侵阮徂共, 王赫斯怒,

阮(완)을 侵ᄒ야 共애 徂(조)ᄒ거를, 王이 赫히 이예 怒(노)ᄒ샤,

阮나라를 치겠다고 공 땅에 몰려가니, 문왕께서 이에 크게 노하시어,

爰整其旅, 以按徂旅.

이예 그 旅(려)를 整ᄒ샤, 뼈 徂ᄒᄂᆞᆫ 旅를 按(알)ᄒ샤,

이에 많은 군사들을 정비하시고, 旅 땅으로 가는 그들 적병 막으시어,

以篤于周祜, 以對于天下!

뼈 周ㅅ 祜(호)를 篤히 ᄒ샤, 뼈 天下를 對ᄒ시니라!

이에 나라에 내신 복을 돈독히 하여, 이로써 천하에 보답하였느니라!

【帝謂文王】〈集傳〉에 "帝謂文王, 設爲天命文王之辭, 如下所言也"라 함.

【無然】朱熹 '이래서는 안 됨'. 〈集傳〉에 "無然, 猶言不可如此也"라 함.

【畔援】〈鄭箋〉에 "畔援, 猶跋扈也"라 하였고, 〈集傳〉에는 "畔, 離畔也; 援, 攀援也. 言「舍此而取彼」也"라 함.

【歆羨】주나라를 탐내어 부러워하며 못된 짓을 함. 〈集傳〉에 "歆, 欲之動也; 羨, 愛慕也. 言「肆情以徇物」也"라 함. 〈毛傳〉에 "無是畔道, 無是援取, 無是貪羨"이라 함.

【誕】〈鄭箋〉에 "誕, 大"라 함.

【先登于岸】〈毛傳〉에 "岸, 高位也"라 하였고, 〈鄭箋〉에 "登, 成; 岸, 訟也. 天語文王曰: 「女無如是跋扈者, 妄出兵也; 無如是貪羨者, 侵人土地也. 欲廣大德美者, 當先平獄訟, 正曲直也"라 함.

【岸】〈集傳〉에 "岸, 道之極至處也"라 함.

【密】나라 이름. 〈毛傳〉에 "國有密須氏"라 하였고, 〈集傳〉에 "密, 密須氏也. 姞姓之國, 在今寧州"라 함.

【距】拒絶함. 거역함.

【大邦】周나라.

【阮】國名.

【共】阮國의 城. 〈毛傳〉에 "侵阮, 遂往侵共"이라 하였고, 〈鄭箋〉에는 "阮也, 徂也, 共也, 三國犯周而文王伐之. 密須之人, 乃敢距其義兵, 違正道, 是不直也"라 함.

〈集傳〉에는 "阮, 國名. 在今涇州;徂, 徃也;共, 阮國之地名, 今涇州之共池, 是也"라 하여 '徂'는 나라 이름으로 보지 않았음.

【王赫斯怒】문왕이 크게 화를 냄. 〈鄭箋〉에 "赫, 怒意;斯, 盡也"라 함.

【其旅】〈毛傳〉에 "旅, 師"라 하였고, 〈鄭箋〉에는 "五百人爲旅"라 하였으며, 〈集傳〉에는 "其旅, 周師也"라 함.

【按】막음. 차단함. 〈音義〉에 "按, 安旦反. 本又作遏. 遏, 安葛反"이라 하여 '안'(安旦反)으로 읽어야 하나 '遏'(安葛反)자로 보아 〈諺解〉에는 '알'로 읽었음. 〈集傳〉에 〈毛傳〉에 "按, 止也"라 하였고, "按, 遏也"라 함.

【徂旅】'旅'는 지명. 〈毛傳〉에 "旅, 地名也"라 하였으나, 〈集傳〉에는 "徂旅, 密師之徃共者也"라 하여 '共으로 가는 密의 군대'라 하였음.

【祜】〈集傳〉에 "祜, 福"이라 함.

【對】〈毛傳〉에 "對, 遂也"라 하였으나, 〈鄭箋〉에는 "對, 答也. 文王赫然, 與其羣臣盡怒, 曰:「整其軍旅而出, 以却止徂國之兵. 衆以厚周, 當王之福, 以答天下鄉周之望.」"이라 함. 〈集傳〉에도 "對, 答也"라 하여 '보답하다'의 뜻이라 하였음.

＊〈集傳〉에 "○人心有所畔援, 有所歆羨, 則溺於人欲之流, 而不能以自濟. 文王無是二者, 故獨能先知先覺, 以造道之極至, 蓋天實命之, 而非人力之所及也. 是以密人不恭, 敢違其命, 而擅興師旅, 以侵阮而徂, 至于共, 則赫怒整兵, 而徂遏其衆, 以厚周家之福, 而答天下之心. 蓋亦因其可怒而怒之, 初未嘗有所畔援歆羨也.」此文王征伐之始也"라 함.

(6) 賦

依其在京, 侵自阮疆,

依히 그 京에 在커시늘, 侵홈을 阮疆(완강)으로브터 ㅎ야,

주원의 서울에 편안히 계시면서, 완나라 강역을 치는 일부터 시작하여,

陟我高岡, 無矢我陵.

우리 高岡(고강)에 陟(척)ㅎ니, 우리 陵에 矢(시)ㅎ리 업슨 디라,

우리가 높은 언덕 올라서니, 우리 언덕에 그들은 진을 칠 수도 없었더라.

我陵我阿, 無飮我泉.

우리 陵이며 우리 阿ㅣ며, 우리 泉에 飮(음)ㅎ리 업슨 디라,

우리 구릉과 우리 언덕에는, 적들은 우리의 샘에 물도 마시지 못하
였다.

我泉我池, 度其鮮原,

우리 泉이며 우리 池(지)어늘, 그 鮮훈 原을 度(탁)호샤,

우리 샘과 우리 못, 그 산과 들판을 헤아려보시고는,

居岐之陽, 在渭之將.

岐(기)의 陽애 居호야, 渭(위)의 將에 在호시니,

기산 남쪽에 터를 잡았으니, 위수의 곁이었다.

萬邦之方, 下民之王!

萬邦(만방)의 方이며, 下民의 王이샷다!

이리하여 천하 만민의 법이 되시고, 아래 백성의 왕이 되셨노라!

【依】〈集傳〉에 "依, 安貌"라 함.
【京】〈毛傳〉에 "京, 大阜也"라 하였고, 〈鄭箋〉에는 "京, 周地名"이라 하였고, 〈集
　傳〉에는 "京, 周京也"라 함. 朱熹는 지금의 西安 咸陽縣이라 함.
【侵自阮疆】密의 군대가 이미 阮의 國內에 있으므로, 阮의 경내로 들어간 것임.
【陟】〈鄭箋〉에 "陟, 登也"라 함.
【矢】〈毛傳〉과 〈集傳〉에 "矢, 陳也"라 하였으나, 〈鄭箋〉에는 "矢, 猶當也"라 함.
【阿】大陵. 〈鄭箋〉에 "大陵曰阿. 文王但發其依居京地之衆, 以往侵阮國之疆, 登其
　山脊而望阮之兵. 兵無敢當其陵及阿者, 又無敢飮食於其泉及池水者, 小出兵而令,
　驚怖如此. 此以德攻不以衆也. 陵泉重言者, 美之也. 每言我者, 據後得而有之而言"
　이라 함.
【度】〈鄭箋〉에 "度, 謀"라 함.
【鮮原】좋은 언덕. 〈毛傳〉에 "小山別大山曰鮮"이라 하였으나, 〈鄭箋〉과 〈集傳〉에
　는 "鮮, 善也"라 함. 그러나 〈鄭箋〉에는 "原, 廣平之地, 亦在岐山之南, 居渭水之
　側, 爲萬國之所嚮, 作下民之君, 後竟徙都於豐"이라 함. 혹 '鮮'은 '巘'의 假借字로
　봄.
【陽】'山南江北曰陽'이라 함.
【將】〈毛傳〉과 〈集傳〉에 "將, 側也"라 함. 馬瑞辰 〈通釋〉에 "將·則, 二字雙聲, 側從
　則聲, 故將訓側"이라 함.

【方】〈毛傳〉에 "方, 則也"라 하여 모범이 됨. 그러나 〈鄭箋〉에는 "方, 猶鄉也. 文王見侵阮, 而兵不見敵, 知己德盛而威行, 可以遷居定天下之心, 乃始謀居善"이라 하였고, 〈集傳〉에도 "方, 鄉也"라 하여, '그에게로 방향을 잡음'의 뜻으로 보았음.
＊〈集傳〉에 "○言「文王安然在周之京, 而所整之兵旣遏密人. 遂從阮疆而出, 以侵密所陟之岡, 卽爲我岡, 而人無敢陳兵於陵, 飮水於泉, 以拒我也. 於是相其高原, 而徙都焉.」 所謂程邑也. 其地於漢爲扶風安陵, 今在京兆府, 咸陽縣"이라 함.

(7) 賦
帝謂文王:「予懷明德,

帝ㅣ 文王의 니르샤되, "내 明德의 聲과,

상제께서 문왕에게 이르시되, "내 너의 밝은 덕을 기꺼워하노니,

不大聲以色, 不長夏以革.

다뭇 色(식)을 大히 아니며, 夏와 다뭇 革(혁)을 長티 아니코,

크게 화낸 얼굴빛으로 하지 말 것이며, 회초리와 채찍으로는 너무 오래 하지 말 것이며,

不識不知, 順帝之則.」

識(식)디 아니 ᄒ며 知티 아니 ᄒ야, 帝의 則(측)을 順ᄒᄂ 줄을 懷ᄒ노라" ᄒ시다.

깨닫지도 못하고 알지도 못하는 사이에, 나 상제의 법칙에 따르게 하도록 하라"고 하셨도다.

帝謂文王:「詢爾仇方,

帝ㅣ 文王의 니르샤되, "네의 仇方(구방)을 詢(슌)ᄒ야,

상제께서 또 문왕에게 이르시되, "너의 짝이 될 나라에 의견을 묻고,

同爾兄弟, 以爾鉤援,

네의 兄弟를 同ᄒ야, 뻐 네의 鉤援(구원)과,

너의 형제 나라들과 함께 하여, 너의 사다리를 걸어,

與爾臨衝, 以伐崇墉.」

다뭇 네의 臨衝(림충)으로, 뻐 崇(숭)ㅅ 墉(용)을 伐ᄒ라” ᄒ시다.

너의 臨車와 衝車를 갖추어, 崇侯 虎의 성을 정벌할지니라” 하셨다.

【予懷明德】〈毛傳〉에 "懷, 歸也"라 하였고, 〈集傳〉에는 "予, 設爲上帝之自稱也; 懷, 眷念也; 明德, 文王之明德也"라 함.

【不大聲以色】〈毛傳〉에 "不大聲, 見於色"이라 함. '以'는 〈集傳〉에 "以, 猶與也"라 함.

【夏·革】〈毛傳〉에 "革, 更也. 不以長, 大有所更"이라 하였고, 〈集傳〉에 "夏·革, 未詳"이라 함. '夏'는 〈鄭箋〉에 "夏, 諸夏也. 天之言云:「我謂人君有光明之德, 而不虛廣言語, 以外作容貌不長. 諸夏以變更王法者, 其爲人不識古不知今, 順天之法而行之者.」此言天之道, 尙誠實貴性自然"이라 함. 馬瑞辰〈通釋〉에는 "以·與, 古通用. '聲以色', 猶云聲與色也. '夏以革', 猶云夏與革. ……汪氏德鉞曰:「……'不長夏以革'者, 不齊之以刑也. 夏, 謂夏楚, 撲作敎刑也; 革, 謂鞭革, 鞭作官刑也.」"라 하여, 교육을 위한 회초리와 형벌의 채찍이라 하였음.

【帝之則】上帝의 法. 天道. 〈集傳〉에 "則, 法也"라 함.

【詢爾仇方】〈毛傳〉에 "仇, 匹也"라 하였고, 〈鄭箋〉에 "詢, 謀也. 怨耦曰仇仇; 方謂旁國諸侯爲暴亂大惡者. 「女當謀征討之, 以和協女兄弟之國. 率與之往親親, 則萬志齊心一也.」當此之時, 崇侯虎倡紂爲無道, 罪尤大也"라 함. 〈集傳〉에는 "仇方, 讎國也"라 함. 그러나 馬瑞辰〈通釋〉에는 "仇方, 卽與國也"라 하여 뜻을 함께하는 同盟國이라 하였음.

【兄弟】之國. 〈集傳〉에 "兄弟, 與國也"라 함.

【鉤援】城을 오르는 데 쓰는 사다리. 雲梯. 〈毛傳〉에 "鉤, 鉤梯也. 所以鉤引上城者"라 하였고, 〈集傳〉에 "鉤援, 鉤梯也. 所以鉤引上城, 所謂雲梯者也"라 함.

【臨衝】'臨'은 臨車, '衝'은 衝車. 둘 모두 공격용 戰車. 孔穎達〈正義〉에 "臨者, 在上臨下之名; 衝者, 從傍衝突之稱, 故知二車不同"이라 함. 〈毛傳〉에 "臨, 臨車也; 衝, 衝車也"라 하였고, 〈集傳〉에 "臨, 臨車也. 在上臨下者也; 衝, 衝車也. 從旁衝突者也. 皆攻城之具也"라 함.

【崇】崇侯 虎를 가리킴. 그는 崇의 君主로서 紂에게 文王을 참소하여 羑里에 옥에 갇히도록 한 인물임. 〈集傳〉에 "崇, 國名. 在今京兆府鄠縣墉城也. 《史記》:「崇侯虎, 譖西伯於紂. 紂囚西伯於羑里, 西伯之臣閎夭之徒, 求美女奇物善馬以獻紂, 紂乃赦. 西伯賜之弓矢鈇鉞, 得專征伐, 曰譖西伯者, 崇侯虎也. 西伯歸三年, 伐崇侯虎, 而作豐邑.」"이라 함.

【崇墉】崇侯 虎의 城. 〈毛傳〉에 "墉, 城也"라 함.

＊〈集傳〉에 "○言「上帝眷念文王而言：『其德之深微不暴著其形迹, 又能不作聰明以循天理.』故又命之以伐崇也.」呂氏曰：「此言文王德不形, 而功無迹, 與天同體而已. 雖興兵以伐崇, 莫非順帝之則, 而非我也.」라 함.

(8) 賦

臨衝閑閑, 崇墉言言.

臨衝이 閑閑(한한)ㅎ니, 崇ㅅ 墉이 言言ㅎ도다.

臨車와 衝車가 들이치니, 숭나라 높은 성이 무너졌고,

執訊連連, 攸馘安安.

訊(신)을 執홈을 連連히 ㅎ며, 馘(괵)ㅎ는 배 安安ㅎ도다.

잡아 신문할 포로도 끊이지 않고, 거역하는 이들 귀를 자르기도 포학하게 하지 않았다.

是類是禡, 是致是附.

이예 類(류)ㅎ며 이예 禡(마)ㅎ야, 이예 致ㅎ야 이예 附ㅎ시니,

전투에 하늘과 戰神 黃帝와 蚩尤에게 제사 올리고, 승리한 땅과 토지 갖지 않고 돌려주니,

四方以無侮!

四方이 뻐 侮(모)홈이 업도다!

천하 사방에 모욕하는 자가 없었도다!

臨衝茀茀, 崇墉仡仡.

臨衝이 茀茀(블블)ㅎ니, 崇ㅅ 墉이 仡仡(흘흘)ㅎ도다.

임거와 충거는 강성하였지만, 숭나라 성도 견고하고 높았도다.

是伐是肆, 是絶是忽, 四方以無拂!

이예 伐ㅎ며 이예 肆(ᄉ)ㅎ며, 이예 絶(절)ㅎ며 이예 忽(홀)ㅎ시니, 四方이 뻐 拂(블)홈이 업도다!

그러나 이에 모두 벌하고 마음놓고 치고 나서, 이에 그 나라 망하고 멸절되자, 사방 어느 나라도 거역함이 없었노라!

【閑閑】느리게 흔들거림. 〈毛傳〉에 "閑閑, 動搖也"라 하였으나, 〈鄭箋〉에 "言言, 猶孽孽, 將壞貌"라 하였고, 〈集傳〉에는 "閑閑, 徐緩也"라 함.

【言言】높고 큼. 〈毛傳〉과 〈集傳〉에 "言言, 高大也"라 함.

【執訊】포로를 사로잡아 신문함. 〈鄭箋〉에 "訊, 言也. 執所生得者, 而言問之. 及獻所馘, 皆徐徐以禮, 爲之不尙促速也"라 함.

【連連】〈毛傳〉에 "連連, 徐也"라 하였으나, 〈集傳〉에 "連連, 屬續狀"이라 함.

【攸馘】〈毛傳〉에 "攸, 所也. 馘, 獲也. 不服者殺而獻其左耳曰馘"이라 하였고, 〈集傳〉에도 "馘, 割耳也. 軍法獲者不服, 則殺而獻其左耳"라 함.

【安安】輕暴하지 않음. 〈集傳〉에 "安安, 不輕暴也"라 함.

【類禡】전투에서 戰神 黃帝와 蚩尤에게 올리는 제사. 〈毛傳〉에 "於內曰類, 於野曰禡"라 하였고, 〈鄭箋〉에는 "類也, 禡也, 師祭也"라 함. 〈集傳〉에는 "類, 將出師, 祭上帝也; 禡, 至所征之地而祭, 始造軍法者, 謂黃帝及蚩尤也"라 함.

【是致是附】〈毛傳〉에 "致, 致其社稷羣神; 附, 附其先祖爲之立, 後尊其尊而親其親"이라 하였고, 〈集傳〉에 "致, 致其至也; 附, 使之來附也"라 함. '致'는 승리하고 차지하지는 않음. 馬瑞辰〈通釋〉에 "致其人民土地.《說文》:「致, 送詣也.」送而付之曰致, 已克而不取之謂也"라 함.

【無侮】周나라를 업신여겨 대드는 자가 없게 됨. 〈鄭箋〉에 "無侮者, 文王伐崇, 而無復敢侮慢周者"라 함.

【茀茀】强盛한 모양. 〈毛傳〉에 "茀茀, 彊盛也"라 하였고, 〈集傳〉에도 "茀茀, 强盛貌"라 함.

【仡仡】言言과 같음. 〈毛傳〉에 "仡仡, 猶言言也"라 하였고, 〈集傳〉에는 "仡仡, 堅壯貌"라 함.

【伐·肆】〈毛傳〉에 "肆, 疾也"라 하였고, 〈鄭箋〉에 "伐, 謂擊刺之; 肆, 犯突也.《春秋傳》(隱公 9年)曰:「使勇而無剛者, 肆之.」"라 하였고, 〈集傳〉에는 "肆, 縱兵也"라 함.

【忽】〈毛傳〉과 〈集傳〉에 "忽, 滅也"라 함.

【拂】어김. 배반함. 〈鄭箋〉에 "拂, 猶佹也. 言無復佹戾文王者"라 하였고, 〈集傳〉에 "拂, 戾也.《春秋傳》(僖公 19年)曰:「文王伐崇, 三旬不降, 退脩敎而復伐之, 因壘而降.」"이라 함.

＊〈集傳〉에 "○言「文王伐崇之初, 緩攻徐戰, 告祀羣神以致附來者, 而四方無不畏服. 及終不服, 則縱兵以滅之, 而四方無不順從也. 夫始攻之緩, 戰之徐也, 非力

不足也, 非示之弱也. 將以致附而全之也. 及其終不下而肆之也, 則天誅不可以留, 而罪人不可以不得故也.」此所謂文王之師也"라 함.

참고 및 관련 자료

1. 孔穎達〈正義〉

作〈皇矣〉詩者, 美周也. 以天監視善惡於下, 就諸國之内, 求可以代殷爲天子者, 莫若於周. 言周最可以代殷也. 周所以善者, 以天下諸國, 世世脩德, 莫有若文王者也. 故作此詩以美之也.〈定本〉'皇'下無'矣'字, '莫若周', 又無'於'字. 詩之正經未有言'美', 而此云'美'者, 以正詩不嫌不美, 故不言所美之君. 此則廣言周國, 故云美周也. 此實文王之詩, 而言美周者, 周雖至文王而德盛, 但其君積世行善, 不獨文王. 以經有大伯·王季之事, 故言周以廣之也. 經八章上二章, 言天去惡與善歸就於周, 是莫若文王也. 三章四章, 言太伯·王季有德, 福流子孫, 是世世脩德也. 五章以下, 皆說文王之事. 首尾皆述文王, 於中乃言父祖. 文不次者, 本意主美文王代殷, 故先言之. 欲見世脩其德, 故上本父祖, 於下復言文王, 所以申承上意, 故不次耳.〈正義〉曰: 世世脩行道德, 周自后稷以來, 莫不脩德. 祖紺以上, 公劉最賢. 公劉以下, 則不及公劉. 至太王·王季德, 又益盛. 今據文王, 而言世世脩德, 則近指文王, 所因不是; 遠論上世, 其世世之言, 唯太王·王季耳.《論語》注云:周自太王·王季·文王武王, 賢聖相承四世.」是相承不絕, 唯太王以下, 太王·王季大賢, 至文王睿聖賢聖, 相承莫之能及, 故云唯有文王最盛也. 湯以孤聖獨興禹, 則父無令問. 文王之德, 不劣禹湯, 而以承藉父祖, 始當天意者. 但周以積世賢聖, 乃有成功, 欲見尊祖之心, 美其世世脩德, 不必實由之也. 若然此序, 言世世脩德, 莫若文王, 則是文王, 旣聖之後, 始當天意. 經云「憎其式廓, 乃眷西顧」, 又是紂惡之後, 始就文王. 昔堯受河圖, 已有昌名在錄, 舋卜四妃, 豫知稷有天下, 則周之代殷, 兆彰上世. 而此詩所述, 唯此文王, 何也? 帝王神器, 實有大期, 殷之存亡, 非無定算. 但興在聖君, 滅由愚主, 應使周興, 故誕玆睿聖, 應使殷滅. 故生此愚主斯, 則受之於自然, 定之於冥運. 天非旣生之後, 方始簡擇, 比較善惡, 乃欲廻心. 但詩人抑揚, 因事發詠, 假言天意去惡, 與善歸美文王, 以爲世敎耳.

2. 朱熹〈集傳〉

〈皇矣〉, 八章, 章十二句:

一章二章言天命大王, 三章四章言天命王季, 五章六章言天命文王伐密, 七章八章言天命文王伐崇.

248(大-8) 영대(靈臺)

*〈靈臺〉:〈毛傳〉에 "神之精明者稱靈, 四方而高曰臺"라 하였고, 〈集傳〉에는 "靈臺, 文王所作, 謂之靈者, 言「其倏然而成如神靈之所爲」也"라 함. 원래는 觀象臺. 천문과 기후를 살펴 이에 대비하기 위한 곳. 그러나 한편 임금의 苑囿로도 활용되었음. 못을 파고 조수초목을 길러 임금이 쉬며 즐기도록 한 곳. '靈囿', '靈沼' 등으로 불림.

*이 시는 文王이 豐으로 도읍을 옮긴 뒤 영대를 세울 때 백성들이 비로소 문왕에게 귀탁하며, 흔쾌한 마음으로 힘을 합해 축조해 주었음을 찬미한 것임. 이에 대해서는 《孟子》梁惠王(上)에 자세한 언급이 있음.

〈序〉:〈靈臺〉, 民始附也. 文王受命, 而民樂其有靈德以及鳥獸昆蟲焉.

〈영대〉는 백성들이 비로소 문왕에게 귀부하였음을 읊은 것이다. 문왕이 천명을 받자, 백성들이 그의 신령한 덕이 조수와 곤충에까지 미친다고 즐거워하였다.

〈箋〉: 民者, 冥也. 其見仁道遲, 故於是乃附也. 天子有靈臺者, 所以觀祲象察氣之妖祥也. 文王受命, 而作邑于豐, 立靈臺. 《春秋傳》(僖公 5年 傳)曰:「公旣視朔, 遂登觀臺以望, 而書, 雲物爲備故也.」

*전체 4장. 2장은 장 6구씩, 2장 4구씩.(靈臺:四章, 二章章六句, 二章章四句) 그러나 〈毛詩〉에는 "靈臺:五章. 章四句"라 하여 전체를 5장으로 나누고 매장 4구씩으로 分章하였음.

(1) 賦
經始靈臺, 經之營之.

靈臺(령딕)를 經호야 始호야, 經호며 營호시니,
영대를 짓고자 땅을 재기 시작하여, 줄을 치고 푯말을 세우니,

庶民攻之, 不日成之!

庶民이 攻ᄒᆞᆫ 디라, 날이 아녀셔 成ᄒᆞᄂᆞᆺ다!

백성들이 나서서 덤벼들어, 며칠이 못가서 이루었네!

經始勿亟, 庶民子來!

經ᄒᆞ야 始홈을 亟(극)디 말라 ᄒᆞ시나, 庶民이 子(ᄌᆞ)ㅣ 來ᄐᆞᆺ ᄒᆞᄂᆞᆺ다!

시작할 때부터 서두르지 말라고 이르셨건만, 백성들은 자식처럼 몰려들었도다!

【經始】줄을 쳐서 땅을 재기 시작함. '經'은 測量을 뜻함. 〈毛傳〉과 〈集傳〉에 "經, 度也"라 함.

【經之營之】설계도를 만들고 위치를 재고, 營建을 하는 등 工事를 수행함을 뜻하는 '經營'의 疊韻連綿語를 풀어서 표현한 것. 〈集傳〉에 "營, 表攻作也"라 함.

【攻】작업함. 〈毛傳〉에 "攻, 作也"라 함.

【不日】매우 짧은 기간에 완성함. 〈毛傳〉에 "不日有成也"라 하였고, 〈鄭箋〉에 "文王應天命, 度始靈臺之基趾, 營表其位, 衆民則築作, 不設期日而成之. 言說文王之德, 勸其事, 忘己勞也. 觀臺而曰:「靈者, 文王化行, 似神之精明, 故以名焉.」"이라 함. 〈集傳〉에도 "不日, 不終日也"라 함.

【亟】〈鄭箋〉에 "亟, 急也. 度始靈臺之基趾, 非有急成之意. 衆民各以子成父事, 而來攻之"라 하였고, 〈集傳〉에도 "亟, 急也"라 함.

【子來】자식이 父母의 일을 위해 달려오듯이 함.

*〈集傳〉에 "○國之有臺, 所以望氣祲察災祥, 時觀游節勞佚也. 文王之臺, 方其經度, 營表之際, 而庶民已來作之, 所以不終日而成也. 雖文王心恐煩民, 戒令勿亟, 而民心樂之如子趣父事, 不召自來也.《孟子》(梁惠王上)曰:「文王以民力爲臺爲沼, 而民歡樂之. 謂其臺曰靈臺, 謂其沼曰靈沼.」此之謂也"라 함.

(2) 賦
王在靈囿, 麀鹿攸伏.

王이 靈囿(령유)에 겨시니, 麀鹿(우록)의 伏(복)ᄒᆞᆫ 배로다.

문왕께서 영유에 납시자, 암사슴은 엎드려 있는데,

麀鹿濯濯, 白鳥翯翯!

麀鹿이 濯濯(탁탁)ᄒᆞ거늘, 白鳥(빅됴)ㅣ 翯翯(학학)ᄒᆞ도다!

그 암사슴 살이 통통히 올랐고, 백조는 희고 깨끗하도다!

王在靈沼, 於牣魚躍!

王이 靈沼(령쇼)애 겨시니, 於(오)홉다, 牣(인)ᄒᆞ야 魚ㅣ 躍(약)ᄒᆞ놋다!

문왕께서 못가에 납시자, 오, 가득한 물고기 뛰어오르는 모습!

【靈囿】〈毛傳〉에 "囿, 所以域養禽獸也. 天子百里, 諸侯四十里. 靈囿, 言靈道行於囿也"라 하였고, 〈集傳〉에 "靈囿, 臺之下有囿, 所以域養禽獸也"라 함.

【麀鹿】〈毛傳〉에 "麀, 牝也"라 하였고, 〈集傳〉에도 "麀, 牝鹿也;伏, 言「安其所處, 不驚擾」也"라 함.

【攸伏】'攸'는 所와 같음. 〈鄭箋〉에 "攸, 所也. 文王親至靈囿, 視牝鹿所遊伏之處. 言愛物也"라 함.

【濯濯】〈毛傳〉에 "濯濯, 娛遊也"라 하였으나, 〈集傳〉에는 "濯濯, 肥澤貌"라 함.

【翯翯】〈毛傳〉에 "翯翯, 肥澤也"라 하였고, 〈鄭箋〉에는 "鳥獸肥盛喜樂, 言得其所"라 함. 〈集傳〉에는 "翯翯, 潔白貌"라 함.

【靈沼】〈毛傳〉에 "沼, 池也. 靈沼, 言靈道行於沼也"라 하였고, 〈集傳〉에는 "靈沼, 囿之中有沼也"라 함.

【於】'오'로 읽음. 감탄사.

【牣】가득함. 〈毛傳〉에 "牣, 滿也"라 하였고, 〈鄭箋〉에 "靈沼之水魚, 盈滿其中, 皆跳躍, 亦言得其所"라 하였으며, 〈集傳〉에도 "牣, 滿也;魚滿而躍. 言「多而得其所」也"라 함.

(3) 賦

虡業維樅, 賁鼓維鏞.

虡(거)에 業(업)ᄒᆞ며 樅(총)ᄒᆞ고, 賁鼓(분고)와 鏞(용)이로소니,

채색하고 장식하여 세우고 걸은 기둥에, 큰 북 큰 종을 설치하고는,

於論鼓鍾, 於樂辟廱!

於(오)홉다, 論(륜)혼 鍾을 鼓홈이여, 於(오)홉다, 樂(락)ᄒᆞ온 辟廱(벽옹)에

셔 ㅎ놋다!

오, 둥둥 북과 종을 울리는 소리, 오, 즐거워라 못가의 벽옹!

【虡業維樅】〈毛傳〉에 "植者曰虡; 橫者曰栒; 業, 大版也; 樅, 崇牙也"라 하였고, 〈鄭箋〉에는 "虡也, 栒也, 所以懸鐘鼓也. 設大版於上, 刻畫以爲飾"이라 함. 〈集傳〉에도 "虡, 植木以懸鐘磬, 其橫者曰栒業, 栒上大版刻之捷業, 如鋸齒者也; 樅, 業上懸鐘磬處, 以綵色爲崇牙, 其狀樅樅然者也"라 함. 기둥에 대어 가로로 설치한 것을 栒, 그 위에 톱니 모양을 새긴 큰 판자를 業이라 함. '樅'은 彩色으로 장식하여 종을 달 수 있게 한 것.

【賁鼓維鏞】'賁'은 大鼓. '鏞'은 큰 종. 〈毛傳〉에 "賁, 大鼓也; 鏞, 大鐘也"라 하였고, 〈集傳〉에 "賁, 大鼓也. 長八尺, 高四尺, 中圍加三之一. 鏞, 大鐘也"라 함.

【論】〈毛傳〉에 "論, 思也"라 하였으나, 〈鄭箋〉에는 "論之言倫也. 文王立靈臺, 而知民之歸附; 作靈囿·靈沼, 而知鳥獸之得其所; 以爲音聲之道, 與政通, 故合樂以詳之, 於得其倫理乎鼓與鐘也. 於喜樂乎諸在辟廱中者, 言感於中和之至"라 함. 〈集傳〉에도 "論, 倫也. 言「得其倫理」也"라 함. 그러나 '論'은 '掄'의 假借字로 '북을 두드리다'의 動詞로 봄.

【辟廱】〈毛傳〉에 "水旋丘如璧曰辟廱, 以節觀者"라 하였고, 〈集傳〉에 "辟, 璧通; 廱, 澤也. 辟廱, 天子之學大射行禮之處也. 水旋丘如璧, 以節觀者, 故曰辟廱"라 함. 《禮記》王制篇에 "天子命之敎然後爲學. 小學在公宮南之左, 大學在郊. 天子曰辟廱, 諸侯曰頖宮"이라 함. 뒤에 學宮으로 쓰였음.

(4) 賦

於論鼓鍾, 於樂辟廱!

於(오)홉다, 論(륜)혼 鍾을 鼓홈이여, 於(오)홉다, 樂ㅎ온 辟廱에서 ㅎ놋다!

오, 울리는 북소리 종소리, 오, 즐거워라 못가의 벽옹!

鼉鼓逢逢, 矇瞍奏公!

鼉皷(타고)ㅣ 逢逢(봉봉)ㅎ니, 矇瞍(몽수)ㅣ 公을 奏(주)ㅎ놋다!

악어가죽 북소리 둥둥 울리며, 악공들이 음악을 연주해 올리네!

鼉鼓逢逢

蠻産迦阿異埋模形如守宮蛤蚧有四足頭尾皆鱗
甲三尖尾長半身在咬嚙吧噠羅洋中害人

傳鼉魚屬集傳似蜥蜴長丈餘皮可冒鼓○物類隰云鼉龍

【鼉鼓】‘鼉’는 〈諺解〉 物名에는 “鼉:약”이라 함. 악어 가죽으로 만든 북. 〈毛傳〉에 “鼉, 魚屬”이라 하였고, 〈集傳〉에는 “鼉, 似蜥蜴. 長丈餘, 皮可冒鼓”라 함.
【逢逢】화음을 이룬 북소리. 〈毛傳〉과 〈集傳〉에 “逢逢, 和也”라 함.
【矇瞍】소경, 장님. 고대 소경은 樂師였음. 〈毛傳〉에 “有眸子而無見曰矇, 無眸子曰瞍”라 하였고, 〈鄭箋〉에는 “凡聲, 使瞽矇爲之”라 함. 〈集傳〉에 “有眸子而無見曰矇, 無眸子曰瞍. 古者, 樂師皆以瞽者爲之, 以其善聽而審於音也”라 함.
【公】〈毛傳〉에 “公, 事也”라 하였고, 〈集傳〉에 “公, 事也. 聞鼉鼓之聲, 而知矇瞍方奏其事也”라 함. 그러나 이는 ‘功’과 같으며 음악을 연주함을 뜻함.

참고 및 관련 자료

1. 孔穎達 〈正義〉

作〈靈臺〉詩者, 言民始附也. 文王受天之所命, 而民樂有其神靈之德, 以及鳥獸昆蟲焉. 以文王德及昆蟲, 民歸附之. 故作此詩以歌其事也. 經說作臺序言‘始附’, 則是作臺之時, 民始附也. 文王嗣爲西伯, 三分天下而有其二, 則爲民所從事, 應久矣, 而於作臺之時, 言‘民附’者, 三分有二諸侯之君, 從文王耳. 其民從君而來, 其心未見靈德, 至於作臺之日, 民心始知. 故言‘始附’, 謂心附之也. 往前則貌附之耳. 此言作臺而民始附, 則其附在受命六年, 而序追言受命者, 以民心之附事, 亦有漸. 初受命已附, 至作臺而齊心, 故繫之受命見附之所由也. 言‘民始附’, 首章及二章上二句是也. ‘樂其有靈德, 以及鳥獸昆蟲’者, 二章下二句及三章是也. 臺囿沼, 皆言‘靈’, 是明文王有靈德之義. 麀鹿, 獸也;白鳥, 鳥也. 昆蟲者, 〈王制〉注云:「昆, 明也. 明蟲者, 得陽而生, 得陰而藏.」陰陽卽寒溫也, 故〈祭統〉注云:「昆蟲, 溫生寒死之蟲.」然則諸蟄蟲, 皆是也. 此經無‘昆蟲’之事, 而三章言魚, 魚亦蟲之別名. 舉潛物以見陸産, 故言昆蟲以總之. 經先言‘獸’, 序先言‘鳥’者, 作囿主以養獸, 故先言之. 序則從其言便, 故不同也. 四章卒章, 言「政敎得所, 合樂詳之」, 亦是靈德之事, 故序略之也. 〈正義〉曰:「民者, 冥也.」《孝經援神契》文以其冥冥無知, 其見仁道遲, 故於是始附解其晚附之意也. 又解臺之所用, 天子有靈臺, 所以觀祲象察氣之妖祥故也. 四方而高曰臺, 以天象在上, 須登臺望之, 故作臺以觀天也. 〈春官〉:「視祲掌十煇之法, 以觀妖祥辨吉凶:」'一曰祲, 二曰象, 三曰鑴, 四曰監, 五曰闇, 六曰瞢, 七曰彌, 八曰叙, 九曰隮, 十曰想,' 注云:「妖祥, 善惡之徵.」鄭司農云:「煇謂日光氣也, 祲陰陽氣相侵也, 象者如赤烏也, 闇日月食也, 瞢謂日月瞢瞢無光也, 叙者雲有次叙如山在日上也, 玄謂鑴日傍氣刺日也, 監冠珥也, 彌氣貫日也, 隮虹也, 想雜氣有所似可形想也.」此十者, 皆舉天之異氣, 視祲之官, 當在靈臺之上視之, 故箋取以爲說十煇, 而惟言祲象者, 舉其初二事, 餘從可知也. 馮相氏·保章氏, 亦云:「觀天下之妖祥, 則在臺觀之獨, 引視祲之事者, 以視祲爲官名, 則是仰觀之主, 故特取之. 其實馮相保章之所觀者, 亦在靈臺也. 又解文王作臺之處, 故言文王受命, 而作邑於豐, 立靈臺. 明此靈臺在豐邑之都也.《含神霧》曰:「作邑於豐, 起靈臺.」《易乾鑿度》亦云:「伐崇作靈臺, 是靈臺在豐邑之都内也.」所引《春秋傳》曰者, 僖五年《左傳》引之證臺, 是觀氣所用. 彼云:「以望而書, 禮也.」凡分至啓閉, 必書雲物爲備, 故此略引之, 故與彼小異. 此靈臺所處, 在國之西郊. 諸儒以無正文, 故其說多異義.《公羊》說:「天子三, 諸侯二. 天子有靈臺以觀天文, 有時臺以觀四時.」施化有囿臺觀鳥獸魚鼈, 諸侯當有時臺囿臺, 諸侯卑不得觀天文, 無靈臺皆在國之東南二十五里. 東南少陽, 用事萬物著見, 用二十五里者, 吉行五十里, 朝行暮反也.《韓詩》說「辟廱者, 天子之學. 圓如璧, 雍之以水.」示圓言辟取, 辟有德, 不言辟水, 言辟廱者, 取其廱和也. 所以教天下春射秋饗, 尊事三老五更, 在南方七里之内, 立明堂, 於中五經之, 文所藏處, 蓋以茅葦取其潔清也.《左氏》說:「天子靈臺, 在太廟之中. 雍之靈沼, 謂之辟廱. 諸侯有觀臺, 亦在廟中, 皆以望嘉祥也.」《毛詩》說:「靈臺, 不足以監視靈臺, 精也. 神之精明稱靈, 故稱臺曰靈臺, 稱囿曰靈囿, 稱沼曰靈沼.」謹案《公羊傳》《左氏》說, 皆無明文, 說各無以正之玄之聞也.《禮記》王制:「天子命之教, 然後爲學. 小學在公宮之左, 太學在郊. 天子曰辟廱, 諸侯曰泮宮. 天子將出征, 受命於祖, 受成於學, 出征執有罪, 反釋奠於學, 以訊馘告.」然則太學, 卽辟廱也. 詩頌〈泮水〉云:「既作泮宮, 淮夷攸服. 矯矯虎臣, 在泮獻馘. 淑問如皋陶, 在泮獻囚.」此復與辟廱同義之證也. 大雅〈靈臺〉一篇之詩, 有靈臺, 有靈囿, 有靈沼, 有辟廱, 其如是也. 則辟廱及三靈, 皆同處在郊矣. 囿也, 沼也, 同言靈於臺下, 爲囿爲沼, 可知小學在公宮之左, 太學在西郊. 王者相變之宜. 衆家之說, 各不昭晰, 雖然於郊差近之耳. 在廟則遠矣, 〈王制〉與詩其言察, 察亦足以明之矣. 如鄭此說靈臺與辟廱同處, 辟廱卽天子太學也. 〈王制〉言太學在郊, 乃是殷制. 其周制則太學在國太學, 雖在國而辟廱仍在郊. 何則? 囿沼魚鳥所萃, 終不可在國中也. 辟廱與太學爲一所, 以得太學移而辟廱不移者, 以辟廱是學之名耳. 〈王制〉以殷之辟廱與太學爲一, 故因而說之, 不必常以太學爲辟廱, 小學亦可矣. 周立三代之學, 虞庠在國之西郊, 則周以虞庠爲辟廱矣. 若然魯是周之諸侯, 於郊不當有學泮

宮, 亦應在國, 而〈禮器〉注云:「頖宮郊之學也.」詩所謂泮宮也. 字或爲郊宮不在國者,
以其詩言「魯侯戾止, 是行往適之.」故知在郊. 蓋魯以周公之故, 尊之使用殷禮, 故學
在其郊也. 鄭以靈臺·辟廱在西郊, 則與明堂·宗廟皆異處矣. 案《大戴禮》盛德篇云:
「明堂者, 所以明諸侯尊卑也. 外水名曰辟廱.」政穆篇云:「太學, 明堂之東序也.」如此
文, 則辟廱·明堂同處矣. 故諸儒多用之盧植《禮記》注云:「明堂, 卽太廟也. 天子太廟
上可以望氣, 故謂之靈臺;中可以序昭穆, 故謂之太廟;圓之以水似璧, 故謂之辟廱.」
古法皆同一處, 近世殊異分爲三耳. 蔡邕〈月令論〉云:「取其宗廟之清貌, 則曰清廟;取
其正室之貌, 則曰太廟;取其堂, 則曰明堂;取其四門之學, 則曰太學;取其周水圓如
璧, 則曰辟廱.」異名而同耳, 其實一也. 穎子容《春秋釋例》云:「太廟有八名, 其體一
也. 肅然清靜謂之清廟, 行禘祫序昭穆謂之太廟, 告朔行政謂之明堂, 行饗射養國老
謂之辟廱, 占雲物望氣祥謂之靈臺, 其四門之學謂之太學, 其中室謂之太室, 總謂之
宮.」賈逵·服虔注《左傳》亦云:「靈臺在太廟·明堂之中.」此等諸儒, 皆以廟·學·明堂·靈
臺爲一. 鄭必知皆異處者, 袁準《正論》云:「明堂·宗廟·太學, 禮之大物也.」事義不同,
各有所爲, 而世之論者, 合以爲一體. 取詩書放逸之文, 經典相似之語, 而致之, 不
復考之, 人情驗之, 道理失之, 遠矣. 夫宗廟之中, 人所致敬, 幽隱清靜, 鬼神所居,
而使衆學處焉. 饗射其中, 人鬼慢黷, 死生交錯, 囚俘截耳, 瘡痍流血, 以干鬼神, 非
其理矣. 且夫茅茨採椽, 至質之物, 建日月乘玉輅以處, 其中象箸玉杯, 而食於土簋,
非其類也. 如《禮記》, 先儒之言明堂之制, 四面東西八丈, 南北六丈, 禮天子七廟, 左
昭右穆. 又有祖宗, 不在數中, 以明堂之制, 言之昭穆安, 在若又區別, 非一體也. 夫
宗廟鬼神之居, 祭天而於人鬼之室, 非其處也. 夫明堂法天之宮, 非鬼神常處, 故可
以祭天, 而以其祖配之, 配其父於天位可也. 事天而就人鬼, 則非義也. 自古帝王, 必
立大小之學, 以敎天下. 有虞氏謂之上庠·下庠, 夏后氏謂之東序·西序, 殷謂之右學·左
學, 周謂之東膠虞庠, 皆以養老乞言.〈明堂位〉曰:「瞽宗, 殷學也. 周置師保之官, 居
虎門之側.」然則學宮, 非一處也.〈文王世子〉:「春夏學干戈, 秋冬學羽籥, 皆於東序.」
又曰:「秋學禮冬學, 書禮在瞽宗, 書在上庠.」此周立三代之學也. 可謂立其學, 不可
謂立其廟. 然則大學, 非宗廟也. 又曰世子齒於學, 國人觀之, 宗廟之中, 非百姓所觀
也.〈王制〉曰:「周人養國老於東膠.」不曰辟廱, 養國老於右學, 養庶老於左學, 宗廟之
尊, 不應與小學爲左右也. 辟廱之制, 圓之以水圓象天, 取生長也. 水潤下取其惠澤
也. 水必有魚鼈, 取其所以養也. 是故明堂者, 大朝諸侯講禮之處, 宗廟享鬼神藏覦
之宮, 辟廱大射養孤之處, 太學衆學之居, 靈臺望氣之觀, 清廟訓儉之室, 各有所爲,
非一體也. 古有王居明堂之禮,〈月令〉則其序也. 天子居其中學, 士處其內, 君臣同
處, 死生參並, 非其義也. 大射之禮, 天子張三大侯, 九十步其;次七十步, 其次五十
步. 辟廱處其中. 今未知辟廱廣狹之數, 但二九十八加之, 辟廱, 則徑三百步也. 凡有
公卿大夫, 諸侯之賓, 百官侍從之衆, 殆非宗廟中, 所能容也. 禮天子立五門, 又非一

門之間, 所能受也. 明堂以祭鬼神, 故亦謂之廟, 明堂·太廟者, 明堂之內太室, 非宗廟之太廟也. 於辟廱獻捷者, 謂鬼神惡之也. 或謂之學者, 天下之所學也. 總謂之宮, 大同之名也. 生人不謂之廟, 此其所以別也. 先儒曰春秋人君將行告宗廟, 反獻於廟. 〈王制〉釋奠於學, 以訊馘告, 則太學亦廟. 其上句曰「小學在公宮之左, 太學在郊.」明太學非廟, 非所以爲證也. 周人養庶老於虞庠, 虞庠在國之西郊, 今〈王制〉亦小學近而太學遠, 其言垂錯, 非以爲正也. 《左氏》云:「公旣視朔, 遂登觀臺.」以其言遂, 故謂之同處. 夫遂者, 遂事之名, 不必同處也. 馬融云:「明堂在南郊, 就陽位, 而宗廟在國外, 非孝子之情也.」古文稱明堂陰陽者, 所以法天道順時政, 非宗廟之謂也. 融云「告朔行政, 謂之明堂.」夫告朔行政, 上下同也. 未聞諸侯有明堂之稱也; 順時行政, 有國皆然, 未聞諸侯有居明堂者也. 齊宣王問孟子:「人皆謂我毀明堂, 毀諸已乎?」孟子曰:「夫明堂者, 王者之堂. 王欲行王政, 則勿毀之矣.」夫宗廟之設, 非獨王者也. 若明堂卽宗廟, 不得曰「夫明堂, 王者之宗廟也.」且說諸侯而敎毀宗廟, 爲人君而疑, 於可毀與否, 雖復淺丈夫未有是也. 孟子古之賢大夫, 而皆子思弟子, 去聖不遠, 此其一證也. 《尸子》曰:「昔武王崩, 成王少, 周公踐東宮, 祀明堂, 假爲天子」明堂在左, 故謂之東宮, 王者而後有明堂, 故曰「祀明堂, 假爲天子」, 此又其證也. 竊以準之此論, 可以申明. 鄭意《大戴禮》遺逸之書, 文多假託, 不立學官, 世無傳者. 其〈盛德篇〉云:「明堂外水名曰辟廱.」〈政穆篇〉稱:「太學, 明堂之東序.」皆後人所增, 失於事實, 故先儒雖立異端, 亦不據爲說. 然則明堂非廟, 而〈月令〉云:「天子居明堂.」太廟者, 以明堂, 是祭神之所, 故謂之明堂; 太廟者, 正謂明堂之太室, 非宗廟之太廟也. 〈明堂位〉云:「太廟, 天子明堂.」自謂制如明堂, 非太廟名明堂也. 廟與明堂不同, 則靈臺又宜別處, 故靈臺·辟廱, 皆在郊也.

2. 朱熹〈集傳〉

〈靈臺〉, 四章, 二章章六句, 二章章四句:

東萊呂氏曰:「前二章樂文王有臺, 池鳥獸之樂也. 後二章樂文王有鐘鼓之樂也. 皆述民樂之辭也.」

3. 《孟子》梁惠王(上)

孟子見梁惠王. 王立於沼上, 顧鴻鴈麋鹿, 曰:「賢者, 亦樂此乎?」

孟子對曰:「賢者而後, 樂此, 不賢者, 雖有此, 不樂也. 《詩》云:『經始靈臺, 經之營之. 庶民攻之, 不日成之. 經始勿亟, 庶民子來. 王在靈囿, 麀鹿攸伏. 麀鹿濯濯, 白鳥鶴鶴. 王在靈沼, 於牣魚躍.』文王以民力, 爲臺爲沼, 而民歡樂之, 謂其臺曰『靈臺』, 謂其沼曰『靈沼』, 樂其有麋鹿魚鼈. 古之人, 與民偕樂, 故能樂也. 〈湯誓〉曰:『時日害喪, 予及女偕亡.』民欲與之偕亡, 雖有臺池鳥獸, 豈能獨樂哉?」

249(大-9) 하무(下武)

*〈下武〉: '武'는 이어나감. '下'는 後와 같음. 後人이 능히 先祖의 德業을 계승함을 뜻함. 〈毛傳〉에 "武, 繼也"라 하였고, 〈鄭箋〉에는 "下, 猶後也"라 하였음. 다만 〈集傳〉에는 "下, 義未詳. 或曰:「字當作'文', 言文王·武王實造周也.」"라 함.

*이 시는 三后(太王, 王季, 文王)의 업적을 武王이 이어 계속해 나감을 찬미한 것임.

〈序〉: 〈下武〉, 繼文也. 武王有聖德, 復受天命, 能昭先人之功焉.

　〈하무〉는 문왕의 업적을 계속 이어나감을 읊은 것이다. 무왕은 성덕이 있어, 다시 천명을 받아, 능히 선조의 공을 밝혔던 것이다.

　〈箋〉: 繼文者, 繼文王之王業, 而成之昭明也.

*전체 6장. 매 장 4구씩(下武: 六章. 章四句).

　(1) 賦
　下武維周, 世有哲王.

　下武ㅅ 周에, 世로 哲王(쳘왕)이 겨샷다.

　후세로 무궁히 이어나갈 주나라는, 대대로 밝은 임금 계셨네.

　三后在天, 王配于京!

　三后ㅣ 天에 在커시를, 王이 京에셔 配(비)ᄒ샷다!

　태왕, 왕계, 무왕이 죽고 하늘에 계시니, 무왕께서 호경에서 그 덕에 짝이 되셨도다!

【哲王】〈鄭箋〉에 "哲, 知也. 後人能繼先祖者, 維有周家最大, 世世益有明知之王. 謂太王·王季·文王, 稍就盛也"라 하였고, 〈集傳〉에는 "哲王, 通言大王·王季也"라 함.

【三后在天】세 선조가 이미 歿하여 하늘에 있음. 〈毛傳〉에 "三后, 太王·王季·文王
也"라 하였고, 〈集傳〉에 "三后, 大王·王季·文王也; 在天, 旣没而其精神, 上與天合
也"라 함.

【王配于京】〈毛傳〉에 "王, 武王也"라 하였고, 〈鄭箋〉에는 "此三后旣沒登假, 精氣
在天矣. 武王又能配行其道. 於京, 謂鎬京也"라 함. 〈集傳〉에도 "王, 武王也; 配,
對也. 謂繼其位以對三后也. 京, 鎬京也"라 함.

* 〈集傳〉에 "○此章美「武王能纘大王·王季·文王之緒, 而有天下也.」"라 함.

(2) 賦

王配于京, 世德作求.

王이 京에 配ᄒ시니, 世德(셰덕)을 作ᄒ야 求ᄒ샷다.

무왕이 그 짝이 되어 호경에 계시니, 대대로 그들의 덕에 어울리셨다.

永言配命, 成王之孚!

기리 命에 配ᄒ샤, 王의 孚(부)를 成ᄒ샷다!

나는 길이 천명에 짝이 되어, 왕으로의 믿음을 성취하리라!

【世德作求】대대로 이루어놓은 王業을 大成하여 마침. 〈鄭箋〉에 "作, 爲; 求, 終也.
武王配行三后之道於鎬京者, 以其世世積德, 庶爲終成其大功"이라 함. 그러나 '作
求'에 대해 馬瑞辰 〈通釋〉에는 "求, 當讀爲仇. 仇, 匹也, 配也. ……言王所以配于
京者, 由其可與世德配合耳"라 함.

【永言配命】〈鄭箋〉에 "永, 長; 言, 我也. 命, 猶敎令也"라 하여, '言'은 我의 뜻으로
武王 자신을 가리킴. 陳奐 〈傳疏〉에는 "言武王配天命, 更光大也"라 함.

【成王之孚】'孚'는 信. 〈鄭箋〉에 "孚, 信也. 此爲武王言也. 今長我之配行三后之敎
令者, 欲成我周家王道之信也. 王德之道成於信.《論語》(顔淵篇)曰:「民無信, 不立.」"
이라 하였고, 〈集傳〉에도 "言「武王能繼先王之德而長」. 言「合於天理, 故能成王者
之信於天下也. 若暫合而遽離, 暫得而遽失, 則不足以成其信矣"라 함.

(3) 賦

成王之孚, 下土之式.

王의 孚를 成ᄒ샤, 下土의 式ᄒ욤은,

무왕이 신의를 이루시어, 온 세상의 본이 되셨음은,

永言孝思, 孝思維則!

孝思(효ᄉ)를 기리 ᄒ시는 디라, 孝思ㅣ 則이 되시니라!

길이 내 조상에 孝를 다하시는지라, 효를 다하여 백성의 법이 되심이라!

【式】 본받음. 〈毛傳〉에 "式, 法也"라 하였고, 〈鄭箋〉에 "王道尙信, 則天下以爲法, 勤行之"라 함. 〈集傳〉에도 아래 '則'자와 묶어 "式·則, 皆法也"라 함.

【孝思維則】 〈毛傳〉에 "則其先人也"라 하였고, 〈鄭箋〉에는 "長我孝心之所思, 所思者, 其維則三后之所行, 子孫以順祖考爲孝"라 함. 王引之〈述聞〉에 "孝者, 美德之通稱, 非謂孝弟之孝"라 함. 〈中庸〉에도 "夫孝者, 繼善人之志, 善述人之事者也"라 하여, '孝'는 孝誠의 뜻이 아니라 하였음.

*〈集傳〉에 "○言「武王所以能成王者之信, 而爲四方之法者, 以其長言孝思, 而不忘是以其孝可爲法耳.」 若有時而忘之, 則其孝者僞耳. 何足法哉?"라 함.

(4) 賦

媚玆一人, 應侯順德.

이 一人을 媚(미)ᄒᄂᆫ 디라, 應홈을 順德으로 ᄒ니,

오직 이 한 사람이 사랑을 받음은, 응당 조상의 덕을 따름이리니,

永言孝思, 昭哉嗣服!

孝思를 기리 ᄒ샤, 昭(쇼)히 服(복)을 嗣(ᄉ)ᄒ샷다!

길이 나는 조상의 효를 다하리니, 밝히 그 일을 계승하리라!

【媚】 〈鄭箋〉〈集傳〉에 "媚, 愛也"라 하였고, 〈鄭箋〉에 "媚, 愛; 玆, 此也. 可愛乎! 武王能當此順德, 謂能成其祖考之功也. 《易》(升卦)曰:「君子以順德, 積小以高大.」"라 함.

【一人】 〈毛傳〉에 "一人, 天子也"라 하였고, 〈集傳〉에는 "一人謂武王"이라 함.

【應侯順德】 〈毛傳〉에 "應, 當; 侯, 維也"라 하였고, 〈集傳〉에는 "應, 如不應徯志之應; 侯, 維服事也"라 함. '應侯'는 吳闓生〈會通〉에 "應, 當也. 侯, 乃也. 應侯順德,

猶云應乃懿德"이라 함.

【嗣服】〈鄭箋〉에 "服, 事也. 明哉! 武王之嗣行祖考之事, 謂伐紂定天下"라 함.

＊〈集傳〉에 "○言「天下之人, 皆愛戴武王以爲天子, 而所以應之. 維以順德, 是武王能長言孝思, 而明哉! 其嗣先王之事也.」"라 함.

(5) 賦

昭茲來許, 繩其祖武.

昭흔 디라 來許(리허)ㅣ, 그 祖武(조무)를 繩(승)ㅎ면,

밝도다, 이 부지런함이여, 조상의 업적을 이어가면,

於萬斯年, 受天之祜!

於(오)홉다, 萬인의 年애, 天人의 祜(호)를 受ㅎ리로다!

오, 천년만년 가도록, 하늘의 복을 받으리로다!

【昭茲來許】〈毛傳〉에 "許, 進"이라 하였고, 〈鄭箋〉에 "茲, 此; 來, 勤也. 武王能明此勤行, 進於善道, 戒愼其祖考, 所履踐之迹, 美其終成之"라 함. 〈集傳〉에는 "昭茲, 承上句而言. 茲·哉, 聲相近, 古蓋通用也. 來, 後世也; 許, 猶所也"라 함. '昭茲'에 대해 馬瑞辰〈通釋〉에는 "茲·哉, 古同音通用. 昭茲, 猶言昭哉"라 하여 '茲'는 '哉'의 通假字라 하였음.

【繩其祖武】〈毛傳〉에 "繩, 戒; 武, 迹也"라 하였고, 〈集傳〉에는 "繩, 繼; 武, 迹也"라 함. 馬瑞辰〈通釋〉에 "繩·承, 古通用"이라 함.

【於萬斯年】'於'는 감탄사. '오'로 읽음. '斯'는 助字. 〈鄭箋〉에 "祜, 福也. 天下樂仰武王之德, 欲其壽考之言也"라 함.

＊〈集傳〉에 "○言「武王之道, 昭明如此. 來世能繼其迹, 則久荷天祿而不替矣.」"라 함.

(6) 賦

受天之祜, 四方來賀.

天의 祜를 受ㅎ시니, 四方이 來ㅎ야 賀(하)ㅎ놋다.

하늘의 복을 받으시니, 사방이 조공을 해 오도다.

於萬斯年, 不遐有佐?

於(오)홉다, 萬인이 年애, 엇디 佐(자)ᄒᆞᆯ 리 잇디 아니랴?

오, 천년만년 가도록, 어찌 도움이 없으리오?

【四方來賀】〈毛傳〉에 "遠夷來佐也"라 하였으나, 〈集傳〉에는 "賀, 朝賀也. 周末秦
強, 天子致胙諸侯, 皆賀"라 함.

【遐】何, 胡와 같은 疑問詞. 馬瑞辰〈通釋〉에 "不遐, 卽'遐不'之倒文. 凡詩言'遐不'
者, 遐·胡, 一聲之轉, 猶云'胡不'也"라 함.

〈鄭箋〉에는 "武王受此萬年之壽, 不遠有佐. 言其輔佐之臣, 亦宜蒙其餘福也. 《書》
(洛誥)曰:「公其以予萬億年亦君臣同福祿也」라 하였고, 〈集傳〉에 "遐, 何通; 佐, 助
也. 蓋曰「豈不有助乎?」云爾"라 함.

참고 및 관련 자료

1. 孔穎達〈正義〉

經六章, 皆言武王益有明智, 配先人之道, 成其孝思, 繼嗣祖考之迹, 皆是繼文,
能昭先人之功焉. 經云「三后在天, 王配於京」, 則武王所繼自太王·王季, 皆是矣. 而序
獨云繼文者, 作者以周道積基, 故本之於三后. 言世有哲王, 見積德之深遠, 其實美
武王能繼, 唯在文王也. 太王·王季, 雖脩德創業, 爲後世所繼, 而未有天命, 非開基
之主, 不足使武王聖人繼之. 又此篇在文王詩後, 故詩言繼文著其功之大, 且見篇之
次也. 文王已受天命, 故言復受爲亞前之辭. 武王之受天命, '白魚入舟', 是也.

2. 朱熹〈集傳〉

〈下武〉, 六章, 章四句:

或疑此詩, 有'成王'字, 當爲康王以後之詩. 然考尋文意, 恐當只如舊說, 且其文體,
亦與上下篇血脈通貫, 非有誤也.

250(大-10) 문왕유성(文王有聲)

*〈文王有聲〉: '문왕은 명성이 있었다'의 뜻.
*이 시는 문왕의 여러 업적 가운데 崇(崇侯 虎)을 벌한 것을 武王이 이어 받아 마침내 殷紂를 멸하고, 도읍도 豐邑에서 鎬京으로 옮긴 것을 찬미한 것임.

〈序〉: 〈文王有聲〉, 繼伐也. 武王能廣文王之聲, 卒其伐功也.

〈문왕유성〉은 정벌을 계속함이다. 무왕은 능히 문왕의 명성을 더욱 넓혀 마침내 정벌의 공을 세웠다.

〈箋〉: 繼伐者, 文王伐崇, 而武王伐紂.

*전체 8장. 매 장 5구씩(文王有聲: 八章. 章五句).

(1) 賦
文王有聲, 遹駿有聲.

文王이 聲을 두샴이, 키 聲을 두샷다.

문왕께서 명성이 있으셔, 크신 그 명성 서술하도다.

遹求厥寧, 遹觀厥成, 文王烝哉!

그 寧을 求ᄒ샤, 그 成을 觀ᄒ시니, 文王이 烝(증)이샷다!

백성들 그 평안토록 사업을 마치심을 서술하며, 그 성취를 보아 서술하노니, 문왕이시여, 왕이 될 만하셨도다!

【聲】업적과 공에 대한 聲譽, 德望.
【遹】〈鄭箋〉에 "遹, 述"라 하였으나, 〈集傳〉에 "遹, 義未詳. 疑與聿同, 發語辭"라 함.
【駿】〈鄭箋〉과 〈集傳〉에 "駿, 大"라 함.

【求】〈鄭箋〉에 "求, 終"이라 함.
【觀】〈鄭箋〉에 "觀, 多也. 文王有令聞之聲者, 乃述行; 有令聞之聲之道, 所致也. 所
述者, 謂太王·王季也. 又述行終其安民之道, 又述行多其成民之德. 言周德之世益
盛"이라 함.
【烝哉】〈毛傳〉과 〈集傳〉에 "烝, 君也"라 하였고, 〈鄭箋〉에는 "君哉者, 言其誠得人
君之道"라 함.
＊〈集傳〉에 "○此詩言「文王遷豊, 武王遷鎬之事, 而首章推本之曰『文王之有聲也.
甚大乎其有聲也! 蓋以求天下之安寧, 而觀其成功耳. 文王之德如足信乎! 其克君
也哉!』"라 함.

(2) 賦
文王受命, 有此武功.

文王이 命을 受ᄒ샤, 이 武功을 두샷다.

문왕께서 천명을 받으셨기에, 이처럼 큰 공을 거두셨도다.

旣伐于崇, 作邑于豐, 文王烝哉!

이믜 崇(슝)을 伐ᄒ시고, 邑을 豐(풍)에 作ᄒ시니, 文王이 烝이샷다!

이미 崇나라 치신 다음, 豐 땅에도 도읍을 정하셨으니, 문왕이시여, 왕
이 될 만하셨도다!

【武功】〈鄭箋〉에 "武功, 謂伐四國及崇之功也"라 함.
【崇】나라 이름. 그 군주 崇侯 虎가 紂에게 文王을 참소하여 문왕이 羑里 감옥에
간히기 됨. 〈集傳〉에 "伐崇事, 見〈皇矣〉篇"이라 함.
【作邑】〈鄭箋〉에 "作邑者, 徙都于豐, 以應天命"이라 하였고, 〈集傳〉에는 "作邑, 徙
都也"라 함.
【豐】崇나라 땅. 지금의 陝西 鄠縣 杜陵 西南. 文王이 周原(岐陽)에서 이곳으로 도
읍을 옮겼음. 〈集傳〉에 "豐, 卽崇國之地, 在今鄠縣杜陵西南"이라 함.

(3) 賦
築城伊淢, 作豐伊匹.

城을 築(츅)호ᄃᆡ 淢(역)으로 ᄒ시고, 豐을 作호ᄃᆡ 匹(필)케 ᄒ시니,

십 리 사방에 성을 쌓고 도랑을 파서, 풍읍을 건설하시어 그에 걸맞게
하시니,

匪棘其欲, 遹追來孝, 王后烝哉!

그 欲(욕)을 棘(극)ㅎ신 줄 아니라, 追(츄)ㅎ야 孝를 來홈 이시니, 王后ㅣ
烝이샷다!

그 욕심 따라 급하게 하신 것이 아니라, 조상 뜻 좇아 효를 다하려 하
셨으니, 문왕이시여, 왕 될 만하셨도다!

【伊】助辭.

【淢】〈毛傳〉에 "淢, 成溝也"라 하였고, 〈鄭箋〉에 "方十里曰成. 淢, 其溝也. 廣深各
八尺"이라 함. 〈集傳〉에는 "淢, 城溝也. 方十里爲成, 成間有溝, 深廣各八尺"이라
함.

【作豐伊匹】〈毛傳〉에 "匹, 配也"라 하였고, 〈集傳〉에는 "匹, 稱"이라 함.

【棘】〈鄭箋〉과 〈集傳〉에 "棘, 急也"라 함.

【遹遹來孝】〈鄭箋〉에 "來, 勤也. 文王受命, 而猶不自足. 築豐邑之城, 大小適與城
偶, 大於諸侯, 小於天子之制. 此非以急成從己之欲, 欲廣都邑, 乃遹追王季, 勤孝
之行, 進其業也"라 함.

【王后】역시 文王을 가리킴. 〈毛傳〉에 "后, 君也"라 하였고, 〈鄭箋〉에는 "變謚, 言
王后者, 非其盛事, 不以義謚"라 함. 〈集傳〉에 "王后, 亦指文王也"라 함.

*〈集傳〉에 "○言「文王營豐邑之城, 因舊溝爲限而築之. 其作邑居亦稱其城, 而不侈
大. 皆非急成己之所欲也. 特追先人之志, 而來致其孝耳.」"라 함.

(4) 賦

王公伊濯, 維豐之垣.

王의 公이 濯(탁)홈은, 豐에 垣(원)홀 식니라.

문왕의 공적 이토록 크니, 풍읍에 궁궐을 지으신 것이니라.

四方攸同, 王后維翰, 王后烝哉!

四方이 同ㅎ야, 王后로 翰(한)ㅎ니, 王后ㅣ 烝이샷다!

사방에서 함께 하여, 왕을 기둥으로 여기니, 문왕이여, 왕 될 만하셨도다!

【公】〈鄭箋〉에 "公, 事也. 文王述行大王·王季之王業, 其事益大, 作邑於豐, 城之旣成, 又垣之立, 宮室乃爲天下所同心而歸之"라 하였으나, 〈集傳〉에는 "公, 功也"라함.

【濯】〈毛傳〉에 "濯, 大"라 하였고, 〈集傳〉에 "濯, 著明也"라 함.

【垣】궁궐의 담. 대궐을 뜻함.

【同】모임.

【翰】〈毛傳〉에 "翰, 幹也"라 하였고, 〈鄭箋〉에는 "王后爲之幹者, 正其政敎, 定其法度"라 함.

＊〈集傳〉에 "○王之功所以著明者, 以其能築此豐之垣. 故爾四方, 於是來歸, 而以文王爲楨榦也.」"라 함.

(5) 賦

豐水東注, 維禹之績.

豐水ㅣ 東으로 注(주)하니, 禹의 績(젹)이로다.

풍수는 동쪽으로 흐르니, 옛 우왕의 공적이로다.

四方攸同, 皇王維辟, 皇王烝哉!

四方이 同하야, 皇王으로 辟(벽)하니, 皇王이 烝이샷다!

사방에서 모여들어, 무왕을 받들어 모셨으니, 武王이여, 황왕이 되실만하셨도다!

【豐水東注】〈集傳〉에 "豐水, 東北流, 徑豐邑之東, 入渭而注于河"라 함.

【禹之績】'禹'는 中國 최초의 왕조 夏나라의 시조. 夏后氏 부락의 領袖였으며 姒姓. 大禹, 夏禹 등으로도 불리며 이름은 文命. 鯀의 아들. 鯀이 물을 막는 방법으로 治水에 실패하여 죽음을 당한 뒤 禹는 물을 소통시키는 방법으로 성공을 거둔 다음 舜임금으로부터 천하를 물려받아 夏王朝를 세움. 뒤에 천하를 순시하다가 會稽에서 생을 마침. 그는 益에게 천하를 물려주려 하였으나 아들 啓의무리가 난을 일으켜 益을 죽이고 世襲王朝를 시작함. 이로부터 禪讓(公天下)의제도가 마감되고 世襲(家天下)의 역사가 시작됨. 이를 "傳子而不傳賢"이라 함. 《史記》에서는 五帝本紀 다음 첫 왕조로 夏本紀가 시작됨. 《十八史略》(1)에 "夏后氏禹: 姒姓, 或曰名文命, 鯀之子; 顓頊孫也. 鯀湮洪水, 舜擧禹代鯀, 勞身焦思, 居

外十三年, 過家門不入"이라 함. '積'은 功績, 業績. 〈毛傳〉에 "績, 業"이라 하였고, 〈鄭箋〉과 〈集傳〉에는 "績, 功也"라 함. 〈鄭箋〉에 "昔堯時洪水, 而豊水亦氾濫爲害. 禹治之, 使入渭東注于河, 禹之功也. 文王·武王, 今得作邑於其旁. 地爲天下所同心而歸. 大王爲之君, 乃由禹之功, 故引美之. 豊邑, 在豊水之西; 鎬京, 在豊水之東"이라 함.

【皇】이번에는 武王을 찬미한 것. 〈毛傳〉에 "皇, 大也"라 하였고, 〈鄭箋〉에 "變王后, 言大王者, 武王之事, 又益大"라 함. 〈集傳〉에도 "皇, 王. 有天下之號, 指武王也"라 함.

【辟】〈鄭箋〉과 〈集傳〉에 "辟, 君也"라 함.

*〈集傳〉에 "○言「豊水東注, 由禹之功. 故四方得以來同於此, 而以武王爲君此.」武王未作鎬京時也"라 함.

(6) 賦

鎬京辟廱, 自西自東, 自南自北,

鎬京(호경)ㅅ 辟廱(벽옹)애, 西로브테며 東으로부터 ᄒ며, 南으로브테며 北으로브터 ᄒ야,

호경의 벽옹에, 서쪽으로부터 동쪽으로부터 남쪽으로부터 북쪽으로부터,

無思不服, 皇王烝哉!

思ᄒ야 服디 아니ᄒ 리 업스니, 皇王이 烝이샷다!

복종하고자 하지 않은 이들 없었으니, 무왕이여, 황왕이 되실 만하셨도다!

【鎬京】武王이 豊에서 다시 이곳 鎬로 도읍을 옮김. 〈毛傳〉에 "武王作邑於鎬京"이라 하였고, 〈集傳〉에 "鎬京, 武王所營也. 在豊水東, 去豊邑二十五里. 張子曰: 「周家自后稷居邰, 公劉居豳, 大王邑岐, 而文王則遷于豊, 至武王又居于鎬. 當是時民之歸者日衆, 其地有不能容, 不得不遷也.」"라 함.

【辟廱】〈集傳〉에 "辟廱, 說見前篇. 張子曰:「〈靈臺〉·〈辟廱〉, 文王之學也. 鎬京·辟廱, 武王之學也. 至此始爲天子之學矣.」"라 함. 《禮記》王制篇에 "天子命之敎然後爲學. 小學在公宮南之左, 大學在郊, 天子曰辟廱, 諸侯曰頖宮"이라 함. 〈靈臺〉詩 參考. 〈鄭箋〉에 "自, 由也. 武王於鎬京, 行辟廱之禮, 自四方來觀者, 皆感化其德, 心

無不歸服者"라 함.

【無思不服】〈集傳〉에 "無思不服, 心服也.《孟子》曰:「天下不心服而王者, 未之有也.」"
라 함.

【思】助字.

*〈集傳〉에 "○此言「武王徙居鎬京, 講學行禮, 而天下自服也.」"라 함.

(7) 賦

考卜維王, 宅是鎬京.

卜(복)을 考(고)ᄒᆞ신 王이, 이 鎬京에 宅(퇴)ᄒᆞ샷다.

무왕을 위해 점을 쳐서 괘를 푸니, 호경에 자리를 잡으라 하셨다.

維龜正之, 武王成之, 武王烝哉!

龜(귀)ㅣ 正ᄒᆞ야ᄂᆞᆯ, 武王이 成ᄒᆞ시니, 武王이 烝이샷다!

거북점을 쳐서 결정하여, 무왕께서 이를 성취하셨으니, 무왕이시여, 왕
이 될 만하셨도다!

【考】〈鄭箋〉과 〈集傳〉에 "考, 稽也"라 함.

【宅】〈鄭箋〉에 "宅, 居也. 稽疑之法, 必契灼龜而卜之. 武王卜居, 是鎬京之地. 龜則
正之謂得吉兆. 武王遂成之, 脩三后之德, 以伐紂, 定天下. 成龜兆之占, 功莫大於
此"라 하였고, 〈集傳〉에도 "宅, 居也"라 함.

【正】결정함. 〈集傳〉에 "正, 決也"라 함.

【成之】〈集傳〉에 "成之, 作邑居也. 張子曰:「此擧諡者, 追述其事之言也.」"라 함.

(8) 賦

豐水有芑, 武王豈不仕?

豐水에도 芑(긔) 이시니, 武王이 엇디 仕(ᄉ)티 아니 ᄒᆞ시리오?

풍수에는 芑草가 자라니, 무왕께서 어찌 이 일을 이루지 않으시리오?

詒厥孫謀, 以燕翼子, 武王烝哉!

그 孫에 謀(모)를 詒(이)ᄒᆞ샤, 뻐 翼(익)홀 子(ᄌ)를 燕(연)케 ᄒᆞ시니, 武王이

烝이샷다!

그 좋은 계책을 자손에게 남기시어, 그 아들 成王을 보호하셨으니, 무왕이시여, 왕 되실 만하셨도다!

【苔】〈諺解〉物名에는 "苔:흰츠조"라 함. 〈毛傳〉에 "苔, 草也"라 하였고, 〈集傳〉에 "苔, 草名"이라 함. 그러나 혹 嘉禾로 보기도 함.

【仕】事. 〈毛傳〉과 〈集傳〉에 "仕, 事"라 함.

【詒】남겨 줌. 〈鄭箋〉에 "詒, 猶傳也"라 하였고, 〈集傳〉에 "詒, 遺"라 함.

【孫謀】子孫을 위한 모책. 〈鄭箋〉에는 "孫, 順也. 豐水猶以其潤澤生草, 武王豈不以其功業爲事乎? 之以爲事, 故傳其所以順天下之謀, 以安其敬事之子孫, 謂使行之也. 《書》(大誥篇)曰:「厥考翼其肯曰:『我有後, 弗弃基?』」"라 함. 陳奐〈傳疏〉에는 "言武王之謀遺子孫也"라 함.

【以燕翼子】그 아들 成王(姬誦)을 편안토록 하여줌. 〈毛傳〉에 "燕, 及;翼, 敬也"라 하였고, 〈集傳〉에는 "燕, 安;翼, 敬也"라 함. 聞一多〈類纂〉에는 "按敬·愍·驚, 本同字, 古無愍·驚字, 但以敬爲之. 翼, 敬也;子, 成王也"라 함. 그러나 '翼'을 공경의 뜻으로 보면 의미가 통하지 않아 '보호해주다'로 풀이하였음.

【武王烝哉】〈毛傳〉에 "上言皇王而變言武王者, 皇大也. 始大其業, 至武王伐紂, 成之. 故言武王也"라 함.

＊〈集傳〉에 "○鎬京猶在豐水下流, 故取以起興. 言「豐水猶有苔, 武王豈無所事乎? 詒厥孫謀以燕翼子, 則武王之事也. 謀及其孫, 則子可以無事矣.」 或曰賦也. 言「豐水之旁, 生物繁茂, 武王豈不欲有事於此哉? 但以欲遺孫謀, 以安翼子, 故不得而不遷耳.」"라 함.

[참고 및 관련 자료]

1. 孔穎達〈正義〉

經八章上四章言文王之事. 下四章言武王繼之. 是繼伐, 首章言「文王有聲」, 武王則道廣於文王, 是能廣文王令聞之聲. 二章言文王伐崇, 武王則伐紂之定天下, 是卒其伐功. 經雖無武王廣聲, 卒伐之事, 於理則有, 故序言亦以轉互相明也. 上四卒言文王有令聞之聲, 成名之德, 作豐邑以追, 孝心同. 四方而正, 法度所爲不止於伐崇也. 下四章言武王君天下, 服四方, 定鎬京, 而成卜兆, 傳善謀以安, 後世所爲不止於伐紂, 維以繼伐. 言之者, 以其所施之事, 皆繼伐之功. 故言繼伐以總之. 此篇八章其末俱言「烝哉!」, 而四章言武王之謚, 四章言王后皇王, 作者變其文, 見其事有異. 上四章雖同是文王之事, 而首章二章言文王令聞, 成民受命伐罪, 是文王事之盛者, 故擧其義諡而稱文王. 三章言築城, 大小之事, 述其所徙之言. 四章言作豐以主四方, 施化而爲法度, 比之前事爲不盛, 故不擧. 其諡而變言王后. 下四章雖同是武王之事, 五章·六章言武王伐紂, 作邑定居, 四方歸服於武王之事爲不盛, 故不擧義. 諡比文王之事, 則益大, 故變言皇王. 七章言考卜而後居鎬京, 伐紂以成其占. 八章言重功業以爲大事, 傳順謀以安子孫, 除虐去殘, 貽訓後世, 是武王之事盛者, 故文擧其義諡, 而言武王·文王之事, 則盛者居前不盛, 次之武王之事, 則不盛在先者, 見武王不盛之事, 盛於文王之盛者. 作者比其事之大小, 而爲之章次也.

2. 朱熹〈集傳〉

〈文王有聲〉, 八章, 章五句:

此詩以武功稱文王, 至于武王, 則言「皇王維辟無思不服而已.」蓋文王旣造其始, 則武王續而終之無難也. 又以見文王之文, 非不足於武, 而武王之有天下, 非以力取之也.」

〈2〉「生民之什」

朱熹 〈集傳〉:

〈鄭譜〉此以上爲文武時詩, 以下爲成王·周公時詩. 今按: 文王首句, 卽云「文王在上」, 則非文王之詩矣. 又曰「無念爾祖」, 則非武王之詩矣. 〈大明〉·〈有聲〉幷言文武者非一, 安得爲文武之時所作乎? 蓋正雅, 皆成王·周公以後之詩, 但此什皆爲追述文武之德, 故譜因此而誤耳.

251(大-11) 생민(生民)

*〈生民〉: 백성을 낳음. '民'은 周나라 민족을 가리킴.
*이 시는 주나라의 시작은 成王의 17대 선대 后稷에서 시작되었으며, 后稷은 姜嫄에게서 태어난 것임. 그 뒤 太公(太王), 季歷(王季)을 거쳐 文王, 武王 때 이르러 비로소 왕업을 이루었으며, 이는 姜嫄이 후직을 낳음으로부터 시작되었음을 노래한 것임.

〈序〉: 〈生民〉, 尊祖也. 后稷生於姜嫄, 文武之功起於后稷, 故推以配天焉.

〈생민〉은 조상을 존숭한 것이다. 后稷이 姜嫄으로부터 태어났고, 문왕과 무왕의 공적은 후직에게서 비롯된 것이다. 그 까닭으로 이를 하늘에 맞추어 배향한 것이다.

*전체 8장. 4장은 10구씩, 4장은 8구씩(生民: 八章. 四章章十句, 四章章八句). 〈毛詩〉에는 7장으로 나누었음. 참고란을 볼 것.

(1) 賦

厥初生民, 時維姜嫄, 生民如何?

그 처엄 民을 生홈이, 이 姜嫄(강원)이시니, 民을 生홈을 엇디 ᄒᆞ뇨?

그 처음 주민족을 낳으심은, 이가 곧 姜嫄이었으니, 사람을 낳으심이 어떠하였던가?

克禋克祀, 以弗無子,

능히 禋(인)ᄒᆞ며 능히 祀(ᄉᆞ)ᄒᆞ샤, 뻐 子 업슴을 弗(블)ᄒᆞ시고,

능히 정결히 제사 올려, 아들이 없어서는 안 된다고 여겨,

履帝武敏歆, 攸介攸止,

帝의 武敏(무민)을 履(리)ᄒᆞ샤 介(개)ᄒᆞᆫ 바와 止ᄒᆞᆫ 바애 歆(흠)ᄒᆞ샤,

上帝의 발자국 엄지발가락 밟으시고 흔연히, 큰 복을 달라고 하셨지.

載震載夙, 載生載育, 時維后稷!

곧 震(진)ᄒᆞ며 곧 夙(슉)ᄒᆞ샤, 곧 生ᄒᆞ야 곧 育ᄒᆞ시니, 이 后稷이시니라!

곧 아이를 임신하고 더욱 삼가며, 아이를 낳으시고 기르시니, 이 아이가 곧 后稷이셨네!

【厥初生民】'厥'은 〈鄭箋〉에 "厥, 其初始時是也"라 함. '生民'은 〈毛傳〉에 "生民, 本后稷也"라 하였고, 〈集傳〉에 "民, 人也. 謂周人也"라 함.

【時維姜嫄】'時'는 〈集傳〉에 "時, 是也"라 함. '姜嫄'의 姜은 姓. 后稷의 어머니로서 周民族의 시조. 대인의 발자국을 따라 갔다가 后稷을 낳은 것으로 되어 있어 母系社會의 흔적을 지니고 있음. 이 때문에 후직의 아버지는 알 수 없으므로 어머니를 거론한 것임. 참고란을 볼 것. 〈毛傳〉에 "姜, 姓也. 后稷之母, 配高辛氏帝焉"이라 하였고, 〈鄭箋〉에는 "言周之始祖, 其生之者, 是姜嫄也. 姜姓者, 炎帝之後, 有女名嫄. 當堯之時, 爲高辛氏之世妃. 本后稷之初生, 故謂之生民"이라 함. 〈集傳〉에 "姜嫄, 炎帝後, 姜姓有邰氏女, 名嫄. 爲高辛之世妃"라 함.

【克禋克祀】'克'은 〈鄭箋〉에 "克, 能也"라 함. '禋'은 禋祀. 냄새나 연기를 피워 올려 지내는 제사. 〈毛傳〉에 "禋, 敬"이라 하였으나, 〈集傳〉에는 "精意以享謂之禋, 祀, 祀郊禖也"라 함.

【以弗無子】‘弗’은 푸닥거리. 혹 ‘제거하다’의 동사. 그러나 戴震의 〈毛詩鄭詩考正〉
에는 “無弗之爲言有也”라 하여, ‘있어야 함’을 강조한 것임. 〈毛傳〉에 “弗, 去也.
去無子, 求有子. 古者, 必立郊禖焉. 玄鳥至之日, 以大牢祠于郊禖. 天子親往, 后妃
率九嬪御, 乃禮. 天子所御, 帶以弓韣, 授以弓矢于郊禖之前”이라 하였고, 〈鄭箋〉
에는 “弗之言祓也. 姜嫄之生后稷如何乎? 乃禋祀上帝於郊禖, 以祓除其無子之疾,
而得其福也. 能者, 言齊肅當神明意也. 二王之後, 得用天子之禮”라 함. 〈集傳〉에
도 “弗之言, 祓也. 祓無子, 求有子也. 古者, 立郊禖, 蓋祭天於郊, 而以先媒配也.
變媒言禖者, 神之也. 其禮以玄鳥至之日, 用大牢祀之. 天子親往, 后率九嬪御, 乃
禮天子所御. 帶以弓韣, 授以弓矢, 于郊禖之前也”라 함.

【履帝武敏歆】〈毛傳〉에 “履, 踐也. 帝, 高辛氏之帝也. 武, 迹; 敏, 疾也. 從於帝而見
于天, 將事齊敏也. 歆, 饗”이라 하여 ‘履’는 ‘밟음’. ‘帝’는 上帝. ‘武’는 발자국. ‘敏’
은 빠르다 혹은 엄지발가락. 〈鄭箋〉에 “帝, 上帝也; 敏, 拇也”라 하였고, 〈集傳〉에
도 “履, 踐也; 帝, 上帝也; 武, 迹; 敏, 拇; 歆, 動也, 猶驚異也”라 함. ‘歆’은 忻의 뜻.
馬瑞辰〈通釋〉에는 “歆之言忻, 卽《史記》所云「心忻然欲踐之也」”라 함.

【攸介攸止】〈毛傳〉에 “介, 大; 攸止, 福祿所止也”라 하였고, 〈鄭箋〉에는 “介, 左右也”
라 함. 〈集傳〉에는 “介, 大也”라 함.

【載震載夙】〈毛傳〉에 “震, 動; 夙, 早”라 하였으나, 〈鄭箋〉에 “夙之言肅也”라 하였
고, 〈集傳〉에는 “震, 娠也; 夙, 肅也”라 함. ‘震’은 ‘娠’의 假借字. 馬瑞辰〈通釋〉에
《爾雅》:「娠, 震動也.」郭注:「娠, 猶震也.」……震, 卽娠之聲近假借”라 함.

【載生載育】〈毛傳〉에 “育, 長也”라 하였고, 〈集傳〉에 “生子者, 及月辰, 居側室也;
育, 養也”라 함.

【后稷】〈毛傳〉에 “后稷, 播百穀以利民”이라 하였고, 〈鄭箋〉에는 “祀郊禖之時, 時
則有大神之迹. 姜嫄履之. 足不能滿履, 其拇指之處, 心體歆歆然. 其左右所止住,
如有人道感己者也. 於是遂有身, 而肅戒不復御後, 則生子, 而養長名之曰棄. 舜臣
堯而擧之, 是爲后稷”이라 함.

＊〈集傳〉에 “○姜嫄出祀郊禖, 見大人跡而履其拇, 遂歆歆然如有人道之感. 於是卽
其所大所止之處, 而震動有娠, 乃周人所由以生之始也. 周公制禮, 尊后稷以配
天, 故作此詩以推本其始生之祥, 明其受命於天, 固有以異於常人也. 然巨跡之說,
先儒或頗疑之, 而張子曰:「天地之始, 固未嘗先有人也. 則人固有化而生者矣. 蓋
天地之氣生之也.」蘇氏亦曰:「凡物之異於常物者, 其取天地之氣常多, 故其生也.
或異麒麟之生異於犬羊蛟, 龍之生異於魚鼈, 物固有然者矣. 神人之生, 而有以異
於人, 何足怪哉? 斯言得之矣”라 함.

(2) 賦

誕彌厥月, 先生如達,

그 月을 彌(미)ᄒ야, 몬져 生호ᄃᆡ 達ᄀᆞᆮ티 ᄒ시니,

드디어 열 달이 차자, 초산임에도 마치 양이 새끼를 낳듯 쉽게 낳았네.

不坼不副, 無菑無害.

坼(탁)디 아니 ᄒ시며 副(퓝)디 아니 ᄒ시며, 菑(ᄌᆡ) 업ᄉ시며 害 업ᄉ샤,

찢어짐도 없고 갈라짐 없어, 어머니 모체에는 재앙도 없고 傷害도 없어,

以赫厥靈, 上帝不寧?

뻐 그 靈을 赫ᄒ시니, 上帝ㅣ 寧티 아니시랴?

이로써 그 신령함이 혁혁하였으니, 상제께서 마음을 놓지 않았겠는가?

不康禋祀, 居然生子?

禋祀를 康(강)티 아니신, 이 居然(거연)히 子를 生ᄒ샷다!

제사를 가상히 여겨, 아들을 편안히 낳도록 하셨던 것이로다!

【誕彌厥月】임신기간 열 달이 참. 〈毛傳〉에 "誕, 大; 彌, 終"이라 하였으나, 〈集傳〉에는 "誕, 發語辭. 彌, 終也, 終十月之期也"라 함.

【先生如達】〈毛傳〉에 "達, 生也. 姜嫄之子; 先生者也"라 하였으나, 〈鄭箋〉에는 "達, 羊子也. 大矣! 后稷之在其母, 終人道十月而生, 生如達之生. 言易也"라 함. 〈集傳〉에도 "先生, 首生也. 達, 小羊也. 羊子易生, 無留難也"라 하여, 羊이 새끼를 낳듯이 순산하였음을 말함.

【不坼不副】〈毛傳〉에 "言易也. 凡人在母, 母則病, 生則坼"이라 하였고, 〈集傳〉에는 "坼·副, 皆裂也"라 함.

【無菑無害】〈毛傳〉에 "副·菑, 害其母, 橫逆人道"라 함.

【赫】〈毛傳〉과 〈集傳〉에 "赫, 顯也"라 함.

【不寧】反語. 〈毛傳〉과 〈集傳〉에 "不寧, 寧也"라 함.

【不康】〈毛傳〉과 〈集傳〉에 "不康, 康也"라 함. 〈鄭箋〉에 "康寧, 皆安也. 姜嫄以赫然, 顯著之徵, 其有神靈審矣. 此乃天帝之氣也. 心猶不安之, 又不安, 徒以禋祀, 而無人道居默然. 自生子懼, 時人不信也"라 함.

【居然】徒然과 같음. 아무 일 없는 듯이 함.〈集傳〉에 "居然, 猶徒然也. 凡人之生, 必坼副災害其母, 而首生之子, 尤難. 今姜嫄首生后稷, 如羊子之易, 無坼副災害之苦. 是顯其靈異也. 上帝豈不寧乎? 豈不康我之禋祀乎? 而使我無人道, 而徒然生是子也?"라 함.

(3) 賦

誕寘之隘巷, 牛羊腓字之.

隘(이)흔 巷(항)애 寘(치)흔대, 牛羊이 腓(비)ᄒ야 字(ᄌ)ᄒ며,

아기를 좁은 골목에 버렸더니, 소와 양도 밟지 않고 사랑했으며,

誕寘之平林, 會伐平林.

平林에 寘흔대, 平林 伐ᄒ 리를 會(회)ᄒ며,

이를 평지의 먼 숲에 버렸더니, 마침 그 숲에 나무하러 온 이가 있었으며,

誕寘之寒冰, 鳥覆翼之!

寒冰(한빙)에 寘흔대, 鳥ㅣ 覆(복)ᄒ며 翼(익)ᄒ놋다!

이를 얼음판에 버렸더니, 새들이 와서 덮어주고 자리를 깔아주었지!

鳥乃去矣, 后稷呱矣,

鳥ㅣ 去ᄒ야ᄂᆞᆯ, 后稷이 呱(고)ᄒ시니,

새가 날아가고 나서, 후직은 고고지성을 질렀는데,

實覃實訏, 厥聲載路!

실로 覃(담)ᄒ며 실로 訏(우)ᄒ샤, 그 聲이 路(로)애 載(지)ᄒ더시니라!

실로 몹시 우렁차서, 그 소리 길에 가득 울렸더니라!

【誕寘】아버지 없이 아이를 낳았다고 해서 불길한 것으로 여겼음. 그 때문에 밖에 버린 것이며, 이로써 뒤에 아이 이름을 棄(姬棄)라 부르게 됨.〈毛傳〉에 "誕, 大; 寘, 置"라 함.
【隘】〈集傳〉에 "隘, 狹"이라 함.

【牛羊腓字之】〈毛傳〉에 "腓, 辟;字, 愛也. 天生后稷, 異之於人, 欲以顯其靈也. 帝不順天, 是不明也. 故承天意, 而異之於天下"라 하였고, 〈鄭箋〉에 "天異之, 故姜嫄置后稷於牛羊之徑, 亦所以異之"라 함. 〈集傳〉에는 "腓, 芘;字, 愛"라 하여, '腓'는 '피하다'와 '덮어주다'의 두 가지 뜻이 다름.

【會伐平林】〈毛傳〉에 "牛羊而辟人者, 理也. 置之平林, 又爲人所收取之"라 하였고, 〈集傳〉에 "會, 値也"라 함. 마침 나무하러 온 자가 있어 살아나게 됨.

【鳥覆翼之】〈毛傳〉에 "大鳥來一翼覆之, 一翼藉之. 人而收取之, 又其理也. 故置之於寒冰"이라 하였고, 〈集傳〉에 "値人伐木而收之, 覆蓋翼藉也. 以一翼覆之, 以一翼藉之也"라 함. '覆'은 덮어줌. '翼'은 자리처럼 깔아 줌.

【呱】呱呱之聲. 〈毛傳〉에 "於是知有天異, 往取之矣. 后稷呱呱然而泣"이라 함. 〈集傳〉에 "呱, 啼聲也"라 함.

【實覃實訏】〈毛傳〉과 〈集傳〉에 "覃. 長;訏, 大"라 하였으나, 〈鄭箋〉에는 "實之言適也. 覃謂始能坐也;訏, 謂張口鳴呼也. 是時聲音, 則已大矣"라 함.

【載路】우는 소리가 길에 가득 참. 〈毛傳〉에 "路, 大也"라 하였고, 〈集傳〉에는 "載, 滿也. 滿路. 言「其聲之大」也"라 함.

＊〈集傳〉에 "○無人道而生子, 或者以爲不祥, 故棄之而有此異也. 於是始收而養之"라 함.

(4) 賦

誕實匍匐, 克岐克嶷,

실로 匍匐(포복)ᄒ샤, 능히 岐(기)ᄒ시며 능히 嶷(억)ᄒ더시니,

엉금엉금 기기 시작 할 때부터, 알기 시작했고 사물을 인식하더니,

以就口食, 蓺之荏菽.

뼈 口食(구식)에 就(취)ᄒ샤, 荏菽(임숙)을 蓺(예)ᄒ시니,

밥을 입으로 먹을 나이가 되자, 큰 콩을 심는 놀이를 하시니,

荏菽斾斾, 禾役穟穟,

荏菽이 斾斾(패패)ᄒ며, 禾(화)의 役이 穟穟(슈슈)ᄒ며,

큰 콩은 아주 잘 자라났고, 심었던 모는 이삭 잘 패었으며,

麻麥幪幪, 瓜瓞唪唪!

麻麥(마믹)이 幪幪(몽몽)ᄒ며, 瓜瓞(과딜)이 唪唪(봉봉)ᄒ더니라!
삼과 보리도 무성하고, 오이도 주렁주렁 열리는 것이었도다!

【匍匐】'엉금엉금 기다'의 雙書連綿語. 〈集傳〉에 "匍匐, 手足並行也"라 함.

【克岐克嶷】〈毛傳〉에 "岐, 知意也; 嶷識也"라 하였고, 〈鄭箋〉에는 "能匍匐, 則岐岐然. 意有所知. 其貌嶷嶷然, 有所識別也"라 함. 〈集傳〉에는 "岐·嶷, 峻茂之狀"이라 함.

【以就口食】〈鄭箋〉에 "以此至于能就衆人, 口自食, 謂六七歲時"라 하였고, 〈集傳〉에는 "就, 向也. 口食, 自能食也. 蓋六七歲時也"라 함.

【藝之荏菽】'蓺'는 藝와 같음. 심음. '荏菽'은 〈毛傳〉에 "荏菽, 戎菽也"라 하였고, 〈鄭箋〉에는 "蓺, 樹也. 戎菽, 大豆也. 就口食之時, 則有種殖之志. 言天性也"라 함. 〈集傳〉에는 "蓺, 樹也. 荏菽, 大豆也"라 함.

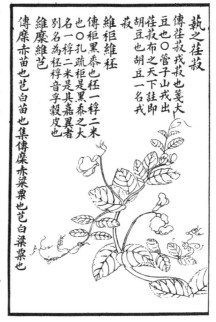

【施施】잘 자라는 모양. 〈毛傳〉에 "施施然, 長也"라 하였고, 〈集傳〉에 "施施, 枝旟揚起也"라 함.

【禾役穟穟】〈毛傳〉에 "役, 列也; 穟穟, 苗好美也"라 하였고, 〈集傳〉에도 "役, 列也. 穟穟, 苗美好之貌也"라 함.

【幪幪】무성한 모습. 〈毛傳〉에 "幪幪然, 盛茂也"라 하였고, 〈集傳〉에 "幪幪然, 茂密也"라 함.

【瓜瓞】오이, 외, 참외.

【唪唪】열매(과실)가 많이 맺은 모습. 〈毛傳〉과 〈集傳〉에 "唪唪然, 多實也"라 함.

＊〈集傳〉에 "○言「后稷能食時, 已有種殖之志, 蓋其天性然也.」《史記》曰:「棄爲兒時, 其遊戲好種殖, 麻麥麻麥美. 及爲成人, 遂好耕農, 堯擧以爲農師.」"라 함.

(5) 賦

誕后稷之穡, 有相之道.

后稷의 穡(식)이, 相(상)ᄒᆞᄂᆞᆫ 道ᅵ 잇도다.

후직의 농사는, 하늘의 도움이었네.

茀厥豐草, 種之黃茂.

그 豐草(풍초)를 茀(블)ᄒᆞ고, 黃茂(황무)를 種(죵)ᄒᆞ니,

그 무성한 풀을 처리하고, 좋은 종자를 뿌렸더니,

實方實苞, 實種實褎,

실로 方ᄒᆞ며 실로 苞(포)ᄒᆞ며, 실로 種ᄒᆞ며 실로 褎(유)ᄒᆞ며,

실로 부풀어 오르고 줄기가 자라고, 잡초도 나지 않고 가지와 잎도
잘 퍼졌으며,

實發實秀, 實堅實好,

실로 發ᄒᆞ며 실로 秀(슈)ᄒᆞ며, 실로 堅(견)ᄒᆞ며 실로 好ᄒᆞ며,

실로 패어 이삭도 나오매, 열매는 견실하고 실로 좋았고,

實穎實栗, 即有邰家室!

실로 穎(영)ᄒᆞ며 실로 栗(률)ᄒᆞ더니, 邰(틱)예 即ᄒᆞ야 家室을 ᄒᆞ시ᄂᆞ라!

패어난 이삭도 잘도 익어 주렁주렁, 이리하여 어머니 나라 邰에 정착
하셨네!

【有相之道】〈毛傳〉에 "相, 助也"라 하였고, 〈鄭箋〉에는 "大矣! 后稷之掌稼穡, 有
　見助之道, 謂若神助之力也"라 함. 〈集傳〉에는 "相, 助也. 言盡人力之助也"라 함.
【茀】〈毛傳〉과 〈集傳〉에 "茀, 治也"라 함.
【豐草】무성한 풀. 〈鄭箋〉에 "豐·苞, 亦茂也"라 함.
【種】〈集傳〉에 "種, 布之也"라 함.
【黃茂】〈毛傳〉에 "黃, 嘉穀也; 茂, 美也"라 하였고, 〈集傳〉에 "黃茂, 嘉穀也"라 함.
【實方實苞】〈毛傳〉에 "方, 極畝也; 苞, 本也"라 하였고, 〈鄭箋〉에는 "方, 齊等也"라
　함. 그러나 〈集傳〉에는 "方, 房也. 苞, 甲而未拆也. 此漬其種也. 種甲拆而可爲種

也"라 함. 그러나 馬瑞辰 〈通釋〉에는 "方, 爲苗生之始, ……方之言分也, 放也, 穀中得氣始分放也"라 함.

【實種實褎】〈毛傳〉에 "種, 雜種也; 褎, 長也"라 하였고, 〈鄭箋〉에는 "種, 生不雜也. 褎, 枝葉長也"라 하였으며, 〈集傳〉에는 "褎, 漸長也"라 함.

【實發實秀】〈毛傳〉에 "發, 盡發也; 不榮而實曰秀"라 하였고, 〈鄭箋〉에 "發, 發管時也"라 함. 〈集傳〉에는 "發, 盡發也; 秀, 始穟也"라 함.

【實堅實好】〈集傳〉에 "堅, 其實堅也; 好, 形味好也"라 함.

【實穎實栗】〈毛傳〉에 "穎, 垂穎也; 栗, 其實栗栗然"이라 하였고, 〈鄭箋〉에 "栗, 成就也. 后稷敎民除治茂草, 使種黍稷. 黍稷生, 則茂好; 熟則大成, 以此成功. 堯改封於邰, 就其成. 國之家室, 無變更也"라 함. 〈集傳〉에는 "穎, 實繁碩而垂末也; 栗, 不秕也. 旣收成見其實, 皆栗栗然, 不秕也"라 함. '穎'은 이삭이 많이 달려 늘어진 것.

【有邰】有는 助辭. '邰'는 姜嫄의 本家, 즉 后稷의 外家. 〈毛傳〉에 "邰, 姜嫄之國也. 堯見天, 因邰而生后稷. 故國后稷於邰, 命使事天, 以顯神, 順天命耳"라 하였고, 〈集傳〉에 "邰, 后稷之母家也. 豈其或滅或遷, 而遂以其地, 封后稷與?"라 함.

【家室】아버지가 없으므로 어머니 나라에서 자리를 잡고 삶을 터를 마련하여 어머니 제사를 받들게 됨. 뒤에 堯임금이 그를 邰에 封하였음을 말함.

*〈集傳〉에 "○言「后稷之穡如此, 故堯以其有功於民, 封於邰, 使卽其母家而居之, 以主姜嫄之祀.」故周人亦世祀姜嫄焉"이라 함.

(6) 賦

誕降嘉種: 維秬維秠, 維穈維芑.

嘉(가)한 種을 降(강)하니, 秬(거)와 秠(비)며 穈(문)과 芑(긔)로다.

하늘이 내려준 좋은 씨앗 뿌렸으니, 검은 기장과 두 알이 함께 드는 기장에, 붉은 조와 흰 조 같은 것들이었네.

恒之秬秠, 是穫是畝.

秬와 秠를 恒(ᄒ)하니, 이예 穫(확)하야 이예 畝(모)애 하며,

검은 기장과 한 껍질에 두 알 드는 기장 널리 심어, 이를 그 이랑에서 수확하며,

恒之穈芑, 是任是負, 以歸肇祀!

穈과 芑를 恒하니, 이예 任하며 이예 負(부)하야, 써 歸하야 비로소 祀

(ㅅ)ᄒᆞ시니라!

　붉은 기장 흰 좁쌀 널리 심어, 이를 둘러메고 짊어지고, 돌아와 처음으로 제사를 드렸네!

【誕降嘉種】〈毛傳〉에 "天降嘉種"이라 하였고, 〈鄭箋〉에 "天應堯之顯后稷, 故爲之下嘉種"이라 함. 〈集傳〉에는 "降, 降是種於民也.《書》曰「稷降播種」, 是也"라 함.
【秬·秠】〈毛傳〉에 "秬, 黑黍也; 秠, 一稃二米也"라 하였고, 〈集傳〉에 "秬, 黑黍也; 秠, 黑黍, 一稃二米者也"라 함. '秬'는 검은 기장. '秠'는 속에 알이 두 개 드는 것.
【穈·芑】붉은 조의 싹과 흰 조의 싹. '穈'은 '문(音門)'으로 읽음. 〈毛傳〉에 "穈, 赤苗也; 芑, 白苗也"라 하였고, 〈集傳〉에도 "穈, 赤粱粟也; 芑, 白粱粟也"라 함.
【恒】'𢛢'으로도 표기하며, 亘의 假借. 〈毛傳〉에 "恒, 徧"이라 하였고, 〈集傳〉에도 "恒, 徧也. 謂徧種之也"라 함.
【任·負】〈鄭箋〉에 "任, 猶抱也"라 하였으나, 〈集傳〉에는 "任, 肩任也; 負, 背負也. 旣成, 則穫而棲之於畝, 任負而歸, 以供祭祀也. 秬秠言穫畝, 穈芑言任負, 互文耳"라 함.
【以歸肇祀】첫 수확을 집으로 가지고 와서 우선 첫 제사부터 올림. 〈毛傳〉에 "肇, 始也. 始歸郊祀也"라 하였고, 〈鄭箋〉에 "肇, 郊之神位也. 后稷以天爲己下此四穀之故, 則徧種之. 成熟, 則穫而獻計之, 抱負以歸於郊祀天, 得祀天者, 二王之後也"라 함. 〈集傳〉에도 "肇, 始也. 稷始受國爲祭主, 故曰肇祀"라 함.

(7) 賦

誕我祀如何?

우리 祀ㅣ 엇디 ᄒᆞ뇨?

우리 그 제사가 어떠했던가?

或舂或揄, 或簸或蹂.

或 舂(용)ᄒᆞ며 或 揄(유)ᄒᆞ며, 或 簸(파)ᄒᆞ며 或 蹂(유)ᄒᆞ며,

혹 방아도 찧고 혹 퍼 올리고, 혹 키질도 하고 혹 비벼 밟아 낟알을 모아,

釋之叟叟, 烝之浮浮.

釋(셕)홈을 叟叟(수수)히 ᄒᆞ며, 烝(증)홈을 浮浮(부부)히 ᄒᆞ며,

쌀을 사락사락 물로 일어서, 솥에 넣고 찌니 김이 무럭무럭,

載謀載惟, 取蕭祭脂,

곧 謀ᄒ며 곧 惟(유)ᄒ며, 蕭(쇼)를 取(취)ᄒ야 脂(지)로 祭(제)ᄒ며,

날을 받고 재계하여 삼가고, 쑥과 기름을 태워 연기를 올리는 제사부터,

取羝以軷, 載燔載烈, 以興嗣歲!

羝(뎨)를 取ᄒ야 써 軷(발)ᄒ며, 곧 燔ᄒ며 곧 烈ᄒ야, 써 歲(셰)를 興ᄒ며 嗣(ᄉ)ᄒ도다!

숫양으로는 道祭를 올리고, 구운 고기와 꿰어서 구운 고기로, 묵은 해 보내고 새해를 맞았지!

【我祀】〈集傳〉에 "我祀, 承上章而言, 后稷之祀也"라 함.

【或舂或揄】'舂'은 방아(절구)를 찧음. '稽'과 같음. '揄'는 절구, 혹 확에서 찧은 곡물을 퍼 올림. 〈毛傳〉과 〈集傳〉에 "揄, 抒臼也"라 함.

【簸·蹂】〈毛傳〉에 "或簸穖者, 或蹂黍者"라 하였고, 〈集傳〉에 "簸, 揚去糠也; 蹂, 蹂禾取穀, 以繼之也"라 함. 〈鄭箋〉에는 〈鄭箋〉에 "舂而抒出之, 簸之又潤濕之. 將復舂之, 趣於鑿也. 釋之烝之, 以爲酒及簠簋之實. 蹂之言潤也. 大矣! 我后稷之祀天如何乎? 美而將說其事也"라 함.

【釋之叟叟】〈毛傳〉과 〈集傳〉에 "釋, 淅米也; 叟叟, 聲也"라 함.

【烝之浮浮】찔 때 김이 오름. 〈毛傳〉과 〈集傳〉에 "浮浮, 氣也"라 함.

【謀】점을 쳐서 제삿날을 정함. 〈毛傳〉에 "穀熟而謀陳祭而卜矣"라 함. 〈集傳〉에 "謀, 卜日擇土也"라 함.

【惟】마음을 삼감. 〈鄭箋〉에 "惟, 思也"라 하였고, 〈集傳〉에는 "惟, 齋戒具脩也"라 함.

【取蕭祭脂】〈毛傳〉에 "取蕭, 合黍稷臭達牆屋, 先奠而後爇蕭合馨香也"라 하였고, 〈集傳〉에 "蕭, 蒿也; 脂, 膟膋也. 宗廟之祭, 取蕭合膟膋爇之, 使臭達牆屋也"라 함.

【取羝以軷】'羝'는 양의 수컷. '軷'은 道祭. '道祭'는 路神(道神)에게 올리는 제사. 〈毛傳〉에 "羝, 羊. 牡羊也; 軷, 道祭也"라 하였고, 〈集傳〉에도 "羝, 牡羊也. 軷, 祭行道之神也"라 함.

【載燔載烈】'燔'은 직화구이. '烈'은 꼬치구이. 〈毛傳〉에 "傅火曰燔, 貫之加于火曰烈"이라 하였고, 〈集傳〉에 "燔, 傅諸火也; 烈, 貫之而加於火也. 四者, 皆祭祀之事所以興"이라 함. 그러나 〈鄭箋〉에는 "烈之言爛也. 后稷旣爲郊祀之酒及其米, 則

諏謀其日, 思念其禮, 至其時, 取蕭草與祭牲之脂, 爇之於行神之位, 馨香旣聞, 取羝羊之體, 以祭神. 又燔烈其肉爲尸羞焉. 自此而往郊"라 함.

【以興嗣歲】〈毛傳〉에 "興, 來; 歲, 繼往歲也. 嘗之曰烝, 卜來歲之芟, 獮之曰烝, 卜來歲之戒, 社之曰烝, 卜來歲之稼, 所以興來而繼往也"라 하였고, 〈鄭箋〉에 "嗣歲, 今新歲也. 以先歲之物, 齊敬祀較而祀天者, 將求新歲之豐年也. 孟春之月令曰:「乃擇元日, 祈穀于上帝.」"라 함. 〈集傳〉에 "來歲而繼往歲也"라 함.

(8) 賦

卬盛于豆, 于豆于登.

내 豆에 盛(셩)ᄒ니, 豆에 ᄒ며 登(등)에 ᄒ놋다.

나의 목기에는 저린 채소와 식혜를 담고, 이렇게 木器에 담고 토기에 국을 담아,

其香始升, 上帝居歆.

그 香이 비로소 升(승)ᄒ니, 上帝ㅣ 居ᄒ야 歆ᄒ샷다.

그 향기가 비로소 하늘로 올라가니, 상제께서도 기꺼이 흠향하셨도다.

胡臭亶時? 后稷肇祀,

엇디 臭(취) 진실로 時(시)ᄒ올 ᄯᆞᆫ이리오? 后稷이 비로소 祀ᄒ심으로,

어찌 맡으신 향기가 이것뿐이리오? 후직께서 처음 드렸던 그러한 제사,

庶無罪悔, 以迄于今!

거의 罪(죄)와 悔(회) 업서, 뻐 今에 迄(흘)ᄒ샷다!

잘못도 미진함도 없기를 바라던 그 정성은, 지금까지 내려오도다!

【卬盛于豆】〈毛傳〉에 "卬, 我也; 木曰豆"라 하였고, 〈集傳〉에도 "卬, 我也. 木曰豆, 以薦菹醢也"라 함.

【于豆于登】〈毛傳〉에 "瓦曰登. 豆, 薦菹醢也; 登, 大羹也"라 하였고, 〈集傳〉에도 "瓦曰登, 以薦大羹也"라 함.

【居歆】기꺼이 흠향함. 〈集傳〉에 "居, 安也. 鬼神食氣曰歆"이라 함.

【胡臭亶時】〈鄭箋〉에 "胡之言何也. 亶, 誠也. 我后稷盛菹醢之屬, 當于豆者·于登者,

其馨香始上行上帝, 則安而歆饗之. 何芳臭之誠, 得其時乎? 美之也. 祀天用瓦豆陶器質也"라 하였고, 〈集傳〉에도 "胡, 何; 臭, 香; 亶, 誠也; 時, 言得其時也"라 함. 馬瑞辰〈通釋〉에는 "《廣雅》: 「胡, 大也; 時, 善也.」 '胡臭', 謂芳臭之大; '亶時', 猶云誠善也"라 함.

【庶】〈鄭箋〉에 "庶, 衆也. 后稷肇祀上帝於郊, 而天下衆民, 咸得其所無有罪過也. 子孫蒙其福, 以至於今, 故推以配天焉"이라 하였으나, 〈集傳〉에는 "庶, 近"이라 함. 그러나 '庶'는 '庶幾', 즉 '바라다'의 뜻이 타당함.

【迄】至의 뜻. 오늘까지 이어져 이르러 옴. 〈毛傳〉과 〈集傳〉에 "迄, 至也"라 함.

＊〈集傳〉에 "○此章言「其尊祖配天之祭, 其香始升, 而上帝已安而饗之.」言應之疾也. 此何但芳臭之薦, 信得其時哉! 蓋自后稷之肇祀, 則庶無罪悔而至于今矣. 曾氏曰: 「自后稷肇祀以來, 前後相承兢兢業業. 惟恐一有罪悔獲戾於天. 閱數百年, 而此心不易. 故曰『庶無罪悔以迄於今.』言周人世世用心如此也.」"라 함.

참고 및 관련 자료

1. 孔穎達〈正義〉

作〈生民〉詩者, 言尊祖也. 序又言尊祖之意, 以后稷生於姜嫄而來, 其文王受命, 武王除亂, 以定天下之功, 其兆本起由於后稷. 及周公·成王致太平, 制禮以王功, 起於后稷, 故推擧之, 以配天. 謂「配」, 夏正郊天焉. 祭天而以祖配祭者, 天無形象, 推人道以事之, 當得人爲之主. 《禮記》稱: 「萬物本於天, 人本於祖. 俱爲其本, 可以相配.」是故王者, 皆以祖配天. 是同祖於天, 故爲尊也. 祖之定名父之父耳. 但祖者, 始也. 己所從始也, 自父之父, 以上皆得稱焉. 此后稷之於成王, 乃十七世祖也. 不言姜嫄生后稷者, 經稱厥初生民時, 維姜嫄. 是據后稷本之姜嫄, 故序亦順經而爲文也. 言「文武之功, 起於后稷」者, 〈周語〉云: 「后稷勤周, 十五世而興.」是后稷勤行功業, 爲周室開基也. 《中候稷起》注云: 「堯受河圖洛書, 后稷有名錄, 苗裔當王.」是后稷子孫, 當王名, 見圖書也. 文旣因之, 武亦因之. 故并言文武之功, 起於后稷也. 經八章上三章, 言后稷生之所由, 顯異之事, 是后稷生於姜嫄也. 下五章言后稷長而有功, 見其得以配天之意. 其言推以配天, 結上尊祖之, 言於經無所當也.

2. 朱熹〈集傳〉

〈生民〉, 八章, 四章章十句, 四章章八句:

此詩未詳所用, 豈郊祀之後, 亦有受釐頒胙之禮也歟!

舊說第三章八句, 第四章十句. 今按第三章, 當爲十句, 第四章當爲八句, 則去'呱' '訏'路, 音韻諧恊, '呱聲載路', 文勢通貫, 而此詩八章, 皆以十句. 八句相間, 爲次又二章, 以後七章以前, 每章章之首, 皆有誕字.

3.《史記》周本紀

　　周后稷, 名棄. 其母有邰氏女, 曰姜原. 姜原爲帝嚳元妃. 姜原出野, 見巨人迹, 心忻
然說, 欲踐之, 踐之而身動如孕者. 居期而生子, 以爲不祥, 棄之隘巷, 馬牛過者皆辟
不踐; 徙置之林中, 適會山林多人, 遷之; 而棄渠中冰上, 飛鳥以其翼覆薦之. 姜原以
爲神, 遂收養長之. 初欲棄之, 因名曰棄. 棄爲兒時, 屹如巨人之志. 其游戲, 好種樹
麻·菽, 麻·菽美. 及爲成人, 遂好耕農, 相地之宜, 宜穀者稼穡焉, 民皆法則之. 帝堯
聞之, 擧棄爲農師, 天下得其利, 有功. 帝舜曰:「棄, 黎民始飢, 爾后稷播時百穀.」封
棄於邰, 號曰后稷, 別姓姬氏. 后稷之興, 在陶唐·虞·夏之際, 皆有令德.

252(大-12) 행위(行葦)

*〈行葦〉: 길가의 갈대. '葦'는 '蘆葦', 갈대, 혹 억새의 일종. "成王 때 주왕실은 덕을 널리 베풀어 초목에게도 그 덕택이 미쳤는데, 하물며 사람에게는 어떠했겠는가?"의 의미.

*이 시는 노인을 봉양하는 행사인 활쏘기 모습을 상세히 표현함으로써 그 敬老思想을 찬미한 것임.

> 〈序〉: 〈行葦〉, 忠厚也. 周家忠厚, 仁及草木, 故能内睦九族, 外尊事黃耈, 養老乞言, 以成其福祿焉.

〈행위〉는 충후함을 읊은 것이다. 주실은 충후하고 그 어짊은 초목에까지 미쳤다. 그 때문에 능히 안으로는 九族이 화목했고, 밖으로는 노인들이 존경과 섬김을 받아, 노인을 봉양하며 그들의 의견을 구하여, 이로써 그 복록을 성취하였다.

〈箋〉: 九族, 自己上至高祖, 下至玄孫之親也. 黃, 黃髮也; 耈, 凍梨也. 乞言, 從求善言, 可以爲政者, 敦史受之.

*전체 4장. 매장은 8구씩(行葦: 四章, 章八句). 그러나 〈毛詩〉에는 전체 7장. 2장은 6구씩, 5장은 4구씩(行葦: 七章, 二章章六句, 五章章四句)이라 함. 〈集傳〉에는 따라 4장으로 나누었음. 참고란을 볼 것.

(1) 興

敦彼行葦, 牛羊勿踐履,

敦(단)흔 뎌 行(힁)앳 葦(위)를, 牛羊이 踐履(쳔리)티 말면,

모여 있는 저 길 옆 갈대는, 소나 양도 밟지 않으면,

方苞方體, 維葉泥泥.

보야흐로 苞ᄒ며 뵈야흐로 體(톄)ᄒ야, 葉(엽)이 泥泥(녜녜)ᄒ리라.

바야흐로 무성하며 바야흐로 형체를 이루어, 그 잎이 곱게 싹을 돋우리로다.

戚戚兄弟, 莫遠具爾,

戚戚(척척)한 兄弟를, 멀이 마라 다 갓가이 ᄒ면,

정다운 형제 위하고 아껴, 멀고 가까운 이들 다 함께 하면,

或肆之筵, 或授之几!

或 筵(연)을 肆(ᄉ)ᄒ며, 或 几(궤)를 授(슈)ᄒ리라!

젊은이는 자리를 펴고, 노인에게 탁자를 놓아 드리로다!

【敦彼行葦】〈毛傳〉에 “敦, 聚貌; 行, 道也”라 하였고, 〈鄭箋〉에는 “敦敦然道傍之葦, 牧牛羊者, 毋使蹻履折傷之. 草物方茂盛, 以其將終爲人用, 故周之先王, 爲此愛之, 況於人乎?”라 함. 〈集傳〉에도 “敦, 聚貌. 勾萌之時也. 行, 道也”라 함.

【勿】〈集傳〉에 “勿, 戒止之辭也”라 함.

【方苞方體】〈鄭箋〉에 “苞, 茂也. 體, 成形也”라 하였고, 〈集傳〉에는 “苞, 甲而未拆也. 體, 成形也”라 함.

【泥泥】〈毛傳〉에 “葉, 初生泥泥”라 하였고, 〈集傳〉에 “泥泥, 柔澤貌”라 함.

【戚戚】〈毛傳〉에 “戚戚, 內相親也”라 하였고, 〈集傳〉에는 “戚戚, 親也”라 함.

【莫遠具爾】멀고 가까움 없이 다 모임. ‘爾’는 邇의 假借字. 〈鄭箋〉에 “莫, 無也; 具, 猶俱也; 爾, 謂進之也. 王與族人, 燕兄弟之親, 無遠無近, 俱揖而進之”라 하였고, 〈集傳〉에는 “莫, 猶勿也; 具, 俱也; 爾, 與邇同”이라 하여, ‘莫’을 否定命令辭로 보았음.

【或肆之筵, 或授之几】〈毛傳〉에 “肆, 陳也. 或陳筵者, 或授几者”라 하였고, 〈鄭箋〉에 “年稚者, 爲設筵而已, 老者加之以几”라 함. 〈集傳〉에는 “肆, 陳也”라 함. ‘几’는 앉을 때 기대는 几床.

＊〈集傳〉에 “○疑此祭畢而燕父兄耆老之詩. 故言「敦彼行葦, 而牛羊勿踐履, 則方苞方體而葉泥泥矣. 戚戚兄弟而莫遠具爾, 則或肆之筵而或授之几矣.」此方言其開燕設席之初, 而慇懃篤厚之意, 藹然已見於言語之外矣. 讀者詳之”라 함.

(2) 賦

肆筵設席, 授几有緝御.

筵을 肆ᄒ며 席(석)을 設ᄒ니, 几를 授ᄒ고 緝(즙)ᄒ야 御(어)ᄒ 리 잇도다.

자리 위에 또 방석 깔고, 궤를 마련해 드리고 이어서 계속 모실 사람
있도다.

或獻或酢, 洗爵尊斝.

或 獻(헌)ᄒ며 或 酢(작)ᄒ며, 爵(쟉)을 洗((셰)ᄒ며 斝(가)를 奠(뎐)ᄒ며,

혹 술잔을 주고받으면, 다시 술잔을 씻고 존경하며 술잔 올리네.

醓醢以薦, 或燔或炙.

醓(딤)과 醢(희)로 뻐 薦(천)ᄒ며, 或 燔ᄒ며 或 炙(젹)ᄒ며,

절인 것과 젓 담근 것도 올려드리고, 혹 구운 고기와 구운 간도 마련
하여,

嘉殽脾臄, 或歌或咢!

嘉혼 殽(효)ㅣ 脾(비)와 臄(각)이며, 或 歌(가)ᄒ며 或 咢(악)ᄒ놋다!

훌륭한 안주로는 소의 위와 혀, 혹 노래하고 혹 북을 울려 즐겁게 해
드리네!

【設席】〈毛傳〉과 〈集傳〉에 "設席, 重席也"라 함.
【緝御】緝은 續. 御은 侍. 〈毛傳〉에 "緝御, 踧踖之容也"라 하였고, 〈鄭箋〉에는 "緝,
　猶續也;御, 侍也. 兄弟之老者, 旣爲設重席授几, 又有相續代. 而侍者, 謂敎史也"
　라 함. 〈集傳〉에도 "緝, 續;御, 侍也. 有相續代而侍者, 言不乏使也"라 함.
【獻·酢】〈鄭箋〉에 "進酒於客曰獻, 客荅之曰酢. 主人又洗爵醻客, 客受而奠之不擧
　也"라 하였고, 〈集傳〉에도 "進酒於客曰獻, 客荅之曰酢. 主人又洗爵醻客, 客受而
　奠之不擧也"라 함.
【斝】잔. 〈毛傳〉과 〈集傳〉에 "斝, 爵也. 夏曰醆, 殷曰斝, 周曰爵"이라 하였고, 〈鄭
　箋〉에 "用殷爵者, 尊兄弟也"라 함.
【醓醢】담근 식품과 젓갈. 〈毛傳〉에 "以肉曰醓醢"라 하였고, 〈鄭箋〉에 "薦之禮韭
　菹, 則醓醢也"라 함. 〈集傳〉에는 "醓, 醢之多汁者也"라 함.

【燔炙】〈鄭箋〉과 〈集傳〉에 "燔, 用肉; 炙, 用肝"이라 함.

【脾臄】입 위의 고기. 혹 '脾'는 牛胃, '臄'은 牛舌이라고도 함. 〈毛傳〉에 "臄, 函也"라 하였고, 〈鄭箋〉에는 "以脾函爲加, 故謂之嘉"라 함. 〈集傳〉에는 "臄, 口上肉也"라 함.

【或歌或咢】〈毛傳〉에 "歌者, 比於琴瑟也. 徒擊鼓曰咢"이라 하였고, 〈集傳〉에 "歌者, 比於琴瑟也. 徒擊鼓曰咢. 言「侍御獻醻飮食歌樂之盛」也"라 함.

(3) 賦

敦弓旣堅, 四鍭旣鈞,

敦弓(됴궁)이 이믜 堅(견)ᄒ며, 四鍭(ᄉ후)] 이믜 鈞(균)ᄒ거를,

붉은 무늬 천자의 활은 강하고, 네 개의 살촉 고르기도 하거늘,

舍矢旣均, 序賓以賢.

矢(시)를 舍(샤)홈애 이믜 均ᄒ니, 賓을 (셔)序호ᄃᆡ 賢으로써 ᄒ놋다.

쏜 화살이 이윽고 과녁을 맞히니, 빈객은 현자로서 차례를 정하네.

敦弓旣句, 旣挾四鍭,

敦弓이 이믜 句(구)ᄒ며, 이믜 四鍭를 挾(협)ᄒ야,

붉은 무늬 활을 당겨, 이윽고 네 개의 화살 모두 풀어 쏘고 나니,

四鍭如樹, 序賓以不侮!

四鍭] 樹(슈)ᄒᆫ ᄃᆞᆺ ᄒ니, 賓을 序호ᄃᆡ 侮(모)티 아니 홈으로써 ᄒ놋다!

네 개의 화살 마치 손으로 꽂아 놓은 듯 과녁에 박히자, 빈객은 순서를 지켜 이로써 공경을 다한 셈이네!

【敦弓】敦는 彫와 같은 뜻임. 天子는 彫弓을 씀. 붉은 채색을 한 활. 彤弓. 〈毛傳〉에 "敦弓, 畫弓也. 天子敦弓"이라 하였고, 〈集傳〉에는 "敦, 雕通, 畫也. 天子雕弓"이라 함. 馬瑞辰〈通釋〉에 "敦·雕, 雙聲, 故通用"이라 함.

【堅】勁과 같음. 强함. 〈集傳〉에 "堅, 猶勁也"라 함.

【四鍭旣鈞】'鈞'은 고름. 〈毛傳〉에 "鍭, 矢. 參亭已; 均中鏃"라 함. 〈集傳〉에 "鍭, 金鏃, 翦羽矢也; 鈞, 參亭也. 謂參分之一在前, 二在後. 三訂之而平者, 前有鐵重也"

라 함.

【舍】당긴 화살을 놓음.

【均】다 맞음. 〈鄭箋〉에 "舍之言釋也. 勢, 質也. 周之先王, 將養老, 先與羣臣行射禮, 以擇其可與者, 以爲賓"이라 함. 〈集傳〉에 "舍, 釋也. 謂發矢也; 均, 皆中也. 賢射多中也. 〈投壺〉曰「某賢於某, 若干純奇, 則曰奇; 均則曰左右均」, 是也"라 함.

【序賓以賢】〈毛傳〉에 "言賓客次第皆賢. '孔子射於矍相之圃, 觀者如堵, 牆射至於司馬. 使子路執弓矢, 出延射, 曰: 「奔軍之將, 亡國之大夫, 與爲人後者不入, 其餘皆入.」 蓋去者半, 入者半. 又使公罔之裘, 序點, 揚觶而語曰: 「幼壯孝弟, 耆耋好禮, 不從流俗, 修身以俟死者. 不, 在此位.」 蓋去者半, 處者半. 序點又揚觶而語曰: 「好學不倦, 好禮不變, 耄勤稱道不亂者, 不, 在此位也.」 蓋僅有存焉'"《禮記》射義篇)이라 함. 〈鄭箋〉에는 "序賓以賢", 謂以射中多少爲次第"라 함.

【敦弓旣句】'句'는 彀와 같음. 활을 당김. 〈毛傳〉에 "天子之弓, 合九而成規"라 하였고, 〈鄭箋〉에는 "射禮: 搢三挾一个, 言已挾四鍭, 則已徧釋之"라 함. 〈集傳〉에 "句, 彀通. 謂引滿也. 射禮: 搢三挾, 一旣挾四鍭, 則徧釋矣"라 함.

【如樹】과녁에 꽂힌 화살이 손으로 심은 것 같음. 〈毛傳〉에 "言皆中也. 序賓, 以不侮. 傳言其皆有賢才也"라 하였고, 〈集傳〉에는 "如樹, 如手就樹之. 言貫革而堅正也"라 함.

【不侮】모욕하지 않음. 공경함. 子弟에게 시키는 말이라 함. 〈鄭箋〉에 "不侮者, 敬也. 其人敬於禮, 則射多中"이라 하였고, 〈集傳〉에도 "不侮, 敬也. 令弟子辭, 所謂無譁, 無敖, 無偕立, 無踰言者也. 或曰不以中, 病不中者也. 射以中多爲雋, 以不侮爲德"이라 함.

＊〈集傳〉에 "○言旣燕而射, 以爲樂也"라 함.

(4) 賦

曾孫維主, 酒醴維醹.

曾孫이 主(쥬)ᄒᆞ니, 酒醴(쥬례) 醹(유)ᄒᆞ도다.

증손 성왕이 오늘의 주인, 술은 향기 그윽한 맑은 술이로다.

酌以大斗, 以祈黃耇.

酌ᄒᆞ되 大斗(대두)로뻐 ᄒᆞ야, 뼈 黃耇(황구)를 祈(긔)ᄒᆞᆺ다.

긴 자루 달린 국자로 술을 퍼서, 노인에게 장수를 축원하시네.

黃耇台背, 以引以翼.

黃耇와 台背(티비) 뻐 引ᄒ며 뻐 翼ᄒ야,

등에 복어 무늬 난 늙은 노인들, 이들을 인도하고 부축하여,

壽考維祺, 以介景福!

壽考(슈고)로 祺(긔)ᄒ야, 뻐 큰 福을 介(개)케 ᄒ놋다!

장수로써 복을 삼으니, 이로써 큰 복을 더욱 크게 하도다!

【曾孫】〈毛傳〉에 "曾孫, 成王也"라 하였으나, 〈集傳〉에는 "曾孫, 主祭者之稱. 今祭畢而燕, 故因而稱之也"라 함.

【醴】단술.

【醹】〈毛傳〉과 〈集傳〉에 "醹, 厚也"라 함.

【大斗】三尺의 긴 자루가 달린 酒器. 〈毛傳〉에 "大斗, 長三尺也"라 하였고, 〈集傳〉에도 "大斗, 柄長三尺"이라 함.

【祈】〈毛傳〉에 "祈, 報也"라 하였고, 〈鄭箋〉에 "祈, 告也. 今我成王, 承先王之法度, 爲主人, 亦旣序賓矣. 有醇厚之酒醴, 以大斗酌而嘗之而美, 故以告黃耇之人, 徵而養之也. 飲酒之禮曰:「告於先生.」君子可也"라 하였으나, 〈集傳〉에는 "祈, 求也"라 함.

【黃耇】'黃'은 老人의 머리가 희어졌다가 다시 노랗게 되는 것. '耇'는 늙음. 〈集傳〉에 "黃耇, 老人之稱. 以祈黃耇, 猶曰以介眉壽云耳. 古器物欵識云:「用蘄萬壽, 用蘄眉壽, 永命多福. 用蘄眉壽, 萬年無疆.」皆此類也"라 함.

【台背】台는 鮐의 假借字. 아주 늙으면 등에 복어 껍질의 무늬가 생김. 〈毛傳〉에 "台背, 大老也"라 함. 〈鄭箋〉에 "台之言鮐也. 大老則背有鮐文, 旣告老人, 及其來也, 以禮引, 之以禮翼之"라 함. 〈集傳〉에도 "台, 鮐也. 人老則背有鮐文"이라 함.

【以引以翼】인도하고 길을 안내함. 〈毛傳〉에 "引, 長;翼, 敬也"라 하였고, 〈鄭箋〉에는 "在前曰引, 在旁曰翼"이라 함. 孔穎達 〈正義〉에 "引者, 牽引之義. 故曰在前曰引, 謂在前相導之. 翼者, 如鳥之翼在身之兩旁, 故云在旁曰翼, 謂在旁扶持"라 함. 〈集傳〉에는 "引, 導;翼, 輔"라 함.

【祺】吉의 뜻. 〈毛傳〉과 〈集傳〉에 "祺, 吉也"라 함.

【介】〈鄭箋〉에는 "介, 助也. 養老人而得吉, 所以助大福也"라 함.

＊〈集傳〉에 "○此頌禱之辭, 欲其飲此酒, 而得老壽, 又相引導輔翼, 以享壽祺介景福也"라 함.

1. 孔穎達 〈正義〉

作〈行葦〉詩者, 言忠誠而篤厚也. 言周家積世能爲忠誠篤厚之行, 其仁恩及於草木.
以草木之微, 尙加愛惜, 況在於人, 愛之必甚. 以此仁愛之深, 故能內則親睦九族之
親, 外則尊事其黃髮之耈, 以禮恭敬養. 此老人就乞善言, 所以爲政, 以成其周之王
室之福祿焉. 此是成王之時, 則美成王之忠厚矣. 不言'成王'者, 欲見先世皆然, 非獨
成王, 故卽立周家, 以廣之九族, 是王近親黃耈, 則及他姓, 故言內外以別之. 經八
章仁及草木, 首章是也. 內睦九族, 二章盡四章是也. 尊事黃耈, 五章盡, 卒章上二
句, 皆是也. 以成其福祿, 卒章下二句是也. 三王養老, 必就乞言, 故序因而及之, 於
經無所當也. 首章言'葦', 唯有草耳. 擧草則木可知, 故序言以足句耳. 〈正義〉曰: '親
睦九族', 非直其父祖子孫而已. 故言'上至高祖, 下至玄孫之親', 見同世高祖五服之
內, 皆親之. 〈文王世子〉云: 「族, 食世降一等.」 則天子所燕及者, 非獨五服之內. 此唯
言'九族'者, 言其親親以及遠擧九族, 以見同姓皆親之. '黃耈', 皆是老, 名故云「黃,
黃髮; 耈, 凍梨.」 〈釋詁〉云: 「黃髮耈老, 壽也.」 〈舍人〉曰: 「黃髮老人, 髮白復黃也.」 孫
炎曰: 「黃髮, 髮落更生者, 面凍梨色, 似浮垢也.」 《方言》云: 「燕代北鄙, 謂耈爲梨.」 郭
璞注: 「梨, 面色似梨也.」 〈內則〉云: 「凡養老, 五帝憲三王.」 又「乞言, 皆有惇史.」 言五
帝直養其意體, 而法效之三王, 亦養而法效之. 又乞善言, 皆有惇史, 故知得善言,
則惇史受之, 有內外·小史·大史, 無惇史, 正以待接老人, 擇史之惇厚者掌之. '惇',
非官名也. 故彼注云'惇史', 史之孝厚者也.

2. 朱熹 〈集傳〉

〈行葦〉, 四章, 章八句. 毛七章, 二章章六句, 五章章四句:

〈鄭〉八章章四句. 〈毛〉首章以四句興, 二句不成文理. 二章又不協韻. 〈鄭〉首章有
起興, 而無所興, 皆誤. 今正之如此.

253(大-13) 기취(旣醉)

* 〈旣醉〉: 술과 덕에 흠뻑 취함.
* 이 시는 成王 때의 태평을 누리는 모습을 읊은 것임. 구체적으로 성왕의 祭祀에 앉힌 尸童의 입을 통해 周나라가 큰 복을 받고 자손이 번창할 것임을 찬미한 것임.

> **〈序〉: 〈旣醉〉, 大平也. 醉酒飽德, 人有士君子之行焉.**
>
> 〈기취〉는 태평시대를 읊은 것이다. 술에 취하고 덕에 배부르니, 사람으로서 士와 君子와 같은 훌륭한 행동이다.
>
> 〈箋〉: 成王祭宗廟, 旅酬下徧, 羣臣至于無算爵, 故云醉焉. 乃見十倫之義, 志意云滿, 是謂之飽德.

* 전체 8장. 매 장 4구씩(旣醉: 八章. 章四句).

(1) 賦
旣醉以酒, 旣飽以德.

이믜 醉(취)호딕 酒로뻐 ᄒ고, 이믜 飽(포)호딕 德으로뻐 ᄒ니,

이미 술에 흠뻑 취하였고, 이미 덕으로 배가 부르니,

君子萬年, 介爾景福!

君子ㅣ 萬年애, 네 큰 福을 介케 ᄒ리로다!

군자(成王)께서는 만년을 두고, 큰 복 받으시리로다!

【旣】〈毛傳〉에 "旣者, 盡其禮, 終其事"라 하였고, 〈鄭箋〉에는 "禮謂旅酬之屬, 事謂施惠先後及歸俎之類"라 함.
【德】〈集傳〉에 "德, 恩惠也"라 함. 그러나 高亨 〈新箋〉에는 "疑德當作食, 蓋食誤爲悳, 悳又變作德也"라 하여 '德'은 '食'이어야 한다고 의혹을 제기하였음.
【君子】成王(姬誦)을 가리킴. 〈鄭箋〉에 "君子, 斥成王也"라 하였고, 〈集傳〉에 "君子,

謂王也"라 함.

【介爾景福】'爾'는 女(汝). 〈集傳〉에 "爾, 亦指王也"라 함. 〈鄭箋〉에는 "介, 助; 景, 大
也. 成王女有萬年之壽, 天又助女, 以大福, 謂五福也"라 함.

*〈集傳〉에 "○此父兄所以答〈行葦〉之詩. 言「享其飮食恩意之厚, 而願其受福如此
也.」"라 함.

(2) 賦

旣醉以酒, 爾殽旣將.

이믜 醉호딕 酒로써 ᄒ고, 네 殽(효)를 이믜 將(쟉)ᄒ니,

이미 술에 흠뻑 취하였고, 그대께 안주도 이미 올려졌으니,

君子萬年, 介爾昭明!

君子ㅣ 萬年애, 네 昭明(쇼명)을 介케 ᄒ리로다!

군자께서는 만년을 두고, 그대의 밝은 빛을 발하게 되리라!

【爾殽】〈鄭箋〉에 "爾, 女也; 殽, 謂牲體也. 成王之爲羣臣, 俎實以尊卑, 差次行之"라
하였고, 〈集傳〉에 "殽, 俎實也"라 함.

【將】〈毛傳〉에 "將, 行也"라 하였고, 〈集傳〉에 "將, 行也. 亦奉持而進之意"라 함.

【昭明】光明. 〈鄭箋〉에 "昭, 光也"라 하였고, 〈集傳〉에는 "昭明. 猶光大也"라 함.

(3) 賦

昭明有融, 高朗令終.

昭明홈이 融(융)ᄒ니, 高朗(고랑)ᄒ야 終(죵)을 令히 ᄒ리로다.

밝은 그 빛 길고 길며, 높고 밝아 끝을 잘 맺으리라.

令終有俶, 公尸嘉告!

終을 令홈이 俶(슉)이 이시니, 公尸(공시)ㅣ 嘉로 告(고)ᄒ놋다!

끝을 잘 맺음은 시작이 좋아서이니, 공의 시동이 좋은 말씀 일러주
도다!

【融】〈毛傳〉에 "融, 長"이라 하였으나, 〈集傳〉에는 "融, 明之盛也. 《春秋傳》曰「明而未融朗虛明」也"라 함.

【朗】밝음. 〈毛傳〉에 "朗, 明也"라 함.

【令終】끝을 잘 맺음. 〈毛傳〉에 "始於饗燕, 終於享祀"라 하였고, 〈鄭箋〉에 "有又令善也. 天旣與女以光明之道, 又使之長有高明之譽, 而以善名終, 是其長也"라 함. 〈集傳〉에 "令終, 善終也. 〈洪範〉所謂「考終命」. 古器物銘所謂「令終令命」, 是也"라 함.

【俶】처음. 〈毛傳〉과 〈集傳〉에 "俶, 始也"라 하였으나, 〈鄭箋〉에 "俶, 猶厚也"라 함. 그 밖에 이 '俶'자에 대해, 善, 終 등 여러 설이 있음.

【公尸】君王의 尸. 尸는 제사 때 神位 대신에 앉아 신의 역할을 하는 사람. 尸童. 〈毛傳〉에 "公尸, 天子, 以卿言諸侯也"라 하였고, 〈鄭箋〉에는 "旣始有善令, 終又厚之公尸以善. 言告之謂嘏辭也. 諸侯有功德者, 入爲天子卿大夫, 故云公尸. 公, 君也"라 함. 〈集傳〉에는 "公尸, 君尸也. 周稱王而尸, 但曰公尸, 蓋因其舊如秦已稱皇帝, 而其男女猶稱公子·公主也"라 함.

【嘉告】〈集傳〉에 "嘉告, 以善言告之. 謂嘏辭也. 蓋欲善其終者, 必善其始. 今固未終也, 而旣有其始矣. 於是公尸, 以此告之"라 함.

(4) 賦

其告維何? 「籩豆靜嘉.

그 告홈은 엇데오? "籩豆(변두)ㅣ 靜(졍)ᄒ고 嘉ᄒ거늘,

시동 말씀 어떠한가? "변두에 차린 제물이 정결하고 훌륭하거늘,

朋友攸攝, 攝以威儀!

朋友의 攝(셥)ᄒ는 배, 攝호ᄃᆡ 威儀로 뻐 ᄒ놋다!

제사 돕는 친구 손님들도, 돕는 태도에 위의가 있구나!

【其告維何】이 구절 아래부터 끝까지는 尸童이 成王에게 고한 것임.

【靜嘉】〈毛傳〉에 "恒豆之菹, 水草之和也. 其醯陸產之物也. 加豆陸產也. 其醯水物也. 籩豆之薦, 水土之品也. 不敢用常褻味, 而貴多品, 所以交於神明者. 言道之偏至也"라 하였고, 〈鄭箋〉에는 "公尸所以善言告之, 是何故乎? 乃用籩豆之物, 潔淸而美, 政平氣和, 所致故也"라 함. 〈集傳〉에는 "靜嘉, 淸潔而美也"라 함.

【朋友攸攝】'朋友'는 손님으로 와서 제사를 돕는 사람을 뜻함. 〈毛傳〉에 "言相攝

佐者, 以威儀也"라 하였고, 〈鄭箋〉에는 "朋友, 謂羣臣同志好者也. 言成王之臣,
皆有仁孝士君子之行, 其所以相攝佐威儀之事"라 함. 〈集傳〉에도 "朋友, 指賓客助
祭者. 說見〈楚茨〉篇. 攝, 檢也"라 함.

＊〈集傳〉에 "○公尸告:「以汝之祭祀籩豆之薦, 旣靜嘉矣. 而朋友相攝佐者, 又皆有
　威儀當神意也.」自此至終篇, 皆述尸告之辭"라 함.

(5) 賦

威儀孔時, 君子有孝子.

威儀 심히 時(시)ᄒ거늘, 君子ㅣ 孝子를 둣도다.

위의가 심히 이러하거늘, 그대에게 효자가 있게 되리라.

孝子不匱, 永錫爾類!

孝子ㅣ 匱(궤)티 아니 ᄒ니, 기리 네게 類(류)를 錫(석)ᄒ리로다!

효자가 끝없이 이어질 것이니, 영구히 너에게 族類를 내려주겠노라!

【孔時】'孔'은 甚. '時'는 是. 〈鄭箋〉에 "孔, 甚也"라 함.

【孝子】〈鄭箋〉에 "言成王之臣, 威儀甚得其宜, 皆君子之人, 有孝子之行"이라 하였
　으나, 〈集傳〉에는 "孝子, 主人之嗣子也. 《儀禮》:「祭祀之終, 有嗣擧奠匱竭.」"이라
　하여 主人의 嗣子라 함.

【匱】다함. 〈毛傳〉에 "匱, 竭"이라 함.

【永錫爾類】'類'는 族類. 後孫. 그러나 〈毛傳〉과 〈集傳〉에는 "類, 善也"라 하여 뜻
　이 模糊함. 이에 〈鄭箋〉에는 "永, 長也. 孝子之行, 非有竭極之時, 長以與女之族
　類. 謂廣之以敎道天下也. 《春秋傳》(隱公 元年)曰:「穎考叔, 純孝也. 施及莊公.」"이
　라 함.

＊〈集傳〉에 "○言汝之威儀, 旣得其宜. 又有孝子, 以擧奠孝子之孝誠而不竭, 則宜
　永錫爾以善矣." 東萊呂氏曰:「君子旣孝, 而嗣子又孝. 其孝可謂源源不竭矣.」"라 함.

(6) 賦

其類維何? 室家之壺.

그 類ᄂᆞᆫ 엇뎨오? 室家ㅅ 壺(곤)애,

그 족류들 어떠한고? 집안이 넓게 매우 번창하리라.

君子萬年, 永錫祚胤!

君子ㅣ 萬年을, 기리 祚(조)와 胤(윤)을 錫ㅎ리로다!

그대에게 만년을 두고, 길이 복과 후손을 주겠노라!

【壼】'곤'(苦本反)으로 읽음. 넓게 퍼짐. 번창함. '廣'의 뜻으로 雙聲互訓. 〈毛傳〉에
"壼, 廣也"라 하였으나, 〈鄭箋〉에는 "壼之言捆也. 其與女之族類, 云何乎? 室家先
以相捆緻已, 乃及於天下"라 함. 그러나 〈集傳〉에는 "壼, 宮中之巷也. 言深遠而嚴
肅也"라 하여 각기 뜻이 다름.

【君子】尸童이 成王을 지칭한 것.

【永錫祚胤】길이 子孫에게 복을 내림. 〈毛傳〉에 "胤, 嗣也"라 하였고, 〈集傳〉에
"祚, 福祿也. 胤, 子孫也. 錫之以善, 莫大於此"라 함. 〈鄭箋〉에 "永, 長也. 成王女有
萬年之壽, 天又長予女福祚, 至于子孫"이라 함.

(7) 賦

其胤維何? 天被爾祿.

그 胤은 엇데오? 天이 네게 祿을 被(피)ㅎ야,

그 자손은 어떠한가? 하늘이 너에게 주는 복록을 입혀주리라.

君子萬年, 景命有僕!

君子ㅣ 萬年을, 큰 命이 僕(복)홈이 이시리로다!

그대에게 만년을 두고, 큰 사명을 거기에 붙여주겠노라!

【天被爾祿】〈毛傳〉에 "祿, 福也"라 하였고, 〈鄭箋〉에는 "天予女福祚至于子孫, 云
何乎? 天覆被女以祿位, 使祿臨天下"라 함.

【景命】大命. 天命. 큰 使命. 景은 大의 뜻.

【僕】몸에 붙음. 〈毛傳〉과 〈集傳〉에 "僕, 附也"라 하였고, 〈鄭箋〉에는 "成王女既有
萬年之壽, 天之大命又附著於女, 謂使爲政教也"라 함.

＊〈集傳〉에 "○言「將使爾有子孫者, 先當使爾被天祿, 而爲天命之所附屬.」下章乃
言子孫之事"라 함.

(8) 賦

其僕維何? 釐爾女士.

그 僕홈은 엇데오? 네게 女士를 釐(리)ᄒ도다.

그 붙어다님이 어떠한가? 너의 후손마다 좋은 여인을 주리라.

釐爾女士, 從以孫子!」

네게 女士를 釐ᄒ고, 孫子로써 從(종)ᄒ리로다!"

너의 후손에게 주는 여인들, 그들로써 자손이 이어지게 하리라!"

【釐】줌. 〈毛傳〉과 〈集傳〉에 "釐, 予也"라 함. '釐'는 '賚'와 雙聲互訓. 그 때문에 뜻이 '주다'(賚, 與, 予)임. 馬瑞辰 〈通釋〉에 "釐與賚雙聲, 釐卽賚之假借, 故訓爲予"라 함.

【女士】女子로 士行이 있는 者. 훌륭한 여자. 王妃가 될 여자. 〈鄭箋〉에 "天之大命附著於女, 云何乎? 予女以女而有士行者, 謂生淑媛使爲之妃"라 하였고, 〈集傳〉에 "女士, 女之有士行者. 謂生淑媛使爲之妃也"라 함.

【從以孫子】그 여인을 통해 많은 자손이 이어지게 해줄 것임. '孫子'는 子孫. 〈鄭箋〉에 "從, 隨也. 天旣予女以女, 而有士行者, 又使生賢知之子孫, 以隨之. 謂傳世也"라 하였고, 〈集傳〉에도 "從, 隨也. 謂又生賢子孫也"라 함.

[참고 및 관련 자료]

1. 孔穎達 〈正義〉

作〈旣醉〉詩者, 言大平也. 謂四方寧靜而無事, 此則事之大者. 故謂大平也. 成王之祭宗廟, 羣臣助之, 至於祭末, 莫不醉足於酒, 厭飽其德. 旣荷德澤, 莫不自脩人, 皆有士君子之行焉. 能使一朝之臣, 盡爲君子, 以此教民大安樂, 故作此詩, 以歌其事也. '士'者, 事也. 言其才可以理, 庶事人行之成名. 公卿以下總稱之. '濟濟多士, 文王以寧', 其文兼公卿也. '君子'者, 言其德可以君上位子下民, 雖天子亦稱之. 《易》乾卦九三:「君子. 終日乾乾.」謂天子是也. 公卿以下有德者, 亦稱之. 言'人有德者', 謂人人皆有德, 以顯大平之驗. 經八章首章上二句, 是醉酒飽德也. 四章下二句, 言相攝以威儀. 五章, 言君子有孝行, 是有士君子之行. 此二事是大平之實, 故乃特言之. 但醉酒飽德, 本因祭蒙神福, 則遠被子孫, 故作者因言祭而得福祿, 澤及後世之事, 非詩所主意, 故序主略之. 本或云'告大平'者, 此與〈維天之命〉叙, 又相涉, 故遂誤耳. 今〈定本〉無'告'字. 〈正義〉曰:以經言祭事, 故云'成王祭宗廟, 至於旅酬', 乃以酒次序相酬, 不遺微賤下, 徧於羣臣, 至於無算爵, 爵行無數. 以此故云醉焉. 酌酒始於旅酬,爵行終於無算. 以醉必在祭末, 故先以無算結之, 又從祭初至於祭末, 乃見十等倫理. 於是志意充滿如食飽, 足是以謂之'飽德'也. 〈祭統〉云:「夫祭有'十倫'焉. 見事鬼神之道焉, 見君臣之義焉, 見父子之倫焉, 見貴賤之等焉, 見親疏之殺焉, 見爵賞之施焉, 見夫婦之別焉, 見政事之均焉, 見長幼之序焉, 見上下之際焉.」此謂之'十倫'也. 彼陳目於上, 又歷說其事, 於下文多不可盡載, 略擧其意, 以爲筵几, 依神詔室出於祊, 爲交神明, 一也. 君迎牲而不迎尸, 爲尸在廟門, 外疑於臣, 別嫌而迎. 是明君臣之義, 二也. 孫爲王父, 尸已北面而事子, 則爲父尸之, 故此父子之倫, 三也. 尸飮五獻, 卿尸飮七獻, 大夫尸飮九獻, 士與有司, 是明貴賤, 四也. 羣昭羣穆, 咸在別遠近親疏之序, 是親疏之殺, 五也. 賜爵祿於太廟, 此施爵賞, 爲六也. 君在阼, 夫人在房, 不相授受, 酢必易爵, 此別夫婦, 爲七也. 祭末歸俎, 貴者不重賤者, 不虛是政事之均, 八也. 賜爵昭穆及有司, 皆以齒, 是長幼有序, 九也. 有畀輝胞狄閽者, 君在上而惠下, 是上下之際, 十也. 此十義, 祭必有之. 唯爵賞之施, 或有或無, 擧其有者, 而爲十耳. 若然此十義祭, 則有之. 獨言'成王之時爲大平事者', '人有士君子之行', 自由王化之深, 實非祭末始然. 但作者, 因事見義, 以祭有飽德之事, 而臣有士君子之行, 以爲政由於神化, 從神感. 是故因祭祀, 而美其人有德行, 以示世之大平耳.

254(大-14) 부예(鳧鷖)

*〈鳧鷖〉: 오리와 갈매기.
*이 시는 成王(姬誦)이 문왕과 무왕이 이룩해 놓은 업적을 잘 지켜내었음을 칭송한 것임.

<序>: <鳧鷖>, 守成也. 大平之君子能持盈守成, 神祇祖考安樂之也.
〈부예〉는 성취해온 것을 지켜냄을 읊은 것이다. 태평시대 군자[成王]는 능히 持盈守成을 해내어 천신지기와 조상신들도 이를 편안하고 즐겁게 여겼다.
〈箋〉: 君子, 斥成王也. 言君子者, 太平之時, 則皆然, 非獨成王也.

*전체 5장. 매 장 6구씩(鳧鷖:五章. 章六句).

(1) 興
鳧鷖在涇, 公尸來燕來寧.
鳧鷖(부예)ㅣ 涇(경)에 잇거늘, 公尸ㅣ 來ᄒᆞ야 燕ᄒᆞ며 來ᄒᆞ야 寧ᄒᆞ놋다.
물오리와 갈매기 물 가운데 있고, 공시께서 오시어 편안하게 노니시네.

爾酒旣清, 爾殽旣馨,
네 酒ㅣ 이믜 清ᄒᆞ며, 네 殽ㅣ 이믜 馨(형)ᄒᆞ거늘,
네가 차린 술 맑기도 하고, 네가 차려놓은 안주 향기도 그윽하거늘,

公尸燕飲, 福祿來成!
公尸ㅣ 燕ᄒᆞ야 飲ᄒᆞ니, 福祿이 來ᄒᆞ야 成ᄒᆞ놋다!
공시께서 잔치에 취하시니, 복록이 이루어지리라!

鳬鷖在涇
傳鷖鳬屬
集傳鳬鷖
也

【鳬鷖在涇】'鳬'는 물오리. '鷖'는 갈매기.
'涇'은 물 이름. 내용으로 보아 혹 '물 가
운데'를 뜻함. 〈毛傳〉에 "鳬, 水鳥也;鷖,
鳬屬. 太平則萬物衆多"라 하였고, 〈鄭箋〉
에 "涇, 水名也. 水鳥而居水中, 猶人爲公
尸之在宗廟也. 故以喻焉祭祀旣畢, 明日
又設禮, 而與尸燕. 成王之時, 尸來燕也.
其心安不以已, 實臣之故. 自嫌言此者, 美
成王事尸之禮備"라 함. 〈集傳〉에 "鳬, 水
鳥. 如鴨者;鷖, 鷗也;涇, 水名"이라 함.
【公尸】임금의 제사에 신위의 자리에 앉
은 시동.
【來燕】燕은 宴. 잔치. '來'는 助字.
【爾】그대, 주인을 가리킴. 〈鄭箋〉에 "爾
者, 女成王也.「女酒旣淸」, 美以與公尸燕
樂飮酒之, 故祖考以福祿, 來成女"라 하
였고, 〈集傳〉에 "爾, 自歌工而指主人也"라 함.
【馨】〈毛傳〉과 〈集傳〉에 "馨, 香之遠聞也"라 함.
*〈集傳〉에 "○此祭之明日繹而賓尸之樂故言鳬鷖則在涇矣公尸則來燕來寧矣酒淸
殽馨則公尸燕飮而福祿來成矣"라 함.

(2) 興
鳬鷖在沙, 公尸來燕來宜.
鳬鷖ㅣ 沙(사)에 잇거늘, 公尸ㅣ 來ᄒ야 燕ᄒ며 來ᄒ야 宜(의)ᄒ놋다.
물오리와 갈매기 모래로 자리 옮기니, 공시께서 오심이 마땅하도다.

爾酒旣多, 爾殽旣嘉,
네 酒ㅣ 이믜 多(다)ᄒ며, 네 殽ㅣ 이믜 嘉ᄒ거늘,
네가 차린 술은 많기도 하며, 네가 차린 안주 풍성하거늘,

公尸燕飮, 福祿來爲!
公尸ㅣ 燕ᄒ야 飮ᄒ니, 福祿이 來ᄒ야 爲ᄒ놋다!

공시께서 그 잔치에 취하시니, 복록이 그대를 도우리로다!

【沙】〈毛傳〉에 "沙, 水旁也"라 함.
【宜】마땅함. 〈毛傳〉에 "宜, 宜其事也"라 하였고, 〈鄭箋〉에는 "水鳥以居水中爲常, 今出在水旁, 喻祭四方萬物之尸也. 其來燕也, 心自以爲宜, 亦不以已, 實臣自嫌也"라 함.
【爾殽旣嘉】〈毛傳〉에 "言酒品齊多而殽備矣"라 함.
【福祿來爲】〈毛傳〉에 "厚爲孝子也"라 함.
【爲】〈鄭箋〉에 "爲, 猶助也. 助成王也"라 하였고, 〈集傳〉에도 "爲, 猶助也"라 함.

(3) 興
鳧鷖在渚, 公尸來燕來處.

鳧鷖ㅣ 渚(저)에 잇거늘, 公尸ㅣ 來ᄒ야 燕ᄒ며 來ᄒ야 處(쳐)ᄒ놋다.

물오리와 갈매기 물 가운데 바위에 있으니, 공시께서 오시어 편이 처하시네.

爾酒旣湑, 爾殽伊脯,

네 酒ㅣ 이믜 湑(셔)ᄒ며, 네 殽ㅣ 脯(포)ㅣ어늘,

네가 차린 술은 체로 거른 것이며, 네가 차린 안주는 포이거늘,

公尸燕飮, 福祿來下!

公尸ㅣ 燕ᄒ야 飮ᄒ니, 福祿이 來ᄒ야 下ᄒ놋다!

공시께서 이 잔치에 취하니, 복록이 내려오리로다!

【渚】물 가운데의 작은 모래틱. 〈毛傳〉에 "渚, 沚也"라 하였고, 〈集傳〉에 "渚, 水中高地也"라 함.
【處】〈毛傳〉에 "處, 止也"라 하였고, 〈鄭箋〉에 "水中之有渚, 猶平地之有丘也. 喻祭天地之尸也. 以配至尊之, 故其來燕, 似若止得其處"라 함.
【湑】술을 거름. 〈鄭箋〉에 "湑, 酒之沛者也. 天地之尸尊事, 尊不以褻味, 沛酒脯而已"라 하였고, 〈集傳〉에도 "湑, 酒之沛者也"라 함.

(4) 興
鳧鷖在潀, 公尸來燕來宗.

鳧鷖ㅣ 潀(즁)애 잇거늘, 公尸ㅣ 來ᄒᆞ야 燕ᄒᆞ며 來ᄒᆞ야 宗(종)ᄒᆞ놋다.

물오리와 갈매기 물 가에 있으니, 공시께서 오시어 공경을 받으시네.

旣燕于宗, 福祿攸降.

이믜 宗애 燕ᄒᆞ니, 福祿이 降(강)ᄒᆞᄂᆞᆫ 배어늘,

이윽고 종묘에서 잔치를 여니, 복록이 내려오거늘,

公尸燕飮, 福祿來崇!

公尸ㅣ 燕ᄒᆞ야 飮(음)ᄒᆞ니, 福祿이 來ᄒᆞ야 崇(슝)ᄒᆞ놋다!

공시께서 이 잔치에 마시니, 복록이 겹쳐오리라!

【潀】물이 만나는 곳. 혹은 물 가. 〈毛傳〉과 〈集傳〉에 "潀, 水會也"라 함. 〈鄭箋〉
에는 "潀, 水外之高者也. 有癰埋之象, 喻祭社稷山川之尸, 其來燕也. 有尊主人之
意"라 함.《廣雅》에는 "潀, 崖也"라 함.
【來宗】〈毛傳〉에 "宗, 尊也"라 하였고, 〈集傳〉에는 "來宗之宗, 尊也"라 함.
【旣燕于宗】〈鄭箋〉에 "旣, 盡也; 宗, 社宗也. 羣臣下及民, 盡有祭社之禮, 而燕飮
焉, 爲福祿所下也. 今王祭社, 又以尸燕, 福祿之來, 乃重厚也. 天子以下, 其社神同.
故云然"이라 하였고, 〈集傳〉에 "于宗之宗, 廟也"라 함.
【崇】중복됨. 〈毛傳〉에 "崇, 重也"라 하였고, 〈集傳〉에는 "崇, 積而高大也"라 함.
陳奐 〈傳疏〉에는 "申, 重也. 崇與申義同"이라 함.

(5) 興
鳧鷖在亹, 公尸來止熏熏.

鳧鷖ㅣ 亹(문)에 잇거늘, 公尸ㅣ 來ᄒᆞ야 止ᄒᆞ야 熏熏(훈훈)ᄒᆞ놋다.

물오리와 갈매기 두 절벽 사이에 있으니, 공시께서 오시어 기꺼워하
도다.

旨酒欣欣, 燔炙芬芬,

旨(지)ᄒᆞᆫ 酒ㅣ 欣欣(흔흔)ᄒᆞ며, 燔(번)이며 炙(젹)이 芬芬(분분)ᄒᆞ거늘,

맛난 술 향기롭고, 구운 고기 향내가 물씬물씬 나거늘,

公尸燕飮, 無有後艱!

公尸ㅣ 燕ㅎ야 飮ㅎ니, 後艱(후간)이 잇디 아니 ㅎ리로다!

공시께서 이 잔치에 마시니, 뒤탈이란 있을 수 없으리로다!

【罍】〈毛傳〉에 "罍, 山絶水也"라 하였으나, 〈鄭箋〉에는 "罍之言門也. 燕七祀之尸
於門戶之外, 故以喻其來也, 不敢當王之燕禮, 故變言‘來止熏熏’. 坐不安之意"라
함. 〈集傳〉에는 "罍, 水流峽中兩岸如門也"라 함.

【薰薰】화목하고 즐거워함. 〈毛傳〉과 〈集傳〉에 "熏熏, 和說也"라 함.

【欣欣】즐거워하는 모습. 〈毛傳〉에 "欣欣然, 樂也"라 하였고, 〈集傳〉에도 "欣欣,
樂也"라 함. 그러나 위 구절 ‘來止熏熏’과 ‘旨酒欣欣’은 ‘來止欣欣’과 ‘旨酒熏熏’
이 되어야 의미가 맞음. 이에 대해 俞樾〈古書疑義擧例〉에 "公尸來止熏熏, 旨酒
欣欣. 熏熏, 欣欣, 傳寫娛倒, 本作「公尸來止欣欣, 旨酒熏熏」"이라 함. 한편 ‘熏’은
‘醺’의 假借字로 봄.

【芬芬】향내가 풍김. 〈毛傳〉과 〈集傳〉에 "芬芬, 香也"라 함.

【無有後艱】〈毛傳〉에 「無有後艱」, 言不敢多祈也"라 하였고, 〈鄭箋〉에 "艱, 難也.
小神之尸卑, 用美酒有燔炙, 可用褻味也. 又不能致福祿, 但令王自安, 無有後艱而
已"라 함.

참고 및 관련 자료

1. 孔穎達〈正義〉

作〈鳧鷖〉詩者, 言保守成功, 不使失墜也. 致太平之君子成王, 能執持其盈滿, 守
掌其成功, 則神祇祖考, 皆安寧而愛樂之矣. 故作此詩以歌其事也. 上篇言太平, 此
篇言守成, 卽守此太平之成功也. 太師次篇見有此義, 叙者述其次意, 故言太平之君
子, 亦承上篇而爲勢者. 王者之馭天下太平, 是功之所極. 物極則反, 或將喪之. 成之
旣難, 守亦不易, 故所以美其能守之也. 執而不釋, 謂之‘持’; 主而不失謂之‘守’. ‘持’是
手執之, ‘守’是身護之. ‘盈’者, 如器實滿. 故持成者如物積聚, 故言守持守之義, 亦
相通也. 故《易》注云:「持一不惑曰守.」是守亦持也. ‘神祇’以人爲主, 故能守成, 則神
祇祖考安樂之矣. ‘神’者, 天神; ‘祇’者, 地神; ‘祖’者, 則人神也. 經五章毛以爲皆祭宗
廟, 則是祖考耳. 而兼言神祇者, 以推心事神其致一也. 能事宗廟, 則亦能事天地.
因祖考而廣. 言神祇明其皆安樂之也. ‘安’者, 神意自安, 卽來燕·來寧·來宜·來處·來
宗是也. ‘樂’者, 謂愛樂主人, 饗其祭祀, 降之福祿, 卽來·成來·爲來·下來, 崇無有後

艱是也. 其'持盈守成', 言神祇所以得安之意, 於經無所當也. 鄭於神祇祖考, 經皆有之. 三章祭天地, 是神祇也. 卒章七祀, 亦神之別也. 二章四方百物, 四章社稷山川, 於周禮皆地祇也. 首章宗廟, 即祖考也. 不言鬼而言祖考, 復其文以足句. 經序倒者, 序以天地, 人爲尊卑之次, 以統其小者. 經以鳥至爲次, 故不同也. 毛於首章, 傳曰 '太平則萬物衆多', 則不以鳧鷖所在, 興祭處也. 二章傳曰'厚爲孝子', 則是於祖考也. 卒章傳曰'不敢多祈', 則是述孝子之情, 非尸有尊卑也. 然則毛以五章皆爲宗廟矣. 鄭以首章祭宗廟, 二章祭四方百物, 三章祭天地, 四章祭社稷山川, 卒章祭七祀, 皆以首章一句言'正祭', 次句以下言'燕尸宗廟, 燕尸以祭'之明日, 其餘皆同日也. 如此爲章次者, 以鳧鷖水鳥, 居水是常, 故先言在涇, 既以水爲主, 然後從下而漸至於高. 鳥不常處, 或出水傍, 故次在沙, 而水中高地, 鳥亦往焉. 故次在渚, 水外高地, 鳥又時往, 故次在漾山之絶, 水鳥往最稀, 故以爲末. 因以鳥之所在, 取其象類爲喻, 故不依尊卑之次焉.

255(大-15) 가락(假樂)

*〈假樂〉:《左傳》과《中庸》등에는 '嘉樂'으로 되어 있으며, 따라서 '아름답고 즐겁다'의 뜻.
*이 시는 성왕의 훌륭한 덕을 칭송한 것이며, 그는 훌륭한 덕을 지녀, 백성들과 관리들로부터 존경을 받고 하늘로부터 복과 도움을 받게 될 것임을 찬양한 노래임.

<序>: <假樂>, 嘉成王也.

〈가락〉은 성왕을 훌륭하게 여긴 것이다.

*전체 4장. 매 장 6구씩(假樂:四章. 章六句).

(1) 賦
假樂君子, 顯顯令德.

假(가)후고 樂(락)후온 君子ㅣ여, 顯顯(현현)훈 슈훈 德이로다.

아름답고 즐거워하시는 군자 성왕이여, 현현한 아름다운 덕이로다.

宜民宜人, 受祿于天.

民에 宜(의)후며 人에 宜훈 디라, 祿을 天애 受후거늘,

백성에게 맞고 관리에게 맞으시니, 하늘로부터 복을 받으시리라.

保右命之, 自天申之!

保후시며 右후시며 命후시고, 天으로브터 申(신)후샷다!

보호하고 도움 주고 사명을 주시니, 하늘로부터 거듭 받으시리로다!

【假樂】〈毛傳〉에 "假, 嘉也"라 하였고, 〈集傳〉에도 "嘉, 美也; 君子, 指王也"라 함. 〈諺解〉 夾註에 "《中庸》·《春秋傳》作'嘉'"라 함.
【君子】成王(姬誦)을 가리킴.

【顯顯令德】〈鄭箋〉에 "顯, 光也. 天嘉樂成王, 有光光之善德, 安民官人, 皆得其宜, 以受福祿於天"이라 함. '令'은 善의 뜻.

【民·人】'民'은 백성, '人'은 官吏. 〈毛傳〉에 "宜民宜人, 宜安民·宜官人也"라 하였고, 〈集傳〉에는 "民, 庶民也; 人, 在位者也"라 함.

【右】祐.

【申】〈毛傳〉과 〈集傳〉에 "申, 重也"라 함. 〈鄭箋〉에는 "成王之官人也, 羣臣保右而擧之. 乃後命用之, 又用天意, 申勅之, 如舜之勅伯禹·伯夷之屬"이라 함.

＊〈集傳〉에 "○言「王之德旣宜民人, 而受天祿矣. 而天之於王, 猶反覆眷顧之不厭. 旣保之右之命之, 而又申重之也.」疑此卽公尸之所以答〈鳬鷖〉者也"라 함.

(2) 賦

干祿百福, 子孫千億.

祿을 干(간)ᄒᆞ야 百福을 혼 디라, 子孫이 千이며 億이로다.

녹을 구하시어 온갖 복을 받으시니, 그 자손 또한 천이요 억이로다.

穆穆皇皇, 宜君宜王.

穆穆(목목)ᄒᆞ며 皇皇(황황)ᄒᆞ야, 君에 宜ᄒᆞ며 王애 宜혼 디라,

아름답고 위대하시니, 제후가 되기에 마땅하고 왕이 되기에도 마땅한 지라,

不愆不忘, 率由舊章!

愆(건)티 아니 ᄒᆞ며 忘(망)티 아니 ᄒᆞ야, 舊章(구쟝)을 率(솔)ᄒᆞ야 由ᄒᆞ리로다!

허물될 일도 아니하며 잃지도 않고, 옛 선왕의 법을 따르리라!

【干祿百福】〈鄭箋〉에 "干, 求也"라 함.

【億】〈鄭箋〉에 "十萬曰億"이라 함.

【穆穆皇皇】〈鄭箋〉에 "天子穆穆, 諸侯皇皇. 成王行顯顯之令德, 求祿得百福. 其子孫亦勤行, 而求之得祿千億. 故或爲諸侯, 或爲天子. 言皆相勗以道"라 함. 〈集傳〉에는 "穆穆, 敬也; 皇皇, 美也"라 함.

【宜君宜王】〈毛傳〉에 "宜君, 王天下也"라 하였고, 〈集傳〉에는 "君, 諸侯也; 王, 天

子也"라 함.

【愆】〈鄭箋〉과 〈集傳〉에 "愆, 過"라 함.

【忘】'亡'과 같음. 喪失의 뜻. 그러나 〈諺解〉에는 '忘'자 본의대로 풀이하였음.

【率】〈鄭箋〉에 "率, 循也. 成王之令德, 不過誤·不遺失, 循用舊典之文章, 謂周公之
禮法"이라 함. 〈集傳〉에도 "率, 循也"라 함.

【舊章】先王의 禮樂政刑. 〈集傳〉에 "舊章, 先王之禮樂政刑也"라 함.

＊〈集傳〉에 "○言「王者干祿, 而得百福. 故其子孫之蕃, 至於千億. 適爲天子庶爲諸
侯, 無不穆穆皇皇, 以遵先王之法者.」"라 함.

(3) 賦

威儀抑抑, 德音秩秩.

威儀ㅣ 抑抑(억억)ᄒ며, 德音이 秩秩(질질)ᄒ고,

위의도 훌륭하고, 명성도 떳떳하여,

無怨無惡, 率由群匹.

怨이 업스며 惡(오)ㅣ 업서, 모든 匹(필)을 率ᄒ야 由ᄒ니,

원망도 없으시고 미움 아니 받아, 많은 신하들 이끄시니,

受福無疆, 四方之綱!

福을 受홈이 疆이 업슨 디라, 四方의 綱(강)이로다!

받은 복 한이 없어, 사방의 벼리가 되리로다!

【抑抑】〈毛傳〉에 "抑抑, 美也"라 하였고, 〈集傳〉에는 "抑抑, 密也"라 함.

【德音】德望. 명성.

【秩秩】〈毛傳〉과 〈集傳〉에 "秩秩, 有常也"라 하였고, 〈鄭箋〉에는 "抑抑, 密也; 秩
秩, 淸也. 成王立朝之威儀, 緻密無所失; 敎令又淸明, 天下皆樂仰之, 無有怨惡,
循用羣臣之賢者, 其行能匹耦己之心"이라 함.

【群匹】群臣. 匹은 類. 〈集傳〉에 "匹, 類也"라 함.

【綱】벼리. 紀綱.

＊〈集傳〉에 "○言「有威儀聲譽之美, 又能無私怨惡, 以任衆賢, 是以能受無疆之福, 爲
四方之綱.」此與下章皆稱願其子孫之辭也. 或曰無怨無惡, 不爲人所怨惡也"라 함.

(4) 賦

之綱之紀, 燕及朋友.

綱ᄒ며 紀(긔)ᄒ야, 燕이 朋友(븡우)에 及ᄒ면,

이러한 천하의 기강, 즐거움이 군신들에게 미치면,

百辟卿士, 媚于天子.

百辟(븩벽)과 卿士(경ᄉ)ㅣ, 天子에 媚(미)ᄒ야,

제후 대신과 경사들, 천자에게 사랑을 받아,

不解于位, 民之攸塈!

位예 解(히)티 아니 ᄒ야, 民의게 塈(게)홀 배리라!

맡은 지위에 태만함이 없어, 백성들은 그를 믿고 편히 쉬리라!

【之綱之紀】'之'는 代名詞. 是와 같음. 〈鄭箋〉에 "成王能爲天下之綱紀, 謂立法度, 以理治之也. 其燕飮常與羣臣, 非徒樂族人而已"라 함.

【燕】편안함. 宴과 같음. 〈集傳〉에 "燕, 安也"라 함.

【朋友】〈毛傳〉에 "朋友, 羣臣也"라 하였고, 〈集傳〉에 "朋友, 亦謂諸臣也"라 함.

【百辟卿士】〈鄭箋〉에 "百辟, 畿內諸侯也; 卿士, 卿之有事也"라 함.

【媚】사랑을 받음. 〈鄭箋〉에 "媚, 愛也. 成王以恩意及羣臣, 羣臣故皆愛之. 不解於 其職位, 民之所以休息, 由此也"라 함.

【解】'懈'와 같음. 懈怠의 뜻. 〈集傳〉에 "解, 惰"라 함.

【塈】憩와 같음. 〈毛傳〉과 〈集傳〉에 "塈, 息也"라 함.

*〈集傳〉에 "○言「人君能綱紀四方, 而臣下賴之以安, 則百辟卿士, 媚而愛之. 維欲 其不解于位, 而爲民所安息也.」 東萊呂氏曰:「君燕其臣, 臣媚其君. 此上下交而爲 泰之時也. 泰之時所憂者, 怠荒而已. 此詩所以終於不解於位, 民之攸塈也. 方嘉 之, 又規之者, 蓋皐陶〈賡歌〉之意. 民之勞逸在下, 而樞機在上. 上逸則下勞矣; 上勞則下逸矣. 不解于位, 乃民之所由休息也.」"라 함.

───

참고 및 관련 자료

1. 孔穎達〈正義〉
作〈假樂〉詩者, 所以嘉美成王也. 經之所云皆是嘉也. 正詩例不言美以見爲經之.

正因訓'假'爲嘉, 故轉經以見義, 且承上篇爲次, 以其能守成功, 故於此嘉美之也.

2.《左傳》文公 3年 傳

晉人懼其無禮於公也, 請改盟. 公如晉, 及晉侯盟. 晉侯饗公, 賦「菁菁者莪」. 莊叔以公降·拜. 曰:「小國受命於大國, 敢不愼儀? 君貺之以大禮, 何樂如之? 抑小國之樂, 大國之惠也.」晉侯降, 辭, 登, 成拜. 公賦〈嘉樂〉.

256(大-16) 공류(公劉)

*〈公劉〉: 周나라 조상 后稷(姬棄)의 증손자. 후직의 아들 不窋이 夏나라 말 난을 피해 戎狄의 땅으로 갔으나 公劉 때 이르러 그곳 빈(豳)에서 농사법을 개발하여 중흥을 일으켰으며, 그 뒤를 이은 古公亶父가 드디어 周民族의 면모를 이룩하게 된 것임. 참고란의 《史記》 周本紀를 볼 것.
*이 시는 召康公이 成王을 箴戒하고자 옛 조상 공류의 업적을 들어 찬미하면서 이 시를 바친 것이라 함.

〈序〉: 〈公劉〉, 召康公戒成王也. 成王將涖政, 戒以民事, 美公劉之厚於民, 而獻是詩也.

〈공류〉는 召康公이 成王을 경계시킨 것이다. 성왕이 장차 政事에 임하게 되자 백성의 일을 들어 경계시키되, 옛 공류가 백성에게 후덕을 베푼 것을 찬미하면서 이 시를 바친 것이다.

〈箋〉: 公劉者, 后稷之曾孫也. 夏之始衰見迫逐, 遷於豳, 而有居民之道. 成王始幼少, 周公居攝政, 反歸之. 成王將涖政, 召公與周公相成王爲左右, 召公懼成王尙幼稚, 不留意於治民之事, 故作詩美公劉, 以深戒之也.

※召康公: 召公 姬奭. 처음 武王이 殷紂를 멸하고 北燕에 봉하여 薊(지금의 北京) 지역을 봉지로 받아 燕의 시조가 됨. 성왕 때 陝의 서쪽은 召公이, 동쪽은 周公(姬旦)이 맡아 다스리기로 했었음. 《史記》 燕召公世家에 "召公奭與周同姓, 姓姬氏. 周武王之滅紂, 封召公於北燕. 其在成王時, 召王爲三公: 自陝以西, 召公主之; 自陝以東, 周公主之"라 함. 그 후손의 일부는 계속 왕실에 卿士로 남아 천자를 돕기도 하였으며 대표적으로 召穆公(姬虎) 등이 《詩》에 널리 보임.

*전체 6장. 매 장 10구씩(公劉:六章. 章十句).

(1) 賦

篤公劉, 匪居匪康.

篤(독)ᄒ신 公劉(공류)ㅣ, 居티 아니 ᄒ시며 康티 아니 ᄒ샤,

후덕하신 공류께서는, 편안함만 바라지도 않았고, 평강함만 바라지도 않아,

迺場迺疆, 迺積迺倉.

場(역)ᄒ며 疆ᄒ야, 積(적)ᄒ며 倉(창)ᄒ거늘,

이에 농지를 일구시고 강역을 정하시어, 거둔 곡식을 노적도 하고 창고에도 쌓았네.

迺裹餱糧, 于橐于囊.

餱(후)와 糧(량)을 裹(과)홈을, 橐(탁)에 ᄒ며 囊(낭)에 ᄒ야,

이에 말린 식량을 묶어서, 전대에 넣고 자루에 넣어,

思輯用光, 弓矢旣張,

輯(즙)ᄒ야 뻐 光홈을 思ᄒ샤, 弓矢를 이예 張ᄒ며,

백성들 화합시켜 나라 빛낼 생각으로, 이윽고 활과 화살 갖추고,

干戈戚揚, 爰方啓行!

干戈(간과)와 戚揚(척양)으로, 이예 비르소 行(힝)을 啓(계)ᄒ시니라!

방패에 창, 도끼 등을 가지고, 길을 열어 떠나자고 말하셨노라!

【篤】후덕함, 독실함. 돈후함. 〈毛傳〉과 〈集傳〉에 "篤, 厚也"라 함.

【公劉】〈毛傳〉에 "公劉居於邰, 而遭夏人亂, 迫逐公劉. 公劉乃辟中國之難, 遂平西戎而遷, 其民邑於豳焉"이라 하였고, 〈集傳〉에 "公劉, 后稷之曾孫也. 事見〈豳風〉"이라 함.

【居·康】〈集傳〉에 "居, 安;康, 寧也"라 함.

【場·疆】'場(역)은 域과 같음. 〈毛傳〉에 "迺場迺疆", 言脩其疆場也"라 하였고, 〈集傳〉에 "場·疆, 田畔也"라 함.

【迺積迺倉】곡식을 노적하기도 하고 창고에 들여놓기도 함. '迺'는 助字. '積'은 곡

식을 모아 露積함. 〈毛傳〉에 "迺積迺倉", 言民事時和, 國有積倉也"라 하였고, 〈集傳〉에 "積, 露積也"라 함.

【迺裹餱糧】'餱糧'은 말린 양식. 〈集傳〉에 "餱, 食; 糧, 糗也"라 함.

【于橐于囊,】'橐'은 밑이 없는 작은 자루. 전대. '囊'은 밑이 있는 큰 자루. 〈毛傳〉에 "小曰橐, 大曰囊"이라 하였고, 〈集傳〉에 "無底曰橐, 有底曰囊"이라 함.

【思輯用光】'思'와 '用'은 助字. '輯'은 和의 뜻. 〈毛傳〉에 "「思輯用光」, 言民相與和睦, 以顯於時也"라 하였고, 〈集傳〉에는 "輯, 和"라 함. 〈鄭箋〉에 "厚乎! 公劉之爲君也! 不以所居爲居, 不以所安爲安, 邰國乃有疆場也. 乃有積委及倉也. 安安而能遷積而能散, 爲夏人迫逐己之, 故不忍鬪其民, 乃裹糧食於囊, 橐之中棄其餘而去. 思在和其民人, 用光大其道, 爲今子孫之基"라 함.

【干戈】〈鄭箋〉에 "干, 盾也. 戈, 句矛戟也"라 함.

【戚揚】〈毛傳〉과 〈集傳〉에 "戚, 斧; 揚, 鉞"이라 함. '戚'은 도끼. '揚'은 鉞과 같으며, 무기로 쓰이는 도끼.

【爰方啓行】'爰'은 '曰'과 같음. 이하는 公劉가 全民에게 선포한 말. 〈鄭箋〉에 "爰, 曰也. 公劉之去邰, 整其師旅, 設其兵器, 告其士卒曰:「爲女方開道而行.」明己之遷, 非爲迫逐之故, 乃欲全民也"라 함. '方'은 〈集傳〉에 "方, 始也"라 함. '啓行'은 길을 열어 떠남. 中原을 떠나 豳으로 出發함. 〈毛傳〉에 "張其弓矢, 秉其干戈, 威揚以方開道路, 去之豳. 蓋諸侯之從者, 十有八國焉"이라 함.

*〈集傳〉에 "○舊說召康公以成王將涖政, 當戒以民事, 故詠公劉之事, 以告之曰:「厚哉! 公劉之於民也. 其在西戎, 不敢寧居. 治其田疇, 實其倉廩, 旣富且强. 於是裹其餱糧, 思以輯和其民人, 而光顯其國家. 然後以其弓矢斧鉞之備, 爰始啓行而遷都於豳焉.」蓋亦不出其封内也"라 함.

(2) 賦

篤公劉, 于胥斯原.

篤ᄒ신 公劉ㅣ, 이 原을 胥(셔)ᄒ시니,

후덕하신 공류께서, 그곳의 들판을 살펴보시니,

旣庶旣繁, 旣順迺宣, 而無永歎!

이믜 庶(셔)ᄒ며 이믜 繁(번)ᄒ며, 이믜 順ᄒ야 宣(션)ᄒ야, 기리 嘆(탄)홈이 업도다!

이미 백성들이 많이 모였고, 이미 그들이 순종하고 퍼져 살면서, 되돌아가겠다는 후회의 탄식도 없었노라!

陟則在巘, 復降在原.

陟ᄒ샤ᄂᆞᆫ 巘(헌)에 在ᄒ시며, 다시 降ᄒ샤ᄂᆞᆫ 原(원)에 在ᄒ시니,

올라서는 산꼭대기에 이르셨고, 다시 내려와 들판도 살펴보았으니,

何以舟之?

므서스로 뻐 舟(쥬)ᄒ얏ᄂᆞ뇨?

무엇을 가지고 가셨는가?

維玉及瑤, 鞞琫容刀!

玉과 밋 瑤(요)와, 鞞琫(병봉)애 容(용)ᄒᆞᆫ 刀(도)ㅣ로다!

옥과 짤랑짤랑 瑤玉, 칼집에 넣은 장식한 칼이었도다!

【于】〈鄭箋〉에 "于, 於也"라 함.

【胥】살펴봄. 〈毛傳〉과 〈集傳〉에 "胥, 相也"라 함.

【庶·繁】둘 모두 '많다'의 뜻. 따라온 백성이 많아졌음. 〈集傳〉에 "庶·繁, 謂居之者 衆也"라 함.

【順·宣】'順'은 安. '宣'은 遍의 뜻. 毛傳〉에 "宣, 徧也"라 하였고, 〈集傳〉에 "順, 安; 宣, 徧也. 言居之徧也"라 함. 그러나 馬瑞辰〈通釋〉에는 "宣之爲言通也, 暢也. 言 民心旣順, 其情乃宣暢也"라 함.

【無永歎】〈毛傳〉에 "民無長嘆, 猶文王之無悔也"라 하였고, 〈集傳〉에 "無永歎, 得 其所不思舊也"라 함.

【巘】작은 산, 혹 산꼭대기. 〈毛傳〉에 "巘, 小山, 別於大山也"라 하였고, 〈集傳〉에 "巘, 山頂也"라 함. 〈鄭箋〉에는 "陟, 升;降, 下也. 公劉之相此原地也. 由原而升巘 復下在原. 言反復之, 重居民也"라 함.

【原】〈鄭箋〉에 "廣平曰原. 厚乎! 公劉之於相此原地, 以居民, 民旣衆矣, 旣多矣, 旣 順其事矣. 又乃使之時耕, 民皆安今之居, 而無長嘆思其舊時也"라 함.

【舟】소지함. 가지고 감. 띠고 감. 〈毛傳〉과 〈集傳〉에 "舟, 帶也"라 함.

【瑤】〈毛傳〉에 "瑤, 言有美德也"라 함.

【鞞琫容刀】'鞞'은 칼집. '琫'은 칼에 새긴 장식. '鞞琫'은 '병봉'(鞞, 必頂反;琫, 必孔 反)으로 읽음. 〈毛傳〉에 "下曰鞞, 上曰琫. 言德有度數也. 容刀, 言有武事也"라 하 였고, 〈集傳〉에 "鞞, 刀鞘也;琫, 刀上飾也;容刀, 容飾之刀也. 或曰:「容刀, 如言容

臭, 謂鞞琫之中, 容此刀耳.」라 함. 〈鄭箋〉에는 "民亦愛公劉之如是, 故進玉瑤容刀之佩"라 함.

＊〈集傳〉에 "○言「公劉至豳, 欲相土以居, 而帶此劍佩, 以上下於山原也.」東萊呂氏曰:「以如是之佩服而親, 如是之勞苦. 斯其所以爲厚於民也歟!」"라 함.

(3) 賦

篤公劉, 逝彼百泉, 瞻彼溥原.

篤ᄒ신 公劉ㅣ, 뎌 百泉에 逝ᄒ샤, 뎌 溥(보)ᄒᆫ 原을 瞻ᄒ시고,

후덕하신 공류께서는, 온갖 곳 샘을 다 가 보시고, 넓은 벌판을 다 살펴보시고,

迺陟南岡, 乃覯于京.

南岡의 陟ᄒ샤, 京을 覯(구)ᄒ시니,

남쪽 산 능선에 올라서, 높은 지대를 바라보시니,

京師之野: 于時處處, 于時廬旅,

京이오 師ᄒᆯ 野일 ᄉᆡ, 이예 處에 處ᄒ며, 이예 旅(려)를 廬(려)ᄒ며,

여러 사람 살 만한 들이기에, 이곳에 거처토록 하였으며, 이곳에 방금 도착한 이들을 기숙하게 하였으며,

于時言言, 于時語語!

이예 言을 言ᄒ며, 이예 語를 語ᄒ시니라!

이곳에서 토론도 하고, 이곳에서 논쟁도 하였느니라!

【逝】〈鄭箋〉에 "逝, 往"이라 함.

【瞻】〈鄭箋〉에 "瞻, 視"라 함.

【溥】〈毛傳〉과 〈集傳〉에 "溥, 大"라 하였으나, 〈鄭箋〉에는 "溥, 廣也"라 함.

【岡】산의 능선. 〈鄭箋〉에 "山脊曰岡"이라 함.

【覯】〈毛傳〉과 〈集傳〉에 "覯, 見也"라 함.

【京】〈鄭箋〉에 "絶高爲之京, 厚乎! 公劉之相此原地也. 往之彼百泉之間, 視其廣原可居之處, 乃升其南山之脊, 乃見其可居者"라 하였고, 〈集傳〉에 "京, 高丘也"라 함.

【京師】〈毛傳〉에 "是京, 乃大衆所宜居之野"라 하였고, 〈鄭箋〉에 "於京, 謂可營立
都邑之處"라 함. 〈集傳〉에는 "師, 衆也. 京師, 高山而衆居也. 董氏曰:「所謂京師者,
蓋起於此. 其後世因以所都爲京師也.」"라 함.
【于時】〈鄭箋〉에 "于, 於;時, 是也"라 하였고, 〈集傳〉에도 "時, 是也"라 함.
【處處】〈集傳〉에 "處處, 居室也"라 함. 처할 만한 곳에 집터를 마련하여 거처함.
【廬旅】금방 먼 곳에서 찾아온 이들을 우선 기숙할 수 있도록 함. 〈毛傳〉에 "廬,
寄也"라 하였고, 〈集傳〉에도 "廬, 寄也;旅, 賓旅也"라 함.
【言言·語語】〈毛傳〉과 〈集傳〉에 "直言曰言, 論難曰語"라 함. 〈鄭箋〉에 "京地, 乃衆
民所宜居之野也. 於是處其所當處者, 廬舍其賓旅. 言其所當言語, 其所當語. 謂
安民館客施敎令也"라 함.
＊〈集傳〉에 "○此章言「營度邑居也. 自下觀之, 則徃百泉, 而望廣原;自上觀之, 則陟
南岡, 而觀于京. 於是爲之居室於是, 廬其賓旅. 於是言其所言, 於是語其所語,
無不於斯焉.」"이라 함.

(4) 賦
篤公劉, 于京斯依.

篤ᄒ신 公劉ㅣ, 京에 이 依(의)ᄒ시니,

후덕하신 공류께서는, 이 언덕을 안정된 곳이라 여기셨으니,

蹌蹌濟濟, 俾筵俾几, 旣登乃依.

蹌蹌(창창)ᄒ며 濟濟ᄒ거늘, ᄒ여곰 筵(연)ᄒ며 ᄒ여곰 几(궤)ᄒ니, 이믜
登ᄒ야 依ᄒ놋다.

사대부들 위의가 있어, 자리 깔고 궤상 마련하여 잔치를 베풀도록 하
니, 손님들 이윽고 올라 자리에 기대어 앉자,

乃造其曹, 執豕于牢,

그 曹(조)애 造ᄒ야, 豕(시)를 牢(로)에 執(집)ᄒ며,

이에 돼지의 신에게 제사 올리고, 우리에 있는 돼지를 잡고,

酌之用匏, 食之飲之, 君之宗之!

酌호ᄃᆡ 匏(포)로써 ᄒ니, 食(ᄉ)ᄒ며 飲ᄒ며, 君ᄒ며 宗ᄒ놋다!

바가지로 술을 퍼서, 손님들에게 먹고 마시게 하니, 공류를 임금으로
모시고 그를 주종으로 받들게 되었네!

【依】〈集傳〉에 "依, 安也"라 함.
【蹌蹌濟濟】〈鄭箋〉에 "蹌蹌濟濟", 士大夫之威儀也"라 하였고, 〈集傳〉에 "蹌蹌濟
濟, 羣臣有威儀貌"라 함.
【俾筵俾几】〈鄭箋〉에 "俾, 使也. 厚乎! 公劉之居於此京, 依而築宮室, 其旣成也, 與
羣臣士大夫飮酒以落之. 羣臣則相使爲公劉, 設几筵使之升坐"라 하였고, 〈集傳〉
에 "俾, 使也. 使人爲之設筵几也"라 함.
【登·依】〈毛傳〉에 "賓已登席坐矣, 乃依几矣"라 하였고, 〈集傳〉에 "登, 登筵也; 依,
依几也"라 함.
【乃造其曹】'曹'는 〈毛傳〉에 "曹, 羣也"라 하였고, 〈集傳〉에 "曹, 羣牧之處也"라 함.
한편 馬瑞辰 〈通釋〉에는 "造者, 祰之假借.《說文》:「祰, 祰祭也.」……曹者, 槽之假
借.《玉篇》:「槽, 豕祭也.」"라 하여 돼지 神에게 제사를 지내는 것이라 하였음. 周
民族은 牧羊이 아닌 養猪가 주된 산업이었음. 그 때문에 그곳 지명도 '豳'이라
하여 돼지를 우리에 가둔 형태의 글자로 표기하게 된 것임.
【執豕于牢】〈毛傳〉에 "執豕于牢", 新國則殺禮也"라 하였고, 〈集傳〉에는 "以豕爲
殽, 用匏爲爵. 儉以質也"라 함.
【酌之用匏】〈毛傳〉에 "酌之用匏", 儉以質也"라 하였고, 〈鄭箋〉에 "公劉旣登堂, 負
扆而立. 羣臣適其牧, 羣搏豕於牢中, 以爲飮酒之殽, 酌酒以匏爲爵. 言忠敬也"라
함.
【宗之】공류를 종주, 즉 군주로 받들게 됨. 〈毛傳〉에 "爲之君, 爲之大宗也"라 하
였고, 〈鄭箋〉에는 "宗, 尊也. 公劉雖去邰國來遷, 羣臣從而君之, 尊之猶在邰也"라
함. 〈集傳〉에는 "宗, 尊也, 主也. 嫡子孫主祭祀, 而族人尊之以爲主也"라 함.
＊〈集傳〉에 "○此章言「宮室旣成而落之, 旣以飮食, 勞其羣臣, 而又爲之君·爲之宗
焉」東萊呂氏曰:「旣饗燕而定經, 制以整屬其民. 上則皆統於君, 下則各統於宗.
蓋古者, 建國立宗, 其事相須, 楚執戎蠻, 子而致邑, 立宗以誘其遺民, 卽其事也.」
라 함.

(5) 賦
篤公劉, 旣溥旣長.

篤ᄒ신 公劉ㅣ, 이믜 溥(보)ᄒ며 이믜 長ᄒ거늘,

후덕하신 공류께서는, 그 땅을 더욱 넓게 더욱 길게 하시고,

旣景迺岡, 相其陰陽,

이믜 景(영)ᄒᆞ고 岡ᄒᆞ야, 그 陰陽을 相ᄒᆞ며,

이윽고 언덕에 올라 해 그림자 재어보고, 그 응달과 양지 살펴보시며,

觀其流泉, 其軍三單.

그 流泉을 觀ᄒᆞ니, 그 軍이 三單(삼단)이로다.

그 흐르는 물을 관찰하시고, 그 군대는 三單으로 하셨노라.

度其隰原, 徹田爲糧,

그 隰과 原을 度(탁)ᄒᆞ야, 田을 徹(철)ᄒᆞ야 糧을 ᄒᆞ며,

저습한 곳과 높은 곳을 재어보시고, 세금을 곡식 10의 1로 정하셨으며,

度其夕陽, 豳居允荒!

그 夕陽(셕양)을 度(탁)ᄒᆞ니, 豳(빈)ㅅ 居ㅣ 진실로 荒(황)ᄒᆞ도다!

서쪽 땅까지 측량하시니, 빈 땅의 거주지는 진실로 넓어졌도다!

【溥】〈集傳〉에 "溥, 廣也. 言其芟夷墾辟土地, 旣廣而且長也"라 함.

【旣景迺岡】'景'은 그림자. '影'의 本字. '영'으로 읽음. 〈毛傳〉에 "旣景迺岡」, 考於日景, 參之高岡"이라 하였고, 〈集傳〉에 "景, 考日景以正四方也. 岡, 登高以望也"라 함.

【相】살펴봄.

【陰陽】응달진 곳과 양지. 〈集傳〉에 "相, 視也; 陰陽, 向背寒暖之宜也"라 함.

【流泉】〈集傳〉에 "流泉, 水泉灌漑之利也"라 하였고, 〈鄭箋〉에는 "厚乎! 公劉之居豳也. 旣廣其地之東西, 又長其南北. 旣以日景定其經界. 於山之脊, 觀相其陰陽寒煖所宜, 流泉浸潤所及, 皆爲利民富國"이라 함.

【三單】〈毛傳〉에 "三單, 相襲也"라 하였으나, 〈集傳〉에 "三單, 未詳"이라 함. 〈鄭箋〉에 "邰, 后稷上公之封. 大國之制, 三軍. 以其餘卒爲羨. 今公劉遷於豳, 民始從之, 丁夫適滿三軍之數. 單者, 無羨卒也"라 함. 胡承琪〈後箋〉에는 "單者, 一也, 獨也. ……〈傳〉云'相襲者, 猶言相代'."라 하여 '돌아가며 兵役을 담당함'을 뜻하는 것이라 하였음.

【隰原】저습한 곳과 언덕진 곳. 모두 농지로 개간하고자 측량한 것임.

【徹】10분의 1의 세금. 〈毛傳〉에 "徹, 治也"라 하였으나, 〈鄭箋〉에 "度其隰與原田
之多少, 徹之使出稅, 以爲國用, 什一而稅, 謂之徹. 魯哀公曰:「二吾猶不足, 如之
何? 其徹也,」《論語》顏淵篇)"라 함. 〈集傳〉에도 "徹, 通也. 一井之田九百畝, 八家
皆私百畝, 同養公田. 耕則通力而作, 收則計畝而分也. 周之徹法, 自此始, 其後周
公, 蓋因而脩之耳"라 함.

【度】측량함. 재어봄.

【夕陽】〈毛傳〉과 〈集傳〉에 "山西曰夕陽"이라 함. 거주지를 넓혀나갔음을 말함.

【豳】지명. 公劉가 狄人 가운데에 이룬 삶터. 우리에 돼지를 가두어 기르는 그들
삶의 모습을 형상화한 글자임. '邠'으로도 표기하며 이는 땅으로서의 의미임.

【允荒】〈毛傳〉에 "荒, 大也"라 하였고, 〈鄭箋〉에는 "允, 信也. 夕陽者, 豳之所處也.
度其廣輪, 豳之所處. 信寬大也"라 함. 〈集傳〉에는 "允, 信; 荒, 大也"라 함.

*〈集傳〉에 "○此言「辨土宜以授所徙之民, 定其軍賦與其稅法. 又度山西之田, 以
廣之, 而豳人之居, 於此益大矣.」"라 함.

(6) 賦

篤公劉, 于豳斯館.

篤ᄒ신 公劉ㅣ, 豳에 이 舘(관)ᄒ샤,

후덕하신 공류께서는, 빈 땅에 관사 마련하시어,

涉渭爲亂, 取厲取鍛.

渭(위)를 涉ᄒ샤 亂을 ᄒ야, 厲(려)를 取ᄒ며 鍛(단)을 取ᄒ야,

위수를 가로질러 건너가서, 숫돌과 단단한 돌을 주워다가,

止基迺理, 爰衆爰有,

止를 基(긔)ᄒᆫ 디라 理ᄒ니, 이예 衆(즁)ᄒ며 이예 有ᄒ야,

삶의 터전을 만든 다음 경계를 구분하고는, 이르시되 사람도 많고 재
물도 풍족하다 하였다.

夾其皇澗, 遡其過澗.

그 皇澗(황간)을 夾(협)ᄒ며, 그 過澗(과간)을 遡(소)ᄒ며,

그곳은 皇澗이라는 냇물을 끼고 있고, 過澗이라는 냇물을 향한 곳,

止旅迺密, 芮鞫之卽!

止흔 旅│ 密ᄒ야, 芮(예)ㅅ 鞫(국)에 卽(즉)ᄒ얏도다!

백성들이 많고 조밀해져서, 물가의 안팎이 꽉 차게 되었노라!

【館】〈毛傳〉에 "館, 舍也"라 하였고, 〈集傳〉에는 "館, 客舍也"라 함. 〈諺解〉에는 '舘'자로 표기하였음.

【亂】배가 물을 가로질러 건넘. 〈毛傳〉에 "正絶流曰亂"이라 하였고, 〈集傳〉에 "亂, 舟之截流橫渡者也"라 함.

【厲】숫돌. '礪'의 가차자. 〈集傳〉에 "厲, 砥"라 함.

【鍛】〈毛傳〉에 "鍛, 石也"라 하였으나, 〈集傳〉에 "鍛, 鐵"이라 함. 〈鄭箋〉에는 "鍛, 石所以爲鍛質也. 厚乎! 公劉於豳地, 作此宮室. 乃使人渡渭水爲舟, 絶流而南, 取鍛厲斧斤之石, 可以利器, 用伐取材木, 給築事也"라 함.

【止基】터를 먼저 마련함. 〈鄭箋〉에 "止基, 作宮室之功止, 而後疆理其田野, 校其夫家人數, 日益多矣. 器物有足矣, 皆布居渭水之旁"이라 하였고, 〈集傳〉에 "止, 居;基, 定也"라 함.

【理】사는 곳 지역의 경계를 지어 나눔. 〈集傳〉에 "理, 疆理也"라 함.

【爰衆爰有】〈鄭箋〉에 "爰, 曰也"라 하였고, 〈集傳〉에는 "衆, 人多也;有, 財足也"라 함.

【皇澗, 過澗】〈毛傳〉에 "皇澗, 名也;過澗, 名也"라 하였고, 〈集傳〉에도 "皇·過, 二澗名"이라 함.

【遡】'向'과 같음. 〈毛傳〉과 〈集傳〉에 "遡, 鄕也"라 함.

【止旅迺密】'旅'는 衆. '密'은 多密, 稠密함. 인구가 많아짐. 그러나 〈毛傳〉에 "密, 安也"라 함.

【芮鞫之卽】〈毛傳〉에 "芮, 水厓也;鞫, 究也"라 하였고, 〈鄭箋〉에는 "芮之言內也. 水之內曰隩, 水之外曰鞫. 公劉居豳, 旣安軍旅之役, 止士卒乃安, 亦就澗水之內外, 而居脩田事也"라 하였으나, 〈集傳〉에는 "芮, 水名. 出吳山西北, 東人涇.《周禮》職方作'汭', 鞫, 水外也"라 함.

*〈集傳〉에 "○此章又總叙其始終. 言「其始來未定居之時, 涉渭取材而爲舟, 以來徃取厲取鍛, 而成宮室. 旣止基於此矣, 乃疆理其田野, 則日益繁庶富足. 其居有夾澗者·有遡澗者, 其止居之衆, 日以益密. 乃復卽芮鞫而居之, 而豳地日以廣矣.」"라 함.

1. 孔穎達 〈正義〉

作〈公劉〉詩者, 召康公所作, 以戒成王. 武王旣崩, 成王幼弱, 周公攝政七年而反歸
之. 今成王將欲蒞臨其政, 召公以王年尙幼, 恐其不能留意於民, 故戒之以治民之事,
美往昔公劉之愛厚於民, 欲王亦如公劉, 而獻是公劉之詩, 以戒成王. 此與〈泂
酌〉·〈卷阿〉, 俱是召公所作, 而爲此次者, 厚民之事, 人君之急務, 故先作公劉, 非有
道德, 則不能愛民. 故又作〈泂酌〉, 言皇天親有德饗有道, 欲王之脩德行道也. 君雖
有德, 不能獨治, 又作〈卷阿〉戒王使求賢用士也. 案〈卷阿〉末句云「矢詩不多, 維以遂
歌」, 自言作意, 是總結之辭. 則三篇次第, 元是召公作之, 先後編者, 知其意而次之,
敍亦以其一時之事, 故於此詳之. 言成王將蒞政, 而獻是詩, 明下兩篇, 亦是將蒞政
之時, 俱獻之也. 獻者卑奏於尊之辭, 召公, 臣也. 故言獻.《國語》曰:「使公卿至於列
士.」獻詩是也.〈鴟鴞〉序云:「以貽王者, 周公自達己意, 欲使遺傳, 至王非已情所獻
見.」故文與此異也. 公劉之厚於民, 經六章皆是也. 言成王將蒞政, 戒以民事, 序其
作者之意, 於經無所當.〈正義〉曰: 周本紀云:「后稷生不窋, 不窋生鞠陶, 鞠陶生公
劉.」是后稷之曾孫. 后稷本封於邰, 非有所迫, 不應去國適豳. 公劉有道之君, 天
子不應見逐, 故知以夏之衰, 始見迫逐而遷於豳也.〈譜〉云:「公劉以夏后太康時, 失
其官守, 竄於此地.」則夏之始衰, 謂太康時也. 去中國而適戎, 其則是不爲天子所助,
下〈箋〉以爲夏人迫逐, 蓋是王朝之人, 以時衰政亂, 疾惡有道, 故逐之也. 案〈譜〉以
公劉, 當太康之時. 韋昭之注《國語》以不窋當太康之時, 不窋乃公劉之祖, 不應共當
一世. 夏氏之衰太康爲始, 太康禹之孫, 公劉不窋之子, 計不窋宜當太康, 公劉應在其
後.〈豳譜〉欲言遷豳之由, 遠本失官之世, 不窋以太康之時, 失稷官至公劉, 而竄豳.
其遷豳之時, 不必當太康也. 又《外傳》稱后稷, 勤周十五世而興.〈周本紀〉亦以稷至
文王爲十五世, 計虞及夏殷周, 有千三百歲, 每世在位皆八十許年, 乃可充其數耳. 命
之短長, 古今一也. 而使十五世君在位, 皆八十許載, 子必將老, 始生不近人情之甚,
以理而推實, 難據信若. 使此言必非虛誕, 則不窋之與公劉, 彌是不共世, 太康之後,
有羿浞之亂, 比至少康之立, 幾將百年. 蓋太康始衰之時, 不窋失官, 少康未立之前,
而公劉見逐也. 而有居民之道, 經之所陳, 皆是也. 成王始幼少, 周公居攝政者, 鄭以
〈金縢〉之注, 差約之以爲武王之崩, 成王年十歲, 除喪年十三, 是其幼少也. 攝政元
年, 成王年十五, 及歸之, 成王年二十一. 成王將蒞政, 其年二十有二. 召公與周公相
成王爲左右, 謂作上公, 爲二伯, 分陝而治周公. 古書序云:「周公爲師, 召公爲保. 召
公不悅, 作〈君奭〉.」與此同時也. 鄭不辨公劉是名是字. 王肅云:「公, 號也;劉, 名也.」
王基云:「周人以諱事神王者, 祫百世.」召公大賢, 出自姬姓, 稱揚先祖, 盛德之君而
擧其名, 不亦遠於禮乎? 其意以爲公劉, 必是字也. 計虞夏之時, 世代尙質, 名字之

別, 難得而知.《世本》·《史記》, 不應皆没其名而盡書其字以之爲名, 未必非矣. 鄭以
姜嫄爲名, 詩人亦得稱之, 何獨公劉不可言其名也? 周人自以諱事神, 於時未有諱法
祫祭之. 及羣君未能重於先妣, 何當許姜嫄而怪公劉? 王基雖述, 鄭未必然也. 王肅
以公爲號, 猶可焉. 何則? 后稷至於大王, 十有餘世, 唯三人稱公, 何故? 三君特以公
號, 豈餘君不爲公也. 若爲名單而以公配, 則古公祖紺者, 復二名而加公矣.

2.《史記》周本紀

后稷卒, 子不窋立. 不窋末年, 夏后氏政衰, 去稷不務, 不窋以失其官而奔戎狄之
閒. 不窋卒, 子鞠立. 鞠卒, 子公劉立. 公劉雖在戎狄之閒, 復脩后稷之業, 務耕種,
行地宜, 自漆·沮度渭, 取材用, 行者有資, 居者有畜積, 民賴其慶. 百姓懷之, 多徙而
保歸焉. 周道之興自此始, 故詩人歌樂思其德. 公劉卒, 子慶節立, 國於豳.

257(大-17) 형작(泂酌)

*〈泂酌〉: 멀리 가서 겨우 길가에 고인 물을 떠옴. '泂'은 迥과 같으며, 遠의 뜻, '酌'은 '물을 긷다, 뜨다' 등의 뜻.
*이 시는 召康公(姬奭)이 成王에게 箴戒로 삼도록 하기 위해 지은 것이라 함.

<序>: <泂酌>, 召康公戒成王也. 言皇天親有德, 饗有道也.

〈형작〉은 召康公이 成王을 箴戒로 삼도록 한 것이다. 皇天은 덕 있는 자를 친히 여기며, 도 있는 자의 제사를 흠향함을 말한 것이다.

※召康公: 앞장 注를 볼 것.

*전체 3장. 매 장 5구씩(泂酌: 三章. 章五句).

(1) 興
泂酌彼行潦, 挹彼注玆, 可以餴饎.

멀리 뎌 行潦(힝로)를 酌ᄒ야, 뎌에 挹(읍)ᄒ야 이에 注(쥬)ᄒ야도, 可히 뻐 餴(분)ᄒ며 饎(치)를 ᄒ리로다.

멀리 가서 겨우 길에 고인 물을 긷되, 그것을 손으로 떠다 여기에 부으면, 분(餴)이나 치(饎) 정도야 마련할 수 있겠지.

豈弟君子, 民之父母!

豈弟ᄒᆫ 君子ㅣ여, 民의 父母ㅣ로다!

즐거우신 우리 임금, 백성의 부모로다!

【泂】'迥'과 같음. 遠의 뜻. 〈毛傳〉과 〈集傳〉에 "泂, 遠也"라 함.
【行潦】길에 고인 빗물. 〈毛傳〉과 〈集傳〉에 "行潦, 流潦也"라 함.

【挹】손으로 떠냄.

【饎】밥을 잦힘. 쪄서 한 번 익힘. 〈毛傳〉에 "饎, 餾也"라 하였고, 〈集傳〉에는 "饎, 烝米一熟而以水沃之, 乃再烝也"라 함.

【饎】'치'(尺志反)로 읽음. 〈毛傳〉과 〈集傳〉에 "饎, 酒食也"라 함. 〈鄭箋〉에 "流潦, 水之薄者也. 遠酌取之, 投大器之中. 又挹之注之於此小器, 而可以沃酒食之饎者, 以有忠信之德, 齊潔之誠, 以薦之故也. 《春秋傳》曰:「人不易物, 唯德繄物.」"이라 함.

【君子】〈集傳〉에 "君子, 指王也"라 함.

【民之父母】〈毛傳〉에 "樂以强教之, 易以說安之. 民皆有父之尊·有母之親"이라 함.

*〈集傳〉에 "○舊說以爲召康公, 戒成王. 言「遠酌彼行潦, 挹之於彼而注之於此, 尚可以饎饎. 況豈弟之君子, 豈不爲民之父母乎?」〈傳〉曰:「豈以强教之弟, 以悅安之民, 皆有父之尊·有母之親.」又曰:「民之所好, 好之;民之所惡, 惡之. 此之謂民之父母.」"라 함.

(2) 興

洞酌彼行潦, 挹彼注兹, 可以濯罍.

멀리 뎌 行潦를 酌ᄒᆞ야, 뎌에 挹ᄒᆞ야 이에 注ᄒᆞ야도, 可히 ᄡᅥ 罍(뢰)를 濯(탁)ᄒᆞ리로다.

멀리 가서 저 길에 고인 물을 긷되, 그 물 손으로 떠다 여기에 부으면, 겨우 술 단지야 씻을 수 있겠지.

豈弟君子, 民之攸歸!

豈弟ᄒᆞᆫ 君子]여, 民의 歸홀 배로다!

즐거우신 우리 임금님, 백성들이 귀탁할 바로다!

【濯罍】술통을 씻음. '罍'는 祭器. 雲雷 무늬를 그린 술통. 〈毛傳〉에 "濯, 滌也;罍, 祭器"라 함. 〈集傳〉에 "濯, 滌也"라 함.

(3) 興

洞酌彼行潦, 挹彼注兹, 可以濯漑.

멀리 뎌 行潦를 酌ᄒᆞ야, 뎌에 挹ᄒᆞ야 이에 注ᄒᆞ야도, 可히 ᄡᅥ 濯ᄒᆞ며 漑

(개)하리로다.

　멀리 가서 저 길에 고인 물을 긷되, 그것을 손으로 떠다 여기에 부으면,
술통이야 씻을 수 있지.

豈弟君子, 民之攸墍!

　豈弟(개제)흔 君子ㅣ여, 民의게 墍(게)홀 배로다!

　즐거우신 우리 임금님, 백성들이 쉴 곳이로다!

【溉】〈毛傳〉에 "溉, 淸也"라 하였고, 〈集傳〉에 "溉, 亦滌也"라 함. 혹 '慨'는 '槪'로
罍와 상대하여 나무로 만든 술통. 즉 '漆樽'이어야 한다고도 함.
【墍】〈鄭箋〉과 〈集傳〉에 "墍, 息也"라 함.

참고 및 관련 자료

1. 孔穎達 〈正義〉

尊者, 莫過上天. 猶以道德降靈親饗, 是王不可以無德, 故戒王使脩行之天. 言'皇
天'者, 以尊稱名之, 重其事也, 道德相對, 則在身爲德, 施行爲道. 故《中候》云:「皇道
帝德爲內外, 優劣散, 則通也.」'親饗'者, 謂親愛其人, 饗其祭祀, 亦爲相接成也. 經
三章皆. 上三句言薄物可以薦神, 是'親饗之'也;下三句言與民爲父母, 是'有道德'也.

258(大-18) 권아(卷阿)

*〈卷阿〉: 굽은 언덕을 뜻함.
*이 시는 召康公(姬奭)이 成王에게 일러준 것으로서, 卷阿 같은 언덕에 봉황이
나타나면 많은 새들이 따르듯이 임금이 훌륭하면 賢士와 吉士들이 나타나 나라
가 잘 다스려질 것임을,

<序>: <卷阿>, 召康公戒成王也. 言求賢用吉士也.
　〈권아〉는 소강공이 성왕에게 잠계로 삼도록 하기 위한 것이다. 현사를
찾고 吉士를 등용해야 함을 말한 것이다.
　〈箋〉: 吉, 猶善也.

*전체 10장. 6장은 5구씩, 4장은 6구씩(卷阿: 十章. 六章章五句, 四章章六句).

(1) 賦
有卷者阿, 飄風自南.
　卷흔 阿애, 飄風이 南으로브터 흐놋다.
　굽은 큰 언덕 위에, 회오리바람이 남쪽에서 불어오도다.

豈弟君子, 來游來歌, 以矢其音!
　豈弟흔 君子ㅣ, 來흐야 游흐며 來흐야 歌흐야, 뻐 그 音을 矢(시)흐놋다!
　즐거우신 군자께서, 오시어 노닐며 노래하시기에, 몇 말씀 진술하오
이다!

【卷阿】굽고 큰 언덕.〈毛傳〉에 "興也. 卷, 曲也"라 하였고,〈鄭箋〉에는 "大陵曰阿,
　有大陵卷然而曲"이라 함.〈集傳〉에도 "卷, 曲也; 阿, 大陵也"라 함.
【飄風】회오리 바람.〈毛傳〉에 "飄風, 廻風也. 惡人被德化而消, 猶飄風之入曲阿
　也"라 하였고,〈鄭箋〉에 "廻風從長養之方來, 入之. 興者, 喩王當屈體以待賢者,
　賢者則猥來就之, 如飄風之入曲阿然. 其來也, 爲長養民"이라 함.

【豈弟】즐겁고 편안함.

【君子】王을 말함. 〈集傳〉에 "豈弟君子, 指王也"라 함.

【矢】늘어 놓음. 진술함. 〈毛傳〉과 〈集傳〉에 "矢, 陳也"라 함. 〈鄭箋〉에는 "王能待
 賢者如是, 則樂易之君子, 來就王游而歌, 以陳出其聲音. 言其將以樂王也. 感王之
 善心也"라 함.

＊〈集傳〉에 "○此詩舊說亦召康公作. 疑公從成王游歌於卷阿之上, 因王之歌而作
 此以爲戒. 此章總叙以發端也"라 함.

(2) 賦
伴奐爾游矣, 優游爾休矣.

伴奐(판환)히 네 游ᄒᆞ며, 優游(우유)히 네 休ᄒᆞ놋다.

한가하게 왕께서는 노니시고, 편안히 왕께서 쉬시도다.

豈弟君子! 俾爾彌爾性, 似先公酋矣!

豈弟ᄒᆞᆫ 君子아! 널로 ᄒᆞ여곰 네 性(셩)을 彌(미)ᄒᆞ야, 先公의 酋(츄)홈 ᄀᆞ
튼리로다!

즐거우신 군자여! 그대로 하여금 생명대로 오래오래 사시어, 선공들을
이어받아 좋은 끝맺음을 맺도록 하시옵소서!

【伴奐】優游自適함을 뜻하는 疊韻連綿語 '盤桓'과 같음. '伴'은 '판'(音判)으로 읽음.
 〈集傳〉에 "伴奐, 優游閑暇之意"라 함. 그러나 〈毛傳〉에 "伴奐, 廣大有文章也"라
 하였고, 〈鄭箋〉에는 "伴奐, 自縱弛之意也. 賢者旣來, 王以才官秩之各任其職, 女
 則得伴奐而優游, 自休息也. 孔子曰《論語》衛靈公):「無爲而治者, 其舜也與! 恭己正
 南面而立.」言任賢故逸也"라 함.

【爾·君子】〈集傳〉에 "爾·君子: 皆指王也"라 함.

【優游】근심 없는 상태를 표현하는 雙聲連綿語.

【俾】〈鄭箋〉에 "俾, 使也"라 함.

【彌爾性】〈毛傳〉에 "彌, 終也"라 하였고, 〈集傳〉에 "彌, 終也;性, 猶命也"라 함. '생
 명이 다하도록'의 뜻.

【似先公酋矣】〈毛傳〉에 "似, 嗣也;酋, 終也"라 하였고, 〈集傳〉에도 "酋, 終也"라 함.
 〈鄭箋〉에는 "樂易之君子來在位, 乃使女終女之性命, 無因病之憂. 嗣先君之功, 而終
 成之"라 함. '酋'는 〈音義〉에 '주'(在由反, 子由反, 在幽反)라 하였으나, 〈集傳〉에는

'수'(音凶)라 하였고, 〈諺解〉에는 '츄'로 읽었음.

*〈集傳〉에 "○言「爾旣件奐優游矣.」又呼而告之言「使爾終其壽命, 似先君善始而善
終也.」自此至第四章, 皆極言壽考福祿之盛, 以廣王心而歆動之. 五章以後, 乃告
以所以致此之由也"라 함.

(3) 賦
爾土宇昄章, 亦孔之厚矣.

네 土宇(토우)ㅣ 昄章(반쟝)하니, 또흔 심히 厚하도다.

그대 가지고 있는 京畿 땅은 법도가 밝고 드러난 곳이니, 역시 심히
큰 은혜로다.

豈弟君子! 俾爾彌爾性, 百神爾主矣!

豈弟흔 君子아! 널로 하여곰 네 性을 彌하야, 百神을 네 主하리로다!

즐거우신 군자여! 그대로 하여금 생명대로 오래오래 사시어, 온갖 신
들이 돕도록 하리라!

【土宇】成王이 가지고 있는 京畿의 땅. 〈鄭箋〉에 "土宇, 謂居民以土地屋宅也"라
함. 陳奐 〈傳疏〉에는 "土宇, 猶言封畿也"라 함.
【昄章】〈毛傳〉에 "昄, 大也"라 하였고, 〈集傳〉에는 "昄章, 大明也. 或曰:「昄, 當作
版. 版章, 猶版圖也.」"라 함. 그러나 陳奐 〈傳疏〉에는 "昄章, 言法度章明"이라 함.
【孔之厚】〈鄭箋〉에 "孔, 甚也. 女得賢者與之爲治, 使居宅民大得其法, 則王恩惠亦
甚厚矣. 勸之使然"이라 함.
【百神爾主】百神의 主가 되어 도움을 받음. 〈鄭箋〉에 "使女爲百神主, 謂羣神受饗
而佐之"라 함.
*〈集傳〉에 "○言「爾上宇昄章, 旣甚厚矣. 又使爾終其身, 常爲天地山川鬼神之主
也.」"라 함.

(4) 賦
爾受命長矣, 茀祿爾康矣.

네 命을 受홈이 長하니, 茀祿(블록)으로 네 康하놋다.

그대 사명을 받아 오래 사시어, 누리시는 복록으로 평강하리라.

豈弟君子! 俾爾彌爾性, 純嘏爾常矣!

豈弟흔 君子아! 널로 흐여곰 네 性을 彌흐야 純(슌)흔 嘏(가)를 네 常(샹)흐리로다!

즐거우신 군자여! 그대로 하여금 생명대로 오래오래 사시어, 큰 복을 항상 그대로 누리게 해 주리라!

【茀祿爾康】〈毛傳〉에 "茀, 小也"라 하였으나, 〈鄭箋〉에는 "茀, 福; 康, 安也. 女得賢者, 與之承順天地, 則受久長之命福祿, 又安女"라 함. 〈集傳〉에는 "茀‧嘏, 皆福也"라 함.

【純嘏】〈毛傳〉에 "嘏, 大也"라 하였고, 〈鄭箋〉에는 "純, 大也; 予福曰嘏. 使女大受神之福, 以爲常"이라 함.

【常】〈集傳〉에 "常, 常享之也"라 함.

(5) 賦

有馮有翼, 有孝有德, 以引以翼.

馮(빙)이 이시며 翼이 이시며, 孝ㅣ 이시며 德이 이셔, 뻐 引흐며 뻐 翼흐면,

기댈 곳 있고 보익이 있으며, 효와 덕이 있어, 길이 이로써 도움을 받게 되면,

豈弟君子, 四方爲則!

豈弟흔 君子룰, 四方이 則(측)을 삼으리라!

즐거우신 군자를, 사방 만천하가 법으로 삼으리라!

【有馮有翼】馮은 憑, 혹 滿, 翼은 盛의 뜻. '빙'(音憑)으로 읽음. 〈毛傳〉에 "有馮有翼, 道可馮依, 以爲輔翼也"라 하였고, 〈鄭箋〉에 "馮, 馮几也; 翼, 助也"라 하였으며, 〈集傳〉에는 "馮, 謂可爲依者; 翼, 謂可爲輔者"라 함.

【孝‧德】〈鄭箋〉에 "有孝, 斥成王也; 有德, 謂羣臣也. 王之祭祀, 擇賢者以爲尸, 尊之

豫, 撰几擇, 佐食廟中. 有孝子有羣臣尸之入也. 使祝贊道之扶翼之尸, 至設几佐食, 入助之尸者, 神象, 故事之如祖考"라 함. 그러나 〈集傳〉에는 "孝, 謂能事親者;德, 謂得於已者"라 함.

【引以翼】〈毛傳〉에 "引, 長;翼, 敬也"라 하였고, 〈集傳〉에도 "引, 導其前也. 翼, 相其左右也. 東萊呂氏曰:「賢者之行, 非一端必曰有孝有德, 何也? 蓋人主, 常與慈祥篤實之人處. 其所以興起善端涵養德性, 鎮其躁而消其邪, 日改月化, 有不在言語之間者矣.」"라 함. 〈鄭箋〉에는 "有孝, 斥成王也;有德, 謂羣臣也. 王之祭祀, 擇賢者以爲尸, 尊之豫, 撰几擇, 佐食廟中. 有孝子有羣臣尸之入也. 使祝贊道之扶翼之尸, 至設几佐食, 入助之尸者, 神象, 故事之如祖考"라 함.

【四方爲則】〈鄭箋〉에 "則, 法也. 王之臣有是樂易之君子, 則天下莫不放倣以爲法"이라 함.

＊〈集傳〉에 "○言「得賢以自輔如此, 則其德日脩而四方以爲則矣.」自此章以下, 乃言所以致上章福祿之由也"라 함.

(6) 賦

顒顒卬卬, 如圭如璋, 令聞令望.

顒顒(옹옹)ᄒ며 卬卬(앙앙)ᄒ며, 圭ᄀᄐ며 璋ᄀᄐ며, 슈ᄒᆞᆫ 聞이며 슈ᄒᆞᆫ 望이라.

따뜻하고 풍성하여, 마치 圭와 璋 같으며, 아름다운 칭송에 아름다운 명망이 있으리라.

豈弟君子, 四方爲綱!

豈弟ᄒᆞᆫ 君子를, 四方이 綱(강)을 삼으리라!

즐거우신 군자를, 사방 천하가 벼리로 삼으리라!

【顒顒卬卬】〈毛傳〉에 "顒顒, 溫貌;卬卬, 盛貌"라 하였고, 〈集傳〉에 "顒顒卬卬, 尊嚴也"라 함.

【如圭如璋】구슬처럼 純潔함을 뜻함. 〈集傳〉에 "如圭如璋, 純潔也"라 함.

【令聞令望】〈鄭箋〉에 "令, 善也. 王有賢臣, 與之以禮義, 相切磋體貌, 則顒顒然. 敬順志氣, 則卬卬然. 高朗如玉之圭璋也. 人聞之, 則有善聲譽, 人望之則有善威儀, 德行相副"라 하였고, 〈集傳〉에도 "令聞, 善譽也;令望, 威儀可望法也"라 함.

【綱】〈鄭箋〉에 "綱者, 能張衆目"이라 함.
*〈集傳〉에 "○承上章言「得馮翼孝德之助, 則能如此, 而四方以爲綱矣.」"라 함.

(7) 興

鳳凰于飛, 翽翽其羽, 亦集爰止.

鳳凰이 飛ᄒ니, 翽翽(회회)ᄒᆫ 그 羽ㅣ라. 쏘ᄒᆫ 止ᄒᆯ 듸 集ᄒ놋다.

봉황이 날아, 푸드득 날개 치며 소리를 내고, 역시 멈출 곳에 모여 앉도다.

藹藹王多吉士, 維君子使, 媚于天子!

藹藹(애애)히 王이 吉士ㅣ 多ᄒ시니, 君子ㅣ 使(ᄉ)ᄒᆯ 디라, 天子ᄭᅴ 媚(미)ᄒ놋다!

많고 많은 왕의 길사들이 많으니, 그대가 부리시면, 그들은 그대 천자에게 사랑을 받으리라!

傳鳳凰靈 鳳凰于飛
曰雄鳥傳鳳凰
鳳曰仁鳳凰靈
雌也瑞也

【鳳凰】〈毛傳〉에 "鳳凰, 靈鳥, 仁瑞也. 雄曰鳳, 雌曰凰"이라 하였고, 〈集傳〉에도 "鳳凰, 靈鳥也. 雄曰鳳, 雌曰凰"이라 함.

【翽翽】〈毛傳〉에 "翽翽, 衆多也"라 하였으나, 〈鄭箋〉에는 "翽翽, 羽聲也. 亦與衆鳥也"라 함. 〈集傳〉에는 "翽翽, 羽聲也. 鄭氏以爲因時鳳凰至, 故以爲喻理或然也"라 함.

【爰】〈鄭箋〉에 "爰, 于也. 鳳凰往飛翽翽然, 亦與衆鳥集於所止, 衆鳥慕鳳凰而來. 喻賢者所在羣, 士皆慕而往仕也. 因時鳳凰至, 因以喻焉"이라 함.

【藹藹】많음. 〈毛傳〉에 "藹藹, 猶濟濟也"라 하였고, 〈集傳〉에는 "藹藹, 衆多也"라 함.

【媚】사랑을 받음. 愛戴의 뜻. 〈鄭箋〉에 "媚, 愛也. 主之朝多善士, 藹藹然. 君子在
上位者, 率化之使之, 親愛天子, 奉職盡力"이라 하였고, 〈集傳〉에는 "媚, 順愛也"
라 함.
【天子】天子의 지위에 막 오른 成王을 가리킴.
*〈集傳〉에 "○鳳凰于飛, 則翽翽其羽, 而集於其所止矣. 藹藹王多吉士, 則維王之所
使, 而皆媚于天子矣.」旣曰'君子', 又曰'天子', 猶曰王于出征, 以佐天子云爾"라 함.

(8) 興
鳳凰于飛, 翽翽其羽, 亦傅于天.

鳳凰이 飛ᄒ니, 翽翽ᄒᄂ 그 羽ㅣ라. ᄯ흔 天에 傅(부)ᄒᄂᆺ다.

봉황이 날아, 그 날개로 소리치며, 역시 하늘에 닿도다!

藹藹王多吉人, 維君子命, 媚于庶人!

藹藹히 王이 吉人이 多ᄒ시니, 君子ㅣ 命홀 디라, 庶人에 媚ᄒᄂᆺ다!

많고 많은 왕의 많은 길사들, 그대께서 명을 내리시면, 그들은 서민들
에게도 사랑을 받으리라!

【傅】〈鄭箋〉에 "傅, 猶戾也"라 함.
【命】〈鄭箋〉에 "命, 猶使也. 善士親愛庶人, 謂無擾之令, 不失職"이라 함.
【媚于庶人】〈集傳〉에 "媚于庶人, 順愛于民也"라 함.

(9) 比(興)
鳳凰鳴矣, 于彼高岡.

鳳凰이 鳴ᄒ니, 뎌 高岡(고강)에 ᄒᄂᆺ다.

봉황이 울음소리를 내는 곳, 저 높은 언덕이로다.

梧桐生矣, 于彼朝陽.

梧桐(오동)이 生ᄒ니, 뎌 朝陽(죠양)에 ᄒᄂᆺ다.

오동나무 그곳에 자라고 있으나, 저 아침 햇살 비치는 곳이로다.

菶菶萋萋, 雝雝喈喈!

菶菶(봉봉)ᄒᆞ며 萋萋(쳐쳐)ᄒᆞ니, 雝雝(옹옹)ᄒᆞ며 喈喈(기기)ᄒᆞᆺ다!

무성한 오동나무에, 봉황의 조화로운 울음소리로다!

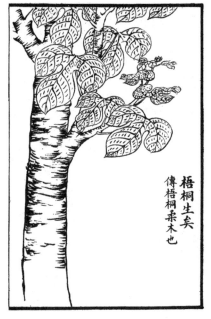

傳梧桐柔木也
梧桐生矣

【鳳凰鳴矣】〈集傳〉에 "又以興下章之事也"라 함.

【梧桐】〈毛傳〉에 "梧桐, 柔木也"라 함.

【朝陽】山의 동쪽. 〈毛傳〉에 "山東曰朝陽. 梧桐不生山岡, 太平而後生朝陽"이라 하였고, 〈鄭箋〉에 "鳳凰鳴于山脊之上者, 居高視下觀可集止. 喻賢者待禮, 乃行翔而後集梧桐生者, 猶明君出也. 生於朝陽者, 被溫仁之氣, 亦君德也. 鳳凰之性, 非梧桐不棲, 非竹實不食"이라 함. 〈集傳〉에도 "山之東曰朝陽. 鳳凰之性, 非梧桐不棲; 非竹實不食"이라 함.

【菶菶萋萋】무성한 모습. 〈鄭箋〉에 "「菶菶萋萋」, 喻君德盛也"라 하였고, 〈集傳〉에는 "「菶菶萋萋」, 梧桐生之盛也"라 함.

【雝雝喈喈】鳳凰의 울음소리가 和한 모습. 〈鄭箋〉에 "「雝雝喈喈」, 喻民臣和協"이라 하였고, 〈集傳〉에는 "「雝雝喈喈」, 鳳凰鳴之和也"라 함. 〈毛傳〉에 "梧桐盛也, 鳳凰鳴也, 臣竭其力, 則地極其化, 天下和洽, 則鳳凰樂德"이라 함.

(10) 賦

君子之車, 旣庶且多.

君子의 車ㅣ 이믜 庶ᄒᆞ고 ᄯᅩ 多ᄒᆞ며,

군자의 수레, 이미 많고도 많도다.

君子之馬, 旣閑且馳.

君子의 馬ㅣ 이믜 閑(한)ᄒᆞ고 ᄯᅩ 馳(치)ᄒᆞᆺ다.

군자의 말은, 이미 익숙하고도 잘 달리도다.

矢詩不多, 維以遂歌!

詩(시)를 矢홈을 多ㅎ는 줄이 아니라, 뼈 드듸여 歌(가)홈이니라!

더 많은 시를 진술하지 못하리오마는, 이로써 왕께서 부르던 노래를
완성해 드리나이다!

【君子之車】〈毛傳〉에 "上能錫以車馬, 行中節, 馳中法也"라 하였고, 〈集傳〉에는
"承上章之興也. 莘莘萋萋, 則離離喈喈矣. 君子之車馬, 則旣衆多而閑習矣. 其意若
曰是, 亦足以待天下之賢者, 而不厭其多矣"라 함.

【庶】衆多의 뜻. 〈鄭箋〉에 "庶, 衆"이라 함.

【閑】熟習. 익숙함. 〈鄭箋〉에 "閑, 習也. 今賢者在位, 王錫其車衆多矣. 其馬又閑習
於威儀, 能馳矣. 大夫有乘馬, 有貳車"라 함.

【矢】시를 진술애 올림. 陳獻함. '不多'는 多의 뜻. 反語法으로 표현한 것. 〈毛傳〉
에 "不多, 多也. 明王使公卿獻詩, 以陳其志遂爲工師之歌焉"이라 하였고, 〈鄭箋〉
에도 "矢, 陳也. 我陳作此詩, 不復多也. 欲今遂爲樂歌, 王日聽之, 則不損今之成功
也"라 함.

【遂歌】왕께서 앞서 부르던 노래를 완성해 드림. 〈集傳〉에 "遂歌, 蓋繼王之聲而
遂歌之. 猶《書》(益稷篇)所謂「賡載歌」也"라 함.

참고 및 관련 자료

1. 孔穎達〈正義〉

《說文》云:「賢. 堅也. 以其人能堅正, 然後可以爲人臣. 故字從臣.」吉者, 善也. 吉
士亦是賢人. 但序者別其文以足句, 亦因經有吉士之文故也. 經十章皆言'求賢用吉
士'之事.

259(大-19) 민로(民勞)

*〈民勞〉: 백성들이 노동에 시달림. 사역에 힘듦을 뜻함.
*이 시는 서주 말 厲王이 자주 노역을 일으키자 백성들이 힘들어함을 소목공이 대신 읊은 것이라 함.

〈序〉: 〈民勞〉, 召穆公刺厲王也.
〈민로〉는 소목공이 厲王을 비난한 것이다.

　〈箋〉: 厲王, 成王七世孫也. 時賦斂重, 數繇役, 煩多人民勞苦. 輕爲姦宄, 彊淩弱, 衆暴寡, 作寇害, 故穆公以刺之.

*전체 5장. 매 장 10구씩(民勞: 五章. 章十句).

(1) 賦
民亦勞止, 汔可小康.
民이 쪼흔 勞혼 디라, 거의 可히 셔기 康홀 디니,
백성들이 또한 힘들도다, 원컨대 가히 조금 쉬었으면 할지니,

惠此中國, 以綏四方.
이 中國(중국)을 惠ᄒ야, 뻐 四方을 綏(유)홀 디어다.
이 중원 경사를 사랑하고, 이로써 사방 제후들을 편안하게 해주시오.

無縱詭隨, 以謹無良.
詭隨(궤슈)를 縱티 마라, 뻐 無良(무량)을 謹(근)ᄒ며,
거짓은 방치하지 말고, 이로써 양심 없는 무리들을 조심할 것이며,

式遏寇虐, 憯不畏明.
뻐 寇虐(구학)이 일즉 明을 畏(외)티 아니 ᄒᄂᆞᆫ 이를 遏(알)ᄒ야아,
못되고 포학하게 구는 자를 막아, 고명하다고 해서 두려워하지 않도

록 해야,

柔遠能邇, 以定我王!

遠을 柔ㅎ며 邇(이)를 能ㅎ야, 뻐 우리 王을 定(뎡)ㅎ리라!

멀리 있는 자를 편안케 하고 가까이 있는 이들을 순종케 하여, 이로써
왕국을 안정시키게 되리라!

【泧】〈毛傳〉에 "泧, 危也"라 하였으나, 〈鄭箋〉과 〈集傳〉에는 "泧, 幾也"라 함. '泧'
은 求, 祈와 같은 뜻이며, 庶幾, 즉 '원컨대'의 뜻.

【康·綏】〈鄭箋〉에 "康·綏, 皆安也"라 함. '小康은 소강상태를 이루어 조금 숨을 돌
리고 쉼. 《禮記》禮運篇에 "今大道旣隱, 天下爲家, 各親其親, 各子其子, 貨力爲已,
大人世及以爲禮. 城郭溝池以爲固, 禮義以爲紀:以正君臣, 以篤父子, 以睦兄弟,
以和夫婦, 以設制度, 以立田里, 以賢勇知, 以功爲已. 故謀用是作, 而兵由此起. 禹
湯文武成王周公, 由此其選也. 此六君子者, 未有不謹於禮者也. 以著其義, 以考其
信, 著有過, 刑仁講讓, 示民有常. 如有不由此者, 在埶者去, 衆以爲殃, 是謂小康"
이라 함.

【惠】은혜를 베풂. 〈鄭箋〉에 "惠, 愛也. 今周民罷勞矣, 王幾可以小安之乎! 愛京師
之人, 以安天下"라 함.

【中國】周의 서울 鎬京. 〈毛傳〉과 〈集傳〉에 "中國, 京師也"라 함.

【綏】康과 같음. 편안케 함.

【四方】京師 밖의 제후국들. 〈毛傳〉에 "四方, 諸夏也"라 하였고, 〈鄭箋〉에 "京師
者, 諸夏之根本"이라 하였고, 〈集傳〉에도 "四方, 諸夏也. 京師, 諸夏之根本也"라
함.

【詭隨】'남을 속이다'의 뜻을 표현하는 疊韻連綿語. 〈毛傳〉에 "詭隨, 詭人之善隨
人之惡者, 以謹無良愼小以懲大也"라 하였고, 〈集傳〉에 "詭隨, 不顧是非而妄隨人
也"라 함. 王引之〈述聞〉에 "詭·隨, 疊韻字, 不得分訓. 詭隨, 卽無良之人, ……謂
譎詐謾欺之人"이라 함.

【以謹無良】〈鄭箋〉에 "謹, 猶愼也;良, 善"이라 하였고, 〈集傳〉에 "謹, 斂束之意"라
함.

【式遏寇虐】〈鄭箋〉에 "式, 用;遏, 止也. 王爲政無聽於詭人之善, 不肯行而隨人之
惡者, 以此勑愼無善之人, 又用此. 止爲寇虐, 曾不畏敬, 明白之刑罪者, 疾時有之"
라 함.

【憯】〈毛傳〉과 〈集傳〉에 "憯, 曾也"라 함.

【明】〈集傳〉에 "明, 天之明命也"라 함. 陳子展〈選譯〉에는 "言爲寇虐者, 必遏止之, 不以其高明而畏之也"라 함.

【柔】편안케 함. 〈毛傳〉과 〈集傳〉에 "柔, 安也"라 함.

【能】순종케 함. 〈鄭箋〉에 "能, 猶伽也; 邇, 近也. 安遠方之國, 順伽其近者, 當以此 定我國家, 爲王之功. 言'我'者, 同姓親也"라 하였고, 〈集傳〉에 "能, 順習也"라 함.

＊〈集傳〉에 "○序說以此爲召穆公刺厲王之詩. 以今考之, 乃同列相戒之辭耳. 未必 專爲刺王而發, 然其憂時感事之意, 亦可見矣. 蘇氏曰:「人未有無故而妄從人者, 維無良之人. 將悅其君而竊其權, 以爲寇虐, 則爲之故, 無縱詭隨, 則無良之人. 肅而寇虐, 無畏之人止, 然後柔遠能邇, 而王室定矣.」 穆公名虎, 康公之後. 厲王 名胡, 成王七世孫也."라 함.

(2) 賦

民亦勞止, 汔可小休.

民이 쏘흔 勞혼 디라, 거의 可히 져기 休홀 디니,

백성들이 또한 힘들도다, 원컨대 조금은 쉬었으면 할지니,

惠此中國, 以爲民逑.

이 中國을 惠호야, 뻐 民의 逑(구)를 홀 디어다.

이 경사를 사랑하고, 이로써 백성들을 취합할지어다.

無縱詭隨, 以謹惛恘.

詭隨를 縱티 마라, 뻐 惛恘(혼노)를 謹호며,

못된 거짓 행동 하는 이를 그대로 두지 말 것이며, 이로써 난을 부리는 자들을 조심하며,

式遏寇虐, 無俾民憂.

뻐 寇虐을 遏호야, 民으로 호여곰 憂케 말올 디라.

포학한 짓을 하는 자를 막아, 백성들을 걱정하지 않아도 되도록 하라.

無棄爾勞, 以爲王休!

네의 勞를 棄(기)티 마라, 뻐 王의 休를 홀 디어다!

그대의 옛 공적을 포기하지 말라, 이로써 왕국을 훌륭하게 만들라!

【小休】〈毛傳〉에 "休, 定也"라 하였고, 〈鄭箋〉에는 "休, 止息也"라 함.
【逑】〈毛傳〉에 "逑, 合也"라 하였고, 〈集傳〉과 〈鄭箋〉에 "合, 聚也"라 함. 그러나 짝, 匹로 보기도 함.
【惛怓】〈毛傳〉에 "惛怓, 大亂也"라 하였고, 〈鄭箋〉에는 "惛怓, 讙譁也. 謂好爭者也"라 함. 〈集傳〉에도 "惛怓, 猶讙譁也"라 함.
【俾】〈鄭箋〉에 "俾, 使也"라 함.
【勞】功, 業績, 功績. 〈鄭箋〉에 "勞, 猶功也. 無廢女始時勤政事之功, 以爲女王之美, 述其始時者, 誘掖之也"라 하였고, 〈集傳〉에 "勞, 猶功也. 言無棄爾之前功也"라 함.
【休】아름다움. 훌륭함. 〈毛傳〉과 〈集傳〉에 "休, 美也"라 함.

(3) 賦

民亦勞止, 汔可小息.

民이 또흔 勞혼 디라, 거의 可히 져기 息홀 디니,

백성들이 또한 지쳤도다, 원컨대 조금 쉬도록 해주어야 할지니,

惠此京師, 以綏四國.

이 京師를 惠ᄒᆞ야, 뻐 四國을 綏(유)홀 디어다.

이 경사를 사랑하여, 이로써 사방 나라들을 편안케 할지어다.

無縱詭隨, 以謹罔極.

詭隨를 縱티 마라, 뻐 罔極(망극)을 謹ᄒᆞ며,

거짓 행동하는 자들을 풀어놓지 말 것이며, 이로써 끝없이 못된 짓 하는 자를 조심하며,

式遏寇虐, 無俾作慝.

뻐 寇虐을 遏ᄒᆞ야, ᄒᆞ여곰 慝(특)을 作게 말오.

포학한 짓 하는 자를 막아, 더 이상 악한 짓 하지 못하게 하라.

敬愼威儀, 以近有德!

威儀를 敬愼(경신)ᄒᆞ야, 뻐 德잇ᄂᆞᆫ 이를 近ᄒᆞ라!

위의를 공경하고 삼가, 이로써 덕 있는 자를 가까이 하도록 하라!

【汔可小息】〈毛傳〉에 "息, 止也"라 함.

【罔極】所行이 中正을 얻지 못함. 끝을 모른 채 못된 짓을 함. 〈鄭箋〉에 "罔, 無; 極, 中也. 無中所行, 不得中正"이라 하였고, 〈集傳〉에는 "罔極, 爲惡無窮極之人 也"라 함.

【慝】〈毛傳〉에 "慝, 惡也"라 함.

【有德】〈毛傳〉에 "求近德也"라 하였고, 〈集傳〉에 "有德, 有德之人也"라 함.

(4) 賦

民亦勞止, 汔可小愒.

民이 쏘훈 勞혼 디라, 거의 可히 져기 愒(게)홀 디니,

백성들이 역시 힘들도다, 조금 쉴 수 있도록 할지니,

惠此中國, 俾民憂泄.

이 中國을 惠ᄒ야, 民으로 ᄒ여곰 憂ㅣ 泄(예)케 홀 디어다.

이 국내는 사랑하고, 백성으로 하여금 근심을 씻어낼 수 있도록 하라.

無縱詭隨, 以謹醜厲.

詭隨를 縱티 마라, 뻐 醜厲(취려)를 謹ᄒ며,

거짓된 짓을 하는 자를 그냥 두지 말 것이며, 이로써 무리지어 악한 짓 하는 이를 조심하며,

式遏寇虐, 無俾正敗.

뻐 寇虐을 遏ᄒ야, 正으로 ᄒ여곰 敗(패)케 말라.

포학한 짓을 막아, 정사를 그르치게 함이 없도록 하라.

戎雖小子, 而式弘大!

네 비록 小子ㅣ나, 式은 弘大(홍대)ᄒ니라!

너 비록 어린 나이지만, 맡은 임무는 매우 크도다!

【愒】쉼. 〈毛傳〉과 〈集傳〉에 "愒, 息"이라 함.

【泄】除去함. 〈毛傳〉과 〈集傳〉에 "泄, 去也"라 하였고, 〈鄭箋〉에는 "泄, 猶出也, 發

也"라 함. 陳奐〈傳疏〉에 "泄者, 渫之假借字.《說文》:「渫, 除去也.」"라 함.

【醜厲】〈毛傳〉에 "醜, 衆; 厲, 危也"라 하였고, 〈鄭箋〉에는 "厲, 惡也.《春秋傳》(襄公 17年 傳)曰:「其父爲厲.」"라 함. 〈集傳〉에도 "厲, 惡也"라 함.

【正敗】〈鄭箋〉에 "敗, 壞也. 無使先王之正道壞"라 하였고, 〈集傳〉에는 "正敗, 正道敗壞也"라 함.

【戎】'너'. 〈毛傳〉에 "戎, 大也"라 하였으나, 〈鄭箋〉에는 "戎, 猶女也"라 함. 〈集傳〉에도 "戎, 汝也. 言「汝雖小子, 而其所爲甚廣大, 不可不謹」也"라 함. 朱駿聲〈說文通訓定聲〉에 "戎·汝·若·而, 皆一聲之轉"이라 함.

【式】〈鄭箋〉에 "式, 用也;弘, 猶廣也. 今王女雖小子, 自遇而女用事於天下, 甚廣大也.《易》(繫辭傳)曰:「君子出其言善, 則千里之外應之. 況其邇者乎? 出其言不善, 則千里之外違之. 況其邇者乎?」是以此戒之"라 함.

(5) 賦

民亦勞止, 汔可小安.

民이 또흔 勞흔 디라, 거의 可히 져가 安홀 디니,

백성들이 역시 힘들거니, 원컨대 조금은 편안할 수 있도록 해주어야 할지니,

惠此中國, 國無有殘.

이 中國을 惠ᄒ야, 國이 殘홈이 업게 홀 디어다.

이 국내에 은혜를 베풀어, 나라에 잔혹함이 없도록 해 줄지어다.

無縱詭隨, 以謹繾綣.

詭隨를 縱티 마라, 뻐 繾綣(견권)을 謹ᄒ며,

거짓된 짓을 하는 자를 그대로 두지 말아, 이로써 뒤틀어 일을 꼬이게 하는 이들을 조심할 것이며,

式遏寇虐, 無俾正反.

뻐 寇虐을 遏ᄒ야, ᄒ여곰 正에 反케 마라.

포학한 짓을 막아, 政事가 뒤엎어지는 일이 없도록 하라.

王欲玉女, 是用大諫!

王이 너를 玉고져 ᄒᆞ실ᄉᆡ니, 이예 뻐 키 諫(간)ᄒᆞ노라!

왕이여, 너를 옥처럼 여기기를 바라기에, 내 이에 이런 큰 간언을 하는
것이니라!

【殘】〈毛傳〉에 "賊義曰殘"이라 하였고, 〈鄭箋〉에는 "王愛此京師之人, 則天下邦國
之君, 不爲殘酷"이라 함.

【繾綣】〈毛傳〉에 "繾綣, 反覆也"라 하여 일을 '뒤엎거나 복잡하게 하다'의 雙聲連
綿語. 糾纏과 같음. 〈集傳〉에 "繾綣, 小人之固, 結其君者也"라 함.

【正反】정사가 뒤엎어짐. '正'은 政과 같음. 《論語》顔淵篇에 "季康子問政於孔子.
孔子對曰:「政者, 正也. 子帥以正, 孰敢不正?」"이라 함. 그러나 〈集傳〉에 "正反, 反
於正也"라 하여 '正道에 반함'의 뜻이라 하였음.

【玉女】〈集傳〉에 "玉, 寶愛之意. 言「王欲以女爲玉, 而寶愛之. 故我用王之意, 大諫
正於女.」 蓋託爲王意, 以相戒也"라 함.

【玉女】그대를 옥처럼 여김. 〈鄭箋〉에 "玉者, 君子比德焉. 王乎! 我欲令女如玉然,
故作是詩用大諫, 正女此穆公至忠之言"이라 함. 馬瑞辰〈通釋〉에 "玉·畜··好, 古
音皆同部相假借, '玉女'者, 畜女也. 畜女也, 好女也"라 함.

참고 및 관련 자료

1. 孔穎達〈正義〉

經五章上四句, 言民勞之須安. 次四句言寇虐之當止. 下二句言王當行善政以安民,
皆是刺王之事. 〈正義〉曰:《世本》及〈周本紀〉皆云:「成王生康王, 康王生昭王, 昭王生
穆王, 穆王生恭王, 恭王生懿王及孝王, 孝王生夷王, 夷王生厲王, 凡九王. 從成王言
之, 不數成王, 又不數孝王, 故七世也.《左傳》服虔注云:「穆公, 召康公十六世孫.」然
康公與成王同時, 穆公與厲王並世, 而世數不同者, 生子有早晚, 壽命有長短故也.
注述詳略, 不必有例, 而商頌〈列祖〉箋云:「中宗, 殷王太戊也. 湯之玄孫.」〈玄鳥〉箋
云:「高宗, 殷王武丁也. 中宗, 玄孫之孫.」是則以詩相繼因而明之. 此以厲王之詩, 承
成王詩後, 故本之於成王也. 其文·武·成及厲·宣·幽, 若王風之平·桓·莊, 皆父子相繼,
中間無隔, 故不假言之. 小雅之序, 無成王之文, 故〈六月〉, 不以宣王繼成王.〈十月之
交〉推之, 而知是厲王耳. 而序文不爲'厲'字, 故就此以明世數也.〈郊特牲〉云:「天子
失禮, 自夷王以下.」注云:「夷王, 周康王玄孫之子.」繫之康王者, 以記文事, 雜上無所
據. 文·武·成·康, 俱爲明王失禮, 是初衰之始. 故繫於明王之最末者. 言之此以天子

事, 皆因有所隔, 而詳其世數. 國風雖有隔絶, 皆不明言詳天子而略, 諸侯亦尊卑之義也. 序略言刺王, 箋明其刺意'賦斂重''數徭役''煩多使民勞苦', 卽五章皆上四句是也. 輕爲姦宄以彊凌弱, 以衆暴寡, 作爲寇害, 五章皆次四句是也. 故穆公以此刺之也. 五章下二句皆敎王爲善政, 以安止之. 非勞虐之實事, 故箋略之.

260(大-20) 판(板)

*〈板〉: '板'은 '反'의 뜻. 하늘이 그 常道에 反함. 하늘도 어쩌지 못함. 잘못을 되돌릴 수 없음을 뜻함. 〈毛傳〉에 "板板, 反也. 上帝, 以稱王者也"라 하였고, 〈集傳〉에도 "板板, 反也"라 함.
*이 시는 凡伯이 厲王을 비판한 것이라 함.

〈序〉: 〈板〉, 凡伯刺厲王也.
〈판〉은 범백이 여왕을 비난한 것이다.

〈箋〉: 凡伯, 周同姓. 周公之胤也. 入爲王卿士.

※凡伯: 周公(姬旦) 아들 凡伯이 처음 封地로 받아 그 자손이 계속 다스리던 封國. 姬姓이며 伯爵. 지금의 河南 輝縣 서쪽. 이 무렵에는 凡나라는 이미 망한 뒤였으며 그 자손은 주 왕실에서 卿士 벼슬을 하여 그 封號를 그대로 사용한 것임.《左傳》隱公 7년 및 僖公 24년을 참조할 것.

*전체 8장. 매 장 8구씩(板: 八章. 章八句).

(1) 賦
上帝板板, 下民卒癉.
上帝ㅣ 板板(판판)ᄒᆞ신 디라, 下民이 다 癉(단)ᄒᆞ거늘,
하늘도 어쩌지 못하시는지, 아래 백성들을 모두 병에 지치게 하시네.

出話不然, 爲猶不遠.
話를 出홈이 然티 아니 ᄒᆞ며, 猶(유)를 홈이 遠티 아니 ᄒᆞ야,
그대가 내뱉은 말은 사리에 맞지 않고, 모책도 원대하지도 않아,

靡聖管管, 不實于亶.
聖이 업다 ᄒᆞ야 管管(관관)ᄒᆞ며, 亶(단)애 實티 아니 ᄒᆞᄂᆞ니,
그대는 성인에게 의지함이 없으며, 성실에도 진실됨이 없으니,

猶之未遠, 是用大諫!

猶ㅣ 遠티 몯흔 디라, 이 뻐 키 諫흐노라!

정책도 멀리 내다보지 못하는지라, 이 까닭으로 크게 간언하노라!

【卒癉】〈毛傳〉에 "癉, 病也"이라 하였고, 〈集傳〉에도 "卒, 盡;癉, 病"이라 함.

【話】좋은 말. 〈毛傳〉에 "話, 善言也"라 함.

【不然】이치에 맞지 않음.

【猶】計謀. 〈毛傳〉에 "猶, 道也"라 하였고, 〈鄭箋〉에는 "猶, 謀也. 王爲政反先王與
　天之道, 天下之民盡病, 其出善言, 而不行之也. 然爲謀不能遠圖, 不知禍之將至"
　라 함. 〈集傳〉에도 "猶, 謀也"라 함.

【靡聖管管】그 마음에 聖人의 간곡함이 없음.

【管管】〈毛傳〉에 "管管, 無所依繫"라 하였고, 〈集傳〉에 "管管, 無所依也"라 함.

【不實于亶】誠信의 말을 진실되게 쓰지 않음. '亶'은 誠. '亶'은 〈毛傳〉과 〈集傳〉
　에 "亶, 誠也"라 함. 〈鄭箋〉에 "王無聖人之法度管管然, 以心自恣, 不能用實於誠
　信之言. 言行相違也"라 함.

【猶】〈毛傳〉에 "猶, 圖也"라 함.

【大諫】〈鄭箋〉에 "王之謀不能圖遠用. 是故, 我大諫王也"라 함.

＊〈集傳〉에 "○序以此爲凡伯刺厲王之詩. 今考其意, 亦與前篇相類, 但責之益深切
　耳. 此章首言「天反其常道, 而使民盡病矣. 而女之出言, 皆不合理, 爲謀又不久遠.
　其心以爲無復聖人, 但恣已妄行而無所依據. 又不實之於誠信, 豈其謀之未遠而
　然乎?」世亂乃人所爲而曰「上帝板板」者, 無所歸咎之辭耳"라 함.

(2) 賦

天之方難, 無然憲憲.

天이 보야흐로 難(난)흐시니, 憲憲(헌헌)티 마롤 디어다.

하늘이 바야흐로 患難을 내리시는데, 그대는 의기양양하지 말지어다.

天之方蹶, 無然泄泄.

天이 보야흐로 蹶(궤)흐시니, 泄泄(예예)티 마롤 디어다.

하늘이 바야흐로 난동을 부리는데, 그대 답답하게 굴지 말지어다.

辭之輯矣, 民之洽矣.

辭(소)ㅣ 輯(즙)ᄒ면, 民이 洽(흡)ᄒ며,

정사를 펴되 온화하게 한다면, 백성들은 흡족해할 것이며,

辭之懌矣, 民之莫矣!

辭ㅣ 懌(예)ᄒ면, 民이 莫(막)ᄒ리라!

정사를 펴되 즐겁도록 한다면, 백성들은 안정을 이룰 것이니라!

【天】〈鄭箋〉에 "天, 斥王也. 王方欲艱難天下之民, 又方變更先王之道"라 함.

【憲憲】欣欣과 같음. 〈毛傳〉에 "憲憲, 猶欣欣也"라 하였고, 〈集傳〉도에 "憲憲, 欣欣也"라 함. 〈鄭箋〉에는 "臣乎! 女無憲憲然, 無沓沓然, 爲之制法度, 達其意, 以成其惡"이라 함. 陳奐 〈傳疏〉에는 "憲憲, 軒軒之假借. 意氣揚揚之義"라 함.

【蹶】亂動을 부림. 〈毛傳〉과 〈集傳〉에 "蹶, 動也"라 함.

【泄泄】'예예'로 읽음. '沓沓'과 같음. 말이 많음. 혹 느려터짐. 답답함.《孟子》離婁篇(上)에 《詩》曰:「天之方蹶, 無然泄泄.」泄泄, 猶沓沓也"라 함.《說文》引用에는 '呭呭'로 되어 있음. 〈毛傳〉에 "泄泄, 猶沓沓也"라 하였고, 〈集傳〉에는 "泄泄, 猶沓沓也. 蓋弛緩之意.《孟子》曰:「事君無義進退無禮. 言則非先王之道者, 猶沓沓也.」"라 함.

【辭】政敎. 政令.〈鄭箋〉에 "辭, 辭氣. 謂政敎也. 王者政敎, 和說順於民, 則民心合定, 此戒語時之大臣"이라 함.

【輯】〈毛傳〉과 〈集傳〉에 "輯, 和"라 함.

【洽】〈毛傳〉과 〈集傳〉에 "洽, 合"이라 함. 흡족해 함.

【懌】〈毛傳〉에 "懌, 說"이라 하였고, 〈集傳〉에도 "懌, 悅"이라 함. 雙聲互訓.

【莫】安定.〈毛傳〉에 "莫, 定也"라 하였고, 〈集傳〉에도 "莫, 定也. 辭輯而懌, 則言「必以先王之道矣. 所以民無不合·無不定也"라 함.

(3) 賦

我雖異事, 及爾同寮.

내 비록 事ㅣ 異ᄒ나, 널로 밋 同僚ㅣ로라.

내 비록 하는 일은 다르다 해도, 그대와 더불어 동료로다.

我卽而謀, 聽我囂囂.

내 네게 卽ᄒ야 謀호니, 나를 聽홈을 囂囂(효효)히 ᄒᄂ다.

내 그대에게 나아가 모책을 일러주어도, 내 말은 전혀 들으려 하지도 않는구나.

我言維服, 勿以爲笑.

내 言이 服이니, 뻐 笑(쇼)ᄒ디 말라.

내 말이 긴급한 것이니, 이를 두고 비웃지는 말라.

先民有言: 詢于芻蕘!

先民(선민)이 言을 두딕, 芻蕘(추요)에도 詢(슌)ᄒ라 ᄒ니라!

옛 성현의 말씀도 있거늘, 나무꾼 꼴꾼에게도 물어본다고!

【異事】〈集傳〉에 "異事, 不同職也"라 함.

【及】〈鄭箋〉에 "及, 與"라 함.

【同寮】〈毛詩〉에는 '寮', 〈詩傳〉과 〈諺解〉에는 '僚'로 로 표기되어 있음. 〈毛傳〉에 "僚, 官也"라 하였고, 〈鄭箋〉에는 "我雖與爾職事異者, 乃與女同官, 俱爲卿士"라 함. 〈集傳〉에는 "同僚, 同爲王臣也. 《春秋傳》曰同官爲僚"라 함.

【卽】就의 뜻. 나아감. 〈鄭箋〉과 〈集傳〉에 "卽, 就也"라 함.

【囂囂】남의 말을 받아들이지 않음. 〈毛傳〉에 "囂囂, 猶警警也"라 하였고, 〈鄭箋〉에 "我就女而謀, 及忠告以善道, 女反聽我言警警然, 不肯受"라 함. 《說文》에 "警, 不省人言也"라 함. 〈集傳〉에는 "囂囂, 自得不肯受言之貌"라 함.

【服】〈鄭箋〉에 "服, 事也. 我所言, 乃今之急事, 女無笑之"라 하였고, 〈集傳〉에는 "服, 事也. 猶曰「我所言者, 乃今之急事」也"라 함.

【先民】〈集傳〉에 "先民, 古之賢人也"라 함.

【芻蕘】나무하는 者. 〈毛傳〉에 "芻蕘, 薪采者"라 하였고, 〈鄭箋〉에 "古之賢者有言:「有疑事, 當與薪采者謀之, 匹夫匹婦, 或知及之.」況於我乎?"라 함. 〈集傳〉에도 "芻蕘─ 采薪者. 古人尙詢及芻蕘, 況其僚友乎?"라 함.

(4) 賦
天之方虐, 無然謔謔.

天이 보야호로 虐(학)ᄒ시니, 謔謔(학학)디 마를 디어다.

하늘이 바야흐로 가혹하게 하나니, 그대 즐거워하지 말라.

老夫灌灌, 小子蹻蹻.

老夫ㅣ 灌灌(관관)ᄒ거늘, 小子ㅣ 蹻蹻(갸갸)ᄒ놋다.

늙은이가 정성으로 말해도, 어린 그대는 교만하기만 하도다.

匪我言耄, 爾用憂謔.

내 言이 耄(모)ᄒ 줄이 아니어늘, 네 憂로써 謔ᄒ나니,

내 말이 여든 노인 망녕된 것이 아니거늘, 너는 이를 장난으로 여기는
구나.

多將熇熇, 不可救藥!

多ᄒ면 장ᄎ 熇熇(학학)ᄒ야, 可히 救藥(구약)디 몯ᄒ리라!

그렇게 많은 짓을 하다가 타오르는 불꽃 같아지면, 그 때는 구제할 약
도 없으리라!

【謔謔】喜樂하는 모습. 〈毛傳〉에 "謔謔然, 喜樂"이라 하였고, 〈集傳〉에 "謔, 戲侮
也"라 함.
【灌灌】지성으로 대함. 〈毛傳〉에 "灌灌, 猶欵欵也"라 하여, 欵欵(款款)과 같음. 〈集
傳〉에 "老夫, 詩人自稱; 灌灌, 欵欵也"라 함.
【小子】厲王을 가리킴.
【蹻蹻】교만함. 〈毛傳〉과 〈集傳〉에 "蹻蹻, 驕貌"라 함. 〈鄭箋〉에 "今王方爲酷虐之
政, 女無謔謔然, 以讒慝助之. 老夫諫女欵欵然, 自謂也. 女反蹻蹻然, 如小子不聽
我言"이라 함.
【耄】〈毛傳〉에 "八十曰耄"라 하였고, 〈集傳〉에 "耄, 老而昏也"라 함. 너무 늙어 정
신이 혼미함을 뜻함.
【爾用】'爾'는 너(汝), '用'은 以.
【將】〈鄭箋〉에 "將, 行也"라 함.
【熇熇】〈毛傳〉과 〈集傳〉에 "熇熇, 熾盛也"라 하였고, 〈鄭箋〉에 "將, 行也. 今我言
非老, 耄有失誤, 乃告女用可憂之事, 而女反如戲謔, 多行熇熇, 慘毒之惡, 誰能止
其禍?"라 함.
【救藥】救함. 藥은 治. 구제할 약이 없음.

＊〈集傳〉에 “○蘇氏曰:「老者知其不可, 而盡其欵誠以告之, 少者不信而驕之. 故曰 『非我老耄而妄言, 乃汝以憂爲戱耳. 夫憂未至而救之, 猶可爲也, 苟俟其益多, 則 如火之盛, 不可復救矣.』」라 함.

(5) 賦

天之方懠, 無爲夸毗.

天이 보야흐로 懠(졔)ᄒᆞ시니, 夸(과)ᄒᆞ며 毗(비)ᄒᆞ야,

하늘이 바야흐로 크게 진노하고 있는데도, 흐물흐물 아첨만 들으면서,

威儀卒迷, 善人載尸.

威儀 다 迷(미)ᄒᆞ며, 善人이 곧 尸케 ᄆᆞᆯ 디어다.

위엄과 끝내 미혹함으로 빠지고, 선인은 그저 밥만 축내는 자로 만드 는구나.

民之方殿屎, 則莫我敢葵.

民이 보야흐로 殿屎(뎐히)ᄒᆞ거늘, 곧 우리를 敢히 葵(규)ᄒᆞᆯ 리 업ᄂᆞ니,

백성들이 바야흐로 신음하고 있는데도, 내 헤아림은 감히 들으려 하 는 것도 없으니,

喪亂蔑資, 曾莫惠我師!

喪亂(상란)ᄒᆞ야 蔑(멸)홈이 資(ᄌ)혼 디라, 일즉 우리 師(ᄉ)를 惠ᄒᆞᆯ 리 업 도다!

상란을 수습할 길이 없는데도, 일찍이 우리 무리들을 따르려 한 적도 없구나!

【懠】〈毛傳〉에 “懠, 怒也”라 하였고, 〈集傳〉에 “懠, 怒夸大”라 함.
【夸毗】몸을 흐물흐물함. 혹 심하게 아첨만 들음. 〈毛傳〉에 “夸毗, 體柔人也”라 하 였고, 〈鄭箋〉에 “王方行酷虐之威怒, 女無夸毗以形體, 順從之君臣之威儀, 盡迷 亂賢人君子, 則如尸矣. 不復言語, 時厲王虐而弭謗”이라 함. 〈集傳〉에 “毗, 附也. 小人之於人, 不以大言夸之, 則以諛言毗之也”라 함.

【善人】일을 잘 해낼 수 있는 훌륭한 인물.

【尸】아무것도 하지 않고 먹기만 함. 〈集傳〉에 "尸, 則不言不爲, 飮食而已者也"라 함.

【殿屎】呻吟함. 〈毛傳〉과 〈集傳〉에 "殿屎, 呻吟也"라 함.

【葵】헤아림. 〈鄭箋〉에 "葵, 揆也. 民方愁苦而呻吟, 則忽然有揆度, 知其然者, 其遭喪禍. 又素以賦斂, 空虛無財貨以共其事, 窮困如此. 又曾不肯惠施, 以賙贍衆民. 言無恩也"라 함. 〈集傳〉에 "葵, 揆也"라 함.

【蔑資】수습해낼 資力도 없음. 〈毛傳〉에 "蔑, 無; 資, 財也"라 하였고, 〈集傳〉에 "蔑, 猶滅也; 資, 與咨同, 嗟歎聲也"라 함. '蔑과 '無'는 雙聲互訓.

【惠我師】民衆. 〈集傳〉에 "惠, 順; 師, 衆也"라 함.

＊〈集傳〉에 "○戒小人毋得夸毗, 使威儀迷亂, 而善人不得有所爲也. 又言「民方愁苦呻吟, 而莫敢揆度. 其所以然者, 是以至於散亂, 滅亡而卒, 無能惠我師者也.」"라 함.

(6) 賦

天之牖民: 如壎如篪,

天의 民을 牖(유)홈이, 壎(훈)곧트며 篪(지)곧트며,

하늘이 백성을 위해 마음을 여시면, 마치 나팔과 피리가 화음을 이루듯,

如璋如圭, 如取如攜.

璋곧트며 圭곧트며, 取홈 곧트며 攜(휴)홈 곧트며,

마치 圭玉과 璋玉 들어맞듯, 마치 갖거나 지니고 다니듯,

攜無曰益, 牖民孔易.

攜홈애 益(익)ᄒᄂᆞᆫ 디 아니라, 民을 牖홈이 심히 易(이)ᄒᆞ니라.

몸에 지니고 다녀도 이익이 없다 말하지만, 백성을 위해 마음 열게 하기란 아주 쉬운 것이니라.

民之多辟, 無自立辟!

民이 辟(격)이 多ᄒᆞ니, 스스로 辟을 立디 마롤 디어다!

이처럼 백성에게 법이 될 것이 많으니, 스스로 사악함을 세우지 말라!

【牖】〈毛傳〉에 "牖, 道也"라 하였고, 〈集傳〉에 "牖, 開明也. 猶「言天啓其心」也"라 함.

【壎·篪】'壎'은 흙을 구워 만든 나팔. '篪'는 대로 만든 피리. '篪'는 일부 판본에는 '箎'로 표기된 것도 있음. 〈毛傳〉에 "如壎如篪」, 言相和也"라 하였고, 〈集傳〉에 "壎, 唱而篪和"라 함.

【璋·圭】〈毛傳〉에 "如璋如圭」, 言相合也"라 하였고, 〈集傳〉에 "璋, 判而圭合. 取求攜得, 而無所費, 皆言易也"라 함.

【如取如攜】아주 쉬움을 뜻함. 〈毛傳〉에 "如取如攜」, 言必從也"라 하였고, 〈鄭箋〉에는 "王之道民以禮義, 則民和合而從之如此"라 함.

【攜無曰益】〈群經評議〉에 "攜無曰益, 言如取如攜, 無曰有所阻塞也"라 함.

【牖民孔易】〈鄭箋〉에 "易, 易也. 女攜挈民東與西, 與民皆從女所爲, 無曰是何益? 爲道民在已甚易也. 民之行多爲邪僻者, 乃汝君臣之過, 無自謂所建爲法也"라 함.

【辟】〈毛傳〉에 "辟, 法也"라 함.

【無自立辟】여기의 '辟'은 앞 구절의 '辟'과 다름. 〈集傳〉에는 "辟, 邪也. 言「天之開民, 其易如此以明. 上之化下其易, 亦然. 今民旣多邪辟矣, 豈可又自立邪? 辟以道之邪?」"라 함.

(7) 賦

价人維藩, 大師維垣,

价人(개인)이 藩(번)이며, 大師ㅣ 垣(원)이며,

선한 인재들은 나라의 울타리요, 많은 민중은 나라의 담이며,

大邦維屛, 大宗維翰.

大邦이 屛(병)이며, 大宗이 翰(한)이며,

큰 제후는 나라의 병풍이요, 대가의 종족들은 나라의 줄기.

懷德維寧, 宗子維城.

德으로 懷홈이 寧ᄒ 리며, 宗子ㅣ 城이니,

덕으로 이들을 품으면 평안하리니, 왕의 적자를 성으로 여겨,

無俾城壞, 無獨斯畏!

城으로 ᄒ여곰 壞(괴)케 마라, 獨ᄒ야 이에 畏케 말라!

그 성이 무너지지 않게만 하면, 홀로 이런 두려움에 떨지 않을 수 있
으리라!

【价】국방을 맡은 이들. 〈毛傳〉에 "价, 善也"라 하였으나, 〈集傳〉에는 "价, 大也. 大
　德之人也"라 함. 그러나 〈鄭箋〉에는 "价, 甲也. 被甲之人謂卿士, 掌軍事者"라 함.
　馬瑞辰 〈通釋〉에는 "价人, 爲善人"이라 함.
【藩】〈毛傳〉에 "藩, 屛也"라 하였고, 〈集傳〉에 "藩, 籬"라 함.
【大師】〈鄭箋〉에 "大師, 三公也"라 하였으나, 〈集傳〉에는 "師, 衆"이라 함.
【垣】〈毛傳〉과 〈集傳〉에 "垣, 牆(墻)也"라 함. 馬瑞辰 〈通釋〉에는 "大師宜爲大衆,
　'大師維垣', 猶云衆之成城也"라 함.
【大邦】〈鄭箋〉에 "大邦, 成國諸侯也"라 하였으나, 〈集傳〉에는 "大邦, 强國也"라 함.
【屛】〈集傳〉에 "屛, 樹也. 所以爲蔽也"라 함.
【大宗】〈毛傳〉에 "王者, 天下之大宗"이라 하였고, 〈集傳〉에 "大宗, 强族也"라 함.
【翰】〈毛傳〉과 〈集傳〉에 "翰, 榦(幹)也"라 함. 〈鄭箋〉에는 "大宗, 王之同姓世適子
　也. 王當用公卿諸侯, 及宗室之貴者, 爲藩屛垣, 幹爲輔弼, 無疏遠之"라 함.
【懷】〈毛傳〉에 "懷, 和也"라 함.
【宗子】〈鄭箋〉에 "宗子, 謂王之適子"라 하였고, 〈集傳〉에는 "宗子, 同姓也"라 함.
　陳奐 〈傳疏〉에는 "宗子, 群宗之子也"라 함.
【斯畏】〈鄭箋〉에 "斯, 離也. 和女德無行酷虐之政, 以安女國, 以是爲宗子之城, 使
　免於難. 遂行酷虐, 則禍及宗子. 是謂城壞, 城壞則乖離, 而女獨居而畏矣"라 함.
＊〈集傳〉에 "○言「是六者, 皆君之所恃以安, 而德其本也. 有德則得是五者之助, 不
　然則親戚叛之, 而城壞. 城壞則藩垣屛翰, 皆壞而獨居. 獨居而所可畏者, 至矣.」
　라 함.

(8) 賦

敬天之怒, 無敢戲豫.

天의 怒를 敬ᄒ야, 敢히 戲豫(희예)티 말며,

하늘의 노여움에 경건히 하여, 감히 함부로 놀이와 일락에 빠지지 말
것이며,

敬天之渝, 無敢馳驅.

天의 渝(유)를 敬ᄒ야, 敢히 馳驅(치구)티 말 디어다.

하늘의 변화를 공경히 하여, 감히 함부로 내달리지 말 것이니라.

昊天曰明, 及爾出王.

昊天이 明ᄒᆞ샤, 네 出王애 及ᄒᆞ시며,

높은 하늘이 내려다보심은 분명하여, 너의 들고 나감을 함께 하시나니,

昊天曰旦, 及爾游衍!

昊天이 旦(죠)ᄒᆞ샤, 네 游衍(유연)애 及ᄒᆞ시ᄂᆞ니라!

하늘의 보심은 아침처럼 환하여, 너의 유연(游衍)함에 함께 하고 있도다!

【戲豫】〈毛傳〉에 "戲豫, 逸豫也"라 함.

【渝】〈鄭箋〉과 〈集傳〉에 "渝, 變也"라 함.

【馳驅】〈毛傳〉에 "馳驅, 自恣也"라 함.

【及】〈鄭箋〉에 "及, 與也"라 함.

【王】〈毛傳〉에 "王, 往"이라 하였고, 〈集傳〉에도 "王, 徃通. 言「出而有所徃」也"라 함. 陳奐〈傳疏〉에도 "王, 讀與往同, 此謂假借也"라 함. 〈鄭箋〉에는 "昊天, 在上人仰之, 皆謂之明常, 與汝出入往來, 游溢相從, 視女所行, 善惡可不愼乎?"라 함.

【旦】〈毛傳〉에 "旦, 明"이라 하였고, 〈集傳〉에 "旦, 亦明也"라 함.

【游衍】〈毛傳〉에 "游, 行; 衍, 溢也"라 하였고, 〈集傳〉에는 "衍, 寬縱之意"라 함. 흩어져 느슨함을 뜻하는 雙聲連綿語. 馬瑞辰〈通釋〉에 "游衍, 卽放散之義, 溢與散, 義正相成"이라 함.

＊〈集傳〉에 "○言「天之聰明無所不及, 不可以不敬也. 板板也, 難也, 蹶也, 虐也, 憯也, 其怒而變也, 甚矣. 而不之敬也, 亦知其有日監在玆者乎!」張子曰:「天體物而不遺, 猶仁體事而無不在也.『禮儀三百, 威儀三千.』無一事而非仁也. '昊天曰明, 及爾出王', '昊天曰旦, 及爾游衍', 無一物之不體也.」"라 함.

참고 및 관련 자료

1. 孔穎達〈正義〉

僖二十四年《左傳》曰:「凡·蔣·邢·茅·胙·祭, 周公之胤也.」知爲王卿士者, 以經云「我雖異事, 及爾同寮.」是王官也. 以其伯爵, 故宜爲卿士. 〈瞻仰〉:「凡伯之刺幽王.」《春秋》隱七年:「天王使凡伯來聘.」世在王朝, 蓋畿內之國. 杜預云:「汲郡共縣東南, 有凡城共縣, 於漢屬河內郡.」蓋在周東都之畿內也.

<h2 align="center">〈3〉「蕩之什」</h2>

261(大-21) 탕(蕩)

＊〈蕩〉:‘蕩蕩’의 줄인 말. 이는 허황하게 무너져 드넓게 아무것도 없는 듯한 모습. 〈鄭箋〉에 "蕩蕩, 法度廢壞之貌. 厲王乃以此居人上, 爲天下之君. 言其無可則象之甚"이라 하였고, 〈集傳〉에는 "蕩蕩, 廣大貌"라 함. 이는 厲王이 무도하여 주나라 문물전장이 모두 허물어져 천하가 탕탕하게 되자, 召穆公(周 王室의 大夫)이 이를 안타깝게 여겨 지은 것이라 함.
＊이 시는 文王이 殷紂의 악행을 안타깝게 여겨 그를 꾸짖고, 결국 하늘이 殷을 멸하고 周를 일으킨 과거사를 設定하여 厲王에게 이를 거울로 삼도록 경계한 것임. 〈集傳〉에 "此設爲文王之言也"라 함.

〈序〉: **〈蕩〉, 召穆公傷周至大壞也. 厲王無道, 天下蕩蕩, (然)無綱紀文章, 故作是詩也.**

　〈탕〉은 소목공이 주나라가 크게 무너짐을 애통하게 여긴 것이다. 여왕이 무도하여 천하가 들끓고 있는데, 그럼에도 기강도 문물전장도 없었다. 그 때문에 이 시를 지은 것이다.

＊전체 8장. 매 장 8구씩(蕩:八章. 章八句).

　(1) 賦
蕩蕩上帝, 下民之辟.

　蕩蕩(탕탕)혼 上帝는, 下民의 辟(벽)이시니,

　하늘처럼 크신 왕이여, 아래 백성의 임금이신데,

疾威上帝, 其命多辟!

疾威(질위)혼 上帝는, 그 命이 辟이 하도다!

그토록 사납고 무섭게 구는 임금이여, 그 명령 너무 사벽하도다!

天生烝民, 其命匪諶.

天이 烝民을 生호시니, 그 命이 諶(심)티 몯홈은,

하늘이 이 많은 백성들 낳으셨는데, 그 명령이 미덥지 못함은,

靡不有初, 鮮克有終!

初(초)를 두디 아니 리 업스나, 능히 終(종)을 두 리 鮮(선)홀 ᄉᆡ니라!

처음엔 잘 하려 하지 않음이 없었으나, 능히 끝을 잘 맺는 이 드물기 때문이라!

【上帝】〈毛傳〉에 "上帝, 以託君王也"라 하여 厲王을 '上帝와 같은 존재'로 비꼬아 假託하여 부른 것이라 하였음.

【辟】〈集傳〉에 "辟, 君也"라 함.

【疾威】暴虐하고 못된 짓을 함. 〈毛傳〉에 "疾, 病人矣; 威, 罪人矣"라 하였고, 〈鄭箋〉에 "疾病人者, 重賦斂也; 威罪人者, 峻刑法也. 其政教又多邪僻, 不由舊章"이라 함. 〈集傳〉에 "疾威, 猶暴虐也"라 함. 吳闓生〈會通〉에도 "疾威, 猶言暴戾也"라 함.

【辟】여기의 '辟'은 僻과 같음 邪僻한 짓. 〈集傳〉에 "多辟, 多邪辟也"라 함.

【烝民】많은 백성들. 〈鄭箋〉에 "烝, 衆〈集傳〉에 "烝, 衆"이라 함.

【諶】〈毛傳〉에 "諶, 誠也"라 하였고, 〈集傳〉에 "諶, 信也"라 함.

【靡不有初, 鮮克有終】〈鄭箋〉에 "鮮, 寡; 克, 能也. 天之生此衆民, 其教道之非, 當以誠信, 使之忠厚乎! 今則不然, 民始皆庶幾於善道, 後更化於惡俗"이라 함.

*〈集傳〉에 "○言「此蕩蕩之上帝, 乃下民之君也. 今此暴虐之上帝, 其命乃多邪僻者何哉? 蓋天生衆民, 其命有不可信者, 蓋其降命之初, 無有不善, 而人少能以善道自終. 是以致此大亂, 使天命亦罔, 克終如疾威而多僻也.」蓋始爲怨天之辭, 而卒自解之如此.」劉康公曰:「民受天地之中以生, 所謂命也. 能者, 養之以福; 不能者, 敗以取禍. 此之謂也.」라 함.

(2) 賦

文王曰:「咨! 咨女殷商!

文王이 글으샤디 "咨(ㅈ)ㅣ라! 咨홉다, 너 殷商(은샹)아!

문왕께서 말씀하셨노라. "아! 안타깝다 너 殷나라여!

曾是彊禦, 曾是掊克.

일즉이 彊禦(강어)와, 일즉이 掊克(부극)이,

일찍이 이런 못된 짓 하였고, 일찍이 남 이기기를 좋아하며,

曾是在位, 曾是在服.

일즉이 位예 이시며, 일즉이 服애 이심은,

일찍이 벼슬자리에 앉아, 일찍이 정사를 보고 있음은,

天降慆德, 女興是力!」

天이 慆德(도덕)을 降ᄒ나, 네 興ᄒ야 이 力(력)홀 시니라!"

임금은 거만한 것이 덕인 줄로 여기고, 너희들은 일어나 힘써 그의 악을 도왔기 때문이니라!"

【文王】姬昌.

【咨】감탄사. 〈毛傳〉에 "咨, 嗟也" 안타깝게 여겨 탄식하는 소리. 〈集傳〉에 "咨, 嗟也"라 함.

【咨女殷商】'女'는 汝. '殷商'은 殷나라 末王 紂. 〈集傳〉에 "殷商, 紂也"라 함.

【彊禦】紂의 暴虐한 짓. 〈毛傳〉에 "彊禦, 彊梁禦善也"라 하였으나, 〈集傳〉에 "彊禦, 暴虐之臣也"라 하여 '포악한 신하'라 하였음. 王引之〈述聞〉에는 "禦, 亦强也. ……彊禦, 謂强暴也"라 함.

【掊克】〈毛傳〉에 "掊克, 自伐而好勝人也"라 하였으나, 〈集傳〉에 "掊克, 聚斂之臣也"라 함.

【在服】紂의 신하들이 복무를 하고 있음. 〈毛傳〉에 "服, 服政事也"라 하였고, 〈集傳〉에 "服, 事也"라 함. 馬瑞辰〈通釋〉에 "在服, 猶云在職·在任·在官"이라 함. 〈鄭箋〉에는 "厲王强謗穆公, 朝廷之臣, 不敢斥言王之惡, 故上陳文王咨嗟, 殷紂以切刺之, 女曾任用是惡人, 使之處位, 執職事也"라 함.

【天】〈毛傳〉에 "天, 君"이라 함. 여기서는 紂를 가리킴.

【惛德】慢德과 같음. 못된 짓을 하는 것을 덕인 줄로 여김. 〈集傳〉에 "惛, 慢興起
也"라 함. '惛德'은 慢德과 같음. 陳奐 〈傳疏〉에 "慢德, 言其德教之慢, 卽蕩蕩之意
也"라 함.

【力】힘써 紂의 악행을 도움. 〈鄭箋〉에 "厲王施倨慢之化, 女羣臣, 又相與而力爲之
言競於惡"이라 함. 〈集傳〉에 "力, 如力行之力"이라 함.

＊〈集傳〉에 "○詩人知厲王之將亡, 故爲此詩託於文王所以咨嘆殷紂者. 言「此暴虐
聚斂之臣在位用事, 乃天降惛慢之德而害民, 然非其自爲之也. 乃汝興起此人, 而
力爲之耳.」"라 함.

(3) 賦

文王曰:「咨! 咨女殷商!

文王이 ᄀᆞᆯᄋᆞ샤ᄃᆡ "咨ㅣ라! 咨홉다, 너 殷商아!

문왕께서 말씀하셨노라. "아! 안타깝다, 너 은나라여!

而秉義類, 彊禦多懟.

네 義類(의류)를 秉홀 거시어늘, 彊禦ᄒᆞ야 懟(ᄃᆡ)ㅣ 多ᄒᆞ니로,

너는 의당 착한 자를 써야 할 자리에, 포악한 자를 쓰니 원망이 많았고,

流言以對, 寇攘式內.

流言으로 뻐 對(ᄃᆡ)케 ᄒᆞᄂᆞ니, 寇攘(구양)이 뻐 內(ᄂᆡ)흔 디라,

근거 없는 말은 들어주고, 훔치는 도둑은 안에서 받아주었기에,

侯作侯祝, 靡屆靡究!」

作(져)와 祝(츄)ㅣ, 屆(계) 업스며 究(구)ㅣ 업도다!"

미움과 저주가, 끝도 없고 한도 없었도다!"

【而】〈集傳〉에 "而, 亦女也"라 함.

【義類】〈鄭箋〉에 "義之言宜也, 類, 善"이라 하였고, 〈鄭箋〉과 〈集傳〉에는 "義, 善"
이라 함.

【懟】원망, 원한. 〈集傳〉에 "懟, 怨也"라 함.

【流言】잘못된 의견. 〈集傳〉에 "流言, 浮浪不根之言也"라 함.

【對】〈毛傳〉에 "對, 遂也"라 하였고, 郝懿行 〈義疏〉에는 "對者, 申也, 進也, 通也"라 하여 들어줌. 성취시켜 줌.

【寇攘】도둑. 그릇된 신하를 비유함.

【式內】안에서 그의 뜻을 받아줌. 〈鄭箋〉에 "式, 用也. 女執事之臣, 宜用善人, 反任彊禦衆慂爲惡者. 皆流言謗毀賢者, 王若問之, 則又以對寇盜, 攘竊爲姦宄者, 而王信之, 使用事於內"라 함.

【侯作侯祝】'侯'는 '維'와 같음. '作·祝'는 미움과 저주. '作'는 '저'(側慮反)로, '祝'은 '추/주'(周救反)로 읽음. 〈毛傳〉에 "作·祝, 詛也"라 하였고, 〈鄭箋〉에는 "侯, 維也. 王與羣臣乖爭而相疑, 日祝詛求其凶咎, 無極已"라 함. 〈集傳〉에 "侯, 維也; 作, 讀爲詛, 詛; 祝, 怨謗也"라 함. 馬瑞辰 〈通釋〉에는 "作·祝, 古同聲. ……詛與咒, 字異而義同"이라 함.

【屆·究】〈毛傳〉에 "屆, 極; 究, 窮也"라 함. 두 글자 모두 끝이나 한계를 뜻함.

＊〈集傳〉에 "○言「汝當用善類, 而反任此暴虐, 多怨之人. 使用流言以應對, 則是爲寇盜攘竊, 而反居內矣. 是以致怨謗之無極也.」"라 함.

(4) 賦

文王曰:「咨! 咨女殷商!

文王이 ᄀᆞ르ᄋᆞ샤ᄃᆡ "咨ㅣ라! 咨흡다, 너 殷商아!

문왕께서 말씀하셨노라. "아! 안타깝다, 너 은나라여!

女炰烋于中國, 歛怨以爲德.

네 中國에 炰烋(포휴)ᄒᆞ야, 怨을 歛(렴)ᄒᆞ야 ᄡᅥ 德을 삼ᄂᆞ다.

너는 나라 안에서 뽐내면서, 원망을 모아들이는 것을 덕인 줄로 여기는구나.

不明爾德, 時無背無側.

네 德을 明티 아닌ᄂᆞᆫ 디라, 이 背(븨) 업스며 側(측)이 업스며,

너의 덕을 밝게 쓰지 않으니, 이에 뒤에도 신하가 없고 곁에도 사람이 없으며,

爾德不明, 以無陪無卿!」

네 德이 明티 아닌 디라, 뼈 陪(비) 업스며 卿이 업도다!"

너의 덕이 밝지 않기에, 이에 모시는 신하도 없고 경사도 없는 것이니라!"

【息然】사납게 굴며 뽐냄. 〈毛傳〉에 "息然, 猶彭亨也"라 하였고, 〈鄭箋〉에 "息然, 自矜氣健之貌"라 하였으며, 〈集傳〉에도 "息然, 氣健貌"라 함.

【中國】國中. 중원. 나라 안. 國中과 같음.

【斂怨】〈鄭箋〉에 "斂, 聚擘. 不逞作怨之人, 謂之有德而任用之"라 하였고, 〈集傳〉에는 "斂怨, 以爲德多爲可怨之事, 而反自以爲德也"라 함.

【時】是와 같음.

【背·側】〈毛傳〉에 "背無臣, 側無人也"라 함. 〈集傳〉에 "背, 後;側, 旁"이라 함. '등 뒤에도 신하가 없고 곁에는 사람이 없음'.

【陪】모시는 신하. 〈毛傳〉에 "無陪, 貳也;無卿士也"라 하였고, 〈鄭箋〉에는 "無臣無人, 謂賢者不用"이라 하였으며, 〈集傳〉에도 "陪, 貳也. 言「前後左右公卿之臣, 皆不稱其官, 如無人也"라 함.

(5) 賦

文王曰:「咨! 咨女殷商!

文王이 글ᄋ샤디 "咨ㅣ라! 咨홉다, 너 殷商아!

문왕께서 말씀하셨노라. "아! 안타깝다, 너 은나라여!

天不湎爾以酒, 不義從式.

天이 너를 酒로 뼈 湎(면)케 ᄒ신 줄이 아니어시늘, 不義를 從ᄒ야 式ᄒ 놋다.

하늘이 너를 술에 빠지도록 하지 않았건만, 의롭지 못한 짓만 법으로 여겨 좇아가는구나.

旣愆爾止, 靡明靡晦,

이믜 네 止를 愆(건)ᄒ야, 明이 업스며 晦(회) 업스며,

이미 너는 행동거지를 그르친 채, 밝은 것도 없고 어두운 것도 모르고 있으며,

式號式呼, 俾晝作夜!」

뻐 號(호)ㅎ며 뻐 呼(호)ㅎ야, 晝(쥬)로 ㅎ여곰 夜(야)를 삼놋다!"

큰소리 치고 서로 부르며, 낮을 밤으로 삼아 술에 젖어 있구나!"

【湎】술에 젖음. 〈集傳〉에 "湎, 飮酒變色也"라 함.

【義】〈毛傳〉에 "義, 宜也"라 함.

【式】〈鄭箋〉에 "式, 法也. 天不同女顏色以酒, 有沈湎於酒者, 是乃過也. 不宜從而 法行之"라 하였고, 〈集傳〉에도 "式, 用也. 言「天不使爾沈湎於酒, 而惟不義, 是從 而用」也"라 함.

【愆】〈鄭箋〉에 "愆, 過也. 女旣過沈湎矣, 又不爲明晦, 無有止息也. 醉則號呼相傚 用, 晝日作夜, 不視政事"라 함.

【止】〈集傳〉에 "止, 容止也"라 함. 行動擧止의 止.

【靡明靡晦】밝음과 어두움도 구분하지 못함. 〈鄭箋〉에 "女旣過沈湎矣, 又不爲明 晦, 無有止息也"라 함.

【式號式呼】〈鄭箋〉에 "醉則號呼相傚用"이라 함.

【俾晝作夜】낮을 밤으로 삼아 술로 즐기면서 정사는 돌보지 않음. 〈毛傳〉에 "使 晝爲夜也"라 하였고, 〈鄭箋〉에 "晝日作夜, 不視政事"라 함.

(6) 賦

文王曰:「咨! 咨女殷商!

文王이 글ᄋ샤디 "咨ㅣ라! 咨홉다, 너 殷商아!

문왕께서 말씀하셨노라. "아! 안타깝다, 너 은나라여!

如蜩如螗, 如沸如羹.

蜩(됴)ᄀᆞᆮᄐᆞ며 螗(당)ᄀᆞᆮᄐᆞ며, 沸(비)ᄀᆞᆮᄐᆞ며 羹(깅)ᄀᆞᆮᄐᆞ야,

마치 매미 우는 소리처럼 시끄럽고, 마치 솥에서 국물이 끓듯 요란하여,

小大近喪, 人尚乎由行.

小와 大ㅣ 喪애 近ᄒᆞ거ᄂᆞᆯ, 人이 오히려 由ᄒᆞ야 行ᄒᆞ야,

누구나 모두가 죽음 가까이 이르렀건만, 사람들은 오히려 그런 행동을
따라하니,

內奰于中國, 覃及鬼方!」

內로 中國애 奰(비)ᄒᆞ야, 覃(담)ᄒᆞ야 鬼方(귀방)애 及ᄒᆞᆺ다!"

안으로 나라에 분노가 차서, 멀리 귀방에까지 미치고 있다!"

【蜩·螗】매미. 〈毛傳〉에 "蜩, 蟬也; 螗, 蝘也"라 하였고, 〈鄭箋〉에 "飮酒號呼之聲,
如蜩螗之鳴"이라 하였고, 〈集傳〉에 "蜩·螗, 皆蟬也. 如蟬鳴如沸羹, 皆亂意也"라
함. 紂와 그 신하들이 飮酒作樂으로 매우 시끄러움. 혹 백성들의 원망이 들끓음
을 비유한 것이라고도 함.
【如沸如羹】가마솥에 죽 끓듯 함. 〈鄭箋〉에 "其笑語沓沓, 又如湯之沸羹之方熟"이
라 함.
【小大】남녀노소, 누구나. 〈集傳〉에 "小者大者, 幾於喪亡矣. 尙且由此而行不知變
也"라 함.
【人尙乎由行】〈毛傳〉에 "言居人上, 欲用行是道也"라 하였고, 〈鄭箋〉에 "殷紂之時,
君臣失道如此, 且喪亡矣. 時人化之甚, 尙欲從而行之, 不知其非"라 함.
【奰】'비/피'(皮器反, 舊音備)로 읽음. 분노. 노기. 〈毛傳〉에 "奰, 怒也. 不醉而怒曰奰"
라 하였고, 〈鄭箋〉에 "此言時人忕於惡, 雖不有醉, 猶好怒也"라 함. 〈毛傳〉에 '怒
함'. 〈集傳〉에는 "奰, 怒"라 함.
【覃】'及', '延'의 뜻. 〈集傳〉에 "覃, 延也; 鬼方"이라 함.
【鬼方】당시 북방 멀리 있던 소수민족. 〈毛傳〉에 "鬼方, 遠方也"라 하였고, 〈集傳〉
에 "鬼方, 遠夷之國也. 言「自近及遠, 無不怨怒」也"라 함.

(7) 賦
文王曰:「咨! 咨女殷商!

文王이 ᄀᆞᄅᆞ샤ᄃᆡ "咨ㅣ라! 咨홉다, 너 殷商아!

문왕께서 말씀하셨노라. "아! 안타깝다, 너 은나라여!

匪上帝不時, 殷不用舊.

上帝ㅣ 不時(블시)를 ᄒᆞ시ᄂᆞᆫ 줄이 아니라, 殷이 舊(구)를 用티 아니 홀 씨
니라.

하늘이 옳다고 여기지 않는 것이 아니라, 은나라가 옛 법을 따르지 않고 있기 때문이니라.

雖無老成人, 尚有典刑.

비록 老成(로성)엣 人이 업스나, 오히려 典刑(뎐형)이 잇거늘,

비록 옛 훌륭한 대신 같은 이가 없다할지라도, 그래도 법은 있을 터인데,

曾是莫聽, 大命以傾!」

일즉이 聽(텽)ᄒᆞ리 업슨 디라, 大命이 뻐 傾(경)ᄒᆞ놋다!"

일찍이 이런 것은 들으려 하지도 않으니, 대명이 이 때문에 기울고 있는 것이니라!"

【不時】좋다고 여기지 않음. 時는 是. '옳다'의 뜻.
【舊】先王의 옛 法. 〈鄭箋〉에 "此言紂之亂, 非其生不得其時, 乃不用先王之故法之所致"라 함.
【老成人】〈鄭箋〉에 "老成人, 謂若伊尹·伊陟·臣扈之屬, 雖無此臣, 猶有常事故法, 可案用也"라 함. 〈集傳〉에 "老成人, 舊臣也"라 함.
【典刑】〈集傳〉에 "典刑, 舊法也"라 함.
【莫聽】〈鄭箋〉에 "莫, 無也. 朝廷君臣, 皆任喜怒, 曾無用典刑治事者, 以至誅滅"이라 함.
＊〈集傳〉에 "○言「非上帝爲此不善之時, 但以殷不用舊, 致此禍爾. 雖無老成人與圖先王舊政, 然典刑尚在, 可以循守, 乃無聽用之者. 是以大命傾覆, 而不可侵也.」"라 함.

(8) 賦
文王曰:「咨! 咨女殷商!

文王이 ᄀᆞᆯᄋᆞ샤ᄃᆡ "咨ㅣ라! 咨홉다, 너 殷商아!

문왕께서 말씀하셨노라. "아! 안타깝다, 너 은나라여!

人亦有言:『顚沛之揭,

人이 坯흔 言을 두딘, '顚沛(뎐패)ᄒ야 揭(게)홈애,

사람들 역시 하는 말이 있거늘, '쓰러진 나무가 뿌리까지 드러나니,

枝葉未有害, 本實先撥.』

枝葉(지엽)이 害홈이 잇디 아닌 디라, 本實(본실)이 몬져 撥(발)ᄒ다' ᄒᄂ
다.

가지 잎이 아직 상하지 않았다 해도, 뿌리는 실로 먼저 죽어 있는 것'
이라고.

殷鑒不遠, 在夏后之世!

殷의 鑑(감)이 머디 아니 ᄒ야, 夏后(하후)의 世(셰)예 잇ᄂ니라!"

은나라 망한 일 거울로 삼기가 멀리 있었던 것 아니니, 바로 그 전 夏
나라 망한 것이 이랬었거늘!"

【顚沛】엎어지고 뽑히는 아주 급한 상황. 〈毛傳〉에 "顚, 仆; 沛, 拔也"라 하였고,
〈集傳〉에도 "顚沛, 仆拔也"라 함.《論語》里仁篇에 "君子無終食之間違仁, 造次必
於是, 顚沛必於是"라 함.
【揭】뿌리가 드러남. 〈毛傳〉에 "揭, 見根貌"라 하였고, 〈鄭箋〉에 "揭, 蹶貌"라 함.
〈集傳〉에 "揭, 本根蹶起之貌"라 함.
【撥】絶과 같음. 〈鄭箋〉에 "撥, 猶絶也. 言大本揭然, 將蹶枝葉, 未有折傷其根本,
實先絶, 乃相隨俱顚拔. 喻紂之官職, 雖俱存, 紂誅亦皆死"라 하였고, 〈集傳〉에는
"撥, 猶絶也"라 함. 馬瑞辰〈通釋〉에는 "撥·敗同聲. 撥, 卽敗之假借"라 함.
【鑒】〈集傳〉에 "鑒, 視也"라 함.
【夏后】夏나라 임금 桀王을 가리킴. 殷나라 바로 앞의 夏나라 桀王이 망한 것이
똑같은 상황이었음을 말함. '桀'은 이름은 癸(履癸). 妹喜에게 빠져 무도한 짓을
저질렀으며 殷의 湯王에게 망함. 殷나라 末王 紂와 함께 '桀紂'라 하여 폭군의
전형으로 거론됨.《史記》夏本紀를 참조할 것.《十八史略》(1)에 "孔甲之後, 歷王
皐·王發·王履癸. 號爲桀, 貪虐, 力能伸鐵鉤索. 伐有施氏, 有施以末喜女焉, 有寵,
所言皆從, 爲傾宮瑤臺, 殫民財. 肉山脯林, 酒池可以運船, 糟堤可以望十里, 一鼓
而牛飮者三千人, 末喜以爲樂. 國人大崩, 湯伐夏, 桀走鳴條而死"라 함. 여기서는

다시 厲王이 또 똑같은 잘못을 저지르고 있음을 경계한 것. 〈鄭箋〉에 "此言殷
之明鏡不遠也. 近在夏后之世. 謂湯誅桀也. 後武王誅紂, 今之王者, 何以不用爲
戒?"라 함. 〈集傳〉에 "夏后, 桀也"라 함.

＊〈集傳〉에 "○言「大木揭然將蹶, 枝葉未有折傷, 而其根本之實已先絶. 然後此木
乃相隨而顚拔爾」 蘇氏曰:「商周之衰, 典刑未廢諸侯, 未畔四夷, 未起而其君先爲
不義, 以自絶於天, 莫可救止, 正猶此爾. 殷鑒在夏, 蓋爲文王歎紂之辭. 然周鑒之
在殷, 亦可知矣.」라 함.

참고 및 관련 자료

1. 孔穎達 〈正義〉

〈蕩〉詩者, 召穆公所作, 以傷周室之大壞也. 以厲王無人君之道, 行其惡政, 反亂
先王之政, 致使天下蕩蕩然. 法度廢滅, 無復有綱紀文章, 是周之王室大壞敗也. 故
穆公作是〈蕩〉詩以傷之. 傷者, 刺外之有餘哀也, 其恨深於刺也. 〈瞻仰〉·〈召旻〉, 皆
云'刺幽王大壞', 此不言刺厲王, 而云'傷周室'者, 幽王承宣王之後, 父善子惡, 指刺其
身, 此則厲王以前, 周道未缺一代大法, 至此壞之. 故言'傷周室大壞'. 此經八章皆是
大壞之事, 首句言'蕩蕩'爲下之總目, 故序亦述首句以爲一篇之義. 言天下蕩蕩, 無綱
紀文章. '綱紀文章', 謂治國法度, 聖人有作, 莫不皆是, 此經所傷, 傷其盡廢之也.

262(大-22) 억(抑)

*〈抑〉: 이는 厲王 때 궁중 대부였던 衛 武公이 厲王을 비난하면서, 자신의 경계로도 삼은 것으로, 《國語》楚語(上)에 그가 지었다는 〈懿〉라는 自警詩가 이것이며, 따라서 '抑'은 '의'로 읽어야 한다고도 함. 衛 武公은 〈淇奧〉(055) 및 〈緇衣〉(075)를 참조할 것.
*이 시는 위 무공이 여왕을 비난하며, 자신의 경계로도 삼은 것임.

〈序〉: 〈抑〉, 衛武公刺厲王, 亦以自警也.

〈억〉은 衛 武公이 厲王을 비난한 것이며, 동시에 자신의 警戒로도 삼은 것이다.

〈箋〉: 自警者, 如彼泉流, 無淪胥以亡.

*전체 12장. 3장은 8구씩, 9장은 10구씩(抑: 十二章. 三章章八句, 九章章十句).

(1) 賦
抑抑威儀, 維德之隅.

抑抑(억억)호 威儀는, 德의 隅(우)ㅣ니라.

아름다운 위의는, 덕의 날카로운 모서리로다.

人亦有言:「靡哲不愚.」

人이 쏘호 言을 두딕, "哲(쳘)이 愚(우)티 아닌 이 업다" 호나니,

사람들 역시 하는 말이 있거늘, "어진 이도 바보 되지 않는 이 없네"라 하였으니,

庶人之愚, 亦職維疾.

庶人의 愚홈은, 쏘호 疾(질)을 職(직)호얏거니와,

서인의 어리석음은, 역시 그러한 병을 주인으로 삼기 때문이며,

哲人之愚, 亦維斯戾.

哲人의 愚흠은, 쏘흔 이 戾(려)ᄒ도다!

철인의 어리석음도, 역시 이러한 잘못 때문이로다!

【抑抑】〈毛傳〉과 〈集傳〉에 "抑抑, 密也"라 함.《國語》楚語에 '懿'라 하여 '아름답
다, 훌륭하다' 등의 뜻.〈鄭箋〉에 "人密審於威儀, 抑抑然, 是其德必嚴正也"라 함.

【維德之隅】그 德이 嚴正함을 뜻함.

【隅】날카로운 모서리.〈毛傳〉에 "隅, 廉也"라 하였고, 〈鄭箋〉에 "古之賢者, 道行
心平, 可外占而知內. 如宮室之制, 內有繩直, 則外有廉隅. 今王政暴虐, 賢者皆佯
愚, 不爲容貌, 如不肖然"이라 함.〈集傳〉에 "隅, 廉角也. 鄭氏曰:「人密審於威儀者,
是其德必嚴正也. 故古之賢者, 道行心平, 可外占而知內. 如宮室之制, 內有繩直,
則外有廉隅也.」"라 함.

【靡哲不愚】〈毛傳〉에 "靡哲不愚", 國有道則知, 國無道則愚"라 하였고, 〈集傳〉에
"哲, 知"라 함.

【庶人】일반 사람.〈鄭箋〉에 "庶, 衆也. 衆人性無知, 以愚爲主. 言是其常也"라 하였
고, 〈集傳〉에도 "庶, 衆"이라 함.

【職】〈毛傳〉과 〈集傳〉에 "職, 主"라 함.

【疾】병, 잘못.

【哲人】庶人에 상대하여 쓴 말.

【戾】〈毛傳〉에 "戾, 罪也"라 하였고, 〈集傳〉에는 "戾, 反也"라 함.〈鄭箋〉에 "賢者
而爲愚, 畏懼於罪也"라 함.

＊〈集傳〉에 "○衛武公作此詩, 使人日誦於其側, 以自警. 言「抑抑威儀, 乃德之隅. 則
有哲人之德者, 固必有哲人之威儀矣. 而今之所謂哲者, 未嘗有其威儀, 則是無哲
而不愚矣. 夫衆人之愚, 蓋有稟賦之偏, 宜有是疾, 不足爲怪. 哲人而愚, 則反戾其
常矣.」"라 함.

(2) 賦
無競維人, 四方其訓之.

이만 競(경)흔 이 업슨 人이면, 四方이 그 訓ᄒ며,

도리를 강하게 실천하지 않고 있는 사람이라면, 사방이 모두 교훈으로
삼으며,

有覺德行, 四國順之.

覺(각)혼 德行이면, 四國이 順호느니,

덕행을 정대하게 해 나가면, 사방 나라들이 순응해 올 것이니,

訏謨定命, 遠猶辰告.

謨(모)를 訏(우)호며 命을 定호며, 猶(유)를 遠히 호야 辰(신)으로 告호며,

큰 모책으로 명령을 정하여, 멀리 내다보고 時令을 포고하여,

敬愼威儀, 維民之則!

威儀를 敬愼(경신)호야아, 民의 則(측)이리라!

위의를 공경하고 삼가야만, 이것이 백성의 법이 되리라!

【無競】〈毛傳〉에 "無競, 競也"라 하여 反語로 표현한 것. 〈鄭箋〉에 "競, 彊也. 人君爲政無彊於得賢人, 得賢人則天下教化於其俗, 有大德行, 則天下順從其政. 言在上所以倡道"라 함. 〈集傳〉에도 "競, 强也"라 함.

【訓】〈毛傳〉에 "訓, 教"라 하여 사방 모든 것을 教訓으로 삼음.

【覺】곧고 正大함. 〈毛傳〉에 "覺, 直也"라 하였고, 〈集傳〉에는 "覺, 直大也"라 함.

【訏謨】〈毛傳〉에 "訏, 大; 謨, 謀"라 하여 天下를 위해 큰 모책을 세움. 〈集傳〉에 "訏, 大; 謨, 謀也. 大謀謂不爲一身之謀, 而有天下之慮也"라 함.

【定命】〈集傳〉에 "定, 審定不改易也; 命, 號令也"라 함.

【遠猶辰告】〈毛傳〉에 "猶, 道; 辰, 時也"라 하였고, 〈鄭箋〉에 "猶, 圖也. 大謀定命, 謂正月始和, 布政于邦國都鄙也. 爲天下遠圖庶事, 而以歲時告施之"라 함. 먼 앞을 보고 계획하되 그 時機에 맞는 政令을 布告함.

【猶】〈集傳〉에 "猶, 圖也. 遠謀謂不爲一時之計, 而爲長久之規也"라 함.

【辰告】〈集傳〉에 "辰, 時; 告, 戒也. 辰告, 謂以時播告也"라 함.

【則】〈鄭箋〉과 〈集傳〉에 "則, 法也"라 함.

＊〈集傳〉에 "○言「天地之性人爲貴, 故能盡人道, 則四方皆以爲訓. 有覺德行, 則四國皆順從之. 故必大其謀定, 其命遠圖時告, 敬其威儀, 然後可以爲天下法也.」"라 함.

(3) 賦

其在于今, 興迷亂于政!

그 이제 이셔, 政에 迷亂(미란)홈을 興ᄒ야,

지금 세상에서는, 정치를 미란시키는 이들을 숭상하여,

顚覆厥德, 荒湛于酒.

그 德을 顚覆(뎐복)ᄒ고, 酒에 荒湛(황담)ᄒᆞ나다.

그 덕을 뒤집어 엎어버리고, 술에 빠져 헤어나지 못하고 있다.

女雖湛樂從, 弗念厥紹?

네 비록 湛樂을 從ᄒ나, 그 紹(쇼)홈을 念티 아니 하랴?

그대는 오직 향락에 방종하고 있으나, 계승할 일을 생각지 않을 수 있겠는가?

罔敷求先王, 克共明刑!

先王을 敷求(부구)ᄒ야, 능히 明刑(명형)을 共티 아니 ᄒᆞ나다!

선왕의 덕을 널리 찾아, 능히, 그 밝은 법을 붙잡아야 하거늘 그렇게 하지 않고 있구나!

【今】〈集傳〉에 "今, 武公自言, 己今日之所爲也"라 함. 그러나 〈鄭箋〉에 "「于今」, 謂今厲王也"라 하여 厲王이라 하였음.

【興】〈毛傳〉에 "興, 猶尊尙也. 王尊尙小人, 迷亂於政事者, 以傾敗其功德, 荒廢其政事, 又湛樂於酒, 言愛小人之甚"이라 함. 〈集傳〉에 "興, 尙也"라 함.

【荒湛】술의 즐거움에 빠짐.

【女】〈集傳〉에 "女, 武公使人誦詩, 而命己之辭也. 後凡言女, 言爾, 言小子者, 放此"라 함.

【雖】惟와 통함.

【湛樂從】〈集傳〉에 "湛樂從, 言惟湛樂之是從也"라 함.

【紹】〈毛傳〉에 "紹, 繼"라 함. 〈集傳〉에 "紹, 謂所承之緖也"라 함.

【罔】'罔'은 無와 같으며 이 구절 전체를 否定함. 〈鄭箋〉에 "罔, 無也. 女君臣雖好樂嗜酒而相從, 不當念繼女之後, 人將傚女所爲, 無廣索先王之道, 與能執法度之人乎? 切責之也"라 함.

【敷求先王】〈集傳〉에 "敷求先王, 廣求先王所行之道也"라 함.
【克共明刑】〈毛傳〉과 〈集傳〉에 "共, 執; 刑, 法也"라 함.

(4) 賦
肆皇天弗尙, 如彼泉流, 無淪胥以亡?

그러모로 皇天이 尙(샹)티 아니시니, 뎌 泉의 流홈이 곧툰 디라, 淪(륜)ᄒᆞ야 서ᄅᆞ 뻐 亡홈이 업스랴?

지금 이처럼 하늘도 싫어서 포기하고 있어, 마치 저 샘물이 흘러나가듯, 이끌려 몰락하여 망하지 않을 수 있겠는가?

夙興夜寐, 洒掃庭內.

일 興ᄒᆞ며 밤들거든 寐(미)ᄒᆞ야, 廷內(뎡닉)를 洒埽(새소)ᄒᆞ야,

일찍 일어나고 밤늦어 잠자리에 들며, 마당에 물 뿌리고 비로 쓸어,

維民之章, 脩爾車馬, 弓矢戎兵.

民의 章이며, 네 車馬와, 弓矢와 戎兵(융병)을 脩(슈)ᄒᆞ야,

이리하여 백성의 본이 되어, 그대의 수레와 말, 활과 살 방패와 창 갖추어,

用戒戎作, 用逷蠻方!

뻐 戎의 作홈을 戒ᄒᆞ야, 뻐 逷(텩)ᄒᆞᆫ 蠻方(만방)의 홀 디어다!

싸움이 일어날 것을 대비하여, 오랑캐를 멀리 쫓아 버려야 할 것이니라!

【肆】〈鄭箋〉에 "肆, 故今也"라 함.
【弗尙】숭상하지 않음. 미워하여 버림. 〈集傳〉에 "弗尙, 厭棄之也"라 함.
【淪胥】〈毛傳〉에 "淪, 率也"라 하였고, 〈鄭箋〉에 "胥, 皆也. 王爲政如是, 故今皇天不高尙之, 所謂仍下災異也. 王自絶於天, 如泉水之流, 稍就虛竭, 無自率引爲惡, 皆與之以亡. 戒羣臣不中行者, 將并誅之"라 함. 〈集傳〉에 "淪, 陷; 胥, 相"이라 함.
【洒掃】물 뿌리고 빗자루질을 함. 아침 청소를 잘 함. 〈諺解〉에는 '埽'자로 쓰고

있음. '庭內'는 뜰, 마당. 집안. 〈諺解〉에는 '廷內'로 표기되어 있음. 〈毛傳〉에 "洒,
灑"라 함.

【章】〈毛傳〉에 "章, 表也"라 하였고, 〈鄭箋〉에 "章, 文章法度也. 厲王之時, 不恤政
事, 故戒羣臣掌事者, 以此也"라 함. 〈毛傳〉과 〈集傳〉에 "章, 表"라 함.

【用戒戎作】〈集傳〉에 "戒, 備;戎, 兵;作, 起"라 함. '戎作'은 싸움이 일어남.

【遏】〈毛傳〉과 〈集傳〉에 "遏, 遠也"라 하였으나, 〈鄭箋〉에는 "遏, 當作剔. 剔, 治也"
라 함. 〈集傳〉에 "遏, 遠也"라 함.

【蠻方】〈鄭箋〉에 "蠻方, 蠻畿之外也. 此時中國微弱, 故復戒將帥之臣以治軍. 實女
當用此備兵事之起用, 此治九州之外不服者"라 함.

＊〈集傳〉에 "○言「天所不尙, 則無乃淪陷, 相與而亡, 如泉流之易乎! 是以內自庭除
之近, 外及蠻方之遠, 細而寢興洒埽之常, 大而車馬戎兵之變, 慮無不周備, 無不
飭也.」 上章所謂'訏謨定命, 遠猶辰告'者, 於此見矣"라 함.

(5) 賦

質爾人民, 謹爾侯度, 用戒不虞.

네 人民을 質ᄒᆞ며, 네 侯의 度(도)를 謹ᄒᆞ야, 뻐 不虞(블우)를 戒ᄒᆞ고,

그대의 백성들을 바르게 하고, 네 임금으로서의 법도를 삼가, 생각지
않았던 환난을 경계하여,

愼爾出話, 敬爾威儀, 無不柔嘉.

네 話 出홈을 愼(신)ᄒᆞ며, 네 威儀를 敬ᄒᆞ야, 柔(유)ᄒᆞ며 嘉(가)티 아님이
업게 홀 디어다.

너의 말 하나 내뱉을 때도 조심을 하고, 너의 위의를 공경히 하여, 화
평하고 착하게 하지 않음이 없게 할지니라.

白圭之玷, 尙可磨也,

白圭(빅규)의 玷(뎜)은, 오히려 可히 磨(마)ᄒᆞ려니와,

흰 구슬의 흠은, 오히려 갈아서 없앨 수 있지만,

斯言之玷, 不可爲也!

이 言의 玷은, 可히 爲티 몯홀 꺼시니라!

1444 시경

이 말의 잘못은, 어찌 해볼 도리가 없는 것이니라!

【質】〈毛傳〉에 "質, 成也"라 하였고, 〈集傳〉에 "質, 成也, 定也"라 함.
【侯度】〈鄭箋〉에 "侯, 君也. 此時萬民失職, 亦不肯趨公事, 故又戒鄕邑之大夫及邦
　國之君, 平汝萬民之事, 愼汝爲君之法度, 用備不億度, 而至之事"라 함. 〈集傳〉에
　"侯度, 諸侯所守之法度也"라 함.
【不虞】뜻밖의 환난. 〈毛傳〉에 "不虞, 非度也"라 하였고, 〈集傳〉에 "虞, 慮"라 함.
【話】〈毛傳〉에 "話, 善言也"라 하였고, 〈鄭箋〉에 "言謂敎令也"라 하였으며, 〈集傳〉
　에는 "話, 言"이라 함.
【柔嘉】〈鄭箋〉과 〈集傳〉에 "柔, 安; 嘉, 善也"라 함.
【玷】흠, 결함. 〈毛傳〉과 〈集傳〉에 "玷, 缺也"라 함.
【斯】〈鄭箋〉에 "斯, 此也. 玉之缺尙可磨鑢, 而平人君政敎一失, 誰能反覆之?"라 함.
　《論語》先進篇에 "南容三復白圭, 孔子以其兄之子妻之"라 함.
＊〈集傳〉에 "○言「旣治民守法, 防意外之患矣. 又當謹其言語, 蓋玉之玷缺, 尙可磨
　鑢使平, 言語一失, 莫能救之.」其戒深切矣. 故南容一日三復此章, 而孔子以其兄
　之子妻之"라 함.

(6) 賦
無易由言, 無曰「苟」矣!
由ᄒᄂᆞᆫ 言을 易(이)티 마라, '苟'(구)티 마롤 디어다!
말은 가볍게 하지 말며, '구차해서'라고 말하지 말라!

莫捫朕舌, 言不可逝矣!
내 舌(셜)을 捫(문)ᄒᆞᆯ 리 업슨 디라, 言을 可히 逝(셔)티 몯홀 꺼시니라!
내 혀를 잡아줄 자 없으니, 말은 내뱉고 나면 어쩔 수 없는 것이니라!

無言不讎, 無德不報.
言을 讎(슈)티 아니 리 업스며, 德을 報(보)티 아니리 업ᄂᆞ니,
말이란 되돌아오지 않는 것이 없고, 덕이란 보답이 없는 것이 없나니,

惠于朋友, 庶民小子,
朋友(븡우)와 庶民과, 小子의게 惠ᄒᆞ면,

신하들과, 서민 어린아이에게까지 은혜를 베풀면,

子孫繩繩, 萬民靡不承!

子孫이 繩繩(승승)호야, 萬民이 承(승)티 아닐 이 업스리라!

자손 대대로 이어져서, 만민이 받들지 않는 이가 없을 것이다!

【易】경솔함. 쉽게 여김. 〈集傳〉에 "易, 輕"이라 함.

【由】〈鄭箋〉에 "由, 於"라 함.

【莫捫朕舌】〈毛傳〉에 "莫, 無; 捫, 持也"라 하였고, 〈集傳〉에 "捫, 持"라 함.

【朕】은 나.

【逝】〈鄭箋〉에 "逝, 往也. 女無輕易於教令, 無曰苟且, 如是今人無持我舌者, 而自聽恣也. 教令一徃行於下, 其過誤可得而已之乎?"라 하였고, 〈集傳〉에는 "逝, 去"라 함.

【讎】〈毛傳〉에 "讎, 用也"라 하였고, 〈集傳〉에 "讎, 答"이라 함.

【惠】은혜를 베풂. 그러나 〈鄭箋〉에는 "惠, 順也. 教令之出如賣物, 物善則其售賈貴, 物惡則其售賈賤. 德加於民, 民則以義報之王. 又當施順道於諸侯, 下及庶民之子弟"라 함.

【朋友】群臣.

【繩繩】이어감. 그러나 〈鄭箋〉에는 "繩繩, 戒也. 王之子孫, 敬戒行王之教令, 天下之民, 不承順之乎? 言承順也"라 함.

【承】받듦. 〈集傳〉에 "承, 奉也"라 함.

＊〈集傳〉에 "○言「不可輕易其言, 蓋無人爲我執持其舌者. 故言語由己易, 致差失常, 當執持不可放去也. 且天下之理, 無有言而不讎, 無有德而不報者. 若爾能惠于朋友庶民小子, 則子孫繩繩而萬民無不承矣.」皆謹言之效也"라 함.

(7) 賦

視爾友君子, 輯柔爾顔, 不遐有愆.

네 君子 友홈을 視혼 딕, 네 顔(안)을 輯(집)호고 柔호야, 아니 엇던 愆(건)이 인눈가 호눈다.

그대는 군자를 친구로 사귈 때 태도는, 너의 얼굴을 온화하게 하고 안온하게 하며, 혹 어떤 허물은 없는가 생각하라.

相在爾室, 尚不媿于屋漏,

네 室에 이신 적을 相혼 듸도, 거의 屋漏(옥루)에 媿(괴)티 아니케 홀 디니,

너의 집안에서는, 그래도 은밀한 屋漏에 있을 때도 부끄러움이 없도록 할지니,

無曰「不顯, 莫予云覯!」

"顯(현)티 아닌 디라, 나를 覯(구)호리 업다" 니르디 말라!

"밝은 곳이 아니며, 나를 보는 이 없다"라고 말하지 말라!

神之格思, 不可度思, 矧可射思?

神이 格(격)홈이, 可히 度(탁)디 몯호곤, 호믈며 可히 射(역)호랴?

신께서 다가오시니, 생각해보지 않을 수 없는데, 하물며 싫다 할 수 있겠는가?

【視】태도.
【輯】〈毛傳〉에 "輯, 和也"라 하였고, 〈集傳〉에 "輯, 和也"라 함.
【柔】〈鄭箋〉에 "柔, 安"이라 함.
【不遐有愆】허물이 있지나 않을까 생각함. '遐'는 '何'와 같음. '어떤'의 뜻. 그러나 〈鄭箋〉에는 "遐, 遠也. 今視女諸侯及卿大夫, 皆脅肩諂笑, 以和安女顏色. 是於正道不遠, 有罪過乎! 言其近也"라 함. 〈集傳〉에 "遐, 何通; 愆, 過也"라 함.
【相】〈鄭箋〉에 "相, 助"이라 하였으나, '살피다'의 뜻이 타당함.
【尚】〈集傳〉에 "尚, 庶幾也"라 함.
【屋漏】은밀한 곳을 비유함. 〈毛傳〉에 "西北隅謂之屋漏"라 하였고, 〈鄭箋〉에 "屋, 小帳也. 漏, 隱也. 禮祭於奧, 旣畢, 改設饌於西北隅, 而扉隱之處. 此祭之末也"라 함. 〈毛傳〉에 '방의 西北구석'. 〈鄭箋〉에는 '屋'은 작은 장막, '漏'는 隱의 뜻이라 함. 제사를 돕는 사당의 한 구석. 〈集傳〉에 "屋漏, 室西北隅也"라 함.
【無曰不顯】〈鄭箋〉에 "顯, 明也. 諸侯卿大夫, 助祭在女宗廟之室, 尚無肅敬之心, 不愧愧於屋漏, 有神見人之爲也. 女無謂是幽昧不明, 無見我者, 神見女矣"라 함.
【覯】〈毛傳〉에 "覯, 見也"라 하였고, 〈集傳〉에 "覯, 見也"라 함.
【格思】〈毛傳〉에 "格, 至也"라 하였고, 〈集傳〉에 "格, 至"라 함. 格은 至. 思는 助字.
【度】헤아림. 〈集傳〉에 "度, 測"이라 함.

【刟】하물며. 〈鄭箋〉에 "刟, 況; 射, 厭也. 神之來至, 去止不可度知, 況可於祭末, 而有厭倦乎?"라 함. 〈集傳〉에 "刟, 況也"라 함.

【射】싫어함. 〈集傳〉에 "射, 斁通, 厭也"라 함.

*〈集傳〉에 "○言「視爾友於君子之時, 和柔爾之顔色, 其戒懼之意, 常若自省曰『豈不至於有過乎?』蓋常人之情, 其脩於顯者, 無不如此. 然視爾獨居於室之時, 亦當庶幾不愧于屋漏, 然後可爾無曰『此非顯明之處, 而莫予見也』. 當知鬼神之妙, 無物不體其至, 於是有不可得而測者, 不顯亦臨, 猶懼有失, 況可厭射而不敬乎?』此言不但脩之於外, 又當戒謹恐懼乎其所不睹不聞也. 子思子曰:「君子不動而敬, 不言而信.」又曰:「夫微之顯, 誠之不可揜, 如此. 此正心誠意之極功, 而武公及之, 則亦聖賢之徒矣.」라 함.

(8) 賦

辟爾爲德, 俾臧俾嘉.

辟(벽)아, 네 德흠을, ㅎ여곰 臧(장)케 ㅎ며 ㅎ요곰 嘉케 홀 디니,

그대의 덕을 법으로 하여, 백성을 어질게 하고 아름답도록 할지니,

淑愼爾止, 不愆于儀.

네 止를 淑愼(숙신)ㅎ야, 儀예 愆(건)티 아니 홀 디어다.

너의 행동거지를 아름답게 삼가, 위의에 허물이 없도록 할지어다.

不僭不賊, 鮮不爲則.

僭(참)티 아니며 賊(적)디 아니면, 則(측)이 되디 아닐 이 져금이,

어그러짐도 없고 적해도 없이하면, 법이 되지 못할 것이 적음이,

投我以桃, 報之以李.

내게 桃(도)로 뻐 投홈애, 李로 뻐 報홈이니,

나에게 복숭아를 던져 주면, 나는 오얏으로 보답해야 하니,

彼童而角, 實虹小子!

뎌는 童(동)애 角(각)을 ㅎ는 디라, 진실로 小子를 虹(홍)홈이로다!

저 뿔이 없는 양에게 뿔을 내놓으라 한다면, 이는 진실로 어린아이에게 혼란을 주는 것이니라!

【辟】〈鄭箋〉에 "辟, 法也"라 하였으나, 〈集傳〉에 "辟, 君也. 指武公也"라 함.

【俾臧俾嘉】〈毛傳〉에 "女爲善, 則民爲善矣"라 함.

【止】〈毛傳〉에 "止, 至也. 爲人君止於仁, 爲人臣止於敬, 爲人子止於孝, 爲人父止於慈, 與國人交止於信"이라 하였고, 〈鄭箋〉에 "止, 容止也. 當審法度, 女之施德, 使之爲民, 臣所善所美. 又當善愼女之容止, 不可過差於威儀. 女所行不僭不殘賊者, 少矣! 其不爲人所法"이라 함. 〈集傳〉에도 "止, 容止也"라 함. 행동거지를 뜻함.

【不僭于儀】〈鄭箋〉에 "此言善往, 則善來人. 無行而不得其報也"라 함.

【僭】어긋남. 〈毛傳〉에 "僭, 差也"라 하였고, 〈集傳〉에 "僭, 差"라 함.

【賊】害함. 〈集傳〉에 "賊, 害"라 함.

【則】〈集傳〉에 "則, 法也"라 함.

【投】〈鄭箋〉에 "投, 猶擲也"라 함.

【李】오얏. 자두.

【童】아직 뿔이 나지 않은 어린 양. 〈毛傳〉에 "童, 羊之無角者也.「而角」, 自用也"라 하였고, 〈鄭箋〉에 "童羊, 譬王后也. 而角者, 喻與政事有所害也. 此人實潰亂小子之政, 禮天子未除喪, 稱小子"라 함. 〈集傳〉에도 "無角曰童"이라 함.

【虹】〈毛傳〉과 潰亂함. 〈集傳〉에 "虹, 潰亂也"라 함. 昏亂을 줌.

＊〈集傳〉에 "○既戒以脩德之事, 而又言爲德而人法之. 猶投桃報李之必然也. 彼謂不必脩德, 而可以服人者, 是牛羊之童者, 而求其角也. 亦徒潰亂汝而已, 豈可得哉?"라 함.

(9) 興

荏染柔木, 言緡之絲.

荏染(임염)혼 柔木(유목)애, 絲(亽)를 緡(민)ᄒᆞᄂᆞ니라.

부드러운 나무는, 줄을 걸어 활을 만들 수 있듯이,

溫溫恭人, 維德之基.

溫溫혼 恭人은, 德의 基(긔)니라.

공손한 사람이야말로, 덕의 바탕이 되는 것이니라.

其維哲人, 告之話言, 順德之行.

그 哲人은, 話言을 告홈애, 德을 順ᄒᆞ야 行ᄒᆞ거든,

명철한 사람은, 좋은 말씀 일러 주면, 덕스러운 행동으로 순종하지만,

其維愚人, 覆謂我僭, 民各有心!

그 愚人은, 도로혀 나를 닐오딕 僭(참)타 ᄒᆞᄂᆞ니, 民이 각각 ᄆᆞ음이 잇도다!

그 어리석은 사람은, 도리어 나에게 믿지 못하겠다고 이르니, 이처럼 사람이란 각기 다른 마음을 가지고 있느니라!

【荏染】부드러운 상태를 뜻하는 雙聲連綿語. 〈集傳〉에 "荏染, 柔貌"라 함.

【柔木】〈鄭箋〉에 "柔忍之木, 荏染然, 人則被之弦以爲弓; 寬柔之人溫溫然, 則能爲德之基. 止言內有其性, 乃可以有爲德也"라 함. 〈集傳〉에 "柔木, 柔忍之木也"라 함.

【縎】줄. 〈毛傳〉에 "縎, 被也"라 하였고, 〈集傳〉에는 "縎, 綸也. 被之綸以爲弓也"라 함.

【溫溫】〈毛傳〉에 "溫溫, 寬柔也"라 함.

【話言】〈毛傳〉과 〈集傳〉에 "話言. 古之善言也"라 함.

【覆】〈鄭箋〉과 〈集傳〉에 "覆, 猶反也'"라 함.

【僭】〈鄭箋〉에 "僭, 不信也. 語賢智之人, 以善言則順行之. 告愚人, 反謂我不信. 民各有心, 二者竟不同"이라 하였고, 〈集傳〉에도 "僭, 不信也"라 함.

【民各有心】〈集傳〉에 「民各有心」, 言人心不同愚智, 相越之遠也"라 함.

(10) 賦

於乎小子! 未知臧否?

於乎(오호)ㅣ라, 小子아! 臧否(장비)를 아디 몯ᄒᆞᄂᆞ냐?

아, 어린 아이여! 아직 좋고 나쁨도 알지 못하는가?

匪手攜之, 言示之事.

手로 攜(휴)홀 ᄲᅮᆫ이 아니라, 事로 示ᄒᆞ며,

손으로 끌어 줄 뿐 아니라, 사실을 들어서 보여주며,

匪面命之, 言提其耳.

面ᄒᆞ야 命홀 ᄲᅮᆫ이 아니라, 그 耳를 提(톄)호라.

얼굴을 맞대고 가르쳐 줄 뿐만 아니라, 귀를 잡고 일러주노라.

借曰未知, 亦旣抱子!

가령 글도딕 아디 몯흔다 ㅎ나, 쏘흔 이믜 子를 抱(포)ㅎ엿것다!

가령 아직도 모르겠다고 말한다 해도, 역시 이미 아들을 안고 있는 어른이 되었도다!

民之靡盈, 誰夙知而莫成?

民이 盈(영)ㅎ라티 아니 ㅎ면, 뉘 일 알고 늦게아 成ㅎ리오?

백성이 만족에 차지 못했을 때, 미리 알아차리기만 하면 누군들 늦게서야 대처하겠는가?

【臧否】좋고 그렇지 않음의 구분. 〈鄭箋〉에 "臧, 善也. 於乎傷王, 不知善否. 我非但以手攜製之親, 示以其事之是非. 我非但對面語之, 親提撕其耳. 此言以教道之熟, 不可啓覺"이라 함.

【攜】'携'와 같음.

【借】〈毛傳〉에 "借, 假也"라 하였고, 〈鄭箋〉에 "假令人云:「王尙幼少, 未有所知.」"라 함. 〈集傳〉에 "非徒手攜之也, 而又示之以事, 非徒面命之也, 而又提其耳. 所以喩之者, 詳且切矣. 假令言「女未有知識, 則汝旣長大而抱子, 宜有知矣」라 함.

【抱子】아이를 안고 있는 부모의 나이. 〈鄭箋〉에 "亦已抱子, 長大矣." 不幼小也"라 함.

【靡盈】'不滿'의 다른 말.

【誰夙知而莫成】'일찍 알아차리기만 한다면 누가 도리어 늦게 대처하겠는가?'의 뜻. 〈毛傳〉에 "莫, 晚也"라 하였고, 〈鄭箋〉에 "萬民之意, 皆持不滿於王, 誰早有所知, 而反晚成與? 言王之無成本, 無知故也"라 함. 〈集傳〉에 "人若不自盈滿, 能受教戒, 則豈有旣早知而反晚成者乎?"라 함. '莫成'의 '莫'는 '모'(音慕)로 읽음. '暮'와 같으며 晚의 뜻. '成'은 '이루다'의 뜻이나, 여기서는 문맥상 '대처하다'로 풀이하였음.

(11) 賦

昊天孔昭, 我生靡樂.

昊天이 심히 昭(쇼)ㅎ시니, 내 生이 樂(락)디 아니 ㅎ도다.

호천은 심히 밝으니, 내 삶에 즐거움이 없도다.

視爾夢夢, 我心慘慘.

네 夢夢(몽몽)홈을 視호고, 내 모음이 慘慘(조조)호라.

그대는 분별 없음을 보고, 내 마음은 쓰리기만 하도다.

誨爾諄諄, 聽我藐藐.

너를 誨홈을 諄諄(슌슌)히 호니, 나를 聽홈을 藐藐(막막)히 ᄒᆞᄂ다.

너를 자상하게 가르쳐주어도, 내 말을 듣기는 전혀 들리지 않는 듯이
하는구나.

匪用爲敎, 覆用爲虐.

뻐 敎(교)혼다 아니 ᄒᆞ고, 도로혀 뻐 虐(학)혼다 ᄒᆞᄂ다.

교훈으로 여기기는커녕, 도리어 농담이라 하는구나.

借曰未知, 亦聿旣耄!

가령 굴오디 아디 몯혼다 ᄒᆞ나, ᄯᅩ혼 이믜 耄(모)ᄒᆞ엿것다!

가령 아직 알지 못한다 하나, 역시 이미 팔구십의 늙은이가 되었는
데도!

【昊天孔昭】〈鄭箋〉에 "孔, 甚; 昭明也. 昊天乎! 乃甚明察我生無可樂也"라 함.

【夢夢】〈毛傳〉에 "夢夢, 亂也"라 하였고, 〈鄭箋〉에 "視王之意夢夢然, 我心之憂悶
慘慘然, 愬其自恣不用忠臣"이라 함. 〈集傳〉에는 "夢夢, 不明亂意也"라 함.

【慘慘】〈音義〉에는 '참'(七感反)이라 하였으나, 〈集傳〉에는 '조'(音懆)라 하여 〈諺
解〉에도 '조'로 읽었음. 〈毛傳〉에 "慘慘, 憂不樂也"라 하였고, 〈集傳〉에는 "慘慘,
憂貌"라 함.

【諄諄】〈集傳〉에 "諄諄, 詳熟也"라 함.

【藐藐】〈毛傳〉에 "藐藐然, 不入也"라 하였고, 〈鄭箋〉에 "我敎告王口語諄諄然, 王
聽聆之藐藐然, 忽略不用我所言爲政令, 反謂之有妨害於事, 不受忠言"이라 함.
〈集傳〉에는 "藐藐, 忽畧貌"라 함.

【虐】'虐'은 謔과 같음. 戱謔, 弄談으로 여김.

【耄】〈毛傳〉에 "耄, 老也"라 하였고, 〈集傳〉에 "耄, 老也. 八十九十曰耄. 左史所謂
「年九十有五時」也"라 함.

(12) 賦

於乎小子! 告爾舊止.

於乎(오호)ㅣ라, 小子아! 네게 舊(구)를 告ㅎㄴ라.

아, 어린 아이여! 너에게 옛 법을 일러주노라.

聽用我謀, 庶無大悔.

내 謀(모)를 聽ㅎ야 用ㅎ면, 힝혀 큰 悔(회) 업스리라.

내 모책을 들어서 사용하면, 행여 큰 후회가 없으리라.

天方艱難, 曰喪厥國.

天이 보야ㅎ로 艱難(간난)혼 디라, 그 國을 喪(상)ㅎ리로소니,

하늘이 바야흐로 재앙을 내려, 그 나라를 망하게 하겠노라 하시니,

取譬不遠, 昊天不忒.

取ㅎ야 譬(비)홈이 머디 아니 혼 디라, 昊天이 忒(특)디 아니 ㅎ거늘,

비유를 취함이 멀리 있는 것이 아니라, 호천은 어긋남이 없거늘,

回遹其德, 俾民大棘?

그 德을 回遹(회율)ㅎ야, 民으로 ㅎ여곰 키 棘(극)게 ㅎㄴ다?

어찌 그 덕을 회율시켜, 백성들로 하여금 이토록 큰 곤급함을 당하게

하느뇨?

【舊止】〈鄭箋〉에 "舊, 久也; 止, 辭也"라 하였고, 〈集傳〉에 "舊, 舊章也. 或曰久也; 止, 語辭"라 함.

【庶】다행히. 행여. 혹여나. 〈集傳〉에 "庶, 幸"이라 함.

【悔】〈集傳〉에 "悔, 恨"이라 함. 〈鄭箋〉에 "庶, 幸; 悔, 恨也"라 함.

【艱難】재앙. 어려움을 뜻하는 疊韻連綿語. 〈鄭箋〉에 "天以王爲惡如是, 故出艱難 之事. 謂下災異, 生兵寇將, 以滅亡"이라 함.

【曰喪厥國】그 나라를 亡하게 함.

【取譬不遠】〈鄭箋〉에 "今我爲王取譬喻, 不及遠也. 維近耳"라 함.

【忒】어긋남. 차이가 남. 착오가 있음. 〈集傳〉에 "忒, 差"라 함.

【回遹】'回'는 邪. '遹'은 僻. 〈集傳〉에 "遹, 僻"이라 함.

【棘】危急. 困急. 급한 재앙. 〈鄭箋〉에 "王當如昊天之德, 有常不差忒也. 王反爲無常, 維邪其行爲貪暴, 使民之財匱盡, 而大困急"이라 함. 〈集傳〉에 "棘, 急也"라 함.

＊〈集傳〉에 "○言「天運方此艱難, 將喪厥國矣. 我之取譬, 夫豈遠哉? 觀天道禍福之不差忒, 則知之矣. 今汝乃回遹其德, 而使民至於困急, 則喪厥國也, 必矣.」라 함.

1. 孔穎達 〈正義〉

〈抑〉詩者, 衛武公所作, 以刺厲王也. 雖志在刺王, 亦所以自警戒己身, 以王之爲惡, 將致滅亡, 羣臣隨之, 己亦淪陷, 故箋指而言之. 〈正義〉曰: 言無如泉水相率俱亡, 是則己亦恐亡, 自警之意, 故以此句當之. 〈楚語〉云:「昔衛武公年九十有五矣, 猶箴儆於國, 曰:『自卿以下, 至於師長, 苟在朝者, 無謂我耄而捨我.』於是乎作〈懿〉以自儆.」韋昭云:「昭謂〈懿〉, 詩大雅〈抑〉之篇也. 〈抑〉讀曰〈懿〉.」〈毛詩〉序曰:〈抑〉, 衛武公刺厲王, 亦以自警. 如昭之言, 武公年耄, 始作〈抑〉詩. 案《史記》衛世家:「武公者, 僖侯之子, 共伯之弟. 以宣王三十六年卽位.」則厲王之世, 武公時爲諸侯之庶子耳. 未爲國君, 未有職事, 善惡無豫於物, 不應作詩刺王, 必是後世乃作追刺之耳. 正經美詩, 有後王時作, 以追美前王者, 則刺詩, 何獨不可後王時作而追刺前王也? 詩之作者, 欲以規諫前代之惡, 其人已往, 雖欲盡忠, 無所裨益. 後世追刺, 欲何爲哉? 詩者, 人之詠歌情之發憤, 見善欲論其功, 覩惡思言, 其失獻之可以諷諫詠之, 可以寫情. 本願申己之心, 非是必施於諫往者之失, 誠不可追將來之君, 庶或能改. 雖刺前世之惡, 冀爲未然之鑒, 不必虐君, 見在始得出辭, 其人已逝, 卽當杜口. 〈雨無正〉之篇, 鄭爲流彘後事, 旣出居政, 不由己, 雖欲箴規, 亦無所及. 此篇彼意於義亦同, 以此知韋氏之言, 爲得其實. 若然, 自警者, 羣臣爲惡, 恐禍及己, 己若前人, 己死則非禍所及, 而箋所以責厲王之臣, 爲武公自警者, 以人之得失, 在於朋儕. 武公雖非厲王之臣, 亦是朝廷之士, 淪胥以敗, 無世不然. 冀望遠彼惡, 人免其患禍. 雖文刺前朝, 實意在當代. 故誦習此, 言以自肅警. 侯包亦云:「衛武公刺王室, 亦以自戒. 行年九十有五, 猶使臣日誦是詩, 而不離於其側. 其意亦取〈楚語〉爲說, 與韋昭小異.

2. 朱熹 〈集傳〉

〈抑〉, 十二章, 三章章八句, 九章章十句:

〈楚語〉: 左史倚相曰:「昔衛武公年數九十五矣, 猶箴儆於國, 曰:『自卿以下至于師長士, 苟在朝者, 無謂我老耄而舍我. 必恭恪於朝夕, 以交戒我; 在輿有旅賁之規, 位宁有官師之典, 倚几有誦訓之諫, 居寢有褻御之箴, 臨事有瞽史之道.』宴居有師工之誦. 史不失書, 矇不失誦, 以訓御之. 於是作〈懿〉, 戒以自儆. 及其沒也, 謂之睿聖武公.」韋昭曰:「〈懿〉讀爲〈抑〉, 卽此篇也.」董氏曰:「侯包言:『武公行年九十有五, 猶使人日誦是詩, 而不離於其側.』然則序說爲刺厲王者, 誤矣.」

3. 《國語》楚語(上)

左史倚相廷見申公子亹, 子亹不出, 左史謗之, 舉伯以告.

子亹怒而出, 曰:「女無亦謂我老耄而舍我, 而又謗我!」

左史倚相曰:「唯子老耄, 故欲見以交儆子. 若子方壯, 能經營百事, 倚相將奔走承序, 於是不給, 而何暇得見? 昔衛武公年數九十有五矣, 猶箴儆於國, 曰:『自卿以下至於師長士, 苟在朝者, 無謂我老耄而舍我, 必恭恪於朝, 朝夕以交戒我;聞一二之言, 必誦志而納之, 以訓導我.』在輿有旅賁之規, 位宁有官師之典, 倚几有誦訓之諫, 居寢有褻御之箴, 臨事有瞽史之導, 宴居有師工之誦. 史不失書, 矇不失誦, 以訓御之, 於是乎作〈懿〉戒以自儆也. 及其沒也, 謂之睿聖武公. 子實不睿聖, 於倚相何害? 〈周書〉曰:『文王至於日中昃, 不皇暇食. 惠於小民, 唯政之恭.』文王猶不敢驕. 今子老楚國而欲自安也, 以禦數者, 王將何爲? 若常如此, 楚其難哉!」

子亹懼, 曰:「老之過也.」乃驟見左史.

263(大-23) 상유(桑柔)

*〈桑柔〉: 뽕나무의 부드러운 잎.
*이 시는 厲王 때 周 王室의 畿內 諸侯이며 왕의 卿士였던 芮伯(芮良夫)이 厲王의 잘못을 질책한 것이라 함.

<序>: <桑柔>, 芮伯刺厲王也.

〈상유〉는 예백이 여왕을 비난한 것이다.

〈箋〉: 芮伯, 畿內諸侯, 王卿士也. 字良夫.

※芮伯: 姬姓으로 周나라 때의 大臣. 이름은 良夫. 爵位는 伯爵. 기내 芮(지금의 山西 芮城縣) 땅에 봉해졌던 畿內侯.

*전체 16장. 8장은 8구씩, 8장은 6구씩(桑柔: 十六章. 八章章八句, 八章章六句).

(1) 比
菀彼桑柔, 其下侯旬.

菀(울)호더 桑柔(상유)ㅣ여, 그 下ㅣ 旬(슌)ᄒ더니,
무성한 저 뽕나무 새잎, 그 아래 그늘 넓더니,

捋采其劉, 瘼此下民.

捋采(랄채)홈애 그 劉(류)ᄒ야, 이 下民을 瘼(막)ᄒ놋다.
한 잎 두 잎 따고 베어 가니, 이 백성들 병들어 힘든 때가 되었도다.

不殄心憂, 倉兄塡兮,

心 憂홈을 殄(딘)티 몯ᄒ야, 倉兄(창황)홈을 塡(진)호니,
마음 속 근심 다 없애지 못하고, 창황한 슬픔이 길어지는데,

倬彼昊天, 寧不我矜?

倬(탁)호더 昊天은, 엇디 나를 矜(긍)티 아니 ᄒ는고?
倬(탁)호더 昊天은, 엇디 나를 矜(긍)티 아니 ᄒ는고?

밝으신 저 하늘(임금)께서는, 어찌 나를 불쌍히 여기지 아니하는고?

【菀】무성함. 〈毛傳〉과 〈集傳〉에 "興也. 菀, 茂貌"라 함. 〈鄭箋〉에 "桑之柔濡, 其
葉菀然茂盛. 謂蠶始生時也"라 함.

【旬】그 아래 그늘이 고르고 넓음. 〈毛傳〉에 "旬, 言陰均也"라 하였고, 〈集傳〉에
"旬, 徧"이라 함.

【捋】훑어 땀.

【劉】가지를 베어서 땀. 〈毛傳〉에 "劉, 爆爍而希也"라 하였고, 〈集傳〉에 "劉, 殘"이
라 함. 〈鄭箋〉에는 "人庇陰其下者, 均得其所已捋采之, 則葉爆爍; 而疏人息其下,
則病於爆爍. 興者, 喻民當被王之恩惠, 羣臣恣放, 損王之德"이라 함.

【瘼】〈毛傳〉에 "瘼, 病也"라 함. 마음속의 근심. 周나라 전성기가 지나 厲王에 이
르러 극도로 쇠락해 감을 뜻함.

【殄】끊어버림, 없앰. 〈鄭箋〉에 "殄, 絶也. 民心之憂, 無絶已, 喪亡之道, 滋久長"이
라 함. 〈集傳〉에 "殄, 絶也"라 함.

【倉兄塡兮】〈毛傳〉에 "倉, 喪也;兄, 滋也;塡, 久也"라 함. 그러나 '倉兄'은 '창황'으
로 읽으며, '愴怳'의 假借. 슬픔을 뜻하는 疊韻連綿語. 〈集傳〉에 "倉兄, 與愴怳同.
悲閔之意也;塡, 未詳. 舊說與陳塵同. 蓋言久也. 或疑與瘨字同, 爲病之義. 但〈召
旻〉篇內, 二字並出, 又恐未然. 今姑闕之"라 함. '塡'은 〈毛傳〉에 '오래 끌다'라 함.
"塡, 音塵"이라 하여 '진'으로 읽음.

【倬】〈鄭箋〉과 〈集傳〉에 "倬, 明貌"라 함.

【昊天】〈毛傳〉에 "昊天, 斥王者也"라 함.

【寧不我矜】〈鄭箋〉에 "大貌昊天, 乃倬然明大, 而不矜哀下民, 怨懟之言"이라 함.

＊〈集傳〉에 "○舊說此爲芮伯刺厲王而作.《春秋傳》亦曰:「芮良夫之詩.」則其說是
也. 以桑爲比者, 桑之爲物, 其葉最盛. 然及其采之也, 一朝而盡, 無黃落之漸. 故
取以比周之盛時, 如葉之茂, 其陰無所不徧. 至於厲王, 肆行暴虐, 以敗其成業,
王室忽焉凋弊, 如桑之旣采, 民失其蔭, 而受其病. 故君子憂之不絶於心, 悲閔之
甚而至於病, 遂號天而訴之也"라 함.

(2) 賦

四牡騤騤, 旟旐有翩.

四牡(ᄉ모)ㅣ 騤騤(규규)ᄒ니, 旟旐(여죠)ㅣ 翩(편)ᄒ도다.

네 필 숫말이 지치지 않고 달리고, 軍旗는 펄럭이도다.

亂生不夷, 靡國不泯.

亂이 生ᄒᆞ야 夷(이)티 아니 ᄒᆞ야, 國이 泯(민)티 아니ᄒᆞ 리 업스며,

난이 일어나 평정되지 않으면, 민멸되지 않을 나라가 없으며,

民靡有黎, 具禍以燼.

民이 黎(려)ㅣ 잇디 아니 ᄒᆞ야, 다 禍ᄒᆞ야 뼈 燼(신)ᄒᆞ리로다.

백성은 검은 머리로 살아날 자 없으니, 다 함께 재앙 속에 재만 남게 되리라.

於乎有哀, 國步斯頻!

於乎(오호)ㅣ라, 슬프믈 두니, 國步(국보)ㅣ 이예 頻(빈)ᄒᆞ도다!

아, 애통하도다, 나라의 갈 길이 이렇게 촉급하도다!

【骙骙】쉬지 않음. 전투를 위해 나가는 말들이 끝이 없음. 〈毛傳〉에 "骙骙, 不息 也" 함.

【旟旐】軍旗. 〈毛傳〉에 "鳥隼曰旟, 龜蛇曰旐"라 함.

【翩】〈毛傳〉에 "翩翩, 在路不息也"라 함.

【夷】난이 平定됨. 〈毛傳〉과 〈集傳〉에 "夷, 平"이라 함.

【泯】민멸됨. 모두 망함. 〈毛傳〉과 〈集傳〉에 "泯, 滅也"라 함. 〈鄭箋〉에는 "軍旅久 出征伐而亂, 日生不平無國, 而不見殘滅也. 言王之用兵, 不得其所適, 長寇虐"이 라 함.

【黎】〈毛傳〉에 "黎, 齊也"라 하였고, 〈鄭箋〉에 "黎, 不齊也"라 하여 반어법으로 보 았음. 그러나 〈集傳〉에는 "黎, 黑也. 謂黑首也"라 하여 일반 백성이라 하였음. 검 은 머리로 그대로 살아날 백성이 없음. 모두가 난으로 인해 희생되어 壽를 누리 지 못함. 그러나 王引之는 '民衆'으로, 郭沫若은 '奴隷'라 하였음.

【具】〈鄭箋〉에 "具, 猶俱也災"라 하였고, 〈集傳〉에 "具, 俱也"라 함.

【燼】〈鄭箋〉에 "餘曰燼. 言時民無有不齊, 被兵寇之害者, 俱遇此禍, 以爲燼者. 言 害所及廣"이라 함. 〈集傳〉에는 "燼, 灰燼也"라 함.

【國步斯頻】〈毛傳〉에 "步, 行; 頻, 急也"라 하였고, 〈鄭箋〉에는 "頻, 猶比也. 哀哉! 國家之政, 行此禍害, 比比然"이라 함. 〈集傳〉에 "步, 猶運也; 頻, 急蹙也"라 함.

*〈集傳〉에 "○厲王之亂, 天下征役不息. 故其民見其車馬旌旗, 而厭苦之. 自此至 第四章, 皆征役者之怨辭也"라 함.

(3) 賦

國步蔑資, 天不我將.

國步ㅣ 蔑(멸)홈이 資(ㅈ)혼 디라, 天이 날을 將(쟝)티 아니 ᄒᆞ샤,

나라의 앞길은 재물도 탕진된지라, 하늘도 장차 나를 살려주지 않을 터이니,

靡所止疑, 云徂何往?

止ᄒᆞ야 疑(얼)홀 배 업도소니, 徂(조)혼들 어듸 徃(왕)ᄒᆞ료?

머물러 안정되게 살 곳이 없으니, 간들 어디로 간단 말인가?

君子實維, 秉心無競.

君子ㅣ 진실로, 心 秉(병)홈이 競(경)이 업거시니,

높은 분들 진실로, 강한 마음을 다잡고 다스릴 생각도 없으니,

誰生厲階, 至今爲梗?

뉘 厲階(려계)를 生ᄒᆞ야, 이제 니르히 梗(경)이 되게 ᄒᆞᄂᆞᆫ고?

누가 이런 악한 계단을 만들어, 지금에 이런 고통에 이르게 하였는고?

【蔑資】〈鄭箋〉에 "蔑, 猶輕也"라 하였고, 〈集傳〉에 "蔑, 滅;資, 吝"라 함. 그러나 '蔑'은 無로, '蔑資'는 재물을 탕진하여 없음의 뜻으로 봄.

【將】〈鄭箋〉과 〈集傳〉에 "將, 猶養也"라 함.

【疑】〈音義〉에 '억'(魚陟反)으로, 〈詩傳〉에는 '흘'(音屹), 〈集傳〉에는 '의'(讀如儀) 등으로 되어 있으며, 〈諺解〉에는 전혀 다르게 '얼'로 읽고 있음. 〈毛傳〉에 "疑, 定也"라 하였고, 〈集傳〉에 "疑, 讀如儀, 禮. 疑立之疑, 定也"라 함. 陳奐 〈傳疏〉에는 "疑, 卽得之省借. ……疑·得, 同聲;定·止, 同義"라 함.

【徂】〈鄭箋〉에 "徂, 行也. 國家爲政行此, 輕蔑民之資用, 是天不養我也. 我從兵役, 無有止息, 時今復云行, 當何之往也?"라 함. 〈集傳〉에 "徂, 亦往也"라 함.

【君子】〈鄭箋〉에 "君子, 謂諸侯及卿大夫也"라 함.

【秉心無競】〈毛傳〉에 "競, 彊"이라 하였고, 〈鄭箋〉에 "其執心不彊於善, 而好以力爭"이라 함. 〈集傳〉에 "競, 爭"이라 함.

【厲】〈毛傳〉에 "厲, 惡"이라 하였고, 〈集傳〉에 "厲, 怨"이라 함.

【梗】病. 고통. 재앙. 疊韻互訓. 〈毛傳〉과 〈集傳〉에 "梗, 病也"라 하였고, 〈鄭箋〉에

는 "誰始生此禍者, 乃至今日, 相梗不止?"라 함.

*〈集傳〉에 "○言「國將危亡, 天不我養, 居無所定, 徂無所往. 然非君子之有爭心也. 誰實爲此禍階, 使至今爲病乎?」 蓋曰「禍有根原, 其所從來也遠矣.」"라 함.

(4) 賦
憂心慇慇, 念我土宇.

心에 憂홈을 慇慇(은은)히 ᄒ야, 우리 土宇(토우)를 念ᄒ노라.

마음 속 근심 속앓이하며, 내 살던 고향을 생각하노라.

我生不辰, 逢天僤怒.

우리 生이 辰(신)이 아니라, 天의 僤(단)ᄒᆫ 怒(노)를 逢(봉)호라.

내 좋지 않은 때 태어나, 하늘의 엄청난 노기를 만났구나.

自西徂東, 靡所定處.

西로브터 東에 가도록히, 定ᄒ야 處홀 배 업도소니,

서쪽으로부터 동쪽으로 가기까지, 머물러 살 곳이란 없으니,

多我觏痻, 孔棘我圉.

多(다)ᄒ다, 우리 痻(민)을 觏(구)홈이며, 심히 棘(극)ᄒ다 우리 圉(어)ㅣ로다!

내 심한 고생 직접 보면서, 심히 먼 변방에 위급함을 막으러 나 여기와 있네!

【土宇】宇는 居. 사는 땅. 자신의 나라. 〈毛傳〉에 "宇, 居"라 하였고, 〈集傳〉에 "土, 鄕; 宇, 居"라 함.

【不辰】좋지 않은 시기. 좋지 않은 시대에 태어남. 〈鄭箋〉에 "辰, 時也. 此土卒, 從軍久勞苦, 自傷之言"이라 함. 〈集傳〉에 "辰, 時"라 함.

【僤怒】엄청난 노기. 〈毛傳〉과 〈集傳〉에 "僤, 厚也"라 함. 陳奐〈傳疏〉에 "僤與單同. 故單謂之厚, 僤亦謂之厚. 厚怒, 猶重怒也"라 함.

【觏痻】고통을 겪음. 〈鄭箋〉에 "痻, 病也"라 하였고, 〈集傳〉에도 "觏, 見; 痻, 病"이라 함.

【棘】危急함.
【圍】〈毛傳〉에 "圍, 垂也"라 하였으나, 〈鄭箋〉에 "圍, 當作禦, 多矣. 我之遇困, 病
甚急矣. 我之禦寇之事"라 함. 〈集傳〉에 "棘, 急;圍, 邊也. 或曰禦也. 多矣我之見
病也;急矣我之在邊也"라 함. 먼 邊方에 戍役을 하고 있음을 뜻함.

(5) 賦

爲謀爲毖, 亂況斯削!

謀(모)ᄒ며 毖(비)ᄒ나, 亂이 況(황)ᄒ야 이예 削(샥)ᄒ놋다!

모책을 세워보고 조심을 해도, 난은 점점 자심하여 이를 막아내고 있
도다!

告爾憂恤, 誨爾序爵.

네게 憂恤(유흌)홈을 告ᄒ며, 네게 爵(쟉) 序(셔)홈을 誨ᄒ노라.

그대에게 근심하라고 일러주고, 그대에게 사람 임용 잘 하라 가르치
노라.

誰能執熱, 逝不以濯?

뉘 能히 熱(열)을 執ᄒ야, 뼈 濯(탁)디 아니 ᄒ리오?

누가 능히 뜨거운 것 잡았다가, 얼른 가서 찬물에 손 담그지 않으랴?

其何能淑? 載胥及溺.

그 엇디 能히 淑(슉)홀고? 곧 서르 溺(닉)에 及(급)ᄒ리로다.

그 어찌해야 능히 잘 처리할꼬? 곧 함께 물에 빠지는 지경이 다가오
는데.

【毖】삼감. 조심함. 〈毛傳〉과 〈集傳〉에 "毖, 愼也"라 하였고, 〈鄭箋〉에는 "女爲軍
旅之謀, 爲重愼兵事也. 而亂滋甚於此, 日見侵削. 言其所任非賢"이라 함.
【況】자심함. 〈集傳〉에 "況, 滋也"라 함.
【恤】〈鄭箋〉에 "恤, 亦憂也"라 함.
【序爵】賢否를 가려 차례에 맞게 벼슬자리를 줌. 〈集傳〉에 "序爵, 辨別賢否之道
也"라 함.

【執熱】맨 손으로 뜨거운 물건을 잡음. 〈集傳〉에 "執熱, 手執熱物也"라 함.

【逝】〈鄭箋〉에 "逝, 猶去也. 我語女以憂天下之憂, 教女以次序, 賢能之爵, 其爲之, 當如手持熱物之用濯. 謂治國之道, 當用賢者"라 함.

【濯】구제함. 여기서는 불에 덴 손을 얼른 찬물에 담금. 〈毛傳〉에 "濯, 所以救熱 也. 禮亦所以救亂也"라 함.

【淑】〈鄭箋〉에 "淑, 善"이라 함.

【載胥及溺】함께 재앙에 빠짐. 〈鄭箋〉에 "胥, 相; 及與也. 女若云此於政事, 何能善 乎? 則女君臣, 皆相與陷溺於禍難"이라 함.

＊〈集傳〉에 "○蘇氏曰: 「王豈不謀且愼哉? 然而不得其道適所以長亂, 而自削耳. 故 告之以其所當憂, 而誨之以序爵.」 且曰: 「誰能執熱而不濯者? 賢者之能已亂, 猶 濯之能解熱耳. 不然則其何能善哉? 相與入於陷溺而已.」"라 함.

(6) 賦
如彼遡風, 亦孔之僾.

뎌 風을 遡(소)홈 ᄀᆞᆮᄐᆞᆫ 디라, ᄯᅩ흔 심히 僾(의)홈도다.

마치 저 바람을 향하는 것 같아, 역시 심히 숨도 제대로 쉬지 못하는 꼴.

民有肅心, 荓云不逮,

民이 肅(슉)홀 心을 두나, ᄒᆞ여곰 닐오디 逮(톄)티 몯ᄒᆞ리라 ᄒᆞ야,

백성들이 앞으로 나아가고자 해도, 그렇게 시켜도 미치지 못하리라 하여,

好是稼穡, 力民代食.

이 稼穡(개ᄉᆡᆨ)을 好ᄒᆞ야, 民과로 力ᄒᆞ야 食(식)을 代(디)ᄒᆞ노소니,

이 농사일을 좋게 여겨, 백성의 힘으로 밥을 먹는 것을 대신하는 것이니,

稼穡維寶, 代食維好!

稼穡이 寶(보)ㅣ며, 食을 代홈이 好ᄒᆞ도다!

농사일이란 보배이며, 그들을 통해 밥을 대신 먹는 것을 좋게 여기면 되는 것을!

【遡】향함. 〈毛傳〉과 〈集傳〉에 "遡, 鄕"이라 하여 '鄕'(嚮, 向)과 같음.

【優】숨도 제대로 쉬지 못함. 〈毛傳〉과 〈集傳〉에 "優, 唈"이라 함.

【肅心】〈鄭箋〉과 〈集傳〉에 "肅, 進"이라 함.

【荓云不逮】'荓'은 〈毛傳〉과 〈集傳〉에 "荓, 使也"라 함. 〈鄭箋〉에는 "逮, 及也. 今王之爲政, 見之使人唈然, 如鄕疾風不能息也. 王爲政民, 有進於善道之心, 當任用之. 反卻退之, 使不及門. 但好任用, 是居家吝嗇於聚斂"이라 함.

【力民代食】당시 土들은 나라를 위해 벼슬하는 노고는 난세여서 해낼 수 없으니, 차라리 재야에서 농사나 지으며 살아감이 낫다고 여긴 것. 〈毛傳〉에 "力民代食", 代無功者, 食天祿也"라 하였고, 〈鄭箋〉에는 "作力之人, 令代賢者, 處位食祿. 明王之法, 能治人者食於人;不能治人者食人. 《禮記》曰:「與其有聚斂之臣, 寧有盜臣.」聚斂之臣, 害民盜臣害財. 此言王不尙賢, 但貴吝嗇之人, 與愛代食者而已"라 함. 《孟子》에 滕文公(上)에 "或勞心, 或勞力. 勞心者治人;勞力者治於人. 治於人者食人;治人者食於人, 天下之通義也"라 한 말과 같은 뜻임.

＊〈集傳〉에 "○蘇氏曰:「君子視厲王之亂, 悶然如遡風之人, 唈而不能息. 雖有欲進之心, 皆使之曰世亂矣, 非吾所能及也. 於是退而稼穡, 盡其筋力, 與民同事, 以代祿食而已. 當是時也, 仕進之憂甚於稼穡之勞, 故曰『稼穡維寶, 代食維好』. 言雖勞而無患也.」"라 함.

(7) 賦

天降喪亂, 滅我立王.

天이 喪亂(상란)을 降흔 디라, 우리 立흔 王을 滅ᄒ고,

하늘이 상란을 내려, 우리가 세운 왕을 멸하고,

降此蟊賊, 稼穡卒痒.

이 蟊(모)와 賊(적)을 降ᄒ야, 稼穡이 다 痒(양)ᄒ놋다.

이런 모충과 적충을 내려, 농사는 끝장이 나고 병이 드는구나.

哀恫中國, 具贅卒荒.

哀恫(이통)흔 中國이, 다 贅(췌)ᄒ야 다 荒(황)ᄒ리로소니,

애통하다, 중원이여, 모두가 황폐하여 진멸하고 말았으니,

靡有旅力, 以念穹蒼!

旅力이, 뼈 穹蒼(궁창)을 念홈이 업도다!

팔뚝에는, 푸른 하늘을 생각할 기력도 없구나!

【滅我立王】'滅'은 〈鄭箋〉에 "滅, 盡也"라 함. '우리가 세운 왕조를 멸망시킴'. 이
구절을 근거로 朱熹는 이 시는 共和 이후에 지어진 것이라 하였음. '共和'는 周
厲王의 虐政으로 난이 일어나자 厲王이 彘로 도망하여 찾을 수 없게 됨. 이에
대신들이 함께 정사를 보았던 시기라 하여 '共和'라 한 것임. B.C.841~B.C.828년
까지 14년간이었으며, 결국 厲王을 찾지 못하자 宣王(姬靜)을 세워 王朝 紀年을
이어간 것임.

【蟊賊】농사에 해를 끼치는 害蟲. 〈鄭箋〉에 "蟲食苗根曰蟊, 食節曰賊"이라 함.

【稼穡】〈鄭箋〉에 "耕種曰稼, 收斂曰穡"이라 함.

【卒痒】병이 듦. 〈鄭箋〉에 "卒, 盡;痒, 病也. 天下喪亂, 國家之災, 以窮盡我王, 所
恃而立者. 謂蟲孽爲害, 五穀盡病"이라 함.

【哀恫】哀痛. 〈集傳〉에 "恫, 痛"이라 함. 〈鄭箋〉에 "恫, 痛也. 哀痛乎中國之人, 皆
見繫屬於兵役, 家家空虛, 朝廷曾無有, 同力諫諍, 念天所爲下此災"라 함.

【中國】中原. 諸夏.

【具】〈集傳〉에 "具, 俱也"라 함.

【贅】〈毛傳〉에 "贅, 屬"라 하였고, 〈集傳〉에 "贅, 屬也. 言危也.《春秋傳》曰「君若綴
旒, 然與此贅」同"이라 함.

【卒荒】〈毛傳〉에 "荒, 虛也"라 하였고, 〈集傳〉에 "卒, 盡;荒, 虛也"라 함.

【旅】〈集傳〉에 "旅, 與膂同"이라 함.

【穹蒼】〈毛傳〉에 "穹蒼, 蒼天"이라 하였고, 〈集傳〉에 "穹蒼, 天也. 穹言其形, 蒼言
其色"이라 함.

＊〈集傳〉에 "○言「天降喪亂, 固已滅我所立之王矣. 又降此蟊賦. 則我之稼穡又病,
而不得以代食矣. 哀此中國, 皆危盡荒, 是以危困之極, 無力以念天禍也.」此詩之
作, 不知的在何時? 其言滅我立王, 則疑其共和之後也"라 함.

(8) 賦
維此惠君, 民人所瞻.

이 惠흔 君의, 民人이 瞻(쳠)ᄒᆞ는 바는,

이처럼 순리대로 하는 왕에게, 백성들이 우러러보는 바는,

秉心宣猶, 考愼其相.

心을 秉ᄒᆞ야 猶를 宣ᄒᆞ야, 그 相을 考ᄒᆞ야 愼홀 시니라.

마음 널리 헤아리시어, 좋은 보필을 고려하여야 하는 것이니라.

維彼不順, 自獨俾臧.

뎌 順티 아니흔 이ᄂᆞᆫ, 스스로 홀로 ᄒᆞ여곰 臧호라 ᄒᆞ며,

그러나 저는 순리를 무시하고, 자신 혼자 훌륭하다 여기며,

自有肺腸, 俾民卒狂!

스스로 肺腸(폐쟝)을 두어, 民으로 ᄒᆞ여곰 다 狂(광)케 ᄒᆞᄂᆞ다!

제 마음대로 일을 처리하여, 백성으로 하여금 끝내 미혹하게 하였구나!

【惠】〈鄭箋〉에 "惠, 順"이라 하였고, 〈集傳〉에는 "惠, 順也. 順於義理也"라 함.

【宣猶】널리 모책을 세움. 〈鄭箋〉과 〈集傳〉에 "宣, 徧; 猶, 謀"라 함.

【愼】〈鄭箋〉에 "愼, 誠"이라 함.

【相】〈毛傳〉에 "相, 質也"라 하였고, 〈鄭箋〉에 "相, 助也"라 하였으며, 〈集傳〉에는 "相, 輔"라 함.

【維彼不順】〈鄭箋〉에 "維至德順, 民之君爲百姓所瞻仰者, 乃執正心, 擧事徧謀於衆. 又考誠其輔相之行, 然後用之. 言擇賢之審"이라 함.

【自獨俾臧】〈鄭箋〉에 "臧, 善也. 彼不施順道之君, 自多足獨. 謂賢言:「其所任之臣, 皆善人也.」"라 함.

【自有肺腸】肺腸은 心中. 자기 마음대로 함. 〈鄭箋〉에 "不復考愼, 自有肺腸, 行其心中之所欲, 乃使民盡迷惑如狂. 是又不宣猶"라 함.

【狂】〈集傳〉에 "狂, 惑也"라 함.

＊〈集傳〉에 "○言「彼順理之君, 所以爲民所尊仰者. 以其能秉持其心, 周徧謀度考, 擇其輔相, 必衆以爲賢而後用之. 彼不順理之君, 則自以爲善, 而不考衆謀, 自有私見, 而不通衆志. 所以使民眩惑, 至於狂亂也.」"라 함.

(9) 興

瞻彼中林, 甡甡其鹿.

뎌 中林을 瞻혼 딕, 甡甡(선선)혼 그 鹿이어늘,

저 숲 속을 바라보니, 무리를 지은 사슴 떼들,

朋友已譖, 不胥以穀.

朋友ㅣ 이믜 譖(춤)ᄒᆞ야, 서르 뻐 穀(곡)디 아니 ᄒᆞ놋다.

친한 벗도 이미 믿을 수 없어, 서로 함께 착하게 대하지도 않는구나.

人亦有言:「進退維谷!」

人이 ᄯᅩ혼 言을 두딕 "進(진)ᄒᆞ며 退(퇴)홈이 谷(곡)이라!" ᄒᆞᄂᆞ다.

사람들이 말하되, "나아가나 물러서나 막힌 골짜기!"라고 하는구나.

【中林】林中, 숲속.
【甡甡】무리를 이룸. '선'(所巾反)으로 읽음. 莘莘과 같음. 〈毛傳〉에 "甡甡, 衆多也"
라 하였고, 〈集傳〉에 "甡甡, 衆多並行之貌"라 함.
【譖】〈鄭箋〉과 〈集傳〉에 "譖. 不信也"라 함.
【不胥以穀】서로 같이 좋게 지내지 않음. '胥'는 相. '以'는 與. '穀'은 善. 〈鄭箋〉에
"胥, 相也. 以, 猶與也;穀, 善也. 視彼林中, 其鹿相輩耦, 行甡甡然衆多. 今朝廷羣
臣, 皆相欺背, 不相與以善道. 言其鹿之不如"라 하였고, 〈集傳〉에도 "胥, 相;穀,
善"이라 함.
【谷】〈毛傳〉에 "谷, 窮也"라 하였고, 〈鄭箋〉에 "前無明君, 卻迫罪役, 故窮也"라 하
였으며, 〈集傳〉에 "谷, 窮也. 言朋友相譖, 不能相善, 曾鹿之不如也"라 함.
＊〈集傳〉에 "○言「上無明君, 下有惡俗. 是以進退皆窮也.」"라 함.

(10) 賦

維此聖人, 瞻言百里.

이 聖人은, 瞻ᄒᆞ야 言ᄒᆞᄂᆞᆫ 거시 百里어늘,

오직 성인만이, 백 리 앞을 내다볼 수 있는 것이거늘,

維彼愚人, 覆狂以喜.

뎌 愚人은, 도로혀 狂ᄒᆞ야 뻐 喜(희)ᄒᆞᄂᆞ다.

저 어리석은 자들은, 도리어 미혹하여 그것을 기뻐하도다.

匪言不能, 胡斯畏忌?

言을 能티 몯ᄒᆞᄂᆞᆫ 줄이 아니어시니, 엇디 이 畏忌(외긔)ᄒᆞᄂᆞ뇨?

말에 능하지 못한 것이 아니니, 어찌 임금의 노함이 겁이 나서 그렇겠는가?

【聖人】사물의 幾微를 예측할 수 있는 사람. 〈集傳〉에 "聖人, 炳於幾先所視而言者"라 함.

【瞻言百里】百里 앞을 내다봄. 〈毛傳〉에 "瞻言百里, 遠慮也"라 하였고, 〈鄭箋〉에 "聖人所視而言者, 百里, 言見事遠, 而王不用"이라 함.

【維彼愚人, 覆狂以喜】〈鄭箋〉에 "有愚闇之人, 爲王言其事, 淺且近耳. 王反迷惑, 信用之而喜"라 하였고, 〈集傳〉에 "無遠而不察, 愚人不知禍之將至, 而反狂以喜. 今用事者, 蓋如此. 我非不能言也. 如此畏忌何哉? 言王暴虐人, 不敢諫也"라 함.

【胡斯畏忌】말을 아니 하는 것은 임금의 노여움으로 죄를 뒤집어쓸까 해서임. 〈鄭箋〉에 "胡之言何也. 賢者見此事之是非, 非不能分別皁白, 言之於正也. 然不言之何也? 此畏懼犯顔得罪罰"이라 함.

(11) 賦

維此良人, 弗求弗迪.

이 良(량)ᄒᆞᆫ 人을, 求티 아니ᄒᆞ며 迪(뎍)디 아니 ᄒᆞ고,

이런 훌륭한 사람은, 찾지도 않고 나서지도 못하게 하면서,

維彼忍心, 是顧是復.

뎌 忍心ᄒᆞᆫ 이를, 이예 顧(고)ᄒᆞ며 이예 復(복)ᄒᆞᄂᆞ니,

저 잔인한 마음 가진 이는, 돌봐주며 다시 복귀시키고 하니,

民之貪亂, 寧爲荼毒!

民의 貪亂(탐란)홈이여, 荼毒(도독)을 寧(녕)ᄒᆞ놋다!

백성의 탐란함이여, 이런 해독을 편안한 것으로 여기고 있다니!

【良人】〈鄭箋〉에 "良, 善也. 國有善人, 王不求索不進用之. 有忍爲惡之心者, 王反
　顧念而重復之. 言其忽賢者而愛小人"이라 함.

【迪】〈毛傳〉과 〈集傳〉에 "迪, 進也"라 함.

【忍心】殘忍한 마음. 〈集傳〉에 "忍, 殘忍也"라 함.

【顧】〈集傳〉에 "顧, 念"이라 함.

【復】다시 등용시킴. 〈集傳〉에 "復, 重也"라 함.

【貪亂】탐욕과 혼란. 〈鄭箋〉에 "貪, 猶欲也. 天下之民苦王之政, 欲其亂亡. 故安爲
　苦毒之行, 相侵暴慍恚, 使之然"이라 함.

【寧】편안히 여김.

【荼毒】荼는 씀바귀. 害毒을 대신하는 말로 비유됨. 〈集傳〉에 "荼, 苦菜也. 味苦
　氣辛, 能殺物, 故謂之荼毒也"라 함. 陳奐 〈傳疏〉에 "荼, 苦菜. 因之凡苦曰荼. 荼毒,
　卽是亂"이라 함.

＊〈集傳〉에 "○言「不求善人而進用之, 其所顧念重復而不已者, 乃忍心不仁之人. 民
　不堪命, 所以肆行貪亂, 而安爲荼毒也.」"라 함.

(12) 興

大風有隧, 有空大谷.

大風이 隧(슈)] 이시니, 空한 大谷이로다.

큰 바람도 길이 있건만, 큰 골짜기가 텅 비었구나.

維此良人, 作爲式穀.

이 良한 人은, 作하야 爲홈이 穀을 써 하거늘,

이 훌륭한 사람은, 기용해도 될 만한 착한 분인데,

維彼不順, 征以中垢.

뎌 不順(블슌)은, 征홈을 中垢(즁구)로 써 하놋다!

저 순리를 모르는 자는, 그에게 때만 뒤집어씌우는 짓을 저지르는
구나!

【大風】〈鄭箋〉에 "西風謂之大風. 大風之行, 有所從而來必. 從大空谷之中. 喻賢愚
之所行, 各由其性"이라 함.

【隧】〈毛傳〉과 〈集傳〉에 "隧, 道也"라 함.

【作爲式穀】〈鄭箋〉에 "作, 起; 式, 用"이라 하였고, 〈集傳〉에 "式, 用; 穀, 善也"라 함.
그러한 사람은 기용하여 쓰는 것이 좋은 사례임을 뜻함.

【征以中垢】〈鄭箋〉에 "征, 行也. 賢者在朝, 則用其善道, 不順之人, 則行闇冥受性
於天, 不可變也"라 함. '中垢'는 〈毛傳〉에 "中垢, 言闇冥也"라 함. 그러나 〈集傳〉
에는 "征以中垢, 未詳其義. 或曰:「征, 行也; 中, 隱暗也; 垢, 汚穢也.」"라 함.

＊〈集傳〉에 "○大風之行有隧. 蓋多出於空谷之中以興. 下文'君子小人所行', 亦各有
道耳"라 함.

(13) 興

大風有隧, 貪人敗類.

大風이 隧ㅣ 이시니, 貪혼 人이 類(류)를 敗(패)ᄒ놋다.

큰 바람도 길이 있건만, 탐욕에 젖은 사람은 친구도 해치는구나.

聽言則對, 誦言如醉.

言을 聽홀가 ᄒ여 곧 對ᄒ나, 言을 誦(숑)ᄒ고 醉(취)ᄐᆞᆺ호니,

쓸데없는 말에는 대답을 하면서, 좋은 말 외어주면 마치 술 취해 못들
은 척하니,

匪用其良, 覆俾我悖!

그 良을 쓰디 아니 ᄒ야, 도로혀 날로 ᄒ여곰 悖(패)케 ᄒ놋다!

그 어진 사람은 쓰려 하지도 않고, 도리어 나로 하여금 어그러지게 하
는구나!

【敗類】못된 무리들을 뜻함. 〈毛傳〉에 "類, 善也"라 하였고, 〈鄭箋〉에 "類, 等夷也"
라 함. 〈集傳〉에 "敗類, 猶言圯族也王. 使貪人爲政, 我以其或能聽我之言而對之,
然亦知其不能聽也. 故誦言而中心如醉, 由王不用善人, 而反使我至此"라 함.

【聽言】道聽塗說과 같음. 거리에 떠도는 허랑된 말. 雜談.

【對】〈鄭箋〉에 "對, 答也. 貪惡之人, 見道聽之言, 則應答之, 見誦詩書之言, 則冥臥

如醉. 居上位而行此人, 或效之"라 함.

【誦言】좋은 말을 암송함.

【如醉】술에 취해 못들은 척함.

【覆】〈毛傳〉에 "覆, 反也"라 함.

【悖】〈鄭箋〉에 "居上位而不用善, 反使我爲悖逆之行. 是形其敗類之驗"이라 함. 〈集傳〉에는 "悖, 眊也. 厲王說榮夷公·芮良夫曰:「王室其將卑乎夫?」 榮公好專利而不備大難. 夫利百物之所生也. 天地之所載也. 而或專之, 其害多矣. 此詩所謂貪人, 其榮公也. 與芮伯之憂, 非一日矣"라 함.

(14) 賦

嗟爾朋友! 予豈不知而作?

嗟(차)홉다, 너 朋友아! 내 엇디 아디 몯ᄒᆞ고 作ᄒᆞ리오?

아, 안타깝다 너 친구들이여! 내 어찌 너를 모르고 이 노래 지으리오?

如彼飛蟲, 時亦弋獲.

뎌 飛ᄒᆞᄂᆞᆫ 蟲을, 時로 쏘ᄒᆞᆫ 弋(익)ᄒᆞ야 獲(획)홈 ᄀᆞᆮ튼 디라,

저 날아다니는 새들도, 때로는 주살로 맞추어 잡을 수 있으니,

旣之陰女, 反予來赫?

이믜 가 너를 陰(음)ᄒᆞ니, 도로혀 내게와 赫(혁)ᄒᆞᄂᆞ다!

이미 너를 덮어 보호해주려는데, 도리어 나에게 큰 화를 내다니!

【嗟爾朋友】〈鄭箋〉에 "「嗟爾朋友」者, 親而切磋之也"라 함.

【而作】'이'는 汝. 〈鄭箋〉에 "而, 猶女也. 我豈不知女所行者惡與? 直知之女所行, 如是. 猶鳥飛行自恣東西南北, 時亦爲弋射者, 所得言放縱, 久無所拘制, 則將遇伺女之間者, 得誅女也"라 함.

【如彼】〈集傳〉에 "如彼, 飛蟲時亦弋穫. 言己之所言, 或亦有中, 猶曰「千慮而一得」也"라 함.

【飛蟲】새.

【弋】주살. 화살 끝에 실을 매어 쏘아 잡는 사냥 방법.

【之】감. 〈鄭箋〉에 "之, 往也. 口距人, 謂之赫我, 恐女見弋獲, 旣往覆陰女, 謂啓告之, 以患難也. 女反赫我, 出言悖怒, 不受忠告"라 하였고, 〈集傳〉에 "之, 往"라 함.

【陰】덮어 둠. 蔭, 覆, 庇護함. 〈集傳〉에 "陰, 覆也"라 함.
【赫】매우 怒함. 〈集傳〉에 "赫, 威怒之貌. 我以言告女, 是往陰覆於女, 女反來加赫
然之怒於已也. 張子曰:「陰往密告於女, 反謂我來恐動也.」亦通"이라 함.

(15) 賦
民之罔極, 職涼善背.

民의 極이 업슴은, 涼(량)타 호다 善히 背(패)홈을 職ᄒ예니라.

백성이 망극함에 이른 것은, 오로지 진실로 교묘하게 그릇된 짓을 반
복하기 때문.

爲民不利, 如云不克.

民의 不利를 호딕, 克디 몯홀 ᄃ시 ᄒᄂ다.

백성에게 불리한 짓만 하기를, 마치 이겨내지 못하면 어쩌나 하고 있
도다.

民之回遹, 職競用力!

民의 回遹(회율)홈은, 競(경)ᄒ여 힘을 ᄡᆷ을 職ᄒ예니라!

백성들이 못된 짓을 하는 것은, 오로지 그 길로 가도록 다투어 힘을
쏟기 때문이로다!

【職】전적으로, 오로지. 〈鄭箋〉에 "職, 主"라 하였고, 〈集傳〉에 "職, 專也"라 함.
【涼】〈毛傳〉에 "涼, 薄也"라 하였고, 〈鄭箋〉에는 '諒'으로 고쳐 표기하며, "諒, 信
也. 民之行失, 其中者主由爲政者, 信用小人, 互相欺違"라 함. 〈集傳〉에 "涼, 義未
詳. 傳曰「涼, 薄也.」鄭讀作'諒', 信也. 疑鄭說爲得之"라 함.
【善背】'背'는 韻에 따라 '북'(必墨反)으로 읽도록 되어 있으나, 〈諺解〉에는 '패'로 읽
었음. 〈集傳〉에 "善背, 工爲反覆也"라 하여 교묘하게 그릇된 짓을 반복함이라
하였음.
【如云不克】백성에게 해를 입혀가면서 백성을 이기지 못할까 함. 〈鄭箋〉에 "克,
勝也. 爲政者害民, 如恐不得其勝. 言至酷也"라 함. 〈集傳〉에 "克, 勝也"라 함.
【回遹】그릇됨. 回曲되고 邪僻됨. 〈集傳〉에 "回遹, 邪僻也"라 함.
【職競用力】〈鄭箋〉에 "競, 逐也. 言民之行, 維邪者, 主由爲政者, 逐用彊力相尙故

也. 言民愁困, 用生多端"이라 함.

＊〈集傳〉에 "○言「民之所以貪亂, 而不知所止者. 專由此人名爲直諒而實善背. 又爲
民所不利之事, 如恐不勝而力爲之也.」 又言「民之所以邪僻者, 亦由此輩專競用力
而然也.」 反覆其言, 所以深惡之也"라 함.

(16) 賦

民之未戾, 職盜爲寇.

民의 戾(려)티 몯홈은, 盜(도)ㅣ 寇(구)홈을 職ᄒᆞ예니라.

백성들이 아직도 안정을 얻지 못함은, 오로지 도둑처럼 노략질을 하기
때문이니라.

涼曰不可, 覆背善詈.

涼ᄒᆞ야ᄂᆞᆫ 굴오듸 可티 아니타 ᄒᆞ나, 도로혀 背(패)ᄒᆞ얀 善히 詈(리)ᄒᆞᄂᆞ니,

진실로 그래서는 안 된다고 말하지만, 도리어 배신하며 꾸짖기를 잘하
나니,

雖曰匪予, 旣作爾歌!

비록 굴오듸 내 아니라 ᄒᆞ나, 이믜 네 歌를 作ᄒᆞ연노라!

비록 나는 그렇지 않다고 말해도, 이미 나는 너의 잘못을 노래로 지었
노라!

【戾】안정됨. 〈毛傳〉에 "戾, 定也"라 하였고, 〈集傳〉에도 "戾, 定也. 民之所以未定
者, 由有盜臣爲之寇也. 蓋其爲信也, 亦以小人爲不可矣. 及其反背, 則又工爲惡
言以詈君子; 是其色厲內荏, 眞可謂穿窬之盜矣. 然其人又自文飾, 以爲此非我言也,
則我已作爾歌矣. 言「得其情, 且事已著明, 不可揜覆」也"라 함.

【職盜爲寇】〈鄭箋〉에 "爲政者, 主作盜賊爲寇害, 令民心動搖, 不安定也"라 함.

【涼】誠, 固와 같음. 진실로, 정말로.

【覆背善詈】〈鄭箋〉에 "善, 猶大也. 我諫止之以信, 言女所行者, 不可反背我, 而大
詈. 言拒己諫之甚"이라 함. '詈'는 罵와 같음.

【予】〈鄭箋〉에 "予, 我也"라 함. 厲王을 비유함.

【旣作爾歌】〈鄭箋〉에 "女雖觝距己言, 此政非我所爲, 我已作女所行之歌, 女當受之

而改悔"라 함.

참고 및 관련 자료

1. 孔穎達〈正義〉

《書》(《尙書》周書)序云:「巢伯來朝, 芮伯作〈旅巢命〉.」武王時也. 〈顧命〉同召六卿,
芮伯在焉. 成王時也. 桓九年王使虢仲·芮伯, 伐曲沃桓王時也. 此又厲王之時, 世在
王朝, 常爲卿士, 故知是畿內諸侯, 爲王卿士也. 《書》叙注云:「芮伯, 周同姓, 國在畿
內, 則芮伯姬姓也.」杜預云:「芮國在馮翊, 臨晉縣.」則在西都之畿內也. 〈顧命〉注:
「芮伯亦爲宗伯.」畿內而言, 入者入有二義. 若對畿內, 則畿外爲入, 衞武公入相, 於
周是也. 若對在朝, 無封爵者, 則有國者, 亦爲入. 畢國亦在畿內. 〈顧命〉注亦云:「畢
公入爲司馬.」是也. 文元年《左傳》引此云:「周芮良夫之詩曰〈大風〉. 有隧且〈周書〉有
芮良夫之篇, 知字良夫也.

2. 《左傳》桓公 9年 傳

秋, 虢仲·芮伯·梁伯·荀侯·賈伯伐曲沃.

3. 《尙書》周書 旅巢命

〈序〉: 巢伯來朝, 芮伯作〈旅巢命〉.

4. 《尙書》周書 康王之誥

太保曁芮伯咸進, 相揖. 皆再拜稽首, 曰:「敢敬告天子, 皇天改大邦殷之命, 惟周文
武誕受羑若, 克恤西土. 惟新陟王, 畢協賞罰, 戡定厥功, 用敷遺後人休. 今王敬之
哉! 張皇六師, 無壞我高祖寡命!」

5. 《國語》周語(上)

厲王說榮夷公, 芮良夫曰:「王室其將卑乎! 夫榮公好專利而不知大難. 夫利, 百物
之所生也, 天地之所載也, 而或專之, 其害多矣. 天地百物, 皆將取焉, 胡可專也? 所
怒甚多, 而不備大難, 以是敎王, 王能久乎? 夫王人者, 將導利而布之上下者也, 使
神人百物無不得其極, 猶日怵惕, 懼怨之來也. 故〈頌〉曰:『思文后稷, 克配彼天, 立我
烝民, 莫匪爾極.』〈大雅〉曰:『陳錫載周』, 是不布利而懼難乎? 故能載周, 以至于今.
今王學專利, 其可乎? 匹夫專利, 猶謂之盜, 王而行之, 其歸鮮矣. 榮公若用, 周必
敗.」旣, 榮公爲卿士, 諸侯不享, 王流于彘.

264(大-24) 운한(雲漢)

＊〈雲漢〉: 은하수. 여기서는 한창 비가 와야 할 시기에 은하수가 맑게 보여 가뭄이 심함을 뜻함. 여왕의 뒤를 이은 아들 宣王(姬靜)이 아버지의 잘못을 고쳐 왕도를 시행하고자 하였으나, 마침 가뭄을 만나 이를 극복하고자 노력한 것을 보고 仍叔이 선왕의 덕행을 찬미한 것임.
＊한편 이 시는 앞의 여왕 시절의 노래를 '變雅'라 하여 고통을 노래한 아악이었으나, 여기의 시는 선왕의 덕업을 찬미한 것으로 '大雅'로 다시 바뀐 것이라 함.

〈序〉: 〈雲漢〉, 仍叔美宣王也. 宣王承厲王之烈, 內有撥亂之志, 遇災而懼, 側身修行, 欲銷去之. 天下喜於王化復行. 百姓見憂, 故作是詩也.

〈운한〉은 잉숙이 선왕을 찬미한 것이다. 선왕이 厲王이 남긴 일들을 이어받아 안으로 혼란을 없앨 뜻을 가졌으나, 재앙을 만나 두렵게 되자, 전전반측하면서 자신의 행동을 닦아 이를 제거하려 하였다. 천하가 왕도의 교화가 다시 실행됨을 기꺼워하였다. 그런데 백성이 그가 걱정하는 것을 보고 그 때문에 이 시를 지은 것이다.

〈箋〉: 仍叔, 周大夫也. 《春秋》魯桓公五年夏天王使仍叔之子來聘. 烈, 餘也. 雲漢, 天河也. 自此至〈常武〉六篇, 宣王之變大雅.

※仍叔: 宣王 때의 大夫. 《左傳》桓公 5년에 "天王使仍叔之子來聘"이라 하여 그 아들에 대한 기록이 보임. 《穀梁傳》(桓公 5년)에는 '任叔'으로 되어 있으며 '仍'은 고대 任姓의 작은 나라였음.

＊전체 8장. 매 장 10구씩(雲漢: 八章. 章十句).

(1) 賦

倬彼雲漢, 回昭于天.

倬(탁)흔 뎌 雲漢이여, 昭(쇼)ㅣ 天에 回(회)ᄒ얏도다.

밝은 저 은하수여, 환한 빛깔로 하늘을 돌고 있구나.

王曰:「於乎! 何辜今之人?

王이 글으샤디 "於乎(오호)라! 이젯 사름이 므슴 죄고?

왕께서 말씀하셨네. "내 백성 그 무슨 죄가 있습니까?

天降喪亂, 饑饉薦臻.

天이 喪亂을 降ᄒ샤, 饑饉(긔근)이 薦(쳔)히 臻(진)홀 ᄉᆞᆯ,

하늘이 상란을 내리시고, 기근이 연달아 들게 하시니,

靡神不擧, 靡愛斯牲.

神을 擧티 아니 ᄒᆞ리 업스며, 이 牲(싱)을 愛(ᄋᆡ)홈이 업서,

신을 섬겨 제사하지 않은 적이 없으며, 그 어떤 희생도 아까워하지 않
았고,

圭璧旣卒, 寧莫我聽?」

圭璧(규벽)이 이믜 卒ᄒᆞ거늘, 엇디 나를 聽티 아니 ᄒᆞᄂᆞᆫ고?"

규벽도 이미 다 바쳐 더 이상 없는데, 어찌 제 말씀 들어주지 않으십니
까?"

【倬】明과 같음. 밝음.
【雲漢】銀河. 天河. 〈鄭箋〉에 "雲漢, 謂天河也"라 하였고, 〈集傳〉에도 "雲漢, 天河
也"라 함.
【昭回】밝은 빛을 내며 돌고 있음. 〈毛傳〉에 "回, 轉也"라 하였고, 〈鄭箋〉에 "昭,
光也. 倬然天河, 水氣也. 精光轉運於天, 時旱渴雨, 故宣王夜仰視天河, 望其候焉"
이라 함. 〈集傳〉에 "昭, 光;回, 轉也. 言其光隨天而轉也"라 함. 비가 와야 할 때
비가 오지 않음을 뜻함.
【辜】허물. 罪. 〈鄭箋〉에 "辜, 罪也. 王憂旱而嗟歎, 云:「何罪與? 今時天下之人. 天
仍下旱災亡亂之道, 饑饉之害, 復重至也.」"라 함.
【薦臻】饑饉이 중첩되어 이름. 연속해서 옴. 〈毛傳〉에 "薦, 重;臻, 至也"라 하였고,
〈集傳〉에 "薦, 荐通. 重也;臻, 至也"라 함.
【靡神不擧】〈鄭箋〉에 "靡, 莫. 皆無也. 言王爲旱之, 故求於羣神, 無不祭也. 無所愛

於三牲, 禮神之圭璧, 又已盡矣. 曾無聽聆我之精誠, 而興雲雨"라 함. 〈集傳〉에는 "靡神不擧", 所謂國有凶荒, 則索鬼神而祭之也"라 함.

【牲】犧牲. 제물.

【圭璧】神에게 禮物로 드리는 玉. 〈集傳〉에 "圭璧, 禮神之玉也"라 함.

【卒】다함. 〈集傳〉에 "卒, 盡"이라 함.

【寧】〈集傳〉에 "寧, 猶何也"라 함.

＊〈集傳〉에 "○舊說以爲宣王承厲王之烈, 內有撥亂之志, 遇裁而懼, 側身修行, 欲消去之. 天下喜於王化, 復行百姓. 見憂, 故仍叔作此詩, 以美之. 言「雲漢者夜晴, 則天河明.」故述王仰訴於天之辭, 如此也"라 함.

(2) 賦

「旱旣大甚, 蘊隆蟲蟲.

"旱(한)이 이믜 大甚(태심)ᄒ야, 蘊(온)ᄒ며 隆(륭)ᄒ야 蟲蟲(츙츙)ᄒ올 시,

"가뭄이 이미 너무 심하여, 세상을 덮어 융륭하고 충충한데,

不殄禋祀, 自郊徂宮.

禋祀(인ᄉᆞ)를 殄(딘)티 아니 ᄒ야, 郊(교)로브터 宮에 徂(조)ᄒ야,

인사를 끊은 적은 없으며, 郊祭로부터 하고 종묘에도 가서,

上下奠瘞, 靡神不宗.

上ᄒ며 下ᄒ야 奠(뎐)ᄒ고 瘞(예)ᄒ며, 神을 宗티 아닐 이 업시 ᄒ니,

위로는 하늘 아래로는 땅에 자리를 잡고 땅에 묻고 하여, 어느 신도 중히 여기지 않음이 없었나이다.

后稷不克, 上帝不臨!

后稷(후직)이 克(극)디 몯ᄒ시며, 上帝ㅣ 臨(림)티 아니 ᄒ샷다!

그런데도 后稷도 능히 도와주지 못하시고, 上帝께서도 임하지 않으십니다!

耗斁下土, 寧丁我躬!」

下土를 耗斁(모두) 홈이, 엇디 내 몸애 丁(뎡)ᄒᄂᆞᆫ고?"

아래 이 땅을 망치는 재앙 내리심을, 어찌 저의 몸에 해당시키시나이 까?"

【蘊隆蟲蟲】더위가 대단함. 〈毛傳〉에 "蘊蘊而暑, 隆隆而雷, 蟲蟲而熱"라 하였고, 〈鄭箋〉에 "隆隆而雷, 非雨雷也. 雷聲尙殷殷然"이라 함. 〈集傳〉에도 "蘊, 蓄;隆, 盛也. 蟲蟲, 熱氣也"라 함.

【殄】〈集傳〉에 "殄, 絶也"라 함.

【禋祀】제사. 모든 제사를 뜻함. 하늘과 조상에게 공경을 다해왔음을 말함.

【郊】交際, 즉 天地를 제사함. 〈集傳〉에도 "郊, 祀天地也"라 함.

【宮】宗廟. 〈鄭箋〉에 "宮, 宗廟也"라 하였고, 〈集傳〉에 "宮, 宗廟也"라 함.

【奠瘞】'奠'은 땅에 위치를 잡고 놓음. '瘞'는 땅에 묻음. 〈正義〉에 "奠, 謂置之于 地;瘞, 謂埋之于土"라 함. 〈毛傳〉에 "上祭天, 下祭地. 奠其禮, 瘞其物"이라 하였 고, 〈鄭箋〉에 "爲旱, 故潔祀不絶, 從郊而至宗廟, 奠瘞天地之神, 無不齊肅, 而尊 敬之. 言徧至也"라 함. 〈集傳〉에도 "上, 祭天;下, 祭地. 奠, 其禮;瘞, 其物"이라 함.

【宗】〈毛傳〉에 "宗, 尊也. 國有凶荒, 則索鬼神而祭之"라 하였고, 〈集傳〉에도 "宗, 尊也"라 함.

【后稷】周나라 선조 姬棄.

【克】〈鄭箋〉에 "克, 當. 作刻刻識也"라 하였고, 〈集傳〉에는 "克, 勝也. 言后稷欲救 此旱災, 而不能勝也"라 함. 馬瑞辰 〈通釋〉에 "克, 能也. 善事鬼神曰能, 鬼神善視 之亦爲能"이라 함.

【臨】〈集傳〉에 "臨, 享也. 稷以親言帝以尊言也"라 함.

【斁】〈鄭箋〉에 "斁, 敗也. 奠瘞羣神, 而不得雨. 是我先祖后稷, 不識知我之所困與 天不視我之精誠, 與猶以旱耗敗, 天下爲害. 曾使當我之身, 有此乎先后稷後, 上帝 亦從宮之郊"라 함. 〈集傳〉에 "斁, 敗"라 함.

【丁】當, 逢의 뜻. 〈毛傳〉에 "丁, 當也"라 하였고, 〈集傳〉에 "丁, 當也. 何以當我之 身, 而有是災也? 或曰:「與其耗斁下土, 寧使栽害, 當我身也.」亦通"이라 함.

(3) 賦
「旱旣大甚, 則不可推.

"旱이 이믜 大甚한 디라, 곧 可히 推(퇴)티 몯ᄒ리로다.

"가뭄은 이미 너무 심하여, 곧 이를 물리칠 수도 없나이다.

兢兢業業, 如霆如雷.

兢兢(긍긍)ᄒᆞ며 業業(업업)ᄒᆞ야, 霆(뎡)ᄀᆞ티 ᄒᆞ며 雷(뢰)ᄀᆞ티 호라.

조심하고 두려워하기를, 마치 우레나 천둥을 무서워하듯 하고 있습니다.

周餘黎民, 靡有孑遺.

周엣 나몬 黎民(려민)이, 孑(혈)도 遺(유)ᄒᆞ니 이쇼미 업거늘,

우리 周나라의 검은 머리 백성들, 혈유조차 없거늘,

昊天上帝, 則不我遺!

昊天 上帝, 곧 날도 遺케 아니 ᄒᆞ샷다!

하늘의 상제께서는, 곧 나에게도 남겨줄 것이 없게 하시렵니까!

胡不相畏? 先祖于摧!

엇디 서르 저티 아니 ᄒᆞ리오? 先祖ㅣ 摧(최)ᄒᆞ고녀!"

어찌 두려워하지 않겠습니까? 선조의 업적도 끊으시렵니까!"

【摧】가뭄을 除去함. 밀쳐냄. 〈毛傳〉과 〈集傳〉에 "摧, 去也"라 함.

【兢兢業業】〈毛傳〉과 〈集傳〉에 "兢兢, 恐也; 業業, 危也"라 함.

【如霆如雷】〈集傳〉에 "如霆如雷, 言畏之甚也"라 함.

【黎民】백성. 〈鄭箋〉에 "黎, 衆也. 旱旣不可移去, 天下困於饑饉. 其心動意懼, 兢兢
然, 業業然. 狀如有雷霆近發於上, 周之衆民多有死亡者矣. 幸其餘無有孑遺者, 言
又餓病也"라 함.

【孑遺】〈毛傳〉에 "孑, 然; 遺, 失也"라 하였고, 〈集傳〉에는 "孑, 無右臂貌; 遺, 餘也. 言
「大亂之後, 周之餘民, 無復有半身之遺者. 而上天又降旱災, 使我亦不見遺.」"라 함.

【則不我遺】馬瑞辰〈通釋〉에는 "遺, 當讀爲問遺之遺. ……與人以物謂之問, 亦謂之
遺"라 함.

【先祖于摧】〈毛傳〉에 "摧, 至也"라 하였고, 〈鄭箋〉에 "摧, 當作嗺. 嗺, 嗟也. 天將
遂旱餓殺, 我與先祖, 何不助我, 恐懼使天雨也. 先祖之神于嗟乎? 告困之辭"라
함. 〈集傳〉에 "摧, 滅也. 言「先祖之祀將, 自此而滅」也"라 함. 王先謙〈集疏〉에는
"天若不雨, 民將餓死, 宣祖何所歸而至乎?"라 하였고, 馬瑞辰〈通釋〉에는 "摧, 擠
也. 擠, 隊也. 卽今之墜字, 言宣祖之業將墜也"라 함.

(4) 賦

「旱旣大甚, 則不可沮.

"旱이 이믜 大甚혼 디라, 곧 可히 沮(져)티 몯ᄒ리로다.

"가뭄이 이미 너무 심하여, 곧 저지시킬 수도 없나이다.

赫赫炎炎, 云我無所.

赫赫ᄒ며 炎炎ᄒ야, 내 所(소)ㅣ 업도다.

불꽃이 이글거려, 내 어디 몸 둘 곳도 없습니다.

大命近止, 靡瞻靡顧.

큰 命이 近혼 디라, 瞻홀 디 업스며 顧홀 디 업소라.

큰 천명이 가까이 있으나, 쳐다볼 곳도 없으며 돌아볼 곳도 없습니다.

群公先正, 則不我助.

羣公과 先正(션졍)은, 곧 날을 助(조)티 아니 ᄒ거니와,

옛날 公卿과 제후들에게도 제사를 했건만, 그래도 날 도와주지 않으니,

父母先祖, 胡寧忍予?」

父母와 先祖ᄂᆞᆫ, 엇디 나를 忍(인)ᄒᄂᆞᆫ고?"

부모와 조상들은, 어찌 나에게 차마 이렇게 하십니까?"

【沮】〈毛傳〉과 〈集傳〉에 "沮, 止也"라 함. 〈鄭箋〉에 "旱旣不可卻止, 熱氣大盛, 人皆不堪. 言我無所庇陰處, 衆民之命, 近將死亡矣. 曾無所視無所顧, 於此國中而哀閔之"라 함.

【赫赫炎炎】〈毛傳〉과 〈集傳〉에 "赫赫, 旱氣也; 炎炎, 熱氣也"라 함.

【無所】〈集傳〉에 "無所, 無所容也"라 함.

【云】發語辭. 그러나 '云'은 馬瑞辰 〈通釋〉에는 "云謂雲之 古文云. 象回轉之刑. ……有庇蔭之象"이라 함.

【大命近止】〈毛傳〉에 "大命近止, 民近死亡也"라 하였고, 〈集傳〉에는 "大命近止, 死將至也"라 함. 馬瑞辰 〈通釋〉에는 "大命, 卽死亡之命也"라 함.

【瞻·顧】〈集傳〉에 "瞻, 仰; 顧, 望也"라 함.

【群公先正】〈毛傳〉에 "先正, 百辟卿士也"라 하였고, 〈鄭箋〉에 "百辟卿士, 雩祀所

及者, 今曾無肯助我憂旱, 先祖文武, 又何爲施忍於我不使天雨?"라 함. 〈集傳〉에
는 "羣公先正, 〈月令〉所謂「雩祀, 百辟卿士之, 有益於民者, 以祈穀實者」也. 於羣
公先正, 但言其「不見助, 至父母先祖」, 則以恩望之矣. 所謂「垂涕泣而道之」也"라
함. 陳奐〈傳疏〉에 "百辟謂群公, 群公卽辟公, 卿士謂先正. ……當祀先世之諸侯卿
士"라 함.

【父母先祖】〈毛傳〉에 "先祖, 文武. 爲民父母也"라 함.

【忍】차마 이렇게 함. 잔인함.

(5) 賦

「旱旣大甚, 滌滌山川.

"旱이 이믜 大甚ᄒᆞᆫ 디라, 山川이 滌滌(텩텩)ᄒᆞ도다.

"가뭄은 이미 너무 심하여, 산에는 나무가 없고 내에는 물이 없소이다.

旱魃爲虐, 如惔如焚.

旱魃(한발)이 虐을 ᄒᆞ야, 惔(담)ᄐᆞᆺᄒᆞ며 焚(분)ᄐᆞᆺᄒᆞ놋다.

가뭄의 신 발(魃)이 잔학하여, 마치 타는 듯하고 태우는 듯합니다.

我心憚暑, 憂心如熏.

내 ᄆᆞ음애 暑(셔)를 憚(탄)ᄒᆞ야, 憂ᄒᆞᄂᆞᆫ ᄆᆞ음이 熏(훈)ᄐᆞᆺ ᄒᆞ오라.

제 마음은 더위에 너무 힘들고, 근심하는 마음은 타는 듯합니다.

群公先正, 則不我聞.

羣公과 先正이, 곧 나를 聞티 아니 ᄒᆞ노소니,

옛날의 돌아가신 공경들과 관리들도, 제 말은 들어주지 않습니다.

昊天上帝, 寧俾我遯?」

昊天 上帝ᄂᆞᆫ, 엇디 날로 ᄒᆞ여곰 遯(돈)케 ᄒᆞ료?"

하늘의 상제께서는, 어찌 나로 하여금 이토록 곤핍하게 하십니까?"

【滌滌】가뭄의 기운이 대단함. 〈毛傳〉에 "滌滌, 旱氣也. 山無木, 川無水"라 하였
고, 〈集傳〉에 "滌滌, 言「山無木, 川無水, 如滌而除之」也"라 함.

【魃】가뭄을 불러오는 神. 〈毛傳〉과 〈集傳〉에 "魃, 旱神也"라 함.

【惔】〈毛傳〉과 〈集傳〉에 "惔, 燎之也"라 함.

【憚】〈毛傳〉에 "憚, 勞"라 하였고, 〈鄭箋〉에 "憚, 猶畏也. 旱旣害於山川矣, 其氣生魃而害益. 甚草木燋枯, 如見焚燎然. 王心又畏難, 此熱氣, 如灼爛於火. 言熱氣至極"이라 함. 〈集傳〉에도 "憚, 勞也, 畏也"라 함.

【熏】〈毛傳〉과 〈集傳〉에 "熏, 灼也"라 함.

【則不我聞】〈鄭箋〉에 "不我聞'者, 忽然不聽我之所言也"라 함.

【遯】도망을 함. 곤핍하게 함. 〈鄭箋〉에 "天曾將使我心, 遯遯懟愧於天下, 以無德也"라 하였고, 〈集傳〉에 "遯, 逃也. 言'天又不肯使我得逃遯而去'也"라 함. 그러나 馬瑞辰 〈通釋〉에는 "豚·屯, 古同聲. 當讀如屯難之屯. 又豚·困亦同聲. 寧俾我遯, 猶云'乃使我困'也"라 함.

(6) 賦

旱旣大甚, 黽勉畏去.

"旱이 이믜 大甚혼 디라, 黽勉(민면)ᄒ야 去(거)를 畏(외)호라.

"가뭄은 이미 너무 심하여, 힘을 써도 어디 갈 곳도 없어 두렵나이다.

胡寧瘨我以旱? 憯不知其故!

엇디 날를 瘨(뎐)호ᄃᆡ 旱으로 뻐 ᄒᄂᆞᆫ고? 일즉 그 故를 아디 몯ᄒᆞ리로다!

어찌 이런 가뭄으로 나에게 고통을 안기십니까? 일찌기 그 이유를 알 수 없습니다!

祈年孔夙, 方社不莫.

年을 祈(긔)홈을 심히 夙(슉)ᄒ며, 方ᄒ며 社(샤)홈을 莫(모)티 아니 ᄒ니,

풍년을 기원하기를 일찍부터 해 왔으니, 사방의 토지신의 응답이 늦지 않을 텐데,

昊天上帝, 則不我虞!

昊天 上帝, 곧 날을 虞(우)티 아니 ᄒ샷다!

하늘의 상제께서는, 곧 나를 헤아려 주시지도 않으시는군요!

敬恭明神, 宜無悔怒!」

明神(명신)을 敬恭홈으론, 맛당히 悔怒(회노)ㅣ 업섬 즉 호니라!"

밝으신 신을 공경하여 받들었으니, 의당 후회와 노함이 없어야 할 것입니다!"

【黽勉】'힘쓰다'의 뜻을 표현하는 雙聲連綿語. 〈集傳〉에 "黽勉畏去」, 出無所之也"라 함.

【畏去】馬瑞辰 〈通釋〉에 《廣雅》:「畏, 惡也.」'畏去', 謂苦此旱而惡去之也"라 함.

【瘨】〈鄭箋〉에 "瘨, 病也. 黽勉急禱請也. 欲使所尤畏者去, 所尤畏者魃也. 天何曾病我以旱? 曾不知爲政所失, 而致此害"라 함. 〈集傳〉에도 "瘨, 病"이라 함.

【憯】일찍이. 〈集傳〉에 "憯, 曾也"라 함.

【祈年】孟春에 풍년 들기를 上帝에게 빌고, 孟冬에 다음 해의 복을 天宗에 기원함. 〈集傳〉에 "祈年, 孟春祈穀于上帝, 孟冬祈來年于天宗, 是也"라 함.

【方社】〈集傳〉에 "方, 祭四方也; 社, 祭土神也"라 함.

【莫】暮. 늦음.

【虞】헤아림. 〈鄭箋〉에 "虞, 度也. 我祈豐年甚早, 祭四方與社, 又不晚天曾不度知我心, 肅事明神, 如是明神, 宜不恨怒於我, 我何由常遭此旱也?"라 함. 〈集傳〉에 "虞, 度"이라 함.

【悔】〈毛傳〉에 "悔, 恨也"라 하였고, 〈集傳〉에 "悔, 恨也. 言「天曾不度我之心, 如我之敬事明神, 宜可以無恨怒」也"라 함.

(7) 賦

「旱旣大甚, 散無友紀.

"旱이 이믜 大甚혼 디라, 散(산)호야 友紀(우긔)업도다.

"가뭄이 이미 너무 심하여, 모든 것이 흩어져 기강도 없습니다.

鞫哉庶正, 疚哉冢宰.

鞫(국)혼 庶正(셔정)이며, 疚(구)혼 冢宰(총지)며,

庶正은 대책이 막혔고, 총재도 온갖 고생을 하고 있습니다.

趣馬師氏, 膳夫左右.

趣馬(추마)와 師氏와, 膳夫와 左右(자우)왜,

趣馬와 師氏며, 膳夫와 左右도 나섰지만,

靡人不周, 無不能止!

人이 周티 아니ᄒᆞᆯ 리 업서, 能티 몯호라 ᄒᆞ야 止ᄒᆞᆯ 리 업도다!

어느 하나 구하려 들지 않는 이 없어, 능히 그치게 할 수 없다고 하지는 않습니다만!

瞻卬昊天, 云如何里?”

昊天을 瞻卬(첨앙)호니, 里(리)예 엇디 ᄒᆞ료?”

호천을 우러러보면서, 그저 이 근심고통을 어찌할까 할 뿐입니다.”

【友紀】紀綱. 〈鄭箋〉에 "人君以羣臣爲友, 散無其紀者. 凶年祿饒不足, 人無賞賜也"라 하였고, 〈集傳〉에 "友紀, 猶言綱紀也. 或曰: 「友, 疑作有.」"라 하였고, 吳闓生〈會通〉에도 "友與有同"이라 하여, '有'자로 보았음. 이는 '友'는 '又'와 같으며, 이는 다시 '有'와 같은 뜻으로 풀이한 것임.
【鞫】〈鄭箋〉과 〈集傳〉에 "鞫, 窮也"라 함.
【庶正】여러 관리의 우두머리. 〈鄭箋〉과 〈集傳〉에 "庶正, 衆官之長也"라 함.
【疚】〈鄭箋〉에 "疚, 病也. 「窮哉病哉」者, 念此諸臣, 勤於事而困於食, 以此言勞倦也"라 하였고, 〈集傳〉에 "疚, 病也"라 함.
【冢宰】지위의 관리의 총괄임무를 맡은 자. 〈集傳〉에 "冢宰, 又衆長之長也"라 함.
【趣馬】말을 관장하는 관리. 〈毛傳〉에 "歲凶年穀不登, 則趣馬不秣"라 하였고, 〈集傳〉에 "趣馬, 掌馬之官; 師氏, 掌以兵守王門者"라 함.
【師氏】兵士를 관장하는 관리. 〈毛傳〉에 "師氏, 弛其兵. 馳道不除, 祭事不縣"이라 함.
【膳夫】음식을 관리하는 벼슬. 〈毛傳〉에 "膳夫徹膳, 左右布而不修, 大夫不食粱, 士飮酒不樂"이라 하였고, 〈集傳〉에 "膳夫, 掌食之官也. 歲凶年穀不登, 則趣馬不秣; 師氏弛其兵, 馳道不除, 祭事不縣; 膳夫徹膳左右布, 而不脩大夫, 不食粱, 士飮酒不樂, 周救也"라 함.
【左右】王을 가까이 모시는 측근의 보필.
【周】救의 뜻. 구제함. 賙와 같음. 〈毛傳〉에 "周, 救也"라 하였고, 〈鄭箋〉에 "周, 當

作賙. 王以諸臣困於食, 人人賙給之權, 救其急後, 曰乏無不能豫止"라 함.

【無不能止】〈毛傳〉에 "無不能止, 言無止不能也"라 하였고, 〈集傳〉에 "無不能止", 言「諸臣無有一人, 不周救百姓者; 無有自言不能, 而遂止不爲」也"라 함.

【卬】仰과 같음.

【里】근심. 〈鄭箋〉에 "里, 憂也. 王愁悶於不雨, 但仰天曰:「當如我之憂何?」"라 함. 〈集傳〉에도 "里, 憂也. 與《漢書》「無俚之俚」同. 聊賴之意也"라 함.

(8) 賦

「瞻卬昊天, 有嘒其星.

"昊天을 瞻卬혼 디, 嘒(혜)혼 그 星(셩)이로다.

"호천을 쳐다보니, 반짝이는 별들만 있을 뿐입니다.

大夫君子, 昭假無贏.

태우 君子ㅣ, 昭(쇼)히 假(격)홈이 贏(영)이 업도다.

대부와 군자는, 밝음이 다가오니 잘못됨이 없게 하라 하고 있습니다.

大命近止, 無棄爾成.

큰 命이 近ᄒ나, 네 成을 棄티 마롤 디어다.

천명이 가까이 있으니, 너의 지난 공로를 포기하지 말도록 하라 하고 있습니다.

何求爲我? 以戾庶正!

엇디 나를 위홈을 求ᄒ리오? 뻐 庶正을 戾홈이니라!

어찌 이것이 나를 위함이겠습니까? 이로써 여러 관리들에게 이르게 하고자 함입니다!

瞻卬昊天, 曷惠其寧?」

昊天을 瞻卬ᄒ노니, 언제 그 寧을 惠(혜)홀고?"

호천을 우러러보건대, 언제 평안함의 혜택을 주시렵니까?"

【嘒】여러 별의 모양. 〈毛傳〉에 "嘒, 衆星貌"라 하였고, 〈集傳〉에 "嘒, 明貌"라 함.

비가 올 징조를 보이지 않음을 한탄한 것.

【昭假】〈毛傳〉에 "假, 至也"라 하였고, 〈鄭箋〉에 "假, 升也. 王仰天見衆星, 順天而行, 嘒嘒然. 意感, 故謂其卿大夫曰:「天之光耀, 升行不休, 無自贏緩之時. 今衆民之命, 近將死亡, 勉之! 助我無棄. 汝之成功者, 若其在職, 復無幾何?」以勸之也"라 함. 〈集傳〉에 "昭, 明;假, 至也"라 함. 吳闓生〈會通〉에 "假·格同"이라 함.

【贏】馬瑞辰〈通釋〉에는 《廣雅》爽贏, 幷訓爲過, 過謂過差, '無贏', 猶言'無爽';'無爽', 猶言'無差忒'耳"라 함.

【成】그 동안 애써왔던 前功.

【戾】安定. 〈毛傳〉에 "戾, 定也"라 하였고, 〈鄭箋〉에 "使女無棄成功者, 何但求爲我身乎? 乃欲以安定, 衆官之長, 憂其職事"라 함.

【曷惠其寧】〈鄭箋〉에 "曷, 何也. 王仰天曰:「當何時順我之求, 令我心安乎?」渴雨之時也. 得雨則心安"이라 함.

＊〈集傳〉에 "○久旱而仰天, 以望雨, 則有嘒然之明星, 未有雨徵也. 然羣臣竭其精誠, 而助王以昭, 假于天者已無餘矣. 雖今死亡將近, 而不可以棄其前功. 當益其所以昭假者, 而脩之. 固非求爲我之一身而已, 乃所以定衆正也. 於是語終又仰天而訴之, 曰:「果何時而惠我以安寧乎?」張子曰:「不敢斥言雨者, 畏懼之甚, 且不敢必云爾.」"라 함.

참고 및 관련 자료

1. 孔穎達〈正義〉

〈雲漢〉詩者, 周大夫仍叔所作, 以美宣王也. 以宣王承其父厲王衰亂之餘, 政內有治亂之志. 遇此旱災而益憂懼, 側己身以修德行, 欲以善政而銷去之. 天下之民見其如此, 喜於王者之化, 復能施行. 百姓見王所憂矜, 故仍叔述民之情, 作是〈雲漢〉之詩, 以美之也. 必本之於厲王之烈者, 爲撥亂張本. 明宣王悼父之非, 自力爲善, 己有撥亂之心志. 遇災而益憂懼, 見其憂民之情深也. '撥亂'者, 以前有衰亂, 欲治理之. 哀十四年《公羊傳》曰: 撥亂世, 反諸正, 莫近於春秋.」何休云:「撥', 猶治也.」其意言《春秋》撥亂而作, 欲治此亂世, 使反諸正道, 是撥亂爲治亂也. '遇災', 謂旱災. 卽經「旱旣太甚」, 是也. '側'者, 不正之言, 謂反側也. 憂不自安. 故處身反側, 欲行善政, 以銷去此災也. '喜於王化復行'者, 厲王之亂, 王化不行. 宣王施布王化, 故喜其復行. 經稱'憂其旱災, 爲之祈禱, 卽是王化行也. 王之憂旱, 正爲百姓, 是天下百姓, 見被憂矜, 非百官也. 宣王遭旱早晚及旱年多少, 經傳無文. 皇甫謐以爲'宣王元年, 不藉千畝, 虢文公諫而不聽, 天下大旱, 二年不雨. 至六年乃雨. 以爲二年始旱, 旱積五年'. 謐之此言, 無所憑據, 不可依信. 經八章皆言王之憂旱, 百姓喜之之事. 〈正義〉曰:仍氏, 叔字.《春秋》之例, 天子公卿稱爵, 大夫則稱字. 此言仍叔, 故知大夫也. 桓五年夏:「天王使仍叔之子來聘.」則《春秋》經也. 引之者, 證此仍叔, 是天子大夫也. 以《史記》考之, 桓之五年, 上距宣王之崩七十六年. 至其初, 則百餘年也. 未審此詩何時而作? 爲別人可也. 何則? 春秋之世, 晉之知氏, 世稱伯, 趙氏世稱孟, 仍氏或亦世稱字叔, 爲別人可也. '烈, 餘'.〈釋詁〉文.

2.《左傳》桓公 5年

天王使仍叔之子來聘.

3.《穀梁傳》桓公 5年

天王使任叔之子來聘, 任叔之子者, 錄父以使子也, 故微其君臣而著其父子, 不正父在子代仕之辭也.

265(大-25) 숭고(崧高)

*〈崧高〉: 산이 높이 치솟아 있음.
*이 시는 厲王을 이은 宣王이 다시 평온을 되찾자 윤길보가 이를 칭송하여 지은 것이라 함.

<序>: <崧高>, 尹吉甫美宣王也. 天下復平, 能建國親諸侯, 褒賞申伯焉.

〈숭고〉는 윤길보가 선왕을 찬미한 것이다. 천하가 평온을 회복하자 능히 나라를 세워 제후를 친히 하고, 신백에게 포상을 내린 것이다.

〈箋〉: 尹吉甫·申伯, 皆周之卿士也. 尹, 官氏; 申, 國名.

※尹吉甫와 申伯: 周 宣王(姬靜)을 도와 중흥을 이룬 두 명신.

*전체 8장. 매 장 8구씩(崧高: 八章. 章八句).

(1) 賦
崧高維嶽, 駿極于天.

崧高(숭고)흔 嶽(악)이, 駿(쥰)ᄒ야 天애 極ᄒ도다.

높이 솟은 四嶽, 우뚝하여 하늘에 닿았구나.

維嶽降神, 生甫及申.

嶽이 神을 降ᄒ야, 甫(보)와 밋 申(신)을 生ᄒ도다.

사악이 신령을 내려보내, 甫氏와 申氏 낳으셨도다.

維申及甫, 維周之翰.

申과 밋 甫ㅣ, 周의 翰(한)이라.

申伯은 甫侯와 함께, 周나라의 기둥이로다.

四國于蕃, 四方于宣!

四國에 蕃(번)이며, 四方애 宣(선)ᄒᆞ놋다!

사방을 지키는 울타리며, 사방의 담이 되도다!

【崧·嶽】〈毛傳〉에 "崧, 高貌. 山大而高曰崧; 嶽, 四嶽也. 東嶽岱, 南嶽衡, 西嶽華,
北嶽恒. 〈毛傳〉에 "堯之時姜氏爲四伯, 掌四嶽之祀. 述諸侯之職於周, 則有甫有
申有齊有許也"라 하였고, 〈集傳〉에는 "山大而高曰崧嶽, 山之尊者. 東岱·南霍·西
華·北恒, 是也"라 함. 한편 '五嶽'은 고대 제왕이 숭배하여 제사를 지내던 산으
로 漢宣帝 때에는 泰山을 東嶽, 華山(陝西省)을 西嶽, 天柱山(霍山, 安徽省)을 南
嶽, 恒山(河北省)을 北嶽, 嵩山(河南省)을 中嶽으로 삼았었음. 그러나 隋代에는
衡山(湖南省)을 南嶽으로 고쳤으며 明代에는 恒山(山西省)을 北嶽으로하였음.
《說苑》辨物篇에는 "五嶽者, 何謂也? 泰山, 東嶽也; 霍山, 南嶽也; 華山, 西嶽也;
常山, 北嶽也; 嵩高山, 中嶽也. 五嶽何以視三公? 能大布雲雨焉, 能大斂雲雨焉;
雲觸石而出, 膚寸而合, 不崇朝而雨天下, 施德博大, 故視三公也"라 함.
【駿極于天】〈毛傳〉에 "駿, 大; 極, 至也"라 하였고, 〈集傳〉에 "駿, 大也"라 함. '駿'
은 峻과 같음. 높고 큼. '極'은 至와 같음. 닿음.
【維嶽降神】〈鄭箋〉에 "降, 下也. 四嶽, 卿士之官掌四時者也. 因主方嶽巡守之事,
在堯時. 姜姓爲之德, 當嶽神之意, 而福興其子孫, 歷虞夏商世, 有國土. 周之甫也,
申也, 齊也, 許也, 皆其苗胄"라 함.
【生甫及申】〈毛傳〉에 "嶽降神靈和氣, 以生申甫之大功"이라 하였고, 〈鄭箋〉에 "申,
申伯也"라 함. 〈鄭箋〉에는 "甫, 甫侯也. 皆以賢知入爲周之楨幹之臣, 四國有難, 則
往扞禦之, 爲之蕃屛; 四方恩澤不至, 則往宣暢之. 甫侯相穆王, 訓夏贖刑, 美此俱
出四嶽, 故連言之"라 하였고, 〈集傳〉에는 "甫, 甫侯也. 卽穆王時作〈呂刑〉者. 或
曰:「此是宣王時人而作,〈呂刑〉者之子孫也.」申, 申伯也. 皆姜姓之國也"라 함.
【翰】〈毛傳〉에 "翰, 榦也"라 하였고, 〈集傳〉에 "翰, 幹"이라 함.
【四國】사방. 나라 안.
【蕃】울타리. 〈集傳〉에 "蕃, 蔽也"라 함. 陳奐〈傳疏〉에 "于, 爲也. 言爲藩四國, 爲
宣四方"이라 함.
【宣】垣의 뜻으로 봄. 馬瑞辰〈通釋〉에 "宣與藩對言. 宣當爲垣之假借"라 하였고,
聞一多〈通義〉에도 "宣, 訓垣"이라 함.
＊〈集傳〉에 "○宣王之舅申伯, 出封于謝, 而尹吉甫作詩以送之. 言「嶽山高大, 而降
其神靈和氣以生甫侯. 申伯實能爲周之楨幹屛蔽, 而宣其德澤於天下也.」蓋申伯
之先, 神農之後, 爲唐虞四嶽, 總領方嶽, 諸侯而奉嶽神之祭, 能脩其職, 嶽神享
之. 故此詩推, 本申伯之所以生, 以爲嶽降神而爲之也"라 함.

(2) 賦

亹亹申伯, 王纘之事.

亹亹(미미)혼 申伯(신빅)을, 王이 事를 纘(찬)케 호샤,

나라 위해 힘쓰는 신백을 불러, 왕께서 제후의 지위를 잇게 하려고,

于邑于謝, 南國是式.

謝(샤)에 邑호야, 南國이 이에 式(식)게 호시다.

謝 땅에 도읍을 정하여, 남국이 이를 법도로 삼도록 하셨네.

王命召伯: 定申伯之宅.

王이 召伯(쇼빅)을 命호샤, 申伯의 宅(튁)을 定호샤,

왕께서 소백에게 명하시어, 신백의 거처를 정하고,

登是南邦, 世執其功!

이 南方을 登호시니, 世로 그 功을 執게 호놋다!

남쪽에 나라를 이루게 하여, 대대로 그 사업을 집행하라 하셨도다!

【亹亹】힘 씀, 노력함. 〈鄭箋〉에 "亹亹, 勉也"라 하였고, 〈集傳〉에 "亹亹, 强勉之 貌"라 함.

【纘】제후의 지위를 이음. 〈鄭箋〉에 "纘, 繼"라 하였고, 〈集傳〉에도 "纘, 繼也. 使 之繼其先世之事也"라 함.

【于邑于謝】〈鄭箋〉에 "于, 往; 于, 於"라 함.

【邑·謝】〈毛傳〉에 "謝, 周之南國也"라 하였고, 〈集傳〉에는 "邑, 國都之處也; 謝, 在 今鄧州南陽縣, 周之南土也"라 함.

【式】〈鄭箋〉에 "式, 法也. 亹亹然, 勉於德不倦之臣, 有申伯, 以賢入爲周之卿士, 佐 王有功. 王又欲使繼其故諸侯之事, 往作邑於謝, 南方之國, 皆統理, 施其法度. 時 改大其邑, 使爲侯伯, 故云然"이라 함. 〈集傳〉에도 "式, 使諸侯以爲法也"라 함.

【召伯】〈毛傳〉에 "召伯, 召公也"라 하였고, 〈集傳〉에 "召伯, 召穆公虎也"라 하여, 구체적으로 召穆公(姬虎)이라 함.

【定申伯之宅】〈鄭箋〉에 "之, 往也. 申伯忠臣, 不欲離王室, 故王使召公, 定其宅令. 往居謝, 成法度於南邦, 世世持其政事, 傳子孫也"라 함.

【登】이룸. 成과 같음. 〈毛傳〉과 〈集傳〉에 "登, 成也"라 함.

【世執其功】〈毛傳〉에 "功, 事也"라 하였고, 〈集傳〉에 "世執其功", 言「使申伯後世,
常守其功」也. 或曰:「大封之禮, 召公之世職也.」라 함.

(3) 賦
王命申伯: 式是南邦.

王이 申伯을 命ᄒ샤, 이 南邦을 式게 ᄒ시고,

왕께서 신백에게 명하시어, 남방에 법도를 펴도록 하시고,

因是謝人, 以作爾庸.

이 謝ㅅ 人을 因(인)ᄒ야, 뻐 네 庸(용)을 作ᄒ시다.

그 사읍의 백성들을 바탕으로, 너의 성읍을 쌓으라 하시도다.

王命召伯: 徹申伯土田.

王이 召伯을 命ᄒ샤, 申伯의 土田을 徹(철)ᄒ시고,

왕께서 소백에게 명하시어, 신백의 토지와 농지에 부세를 정하게 하시고,

王命傅御: 遷其私人!

王이 傅御(부어)를 命ᄒ샤, 그 私人(ᄉ인)을 遷(쳔)ᄒ시다!

왕께서 총재에게 명하시어, 그곳 가신들도 옮겨가라 하시도다!

【庸】墉과 같음. 城. 陳奐〈傳疏〉에 "庸讀爲墉, 古文假借字"라 함. 〈毛傳〉에 "庸,
城也"라 하였고, 〈鄭箋〉에 "庸, 功也. 召伯旣定申伯之居, 王乃親命之, 使爲法度
於南邦. 今因是故, 謝邑之人而爲國, 以起女之功勞. 言尤章顯也"라 함. 〈集傳〉에
도 "庸, 城也. 言「因謝邑之人, 而爲國」也. 鄭氏曰:「庸, 功也. 爲國以起其功也.」"라
함.
【徹】賦稅를 제정하여 다스림. 〈毛傳〉에 "徹, 治也"라 하였고, 〈鄭箋〉에 "治者, 正
其井牧, 定其賦稅"라 함. 〈集傳〉에는 "徹, 定其經界, 正其賦稅也"라 함.
【傅御】冢宰. '傅'는 近의 뜻. 王을 가까이에서 모시는 총재. 백관의 우두머리. 〈毛
傳〉에 "御, 治事之官也"라 하였고, 〈鄭箋〉에 "傅御者, 貳王治事, 謂冢宰也"라 함.
〈集傳〉에 "傅御, 申伯家臣之長也.」"라 함.
【私人】家臣. 家人. 〈毛傳〉에 "私人, 家臣也"라 하였고, 〈集傳〉에는 "私人, 家人;

遷, 使就國也. 漢明帝送侯印, 與東平王蒼諸子, 而以手詔賜其國中傳, 蓋古制如此"
라 함.

(4) 賦

申伯之功, 召伯是營.

申伯의 功을, 召伯이 이 營(영)ᄒ도다.

신백의 성읍을 쌓는 일에, 소백이 이에 건축을 맡았도다.

有俶其城, 寢廟旣成.

그 城을 俶(슉)ᄒ니, 寢廟(침묘)ㅣ 이믜 成ᄒ야,

그 성 쌓는 작업을 하여, 正寢과 祖廟도 이윽고 완성되니,

旣成藐藐, 王錫申伯:

이믜 成홈애 藐藐(막막)ᄒ거늘, 王이 申伯을 錫(셕)ᄒ시니,

이미 이룬 모습 그윽하거늘, 왕께서 신백에게 내리신 하사품,

四牡蹻蹻, 鉤膺濯濯!

四牡ㅣ 蹻蹻(갹갹)ᄒ며, 鉤膺(구응)이 濯濯(탁탁)ᄒ도다!

네 필 숫말은 씩씩하고, 말 장식 구응은 빛이 나도다!

【營】營建. 건축물을 짓는 토목공사.

【俶】〈毛傳〉에 "俶, 作也"라 하였고, 〈鄭箋〉에 "召公營位築之已成, 以形貌, 告於 王, 王乃賜申伯爲將遣之"라 함. 〈集傳〉에 "俶, 始作也"라 함.

【寢廟】宮殿과 祖廟. 〈鄭箋〉에 "申伯居謝之事, 召公營其位而作城郭及寢廟, 定其 人神所處"라 함.

【藐藐】그윽한 모양. 〈毛傳〉에 "藐藐, 美貌"라 하였고, 〈集傳〉에는 "藐藐, 深貌"라 함.

【蹻蹻】壯健한 모양. 〈毛傳〉과 〈集傳〉에 "蹻蹻, 壯貌"라 함.

【鉤膺濯濯】〈毛傳〉에 "鉤膺, 樊纓也; 濯濯, 光明也"라 하여, '鉤應'은 樊纓, 즉 말의 등과 가슴을 매는 줄.

【濯濯】빛이 남. 〈集傳〉에 "濯濯, 光明貌"라 함.

(5) 賦

王遣申伯, 路車乘馬.

王이 申伯을 遣(견)ᄒ시니, 路車와 乘馬ㅣ로다.

왕께서 신백을 보내실 때, 路車와 네 필 말이로다.

我圖爾居, 莫如南土.

내 네 居를 圖(도)ᄒ니, 南土만 ᄀᆞᆮᄐᆞᆫ 이 업도다.

내가 그대 있을 곳을 생각하건대, 남방만한 땅이 없도다.

錫爾介圭, 以作爾寶.

너를 介圭(개규)를 錫(셕)ᄒ야, 뻐 네 寶를 作ᄒ노니,

선물로 너에게 개규를 하사하노니, 이로써 너의 보물로 삼으라.

往近王舅! 南土是保!

徃ᄒ라 王舅(왕구)아! 南土를 이예 保홀 디어다!

가소서, 나의 외숙이시여! 남방을 잘 지켜주소서!

【路車】 군주의 馬車.

【乘馬】〈毛傳〉에 "乘馬, 四馬也"라 하였고, 〈鄭箋〉에 "王以正禮, 遣申伯之國, 故復有車馬之賜, 因告之曰:「我謀女之所處, 無如南土之最善.」"이라 함.

【圖】 생각해 봄. 헤아려봄.

【介圭】 諸侯를 封할 때 하사하는 구슬. '介'는 '玠'의 假借. 〈鄭箋〉에 "圭長尺二寸謂之介, 非諸侯之圭, 故以爲寶. 諸侯之瑞圭, 自九寸而下"라 함. 〈集傳〉에는 "介圭, 諸侯之封圭也"라 함.

【以】〈毛傳〉에 "寶, 瑞也"라 함.

【近】〈毛傳〉에 "近, 己也. 申伯, 宣王之舅也"라 하였고, 〈鄭箋〉에 "近, 辭也. 聲如彼記之子之記"라 함. 〈集傳〉에도 "近, 辭也"라 함.

【保】〈鄭箋〉에 "保, 守也, 安也"라 함.

(6) 賦

申伯信邁, 王餞于郿.

申伯이 진실로 邁(매)ᄒ거늘, 王이 郿(미)에 餞(전)ᄒ시다.

신백이 이틀 자고 길을 떠나니, 왕께서는 郿邑에서 전송하시다.

申伯還南, 謝于誠歸.

申伯이 南으로 還(환)ᄒ니, 謝애 진실로 歸ᄒ놋다.

신백이 남쪽을 돌아가면서, 사읍을 찾아 들어가도다.

王命召伯: 徹申伯土疆.

王이 召伯을 命ᄒ샤, 申伯의 土疆(토강)을 徹ᄒ야,

왕께서 소백을 불러, 신백의 땅 경계를 정하게 하여,

以峙其糧, 式遄其行!

뻐 그 糧(냥)을 峙(치)ᄒ니, 뻐 그 行(힁)을 쌜리 ᄒ놋다!

거기에 식량을 비축하여, 빨리 갈 수 있게 해 두었도다!

【申伯信邁】〈鄭箋〉에 "邁, 行也. 申伯之意, 不欲離王室, 王告語之, 復重於是意解, 而信行餞送, 行飮酒也. 時王蓋省岐周, 故于郿云"이라 함.

【信】再宿. 이틀 머물러 잠. 《左傳》莊公 3년 傳에 "凡師, 一宿爲舍, 再宿爲信, 過信 爲次"라 함.

【餞】餞送, 路祭, 祖餞, 餞行. 길을 떠나보낼 때 여는 잔치. 고대 黃帝의 아들 유 조(纍祖)가 먼 길을 떠나 도중에 죽자 사람들이 그를 '路神'으로 여겨 길 떠나는 자를 보호해 달라는 뜻으로 제를 올리기 시작한 것에서 유래되었다 함.(《四民月令》)

【郿】〈毛傳〉에 "郿, 地名"라 하였고, 〈集傳〉에 "郿, 今在鳳翔府郿縣, 在鎬京之西, 岐周之東, 而申在鎬京之東南. 時王在岐周, 故餞于郿也. 言「信邁誠歸, 以見王之 數, 留疑於行之不果故」也"라 함.

【申伯還南】〈鄭箋〉에 "還南」者, 北就王命於岐周, 而還反也"라 함.

【謝于誠歸】〈鄭箋〉에 "謝于誠歸」, 誠歸于謝"라 함. 陳奐〈傳疏〉에도 "誠歸于謝也" 라 함.

【徹】땅의 경계를 정함.

【峙】'庤'의 假借. 具備함, 備蓄함. 蓄積함. 〈集傳〉에 "峙, 積"이라 함.

【粻】〈鄭箋〉에 "粻, 糧"이라 하였고, 〈集傳〉에 "粻, 糧"이라 함.

【式遄其行】가는 길을 쉽게 속히 가도록 함. 〈鄭箋〉에 "式, 用; 遄, 速也. 王使召公, 治申伯土界之所至, 「峙其糧」者, 令廬市有止宿之, 委積用是, 速申伯之行"이라 함.

【遄】〈集傳〉에 "遄, 連也. 召伯之營謝也, 則已斂其稅賦, 積其餱糧, 使廬市有止, 宿之委積, 故能使申伯無留行也"라 함.

(7) 賦

申伯番番, 旣入于謝, 徒御嘽嘽.

申伯이 番番(파파)ᄒ니, 이믜 謝애 入ᄒ야, 徒御ㅣ 嘽嘽(탄탄)ᄒ니,

신백은 씩씩하여, 이미 사읍으로 들어가니, 걷는 이 타는 이 모두 신나는 모습,

周邦咸喜, 戎有良翰!

周ㅅ 邦이 다 喜ᄒ야, 네 어딘 翰을 둣다 ᄒ놋다!

온 나라가 모두 즐거워하여, 그대를 나라의 훌륭한 근간이라 하는 구나!

不顯申伯! 王之元舅, 文武是憲!

顯(현)티 아니 ᄒ냐 申伯이여! 王의 元舅ㅣ로소니, 文武ㅣ 이예 憲ᄒ놋다!

밝으신 신백이 아니랴! 왕의 외숙으로서, 문무를 겸한 표준이로다!

【番番】씩씩함. 〈毛傳〉에 "番番, 勇武貌. 諸侯有大功, 則賜虎賁"이라 하였고, 〈鄭箋〉에 "申伯之貌, 有威武番番然. 其入謝國, 車徒之行, 嘽嘽安舒. 言得禮也, 禮入國不馳"라 함. 〈集傳〉에 "番番, 武勇貌"라 함.

【徒御嘽嘽】〈毛傳〉에 "徒御嘽嘽", 徒行者·御車者, 嘽嘽喜樂也"라 함. '徒'는 도보로 걷는 사람. '御'는 수레를 타고 가는 사람. '嘽嘽'은 함께 무리지어 가면서 즐거워하는 모습. 〈集傳〉에 "嘽嘽, 衆盛也"라 함.

【周邦】나라 안 두루. 〈鄭箋〉에 "周, 徧也"라 함.

【戎】너. 汝와 같음. 〈鄭箋〉과 〈集傳〉에 "戎, 猶女也"라 함.

【翰】〈鄭箋〉에 "翰, 幹也. 申伯入謝, 徧邦內, 皆喜曰:「女乎! 有善君也.」相慶之言"이
라 함. 〈集傳〉에 "申伯旣入于謝, 周人皆以爲喜, 而相謂曰:「女今有良翰矣.」"라 함.
【不顯申伯】〈毛傳〉에 "不顯申伯, 顯矣! 申伯也"라 하여 '不顯'은 反語로 표현한 것.
【元】〈集傳〉에 "元, 長"이라 함.
【憲】〈毛傳〉에 "文武是憲", 言有文有武也"라 하였고, 〈鄭箋〉에 "憲. 表也. 言爲文
武之表式"이라 함. 〈集傳〉에 "憲, 法也. 言「文武之士, 皆以申伯爲法」也. 或曰:「申
伯能以文王武王爲法也.」"라 함.

(8) 賦

申伯之德! 柔惠且直.

申伯의 德이여! 柔惠(유혜)ᄒ고 ᄯ 直ᄒ도다.

신백의 덕이여! 유순하고 은혜롭고 게다가 정직하도다.

揉此萬邦, 聞于四國.

이 萬邦을 揉(유)ᄒ야, 四國에 聞ᄒ놋다.

이 많은 나라들을 순종토록 하여, 사방에 그 명성이 널리 들리도다.

吉甫作誦, 其詩孔碩,

吉甫(길보)] 誦을 作ᄒ니, 그 詩 심히 碩(셕)ᄒ도다.

길보는 이를 글로 지으니, 그 詩의 말씀은 심히 크도다.

其風肆好, 以贈申伯!

그 風이 드듸여 好ᄒ니, 뼈 申伯을 贈(증)ᄒ노라!

그 노래 아주 좋아서, 이로써 신백에게 보태어 드리노라!

【揉】〈鄭箋〉에 "揉, 順也"라 하였고, 〈集傳〉에는 "揉, 治也"라 함.
【四國】〈鄭箋〉에 "四國, 猶言四方也"라 함.
【吉甫】〈毛傳〉에 "吉甫, 尹吉甫也"라 하였고, 〈集傳〉에도 "吉甫, 尹吉甫. 周之卿士"
라 함.
【誦】樂工이 부르는 노래의 歌詞. 〈毛傳〉에 "作是工師之誦也"라 하였고, 〈集傳〉
에도 "誦, 工師所誦之辭也"라 함.

【碩】〈鄭箋〉에 "碩, 大也. 吉甫爲此誦也. 言其詩之意, 甚美大風切. 申伯又使之長
行善道, 以此贈申伯者送之, 令以爲樂"이라 하였고, 〈集傳〉에도 "碩, 大"라 함.

【風】諷과 같음. 노래. 〈集傳〉에 "風, 聲; 肆, 遂也"라 함.

【肆】〈毛傳〉에 "肆, 長也"라 함. '肆好'는 極好의 뜻.

【以贈申伯】〈毛傳〉에 "贈, 增也"라 함.

참고 및 관련 자료

1. 孔穎達 〈正義〉

〈崧高〉詩者, 周之卿士尹吉甫所作, 以美宣王也. 以厲王之亂, 天下不安. 今宣王興
起先王之功, 使天下復得平定, 能建立邦國, 親愛諸侯, 而襃崇賞賜, 申國之伯焉, 以
其襃賞得宜, 故尹吉甫作, 此〈崧高〉之詩, 以美之也. 《易》比卦象曰:「先王建萬國, 親
諸侯.」桓二年《左傳》云:「天子建國.」〈祭法〉曰:「天下有王, 分地建國.」建國, 皆謂天
子分割土地, 造立邦國, 以封人爲諸侯也. 唯《周禮》惟王建國. 鄭以爲建立王國, 與
此異耳. 此與《易》, 皆親建相對封立, 謂之建. 賞勞謂之親. '建'謂立其國, '親'謂親其
身也. '襃賞'者, 賜賚之名, 車馬衣服, 是襃賞之物也. 何休云:「有土加之曰襃, 無土建
國曰封.」《中侯考河命》曰:「襃賜羣臣, 賞爵有分, 稷契臯陶益土地.」然則益之土地襃
也. 此'申伯', 舊國已絶, 今改而大之. 據其新往謝邑, 是爲初建. 論其舊有國土, 亦爲
襃崇也. 天下復平, 能建國親諸侯, 雖爲申伯發, 文要是總言宣王之美, 其襃賞申伯,
乃叙此篇之意. 經八章皆是襃賞申伯之事, 其'南國是式, 式是南邦', 錫爾介圭, 路車
乘馬', 是襃賞之實也. 〈正義〉曰:〈六月〉言:「宣王北伐.」吉甫爲將禮, 軍將皆命卿也.
此美申伯云「維周之翰」, 明亦身爲王官, 故言周之卿士也. 知非三公, 必兼六卿, 故擧
卿士言之. 伊摯尹天下, 謂之伊尹.〈洪範〉曰:「師尹惟日立政.」云'三毫阪尹', 楚官多
以'尹'爲號.《左傳》稱官, 有世功, 則有官. 族今尹吉甫, 以尹爲氏, 明其先嘗爲尹官,
而因氏焉. 故云尹官氏,《外傳》有「申呂王風云戊申」, 故知申爲國名.

266(大-26) 증민(烝民)

*⟨烝民⟩: 많은 백성들.
*이 시는 宣王이 똑똑한 이를 임용하고, 능력 있는 자를 부려 周室을 중흥시켰음을 尹吉甫가 찬미한 것으로, 구체적인 내용은 자신이 述職을 떠날 때, 선왕의 배려를 노래하고 있음.

⟨序⟩: ⟨烝民⟩, 尹吉甫美宣王也. 任賢使能周室中興焉.

⟨증민⟩은 윤길보가 선왕을 찬미한 것이다. 선왕은 任賢使能하여 周室을 중흥시켰다.

*전체 8장. 매 장 8구씩(烝民: 八章. 章八句).

(1) 賦

天生烝民, 有物有則.

天이 모든 民을 生ᄒᆞ시니, 物(믈)이 이숌애 則(측)이 잇도다.

하늘이 많은 백성을 낳으셨으며, 사물이 있으면 그에 따른 법칙이 있도다.

民之秉彝, 好是懿德!

民의 秉ᄒᆞ엿는 彝(이)라, 이 懿(의)ᄒᆞᆫ 德을 好ᄒᆞ놋다!

백성이 잡고 있는 떳떳한 도리란, 이 아름다운 덕을 좋아하는 것!

天監有周, 昭假于下,

天이 周를 監ᄒᆞ시니, 昭(쇼)로 下의셔 假(격)홀 식,

하늘은 우리 주나라를 살피시되, 밝음이 이 아래까지 이르기에,

保茲天子, 生仲山甫!

이 天子를 保ᄒᆞ샤, 仲山甫(즁산보)를 生ᄒᆞ샷다!

이 천자를 지키시려고, 중산보를 낳으신 것이니라!

【烝民】〈毛傳〉과 〈集傳〉에 "烝, 衆"이라 함.

【有物有則】사물이 있으면 그에 맞는 법칙이 있음. 〈毛傳〉에 "物, 事;則, 法"이라 하였고, 〈集傳〉에 "則, 法"이라 함.

【秉彝】떳떳한 常道를 잡고 있음. '彝'는 常理, 常道. 〈毛傳〉에 "彝, 常"이라 하였고, 〈鄭箋〉에 "秉, 執也. 天之生衆民, 其性有物象. 謂五行仁義禮智信也. 其情有所法, 謂喜怒哀樂好惡也. 然而民所執, 持有常道, 莫不好有美德之人"이라 함. 〈集傳〉에도 "秉, 執;彝, 常"이라 함.

【懿】아름다움. 〈毛傳〉과 〈集傳〉에 "懿, 美也"라 함.

【監】〈鄭箋〉과 〈集傳〉에 "監, 視"라 함.

【昭假】神의 밝은 살핌이 이르러 옴. 〈鄭箋〉에 "假, 至也. 天視周王之政教, 其光明乃至于下. 謂及衆民也"라 하였고, 〈集傳〉에도 "昭, 明;假, 至"라 함.

【保】〈集傳〉에 "保, 祐也"라 함.

【仲山甫】〈毛傳〉에 "仲山甫, 樊侯也"라 하였고, 〈集傳〉에 "仲山甫, 樊侯之字也"라 함. 〈鄭箋〉에 "天安愛此天子宣王, 故生樊侯仲山甫, 使佐之. 言天亦好是懿德也. 《書》(虞書 皋陶謨)曰:「天聰明, 自我民聰明.」"이라 함.

*〈集傳〉에 "○宣王命樊侯仲山甫, 築城于齊, 而尹吉甫作詩以送之. 言「天生衆民, 有是物必有是則. 蓋自百骸九竅五臟而達之. 君臣·父子·夫婦·長幼·朋友, 無非物也, 而莫不有法焉. 如視之明, 聽之聰, 貌之恭, 言之順. 君臣有義, 父子有親之類是也. 是乃民所執之常性, 故其情無不好此美德者, 而況天之監視有周, 能以昭明之德, 感格于下? 故保佑之, 而爲之生此賢佐曰仲山甫焉. 則所以鍾其秀氣, 而全其美德者. 又非特如凡民而己也.」昔孔子讀詩至此, 而贊之曰:『爲此詩者, 其知道乎! 故有物必有則, 民之秉彝也.』故好是懿德, 而孟子引之, 以證性善之說, 其旨深矣. 讀者其致思焉"이라 함.

(2) 賦
仲山甫之德, 柔嘉維則.

仲山甫의 德이, 柔嘉(유가)홈이 則혼 디라,

중산보께서 지니신 덕은, 아름답고 훌륭하여 법이 되나니,

令儀令色, 小心翼翼.

令혼 儀며 令혼 色이며, ᄆ음을 젹게 ᄒ야 翼翼(익익)ᄒ며,

아름다운 威儀와 아름다운 얼굴빛에, 조심하는 마음 공경스러우며,

古訓是式, 威儀是力.

넷 訓을 이 式ᄒ며, 威儀를 이 力ᄒ며,

옛 가르침을 법으로 여기며, 위의를 갖추기에 온힘을 쓰며,

天子是若, 明命使賦!

天子를 이 若(약)ᄒ며, 明ᄒ 命을 ᄒ여곰 賦(부)ᄒ놋다!

천자의 뜻에 순종을 다하며, 맑은 어명을 널리 퍼지도록 하도다!

【嘉】〈鄭箋〉과 〈集傳〉에 "嘉, 美"라 함.

【令】〈毛傳〉과 〈集傳〉에 "令, 善也"라 함.

【儀】〈集傳〉에 "儀, 威儀"라 함.

【色】〈集傳〉에 "色, 顏色也"라 함.

【翼翼】공경을 다함. 〈集傳〉에 "翼翼, 恭敬貌"라 함. 〈毛傳〉에는 "善威儀, 善顏色, 容貌翼翼然, 恭敬"이라 함.

【古訓】〈毛傳〉에 "古, 故;訓, 道"라 하였고, 〈鄭箋〉과 〈集傳〉에 "古訓, 先王之遺典也"라 함.

【式】본받음. 법칙이 됨. 〈鄭箋〉과 〈集傳〉에 "式, 法也"라 함.

【力】온 힘을 쏟음. 〈鄭箋〉에 "力, 猶勤也. 勤威儀者, 恪居官次, 不解于位也. 是順從行其所爲也. 顯明王之政敎, 使羣臣施布之"라 하였고, 〈集傳〉에 "力, 勉"이라 함.

【若】〈毛傳〉과 〈集傳〉에 "若, 順"이라 하여, 天子에게 順從함.

【賦】〈毛傳〉과 〈集傳〉에 "賦, 布也"라 함. 馬瑞辰 〈通釋〉에는 "卽謂使仲山甫布其明命"이라 함.

＊〈集傳〉에 "○東萊呂氏曰:「柔嘉維則', 不過其則也. 過其則斯爲弱, 不得謂之柔嘉矣. '令儀令色, 小心翼翼', 言其表裏柔嘉也. '古訓是式, 威儀是力', 言其學問進脩也. '天子是若, 明命使賦', 言其發而措之事業也. 此章蓋備擧仲山甫之德.」"이라 함.

(3) 賦

王命仲山甫:「式是百辟.

王이 仲山甫를 命ᄒ샤, "이 百辟(빅벽)을 式게 ᄒ며,

왕께서 중산보에 명하시되, "이 제후들을 바르게 이끌고,

纘戎祖考, 王躬是保.

네 祖考(조고)를 纘ᄒ야, 王의 躬을 이예 保케 ᄒ시다.

그대 조상을 이어, 나 왕의 몸을 지켜주어라.

出納王命, 王之喉舌.

王의 命을 出ᄒ며 納(납)ᄒ니, 王의 喉舌(후설)이며,

왕명을 내고 받아들여, 왕의 후설이 되어,

賦政于外, 四方爰發!」

政을 外예 賦ᄒ니, 四方이 이예 發ᄒ놋다!"

政令을 밖으로 펴서, 사방이 발하여 호응하게 하라!"

【式】〈集傳〉에 "式, 法"이라 함.

【辟】제후의 군주들.

【戎】〈毛傳〉에 "戎, 大也"라 하였으나, 〈鄭箋〉에 "戎, 猶女也"라 하였고, 〈集傳〉에도 "戎, 女也"라 함.

【王躬是保】임금인 나의 몸을 잘 지켜냄. 〈鄭箋〉에 "躬, 身也. 王曰:「女施行法度於是百君, 繼女先祖, 先父始見命者之功德. 王身是安, 使盡心力於王室.」"이라 함. 〈集傳〉에는 "「王躬是保」, 所謂保其身體者也. 然則仲山甫, 蓋以冢宰兼大保, 而大保抑其世官也. 與出承而布之也"라 함.

【出納王命】〈鄭箋〉에 "出王命者, 王口所自言, 承而施之也. 納王命者, 時之所宜復於王也. 其行之也, 皆奉順其意如王口喉舌, 親所言也. 以布政於畿外, 天下諸侯, 於是莫不發應"이라 함. 〈集傳〉에도 "納, 行而復之也"라 함.

【喉舌】〈毛傳〉에 "喉舌, 冢宰也"라 하였고, 〈集傳〉에 "喉舌, 所以出言也"라 함.

【四方爰發】사방 제후들이 나서서 이에 호응함. 〈集傳〉에 "發, 發而應之也"라 함.

＊〈集傳〉에 "○東萊呂氏曰:「仲山甫之職, 外則總領諸侯, 內則輔養君德. 入則典司政本, 出則經營四方. 此章蓋備擧仲山甫之職.」"이라 함.

(4) 賦

肅肅王命, 仲山甫將之.

肅肅(숙숙)ᄒ 王의 命을, 仲山甫ㅣ 將ᄒ며,

엄숙하신 왕의 명령을, 중산보가 실행에 옮기니,

邦國若否, 仲山甫明之.

邦國의 若이며 否(비)를, 仲山甫ㅣ 明ᄒ놋다.

제후 나라들이 잘 하는지의 여부를, 중산보가 분명히 하도다.

旣明且哲, 以保其身.

이믜 明ᄒ고 또 哲ᄒ야, 뻐 그 身을 保ᄒ며,

이미 명석하고도 또한 명철히 하여, 자신의 몸을 지켜가며,

夙夜匪解, 以事一人!

夙夜(슉야)애 解(히)티 아니 ᄒ야, 뻐 一人을 事ᄒ놋다!

이른 아침 밤 늦도록 해이함이 없어, 한 사람 왕을 모시도다!

【肅肅】〈鄭箋〉에 "肅肅, 敬也. 言王之政敎, 甚嚴敬也"라 하였고. 〈集傳〉에 "肅肅, 嚴也"라 함.

【將】奉行함. 〈毛傳〉에 "將, 行也"라 하였고, 〈集傳〉에 "將, 奉行也"라 함.

【若否】그렇게 하는가의 여부. 〈鄭箋〉에 "仲山甫, 則能奉行之. 若, 順也. 順否, 猶臧否, 謂善惡也"라 하였고, 〈集傳〉에 "若, 順也. 順否, 猶臧否也"라 함.

【明且哲】〈集傳〉에 "明, 謂明於理:哲, 謂察於事"라 함.

【保身】〈集傳〉에 "保身, 蓋順理以守身, 非趨利避害, 而偷以全軀之謂也"라 함.

【夙夜匪解】〈鄭箋〉에 "夙, 早;夜, 莫;匪, 非也"라 하였고, 〈集傳〉에 "解, 怠也"라 함. '解'는 懈의 假借字.

【一人】天子를 가리킴. 〈鄭箋〉에 "一人, 斥天子"라 하였고, 〈集傳〉에도 "一人, 天子也"라 함.

(5) 賦

人亦有言:「柔則茹之, 剛則吐之.」

人이 쏘흔 言을 두디, "柔ᄒ면 茹(여)ᄒ고 剛ᄒ면 吐(토)ᄒ다" ᄒᄂ니,

세상 사람들 또한 하는 말, "부드러우면 삼기고, 딱딱하면 뱉는다"고,

維仲山甫, 柔亦不茹, 剛亦不吐.

仲山甫는 柔ㅎ야도 쏘흔 茹티 아니 ㅎ며, 剛ㅎ야도 쏘흔 吐티 아니 ㅎ야,

그러나 중산보는 부드럽다 해도 삼키지 않고, 딱딱하다 해도 뱉지 않아,

不侮矜寡, 不畏彊禦!

矜寡(환과)를 侮(모)ㅎ디 아니 ㅎ며, 彊禦(강어)를 畏티 아니 ㅎ놋다!

홀아비와 과부라 해도 업신여기지 않았고, 강포한 무리라 해도 두려워하지도 않았도다!

【人亦有言】세속의 하는 말.〈集傳〉에 "人亦有言」, 世俗之言也"라 함.
【柔】〈鄭箋〉에 "柔, 猶濡毳也"라 함.
【茹】먹음. 삼킴.〈集傳〉에 "茹, 納也"라 함.
【剛則吐之】〈鄭箋〉에 "剛, 堅彊也. 剛柔之在口, 或茹之, 或吐之. 喻人之於敵彊弱"이라 함.
【矜寡】鰥寡와 같음. 홀아비와 과부.
【彊禦】强暴함.
＊〈集傳〉에 "○不茹柔故不侮矜寡, 不吐剛故, 不畏彊禦. 以此觀之, 則仲山甫之柔嘉, 非軟美之. 謂而其保身, 未嘗枉道以徇人, 可知矣"라 함.

(6) 賦
人亦有言:「德輶如毛, 民鮮克舉之.」

人이 쏘흔 言을 두딕, "德의 輶(유)홈이 毛ㅣ 굳트나, 民이 능히 舉(거)ㅎ리 적다" ㅎ느니,

세상 사람들이 역시 하는 말, "덕이란 털과 같이 가볍지만, 이를 능히 들어 올리는 자는 드무네"라 하였으나,

我儀圖之, 維仲山甫舉之, 愛莫助之.

내 儀ㅎ며 圖호니, 仲山甫ㅣ 舉ㅎ리로소니, 愛(이)ㅎ야도 助티 몯ㅎ리로다.

내가 헤아려 보건대, 오직 중산보만은 이를 들어올리니, 애석한 것은

도와주는 이가 없는 것이로다.

衮職有闕, 維仲山甫補之!

衮職(곤직)이 闕(궐)이 잇거든, 仲山甫ㅣ 補(보)ᄒᆞᄂᆞᆺ다!

곤룡포를 입은 천자에게 누락된 것이 있으면, 오직 중산보라면 이를
기워주도다!

【輶】〈鄭箋〉과 〈集傳〉에 "輶, 輕"이라 함.
【我儀圖之】'儀'는 〈毛傳〉에 "儀, 宜也"라 하였고, 〈鄭箋〉에 "儀, 匹也. 人之言云德
甚輕然, 而衆人寡能獨擧之以行者. 言政事易耳, 而人不能行者. 無其志也. 我與倫
匹圖之, 而未能爲也. 我, 吉甫自我也"라 함. 〈集傳〉에 "儀, 度;圖, 謀也"라 함.
【愛】〈毛傳〉에 "愛, 隱也"라 하였으나, 〈鄭箋〉에 "愛, 惜也. 仲山甫能獨擧此德而行
之, 惜乎! 莫能助之者多. 仲山甫之德, 歸功言耳"라 함.
【衮職】王을 가리킴. 〈毛傳〉에 "有衮冕者, 君之上服也"라 하였고, 〈鄭箋〉에 "衮職
者, 不敢斥王之言也. 王之職有闕, 輒能補之者, 仲山甫也"라 함. 〈集傳〉에는 "衮
職, 王職也. 天子龍衮, 不敢斥言, 王闕, 故曰'衮職有闕'也"라 함.
【維仲山甫補之】〈毛傳〉에 "仲山甫補之, 善補過也"라 함.
＊〈集傳〉에 "○言「人皆言『德甚輕而易擧, 然人莫能擧也』, 我於是謀度, 其能擧之者,
則惟仲山甫而已. 是以心誠愛之, 而恨其不能有以助之. 蓋愛之者, 秉彝好德之性
也. 而不能助者能擧與否, 在彼而已. 固無待於人之助, 而亦非人之所能助也. 至
於王職有闕失, 亦維仲山甫獨能補之.」蓋唯大人, 然後能格君心之非, 未有不能自
擧其德, 而能補君之闕者也"라 함.

(7) 賦

仲山甫出祖, 四牡業業,

仲山甫ㅣ 出ᄒᆞ야 祖ᄒᆞ니, 四牡ㅣ 業業ᄒᆞ며,

중산보가 떠남에 조전(祖餞)을 여니, 네 필 숫말은 웅장하고,

征夫捷捷, 每懷靡及.

征夫ㅣ 捷捷(첩첩)ᄒᆞ니, 미양 懷(회)홈이 밋디 몯ᄒᆞᆯ듯 ᄒᆞᄂᆞᆺ다.

먼 길 가는 병사는 씩씩하여, 매양 생각하나 미치지 못할 듯이 하는
구나.

四牡彭彭, 八鸞鏘鏘.

四牡ㅣ 彭彭(방방)ᄒ며, 八鸞(팔란)이 鏘鏘(쟝쟝)ᄒ니,

네 필 숫말 달리는 모슴, 여덟 난령(鸞鈴)이 딸랑거리니,

王命仲山甫:「城彼東方!」

王이 仲山甫를 命ᄒ샤, "뎌 東方의 城ᄒ라" ᄒ샷다!

왕께서 중산보에 명하시되, "저 동방에 성을 쌓아라!" 하셨도다!

【出祖】祖餞의 행사를 하러 나섬. 길을 떠남. '祖'는 路祭. 길 떠나기에 앞서 祖道神에 제사하는 것. 餞送, 餞行이라고도 하며, 길을 떠나보낼 때 여는 잔치. 고대 黃帝의 아들 유조(纍祖)가 먼 길을 떠나 도중에 죽자 사람들이 그를 '路神'으로 여겨 길 떠나는 자를 보호해 달라는 뜻으로 제를 올리기 시작한 것에서 유래되었다 함.《四民月令》〈鄭箋〉에 "祖者, 將行犯軷之祭也. 懷私爲每懷仲山甫犯軷而將行, 車馬業業然, 動衆征夫捷捷然. 至仲山甫, 則戒之曰:「旣受君命, 當速行. 每人懷其私, 而相稽留, 將無所及於事」라 함. 〈集傳〉에도 "祖, 行祭也"라 함. 〈毛傳〉에는 "言述職也"라 하였으며, '述職'은《孟子》告子(上)에 "天子適諸侯曰巡狩, 巡狩者, 巡所守也;諸侯朝於天子曰述職, 述職者, 述所職也"라 하였고, 〈告子〉(下)에도 "天子適諸侯曰巡狩, 諸侯朝天子曰述職. 春省耕而補不足, 秋省斂而助不給"라 함.《晏子春秋》(4)에도 "景公出游, 問于晏子曰:「吾欲觀於轉附·朝舞, 遵海而南, 至于琅邪, 寡人何脩, 則夫先王之游?」晏子再拜曰:「善哉! 君之問也. 嬰聞之:天子之諸侯爲巡狩;諸侯之天子爲述職. 故春省耕而補不足者謂之游, 秋省實而助不給者謂之豫.」라 함.

【業業】〈毛傳〉에 "業業, 言高大也"라 하였고, 〈集傳〉에 "業業, 健貌"라 함.

【捷捷】빠름. 혹 자신이 하는 일을 즐거워함. 〈毛傳〉에 "捷捷, 言樂事也"라 하였고, 〈集傳〉에 "捷捷, 疾貌"라 함.

【每懷靡及】陳奐〈傳疏〉에 "每, 雖;懷, 和;靡及, 自謂無及也"라 함.

【彭彭】〈鄭箋〉에 "彭彭, 行貌"라 함.

【鏘鏘】〈鄭箋〉에 "鏘鏘, 鳴聲. 以此車馬, 命仲山甫使行. 言其盛也"라 함.

【城】城을 쌓음.

【東方】〈毛傳〉에 "東方, 齊也. 古者, 諸侯之居逼隘, 則王者遷其邑而定其居. 盖去薄姑而遷於臨菑也"라 하였고, 〈集傳〉에 "東方, 齊也. 〈傳〉曰:「古者, 諸侯之居逼隘, 則王者遷其邑, 而定其居. 蓋去薄姑, 而遷於臨菑也.」孔氏曰:《史記》齊獻公元年, 徒薄姑都, 治臨菑", 計獻公, 當夷王之時, 與此傳不合, 豈徒於夷王之時, 至是

而始備其城郭之守歟?”라 함. 齊나라는 처음 姜太公(子牙, 姜尙, 呂尙)이 봉지로 받은 곳으로, 薄姑를 첫 도읍으로 하였으나 너무 좁아 뒤에 臨淄(지금의 山東 淄博市 臨淄鎭)로 옮겼음. 이에 春秋시대까지 姜氏齊 였으나, 뒤에 田恒(陳常)의 후손이 나라를 빼앗아 戰國시대에는 田氏齊가 됨.

(8) 賦

四牡騤騤, 八鸞喈喈.

四牡ㅣ 騤騤(규규)ᄒ며, 八鸞이 喈喈(기기)ᄒ니,

네 필 숫말 달리는 곳, 여덟 난령이 딸랑딸랑,

仲山甫徂齊, 式遄其歸.

仲山甫ㅣ 齊(제)예 徂(조)ᄒᄂ니, 뻐 그 歸홈을 샐리 ᄒ리로다.

중산보가 제나라로 가니, 어서 임무 끝내고 돌아오기를.

吉甫作誦, 穆如淸風.

吉甫ㅣ 誦을 作ᄒ니, 穆(목)홈이 淸風곧도다.

윤길보가 이를 가락에 얹어 글을 지으니, 그 내용 목목함이 마치 청풍 같도다.

仲山甫永懷, 以慰其心!

仲山甫ㅣ 기리 懷ᄒᄂ 디라, 뻐 그 ᄆᆞ음을 慰(위)ᄒ노라!

중산보에게 길이 남을 그리움, 이로써 그 마음을 위로하노라!

【騤騤】〈毛傳〉에 “騤騤, 猶彭彭也”라 함.
【喈喈】〈毛傳〉에 “喈喈, 猶鏘鏘也”라 함.
【式遄】〈毛傳〉에 “遄, 疾也. 言周之望仲山甫也”라 하였고, 〈鄭箋〉에 “望之, 故欲其用, 是疾歸”라 함. 〈集傳〉에도 “式遄, 其歸不欲其久於外也”라 함.
【穆如淸風】〈毛傳〉에 “淸微之風化, 養萬物者也”라 하였고, 〈鄭箋〉에 “穆, 和也. 吉甫作此工歌之誦, 其調和人之性, 如淸風長養萬物”이라 함. 〈集傳〉에도 “穆, 深長也;淸風, 淸微之風, 化養萬物者也. 以其遠行, 而有所懷思, 故以此詩慰其心焉. 曾氏曰:「賦政於外, 雖仲山甫之職, 然保王躬補王闕, 尤其所急. 城彼東方, 其心永

懷, 蓋有所不安者. 尹吉甫深知之, 作誦而告以, 遄歸所以安其心也.」라 함.
【以慰其心】〈鄭箋〉에 "然仲山甫述職多, 所思而勞, 故述其美, 以慰安其心"이라 함.

참고 및 관련 자료

1. 孔穎達〈正義〉

〈烝民〉詩者, 尹吉甫所作, 以美宣王也. 以宣王能親任賢德, 用使能人, 賢能在官,
職事修理, 周室旣衰, 中道復興, 故美之也. '任賢使能'者, 任謂委仗之, 使謂作用之.
雖大意爲同, 而細理小別. 有德謂之賢, 有伎謂之能, 故「大宰八統」: '三曰進賢, 四曰
使能'. 注云: 「賢, 有善行者也; 能, 多才藝者也.」 是賢能相對爲小別, 散則皆相通也.
經八章皆言仲山甫有美德, 王能任用之, 是任賢使能也. 襃賞申伯, 指斥其人, 此不
言任用山甫者, 見王所使任, 非獨一人而已. 故言賢能以廣之. 〈韓奕〉之序不言'錫命
韓侯', 義亦然. 〈崧高〉之序, 已有'建國親諸侯', 爲之廣大, 故指言申伯焉. 由其任賢
使能, 故得周室中興, 中興之事, 於經無所當也.

267(大-27) 한혁(韓奕)

*〈韓奕〉:韓나라 梁山의 높고 높음을 뜻함.
*이 시는 尹吉甫가 지은 것으로, 宣王이 韓侯가 朝廷에 朝覲을 하러 왔을 때 왕이 그에게 많은 것을 하사하면서, 먼 追貊 지역 땅을 주어 왕실에 충성할 것을 당부한 것과, 아울러 한후가 궤보(蹶父)의 딸을 아내로 맞이하는 내용을 함께 표현한 것임.

〈序〉: 〈韓奕〉, 尹吉甫美宣王也. 能錫命諸侯.

〈한혁〉은 윤길보가 선왕을 찬미한 것이다. 능히 제후들에게 명령을 내릴 수 있었다.

〈箋〉: 梁山於韓國之山, 最高大爲國之鎭, 所望祀焉. 故美大其貌奕奕然, 謂之韓奕也. 梁山, 今左馮翊夏陽西北. 韓, 姬姓之國也. 後爲晉所滅, 故大夫韓氏以爲邑名焉. 幽王九年, 王室始騷. 鄭桓公問於史伯, 曰:「周衰, 其孰興乎?」對曰:「武實, 昭文之功. 文之祚盡; 武, 其嗣乎武王之子, 應韓不在其晉乎!」

*전체 6장. 매 장 12구씩(韓奕:六章. 章十二句).

(1) 賦
奕奕梁山, 維禹甸之.

奕奕(혁혁)훈 梁山(량산)을, 禹ㅣ 甸(뎐)ᄒ샷다.
높고 높은 梁山은, 禹가 홍수를 다스렸던 곳이로다.

有倬其道, 韓侯受命.

倬(탁)훈 그 道애, 韓侯(한후)ㅣ 命을 受ᄒᄂᆞᆺ다.
밝은 도를 가진, 韓侯가 그곳을 다스리도록 命을 받았도다.

王親命之:「纘戎祖考.

王이 親히 命ᄒ샤듸, "네 祖考를 纘케 ᄒ노니,

왕께서는 친히 명하시되, "그대 조상의 공을 이어받도록 하노니,

無廢朕命, 夙夜匪解,

朕(짐)의 命을 廢(폐)티 마라, 夙夜(숙야)애 解(히)티 아니 ㅎ야,

짐의 명령을 저버리지 말라, 이른 아침부터 밤늦도록 게으름이 없도록
하여,

虔共爾位, 朕命不易.

네 位예 虔共(건공)ㅎ라, 朕의 命을 易(역)디 아니 호리라.

너의 직위를 공경히 하여, 나의 명령을 바꾸지 않도록 하라.

榦不庭方, 以佐戎辟!」

庭(뎡)티 아니 ㅎᄂᆞ 方을 榦(간)ㅎ야, 뻐 네 辟(벽)을 佐(자)ㅎ라!"

조정에 찾아오지 않는 이들을 바로잡아, 이로써 너의 임금을 보좌하
라!"

【奕奕】〈毛傳〉과 〈集傳〉에 "奕奕, 大也"라 함.
【梁山】韓나라의 鎭山. 지금의 陝西 韓城縣에 있음. 〈鄭箋〉에 "梁山之野, 堯時俱
　遭洪水"라 하였고, 〈集傳〉에 "梁山, 韓之鎭也. 今在同州韓城縣"이라 함.
【甸之】梁山 아래의 洪水를 禹가 해결함. 〈毛傳〉에 "甸, 治也. 禹治梁山, 除水災.
　宣王平大亂, 命諸侯"라 하였고, 〈鄭箋〉에 "禹甸之者, 決除其災, 使成平田, 定貢
　賦於天子"라 함. 〈集傳〉에도 "甸, 治也"라 함.
【有倬其道】〈毛傳〉에 "「有倬其道」, 有倬然之道者也"라 하였고, 〈集傳〉에 "倬, 明貌"
　라 함.
【韓侯】韓은 원래 고대 나라 이름으로 武王(姬發)의 후손이 지금의 山西 河津縣
　동쪽에 봉지를 받은 소국이었음. 그 후손이 晉을 섬기다가 桓叔의 아들 韓萬이
　韓(지금의 陝西 韓城) 땅에 봉을 받아 《左傳》, 《國語》, 《史記》 등에 그 이름이 보
　이기 시작함. 《竹書紀年》에 의하면 春秋 직전 晉 文侯 21년 晉에게 망하였다가,
　그 후손이 晉의 六卿(韓氏, 魏氏, 趙氏, 中行氏, 知氏, 范氏)으로 세력을 키워 春秋
　말, 이들이 晉을 멸하고 三晉(韓, 魏, 趙)으로 남아 戰國七雄의 班列에 오르게
　됨. 〈集傳〉에 "韓, 國名; 侯, 爵. 武王之後也. 受命, 蓋卽位, 除喪以士服, 入見天子,
　而聽命也"라 함. 〈毛傳〉에 "受命, 受命爲侯伯也"라 하였고, 〈鄭箋〉에 "周有厲王

之亂, 天下失職. 今有倬然著明復禹之功者, 韓侯受王命爲侯伯"이라 함.

【纘戎祖考】'纘'은 이음. '戎'은 너. 〈毛傳〉에 "戎, 大"라 하였으나, 〈鄭箋〉에는 "戎, 猶女也"라 함. 〈集傳〉에도 "纘, 繼; 戎, 女也. 言「王錫命之, 使繼世而爲諸侯」也"라 함.

【朕】〈鄭箋〉에 "朕, 我也"라 함. 宣王 자신을 가리킴.

【解】게으름. 懈의 가차자.

【虔共爾位】〈毛傳〉에 "虔, 固; 共, 執也"라 하였고, 〈集傳〉에 "虔, 敬"이라 함. 한편 〈鄭箋〉에는 "古之恭字, 或作共"이라 함.

【易】〈鄭箋〉에 "我之所命者, 勿改易"이라 하였고, 〈集傳〉에 "易, 改"라 함.

【榦不庭方】'榦'은 바로잡음. 〈毛傳〉에 "庭, 直也"라 하였고, 〈鄭箋〉에 "不行當爲不直違, 失法度之, 方作楨榦而正之"라 함. 〈集傳〉에 "榦, 正也; '不庭方', 不來庭之國也"라 함.

【以佐戎辟】너의 임금을 도와야 함. 〈鄭箋〉에 "以佐助女君. 女君, 王自謂也"라 하였고, 〈集傳〉에 "辟, 君也. 此又戒之以脩其職業之辭也"라 함.

＊〈集傳〉에 "○韓侯初立來朝, 始受王命而歸. 詩人作此以送之序, 亦以爲尹吉甫作. 今未有據. 下篇云'召穆公, 凡伯'者, 放此"라 함.

(2) 賦

四牡奕奕, 孔脩且張.

四牡ㅣ 奕奕ㅎ니, 심히 脩(슈)ㅎ고 쏘 張(쟝)ㅎ도다.

네 필 말 씩씩하고, 심히 긴 몸집에 게다가 크기도 하구나.

韓侯入覲, 以其介圭, 入覲于王.

韓侯ㅣ 入ㅎ야 覲(근)ㅎ니, 그 介圭(개규)로써, 王쯰 入ㅎ야 覲ㅎ놋다.

한후가 들어와 왕을 뵈올 때, 介圭의 큰 구슬을 들고, 들어와 왕을 뵙도다.

王錫韓侯: 淑旂綏章,

王이 韓侯를 錫(셕)ㅎ시니, 淑(슉)ㅎ 旂(긔)와 綏章(유장)과,

왕께서 한후에게 하사하시되, 交龍의 좋은 깃발과, 큰 쇠꼬리로 장식한 휘장과,

簟茀錯衡, 玄袞赤舄,

簟(뎜)으로 흔 茀(블)과 錯(착)흔 衡(형)과, 玄(현)흔 袞(곤)과 赤(적)흔 舄(셕)과,

옻칠한 대나무로 엮은 수레 덮개와 무늬 넣은 수레 횡목, 그리고 검은 곤룡포에 붉은 신과,

鉤膺鏤錫, 鞹鞃淺幭, 鞗革金厄!

鉤(구)와 膺(응)과 鏤(루)흔 錫(양)과, 鞹(곽)으로 흔 鞃(굉)과 淺(쳔)으로 흔 幭(멱)과, 鞗革(됴혁)에 金으로 厄(익)흔 거시로다!

말의 배띠와 쇠로 무늬 박은 누양이며, 가죽 주머니에 호피 덮개, 그리고 고삐와 쇠로 만든 고삐고리로다!

【脩且張】〈毛傳〉과 〈集傳〉에 "脩, 長; 張, 大也"라 함.
【覲】신하가 임금을 뵙는 것을 '覲'이라 함. 〈毛傳〉에 "覲, 見也"라 하였고, 〈鄭箋〉에 "諸侯秋見天子曰覲. 韓侯乘長大之四牡, 奕奕然以時覲於宣王"이라 함.
【介圭】珹珪와 같음. 諸侯들이 드는 큰 홀. 〈集傳〉에 "介圭, 封圭執之爲贄, 以合瑞于王也"라 함.
【入覲于王】〈鄭箋〉에 "覲於宣王而奉享禮, 貢國所出之寶, 善其尊宣王以當職來也. 《書》曰:「黑水西河, 其貢璆琳琅玕.」此覲乃受命. 先言'受命'者. 顯其美也"라 함.
【王錫韓侯】'錫'은 賜와 같음. 下賜함. 〈鄭箋〉에 "王爲韓侯, 以常職來朝享之故, 故多錫以厚之, 善旂旂之善色者也"라 함.
【淑】〈毛傳〉과 〈集傳〉에 "淑, 善也"라 함.
【旂】龍 무늬를 교차시켜 그린 깃발. 〈毛傳〉에 "交龍爲旂"라 하였고, 〈集傳〉에 "交龍曰旂"라 함.
【綏章】〈毛傳〉에 "綏, 大綏也"라 하였고, 〈鄭箋〉에 "綏, 所引以登車, 有采章也"라 하였으며, 〈集傳〉에는 "綏章, 染鳥羽, 或旄牛尾爲之, 注於旂竿之首, 爲表章者也"라 함.
【簟茀】옻칠한 대나무로 엮어 덮는 수레의 덮개. 〈鄭箋〉에 "簟茀, 漆簟以爲車蔽, 今之藩也"라 함.
【錯衡】〈毛傳〉에 "錯衡, 文衡也"라 하여, 무늬를 넣은 수레 채 끝 橫木.
【玄袞】검은 곤룡포.

【赤舄】붉은 신발.

【鉤膺】樊纓. 말의 배띠. 〈鄭箋〉에 "鉤膺, 樊纓也"라 함.

【鏤錫】금박이로 장식한 말 머리 얼굴에 씌우는 천. 當盧로도 불림. 〈毛傳〉에 "鏤錫, 有金鏤其錫也"이라 하였고, 〈鄭箋〉에 "眉上曰錫. 刻金飾之, 今當盧也"라 함. 〈集傳〉에도 "鏤, 刻金也; 馬眉上飾曰錫. 今當盧也"라 함.

【鞹鞃淺幭】〈毛傳〉에 "鞹, 革也; 鞃, 軾中也; 淺, 虎皮淺毛也; 幭, 覆式也"라 함. '鞹 鞃'의 鞹은 털을 제거한 가죽으로 만든 주머니. 鞃은 軾의 가운데를 매는 가죽 끈. 〈集傳〉에 "鞹, 去毛之革也; 鞃, 式中也. 謂兩較之間, 橫木可憑者, 以鞹持之, 使 牢固也"라 함.

【淺幭】虎皮로 만든 수레의 遮幕. 〈集傳〉에 "淺, 虎皮也; 幭, 覆式也. 字一作'幦', 又作'幎', 以有毛之皮, 覆式上也"라 함.

【鞗革】고삐. 〈鄭箋〉에 "鞗革, 謂轡也"라 하였고, 〈集傳〉에 "鞗革, 轡首也"라 함.

【金厄】쇠붙이로 만든 꼬삐고리. 〈毛傳〉에 "厄, 烏蠋也"라 하였고, 〈鄭箋〉에 "以 金爲小環, 往往纚搤之"라 함. 〈集傳〉에 "金厄, 以金爲環, 纚搤轡首也"라 함.

(3) 賦

韓侯出祖, 出宿于屠.

韓侯ㅣ 出ᄒᆞ야 祖ᄒᆞ니, 出ᄒᆞ야 屠(도)애 宿(슉)ᄒᆞ놋다.

한후가 출발하여 道神에게 제사하고, 하루를 屠 땅에 머물었도다.

顯父餞之, 淸酒百壺.

顯父(현보)ㅣ 餞(젼)ᄒᆞ니, 淸酒ㅣ 百壺(ᄇᆡᆨ호)ㅣ로다.

주의 경사 현보가 전별식을 차려주니, 맑은 술 백 병이나 되고,

其殽維何? 炰鼈鮮魚.

그 殽(효)ㅣ 므섯고? 炰(포)흔 鼈(별)과 鮮(션)흔 魚ㅣ로다.

그 안주는 또 어떤 것인가? 불에 익힌 자라고기에 싱싱한 생선이로다.

其蔌維何? 維筍及蒲.

그 蔌(속)이 므섯고? 筍(슌)과 밋 蒲(포)ㅣ로다.

나물 안주는 무엇인가? 죽순에 부들 밑동 요리로다.

其贈維何? 乘馬路車.

그 贈(증)ᄒᆞᆫ 거시 므섯고? 乘馬와 路車ㅣ로다.

그 선물은 무엇인가? 네 필 말이 끄는 路車로다.

籩豆有且, 侯氏燕胥!

籩豆ㅣ 且(저)ᄒᆞ니, 侯氏ㅣ 서ᄅᆞ 燕(연)ᄒᆞ놋다!

변두에 풍성한 음식, 조견하러 왔던 제후들도 모두 잔치에 참여하였
도다!

【出祖】祖餞의 행사를 하러 나섬. 길을 떠남. '祖'는 路祭. 길 떠나기에 앞서 祖道
神에 제사하던 것. 餞送, 餞行이라고도 하며, 길을 떠나보낼 때 여는 잔치. 고대
黃帝의 아들 유조(纍祖)가 먼 길을 떠나 도중에 죽자 사람들이 그를 '路神'으로
여겨 길 떠나는 자를 보호해 달라는 뜻으로 제를 올리기 시작한 것에서 유래
되었다 함.《四民月令》〈鄭箋〉에 "祖, 將去而祀軷也. 旣覲而反國, 必祖者, 尊其所
往, 去則如始行焉. 祖於國外畢, 及出宿, 示行不留於是也."라 하였고, 〈集傳〉에
"旣覲而反國, 必祖者, 尊其所往去, 則如始行焉"이라 함.

維筍及蒲
傳筍竹也
箋竹萌也

【宿】하루를 묵음. 하룻밤을 잠.《左傳》
莊公 3년 傳에 "凡師, 一宿爲舍, 再宿爲
信, 過信爲次"라 함.
【屠】地名. 〈毛傳〉에 "屠, 地名也"이라
하였고, 〈集傳〉에 "屠, 地名. 或曰卽杜
也"라 하여, 혹 지금의 杜縣이라 함.
【顯父】〈毛傳〉에 "顯父, 有顯德者也"라
하였고, 〈鄭箋〉에 "顯父, 周之公卿也"라
하였으며, 〈集傳〉에 "顯父, 周之卿士也"
라 하여 인물로 보았음. 顯 땅에 봉해
진 卿士. '父'는 '보'로 읽으며 '甫'와 같
음.
【淸酒百壺】〈鄭箋〉에 "餞送之, 故有酒"
라 함.
【炰鼈鮮魚】〈鄭箋〉에 "炰鼈, 以火熟之
也; 鮮魚, 中膾者也"라 함.

【蔌】野菜 안주. 〈毛傳〉과 〈集傳〉에 "蔌, 菜殽也"라 함.

【筍】竹筍요리. 〈毛傳〉에 "筍, 竹也"라 하였고, 〈鄭箋〉과 〈集傳〉에 "筍, 竹萌也"라 함.

【蒲】부들 밑동을 잘라 만든 요리. 〈毛傳〉과 〈集傳〉에 "蒲, 蒲蒻也"라 하였고, 〈鄭箋〉에 "蒲, 深蒲也"라 함.

【贈】〈鄭箋〉에 "贈, 送也. 王旣使顯父餞之, 又使送以車馬, 所以贈厚意也"라 함.

【路車】輅路. 人君의 수레. 〈鄭箋〉에 "人君之車曰路車, 所駕之馬曰乘馬"라 함.

【且】많음. 풍부함. 〈鄭箋〉과 〈集傳〉에 "且, 多貌"라 함.

【侯氏】천자를 朝覲하러 왔다가 아직 떠나지 않은 諸侯들. 〈集傳〉에 "侯氏, 覲禮 諸侯來朝者之稱"이라 함.

【胥】〈鄭箋〉에 "胥, 皆也. 諸侯在京師, 未去者. 於顯父餞之, 時皆來, 相與燕其籩豆 且然, 榮其多也"라 함. 〈集傳〉에는 "胥, 相也. 或曰語辭"라 함.

(4) 賦

韓侯取妻, 汾王之甥, 蹶父之子.

韓侯ㅣ 妻(쳐)를 取(ᄎᆔ)ᄒᆞ니, 汾王(분왕)의 甥(ᄉᆡᆼ)이오 蹶父(궤보)의 子(ᄌᆞ) ㅣ로다.

한후가 아내를 취하여 장가드니, 아내는 厲王의 생질이요, 궤보의 따님 이로다.

韓侯迎止, 于蹶之里.

韓侯ㅣ 迎ᄒᆞ니, 蹶(궤)ㅅ 里예 ᄒᆞᄂᆞᆺ다.

한후께서 가시어 친영의 예를 하니, 蹶 땅 마을에서 하였도다.

百兩彭彭, 八鸞鏘鏘, 不顯其光?

百兩이 彭彭(방방)ᄒᆞ며, 八鸞이 鏘鏘(쟝쟝)ᄒᆞ니, 그 光이 顯(현)티 아니 ᄒᆞ 냐?

백 량 수레의 장한 행렬, 여덟 鸞鈴 딸랑거리니, 그 광채 눈부시지 않 은가?

諸娣從之, 祁祁如雲.

모든 娣(뎨)ㅣ 從ᄒᆞ니, 祁祁(긔긔)ᄒᆞ야 雲(운)ᄀᆞᆮ도다.

뒤를 따르는 아홉 신부, 기기하기가 마치 구름 같도다.

韓侯顧之, 爛其盈門!

韓侯] 顧(고)ᄒᆞ니, 爛(란)히 그 門에 盈(영)ᄒᆞ도다!

한후께서 돌아보시니, 그 찬란함이 문에 가득하도다!

【取妻】아내를 취함. 장가를 듦. '取'는 娶와 같음.

【汾王】〈毛傳〉에 "汾, 大也"라 하였으나, 〈鄭箋〉에 "汾王, 厲王也. 厲王流于彘, 彘在汾水之上. 故時人因以號之, 猶言莒郊公·黎比公也"라 하여 厲王으로 보았음. 〈集傳〉에도 "汾王, 厲王也. 厲王流于彘, 在汾水之上, 故時人以目王焉. 猶言莒郊公黎比公也"라 함.

【甥】甥姪女. 누이의 딸. 〈鄭箋〉에 "姊妹之子爲甥. 王之甥, 卿士之子, 言尊貴也"라 함.

【蹶父】周나라 卿士. '蹶'는 '궤'(居衛反)으로 읽음. 〈毛傳〉에 "蹶父, 卿士也"라 하였고, 〈集傳〉에 "蹶父, 周之卿士, 姞姓也"라 함. 蹶 땅을 봉지로 받은 姞氏의 卿士.

【韓侯迎止】【迎】親迎. '親迎'은 고대 婚禮에서 六禮 중의 하나. 六禮는 納采, 問名, 納吉, 納徵, 請期, 親迎으로서 그 중 親迎은 신랑이 검은 칠을 한 수레를 타고 신부 집에 이르러 合卺의 예를 치르는 것.

【里】〈毛傳〉에 "里, 邑也"라 하였고, 〈鄭箋〉에 "于蹶之里」, 蹶父之里"라 함.

【百兩】네 필의 말이 끄는 수레 백 輛. 〈鄭箋〉에 "百兩, 百乘"이라 함.

【不顯其光】〈鄭箋〉에 "不顯, 顯也. 光, 猶榮也. 氣有榮光也"라 하여, '不顯'은 反語로 표현한 것.

【諸娣】諸侯는 아홉 名의 女人에게 장가를 들 수 있음. 그 중 두 나라 여인은 媵이 되고 諸娣는 妾이 됨. 〈毛傳〉에 "諸侯一取九女, 二國媵之諸娣, 衆妾也"라 하였고, 〈鄭箋〉에 "媵者, 必娣姪從之, 獨言娣者, 擧其貴者"라 함. 〈集傳〉에는 "諸娣, 諸侯一娶九女, 二國媵之, 皆有娣姪也"라 함.

【祁祁如雲】〈毛傳〉과 〈集傳〉에 "祁祁, 徐靚也. 如雲, 言衆多也"라 함.

【顧之】〈毛傳〉에 "顧, 曲顧道義也"라 하였고, 〈鄭箋〉에 "爛爛粲然, 鮮明且衆多之貌"라 함.

【盈門】滿門. 문에 가득함.

＊〈集傳〉에 "○此言「韓侯旣覲而還, 遂以親迎」也"라 함.

(5) 賦

蹶父孔武, 靡國不到.

蹶父ㅣ 심히 武(무)ᄒᆞ야, 國에 到(도)티 아닐 듸 업시 ᄒᆞ야,

궤보는 아주 武威가 있어, 다녀보지 않은 나라가 없었는데,

爲韓姞相攸, 莫如韓樂.

韓姞(한결)을 爲ᄒᆞ야 攸(유)를 相(샹)ᄒᆞ니, 韓의 樂(락)홈만 ᄀᆞᆮᄐᆞ니 업

도다.

한후의 처가 되기 전 그 딸 시집보낼 만한 곳을 찾다가, 한나라 만한

곳 없다고 여겼도다.

孔樂韓土! 川澤訏訏,

심히 樂흔 韓ᄯᆞ히여! 川(쳔)과 澤(퇵)이 訏訏(우우)ᄒᆞ며,

즐겁도다, 한나라 땅이여! 개울과 못물이 넘쳐흐르고,

魴鱮甫甫, 麀鹿噳噳.

魴(방)과 鱮(셔)ㅣ 甫甫(보보)ᄒᆞ며, 麀(우)와 鹿(록)이 噳噳(오오)ᄒᆞ며,

방어와 연어가 뛰어 놀며, 사슴은 떼를 지어 많기도 하며,

有熊有羆, 有貓有虎.

熊(웅)이 이시며 羆(비)이시며, 貓(묘)ㅣ 이시며 虎(호)ㅣ 잇도다.

큰 곰도 있고 누런 곰도 있으며, 고양이와 호랑이도 있도다.

慶旣令居, 韓姞燕譽!

이믜 슈흔 居를 慶(경)ᄒᆞ니, 韓姞이 燕譽(연여)ᄒᆞ놋다!

이윽고 이 좋은 땅에 살게 됨을 축복하니, 한후의 아내 된 딸이 즐거

워하도다!

【韓姞】韓侯의 妻가 된 蹶父(姞氏)의 딸. 〈毛傳〉에 "姞, 蹶父姓也"라 하였고, 〈集
傳〉에 "韓姞, 蹶父之子; 韓侯妻也"라 함.

【相攸】시집보낼 만한 곳을 고르는 것. 〈鄭箋〉에 "相, 視; 攸, 所也. 蹶父甚武健爲

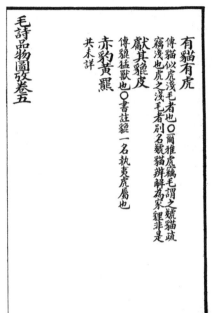

王使, 於天下國, 國皆至爲其女韓侯夫人姞氏, 視其所居韓國最樂"이라 하였고, 〈集傳〉에는 "相攸, 擇可嫁之所也"라 함.
【孔樂韓土】〈鄭箋〉에 "甚樂矣, 韓之國土也!"라 함.
【訏訏】〈毛傳〉에 "訏訏, 大也"라 하였고, 〈鄭箋〉에 "川澤寬大, 衆魚禽獸備有, 言饒富也"라 함. 〈集傳〉에는 "訏訏·甫甫, 大也"라 함.
【甫甫】〈毛傳〉에 "甫甫然, 大也"라 함.
【麀鹿】암사슴.
【噳噳】많음. 〈毛傳〉에 "噳噳然, 衆也"라 하였고, 〈集傳〉에도 "噳噳, 衆也"라 함.
【貓】〈毛傳〉에 "貓, 似虎淺毛者也"라 하였고, 〈集傳〉에 "貓, 似虎而淺毛"라 함.
【慶旣令居】〈鄭箋〉에 "慶, 善也. 蹶父旣

善韓之國土, 使韓姞嫁焉, 而居之韓姞, 則安之. 盡其婦道, 有顯譽"라 하였고, 〈集傳〉에 "慶, 喜; 令, 善也. 喜其有此善居也"라 함.
【譽】즐거움. 豫, 悅, 樂과 같음. 〈集傳〉에 "燕, 安; 譽, 樂也"라 함.

(6) 賦

溥彼韓城! 燕師所完.

溥(보)ᄒ더 韓ㅅ 城이여! 燕(연)ㅅ 師(ᄉ)의 完(완)ᄒᆫ 배로다.

크고 거창한 저 한나라 성이여! 燕나라 무리들이 완성한 것이로다.

以先祖受命, 因時百蠻.

先祖의 命 受홈이, 이 百蠻(빅만)을 因홈으로써,

조상의 뒤를 이어 왕명을 받아, 이 많은 이민족을 바탕으로 하니,

王錫韓侯: 其追其貊,

王이 韓侯를 錫(셕)ᄒ시니, 그 追(츄)와 그 貊(믹)이로다.

왕께서 한후에게 하사하신 것은, 추족(追族)과 맥족이로다.

奄受北國, 因以其伯.

믄득 北國(북국)을 受ᄒᆞ야, 因ᄒᆞ야 뻐 그 伯(빅)ᄒᆞ니,

북국을 위무하여 받아서는, 그곳에서 우두머리가 되셨도다.

實墉實壑, 實畝實藉,

진실로 墉(용)ᄒᆞ며 진실로 壑(학)ᄒᆞ며, 진실로 畝(모)ᄒᆞ며 진실로 籍(젹)ᄒᆞ고,

이에 성을 쌓고 濠를 깊이 파고, 농토를 일구고 세금을 매겼으며,

獻其貔皮, 赤豹黃羆!

그 貔皮(비피)와 赤豹(젹표)와 黃羆(황비)를 獻(헌)ᄒᆞ리로다!

그 공물에는 비휴의 가죽과, 붉은 표범 누런 큰곰을 바치리도다!

【溥】〈鄭箋〉과 〈集傳〉에 "溥, 大也"라 함.
【燕師】〈毛傳〉에 "師, 衆也"라 하였고, 〈鄭箋〉에 "燕, 安也. 大矣, 彼韓國之城! 乃
  古平安時, 衆民之所築完"이라 함. 그러나 '燕'은 召公의 나라. 召公(姬奭)이 봉지
  로 받았던 곳. 지금의 北京 근처 薊를 도읍으로 하였으며, 戰國七雄의 하나.
  〈集傳〉에 "燕, 召公之國也;師, 衆也"라 함.
【以先祖受命】〈毛傳〉에 "韓侯之先祖, 武王之子也"라 하였고, 〈鄭箋〉에 "韓侯先
  祖, 有功德者, 受先王之命, 封爲韓侯, 居韓城爲侯伯"이라 함. 陳奐〈傳疏〉에는
  "以, 猶用也. '以宣祖受命', 言韓侯宣祖亦受命爲周侯伯"이라 함.
【因時百蠻】韓나라 역시 멀리 蠻服에 있었음을 말함. 陳奐〈傳疏〉에 "周制:除王
  畿之外, 建九服, 蠻服第六服. ……韓在蠻服"이라 함. 참고로 '九服'은《周禮》夏官
  職方氏에 의하면 侯服, 甸服, 南服, 采服, 衛服, 蠻服, 夷服, 鎭服, 藩服 등 九服
  이 있어 京師로부터 5백 리씩 구분을 두었음. 〈毛傳〉에 "因時百蠻」, 長是蠻服之
  百國也"라 하였고, 〈鄭箋〉에 "其州界外接蠻服, 因見使時節, 百蠻貢獻之往來. 後
  君微弱, 用失其業. 今王以韓侯, 先祖之事如是, 而韓侯賢. 故於入覲, 使復其先祖
  之舊職. 賜之蠻服, 追貊之戎狄, 令撫柔. 其所受王畿, 北面之國, 因以其先祖侯伯
  之事, 盡予之. 皆美其爲人子孫, 能興復先祖之功其後. 追也, 貊也, 爲獫狁所逼,
  稍稍東遷"이라 함.

【追·貊】〈毛傳〉에 "追·貊, 戎狄國也"라 함. 이 두 종족은 玁狁(匈奴의 전신. Hun族)에게 밀려 '追'는 서쪽으로 이동하여 뒤에 西戎과 융합하였고, '貊'은 '貉'으로도 표기하며, 처음 北狄의 일파였으나, 뒤에 동쪽으로 이동하여 東夷의 한 支派로 발전함. '貊(貉)'은 혹 우리의 고대 貊族이라 주장하기도 함. 〈集傳〉에 "追·貊, 夷狄之國也"라 함.

【奄】무마함. 慰撫함. 〈毛傳〉에 "奄, 撫也"라 함.

【伯】霸와 같음. 우두머리가 됨.

【實墉實壑】'實'은 〈鄭箋〉에 "實, 當作寔. 趙魏之東. 實·寔同聲. 寔, 是也"라 하였고, 〈毛傳〉에 "實墉實壑, 言高其城, 深其壑也"라 함. 〈集傳〉에 "墉, 城; 壑, 池"라 함.

【藉】稅를 매김. 〈詩傳〉에는 '藉'가 '籍'으로 되어 있으며, 이에 따라 〈諺解〉에도 '籍'(적)이라 함. 아울러 〈集傳〉에도 "籍, 稅也"라 함. 〈鄭箋〉에는 "藉, 稅也. 韓侯之先祖微弱, 所受之國多滅絶, 今復舊職, 興滅國繼絶世. 故築治是城濬修, 是壑井牧, 是田畝收斂, 是賦稅使如故常"이라 함.

【貔】〈毛傳〉에 "貔, 猛獸也. 追貊之國來貢, 而侯伯總領之"라 하였고, 〈集傳〉에 "貔, 猛獸名"이라 함.

【赤豹黃羆】'赤豹'는 붉은 색 표범. '黃羆'는 누런색의 큰곰. 이를 근거로 혹 檀君神話의 곰토템 및 호랑이토템과 연관시키기도 함.

＊〈集傳〉에 "○韓初封時, 召公爲司空, 王命以其衆爲築此城. 如召伯營謝, 山甫城齊. 春秋諸侯城, 邢城楚丘之類也. 王以韓侯之先, 因是百蠻而長之, 故錫之追貊, 使爲之伯, 以脩其城池, 治其田畝, 正其稅法, 而貢其所有於王也"라 함.

참고 및 관련 자료

1. 孔穎達〈正義〉

〈韓奕〉詩者, 尹吉甫所作, 以美宣王也. 美其能錫命諸侯, 謂賞賜韓侯, 命爲侯伯也. 不言韓侯者, 欲見宣王之所錫命, 非獨一國而已. 故變言諸侯, 以廣之. '錫', 謂與之以物, 二章是也; '命', 謂授之以政, 首章是也. 經序倒者, 經先言受命以顯其美, 序先言賜者, 欲見命亦是賜. 《春秋》(文公 5년)有'來錫公命', 是命爲賜也. 三章言諸侯得賜而歸, 四章說其娶妻之事, 五章言其得妻之由, 卒章言欲得命歸國, 施行政事, 旣美其人. 言汎及之主, 爲錫命而作, 故序言錫命以總之. 〈正義〉曰: 此經雖有韓有奕, 而文非共句, 故解其名篇之意也. 知梁山於韓國之山, 最高大者, 以韓後屬晉. 〈釋山〉云:「梁山, 晉望也.」孫炎曰:「晉國所望祭也.」晉爲大國, 尙以爲望, 明於韓地最高大也. 〈夏官〉職方氏每州皆云其山, 鎭曰某山. 是其大者, 謂之爲鎭, 故知梁山爲韓國之重鎭也. 《禮》: 諸侯之於山川, 在其地, 祭以祈福, 山必望而祀之. 故云祈望

祀焉. 經云「奕奕梁山」, 是美其貌奕奕, 然以其韓國之奕, 故謂其篇爲〈韓奕〉也. 又
辨其處云:「今在左馮翊郡夏陽縣之西北」也. 漢於長安畿內, 立三郡, 謂之三輔京.
兆在中馮翊, 在東扶風, 在西外郡之長, 謂之太守. 此三輔者, 謂之京兆尹, 左馮翊・
右扶風, 左右無外郡之名太守也. 計此止須言馮翊耳. 不須言左. 但《漢書》稱馮・扶
風之人, 皆并言左右, 故鄭亦連言左. 范曄《後漢書》, 始於馮翊扶風之人, 不言左右
耳. 以前皆并言左右. 服虔《左傳解贊》云:「右扶風.」賈君是也. 又辨韓國興滅之由,
襄二十九年《左傳》說:「晉滅諸國.」云:「霍揚韓魏, 皆姬姓也.」以此知韓是姬姓之國,
後爲晉所滅也. 此韓是武王之子, 以卒章之傳, 已言韓侯之先祖, 武王之子, 故直辨
其姬姓也. 故大夫韓氏, 以爲邑名焉, 謂食邑於韓, 以韓爲氏也. 桓三年《左傳》云:「曲
沃武公伐翼, 韓萬御戎.」服虔云:「韓萬, 晉大夫. 曲沃桓叔之子, 莊伯之弟. 晉爲大
夫, 以韓爲氏.」出襄昭之間, 有韓宣子, 六國之韓王, 是此韓爲之後也. 晉之滅韓, 未
知何君之世. 宣王之時, 韓爲侯伯, 武公之世, 萬已受之. 盖晉文侯, 輔平王爲方伯之
時, 滅之也. 故韋昭云:「近宣王時, 命韓侯爲侯伯. 其後爲晉所滅, 以爲邑. 以賜桓叔
之子萬.」是爲韓萬, 則其亡在平王時也. 幽王九年以下, 皆〈鄭語〉文. 韋昭云:「騷, 謂
適庶交爭也.」'武', 武王也. 文王子孫, 魯衞是也. '祚盡', 謂衰也. '嗣', 繼也. 武王子
孫, 當繼之而興不在者. 言不在應韓, 當在晉也. 引此者, 證幽王之時, 韓仍在也. 彼
先言桓公之問, 史伯之對, 下言九年, 王室始騷, 此引之而與彼文倒者, 彼文先說史
伯之言, 於後歷陳事驗, 故始騷之. 文列之於後, 此則略取其意, 辨其問答之年, 故
進之於上.

2.《左傳》桓公 3年 傳

三年春, 曲沃武公伐翼, 次于陘庭. 韓萬御戎, 梁弘爲右. 逐翼侯于汾隰, 驂絓而止,
夜獲之, 及欒共叔.

3.《國語》鄭語

公曰:「若周衰, 諸姬其孰興?」

對曰:「臣聞之, 武實昭文之功, 文之祚盡, 武其嗣乎! 武王之子, 應・韓不在, 其在晉
乎! 距險而隣於小, 若加之以德, 可以大啓.」

公曰:「姜・嬴其孰興?」

對曰:「夫國大而有德者近興, 秦仲・齊侯, 姜・嬴之雋也, 且大, 其將興乎?」

公說, 乃東寄帑與賄, 虢・鄶受之, 十邑皆有寄地.

4.《史記》晉世家

小子元年, 曲沃武公使韓萬殺所虜晉哀侯. 曲沃益彊, 晉無如之何.

5.《史記》韓世家

韓之先與周同姓, 姓姬氏. 其後苗裔事晉, 得封於韓原, 曰韓武子. 武子後三世有韓
厥, 從封姓爲韓氏. 韓厥, 晉景公之三年, 晉司寇屠岸賈將作亂, 誅靈公之賊趙盾.

趙盾已死矣, 欲誅其子趙朔. 韓厥止賈, 賈不聽. 厥告趙朔令亡. 朔曰:「子必能不絶趙祀, 死不恨矣.」韓厥許之. 及賈誅趙氏, 厥稱疾不出. 程嬰·公孫杵臼之藏趙孤趙武也, 厥知之. 景公十一年, 厥與郤克將兵八百乘伐齊, 敗齊頃公于鞍, 獲逢丑父. 於是晉作六卿, 而韓厥在一卿之位, 號爲獻子.

268(大-28) 강한(江漢)

* 〈江漢〉: 長江과 漢水. 현재 銅器의 유물 〈召伯虎簋銘〉이 전해오고 있으며 근래
이를 판독한 결과 '周 厲王의 폭정이 심해지자 나라 사람들이 왕궁을 포위하고,
태자 姬靜(姬靖)을 집에 숨겨둔 채 목공이 죽은 자신의 아들을 태자의 시신이라
속였음. 厲王이 彘로 도망하여 찾을 수 없게 되자 共和를 거쳐 결국 숨겨두었던
태자를 내세워 옹립하였으며, 이가 선왕임'을 확인하게 되었음. 선왕은 소목공
을 장수로 하여 淮夷의 반란을 평정하였음.
* 이 시는 宣王이 召穆公(姬虎)으로 하여금 회이의 반란을 평정토록 한 치적을
읊은 것임.

〈序〉: 〈江漢〉, 尹吉甫美宣王也. 能興衰撥亂, 命召公平淮夷.

〈강한〉은 윤길보가 선왕을 찬미한 것이다. 선왕은 쇠해가는 주나라를
흥기시키고 난을 없애, 召公에게 명하여 淮夷를 평정했다.

〈箋〉: 召公, 召穆公也. 名虎.

※召穆公: 姬虎. 그의 선조 召康公(姬奭)은 武王이 殷紂를 멸하고 北燕에 봉하여
薊(지금의 北京) 지역을 봉지로 받아 燕의 시조가 됨. 成王 때 陝의 서쪽은 召公
이, 동쪽은 周公(姬旦)이 맡아 다스리기로 했었음. 《史記》 燕召公世家에 "召公奭
與周同姓, 姓姬氏. 周武王之滅紂, 封召公於北燕. 其在成王時, 召王爲三公: 自陝以
西, 召公主之; 自陝以東, 周公主之"라 함. 그 후손의 일부는 계속 왕실에 卿士로
남아 천자를 돕기도 하였으며 대표적으로 이처럼 召穆公(姬虎) 등이 《詩》에 널리
보임.

* 전체 6장. 매 장 8구씩(江漢: 六章. 章八句).

(1) 賦

江漢浮浮, 武夫滔滔.

江漢(강한)이 浮浮(부부)ᄒ니, 武夫ㅣ 滔滔(도도)ᄒ놋다.

강수와 한수는 출렁출렁, 武夫의 씩씩한 모습이로다.

匪安匪遊, 淮夷來求!

安티 몯ᄒ며 遊티 몯ᄒᄂ 디라, 淮夷(회이)를 來(릭)ᄒ야 求(구)홈이니라!

편히 쉬지 않으며 유유자적할 수도 없이, 회이를 찾아가도다!

旣出我車, 旣設我旟.

이믜 내 車를 出ᄒ며, 이믜 내 旟(여)를 設(셜)ᄒ니,

이윽고 출정하는 우리 병사들 수레에는, 이미 우리 군기도 꽂았으니,

匪安匪舒, 淮夷來鋪!

安티 몯ᄒ며 舒(셔)티 몯ᄒᄂ 디라, 淮夷를 來ᄒ야 鋪(포)홈이니라!

편히 쉬지도 않으며 느리게 가지도 않아, 회이에 다가가서 포진하도다!

【浮浮】〈毛傳〉에 "浮浮, 衆彊貌"라 하였으나, 이는 武夫의 모습을 설명한 것으로 순통하지 않음. 이에 王引之 〈述聞〉에는 "當作'江漢滔滔, 武夫浮浮'. ……滔滔·浮浮, 上下四字互訛"라 함. 〈鄭箋〉에는 "江漢之水, 合而東流, 浮浮然"이라 하였고, 〈集傳〉에는 "浮浮, 水盛貌"라 함.

【武夫】兵士들.

【滔滔】〈毛傳〉에 "滔滔, 廣大貌"라 하였고, 〈鄭箋〉에 "宣王於是水上, 命將率遣士衆, 使循流而下, 滔滔然.朱熹 〈集傳〉에 "滔滔, 順流貌"라 함.

【匪安匪遊】〈鄭箋〉에 "匪, 非也. 其順王命而行, 非敢斯須自安也, 非敢斯須遊止也"라 함.

【淮夷】지금의 江蘇 북쪽 淮水 가에 살던 東夷의 一族. 殷의 후예들로서 늘 周王室에 반기를 들었음. 〈毛傳〉에 "淮夷, 東國在淮浦而, 夷行也"라 하였고, 〈鄭箋〉에 "主爲來求淮夷所處, 據至其境, 故言來"라 함. 〈集傳〉에 "淮夷, 夷之在淮上者也"라 함.

【我車】〈鄭箋〉에 "車, 戎車也"라 함.

【旟】軍旗. 〈鄭箋〉에 "鳥隼曰旟. 兵至竟而期戰, 地其日出, 戎車建旟"라 함.

【匪安匪舒】〈鄭箋〉에 "又不自安不舒行者, 主爲來伐討淮夷也. 據至戰地, 故又言來"라 함.

【鋪】〈毛傳〉에 "鋪, 病也"라 하였으나, 〈集傳〉에는 "鋪, 陳也. 陳師以伐之也"라 하여, 전혀 뜻이 다름. 《說文》에는 "鋪, 讀若撫"라 하여 '懷柔하다, 撫慰하다'의 뜻으로도 봄.

＊〈集傳〉에 "○宣王命召穆公, 平淮南之夷, 詩人美之. 此章總序其事, 言「行者皆莫敢安徐, 而曰『吾之來也』. 惟淮夷, 是求是伐耳.」"라 함.

(2) 賦

江漢湯湯, 武夫洸洸.

江漢이 湯湯(샹샹)ᄒᆞ니, 武夫ㅣ 洸洸(광광)ᄒᆞ도다.

강수와 한수는 탕탕하고, 출정하는 군사들 씩씩하도다.

經營四方, 告成于王!

四方을 經營ᄒᆞ야, 王ᄭᅴ 成홈을 告ᄒᆞᄂᆞᆺ다!

사방을 경영하여, 그 공을 왕에게 아뢰리라!

四方旣平, 王國庶定.

四方이 이믜 平ᄒᆞ니, 王國이 힝혀 定ᄒᆞ도다.

사방의 나라 평정하니, 왕국도 다행히 편안해지도다.

時靡有爭, 王心載寧!

이에 爭(징)홈이 잇디 아니 ᄒᆞ니, 王의 心이 곧 寧ᄒᆞ샷다!

다시는 이런 싸움 없어지니, 왕께서도 마음을 놓으시리라!

【洸洸】씩씩한 모습. 〈毛傳〉과 〈集傳〉에 "洸洸, 武貌"라 함.

【經營四方】〈鄭箋〉에 "召公旣受命, 伐淮夷服之, 復經營四方之"라 함. '經營'은 '다스리고 처리함'을 뜻하는 疊韻連綿語.

【告成于王】〈鄭箋〉에 "叛國從而伐之, 克勝則使傳遽告功於王"이라 함.

【庶】다행히. 〈鄭箋〉에 "庶, 幸"이라 하였고, 〈集傳〉에도 "庶, 幸也. 此章言「旣伐而成功」也"라 함.

【時】〈鄭箋〉에 "時, 是也"라 함.
【載】〈鄭箋〉에 "載之言則也. 召公忠臣, 順於王命, 此述其志也"라 함.

(3) 賦

江漢之滸, 王命召虎:

江漢ㅅ 滸(호)애, 王이 召虎(쇼호)를 命ᄒ샤,

강수와 한수의 물가에서, 왕께서 召虎에 명하시되,

「式辟四方, 徹我疆土.

"뻐 四方을 辟(벽)ᄒ야, 우리 疆土를 徹ᄒ샨ᄃᆞᆫ,

"사방을 법대로 개척하여, 우리 강토를 다스리되,

匪疚匪棘, 王國來極.

疚(구)ᄒᄂᆞᆫ 줄이 아니며 棘(극)ᄒᄂᆞᆫ 줄이 아니라, 王國에 來ᄒ야 極(극)게
ᄒ심이니,

백성들 병들게 하지도 말 것이며 급히 몰지도 말고, 왕이 있는 이곳에
와서 中正을 본받도록 하여,

于疆于理, 至于南海!」

疆(강)ᄒ며 理ᄒ야, 南海(남히)예 至ᄒ도다!"

그 경계에 가서의 다스림이, 남쪽 바다 끝까지 이르도록 하라!" 하시
니라.

【江漢之滸】〈鄭箋〉에 "滸, 水涯也"라 함.
【召虎】〈毛傳〉에 "召虎, 召穆公也"라 하였고, 〈集傳〉에도 "虎, 召穆公名也"라 함.
召穆公의 이름이 姬虎였음.
【式】〈鄭箋〉에 "式, 法"이라 함.
【辟】開闢함. 開拓함. 〈集傳〉에 "辟, 與闢同"이라 함.
【徹】농토를 정전법으로 하여 다스림. 〈集傳〉에 "徹, 井其田也"라 함.
【疚】〈鄭箋〉과 〈集傳〉에 "疚, 病"이라 함.
【棘】〈鄭箋〉과 〈集傳〉에 "棘, 急也"라 함. 혹 '瘠'의 뜻으로도 봄.

【極】〈鄭箋〉에 "極, 中也. 王於江漢之水上, 命召公使以王法, 征伐開辟四方, 治我疆界於天下, 非可以兵病害之也, 非可以兵急躁切之也. 使來於王國, 受政教之中正而已. 齊桓公經陳鄭之間, 及伐北戎, 則違此言者"라 함. 〈集傳〉에 "極, 中之表也. 居中而爲四方所取正也"라 함. 주나라에 와서 政教의 中正을 본받도록 함.

【于疆于理】앞의 '于'는 往, 뒤의 '于'는 於의 뜻. 〈鄭箋〉에 "于, 往也;于, 於也. 召公於有叛戾之國, 則往正其境界, 修其分理, 周行四方, 至於南海, 而功大成事終也"라 함.

【南海】남쪽 끝.

*〈集傳〉에 "○言「江漢旣平, 王又命召公:「闢四方之侵地, 而治其疆界, 非以病之, 非以急之也. 但使其來取正於王國而已. 於是遂疆理之盡南海而止也.」"라 함.

(4) 賦

王命召虎:「來旬來宣.」

王이 召虎를 命ᄒ샤, "來ᄒ야 旬(슌)ᄒ며 來ᄒ야 宣(션)ᄒ라" ᄒ시다.

왕께서 소호에 분부하시되, "널리 나의 교화를 퍼지게 하라" 하시니라.

「文武受命, 召公維翰.

"文武ㅣ 命을 受ᄒ실 ᄉᆡ, 召公이 翰(한)이러니,

"문왕과 무왕이 천명을 받으실 때, 소강공을 나라의 근간으로 여기셨으니,

『無曰予小子!』召公是似.

'나 小子ㅣ라 니ᄅᆞ디 마롤 디어다!' 召公을 이예 ᄀᆞ톨 디니라.

'나를 어린 소자라 말하지 말라!' 소강공의 업적을 이을지니라.

肇敏戎公, 用錫爾祉!」

네 公을 肇(죠)ᄒ야 敏(민)ᄒ면, 뻐 네게 祉(지)를 錫(셕)호리라!"

너의 일을 힘써서 하면, 너에게 큰 복록 내리겠노라!"

【來旬來宣】〈毛傳〉에 "旬, 徧也"라 하였고, 〈鄭箋〉에 "來, 勤也;旬當作營;宣, 徧也"라 함. 〈集傳〉에도 "旬, 徧;宣, 布也. 自江漢之滸言之, 故曰「來」"라 함.

【文武】文王(姬昌)과 武王(姬發).

【召公】召穆公(姬虎)의 먼 조상 召康公(姬奭)을 가리킴. 召康公(姬奭)은 武王이 殷
紂를 멸하고 北燕에 봉하여 薊(지금의 北京) 지역을 봉지로 받아 燕의 시조가
됨. 成王 때 陝의 서쪽은 召公이, 동쪽은 周公(姬旦)이 맡아 다스리기로 했었음.
《史記》燕召公世家에 "召公奭與周同姓, 姓姬氏. 周武王之滅紂, 封召公於北燕.
其在成王時, 召王爲三公:自陝以西, 召公主之;自陝以東, 周公主之"라 함. 그 후손
의 일부는 계속 왕실에 卿土로 남아 천자를 돕기도 하였으며 대표적으로 이처
럼 召穆公(姬虎) 등이 《詩》에 널리 보임. 〈毛傳〉에 "召公, 召康公也"라 하였고,
〈鄭箋〉에 "召穆公名虎, 召虎之始祖也. 王命召虎:「女勤勞於經營四方, 勤勞於偏疆
理衆國. 昔文王·武王, 受命召康公爲之楨榦之臣, 以正天下, 爲虎之勤勞.」 故述其
祖之功, 以勸之"라 함. 〈集傳〉에 "召公, 召康公奭也;翰, 榦也"라 함.

【予小子】王이 자신을 낮추어 칭한 것. 〈集傳〉에 "「予小子」, 王自稱也"라 함.

【似】〈毛傳〉에 "似, 嗣"라 함. 이음. 〈諺解〉에는 '같다'의 뜻으로 풀이하였음.

【肇敏戎公】〈毛傳〉에 "肇, 謀;敏, 疾;戎, 大;公, 事也"라 하였고, 〈鄭箋〉에 "戎, 猶
女也. 女無自減損, 曰:「我小子耳, 女之所爲乃嗣女先祖召康公之功. 今謀女之事, 乃
有敏德. 我用是, 故將賜女福慶也.」 王爲虎之志大謙, 故進之云爾"라 함. 〈集傳〉에
도 "肇, 開;戎, 女;公, 功也"라 함. 그러나 '肇敏'에 대해 聞一多 〈爾雅新義〉에는
"肇敏與劭勉, 聲近義同. ……義猶黽勉也"라 하여 '黽勉'(힘쓰다의 雙聲連綿語)으로
보았음.

＊〈集傳〉에 "○又言「王命召:虎來此江漢之滸, 偏治其事以布王命, 而曰:『昔文武受
命, 惟召公爲楨榦. 今女「無曰以予小子之故也」. 但自爲嗣女召公之事耳. 能開敏女
功, 則我當錫女以祉福, 如下章所云也.」"라 함.

(5) 賦

「釐爾圭瓚, 秬鬯一卣;

"너를 圭瓚(규찬)과, 秬鬯(거창) 흔 卣(유)를 釐(리)ᄒ며,

"너에게 규찬과, 거창술 한 통을 하사할 것이며,

告于文人, 錫山土田.

文人끠 告ᄒ야, 山과 土田을 錫ᄒ노니,

종묘에 가서 문왕에게 고하여, 산과 농토를 내릴 것이니,

于周受命, 自召祖命.」

周에 가 命을 受ᄒ야, 召祖(쇼조)의 命ᄒ던 ᄃᆡ로브터 ᄒ노라"

岐周로 가서 명령을 받고, 너의 조상 소강공의 명을 따르라."

虎拜稽首:「天子萬年!」

虎ㅣ 拜(ᄇᆡ)ᄒ야 首(슈)를 稽(계)ᄒ니, "天子ㅣ 萬年이쇼셔!"

목공 소호가 절하며 머리를 조아려, "천자께서 만년의 장수를 비나이다!"라 하도다.

【釐】下賜함. 〈毛傳〉에 "釐, 賜也〈集傳〉에 "釐, 賜"라 함.

【秬鬯】'秬'는 검정기장. '鬯'은 鬱金. 香草. 〈毛傳〉에 "秬黑, 黍也. 鬯, 香草也. 築鬱合而鬱之曰鬯"이라 하였고, 〈鄭箋〉에 "秬鬯, 黑黍酒也. 謂之鬯者, 芬香條鬯也"라 함.

【卣】술통. 주기. 樽. 罇. 〈毛傳〉에 "卣, 器也. 九命:錫圭瓚秬鬯"이라 하였고, 〈集傳〉에 "卣, 尊也"라 함.

【文人】〈毛傳〉에 "文人, 文德之人也"라 하였고, 〈鄭箋〉에 "王賜召虎以鬯酒一罇, 使以祭其宗廟, 告其先祖諸有德美見記者"라 함. 〈集傳〉에 "文人, 先祖之有文德者, 謂文王也"라 하여, 文王을 가리키는 것이라 함.

【錫山土田】〈毛傳〉에 "諸侯有大功德, 賜之名山土田附庸"이라 함.

【于周受命】周나라가 天命을 받을 때, 곧 岐周에서 發祥할 때를 가리킴. 〈鄭箋〉과 〈集傳〉에 "周, 岐周也"라 함.

【自】〈鄭箋〉에 "自, 用也. 宣王欲尊顯召虎, 故如岐周, 使虎受山川土田之賜, 命用其祖召康公, 受封之禮. 岐周, 周之所起, 爲其先祖之靈, 故就之"라 함.

【召祖】〈集傳〉에 "召祖, 穆公之祖康公也"라 함.

＊〈集傳〉에 "○此序王賜召公策命之辭. 言「錫爾圭瓚秬鬯者, 使之以祀其先祖. 又告于文人, 而錫之山川土田, 以廣其封邑.」蓋古者爵人, 必於祖廟, 示不敢專也. 又使往受命於岐周, 從其祖康公受命, 於文王之所以寵異之, 而召公拜稽首, 以受王命之策書也. 人臣受恩, 無可以報謝者, 但言'使君壽考'而已"라 함.

(6) 賦

虎拜稽首, 對揚王休,

虎ㅣ 拜ᄒ야 首를 稽ᄒ야, 王의 休를 對ᄒ야 揚(양)ᄒ야,

목공 소호는 절하며 머리 조아려, 왕의 아름다움을 드날리겠노라 대
답하고,

作召公考:「天子萬壽!

召公애 作ᄒ야 考ᄒ니, "天子 萬壽ㅣ쇼셔!

강공이 이루신 것을 해내겠노라 하며, "천자께서는 만수무강하소서!

明明天子, 令聞不已,

明明ᄒ신 天子ㅣ, 슈ᄒ 聞이 已(이)티 아니 ᄒ시며,

천자의 분부 힘쓰고 힘써, 아름다운 칭송 끊임이 없도록 하여,

矢其文德, 洽此四國!」

그 文德을 矢(시)ᄒ샤, 이 四國을 洽(흡)ᄒ쇼셔!"

문덕을 널리 펴시어, 이 사방 나라에 흡족토록 하겠나이다!"라 하였다.

【虎拜稽首】〈鄭箋〉에 「拜稽首」者, 受王命策書也. 臣受恩, 無可以報謝者, 稱言'使
  君壽考'而已"라 함.

【對揚】〈毛傳〉에 "對, 遂"라 하였고, 〈鄭箋〉에 "對, 答"이라 함. 聞一多는 "遂與述
  通"이라 하여 '述'의 뜻으로 보았음.

【休】〈鄭箋〉에 "休, 美"라 하였고, 〈集傳〉에 "對, 答;揚, 稱;休, 美"라 함.

【作召公考】〈毛傳〉에 "考, 成"이라 하였고, 〈鄭箋〉에 "作, 爲也"라 함. 〈集傳〉에 "考,
  成"이라 함. 朱熹는 이를 《銘器》에 새겨 넣는 일을 하는 것이라 하였음.

【天子萬壽】〈鄭箋〉에 "虎旣拜而答, 王策命之, 時稱揚王之德, 美君王之. 言宜相成
  也. 王命召虎, 用召祖命, 故虎對王, 亦爲召康公受王命之時, 對成王命之辭, 謂如
  其所言也. 如其所言者, '天子萬壽'以下, 是也"라 함.

【明明】王引之〈述聞〉에 "明·勉, 一聲之轉, 古多謂勉爲明. 重言之, 則曰明明"이라
  하여 '힘쓰다'의 뜻으로 보았음.

【矢】〈毛傳〉에 "矢, 施也"라 하였고, 〈集傳〉에 "矢, 陳也"라 함.

*〈集傳〉에 "○言「穆公旣受賜, 遂答稱『天子之美命, 作康公之廟器, 而勒王策命之辭. 以考其成, 且祝天子以萬壽也.」 古器物《銘》云:『邿拜稽首, 敢對揚天子. 休命用作, 朕皇考. 龏伯尊敦. 邿其眉壽, 萬年無疆.』 語正相類, 但彼自祝其壽, 而此祝君壽耳. 旣又美其君之令聞, 而進之以不已. 勸其君以文德, 而不欲其極. 意於武功, 古人愛君之心, 於此可見矣"라 함.

참고 및 관련 자료

1. 孔穎達〈正義〉

〈江漢〉詩者, 尹吉甫所作, 以美宣王也. 以宣王承厲王衰亂之後, 能興起此衰, 撥治此亂. 於時淮水之上, 有夷不服. 王命其臣召公爲將, 使將兵而往平定淮夷, 故美之也. 淮夷不服, 是衰亂之事, 而命將平定, 是興撥之事也. 此實平定淮夷耳, 而言興衰撥亂者, 見宣王之所興撥, 非獨淮夷而已. 故言興撥以廣之. 經六章皆是命召公平淮夷之事.〈正義〉曰:經言召公, 皆召康公也. 嫌此亦爲康公, 故辨之. 經云「王命召虎」, 是名虎也. 於《世本》穆公, 是康公之十六世孫.

269(大-29) 상무(常武)

＊〈常武〉‘常德으로 武事를 세우다’의 뜻.
＊이 시는 召穆公(姬虎)이 지은 것으로 宣王이 상덕으로써 淮水 가의 徐國(徐方)
을 정벌하자, 그들이 德化에 의해 스스로 복종해 왔음을 찬미한 것임.

<序>: <常武>, 召穆公美宣王也. 有常德以立武事, 因以爲戒然.

〈상무〉는 소목공이 선왕을 찬미한 것이다. 선왕은 常德이 있어 이로써
武事를 세워, 이를 바탕으로 箴戒를 삼은 것이다.
　〈箋〉: 戒者,「王舒保作, 匪紹匪遊, 徐方繹騷.」

＊전체 6장. 매 장 8구씩(常武:六章. 章八句).

(1) 賦
赫赫明明, 王命卿士,

赫赫(혁혁)히 明明히, 王이 卿士ㅣ,
밝고 밝은 명철함으로, 왕께서 卿士에게 명하시되,

南仲大祖, 大師皇父.

南仲(남중)이 大祖(태조)ㅣ, 大師(태ㅅ)ㅣ언 皇父(황보)를 命ㅎ샤,
南仲을 시조로 하는, 황보를 태사로 삼으시어,

整我六師, 以脩我戎.

우리 六師를 整ㅎ야, 뻐 우리 戎을 脩(슈)ㅎ야,
우리 천자의 육군을 정비하시고, 우리의 병기를 갖추게 하여,

旣敬旣戒, 惠此南國!

이믜 敬ㅎ며 이믜 戒ㅎ야, 이 南國을 惠ㅎ시다!

이윽고 경계를 펴고 이미 규율을 정해, 이 남국에 은혜를 베풀도다!

【赫赫明明】〈毛傳〉에 "赫赫然, 盛也; 明明然, 察也"라 함.
【卿士】〈集傳〉에 "卿士, 卽皇父之官也"라 함.
【南仲】〈毛傳〉에 "王命南仲於大祖, 皇甫爲大師"라 하였고, 〈鄭箋〉에 "南仲, 文王
  時武臣也. 顯著乎, 昭察乎, 宣王之命卿士爲大將也. 乃用其以南仲爲大祖者, 今大
  師皇父是也. 使之整齊六軍之衆, 治其兵甲之事, 命將必本其祖者, 因有世功. 於是
  尤顯大師者, 公兼官也"라 함. 〈集傳〉에 "南仲, 見〈出車〉篇; 大祖, 始祖也"라 함. 陳
  奐〈傳疏〉에 "言王于大祖廟命南仲爲卿士也"라 함.
【大師】太師. 〈集傳〉에 "大師, 皇父之兼官也"라 함.
【我六師】'我'는 宣王 자신. 〈集傳〉에 "我, 爲宣王之自我也"라 함. '六師'는 천자의
  군대.
【戎】〈集傳〉에 "戎, 兵器也"라 함.
【敬】〈鄭箋〉에 "敬之言警也. 警戒六軍之衆, 以惠淮浦之旁國. 謂勅以無暴掠爲之害
  也. 每軍各有將, 中軍之將尊也"라 함.
＊〈集傳〉에 "○宣王自將以伐淮北之夷, 而命卿士之. 謂南仲爲大祖兼大師, 而字皇
  父者, 整治其從行之六軍, 脩其戎事, 以除淮夷之亂, 而惠此南方之國. 詩人作此,
  以美之. 必言南仲大祖者, 稱其世功以美大之也"라 함.

(2) 賦
王謂尹氏, 命程伯休父,
王이 尹氏(윤시)드려 니르샤, 程伯(정빅) 休父(휴보)를 命ᄒᆞ야,
왕께서 尹氏에 분부하시다. 정백휴보를 司馬로 삼아

左右陳行, 戒我師旅.
左右로 行을 陳ᄒᆞ야, 우리 師와 旅를 戒ᄒᆞ야,
좌우로 크게 진을 벌이며, 물샐틈없이 경계를 엄히 하여,

率彼淮浦, 省此徐土.
뎌 淮浦(회포)를 率ᄒᆞ야, 이 徐土(셔토)를 省(셩)ᄒᆞ시니,
저 회수 기슭에 내려가서, 徐州 오랑캐를 살펴보시니,

不留不處, 三事就緒!

留(류)티 아니 ᄒ며 處(쳐)티 아니 ᄒ야, 三事ㅣ 緒(셔)에 就(취)ᄒ놋다!

지체없이 대군을 돌이켜, 三事를 실행하여 무마시켰도다!

【尹氏】王命을 관장하는 卿士. 〈毛傳〉에 "尹氏, 掌命卿士"라 하였고, 〈鄭箋〉에 "尹氏, 天子世大夫也"라 함. 그러나 〈集傳〉에는 "尹氏, 吉甫也. 蓋爲内史, 掌策命卿大夫也"라 하여, 尹吉甫라 함.

【程伯休父】인명. 宣王의 대부로 軍事를 관장함. 〈毛傳〉에 "程伯休父, 始命爲大司馬"라 하였고, 〈集傳〉에 "程伯休父, 周大夫"라 함.

【率】〈鄭箋〉에 "率, 循也. 王使大夫尹氏, 策命程伯休父, 於軍將行治兵之時, 使其士衆, 左右陳列, 而勅戒之. 使循彼淮浦之旁, 省視徐國之土地, 叛逆者, 軍禮司馬, 掌其誓戒"라 함.

【浦】〈毛傳〉에 "浦, 涯也"라 함.

【徐土】徐方, 徐國. 지금의 江蘇 북부 徐州 일대에 분포했던 淮夷. 東夷의 일족으로 늘 周 王室에 반기를 들었음.

【三事就緒】'三事'는 三卿의 업무. 혹 三農之事라 함. 〈毛傳〉에 "誅其君, 弔其民, 爲之立三有事之臣"이라 함. '緒'는 〈鄭箋〉에 "緒, 業也. 王又使軍將豫告, 淮浦徐土之民云:「不久處於是也. 女三農之事, 皆就其業爲其驚怖, 先以言安之.」"라 함. 그러나 〈集傳〉에는 "三事, 未詳. 或曰:「三農之事也.」"라 함.

＊〈集傳〉에 "○言「王詔尹氏策命, 陳伯休父爲司馬, 使之左右, 陳其行列, 循淮浦而省徐州之土, 蓋伐淮北徐州之夷也.」 上章既命皇父, 而此章又命程伯休父者, 蓋王親命大師, 以三公治其軍事, 而使内史命司馬, 以六卿副之耳"라 함.

(3) 賦

赫赫業業, 有嚴天子!

赫赫ᄒ며 業業ᄒ니, 嚴ᄒ 天子ㅣ샷다!

빛나고 성대한 군사들 행차, 위엄이 넘치는 천자로다!

王舒保作, 匪紹匪遊, 徐方繹騷!

王이 舒(셔)히 保作하샤, 紹(쇼)티 아니 ᄒ며 遊티 아니 ᄒ시니, 徐方이 繹(역)ᄒ야 騷(소)ᄒ놋다!

왕께서 천천히 안전하게 작전에 나서되, 느리지도 않고 노는 듯하지도 않게 하자, 서주 회이들이 놀라 소동을 치도다!

震驚徐方, 如雷如霆, 徐方震驚!

徐方을 震驚(진경)ᄒᆞ니, 雷(뢰)ᄀᆞᆮᄐᆞ며 霆(뎡)ᄀᆞᆮᄐᆞ야, 徐方이 震驚ᄒᆞ놋다!

서주 회이들을 진동케 하기를, 마치 우레나 천둥처럼 하니, 서주 회이들이 떨며 놀라도다!

【赫赫業業】〈毛傳〉에 "赫赫然, 盛也; 業業然, 動也"라 하였고, 〈集傳〉에는 "赫赫, 顯也; 業業, 大也"라 함.

【嚴】〈毛傳〉에 "嚴然而威"라 하였고, 〈集傳〉에 "嚴, 威也; 天子, 自將其威可畏也"라 함.

【王舒保作】〈毛傳〉에 "舒, 徐也; 保, 安也"라 하였고, 〈鄭箋〉에 "作, 行也"라 함. 〈集傳〉에는 "王舒保作, 未詳其義. 或曰:「舒, 徐; 保, 安; 作, 行也.」言「王師舒徐而安行也"라 함.

【匪紹匪遊】〈毛傳〉에 "匪紹匪遊, 不敢繼以敖遊也"라 하였고, 〈鄭箋〉에 "紹, 緩也"라 함. 〈集傳〉에는 "紹, 糾緊也; 遊, 遨遊也"라 함.

【徐方繹騷】〈毛傳〉에 "繹, 陳; 騷, 動也"라 하였고, 〈集傳〉에는 "繹, 連絡也; 騷, 擾動也"라 함. 그러나 〈鄭箋〉에는 "繹當作驛, 王之軍行, 其貌赫赫業業然, 有尊嚴於天子之威. 謂聞見者, 莫不憚之, 王舒安. 謂軍行三十里, 亦非解緩也, 亦非敖遊也. 徐國傳遽之驛, 見之知王兵, 必克馳走以相恐動"이라 함. 한편 '繹騷'에 대해 馬瑞辰〈通釋〉에는 《說文》:「繹, 搯絲也.」搯, 卽抽字, 抽絲則有動義, 引申爲猶動, 與騷之訓猶同義. '繹騷連言, 猶震動幷擧也"라 함.

【震驚徐方】〈鄭箋〉에 "震, 動也. 驛馳走相, 恐懼以震動, 徐國如雷霆之恐怖人然, 徐國則驚動而將服罪"라 함.

＊〈集傳〉에 "○夷厲以來, 周室衰弱. 至是而天子自將以征, 不庭其師, 始出不疾不徐, 而徐方之人, 皆已震動如雷霆, 作於其上, 不遑安矣"라 함.

(4) 賦

王奮厥武, 如震如怒.

王이 그 武를 奮(분)ᄒᆞ시니, 震ᄐᆞᆺᄒᆞ며 怒ᄐᆞᆺ ᄒᆞ도다!

왕께서 그 무위를 떨치시니, 마치 우레가 울리는 듯하고 노한 듯하
도다.

進厥虎臣, 闞如虓虎.

그 虎臣을 進ᄒ시니, 闞(함)히 虓虎(효호)ᄅ도다.

그 날쌘 용사를 진격시키니, 노한 모습이 호랑이가 으르렁대는 듯하
도다.

鋪敦淮濆, 仍執醜虜.

淮濆(회분)에 鋪(포)ᄒ야 敦(돈)ᄒ야, 仍(잉)ᄒ야 醜虜(취로)를 執ᄒ니,

회수 가에 진을 치고, 나서서 휘두르며 많은 포로를 잡으니,

截彼淮浦, 王師之所!

截(절)흔 뎌 淮浦ㅣ여, 王師의 所ㅣ로다!

저 회수 가의 회이들 뚝 잘라버림이여, 왕의 군사들이 이룩한 승리
로다!

【進】〈鄭箋〉에 "進, 前也"라 하였고, 〈集傳〉에 "進, 鼓而進之也"라 함.

【闞】奮怒한 모습. '함'(呼減反)으로 읽음. 〈集傳〉에 "闞, 奮怒之貌"라 함.

【虓】노한 호랑이의 부르짖음. '효'(火郊反)로 읽음. 〈毛傳〉에 "虎之自怒虓然"이라
하였고, 〈集傳〉에 "虓, 虎之自怒也"라 함.

【鋪敦】진열하여 포진함. 〈鄭箋〉에 "敦, 當作屯"이라 하였고, 〈集傳〉에 "鋪, 布也.
布其師旅也; 敦, 厚也. 厚集其陳也"라 함.

【濆】기슭. 물가. 〈毛傳〉에 "濆, 涯"라 함.

【仍】〈毛傳〉에 "仍, 就"라 하였고, 〈集傳〉에도 "仍, 就也. 老子曰:「攘臂而仍之.」"라
함.

【醜】〈鄭箋〉에 "醜, 衆也. 王奮揚其威武, 而震雷其聲, 而勃怒其色, 前其虎臣之將,
闞然如虎之怒, 陳屯其兵於淮水大防之上, 以臨敵就執其衆之降服者也"라 함.

【虜】〈毛傳〉에 "虜, 服也"라 함.

【截】截然히 끊어버림. 진압하여 평정함. 〈毛傳〉에 "截, 治也"라 하였고, 〈鄭箋〉에
"治淮之旁國, 有罪者, 就王師而斷之"라 함. 〈集傳〉에도 "截, 截然不可犯之貌"라
함.

(5) 賦

王旅嘽嘽, 如飛如翰,

王이 旅] 嘽嘽(탄탄)ᄒ니, 飛홈 ᄀ트며 翰(한)홈 ᄀ트며,

왕의 군사들 왕성한 사기는, 마치 새가 날아오르듯 날개를 휘날리듯,

如江如漢, 如山之苞.

江ᄀ트며 漢ᄀ트며, 山의 苞(포)ᄀ트며,

마치 장강 같고 마치 한수 같으며, 마치 산에 깊은 뿌리를 박은 나무 같으며,

如川之流, 縣縣翼翼.

川의 流ᄀ트며, 縣縣(면면)ᄒ며 翼翼(익익)ᄒ며,

마치 냇물이 다함없이 흐르듯 하여, 끊임이 없고 씩씩하여,

不測不克, 濯征徐國!

測(측)디 몯ᄒ며 克(극)디 몯ᄒ야, 키 徐國(서국)을 征(정)ᄒ놋다!

누구도 예측할 수 없고 아무도 이겨낼 수 없으니, 크게 서국을 정복하였도다!

【嘽嘽】많고 왕성한 모습. 〈毛傳〉에 "嘽嘽然, 盛也"라 하였고, 〈集傳〉에 "嘽嘽, 衆盛貌"라 함. 그러나 〈鄭箋〉에 "嘽嘽, 閒暇有餘力之貌"라 하여 한가하여 여유가 있는 모습이라 하였음.

【如飛如翰】〈毛傳〉에 "疾如飛, 摯如翰"이라 하였고, 〈鄭箋〉에 "其行疾自發擧, 如鳥之飛也. 翰, 其中豪俊也"라 함. 〈集傳〉에는 "翰, 羽"라 함.

【如江如漢】〈鄭箋〉에 "江漢以喻盛大也"라 함.

【苞】根本. 〈毛傳〉에 "苞, 本也"라 하였고, 〈鄭箋〉에 "山本以喻不可驚動也"라 하였으며, 〈集傳〉에는 "苞, 本也. 「如飛如翰」, 疾也; 「如江如漢」, 衆也; '如山', 不可動也; '如川', 不可禦也"라 함.

【如川之流】〈鄭箋〉에 "川流以喻不可禦也"라 함.

【縣縣翼翼】〈毛傳〉에 "縣縣, 靚也; 翼翼, 敬也"라 하였고, 〈集傳〉에 "縣縣, 不可絶也; 翼翼, 不可亂也"라 함. 馬瑞辰 〈通釋〉에는 "《廣雅》:「縣縣, 長也. 翼翼, 盛也.」

長與盛, 義相近, 皆狀其兵之壯盛耳"라 함.

【不測不克】〈鄭箋〉에 "王兵安靚, 且皆敬其勢不可測度, 不可攻勝, 旣服淮浦矣. 今
又以大征徐國, 言必勝也"라 함. 〈集傳〉에는 "不測, 不可知也;不克, 不可勝也"라
함.

【濯】大의 뜻. 〈毛傳〉과 〈集傳〉에 "濯, 大也"라 함.

(6) 賦

王猶允塞, 徐方旣來.

王의 猶(유)ㅣ 진실로 塞(식)ᄒᆞ시니, 徐方의 의미 來ᄒᆞ도다.

왕의 헤아리심이 신실하시니, 서주 회이들이 이윽고 항복해오도다.

徐方旣同, 天子之功!

徐方이 이믜 同ᄒᆞ니, 天子의 功이샷다!

서주 회이들이 이미 귀속해옴은, 천자의 공이로다!

四方旣平, 徐方來庭.

四方이 의미 平ᄒᆞ니, 徐方이 來ᄒᆞ야 庭(뎡)ᄒᆞ놋다.

사방이 이윽고 평정되니, 서주 회이가 왕정에 찾아와 조공하도다.

徐方不回, 王曰「還歸!」

徐方이 回(회)티 아니 커늘, 王이 ᄀᆞᆯᄋᆞ샤ᄃᆡ "도라갈 디라!" ᄒᆞ시다.

서주 회이가 더 이상 배신하지 않으니, 왕께서 "귀환하라!" 하셨도다.

【猶】謀, 謀策, 謀慮. 〈毛傳〉에 "猶, 謀也"라 하였고, 〈鄭箋〉에 "猶, 尙;允, 信也"라
함. 〈集傳〉에 "猶, 道;允, 信;塞, 實"이라 함.

【允塞】信實함. 진실함. 宣王의 모책이 有和와 武威를 함께하여 승리하였음을 말
함.

【徐方旣來】徐方이 스스로 왕정에 찾아와 잘못을 인정함. 〈毛傳〉에 "來王庭也"
라 하였고, 〈鄭箋〉에 "王重兵, 兵雖臨之尙守, 信自實滿, 兵未陳而徐國已來告服.
所謂善戰者不陳"이라 함. 王先謙 〈集疏〉에 "王之謀慮, 信而誠實, 用兵有常, 故
兵未陣而徐方旣已自告服其罪"라 하였고, 陳奐 〈傳疏〉에는 《漢書》嚴助傳引《詩》
曰:「王猶允塞, 徐方旣來」, 言王道甚大, 而遠方懷之也."라 함.

【同】함께하여 잘못을 인정함.

【來庭】〈集傳〉에 "庭, 朝"라 함. 왕정을 찾아와 조공함.

【回】〈鄭箋〉과 〈集傳〉에 "回, 猶違也"라 함. '不回'는 배신하지 않음. 聞一多 〈通 義〉에 "回, 讀爲違, 不違, 卽不背信"이라 함.

【還歸】〈鄭箋〉에 "還歸, 振旅也"라 하였고, 〈集傳〉에 "還歸, 班師而歸也"라 함.

＊〈集傳〉에 "○前篇召公帥師, 以出歸告成功, 故備載其褒賞之辭. 此篇王實親行, 故於卒章反復其辭以歸功於天子. 言「王道甚大, 而遠方懷之, 非獨兵威然也.」序 所謂因以爲戒者, 是也"라 함.

참고 및 관련 자료

1. 孔穎達 〈正義〉

〈常武〉詩者, 召穆公所作, 以美宣王也. 經無〈常武〉之字, 故又解之云'美其有常德' 之故, 以立此武功征伐之事, 故名爲〈常武〉, 非直美之. 又因以爲戒, 戒之使常然. 〈定本〉集注, 皆有'然'字. 經六章三章上五句以上, 言「命遣將帥, 修戒兵戎, 無所暴 掠, 民得就業」, 此事可常以爲法, 是有常德也. 三句以下, 言「征伐徐國, 使之來庭. 克翦放命, 服王威武」, 此事武功成立, 是立武事也. 其因以爲戒, 則如箋之所言, 就 常德之中, 戒使常行之也. 宣王末年德衰, 此云有'常德'者, 是謂常時所行之德, 可以 爲常, 非言宣王終始有常, 故因以爲戒, 戒王使之有常也. 此章王肅述毛, 以爲王不 親行; 王基述鄭, 爲此章王自親行, 王旣親行, 仍須命元帥, 以統領六軍, 故《左傳》鄢 陵之戰, 楚王雖自親行, 仍命子反, 將中軍是也. 〈正義〉曰:'三事就緒'以上, 命將帥 之辭. '震驚徐方'以下, 是往伐徐國之事. 唯'赫赫業業'五句, 說王之軍行, 云舒緩而 無懈怠, 自然前敵恐動, 是用兵之道, 不假暴疾, 雖美其實事, 亦戒使常然, 故以此 言當之.

270(大-30) 첨앙(瞻卬)

*〈瞻卬〉瞻仰과 같음. 하늘을 우러러봄.
*이 시는 宣王을 이은 아들 幽王이 도리어 褒姒로 인해 宣王이 이룩해 놓은 주 왕실의 중흥을 모조리 廢壞시키고, 결국 망국의 길로 들어서는 상황을 안타깝 게 여긴 왕실의 대부 凡伯이 幽王을 책망한 것임.

〈序〉: 〈瞻卬〉, 凡伯刺幽王大壞也.

〈첨앙〉은 범백이 유왕이 모든 것을 파괴한 것을 비난한 것이다.
〈箋〉: 凡伯, 天子大夫也.《春秋》魯隱公:「七年冬, 天王使凡伯來聘.」

※幽王: 西周의 마지막 왕. 宣王(姬靜)의 아들이며 이름은 姬宮湦. B.C.781−B. C.771년까지 11년간 재위하였으며, 厲王과 함께 서주의 대표적인 暗君(暴君)으로 흔히 '幽厲'라 칭함. 그는 褒姒를 맞아 太后 申后와 태자 宜臼를 폐하고 포사가 낳은 伯服을 태자로 삼는 등 큰 혼란을 야기하여 유명한 '褒姒一笑'의 고사를 남겼으며, 결국 태자의 외가 申國의 申侯가 犬戎과 연합, 鎬京을 공격하여 驪山 아래에서 여왕을 살해하고 포사를 포로로 하고, 궁실의 모든 보물을 가지고 돌아감. 이에 국인들이 宜臼를 옹위하여 도읍을 雒邑(洛邑. 지금의 河南 洛陽)으로 옮겨 왕실의 명맥을 이음. 이가 東周 平王이며 그로부터 東周시대가 시작됨. 특히 東周 이후로는 주 왕실은 권위와 지도력을 모두 잃고 春秋와 戰國시대를 거쳐 秦始皇의 統一天下로 이어짐. 참고란을 볼 것.
※凡伯: 周公 아들 凡伯 자손이 다스린 封國. 姬姓이며 伯爵. 지금의 河南 輝縣 서쪽. 이 무렵에는 凡나라는 이미 망한 뒤였으며 그 자손이 주 왕실에 들어가 벼슬을 하여 그 封號를 그대로 사용한 것임.

*전체 7장. 3장은 10구씩, 4장은 8구씩(瞻卬: 七章. 三章章十句, 四章章八句).

(1) 賦
瞻卬昊天, 則不我惠.

昊天을 瞻卬(첨앙)호니, 곧 나를 惠티 아니 ᄒᄂ 디라,

높은 하늘을 쳐다보니, 곧 나에게 은혜를 베풀지 않는지라,

孔塡不寧, 降此大厲!

심히 오래 寧티 아니 ᄒ야, 이 큰 厲(려)를 降(강)ᄒ샷다!

심히 오래도록 편안함을 얻지 못한 채, 이러한 큰 재앙만 내리고 있도다!

邦靡有定, 士民其瘵.

邦이 定홈이 잇디 아니 ᄒ야, 士民이 그 瘵(제)ᄒ니,

나라는 안정된 날이 없어, 사민이 그 고통에 지쳐 있는데,

蟊賊蟊疾, 靡有夷屆.

蟊賊(모적)의 蟊ᄒ야 疾홈이, 夷(이)ᄒ야 屆홈이 잇디 아니 ᄒ며,

모적 같은 벌레는 급히 번져, 평상과 같음도 끝도 없구나.

罪罟不收, 靡有夷瘳!

罪罟(죄고)를 收티 아니 ᄒ야, 夷ᄒ야 瘳(츄)홈이 잇디 아니 ᄒ놋다!

우리를 덮어씌우는 죄의 그물, 이 고통을 치유해 주지 않는구나!

【卬】仰과 같음. 우러러봄.

【昊天】〈毛傳〉에 "昊天, 斥王也"라 하여 '하늘과 같은 왕', 즉 幽王을 가리키는 것이라 함.

【惠】〈鄭箋〉에 "惠, 愛也. 仰視幽王, 爲政則不愛我下民, 甚久矣. 天下不安, 王乃下此大惡, 以敗亂之"라 함.

【塡】久의 뜻. 〈毛傳〉과 〈集傳〉에 "塡, 久"라 함.

【厲】〈毛傳〉에 "厲, 惡也"라 하였고, 〈集傳〉에는 "厲, 亂"이라 함.

【瘵】病. 〈毛傳〉과 〈集傳〉에 "瘵, 病也"라 함.

【蟊賊】작물의 해충. 〈集傳〉에 "蟊賊, 害苗之蟲也"라 함.

【疾】害. 〈集傳〉에 "疾, 害"라 함.

【夷屆】〈毛傳〉에 "夷, 常也"라 하였고, 〈鄭箋〉에는 "屆, 極也"라 함. 〈集傳〉에는 "夷, 平;屆, 極"이라 함.

【罟】죄를 뒤집어씌우는 法網. 〈毛傳〉에 "罪罟, 設罪以爲罟"라 하였고, 〈集傳〉에

"罟, 網也"라 함. 〈鄭箋〉에는 "天下騷擾, 邦國無有安定者, 士卒與民皆勞病, 其爲殘酷, 痛病於民, 如蟊賊之害禾稼. 然爲之無常, 亦無止息, 時施刑罪, 以羅網天下, 而不收斂"이라 함.

【瘳】병이 나음. 治癒됨. 〈毛傳〉에 "瘳, 愈也"라 하였고, 〈鄭箋〉에 "爲之亦無常, 無止息時, 此目王所下大惡"이라 함.

＊〈集傳〉에 "○此刺幽王嬖褒姒, 任奄人以致亂之. 詩首言「昊天不惠而降亂, 無所歸咎之辭也.」 蘇氏曰:「國有所定, 則民受其福. 無所定, 則受其病. 於是有小人爲之蟊賊, 刑罪爲之網罟. 凡此皆民之所以病也.」라 함.

(2) 賦

人有土田, 女反有之.

人이 둔는 土田을, 네 도로혀 두며,

백성이 가진 농토를, 너는 도리어 이를 빼앗아 차지하고,

人有民人, 女覆奪之.

人이 둔는 民人을, 네 도로혀 奪(탈)ᄒ며,

백성이 가진 가족을, 너는 도리어 이를 빼앗아 가지며,

此宜無罪, 女反收之,

이 맛당이 罪업슨 이를, 네 도로혀 收ᄒ며,

이 마땅히 아무 잘못도 없는 이 사람이건만, 너는 도리어 거두어 잡아들이며,

彼宜有罪, 女父說之!

뎌 맛당이 罪인는 이를, 네 도로혀 說(탈)ᄒ놋다!

저 의당 죄를 저지른 사람이건만, 너는 도리어 이를 풀어주고 있도다!

【女反有之】네가 도로 빼앗아 차지함. '女'는 汝. 幽王을 가리킴.

【反】도리어. 〈集傳〉에 "反, 覆"라 함. 〈鄭箋〉에 "此言王削黜諸侯及卿大夫無罪者"라 함.

【覆】역시 '도리어'의 뜻. 〈鄭箋〉에 "覆, 猶反也"라 함.

【收】잡아 가둠. 체포구금함. 〈毛傳〉에 "收, 拘收也"라 하였고, 〈集傳〉에 "收, 拘"라 함.

【說】'세'(音稅), 혹은 '탈'(一音他活反)로 읽음. 〈諺解〉에는 '탈'로 읽었음. 죄를 赦함. 죄에서 벗어나게 해줌. 〈毛傳〉과 〈集傳〉에 "說, 赦也"라 함.

(3) 賦

哲夫成城, 哲婦傾城.

哲(철)혼 夫ㅣ 城을 成ᄒ거든, 哲혼 婦(부)ㅣ 城을 傾(경)ᄒᄂ니라.

사나이가 똑똑하면 나라를 이루지만, 여자가 똑똑하면 나라를 망치는 법.

懿厥哲婦, 爲梟爲鴟!

懿(의)한 그 哲婦ㅣ, 梟(효)ㅣ 되며 鴟(치) 되놋다!

유왕의 똑똑한 부인 통탄스러우니, 올빼미 솔개 같은 惡聲이로다!

婦有長舌, 維厲之階.

婦의 長舌(쟝셜)을 둠이여, 厲(려)의 階(계)로다.

여인이 혀가 길면, 재앙의 계단이 되는 것.

亂匪降自天, 生自婦人.

亂이 天으로브터 降(강)ᄒ는 줄이 아니라, 婦人으로브터 生(싱)ᄒ애니라.

이 혼란은 하늘로부터 내려온 것이 아니라, 여인으로부터 생겨난 것이로다.

匪教匪誨, 時維婦寺!

教ㅣ 아니며 誨(회)아닌 거슨, 이 婦와 寺(시)니라!

가르쳐도 안 되고 일러주어도 안 되니, 바로 이런 부인과 환관이 그렇도다!

【哲】〈毛傳〉과 〈集傳〉에 "哲, 知也"라 하였고, 〈鄭箋〉에 "哲, 謂多謀慮也"라 함. '哲夫'는 賢者, '哲婦'는 褒姒를 가리킴.

【城】國과 같음. 〈鄭箋〉에 "城, 猶國也. 丈夫陽也, 陽動, 故多謀慮, 則成國; 婦人陰
也, 陰靜, 故多謀慮, 乃亂國"이라 하였고, 〈集傳〉에 "城, 猶國也"라 함.

【哲婦傾城】〈集傳〉에 "哲婦, 蓋指褒姒也; 傾, 覆"이라 함.

【懿】마음 아파하는 소리. 〈鄭箋〉에 "懿, 有所痛傷之聲也"라 함. 그러나 〈集傳〉에
는 "懿, 美也"라 함.

【厥】〈鄭箋〉에 "厥, 其也. 其, 幽王也"라 함.

【梟·鴟】〈鄭箋〉에 "梟鴟, 惡聲之鳥. 喻褒姒之言, 無善"이라 하였고, 〈集傳〉에도
"梟·鴟, 惡聲之鳥也"라 함. 褒姒의 嬌言을 비유함.

【長舌】말 많음을 비유함. 〈鄭箋〉에 "長舌, 喻多言語"라 하였고, 〈集傳〉에도 "長舌,
能多言者也"라 함.

【階】階梯, 階段. 〈集傳〉에 "階, 梯也"라 함. 〈鄭箋〉에는 "是王降大厲之階, 階所由
上下也. 今王之有此亂政, 非從天而下, 但從婦人出耳, 又非有人敎王爲亂. 語王爲
惡者, 是惟近愛婦人, 用其言故也"라 함.

【時】是와 같음.

【寺】'시'(音侍)로 읽으며, 奄人(宦官), 近寺, 寺人, 側近을 가리킴. 〈毛傳〉에 "寺, 近
也"라 하였고, 〈集傳〉에 "寺, 奄人也"라 함.

＊〈集傳〉에 "○言「男子正位乎外, 爲國家之主. 故有知, 則能立國; 婦人以無非無儀,
爲善無所事哲, 哲則適以覆國而已. 故此懿美之哲婦, 而反爲梟鴟. 蓋以其多言,
而能爲禍亂之梯也. 若是則亂豈眞自天降, 如首章之說哉! 特由此婦人而已. 蓋其
言‘雖多而非有敎誨之益者, 是惟婦人與奄人耳.’ 豈可近哉? 上文但言婦人之禍,
末句兼以奄人爲言, 蓋二者常相倚而爲奸, 不可不并以爲戒也. 歐陽公嘗言:「宦者
之禍, 甚於女寵.」 其言尤爲深切, 有國家者, 可不戒哉!"라 함.

(4) 賦

鞠人忮忒, 譖始竟背.

人을 鞠(국)ᄒ야 忮(기)ᄒ야 忒(특)ᄒ야, 譖(춤)으로 始ᄒ야 ᄆᄎ매 背(패)ᄒ
거든,

사람을 궁지로 몰아 적해하고 변덕부리며, 시작부터 끝까지 배신하여
믿을 수 없으니,

豈曰不極? 伊胡爲慝?

엇디 極(극)디 아니 ᄒ라 니ᄅ리오? 엇디 忒(특)이 되리오 ᄒᄂ니,

어찌 끝이 아니라 하랴? 그래도 무엇이 잘못이냐고 하겠는가?

如賈三倍, 君子是識.

賈(고)의 三倍(삼비)홈을, 君子ㅣ 이 알옴 곧튼 디라,

값을 세 배나 비싸게 부르는 장사꾼 속셈, 군자라면 알게 되는 것.

婦無公事, 休其蠶織!

婦ㅣ 公事ㅣ 업거늘, 그 蠶織(잠직)ᄒ기를 休ᄒ놋다!

부인은 나랏일에 관여치 말아야 하거늘, 누에치기 베짜기는 제쳐두었구나!

【鞫】〈鄭箋〉과 〈集傳〉에 "鞫, 窮也"이 함.

【忮忒】〈毛傳〉에 "忮, 害;忒, 變也"라 하였고, 〈集傳〉에 "忮, 害;忒, 變也"라 함.

【譖始竟背】〈鄭箋〉에 "譖, 不信也;竟, 猶終也"라 하였고, 〈集傳〉에도 "譖, 不信也; 竟, 終;背, 反"이라 함.

【極·慝】〈集傳〉에 "極, 已;慝, 惡也"라 함.

【伊胡爲慝】〈鄭箋〉에 "胡, 何"라 하였고, 〈鄭箋〉에 "慝, 惡也. 婦人之長舌者, 多謀 慮好窮屈人之語. 忮害轉化, 其言無常. 始於不信, 終於背違人, 豈謂「其是不得中 乎?」 反云「維我言何用爲慝, 不信也?」"라 함.

【如賈三倍】〈集傳〉에 "賈, 居貨者也;三倍, 獲利之多也"라 함.

【君子是識】〈鄭箋〉에 "識, 知也. 賈物而有三倍之利者, 小人所宜知也. 君子反知之, 非其宜也. 今婦人休其蠶桑織紝之職, 而與朝廷之事, 其爲非宜, 亦猶是也. 孔子 《論語》里仁篇)曰:「君子喻於義, 小人喻於利.」"라 함.

【公事】朝廷의 일. 〈集傳〉에 "公事, 朝廷之事"라 함.

【休其蠶織】〈毛傳〉에 "休, 息也. 婦人無與外政, 雖王后猶以蠶織爲事. 古者, 天子爲 藉千畝, 冕而朱紘, 躬秉耒;諸侯爲藉百畝, 冕而靑紘, 躬秉耒. 以事天地山川社稷 先古, 敬之至也. 天子諸侯, 必有公桑蠶室, 近川而爲之. 築宮仞有三尺, 棘牆而外 閉之. 及大昕之朝君, 皮弁素積, 卜三宮之夫人, 世婦之吉者, 使入蠶于蠶室. 奉種 浴于川, 桑于公桑, 風戾以食之, 歲旣單矣. 世婦卒蠶奉繭, 以示于君遂獻繭于夫 人, 夫人曰:「此所以爲君服, 與遂副褘, 而受之少牢, 以禮之.」 及良日后夫人, 繅三 盆, 手遂布于三宮夫人. 世婦之吉者, 使繅遂朱綠之玄黃之, 以爲黼黻文章, 服旣 成矣. 君服之, 以祀先王先公, 敬之至也"라 하였고, 〈集傳〉에 "蠶織, 婦人之業"이 라 함.

*〈集傳〉에 "○言「婦寺能以其智辯, 窮人之言, 其心恢害, 而變詐無常. 旣以譖妄, 倡始於前而終, 或不驗於後, 則亦不復自謂其言之放恣, 無所極已, 而反曰'是何足爲慝乎?' 夫商賈之利, 非君子之所宜識, 如朝廷之事, 非婦人之所宜與也. 今賈三倍, 而君子識其所以然. 婦人無朝廷之事, 而舍其蠶織以圖之, 則豈不爲慝哉?"라 함.

(5) 賦

天何以刺, 何神不富?

天이 엇디 써 刺(주)ᄒ며, 엇디 神이 富케 아니 ᄒᄂ고?

하늘이 무엇으로 이를 책망하며, 어찌 신은 복을 내리지 아니하는가?

舍爾介狄, 維予胥忌.

네 介(개)ᄒᆫ 狄(뎍)을 舍(샤)ᄒ고, 나를 서르 忌(긔)ᄒᄂ다.

너 같은 원흉을 내버려두고, 나만을 서로 원망하게 하는구나.

不弔不祥, 威儀不類.

不祥(불샹)을 弔(됴)티 아니 ᄒ며, 威儀ㅣ 類(류)티 아니 ᄒ며,

불행을 다가오게 하지 않으며, 위의도 잃어 훌륭한 모습 보이지 않으며,

人之云亡, 邦國殄瘁!

人이 亡(망)ᄒ니, 邦國이 殄瘁(딘췌)ᄒ리로다!

보필할 사람도 없으니, 나라가 온통 병들어 지치고 말리라!

【刺】책망함. 〈毛傳〉과 〈集傳〉에 "刺, 責"이라 함.

【富】福. 〈毛傳〉에 "富, 福"이라 함.

【介狄】〈毛傳〉에 "狄, 遠"이라 하였고, 〈鄭箋〉에 "介, 甲也. 王之爲政, 旣無過惡, 天何以責王, 見變異乎? 神何以不福王而有災害也? 王不念此而改修德, 乃舍女被甲, 夷狄來侵, 犯中國者, 反與我相怨. 謂其疾怨, 羣臣叛違也"라 함. 〈集傳〉에는 "介, 大"라 함. 혹 뒤에 쳐들어올 犬戎을 가리키는 것이라고도 함. 그러나 馬瑞辰 〈通釋〉에는 《說文》:「狄之謂言淫辟也.」……介狄, 謂大狄, 猶元惡"이라 하여, '元惡', '元兇'의 뜻이라 하였음.

【胥忌】〈毛傳〉에 "忌, 怨也"라 하였고, 〈集傳〉에는 "胥, 相"라 함.

【弔】〈鄭箋〉에 "弔, 至也"라 하였고, 〈集傳〉에는 "弔, 閔也"라 함. 〈諺解〉에는 '吊' (됴)로 바꾸어 표기하였음. 〈音義〉에 "又音的"이라 하여 '적'으로도 읽음.
【類】善. 〈毛傳〉에 "類, 善"이라 함.
【人之云亡】'人'은 보필할 사람. '云'은 조사. '亡'은 도망하여 사라짐.
【殄瘁】〈毛傳〉에 "殄, 盡;瘁, 病也"라 하였고, 〈鄭箋〉에 "王之爲政, 德不至於天矣. 不能致徵祥於神矣. 威儀又不善於朝廷矣. 賢人皆言奔亡, 則天下邦國, 將盡困窮" 이라 함.
*〈集傳〉에 "○言「天何用責王, 神何用不富王哉? 凡以王信用婦人之故也. 是必將有 夷狄之大患, 今王舍之不忌, 而反以我之正言, 不諱爲忌何哉? 夫天之降不祥, 庶 幾王懼而自脩, 今王遇災而不恤, 又不謹其威儀, 又無善人以輔之, 則國之殄瘁宜 矣.」或曰'介狄', 卽指婦寺, 猶所謂女戎者也"라 함.

(6) 賦

天之降罔, 維其優矣!

天이 罔(망)을 降홈이여, 그 優(우)ᄒᆞ도다!

하늘이 내리신 그물, 그 넓고 큼이여!

人之云亡, 心之憂矣!

人의 亡홈이여, 心의 憂(우)홉도다!

보필할 사람 사라지고 없으니, 내 마음 근심에 젖도다!

天之降罔, 維其幾矣!

天이 罔을 降홈이여, 그 幾(긔)ᄒᆞ도다!

하늘이 내리신 그물, 우리에게 가까이 다가오고 있도다!

人之云亡, 心之悲矣!

人의 亡홈이여, 心에 悲(비)홉도다!

보필할 사람 도망하고 없으니, 내 마음 비통함에 젖도다!

【罔】그물. 〈集傳〉에 "罔, 罟"라 함.
【優】두터움. 넓음. 너그러움. 〈毛傳〉에 "優, 渥也"라 하였고, 〈鄭箋〉에 "優, 寬也. 天下羅罔以取有罪, 亦甚寬. 謂但以災異譴告之, 不指加罰於其身, 疾王爲惡之甚,

賢者奔亡, 則人心無不憂"라 함. 〈集傳〉에는 "優, 多"라 함.

【幾】가까움. 〈毛傳〉에 "幾, 危也"라 하였고, 〈鄭箋〉에 "幾, 近也. 言災異譴告, 離人身近愚者, 不能覺"이라 함. 〈集傳〉에 "幾, 近也. 蓋承生章之意, 而重言之, 以警王也"라 함.

(7) 興

觱沸檻泉, 維其深矣!

觱沸(필블)흔 檻泉(함천)이여, 그 深ᄒ도다!

펑펑 솟아오르는 곧은 샘물, 그 깊음이여!

心之憂矣, 寧自今矣?

心의 憂홈이여, 엇디 이제로브테리오?

내 마음 근심, 어찌 지금부터이겠는가?

不自我先, 不自我後!

날로브터 先이 아니며, 날로 브터 後ㅣ 아니로다!

내 먼 지난날부터도 아니며, 내 이후로도 아닐세!

藐藐昊天, 無不克鞏.

藐藐(막막)흔 昊天이나, 능히 鞏(공)티 아니 홈이 업스시니,

크고 아득한 저 하늘, 꿋꿋하지 않음이 없으니,

無忝皇祖, 式救爾後!

皇祖를 忝(텸)티 말면, 뻐 네 後를 救(구)ᄒ리라!

거룩한 조상에게 부끄러운 짓 하지 않으면, 이로써 너의 후손이 구제받으리라!

【觱沸檻泉】'觱沸'는 '필불'로 읽으며, 샘물이 위로 솟아오름을 뜻하는 雙聲連綿語. 〈鄭箋〉에 "檻泉, 正出涌出也. 觱沸, 出貌. 涌泉之源, 所由者深. 喩己愛所從來久也. 惡政不先, 己不後己, 怪何故? 正當之"라 하였고, 〈集傳〉에 "觱沸, 泉涌貌; 檻泉, 泉正出者"라 함.

【蘉蘉】〈毛傳〉에 "蘉蘉, 大貌"라 하였고, 〈集傳〉에 "蘉蘉, 高遠貌"라 함. 〈鄭箋〉에
는 "蘉蘉, 美也. 王者, 有美德蘉蘉然, 無不能自堅固於其位者. 微箴之也"라 함.

【鞏】〈毛傳〉과 〈集傳〉에 "鞏, 固也"라 함.

【忝】辱됨.

【式】〈鄭箋〉에 "式, 用也"라 함.

【後】子孫. 後孫. 〈鄭箋〉에 "後, 謂子孫也"라 함.

＊〈集傳〉에 "○言「泉水瀵涌上出, 其源深矣. 我心之憂, 亦非適今日然也. 然而禍亂
之極, 適當此時, 蓋已無可爲者, 惟天高遠, 雖若無意於物, 然其功用, 神明不測,
雖危亂之極, 亦無不能鞏固之者. 幽王苟能改過自新, 而不忝其祖, 則天意可回來
者, 猶必可救, 而子孫亦蒙其福矣.」라 함.

> ### 참고 및 관련 자료

1. 孔穎達〈正義〉

幽王承父宣王中興之後, 以行惡政之故, 而令周道廢壞, 故刺之也. 經七章所陳,
皆刺大壞之事. 〈正義〉曰: 凡國伯爵, 禮侯伯之, 入王朝, 則爲卿. 故〈板〉箋以凡伯爲
卿士. 此言大夫者, 大夫卿之總稱也. 所引《春秋》者, 隱七年經也. 引之者, 證天子之
臣, 有凡伯也. 凡國, 伯爵, 稱世, 稱之不謂與此必爲一人矣.

2.《左傳》隱公 7年(B.C.716)

經: 冬, 天王使凡伯來聘. 戎伐凡伯于楚丘以歸.

傳: 初, 戎朝于周, 發幣于公卿, 凡伯弗賓. 冬, 王使凡伯來聘. 還, 戎伐之于楚丘以
歸.

3.《史記》周本紀

四十六年, 宣王崩, 子幽王宮涅立. 幽王二年, 西周三川皆震. 伯陽甫曰:「周將亡矣.
夫天地之氣, 不失其序; 若過其序, 民亂之也. 陽伏而不能出, 陰迫而不能蒸, 於是有
地震. 今三川實震, 是陽失其所而塡陰也. 陽失而在陰, 原必塞; 原塞, 國必亡. 夫水
土演而民用也. 土無所演, 民乏財用, 不亡何待! 昔伊·洛竭而夏亡, 河竭而商亡. 今周
德若二代之季矣, 其川原又塞, 塞必竭. 夫國必依山川, 山崩川竭, 亡國之徵也. 川竭
必山崩. 若國亡不過十年, 數之紀也. 天之所棄, 不過其紀.」是歲也, 三川竭, 岐山
崩. 三年, 幽王嬖愛襃姒. 襃姒生子伯服, 幽王欲廢太子. 太子母申侯女, 而爲后. 後
幽王得襃姒, 愛之, 欲廢申后, 幷去太子宜臼, 以襃姒爲后, 以伯服爲太子. 周太史伯
陽讀《史記》曰:「周亡矣.」昔自夏后氏之衰也, 有二神龍止於夏帝庭而言曰:「余, 襃之
二君.」夏帝卜殺之與去之與止之, 莫吉. 卜請其漦而藏之, 乃吉. 於是布幣而策告之,
龍亡而漦在, 櫝而去之. 夏亡, 傳此器殷. 殷亡, 又傳此器周. 比三代, 莫敢發之, 至

厲王之末, 發而觀之. 漦流于庭, 不可除. 厲王使婦人裸而譟之. 漦化爲玄黿, 以入
王後宮. 後宮之童妾旣齔而遭之, 旣笄而孕, 無夫而生子, 懼而棄之. 宣王之時童女謠
曰:「檿弧箕服, 實亡周國.」於是宣王聞之, 有夫婦賣是器者, 宣王使執而戮之. 逃於
道, 而見鄉者後宮童妾所棄妖子出於路者, 聞其夜啼, 哀而收之, 夫婦遂亡, 奔於襃.
襃人有罪, 請入童妾所棄女子者於王以贖罪. 棄女子出於襃, 是爲襃姒. 當幽王三年,
王之後宮見而愛之, 生子伯服, 竟廢申后及太子, 以襃姒爲后, 伯服爲太子. 太史伯陽
曰:「禍成矣, 無可奈何!」襃姒不好笑, 幽王欲其笑萬方, 故不笑. 幽王爲烽燧大鼓, 有
寇至則擧烽火. 諸侯悉至, 至而無寇, 襃姒乃大笑. 幽王說之, 爲數擧烽火. 其後不
信, 諸侯益亦不至. 幽王以虢石父爲卿, 用事, 國人皆怨. 石父爲人佞巧善諛好利, 王
用之. 又廢申后, 去太子也. 申侯怒, 與繒·西夷犬戎攻幽王. 幽王擧烽火徵兵, 兵莫
至. 遂殺幽王驪山下, 虜襃姒, 盡取周賂而去. 於是諸侯乃卽申侯而共立故幽王太子
宜臼, 是爲平王, 以奉周祀. 平王立, 東遷于雒邑.

271(大-31) 소민(召旻)

*〈召旻〉: 召康公의 신하가 賢臣이 없음을 애통히 여겼으며, 첫 구절 '旻天疾威'를 함께 취하여 제목을 삼은 것임. 아울러 '旻'은 〈毛序〉에 "旻, 閔也"라 하였고, 〈鄭箋〉에는 "閔, 病也"라 하여 '통탄스럽고 불쌍하다'의 뜻으로 重義法으로 표현한 것임. '天'은 〈鄭箋〉에 "天, 斥王也"라 하여 幽王을 指斥하는 말. 따라서 '불쌍하다, 유왕이여'의 뜻임.
*이 시는 凡伯이 幽王이 나라를 크게 괴멸시킨 것을 통탄하여 책망한 것이라 함.

〈序〉: 〈召旻〉, 凡伯刺幽王大壞也. 旻, 閔也. 閔天下無如召公之臣也.

〈소민〉은 범백이 유왕이 크게 나라를 괴멸시킨 것을 책망한 것이다.

〈箋〉: 閔, 病也.

*전체 7장. 4장은 5구씩, 3장은 7구씩(召旻: 七章. 四章章五句, 三章章七句).

(1) 賦
旻天疾威, 天篤降喪.

旻天이 疾威(질위)혼 디라, 天이 篤(독)히 喪을 降ᄒ샤,

민천이 급하게 위엄을 떨치는지라, 이는 하늘이 유왕이 무겁게 상란을 내리시어,

瘨我饑饉, 民卒流亡, 我居圉卒荒!

날을 饑饉(긔근)으로 瘨(뎐)ᄒ야, 民이 다 流亡(류망)ᄒ니, 우리 居(거)와 圉(어)ㅣ 다 荒(황)ᄒ놋다!

나를 기근으로 병들게 하여, 우리 백성이 마침내 떠돌다가 사라졌고, 우리가 사는 이 땅 변방까지 황폐해졌도다!

【天】〈鄭箋〉에 "天, 斥王也"라 하여 임금 幽王을 指斥함.

【疾】〈鄭箋〉에 "疾, 猶急也"라 함.

【篤】〈集傳〉에 "篤, 厚"라 함.

【瘨】'전(都田反)으로 읽음. 병듦. 혹은 災殃을 만남. 〈鄭箋〉에 "瘨, 病也. 病乎! 幽
    王之爲政也. 急行暴虐之法, 厚下喪亂之敎. 謂重賦稅也. 病國中以饑饉, 令民盡流
    移"라 함. 〈集傳〉에 "瘨, 病"이라 함.

【卒】모두. 〈集傳〉에 "卒, 盡也"라 함.

【居圉卒荒】〈毛傳〉에 "圉, 垂也"라 하였고, 〈鄭箋〉에 "荒, 虛也. 國中至邊境, 以此
    故, 盡空虛"라 함. 〈集傳〉에 "居, 國中也; 圉, 邊陲也"라 함.

＊〈集傳〉에 "○此刺幽王任用小人, 以致饑饉侵削之詩也"라 함.

(2) 賦

天降罪罟, 蟊賊內訌.

天이 罪罟(죄고)를 降ᄒᆞ샤, 蟊賊(모적)이 內(ᄂᆡ)로 訌(홍)ᄒᆞ며,

하늘이 죄의 그물 내려 씌우니, 모적 같은 무리들이 안에서 서로 다
투며,

昏椓靡共, 潰潰回遹, 實靖夷我邦!

昏椓(혼탁)이 共티 아니 ᄒᆞ야, 潰潰(궤궤)ᄒᆞ야 回遹(회율)ᄒᆞ거늘, 진실로 우
리 邦을 靖(졍)ᄒᆞ야 夷(이)케 ᄒᆞ놋다!

환관 같은 무리들은 공경이란 없고, 난을 피우며 못된 짓만 하는데,
왕은 실로 그런 짓을 하는 이들로써 나의 이 나라를 평안히 다스리겠다
고 하는구나!

【訌】〈毛傳〉과 〈集傳〉에 "訌, 潰也"라 함. 〈鄭箋〉에는 "訌, 爭訟相陷人之言也. 王
    施刑罪, 以羅網天下, 衆爲殘酷之人, 雖外以害人, 又自內爭相讒惡"이라 함.

【昏椓】'昏'은 昏과 같으며 '閽'의 假借. 궁문을 지키는 관직 이름. '椓'은 宮刑을 뜻
    함. 引申하여 太監, 宦官을 가리키는 말. 〈毛傳〉에 "椓, 夭椓也"라 하였고, 〈鄭
    箋〉에 "昏椓, 皆奄人也. 昏, 其官名也; 椓, 椓毁陰者也. 王遠賢者, 而近任刑奄之
    人, 無肯共其職事者, 皆潰潰然. 維邪是行者, 皆謀夷滅王之國"이라 함. 〈集傳〉에
    는 "昏椓, 昏亂椓喪之人也"라 함.

【共】恭과 같음. 〈集傳〉에 "共, 與恭同. 一說:「與供同, 謂供其職」也"라 함.

【潰潰回遹】〈毛傳〉에 "潰潰, 亂也"라 하였고, 〈集傳〉에도 "潰潰, 亂也;回遹, 邪僻也"라 함.

【靖夷】〈毛傳〉에 "靖, 謀;夷, 平也"라 하였고, 〈集傳〉에 "靖, 治;夷, 平也"라 함.

＊〈集傳〉에 "○言「此蟊賊昏椓者, 皆潰亂邪僻之人, 而王乃使之治平伐邦, 所以致亂也.」"라 함.

(3) 賦

皐皐訿訿, 曾不知其玷.

皐皐(고고)코 訿訿(ᄌᄌ)ᄒᆞᆫ 이란, 일즉 그 玷(뎜)을 아디 몯ᄒᆞ고,

속이며 서로 헐어 내리는 무리들이란, 일찍이 잘못을 깨닫지 못하고,

兢兢業業, 孔塡不寧, 我位孔貶!

兢兢(긍긍)ᄒᆞ며 業業(업업)ᄒᆞ야, 심히 오래 寧티 몯ᄒᆞᄂᆞ니아, 우리 位ㅣ 심히 貶(폄)ᄒᆞ놋다!

경계하고 조심하였건만, 심히 오래도록 평안치 못하였으니, 우리 자리도 크게 무너지겠구나!

【皐皐訿訿】〈毛傳〉에 "皐皐, 頑不知道也;訿訿, 窳不供事也"라 하였고, 〈集傳〉에 "皐皐, 頑慢之意;訿訿, 務爲謗毁也"라 함.

【玷】缺點. 〈鄭箋〉에 "玷, 缺也. 王政已大壞, 小人在位, 曾不知大道之缺"이라 함. 〈集傳〉에도 "玷, 缺也"라 함.

【兢兢業業】〈鄭箋〉에 "兢兢, 戒也;業業, 危也. 天下之人, 戒懼危怖, 甚久矣. 其不安也, 我王之位, 又甚隊矣. 言見侵侮政教不行, 後犬戎伐之, 而周與諸侯無異"라 함.

【塡】〈集傳〉에 "塡, 久也"라 함.

【孔貶】'孔'은 심히. 크게. 아주. '貶'은 〈毛傳〉에 "貶, 隊也"라 하여, 隊(墜)의 뜻.

＊〈集傳〉에 "○言「小人在位, 所爲如此, 而王不知其缺. 至於戒敬, 恐懼甚久, 而不寧者, 其位乃更, 見貶黜其顚倒錯亂之甚, 如此.」"라 함.

(4) 賦

如彼歲旱, 草不潰茂, 如彼棲苴.

뎌 歲ㅣ 旱홈애, 草ㅣ 潰茂(궤무)티 몯홈 곧ᄐᆞ며, 뎌 棲苴(셔져) 곧ᄐᆞ니,

저 큰 가뭄이 든 해에, 풀이 무성하지 못하여, 마치 나무에 걸어놓은
물풀 같이 되었으니,

我相此邦, 無不潰止!

내 이 邦을 相혼 딕, 潰티 아니흔 이 업도다!

내 이 나라 살펴보니, 혼란에 빠지지 않은 것이 없도다!

【潰茂】무성함. 〈毛傳〉과 〈集傳〉에 "潰, 遂也"라 함. 馬瑞辰 〈通釋〉에 《廣雅》:「遂,
達也.」遂者草之暢達, 與'茂'義相成"이라 함. 〈鄭箋〉에는 "潰茂之潰, 當作彙. 彙,
茂貌. 王無恩惠於天下, 天下之人, 如旱歲之草, 皆枯槁無潤澤, 如樹上之棲苴"라
함.

【棲苴】〈毛傳〉에 "苴, 水中浮草也"라 하여 '苴'는 水中의 浮草. '棲苴'는 나무에 걸
어 놓은 마른 물풀과 같음을 비유한 것. 〈集傳〉에 "棲苴, 水中浮草, 棲於木上者.
言「枯槁無潤澤」也"라 함.

【相】〈集傳〉에 "相, 視"라 함.

【潰止】〈鄭箋〉에 "潰, 亂也. 無不亂者, 言皆亂也.《春秋傳》《公羊傳》僖公 4年)曰:「國
亂曰潰, 邑亂曰叛.」"이라 함. 〈集傳〉에 "潰, 亂也"라 함.

(5) 賦

維昔之富, 不如時.

녜 富홈애, 이 곧디 아니 ᄒᆞ며,

옛날에는 부유하여, 지금과 같지 않았지.

維今之疚, 不如茲!

이제 疚(구)도, 이 곧디 아니 ᄒᆞ도다!

지금의 이 피폐함도, 옛날에 이 같지 않았도다!

彼疏斯粺, 胡不自替?

뎌는 疏(소)ㅣ오 이는 粺(패)어늘, 엇디 스스로 替(톄)티 아니 ᄒᆞᄂᆞᆫ고?

저들이 거친 쌀이라면 이들은 좋은 쌀처럼 구분이 되거늘, 어찌 스스로 물러나려고도 하지 않는가?

職兄斯引!

職(직)ᄒᆞ여 兄(황)ᄒᆞ야 이예 引(인)호라!

오로지 창황함을 길게 끌고만 가고 있구나!

【維昔之富】〈毛傳〉에 "往者, 富仁賢; 今也, 富讒佞"이라 하였고, 〈鄭箋〉에 "富, 福也"라 함.

【時】〈鄭箋〉에 "時, 今時也"라 하였으나, 〈集傳〉에는 "時, 是"라 함.

【疚】〈毛傳〉에 "今則病賢也"라 하였고, 〈集傳〉에 "疚, 病也"라 함. 피폐하여 가난에 찌듦을 뜻함.

【不如玆】〈鄭箋〉에 "玆, 此也. 此者, 此古昔明王"이라 함. 陳奐 〈傳疏〉에 《詩》言「昔日之富, 家給人足, 不如今時之窮困; 今日之疚, 仁賢疏退, 不如此時之尤甚. 彼宜食疏糲之小人, 反在此食精粺. 何不早自廢退, 免自妨賢病國, 反主爲滋亂之事, 使其引而日長乎?」라 함.

【疏·粺】'疏'는 거친 곡물. '粺'는 精米. 잘 찧은 쌀. 〈毛傳〉에 "彼, 宜食疏, 今反食精粺"라 하였고, 〈鄭箋〉에 "疏, 麤也. 謂糲米也"라 하였으며, 〈集傳〉에 "疏, 糲也; 粺, 則精矣"라 함. '疏'는 〈諺解〉에는 '跣'자로 고쳐 표기하였음.

【胡不自替】'胡'는 疑問詞 何와 같음. '自替'는 〈毛傳〉과 〈集傳〉에 "替, 廢也"라 함. '替'는 告退, 즉 스스로 물러남을 뜻함.

【職兄斯引】'職'은 主. 가장 主要한 사항. '오로지'의 뜻. '兄'은 '황'(音况)으로 읽으며 '怳'의 뜻. 愴怳함. 멍함. 〈毛傳〉에 "兄, 玆也; 引, 長也"라 하였고, 〈鄭箋〉에 "職, 主也. 彼賢者, 祿薄食麤, 而此昏椓之黨, 反食精粺, 女小人耳. 何不自廢退, 使賢者得進, 乃玆復主長, 此爲亂之事乎? 責之也. 米之率, 糲十; 粺九, 鑿八, 侍御七"이라 함. 〈集傳〉에는 "兄, 怳同; 引, 長也"라 함.

＊〈集傳〉에 "○言「昔之富, 未嘗若是之疚也. 而今之疚, 又未有若此之甚也. 彼小人之與君子, 如疏與粺其分審矣, 而曷不自替以避君子乎? 而使我心專爲此, 故至於愴怳引長而不能自已也.」라 함.

(6) 賦

池之竭矣, 不云自頻.

池의 竭(갈)홈을, 頻(빈)으로 自(ㅈ)혼다 니르디 아니 ᄒᆞ며,

못의 물이 말라갈 때는, 가장자리로부터 줄어드는 것이 아니라 하였으며,

泉之竭矣, 不云自中?

泉의 竭홈을, 中으로 自혼 다 니르디 아니 ᄒᆞᄂᆞ다?

샘물이 말라 갈 때는, 안에서 물이 더는 솟아나지 않기 때문이라 하지 않았던가?

溥斯害矣, 職兄斯弘,

이 害(해)ㅣ 溥(부)혼 디라, 職ᄒᆞ야 兄(황)홈을 이예 弘(홍)호니,

두루 이러한 해를 입고 있는데도, 오로지 창황함이 이렇게 널리 퍼져 나가니,

不烖我躬?

내 몸애 烖(ᄌᆡ)티 아니 홀가?

내 몸에 재앙이 들이닥치지 않을 수 있겠는가?

【頻】가장자리. 濱의 假借. 〈毛傳〉과 〈集傳〉에 "頻, 厓也"라 함. 〈鄭箋〉에는 "頻, 當作濱. 厓, 猶外也"라 함.

【泉之竭矣】〈毛傳〉에 "泉, 水從中以益者也"라 하였고, 〈鄭箋〉에 "泉者, 中水生則益深, 水不生則竭. 喩王猶泉也. 政之亂, 又由內無賢妃益之"라 함.

【不云自中】〈鄭箋〉에 "自, 由也. 池水之溢, 由外灌焉. 今池竭, 人不言由外無益者, 與言由之也. 喩王猶池也. 政之亂, 由外無賢臣益之"라 함. 陳奐〈傳疏〉에 "言池竭, 喩王政之亂, 由外無賢臣; 川竭, 喩王政之亂, 內無賢妃"라 함.

【溥】두루, 널리. 〈鄭箋〉에 "溥, 猶徧也. 今時徧有此內外之害矣, 乃兹復主大, 此爲亂之事"라 하였고, 〈集傳〉에 "溥, 廣"이라 함.

【弘】〈集傳〉에 "弘, 大也"라 함.

【烖】災(灾)의 本字. 〈鄭箋〉에 "是不烖王之身乎? 責王也. 烖, 謂見誅伐"이라 함.

＊〈集傳〉에 "○池, 水之鍾也 ; 泉, 水之發也. 故池之竭, 由外之不入 ; 泉之竭, 由內之
不出. 言「禍亂有所從起, 而今不云然也? 此其爲害, 亦已廣矣. 是使我心, 專爲此
故, 至於愴悗, 日益弘大而憂之, 曰『是豈不烖及我躬也乎?』」라 함.

(7) 賦

昔先王受命, 有如召公, 日辟國百里.

녜 先王이 命을 受ᄒ실 젠, 召公ᄀ투니, 日로 國 百里를 辟(벽)ᄒ더니,

옛날 문왕과 무왕이 천명을 받았을 때, 召公(兩) 같은 분이 있어, 날로
나라를 백리 씩 개척해 나갔는데,

今也日蹙國百里.

이제ᄂᆫ 日로 國 百里를 蹙(축)ᄒ놋다.

지금은 날로 나라가 백 리씩 줄어들고 있구나.

於乎哀哉! 維今之人, 不尚有舊?

於乎(오호)ㅣ라, 哀홉다! 이젯 人은, 오히려 舊(구)ㅣ 잇디 아니 ᄒ냐?

아, 안타깝도다! 지금 사람들 중에, 그래도 옛날 그런 舊臣 같은 이들
이 있지 않겠는가?

【先王】〈鄭箋〉에 "「先王受命」, 謂文王·武王時也"라 하였고, 〈集傳〉에도 "先王, 文·
武也"라 함.

【召公】〈鄭箋〉에 "召公, 召康公也. 言有如者, 時賢臣多, 非獨召公也"라 하였고 〈集
傳〉에도 "召公, 康公也"라 함.

【辟】闢의 뜻. 開拓함. 〈毛傳〉과 〈集傳〉에 "辟, 開"라 함.

【今】〈鄭箋〉에 "今, 今幽王臣"이라 함.

【蹙】縮小됨, 萎縮됨. 줄어듦. 〈毛傳〉과 〈集傳〉에 "蹙, 促也"라 함.

【於乎哀哉】〈鄭箋〉에 "哀哉, 哀其不高尚賢者尊任"이라 함.

【不尚有舊】〈鄭箋〉에 "有舊德之臣, 將以喪亡其國"이라 함.

＊〈集傳〉에 "○文王之世周公治內, 召公治外, 故周人之詩, 謂之〈周南〉 ; 諸侯之詩謂
之〈召南〉. 所謂「日辟國百里」云者, 言「文王之化, 自北而南, 至於江漢之閒. 服從之
國, 日以益衆. 及虞芮質成, 而其旁諸侯聞之, 相帥歸周者, 四十餘國焉.」 今謂幽

王之時戚國, 蓋犬戎內侵, 諸侯外畔也. 又歎息哀痛而言「今世雖亂, 豈不猶有舊,
德可用之人哉?」言「有之, 而不用耳.」라 함.

참고 및 관련 자료

1. 孔穎達 〈正義〉

〈召旻〉詩者, 周卿士凡國之伯所作, 以刺幽王大壞也. 又解名篇之義, 是閔傷當時
天下, 無如文武之世. 召康公之臣, 以時無賢臣, 深可痛傷. 故以〈召旻〉名篇. 其叙大
壞之意, 經七章皆大壞之事也. 首章云「旻天疾威」, 卒章云「有如召公」, 雖有‘召旻’之
字, 而其文不次, 作者錯綜以名篇, 故叙特解經之‘旻天’. 自由天之閔, 下以‘旻’爲天名,
此叙轉爲閔. 箋訓爲病, 則與昊天之義, 其意小乖, 是借名以見意. 作者指言‘昊天’爲
此故也. 先王佐命之臣, 能開闢土地者, 盖多矣, 而獨言召公者, 作者意所欲言, 無他
義也.

2. 朱熹 〈集傳〉

〈召旻〉, 七章, 四章章五句, 三章章七句:

因其首章稱‘旻天’, 卒章稱‘召公’, 故謂之〈召旻〉, 以別‘小旻’也.

Ⅲ 송頌

40편(〈周頌〉 31편, 〈魯頌〉 4편, 〈商頌〉 5편)

'頌'은 宗廟에서 조상의 祭祀 및 郊祭 등에 연주하던 樂歌이다. 조상의 功勳을 기려 그 神明을 頌揚하거나 先祖들의 盛德을 찬미하고, 후세 자손으로서 先王들에 의해 큰 복을 받아 누리고 있으니만큼, 더욱 恭敬과 敬愼을 다할 것이니, 신명들께서 자신에게 長壽와 景福을 내려줄 것을 기원하는 내용들이다.

周頌 31편, 魯頌 4편, 商頌 5편으로 총 50편이며, 周頌은 주나라, 商頌은 商(殷)의 제사를 이은 宋나라, 그리고 魯頌은 周公이 시조로 되어 있는 魯나라에서 사용되던 것인데, 특이하게도 春秋 초기 魯 僖公(姬申 : B.C.659−B.C.627년까지 33년간 재위)을 찬양한 것이다. 아울러 魯는 제후국으로서 王(天子)이 아님에도 달리 '風'이 없으며, 頌에 들어 있는 것은, 孔子가 '詩'를 편집하면서 자신의 魯나라를 王에 맞추어 높인 것으로 보고 있다. 이는 공자가 《춘추》를 쓰면서 시간의 '紀'를 魯나라에 맞춘 것과 같은 원리이다.

○ 朱熹 〈集傳〉

頌者, 宗廟之樂歌. 〈大序〉所謂「美盛德之形容, 以其成功告於神明者」也. 蓋頌與容, 古字通用, 故序以此言之. 周頌三十一篇, 多周公所定, 而亦或有康王以後之詩. 魯頌四篇, 商頌五篇, 因亦以類附焉. 凡五卷.

1. 주송周頌

총 31편(272-302)

'周頌'은 周나라 王室이 功을 이루어 太平하고 德和한 시기의 詩로서, 周公이 攝政하던 成王 즉위 초의 作品이며, 宗廟는 물론 郊祭와 社祭, 五祀 등 여러 종류의 제사에 사용되던 樂歌로서, 押韻도 철저하지 않아 매우 오래된 작품으로 보고 있다. 내용은 주로 讚揚과 함께 功臣들의 征伐 업적, 그리고 왕 자신의 다짐과 祖上神 및 天神의 보호를 祈願한 것들이다.

○ 鄭玄《毛詩譜》〈周頌〉

周頌者, 周室成功致太平, 德洽之詩, 其作在周公攝政, 成王卽位之初.

頌之言容, 天子之德光, 被四表, 格于上下, 無不覆燾, 無不持載, 此之謂容. 於是和樂興焉, 頌聲乃作. 〈禮運〉曰:「政也者, 君之所以藏身也. 命降於社之謂殽地; 降於祖廟之謂仁義; 降於山川之謂興作; 降於五祀之謂制度.」

又曰:「祭帝於郊, 所以定天位; 祀社於國, 所以列地; 利祖廟, 所以本; 仁山川, 所以儐; 鬼神五祀, 所以本事.」

又曰:「禮行於郊, 而百神受職焉. 禮行於社, 而百貨可極焉. 禮行於祖廟, 而孝慈服焉. 禮行於五祀, 而正法則焉.」

故自郊社祖廟, 山川五祀, 義之修禮之藏也.

功大如此, 可不美報乎? 故人君必潔其牛羊, 馨其黍稷, 齊明而薦之, 歌之舞之, 所以顯神明, 昭至德也.

〈1〉「淸廟之什」

272(周-1) 청묘(淸廟)

*〈淸廟〉: 맑고 고요하며 청숙한 사당.
*이 시는 周公이 성왕을 섭정한 지 5년째 되던 해 成周 洛邑의 건설을 마치자,
제후들을 이끌고 문왕의 사당에 가서 제사를 올릴 때 쓰던 樂歌라 함.

<序>: <淸廟>, 祀文王也. 周公旣成洛(雒)邑, 朝諸侯, 率以祀文王焉.

〈청묘〉는 문왕의 제사에 쓰던 樂歌이다. 주공이 洛邑의 成周를 낙성하고 제후들로부터 조견을 받아 이들을 인솔하고 문왕에게 제사를 올렸다.

〈箋〉: 淸廟者, 祭有淸明之德者之宮也. 謂祭文王也. 天德淸明, 文王象焉. 故祭之而歌此詩也. '廟'之言, 貌也. 死者精神不可得而見, 但以生時之居, 立宮室象貌爲之耳. 成洛邑, 居攝五年時.

*전체 1장, 8구(淸廟:一章, 章八句).

○ 賦
於穆淸廟, 肅雝顯相,
於(오)홉다, 穆(목)흔 淸廟(쳥묘)애, 肅(슉)ᄒ며 雝(옹)흔 顯흔 相이며,
오, 아름답도다, 청묘여, 숙연하고 온화하며 덕 있는 이들이 돕고 있어,

濟濟多士, 秉文之德.
濟濟(졔졔)흔 多士ㅣ 文의 德을 秉ᄒ야,

수많은 제후의 이름난 경사들, 문덕을 지닌 이들이로다.

對越在天, 駿奔走在廟.

天애 在ᄒᆞ신 이를 對ᄒᆞ고, 廟애 在ᄒᆞ신ᄃᆡ 駿(쥰)히 奔走ᄒᆞ나니,

하늘과 짝을 이룰 만한 문왕께서 하늘에 계시니, 큰 걸음 얼른 달려가 사당에 공경을 바치나니,

不顯不承? 無射於人斯!

顯티 아니 ᄒᆞ냐, 承(승)티 아니 ᄒᆞ냐? 人의게 射(역)홈이 업스샷다!

하늘에 드러나지 않으랴, 사람이 이어받지 않으랴? 사람들에게 싫증 이 없으시도다!

【於穆淸廟】'於'는 '오'로 읽으며 감탄사. 〈毛傳〉에 "於, 歎辭也;穆, 美"라 하였고, 〈集傳〉에 "於, 歎辭;穆, 深遠也;淸, 淸靜也"라 함.

【淸廟】淸靜한 廟堂. 문왕을 모신 사당이 청정함을 뜻함. 馬瑞辰 〈通釋〉에는 賈逵의 《左傳》注를 인용하여 "肅然淸靜, 謂之淸廟"라 함.

【肅雝顯相】〈毛傳〉에 "肅, 敬;雝, 和;相, 助也"라 하였고, 〈集傳〉에도 "肅, 敬;雝, 和;顯, 明;相, 助也. 謂助祭之公卿諸侯也"라 함.

【顯相】이름과 덕이 드러난 훌륭한 제후가 와서 제사를 도움. 〈鄭箋〉에 "顯, 光也, 見也. 於乎美哉! 周公之祭淸廟也. 其禮儀, 敬且和, 又諸侯有光明著見之德者, 來助祭"라 함.

【濟濟多士】〈集傳〉에 "濟濟, 衆也;多士, 與祭執事之人也"라 함.

【秉文之德】〈毛傳〉에 "執文德之人也"라 함.

【對越在天】〈鄭箋〉에 "對, 配;越, 於也. 濟濟之衆士, 皆執行文王之德. 文王精神, 已在天矣. 猶配順其素, 如其生存"이라 함. '越'은 〈集傳〉에도 "越, 於也"라 함. 그러나 《爾雅》에 "越, 揚也"라 하여 '드날리다'의 뜻으로도 봄.

【駿】〈毛傳〉에 "駿, 長也"라 하였으나, 〈鄭箋〉에 "駿, 大也"라 하였고, 〈集傳〉에는 "駿, 大而疾也"라 함. 馬瑞辰 〈通釋〉에는 "廟中奔走而疾爲敬"이라 함.

【不顯不承】〈毛傳〉에 "顯, 於天矣;見, 承於人矣"라 하였고, 〈鄭箋〉에는 "諸侯與衆士, 於周公祭文王, 俱奔走而來. 在廟中助祭, 是不光明文王之德, 與言其光明之也;是不承順文王志意, 與言其承順之也. 此文王之德, 人無厭之"라 함. 〈集傳〉에는 "承, 尊奉也"라 함. 王引之 〈述聞〉에는 "顯·承, 爲贊美之詞. 承, 當讀爲'武王烝

哉'之丞. 不, 爲語助"라 함. 馬瑞辰〈通釋〉에는 "不, 或作丕"라 함.

【斁】'역'(音亦)으로 읽으며, 斁, 厭과 같은 뜻. 싫어함. 싫증을 냄.〈毛傳〉에 "不見厭於人矣"라 함.

【斯】〈集傳〉에 "斯, 語辭"라 함.

*〈集傳〉에 "○此周公旣成洛邑, 而朝諸侯, 因率之以祀文王之樂歌. 言'於穆哉! 此淸靜之廟, 其助祭之公侯, 皆敬且和;而其執事之人, 又無不執行文王之德. 旣對越其在天之神, 而又駿奔走其在廟之主, 如此. 則是文王之德, 豈不顯乎? 豈不承乎? 信乎! 其無有厭斁於人也.'"라 함.

참고 및 관련 자료

1. 孔穎達〈正義〉

〈淸廟〉詩者, 祀文王之樂歌也. 序又申說祀之時節, 周公攝王之政, 營邑於洛, 旣已成此洛邑, 於是大朝諸侯, 旣受其朝, 又率之而至於淸廟, 以祀此文王焉. 以其祀之得禮, 詩人歌詠其事而作此〈淸廟〉之詩. 後乃用之, 於樂以爲常歌也. 周禮四時之祭, 其祭者春曰祠, 因春是四時之首, 故以祠爲通名.〈楚茨〉經云:"烝嘗, 序稱祭祀, 是秋冬之祭, 亦以祀目之." 此祀文王, 自當在春. 餘序之稱祀, 不必皆春祀也. 以〈王制〉之法, 及〈鄭志〉所云:"殷禮春祠夏禘" 四時皆無祀名, 而商頌之序, 亦稱祀者. 子夏生於周世, 因以周法, 言之.〈那〉與〈烈武〉, 皆云烝嘗而序稱爲祀, 是祀爲通名也. 案〈召誥〉經序:"營洛邑者, 乃是召公所爲." 而云'周公旣成洛邑'者, 以周公攝行王事, 君統臣功, 故以周公爲主, 旣成洛邑. 在'居攝五年', 其朝諸侯, 則在六年.〈明堂位〉所云'周公踐天子之位, 以治天下. 六年朝諸侯於明堂.' 卽此時也. 成洛邑後年, 始朝諸侯, 而此繫之. '成洛邑'者, 以洛邑旣成之後, 朝事莫此之先, 故繫之也. 此朝諸侯, 在明堂之上, 於時之位五等, 四夷莫不咸在, 言率之以祀文王, 則朝者悉皆助祭. 序雖文王諸侯, 其實亦有四夷, 但四夷, 世乃一見, 助祭非常, 故署而不言之耳. 諸侯之朝, 常依服數, 而至明堂之位, 得夷夏并在者, 以其禮樂初成, 將頒度量, 故特使俱至, 異於常朝也.〈顧命〉諸侯見王之禮, 召公率西方諸侯;畢公率東方諸侯, 則率諸侯者, 皆二伯爲之. 此言率者, 謂周公, 使二伯率之, 以從周公祀文王也. 文王之廟, 雖四時常祀, 而禮特異於常, 諸侯皆在, 祭事最盛. 詩人述此祭, 而爲此詩, 故序備言其事. 此經所陳, 皆是祀文王之事. 其言'成洛邑, 朝諸侯', 自明祀之時節, 於經無所當也.〈正義〉曰:此解文王神之所居, 稱爲淸廟之意, 以其所祭乃祭, 有淸明之德者之宮, 故謂之'淸廟'也. 此所祭者, 止祭文王之神, 所以有淸明之德者, 天德淸明文王象焉. 以文王能象天淸明, 故謂其廟爲'淸廟'.〈樂記〉曰:"是故淸明象天." 是天德淸明也.〈孔子閒居〉曰:"淸明在躬." 注云:"謂聖

人之德, 亦淸明也.」《易》稱「聖人與天地合其德.」是文王能象天也. 賈逵《左傳》注
云:「肅然淸靜, 謂之淸廟.」鄭不然者, 以《書》傳說淸廟之義云:「於穆淸廟, 周公升
歌. 文王之功, 烈德澤尊.」在廟中嘗見文王者, 愀然如復見文王, 說淸廟而言功德,
則'淸'是功德之名, 非淸靜之義也. '廟'者, 人所不居, 雖非文王, 孰不淸靜? 何獨
文王之廟, 顯淸靜之名? 以此故, 不從賈氏之說也. 言祭之而歌此詩者, 謂周公之
時, 詩人述之而作此《淸廟》之詩.《墓門》云:「歌以訊之.」箋云「歌謂作此詩」, 是也.
旣作之後, 其祭皆升堂歌之, 以爲常曲, 故《禮記》每云:「升歌《淸廟》.」是其事也.
'立宮室, 象貌而爲之'者, 言死者之宗廟, 象生時之宮室容貌, 故《冬官》匠人所論
「宗廟及路寢」, 皆制如明堂, 是死之宗廟, 猶生之路寢, 故云'象貌爲之'. 由此而言,
自天子至於卿士, 得立廟者, 其制皆如生居之宮矣. 案《鄭志》說《顧命》, 成王崩於
鎬, 因先王之宮, 故有左右房爲諸侯制也. 是文武之世, 路寢未如明堂.《樂記》注
云:「文王之廟, 爲明堂.」制則文王之廟, 不類生宮而云象貌爲之者, 文王以紂尙
在, 武王初定天下, 其宮室制度, 未暇爲天子制耳. 若爲天子之制, 其寢必與廟同,
亦是象王生宮也. 若然《祭法》注云:「宗廟者, 先祖之尊貌也.」《孝經》注云:「宗, 尊
也;廟, 貌也. 親雖亡没, 事之若生, 爲立宮室, 四時祭之. 若見鬼神之容貌.」如此
二注, 象先祖身之形貌者, 以廟類生人之室祭, 則想見其容, 故彼注通言其意耳.
作廟者爲室, 不爲形, 必不得象先祖之面貌矣. 知成洛邑, 攝五年時者,《書》序云:
「成王在豐, 欲宅洛邑, 使召公先相宅. 作《召誥》.」召公旣相宅, 周公往營成周, 使
來告卜, 作《洛誥》. 如是則作洛邑與成周, 同年營之矣.《書》傳說「周公攝政五年, 營
成周」, 故知洛邑, 亦以五年成之也. 言此者, 以成洛邑在五年, 則朝諸侯在六年明.
此朝諸侯與《明堂位》所朝, 爲一事也.

2. 朱熹《集傳》

《淸廟》一章八句.《書》稱:「王在新邑烝祭, 歲文王騂牛一, 武王騂牛一.」實周公攝
政之七年, 而此其升歌之辭也.」《書大傳》曰:「周公升歌《淸廟》, 苟在廟中嘗見文王
者, 愀然如復見文王焉.」《樂記》曰:「《淸廟》之瑟, 朱弦而疏越, 壹倡而三歎, 有遺
音者矣.」鄭氏曰:「朱弦, 練朱弦練.」則聲濁越瑟底孔也. 疏之, 使聲遲也;倡, 發歌
句也;三歎, 三人從歎之耳.」漢因秦樂, 乾豆上, 奏登歌, 獨上歌, 不以筦弦亂, 人
聲欲在位者, 徧聞之, 猶古《淸廟》之歌也.

273(周-2) 유천지명(維天之命)

＊〈維天之命〉: 天命을 뜻함.
＊周公이 成王을 섭정한 지 5년째, 천하가 태평을 이루자 주공이 아버지 文王의 뜻을 받들어 文物禮樂을 제정하고, 이를 문왕에게 고할 때의 樂歌라 함.

<序>: <維天之命>, 大平告文王也.
〈유천지명〉은 태평을 이루었음을 문왕에게 고한 것이다.

〈箋〉: 告大平者, 居攝五年之末也. 文王受命, 不卒而崩. 今天下大平, 故承其意而告之. 明六年制禮作樂.

＊전체 1장 8구(維天之命: 一章, 章八句).

○ 賦
維天之命, 於穆不已.
天ㅅ 命이, 於(오)ㅣ라, 穆히 마디 아니 ㅎ시니,

하늘의 사명이, 오! 아름답도다, 그침 없거니,

於乎不顯? 文王之德之純!
於乎(오호)ㅣ라, 顯티 아니 ㅎ시냐? 文王의 德의 純(슌)홈이여!

오호라, 밝지 않으리오? 문왕의 덕의 크심이여!

【維天之命】'維'는 發語詞. 〈鄭箋〉에 "命, 猶道也. 天之道"라 하였고, 〈集傳〉에 "天命, 卽天道也"라 함.
【不】〈集傳〉에 "不已, 言無窮也"라 함. 〈毛傳〉에 "孟仲子曰:「大哉! 天命之無極, 而美周之禮也.」"라 하였고, 〈鄭箋〉에는 "於乎! 美哉! 動而不止, 行而不已"라 함. 孔穎達 〈正義〉에는 "言維此天所爲之敎命, 於乎美哉, 動行而不已. 言天道轉運, 無極止時也"라 함.
【不顯】매우 밝음. 反語法으로 표현한 것.

【純】〈毛傳〉에 "純, 大"라 하였고, 〈鄭箋〉에 "純, 亦不已也"라 함. 〈集傳〉에는 "純, 不雜也"라 함.

＊〈集傳〉에 "○此亦祭文王之詩. 言「天道無窮, 而文王之德, 純一不雜, 與天無閒. 以贊文王之德之盛也.」子思子(孔伋)曰:「'維天之命, 於穆不已', 蓋曰天之所以爲天也. '於乎不顯文王之德之純', 蓋曰文王之所以爲文也. 純亦不已.」程子曰:「天道不已, 文王純於天道, 亦不已. 純則無二無雜; 不已則無間斷先後.」"라 함.

假以溢我? 我其收之!

므스스로 뻐 나를 溢(휼)홀고? 내 그 收(슈)ᄒ야 키우리!

무엇으로써 나에게 살펴주시는고? 나는 이를 받아 모으리라!

駿惠我文王, 曾孫篤之!

文王의 惠호리니, 曾孫은 篤(독)홀 디어다!

우리에게 큰 은혜를 주신 문왕이시니, 후손들은 더욱 독실히 할지어다!

【假以溢我】'假'는 '何'와 같음. 〈毛傳〉에 "假, 嘉;溢, 愼"이라 하였고, 〈鄭箋〉에 "溢, 盈溢之言也. 於乎! 不光明與文王之施德教之無倦已. 美其與天同功也. 以嘉美之道, 饒衍與我, 我其聚斂之, 以制法度, 以大順我文王之意. 謂爲《周禮》六官之職也.《書》(洛誥)曰:「考朕昭子刑, 乃單文祖德.」"이라 함. 〈集傳〉에 "何之爲'假', 聲之轉也;恤之爲'溢', 字之訛也"라 함. 이에 따라 〈諺解〉에는 '휼'로 읽었으며, 夾註에 "《春秋傳》恤"이라 함. 한편 《左傳》襄公 27年 傳에는 "君子曰:『彼己之子, 邦之司直』, 樂喜之謂乎!『何以恤我, 我其收之』, 向戌之謂乎!」"라 하여 '假'자도 '何'자로 되어 있음. 한편 陳奐 〈傳疏〉에는 "假以溢我, 言以嘉美之道, 戒愼于我"라 함.

【收】受와 같은 뜻. 받아 모음. 〈毛傳〉에 "收, 聚也"라 하였고, 〈集傳〉에 "收, 受"라 함.

【駿惠】〈集傳〉에 "駿, 大;惠, 順也"라 함.

【曾孫】後孫(後王)들 전체를 가리킴. 〈毛傳〉에 "成王, 能厚行之也"라 하였고, 〈鄭箋〉에는 "曾, 猶重也. 自孫之子而下, 事先祖皆稱曾孫. 是言曾孫欲使後王, 皆厚行之, 非維今也"라 함. 〈集傳〉에는 "曾孫, 後王也;篤, 厚也"라 함.

＊〈集傳〉에 "○言「文王之神, 將何以恤我乎? 有則我當受之, 以大順文王之道. 後王, 又當篤厚之而不忘也.」"라 함.

1. 孔穎達〈正義〉

〈維天之命〉詩者, 大平告文王之樂歌也. 以文王受命, 造立周邦, 未及大平而崩, 不得制禮作樂. 今周公攝政, 繼父之業, 致得大平將, 欲作樂制禮, 其所制作, 皆是文王之意, 故以大平之時, 告於文王. 謂設祭, 以告文王之廟, 言'今已大平, 已將制作'. 詩人述其事, 而爲此歌焉. 經陳文王德有餘, 衍周公收以制禮, 順文王之意, 使後世行之, 是所告之事也. 〈正義〉曰:〈樂記〉云:「王者功成, 作樂治定制禮.」功成治定, 卽大平之事. 此經所云「我其收之, 駿惠我文王」, 是制作之意. 明其將欲制作, 有此告耳. 制禮作樂, 在六年之初, 故知此告大平五年之末也. 又解所以必告文王者, '文王受命, 不卒而崩'. 卒者, 終也. 聖人之受天命, 必致天下大平, 制作一代大法, 乃可謂之終耳. 文王未終此事, 而身已崩, 是其心有遺恨. 今旣天下大平, 成就文王之志, 故承其素意, 而告之. 冀使文王知之, 不復懷恨故也. 文王之不作禮樂者, 非謂智謀不能制作, 正以時未大平, 故不爲耳. 今於五年之末, 以大平告之, 明已欲以六年, 成就之. 言六年者, 爲制作成就之時, 其始草創, 當先於此矣. 〈明堂位〉云:「六年制禮作樂, 頒. 度量而天下, 大服.」明是制作已就, 故度量可頒其禮, 亦應頒之未, 卽施用.〈洛誥〉說「七年, 時事周公. 猶戒成王, 使肇. 稱殷禮.」祀于新邑, 則是成王卽政, 始用周禮也. 武王亦不卒而崩, 惟告文王者, 當時亦應並告, 但以文王, 自創基之主, 紂尙未滅, 遺恨爲深. 周公之作周禮, 稱爲文王之意. 故作者, 主於文王, 辭不及武王. 序亦順經之意, 指言告'文王'焉.

274(周-3) 유청(維清)

*〈維清〉: 맑고 깨끗함.
*이 시는 武王이 만든 '象舞'라는 춤에 周公이 악곡을 넣어 文王에게 제사를 올리면서 부른 樂歌라 함.

<序>: <維清>, 奏象舞也.

〈유청〉은 象舞를 추며 올린 奏樂이다.

〈箋〉: 象舞, 象用兵時, 刺伐之舞. 武王制焉.

※〈象舞〉: 武王(姬發)이 아버지 文王(姬昌)의 뜻을 받들어 牧野(지금의 河南 淇縣 남쪽)에 제후 군사들을 모아 紂와 결전을 벌이면서 誓約(牧誓)을 맺었을 때의 모습을 文王의 擊刺之法을 상징하여 춤으로 만든 것임. 참고란을 볼 것. 한편 이 시는 너무 짧고 의미가 순통하지 않아 朱熹는 혹 闕文이 있는 것이 아닌가 의혹을 제기하였음.

*전체 1장 5구(維清: 一章, 章五句).

○ 賦

維清緝熙, 文王之典,

淸ᄒ야 緝(즙)ᄒ야 熙ᄒᆯ 거슨, 文王의 典이시니,

맑고 깨끗하게 이어온 빛이여, 문왕의 법이시니,

肇禋, 迄用有成, 維周之禎!

비로소 禋(인)ᄒᄂ로, 뻐 成홈이 이심애 迄(흘)ᄒ니, 周의 禎(졍)이로다!

제사가 시작되어, 지금까지 오면서 천하를 가지게 된 것은, 참으로 우리 周나라의 복이로다!

【維清緝熙】〈鄭箋〉에 "緝熙, 光明也. 天下之所以無敗亂之政, 而淸明者, 乃文王有

征伐之法故也. 文王受命七年, 五伐也"라 하였고, 〈集傳〉에는 "淸, 淸明也; 緝, 續; 熙, 明"이라 함.

【典】타국을 정벌할 때 전투의 法과 도리. 문왕이 만들었다는 征伐之法. 〈毛傳〉에 "典, 法也"라 함.

【肇禋】'주나라가 천자국으로써 제사를 처음 시작하고부터'의 뜻. 〈毛傳〉과 〈集傳〉에 "肇, 始; 禋, 祀也"라 하였고, 〈鄭箋〉에는 "文王受命, 始祭天而枝伐也. 周禮以禋祀, 祀昊天上帝"라 함.

【迄用有成】'迄'은 〈毛傳〉과 〈集傳〉에 "迄, 至也"라 함. '有成'은 성취함. 즉 천하를 차지함. 吳闓生〈會通〉에 "有成, 謂有天下"라 함.

【禎】〈毛傳〉에 "禎, 祥也"라 하였고, 〈鄭箋〉에 "文王造此征伐之法, 至今用之, 而有成功. 謂伐紂克勝也. 征伐之法, 乃周家得天下之吉祥"이라 함.

＊〈集傳〉에 "○此亦祭文王之詩. 言「所當淸明而緝熙者, 文王之典也. 故自始祀至今, 有成實維周之禎祥也.」然此詩疑有闕文焉"이라 함.

참고 및 관련 자료

1. 孔穎達〈正義〉

〈維淸〉詩者, 奏象舞之樂歌也. 謂文王時, 有擊刺之法. 武王作樂象而爲舞, 號其樂曰〈象舞〉. 至周公·成王之時, 用而奏之於廟. 詩人以今太平, 由彼五伐, 觀其奏而思其本, 故述之而爲此歌焉. 〈時邁〉·〈般〉·〈桓〉之等, 皆武王時事, 成王之世, 乃頌之此象舞. 武王所制, 以爲成王之時奏之, 成王之時頌之, 理亦可矣. 但武王旣制此樂, 其法遂傳於後, 春秋之世, 季札觀樂見舞象, 是於成王之世, 猶尙奏之, 可知頌必太平, 乃爲明是觀之而作. 又此詩所述, 述其作樂所象, 不言初成新奏, 以此知奏在成王之世, 作者見而歌之也. 經言文王之法, 可用以成功, 是制象舞之意. 〈正義〉曰: 此詩經言文王序稱〈象舞〉, 則此樂象文王之事, 以象武爲名, 故解其名此之意. 〈牧誓〉曰:「今日之事, 不愆于六伐·七伐, 乃止齊焉.」注云:「一擊一刺曰一伐.」是用兵之時, 有刺有伐, 此樂象於用兵之時, 刺伐之事而爲之舞, 故謂之象舞也. 知者以其言象, 則是有所法象.《樂記》說「〈大武〉之樂, 象武王之伐」, 明此象武象, 文王之伐, 知武王制焉者, 以爲人子者, 貴其成父之事. 文王旣有大功, 武王無容不述.《中庸》曰:「武王·周公, 其達孝矣乎!」孝者, 善繼人之志, 善述人之事, 明武王有所述矣. 於周公之時, 已象伐紂之功, 作〈大武〉之樂, 不言復象, 文王之伐, 制爲別樂. 故知〈象舞〉, 武王制焉. 武王未及太平, 而作此樂, 一代大典俱待太平, 此象文王之功, 非爲易代大法, 故雖未制禮, 亦得爲之周公大作, 故別爲武樂耳. 〈春官〉大司「樂六代之樂」, 唯舞〈大武〉以享先祖, 此〈象舞〉不列於六樂. 蓋大合諸樂, 乃爲此舞, 或祈告所用, 周禮無之. 成

二十九年, 曾爲季札舞之名, 其有用明矣. 案彼傳云:「見舞象〈箾〉·〈南籥〉者.」服虔
曰:「象文王之樂, 舞象也. 箾, 舞曲名. 言天下樂削去無道.」杜預曰:「箾舞者, 所執南
籥以籥也.」其言箾爲所執, 未審何器以箾, 爲舞曲不知所出. 要知箾與南籥, 必是此
樂所有也. 傳直云舞象, 象下更無'舞'字, 則此樂名象而已. 以其象事爲舞, 故此文稱
象, 〈象舞〉也. 〈象舞〉之樂, 象文王之事; 其〈大武〉之樂, 象武王之事. 二者俱是爲象,
但序者於此云奏〈象舞〉於武之篇, 不可復言奏象, 故指其樂名言奏〈大武〉耳其. 實
〈大武〉之樂, 亦爲象也. 故《禮記》〈文王世子〉·〈明堂位〉·〈祭統〉, 皆云升歌〈清廟〉下
〈管象〉, 〈象〉與〈清廟〉相對, 卽俱是詩篇. 故〈明堂位〉注象謂:「周頌武也.」謂武詩爲
象, 明〈大武〉之樂, 亦爲象矣. 但記文於〈管〉之下, 別云舞〈大武〉, 謂武詩, 則簫管以
次之. 武樂則干戚以舞之, 所以並設其文, 故鄭并武解其意於〈文王世子〉, 注云:「象
周武王伐紂之樂也.」以管播其聲, 又爲之舞. 於〈祭統〉注云:「管象, 吹管而舞. 〈武
象〉之樂也.」皆武詩·武樂並解之也. 必知彼象, 非此篇者. 以彼三文, 皆云「升歌〈清
廟〉下〈管象〉」. 若是此篇, 則與〈清廟〉, 俱是文王之事, 不容一升一下, 今〈清廟〉則升
歌〈象〉, 則下管, 明有父子尊卑之異. 〈文王世子〉於升歌下管之後, 覆述其意云:「正君
臣之位, 貴賤之等, 而上下之義行焉.」言君臣上下之義, 明象. 非文王之事, 故知下管
〈象〉者, 謂武詩. 但序者, 避此象名, 不言象耳.

2.《尚書》牧誓

王曰:「古人有言曰:『牝雞無晨, 牝雞之晨, 惟家之索.』今商王受, 惟婦言是用, 昏棄
厥肆祀弗答, 昏棄厥遺王父母弟不迪, 乃惟四方之多罪逋逃, 是崇是長, 是信是使,
是以爲大夫卿士. 俾暴虐于百姓, 以姦宄于商邑. 今予發, 惟恭行天之罰. 今日之事,
不愆于六步·七步, 乃止齊焉. 夫子勖哉! 不愆于四伐·五伐·六伐·七伐, 乃止齊焉. 勖
哉夫子! 尚桓桓, 如虎如貔, 如熊如羆, 于商郊. 弗迓克奔, 以役西土. 勖哉夫子! 爾
所弗勖, 其于爾躬有戮!」

3.《史記》周本紀

於是武王徧告諸侯曰:「殷有重罪, 不可以不畢伐.」乃遵文王, 遂率戎車三百乘, 虎
賁三千人, 甲士四萬五千人, 以東伐紂. 十一年十二月戊午, 師畢渡盟津, 諸侯咸會.
曰:「孳孳無怠!」武王乃作〈太誓〉, 告于衆庶:「今殷王紂乃用其婦人之言, 自絶于天,
毀壞其三正, 離逷其王父母弟, 乃斷棄其先祖之樂, 乃爲淫聲, 用變亂正聲, 怡說婦
人. 故今予發維共行天罰. 勉哉夫子, 不可再, 不可三!」二月甲子昧爽, 武王朝至于商
郊牧野, 乃誓. 武王左杖黃鉞, 右秉白旄, 以麾. 曰:「遠矣西土之人!」武王曰:「嗟! 我
有國冢君, 司徒·司馬·司空, 亞旅·師氏, 千夫長·百夫長, 及庸·蜀·羌·髳·微·纑·彭·濮
人, 稱爾戈, 比爾干, 立爾矛, 予其誓.」王曰:「古人有言'牝雞無晨. 牝雞之晨, 惟家之
索'. 今殷王紂維婦人言是用, 自棄其先祖肆祀不答, 昏棄其家國, 遺其王父母弟不用,
乃維四方之多罪逋逃是崇是長, 是信是使, 俾暴虐于百姓, 以姦軌于商國. 今予發維

共行天之罰. 今日之事, 不過六步·七步, 乃止齊焉, 夫子勉哉! 不過於四伐·五伐·六伐·七伐, 乃止齊焉, 勉哉夫子! 尙桓桓, 如虎如羆, 如豺如離, 于商郊, 不禦克奔, 以役西土, 勉哉夫子! 爾所不勉, 其于爾身有戮.」誓已, 諸侯兵會者車四千乘, 陳師牧野.

275(周-4) 열문(烈文)

*〈烈文〉:文王과 武王의 빛나는 공과 덕.
*이 시는 周公이 섭정을 마치고 모든 政事를 成王에게 맡기자, 이를 祖考의 사당에 고하는 제사에 많은 제후들이 와서 도운 내용의 樂歌임.

〈序〉: 〈烈文〉, 成王卽政, 諸侯助祭也.

〈열문〉은 성왕이 정치를 맡게 되어, 제후들이 그의 제사를 도운 것이다.

〈箋〉: 新王卽政, 必以朝享之禮, 祭於祖考, 告嗣位也.

*전체 1장 13구(烈文:一章, 章十三句).

○ 賦
烈文辟公, 錫茲祉福.

烈文혼 辟公(벽공)이, 이 祉福(지복)을 錫(셕)하니,

빛나는 문왕 무왕께서, 제후들에게 이러한 복을 내리시니,

惠我無疆, 子孫保之!

나를 惠호디 疆 업슴으로 하야, 子孫으로 保케 하놋다!

나를 사랑하심을 끝이 없이 하시어, 자손으로 하여금 이를 보존토록 하였도다!

【烈文】〈毛傳〉에 "烈, 光也;文, 王"이라 하였고, 〈集傳〉에도 "烈, 光也"라 함. 그러나 馬瑞辰 〈通釋〉에는 "烈文, 二字平列, 烈言其功, 文言其德也"라 하여 훨씬 구체적임.
【辟公】제후들. 〈集傳〉에 "辟公, 諸侯也"라 함.
【錫】賜와 같음. 그러나 〈毛傳〉에는 "錫, 之"라 함.

【惠】〈鄭箋〉에 "惠, 愛也"라 함.

【子孫保之】〈鄭箋〉에 "光文百辟卿士, 及天下諸侯者, 天錫之以此祉福也. 又長愛
之無有期竟, 子孫得傳世安而居之. 謂文王·武王, 以純德受命, 定天位"라 함.

＊〈集傳〉에 "○此祭於宗廟而獻助祭, 諸侯之樂歌, 言「諸侯助祭, 使我獲福, 則是諸
侯錫此祉福, 而惠我以無疆, 使我子孫保之也.」"라 함.

無封靡于爾邦, 維王其崇之.

네 邦의 封(봉)ᄒ며 靡(미)홈이 업스면, 王이 그 崇(숭)ᄒ며,

그대들을 그대들 땅에 봉하였으니 큰 累를 끼치지 않으면, 내가 왕으
로서 그대들을 높여주며,

念茲戎功, 繼序其皇之!

이 큰 功을 念ᄒᄂ 디라, 序를 繼(계)ᄒ야 그 皇(황)케 ᄒ리라!

문무의 이러한 큰 공을 생각하여, 대를 이어 더욱 빛나게 하리라!

【封靡】'封'은 大. '靡'는 累. 〈毛傳〉에 "封, 大也; 靡, 累也"라 하였으나, 〈集傳〉에는
"封靡之義, 未詳. 或曰:「封, 專利以自封殖也; 靡, 汰侈也.」"라 함. 陳奐〈傳疏〉에는
"按三家詩, 以封靡爲大罪, 與毛訓同. 封與丰, 聲同, 故傳訓大. 靡爲羈靡之靡"라
함.

【崇】〈毛傳〉에 "崇, 立也"라 하였고, 〈鄭箋〉에 "崇, 厚也"라 하였으며, 〈集傳〉에는
"崇, 尊尙也"라 함. 陳奐〈傳疏〉에는 "維, 猶乃也. 王謂文王也. 崇訓立, 謂更立之
以繼世也"라 함.

【戎】大. 〈毛傳〉과 〈集傳〉에 "戎, 大"라 함. 陳奐〈傳疏〉에는 "旣陳文武之愛諸侯,
乃云念此戎功, 則是戒諸侯使念父祖之大功也"라 함.

【繼序】차례에 따라 代를 이음.

【皇】빛나게 함. '煌'의 뜻이 도리어 타당함. 〈毛傳〉에 "皇, 美也"라 하였고, 〈集傳〉
에 "皇, 大也"라 함. 〈鄭箋〉에는 "皇, 君也. 無大累於汝國, 謂侯治國無罪惡也. 王
其厚之增其爵土也. 念此大功, 勤事不廢, 謂卿大夫, 能守其職, 得繼世在位, 以其
次序, 其君之者. 謂有大功, 王則出而封之"라 함.

＊〈集傳〉에 "○言「汝能無封靡于汝邦, 則王當尊汝; 又念汝有此助祭, 錫福之大功,
則使汝之子孫, 繼序而益大之也.」"라 함.

無競維人, 四方其訓之.

이만 競(경)흔 이 업슨 人을, 四方이 그 訓ᄒ며,

이보다 강한 사람 없으니, 사방의 나라들이 그를 법도로 여긴 것이며,

不顯維德, 百辟其刑之.

이만 顯흔 이 업슨 德을, 百辟이 그 刑(형)ᄒᄂ니,

이보다 드러난 덕이 없으니, 모든 제후들이 그를 법으로 여긴 것이니,

於乎前王不忘!

於乎(오호)라, 前王을 忘티 몯ᄒ리로다!

아, 문왕 무왕을 잊지 못하리로다!

【無競】〈毛傳〉에 "競, 彊"이라 함. '이보다 강함이 없음'의 反語法으로 강조한 것.

【訓之】〈毛傳〉에 "訓, 道也"라 함.

【不顯】陳奐〈傳疏〉에 "不顯, 顯也"라 함. 역시 反語法으로 강조한 것.

【刑】본받음. 법으로 여김.

【前王】〈毛傳〉에 "前王, 武王也"라 하였고, 〈鄭箋〉에 "無彊乎? 維得賢人也. 得賢人, 則國家彊矣. 故天下諸侯, 順其所爲也. 不勤明其德乎? 勤明之也. 故卿大夫, 法其所爲也. 於乎! 先王文王·武王, 勤行此道, 人稱頌之不忘"이라 함.

＊〈集傳〉에 "○又言「莫强於人, 莫顯於德. 先王之德, 所以人不能忘者, 用此道也」. 此戒飭而勸勉之也.」〈中庸〉引「不顯惟德, 百辟其刑」之, 而曰「故君子篤恭, 而天下平.」〈大學〉引「於乎前王不忘」, 而曰「君子賢其賢而親其親, 小人樂其樂而利其利. 此以沒世不忘也.」"라 함.

> 참고 및 관련 자료

1. 孔穎達〈正義〉

〈烈文〉詩者, 成王卽政, 諸侯助祭之樂歌也. 謂周公居攝七年, 致政成王. 成王乃以明年歲首, 卽此爲君之政. 於是用朝享之禮, 祭於祖者, 有諸侯助王之祭. 旣祭因而戒之, 詩人述其戒辭, 而爲此歌焉. 經之所陳, 皆戒辭也. 武王崩之明年, 與周公歸政, 明年俱得爲成王卽政. 但此篇勒戒諸侯, 用賞罰以爲己任, 非復喪中之辭, 故知是致政之後年之事也. 〈臣工〉序云「遣於廟」, 此不言遣者, 彼勒之使在國, 有事來豕於王. 又令及時教民農業, 是將遣而戒, 故言遣以戒之此. 則戒以爲君之法, 其辭不爲將遣, 故不言遣. 箋意於經亦有卿士, 序不言者, 以諸侯爲重, 故擧諸侯以摠之.
〈正義〉曰: 解卽政所以有祭, 得爲諸侯所助之意, 以新王卽政, 必以朝享之禮, 祭於
祖考廟, 告己今繼嗣其位. 有此祭, 故諸侯助之也. 必知用朝享之禮者, 以此告事而
已, 不得用時祭之禮, 而《周禮》曰:「時之間祀, 有追享朝享者.」追享者, 追祭, 遷廟之
主, 以事有所禱請, 非卽政所當用朝享者, 朝廟受政, 而因祭先祖, 以月朔爲之. 卽
《春秋》文六年閏月不告朔, 猶朝於廟祭法, 天子親廟與太祖, 皆月祭之, 是其事也. 人
君卽政, 必以月正元日, 此日以法, 自當行朝享之禮, 故知成王卽政, 用此禮以祭, 而
有諸侯助之也. 新王卽政, 以歲首朔日, 則是周正月矣. 〈臣工〉箋:「周之季春, 於夏爲
孟春.」諸侯之朝, 在周之季春. 此於周之孟春, 得有諸侯, 在京助王祭者, 以新王卽
政. 故特命使朝, 或去冬朝者, 留得歲初也. 鄭於〈顧命〉之注, 以居攝六年爲年端, 則
此年. 未必六服盡來, 蓋近者至也. 案〈洛誥〉說「周公致政之事」, 云「烝祭歲文王, 騂
牛一; 武王騂牛一, 王命作冊, 逸祝冊, 惟告周公」. 其後注云:「歲成王元年正月朔日也.
用二特牛, 祫祭文王·武王. 於文王廟. 使史逸讀所冊祝之書, 告神.」以周公其宜爲後,
謂封伯禽也. 彼言正月朔日, 與此祭祖告嗣同日事也. 此言以朝享之禮, 彼言祫祭文
武者, 此言卽政助祭, 是王自祭廟告己嗣位, 彼祭文武謂告封周公. 此二禮, 必不得
同也. 何則? 身未受位, 不可先以封人, 明是二者, 各自設祭當, 是先以朝享之禮, 徧
祭羣廟, 以告己嗣位. 於祭之末, 卽勅戒諸侯事訖, 乃更以禮祫祭文武於文王之廟,
以告封周公也. 必知彼與此, 非一祭者. 此卽政用朝享之禮, 當各就其廟, 彼封周公,
唯祭文武而已, 故知不同也. 彼注知合祭文武於文王廟者, 以彼經云「文王騂牛一,
武王騂牛一」, 卽云王命作冊, 是并告二神一處爲祭, 卑當就尊, 故知在文王廟也. 此
祭祖者, 則徧告羣廟, 而箋唯言祖考者, 祖考摠辭, 可以兼諸廟也.

2. 朱熹〈集傳〉

〈烈文〉, 一章十三句:

此篇以'公'·'疆'兩韻, 相叶未審, 當從何讀, 意亦可互用也.

276(周-5) 천작(天作)

*〈天作〉: 하늘이 지은 만물.
*이 시는 주나라 선왕들, 특히 태왕(太公, 古公亶父)과 문왕, 무왕 및 그 선공들이 岐山을 중심으로 만물을 다스려 주나라를 건설하게 되었음을, 제사를 통해 칭송한 樂歌임.

<序>: <天作>, 祀先王·先公也.

〈천작〉은 先王(太王)과 先公들에게 제사를 올리면서 사용한 樂歌이다.

〈箋〉: 先王, 謂大王己下; 先公, 諸盩至不窋.

※大王(太王)및 先公: 太王은 太公, 古公亶父. 先公은 不窋까지의 여러 公들. 즉 后稷, 不窋, 鞠, 公劉, 慶, 皇僕, 差弗, 毀隃, 公非, 高圉, 亞圉, 公叔祖類. 이들은 公이 아니지만 武王(姬發)이 紂를 멸한 뒤 太公까지는 '王'으로, 그 이상 조상은 '公'으로 추존한 것임. 《史記》周本紀를 참조할 것. 그러나 孔穎達〈正義〉에는 后稷을 제사 지낸 것이라 하였으나, 시 내용에는 태공과 문왕이 중심이 되어 있음.

*전체 1장 7구(天作: 一章, 章七句).

○ 賦
天作高山, 大王荒之.

天이 高山을 作ᄒ야시늘, 大王(태왕)이 荒ᄒ샷다.

하늘이 岐山에 만물을 내리셨고, 태왕께서 이를 다스리셨네.

彼作矣, 文王康之.

뎌 作ᄒ야시늘, 文王이 康ᄒ신 디라,

만민이 그곳을 개척하니, 문왕께서 다시 이를 편안히 살 수 있도록 하셨는지라,

彼徂矣岐, 有夷之行, 子孫保之!

뎌 徂(저)흔 岐(기)예, 夷(이)흔 行이 이시니, 子孫은 保홀 디어다!

저 험한 기산을, 평평하게 쉽게 갈 수 있도록 했으니, 자손들은 이를
보존하리로다!

【高山】岐山을 말함. 〈毛傳〉에 "作, 生"이라 하였고, 〈鄭箋〉과 〈集傳〉에 "高山, 謂
　岐山也"라 함.
【大王】太王. 文王의 祖父. 古公亶父.
【荒】〈毛傳〉에 "荒, 大也. 天生萬物於高山, 大王行道, 能安天之所作也"라 하였고,
　〈集傳〉에는 "荒, 治"라 함. 〈鄭箋〉에 《書》(禹貢)曰:「道岍及岐, 至于荊山」天生此
　高山, 使興雲雨, 以利萬物. 大王自豳遷焉, 則能尊大之, 廣其德澤, 居之一年成邑,
　二年成都, 三年五倍其初"라 함.
【彼作矣】〈鄭箋〉에 "彼, 彼萬民也"라 함. 그러나 陳奐 〈傳疏〉에는 "彼作矣, 文王
　康之", 言天所生之萬物, 而文王又能以安之也"라 하여 '天'으로 보았음.
【康】〈集傳〉에 "康, 安"이라 함.
【徂】〈鄭箋〉에 "徂, 往"라 하였으나, 〈集傳〉에 "徂, 險僻之意也"라 하여 험한 벽지
　의 뜻이라 하였음. '彼徂矣岐'는 《後漢書》西南夷列傳에 인용된 시는 '彼徂者岐'
　로 되어 있으며, 朱輔의 疏에 "岐道雖僻, 而人不遠"이라 풀이하여 역시 '편벽되
　다'의 뜻으로 보았음.
【夷行】쉽게 갈 수 있음. 〈毛傳〉에 "夷, 易也"라 하였고, 〈集傳〉에 "夷, 平;行, 路
　也"라 함. 〈鄭箋〉에는 "行, 道也. 彼萬民居岐邦者, 皆築作宮室, 以爲常居. 文王則
　能安之, 後之往者, 又以岐邦之君, 有佼易之道故也. 《易》(繫辭上)曰:「乾以易知, 坤
　以簡能. 易則易知, 簡則易從. 易知則有親, 易從則有功. 有親則可久, 有功則可大.
　可久則賢人之德, 可大則賢人之業.」以此訂大王·文王之道, 卓爾與天地合其德"이
　라 함.
＊〈集傳〉에 "○此祭大王之詩. 言「天作岐山而大王始治之, 大王旣作而文王又安之.
　於是彼險僻之岐山, 人歸者衆而有平易之道路. 子孫當世世保守, 而不失也.」라
　함.

참고 및 관련 자료

1. 孔穎達 〈正義〉
〈天作〉詩者, 祀先王·先公之樂歌也. 謂周公·成王之時, 祭祀先王·先公, 詩人以今

太平, 是先祖之力, 故因此祭, 述其事而作歌焉. 祀先王·先公, 謂四時之祭, 祠·礿·嘗·烝, 但祀是總名, 未知在何時也. 時祭所及唯親廟與太祖, 於成王之世, 爲時祭, 當自大王以下上及后稷一人而已. 言先公者, 唯斥后稷耳. 於王旣總稱先王, 故亦謂后稷爲先公, 命使其文相類. 經之所陳唯有先王之事, 而序并言先公者, 以詩人因於祭祀而作此歌, 近擧王跡所起, 其辭不及於后稷. 序以祭祀, 實祭后稷, 故其言及之「昊天有成命」. 經無'地'而序言'地般', 經無'海'而序言'海', 亦此類也. 〈正義〉曰: 周公之追王, 自大王以下, 此序並云王公, 故辯之也. '諸盞至不窋', 於時並爲毀廟, 唯祫乃及之, 此言祀者, 乃是時祭. 其祭不及此等先公, 而箋言之者, 因以先公之言, 廣解先公之義, 不謂時祭, 皆及也. 時祭先公, 唯后稷耳. 若直言先公謂后稷, 嫌此等不爲先公, 欲明此皆爲先公, 非獨后稷, 故除去后稷, 而指此先公也. 或緣鄭此言, 謂此篇本爲祫祭. 案〈玄鳥〉箋云:「祀, 當爲祫.」若鄭以爲祫, 亦當破此'祀'字, 今不破'祀'字, 明非祫也. 〈天保〉云:「禴祠烝嘗于公.」先王彼擧時祭之名, 亦兼言公王, 此亦時祭, 何故不可兼言公王也? 彼祭亦不盡及先公, 而箋廣解先公. 此何故不可廣解先公也? 且此詩若是祫祭, 作序者言祫於太祖, 則辭要理當, 何須煩文言先王·先公也? 以此知所言祀者, 正是時祭.

277(周-6) 호천유성명(昊天有成命)

＊〈昊天有成命〉: 하늘이 이루어 주신 使命.
＊이 시는 郊祀, 즉 南郊에서는 祭天, 北郊에서는 祭地의 제사를 읊은 樂歌임. 그러나 내용으로 보아 成王(姬誦)의 제사에 사용한 악가로써 당연히 康王(姬釗) 이후의 작품일 것으로 보고 있음. 《國語》周語(下)에도 成王의 덕을 읊은 것이라 하였음.

<序>: <昊天有成命>, 郊祀天地也.

〈호천유성명〉은 교외에서 천신지기에게 올리는 제사이다.

＊전체 1장 7구(昊天有成命: 一章, 章七句).

○ 賦
昊天有成命, 二后受之.

昊天이 成ᄒᆞᆫ 命이 잇거시늘, 二后ㅣ 受ᄒᆞ시ᄂᆞ니라.

큰 하늘이 정하신 사명이 있어, 문왕과 무왕께서 받으셨느니라.

成王不敢康, 夙夜基命宥密.

成王이 敢히 康티 몯ᄒᆞ샤, 夙夜애 命을 基(긔)홈을 宥(유)ᄒᆞ고 密케 ᄒᆞ샤,

성왕은 감히 평강을 누리지 않고, 밤낮없이 사명의 터를 닦아 宥密하게 하셨으니,

於緝熙! 單厥心, 肆其靖之!

於(오)홉다, 緝(즙)ᄒᆞ야 熙ᄒᆞ야, 그 心을 單(단)ᄒᆞ시니, 그러므로 그 靖(졍)ᄒᆞ시ᄂᆞ니라!

오, 빛나게 넓혔도다! 그 마음 두터이 하여, 이를 더욱 견고히 하고 태평을 이룸이여!

【成命】天命. 定命. 明命. 馬瑞辰〈通釋〉에 "成命, 猶言明命"이라 함. 〈鄭箋〉에 "昊天, 天大號也; 有成命者, 言周自后稷之生, 而已有王命也. 文王·武王受其業, 施行道德, 成此王功. 不敢自安逸, 早夜始順天命; 不敢解倦, 行寬仁安靜之政, 以定天下. 寬仁, 所以止苛刻也; 安靜, 所以息暴亂也"라 함.

【二后】文王과 武王을 가리킴. 〈毛傳〉과 〈集傳〉에 "二后, 文武也"라 함.

【成王】姬誦. 武王의 아들이며 周公의 조카. 周公이 7년 섭정을 마치고 정식으로 정사를 맡아 나라의 기초를 튼튼히 함. 〈集傳〉에 "成王, 名誦, 武王之子也"라 함.

【康】평강, 편안함.

【夙夜】일찍부터 밤늦게까지 부지런히 힘씀.

【基命宥密】〈毛傳〉에 "基, 始; 命, 信; 宥, 寬; 密, 寧也"라 하였고, 〈集傳〉에는 "基, 積累於下, 以承藉乎上者也; 宥, 宏深也; 密, 靜密也"라 함.

【於緝熙】〈集傳〉에 "於, 歎辭"라 함. 〈毛傳〉에 "緝, 明; 熙, 廣"이라 하였고, 〈鄭箋〉에 "廣, 當爲光. 於, 美乎! 此成王之德也. 旣光明矣, 又能厚其心矣. 爲之不解倦, 故於其功, 終能和安之. 謂夙夜自勤, 至於天下太平"이라 함.

【單】두터이 함. '亶'과 같음. 〈毛傳〉에 "單, 厚"라 함.

【肆其靖之】〈毛傳〉에 "肆, 固; 靖, 和也"라 하였고, 〈鄭箋〉에는 "固, 當爲'故'字之誤也"라 함. 〈集傳〉에는 "靖, 安也"라 함. 太平을 이룸.

＊〈集傳〉에 "○此詩多道成王之德, 疑祀成王之詩也. 言「天祚周以天下, 旣有定命, 而文武受之矣. 成王繼之, 又能不敢康寧, 而其夙夜積德, 以承藉天命者. 又宏深而靜密, 是能繼續光明文武之業, 而盡其心. 故今能安靜天下, 而保其所受之命也.」《國語》叔向引此詩, 而言曰:「是道成王之德也. 成王能明文昭定武烈者也.」以此證之, 則其爲祀成王之詩, 無疑矣"라 함.

참고 및 관련 자료

1. 孔穎達〈正義〉

〈昊天有成命〉詩者, 郊祀天地之樂歌也. 謂於南郊祀, 所感之天神. 於北郊祭, 神州之地祇也. 天地神祇, 佑助周室, 文武受其靈命, 王有天下. 詩人見其郊祀, 思此二王能受天之命, 勤行道德, 故述之而爲此歌焉. 經之所陳, 皆言文武施行道德, 撫民不倦之事也所. 感天神者, 周人木德, 感蒼帝靈, 威仰而生, 祭之於南郊; 神州之神, 則祭之於北郊. 此二者, 雖南北有異祭, 俱在郊, 故總言郊祀也. 案禮祭祀天地, 非止一事, 此言郊祀天地, 不言所祀之神. 但祭之於郊, 而天地相對, 唯有此二神耳. 何者? 〈春官〉大司樂職曰:「冬日至於地上之圜丘, 奏樂六變, 則天神皆降; 夏日至於澤中之方丘, 奏樂八變, 則地祇皆出.」注云:「天神則主北極, 地祇則主崑崙.」彼以二至之日, 祭之於丘, 不在於郊. 此言郊祀, 必非彼也. 大司樂又曰:「舞雲門以祀天神, 舞咸池以祭地祇.」注云:「天神謂言五帝, 王者又各以夏正月, 祀其所受命之帝.」於南郊地祇所祭, 於北郊謂神州之神也. 〈地官〉牧人云:「陽祀用騂牲毛之, 陰祀用黝牲毛之.」注云:「陽祀祭天於南郊, 陰祀祭地於北郊.」此二祀文恒相對, 此郊祀天地, 俱言在郊而天地相對, 故知是所感之帝, 神州之神也. 其祀天南郊, 鄭云夏之正月, 其祭神州之月, 則無文此序同言郊祀, 蓋與郊天同, 亦夏正月也. 此經不言地, 序云地者, 作者因祭天地, 而爲此歌王者之有天下, 乃是天地同助, 言天可以兼地, 故辭不及地. 序知其因此二祭, 而作故具言之.

2. 朱熹〈集傳〉

〈昊天有成命〉, 一章七句:

此康王以後之詩.

3.《國語》周語(下)

晉羊舌肸聘于周, 發幣於大夫及單靖公.

靖公享之, 儉而敬; 賓禮贈餞, 視其上而從之; 燕無私, 送不過郊; 語說〈昊天有成命〉. 單之老送叔向, 叔向告之曰:「異哉! 吾聞之曰『一姓不再興』, 今周其興乎! 其有單子也. 昔史佚有言曰:『動莫若敬, 居莫若儉, 德莫若讓, 事莫若咨.』單子之晁我也, 禮也, 皆有焉. 夫宮室不崇, 器無彤鏤, 儉也; 身聳除潔, 外內齊給, 敬也; 宴好享賜, 不踰其上, 讓也; 賓之禮事, 放上而動, 咨也. 如是, 而加之以無私, 重之以不殽, 能避怨矣. 居儉動敬, 德讓事咨, 而能避怨, 以爲卿佐, 其有不興乎! 且其語說〈昊天有成命〉, 頌之盛德也. 其《詩》曰:『昊天有成命, 二后受之, 成王不敢康. 夙夜基命宥密, 於緝熙! 亶厥心肆其靖之.』是道成王之德也. 成王能明文昭, 能定武烈者也. 夫道成命者, 而稱昊天, 翼其上也. 二后受之, 讓於德也. 成王不敢康, 敬百姓也. 夙夜, 恭也; 基, 始也; 命, 信也; 宥, 寬也; 密, 寧也; 緝, 明也; 熙, 廣也; 亶, 厚也; 肆, 固也; 靖, 龢也. 其始也, 翼上德讓, 而敬百姓; 其中也, 恭儉信寬, 帥歸於寧; 其終也, 廣厚其心, 以固龢之. 始於德讓, 中於信寬, 終於固和, 故曰『成』. 單子儉敬讓咨, 以應成德. 單若不興, 子孫必蕃, 後世不忘.

278(周-7) 아장(我將)

＊〈我將〉: '내가 크게 제사를 올립니다'의 뜻.
＊이 시는 明堂에서 文王에게 제사를 올릴 때의 樂歌라 함.

<序>: <我將>, 祀文王於明堂也.

〈아장〉은 明堂에서 文王에게 올리는 제사의 樂歌이다.

＊전체 1장 10구(我將: 一章, 章十句).

○ 賦
我將我享, 維羊維牛, 維天其右之?

내 將ᄒ며 내 享(향)홈이, 羊과 牛니, 天이 그 右에 ᄒ실가?

내 크게 제사를 올리오니, 양과 소를 받으시고, 하늘이 도와주실까?

【我將我享】〈毛傳〉에 "將, 大; 享, 獻也"라 하였고, 〈鄭箋〉에 "將, 猶奉也. 我奉養
我享祭之羊牛, 皆充盛肥腯, 有天氣之力助. 言神饗其德而右助之"라 함. 〈集傳〉에
"將, 奉; 享, 獻"이라 하여, 제사를 크게 받들어 올림.
【右】佑와 같음. 〈集傳〉에 "右, 尊也. 神坐東向, 在饌之右, 所以尊之也"라 함.
＊〈集傳〉에 "○此宗祀文王於明堂, 以配上帝之樂歌. 言「奉其牛羊以享上帝, 而曰天
庶其降而在此牛羊之右乎!」 蓋不敢必也"라 함.

儀式刑文王之典, 日靖四方.

文王의 典을 儀ᄒ며 式ᄒ며 刑ᄒ야, 日로 四方을 靖ᄒ면,

문왕의 법을 따라 모든 것을 거기에 맞추며, 날마다 사방 다스릴 모책
을 세우면,

伊嘏文王, 旣右饗之!

嘏(가)ᄒ시ᄂ 文王이, 이믜 右ᄒ야 享ᄒ시리라!

복을 주시는 문왕께서, 이미 도와주시며 이 제사를 흠향하시리로다!

【儀式刑文王之典】〈毛傳〉에 "儀, 善; 刑, 法; 典, 常"이라 하였고, 〈集傳〉에는 "儀式
刑, 皆法也"라 함.
【靖】〈毛傳〉에 "靖, 謀也"라 하였으나, 〈鄭箋〉에는 "靖, 治也"라 함.
【毗】〈鄭箋〉에 "受福曰毗. 我儀則式象法, 行文王之常道, 以日施政於天下. 維受福
於文王·文王, 旣右而饗之"라 하였고, 〈集傳〉에는 "毗, 錫福也"라 함.
【旣右饗(享)之】〈鄭箋〉에 "言受而福之"라 함. 陳奐〈傳疏〉에는 "善用法文王之常
道, 日謀四方, 維天乃大文王之德, 旣佑助而歆饗之"라 함. 한편 〈諺解〉에는 '饗'
자를 '享'자로 표기하였음. 이는 첫 구절 '我將我享'에 맞춘 것임.
＊〈集傳〉에 "○言「我儀式刑文王之典, 以靖天下, 則此能錫福之文王, 旣降而在此之
右, 以饗我祭. 若有以見, 其必然矣"라 함.

我其夙夜, 畏天之威, 于時保之!

내 그 夙夜애, 天ㅅ 威를 畏(외)ᄒ야, 이예 保홀 디엇다!

내 이른 아침부터 늦은 저녁까지, 하늘의 위엄을 두려워하며, 길이 이
를 보존하리로다!

【于時保之】〈鄭箋〉에 "于, 於; 時, 是也. 早夜敬天, 於是得安文王之道"라 함.
＊〈集傳〉에 "又言「天與文王, 旣皆右享我矣, 則我其敢不以夜, 畏天之威, 以保天與
文王, 所以降鑒之意乎!」"라 함.

> ### 참고 및 관련 자료

1. 孔穎達〈正義〉
〈我將〉詩者, 祀文王於明堂之樂歌也. 謂祭五帝之於明堂, 以文王配而祀之, 以今
之太平, 由此明堂所配之文王. 故詩人因其配祭, 述其事而爲此歌焉. 經陳周公·成王
法文武之道, 爲神祐而保之, 皆是述文王之事也. 此言祀文王於明堂, 卽《孝經》所謂
'宗祀', 文王於明堂, 以配上帝是也. 文王之配明堂, 其祀非一, 此言配文王於明堂,
謂大饗, 五帝於明堂也. 〈曲禮〉曰「大饗不問卜」, 注云:「大饗五帝於明堂, 莫適卜.」〈月
令〉季秋是月也. 「大享帝」注云:「言大享者, 偏祭五帝.」〈曲禮〉曰「大饗不問卜」, 謂此也.
是於明堂, 有總祭五帝之禮, 但鄭以〈月令〉爲秦世之書, 秦法自季秋, 周法不必然矣.

故〈雜問志〉云:「不審周以何月.」於〈月令〉則季秋, 正可不審祭月, 必有大享之禮明堂, 是祀天之處, 知大享當在明堂. 又以《孝經》言之明堂之祀, 必以文王爲配, 故知祀文王於明堂, 是大享五帝之時也. 其餘明堂之祀, 則法小於此矣. 〈玉藻〉注云:「凡聽朔必以特牲, 告其帝及神, 配以文王·武王.」《論語》注云:「諸侯告朔以羊.」則天子特牛焉. 是告朔之在明堂, 其祭止用特牛. 此經言維牛維羊, 非徒特牲而已. 故知非告朔之祭也. 〈雜問志〉云:「四時迎氣於四郊, 祭帝還於明堂.」亦如之, 則四時迎氣, 亦祀明堂. 但迎氣於郊, 已有祭事, 還至明堂, 不可不爲禮耳. 其盛乃在於郊明堂之祭, 不過與告朔同也. 何則?〈堯典〉說「巡守之禮」, 云:「歸格于藝祖, 用特鄭.」以藝祖爲文祖, 猶周之明堂. 巡守之歸其告, 止用特牲, 則迎氣之還, 其祭亦不是過也. 明亦用特牲矣. 此之維牛維羊, 則是祭之大禮, 故知此祀明堂, 是大享五帝, 非迎氣告朔也. 此經雖有維牛之文, 不言其牛之色. 〈大宗伯〉云:「以玉作六器. 以禮天地四方, 以蒼璧禮, 天以黃琮禮, 地以靑圭禮, 東方以赤璋禮, 南方以白琥禮, 西方以玄璜禮, 北方皆有牲幣, 各放其器之色.」注云:「禮東方以立春, 謂蒼精之帝;禮南方以立夏, 謂赤精之帝;禮西方以立秋, 謂白精之帝禮;北方以立冬, 謂黑精之帝.」然則彼稱禮四方者, 謂四時迎氣, 牲如其氣之色, 則五帝之牲, 當用五色矣. 然則大享五帝, 雖是施設一祭, 必周五種之牲. 《國語》云:「禘郊之事, 則有全烝.」旣總享五帝, 明不用一全烝而已. 《論語》云:「敢用玄牡, 敢昭告于皇.」皇后帝者, 彼謂告天之祭, 故用天色之玄, 與此別. 〈祭法〉云:「祖文王而宗武王.」注云:「祭五帝之神於明堂曰祖宗.」則明堂之祀, 武王亦配之矣. 此唯言祀文王者, 詩人雖同祀明堂, 而作其辭主說文王, 故序達其意, 唯言文王耳. 郊天之祭, 祭天而以后稷配也. 〈昊天有成命〉指說天之命, 周辭不及稷. 〈思文〉唯言后稷有德, 不述天功, 皆作者之心有異. 序亦順經爲辭, 此之類也.

2. 朱熹〈集傳〉

〈我將〉一章十句.

程子曰:「萬物本乎天, 人本乎祖. 故冬至祭天, 而以祖配之, 以冬至氣之始也. 萬物成形於帝, 而人成形於父. 故季秋享帝, 而以父配之, 以季秋成物之時也.」

陳氏曰:「古者, 祭天於圜丘, 掃地而行事. 器用陶匏, 牲用犢, 其禮極簡. 聖人之意, 以爲未足, 以盡其意之委曲. 故於季秋之月, 有大享之禮焉. 天, 卽帝也. 郊而曰天, 所以尊之也, 故以后稷配焉. 后稷遠矣, 配稷於郊, 亦以尊稷也. 明堂而曰帝, 所以親之也, 以文王配焉. 文王親也, 配文王於明堂, 亦以親文王也. 尊尊而親親, 周道備矣. 然則郊者, 古禮;而明堂者, 周制也. 周公以義起之也.」

東萊呂氏曰:「於天維庶其饗之, 不敢加一辭焉. 於文王, 則言儀式其典, 日靖四方, 天不待贊法之文王, 所以法天也. 卒章惟言'畏天之威', 而不及文王者, 統於尊也. 畏天, 所以畏文王也. 天與文王一也.」

279(周-8) 시매(時邁)

＊〈時邁〉:〈毛傳〉에 "邁, 行"이라 하였고, 〈集傳〉에도 "邁, 行也;邦, 諸侯之國也.
周制: 十有二年, 王巡守. 殷國柴望祭, 告諸侯, 畢朝"라 함. 따라서 '時邁'는 천자가
때에 맞추어 제후국을 순수함을 뜻함. 특히 易姓한 天子는 반드시 東嶽(岱宗, 泰
山)에 이르러서는 封禪을 하였으며, 이때에는 '柴望', 즉 장작을 태워 연기를 내
어 멀리 제후국 경내의 산을 보면서 제사를 올림. 한편 望祭는 제후국이 자신의
봉지에 있는 산천에만 올릴 수 있는 제사를 뜻함.
＊이 시는 成王 때에 周公이 문물전장을 완비하여 천하태평을 이루었다고 여겼
으며, 이는 武王이 殷을 멸함으로써 이루어진 것이라 하여 樂歌로 지은 것이라
함. 姚際恒의 《詩經通論》에는 "此武王克商後, 告祭柴望·朝會之樂歌, 周公所作也.
宣十二年《左傳》曰:「昔武王克商, 作頌曰:『載戢干戈.』」故知爲武王克商後所作.《國
語》稱周文公之頌曰:『載戢干戈.』故知周公作."이라 하여 武王이 殷紂를 멸한 뒤
柴望의 제사와 제후들과의 朝會 뒤에 周公이 지은 樂歌일 것이라 하였음.

〈序〉:〈時邁〉, 巡守告祭柴望也.
〈시매〉는 巡狩하면서 柴望의 제사, 즉 封禪을 하면서 고한 樂歌이다.
〈箋〉: 巡守告祭者, 天子巡行邦國, 至于方岳之下, 而封禪也. 《書》舜典曰:「歲
二月東巡守, 至于岱宗, 柴, 望秩于山川.」徧于羣神遠行也.

＊전체 1장 15구(時邁: 一章, 章十五句).

○賦
時邁其邦, 昊天其子之?
時로 그 邦애 邁(매)홈애, 昊天이 그 子(ᄌ)ᄒ실가?
때에 맞추어 제후국 巡狩에 나서니, 하늘이 나를 아들로 여겨주실까?

【時邁】〈毛傳〉에 "邁, 行"이라 하였고, 〈集傳〉에도 "邁, 行也;邦, 諸侯之國也. 周
制: 十有二年, 王巡守. 殷國柴望祭, 告諸侯, 畢朝"라 하여 원래 12년에 한 번씩 천

자가 제후국을 순수함을 뜻함.

【子之】하늘이 자신을 아들로 여김. 즉 "易姓革命으로 殷紂를 멸한 것을 하늘이 인정해주실까?"의 뜻.

＊〈集傳〉에 "○此巡守而朝會, 祭告之樂歌也. 言「我之以時巡行諸侯也. 天其子我乎哉!」蓋不敢必也"라 함.

實右序有周, 薄言震之,

진실로 周를 右序(우서)혼 디라, 잠깐 震(진)ᄒ니,

진실로 周를 도우시옵소서, 내가 천하에 위엄을 떨치기 시작하는 때이니,

莫不震疊, 懷柔百神,

震ᄒ야 疊(쳡)디 아닐 이 업스며, 百神을 懷ᄒ야 柔ᄒ야,

그러면 두려움에 떨지 않을 자 없으며, 온갖 신들도 와서 편안히 여기시어,

及河喬嶽, 允王維后!

河와 喬嶽(교악)애 及ᄒ니, 진실로 王后ㅣ샷다!

하신과 태산의 신에 이르기까지도, 진실로 나를 왕으로 여기시리라!

【實右序有周】〈集傳〉에 "右, 尊; 序, 次"라 함. 그러나 吳闓生 〈會通〉에는 "右·序, 皆助也"라 함.

【薄】〈鄭箋〉에 "薄, 猶甫也. 甫, 始也"라 함.

【震】〈毛傳〉과 〈集傳〉에 "震, 動"이라 함.

【疊】〈毛傳〉과 〈集傳〉에 "疊, 懼"라 함. 陳奐〈傳疏〉에 "疊爲慴之假借.《爾雅》:「慴, 懼也.」"라 함.

【懷柔】〈毛傳〉과 〈集傳〉에 "懷, 來; 柔, 安"이라 함.

【河】黃河의 神.

【喬嶽】泰山의 神.〈毛傳〉에 "喬, 高也. 高岳, 岱宗也"라 함.

【允王維后】'允'은 〈集傳〉에 "允, 信也"라 하였고,〈鄭箋〉에 "允, 信也. 武王既定天下, 時出行其邦國, 謂巡守也. 天其子愛之, 右助次序其事. 謂多生賢知, 使爲之臣也. 其兵所征伐, 甫動之以威, 則莫不動懼, 而服者. 言其威武, 又見畏也. 王行巡

守, 其至方岳之下, 來安羣神, 望于山川, 皆以尊卑, 祭之信哉! 武王之宜, 爲君美之也"라 함. '后'는 王.

＊〈集傳〉에 "○旣而曰「天實右序有周矣. 是以使我薄言震之, 而四方諸侯莫不震懼. 又能懷柔百神, 以至於河之深廣, 嶽之崇高, 而莫不感格, 則是信乎周王之爲天下君矣.」"라 함.

明昭有周, 式序在位,

明昭(명쇼)흔 周ㅣ, 뻐 位예 인는 이를 序흐고,

틀림없이 우리 주나라를 인정하시어, 지위에 있는 이들의 순서를 정하고,

載戢干戈, 載櫜弓矢.

곧 干戈를 戢(즙)호며, 곧 弓矢를 櫜(고)호고,

활집과 방패와 창은 다 거두어들이며, 활과 화살도 자루에 넣고,

我求懿德, 肆于時夏. 允王保之!

내 懿(의)흔 德을 求호야, 이 夏애 肆(亽)호니, 진실로 王이 保호샷다!

내 오직 의덕(懿德)만을 찾아, 이 中原에 펼쳐, 진실로 왕으로서 이를 보전하오리!

【明昭有周】〈毛傳〉에 "明矣, 知未然也; 昭然, 不疑也"라 하였고, 〈鄭箋〉에는 "昭, 見也. 王巡守而明見天之子, 有周家也. 以其有俊父, 用次第處位. 言此者, 著天其子愛之, 右序之效也"라 함.

【戢】모음. 〈毛傳〉과 〈集傳〉에 "戢, 聚"라 함.

【載】〈鄭箋〉에 "載之, 言則也. 王巡守而天下咸服, 兵不復用, 此又著震疊之效也"라 함.

【櫜】활집. 무기를 담아 갈무리하는 자루. 〈毛傳〉과 〈集傳〉에 "櫜, 韜也"라 함. 더 이상 전쟁을 하지 않겠다는 뜻.

【懿德】〈鄭箋〉에 "懿 美"라 함.

【肆】폄. 〈鄭箋〉에 "肆, 陳也. 我武王求有美德之士, 而任用之. 故陳其功於是夏, 而歌之樂歌, 大者稱夏"라 하였고, 〈集傳〉에도 "肆, 陳也"라 함.

【夏】華夏. 中原, 中國. 〈毛傳〉에 "夏, 大也"라 하였고, 〈集傳〉에는 "夏, 中國也"라 함.

【允王保之】〈鄭箋〉에 "允, 信也. 信哉! 武王之德, 能長保此時夏之美"라 함.

＊〈集傳〉에 "○又言「明昭乎我周也. 旣以慶讓黜陟之典, 式序在位之諸侯. 又收斂其
干戈弓矢, 而益求懿美之德, 以布陳于中國, 則信乎王之能保天命也.」 或曰:「此詩
卽所謂肆夏, 以其有肆于時夏之語, 而命之也.」라 함.

참고 및 관련 자료

1. 孔穎達〈正義〉
〈時邁〉詩者, 巡守告祭柴望之樂歌也. 謂武王旣定天下, 而巡行, 其守土諸侯, 至于
方岳之下, 乃作告至之祭, 爲柴望之禮. 柴祭昊天望祭山川, 巡守而安祀百神, 乃是
王者盛事. 周公旣致太平, 追念武王之業, 故述其事而爲此歌焉. 宣十二年《左傳》云:
「昔武王克商, 作頌曰『載戢干戈.』」明此篇武王事也. 《國語》稱周公之頌曰:「載戢干
戈.」明此詩周公作也. 治天下而使之太平者, 乃是周公爲之得, 自作頌者, 於時和樂,
旣興頌聲, 咸作周公採民之意, 以追述先王, 非是自頌其身, 故得親爲之序. 不言周
公作者, 頌見天下同心, 歌詠例, 皆不言姓名. 經之所陳, 皆述巡守告祭之事, 指文而
言〈時邁〉, 其邦是巡守之辭也. 懷柔百神, 及河喬嶽, 是告祭之事. '柴望祭天', 經不言
天百神, 以天爲宗, 其文可以兼之矣.〈正義〉曰: 此解巡守之名, 及告祭之意, 天子封
建諸侯, 以爲邦國. 令之爲王者, 守土天子, 以時往行其邦國, 至於其方岳之下, 爲此
告祭, 而又爲封禪禮焉. 以此故有'柴望'之事也. 《書》曰以下〈堯典〉文. 彼說舜受堯禪,
卽位之後, 巡守之事, 其言柴望與此同, 故引以證之. 明此告祭柴望, 是至方岳而祭
也. 所以爲此巡守之禮者, 以諸侯爲王者, 守土專制一國, 告從令行而王者, 垂帷端
拱深居, 高視一日二日, 庶事萬機耳. 目不達於遠方, 神明不照, 於幽僻或將强, 以凌
弱恃衆, 以侵寡擁遏, 上命寃不上聞, 而使遠道, 細民受枉, 聖世聖王, 知其如是, 故
制爲此禮時, 自巡之.〈大司馬〉職曰:「及師大合軍, 以行禁令, 以救無辜, 伐有罪.」注
云:「師謂巡守若會同, 是巡守之禮.」有伐罪正民之事也.〈堯典〉說'巡守之禮', 云協
時月正, 曰同律度量衡.《王制》說'巡守之禮', 云:「命太師陳詩, 以觀民風命. 市納賈
以觀民之所好惡, 不敬者, 君削以地; 不孝者, 君黜以爵; 革制度衣服者, 爲叛叛者,
君討; 有功德於民者, 加地.」進律是其事也. 王者代天理民, 今旣爲天遠行, 所至不
可不告五岳地之貴神, 今旣來至其旁, 又亦不可無禮, 是故燔柴以告犬, 望祭山川.
《白虎通》云:「巡守爲祭犬.」何本巡守爲天所告至也.〈王制〉注亦云:「柴祭, 天告至
也.」云望秩者, 山川之神, 望其所在, 以尊卑次秩, 祭之.〈堯典〉注云:「徧以尊卑次秩,
祭之.」是也. 言至於方岳之下者, 每至其方之岳, 皆爲告祭之禮, 非獨東岳而已. 告祭,
則四岳皆然. 其封禪者, 唯岱宗而已. 餘岳不封禪也. 聚土曰封, 聚地曰禪. 變禪言禪
神之也. 封禪必因巡守, 而巡守不必封禪, 何則? 雖未太平王者, 觀民風俗, 而可以巡

守, 其封禪必太平功成, 乃告成於天, 非太平不可也. 又封禪者, 每一代唯一封而已. 其巡守則唐虞五載一巡守, 周則十二年一巡守, 以爲常, 非直一巡而已. 此其所以異 也. 封禪之見於經者, 唯〈大宗伯〉云:「王大封, 則先告后土.」以外更無封文也.〈禮器〉 云:「因名山升中于天, 而鳳皇降龜龍假.」雖不言封, 亦是封禪之事, 故注云:「升, 上也. 中, 猶成也.」謂巡守至於方岳, 而燔柴祭, 天告以諸侯之成功, 而太平陰陽和, 而致象 物, 是則功成瑞至, 然後可以升中. 明未太平, 必不可也.《白虎通》云:「王者易姓, 而 起必升, 封太山.」何告之義也? 始受命之時, 改制應天, 天下太平, 功成封禪, 以告太 平也. 所以必於太山, 何萬物交代之處也. 必於其上, 何因高告高順其類也. 故升封 者, 增高也. 下禪梁甫之山, 基廣厚也. 天以高爲尊, 地以厚爲德. 增太山之高, 以報 天附. 梁甫之基, 以報地, 明天之所命, 功成事就, 有益於天地, 若高者. 加高厚者, 加厚矣是. 說封禪之義, 若然, 巡守不必封禪, 封禪必待太平, 則武王之時, 未封禪 矣. 此詩述武王之事, 而箋云「至方岳之下, 而封禪」者, 廣解巡守所爲之事, 言封禪者, 亦因巡守爲之. 非言武王得封禪也.《史記》封禪書云:「齊桓公欲封禪.」管仲曰:『古者, 封泰山禪梁甫, 七十二家, 而夷吾所記者, 十有二焉.』乃數十二於周, 唯言成王封 泰山禪社首, 是武必不封禪, 其巡守, 則武王爲之. 以《左傳》之文參之, 此詩是武王巡 守矣.《白虎通》曰:「何以知太平, 乃巡守?」以武王不巡守, 至成王乃巡守, 其言違詩反, 傳所說非也. 於羣神一句, 於〈堯典〉乃在上文正月上日受, 終於文祖之時. 云類於上 帝, 禋於六宗, 望於山川, 徧於羣神於二月, 巡守之下, 唯有柴望秩於山川而已. 不言 徧於羣神, 此一句衍字也.〈定本〉集注, 皆有此一句. 案〈王制〉說「巡守之禮」, 亦云柴 而望祀, 不言徧羣神也.〈堯典〉注云:「羣神丘陵墳衍之屬.」般序止云四岳河海. 經唯 言隨山喬嶽, 不言墳衍丘陵, 是必不徧羣神也. 其以〈堯典〉之文, 上下相校, 正月所祭 之神, 多於祭俗之. 時而至俗不禋·六宗, 何知當徧羣神也? 是由二文相涉, 後人遂增 之耳.

2. 朱熹〈集傳〉

〈時邁〉, 一章十五句:

《春秋傳》(宣公 12年)曰:「昔武王克商, 作頌曰:『載戢干戈』, 而《外傳》(《國語》周語上) 又以爲周文王之頌, 則此詩乃武王之世, 周公所作也.《外傳》(魯語下)又曰:「金奏〈肆 夏樊〉〈遏〉〈渠〉, 天子以饗元侯也.」韋昭注云:「〈肆夏〉, 一名樊, 韶, 夏一名〈遏〉, 納夏 一名〈渠〉.」卽《周禮》九夏之三也.

呂叔玉云:「〈肆夏〉,〈時邁〉也;〈樊〉·〈遏〉,〈執競〉也;〈渠〉, 思文也.」

3.《左傳》宣公 12년

潘黨曰:「君盍築武軍而收晉尸以爲京觀? 臣聞『克敵必示子孫, 以無忘武功.』」

楚子曰:「非爾所知也. 夫文:「止戈爲武」. 武王克商, 作頌曰:『載戢于戈, 載櫜弓矢. 我求懿德, 肆于時夏, 允王保之.』又作武, 其卒章曰:『耆定爾功.』其三曰:『鋪時繹思,我徂惟求定.』其六曰:『綏萬邦, 屢豐年.』夫武, 禁暴·戢兵·保大·定功·安民·和衆, 豐財者也, 故使子孫無忘其章. 今我使二國暴骨, 暴矣; 觀兵以威諸侯, 兵不戢矣; 暴而不戢, 安能保大? 猶有晉在, 焉得定功? 所違民欲猶多, 民何安焉? 無德而强爭諸侯, 何以和衆? 利人之幾, 而安人之亂, 以爲己榮, 何以豐財? 武有七德, 我無一焉, 何以示子孫? 其爲先君宮, 告成事而已, 武非吾功也. 古者明王伐不敬, 取其鯨鯢而封之, 以爲大戮, 於是乎有京觀以懲淫慝. 今罪無所, 而民皆盡忠以死君命, 又可以爲京觀乎?』祀于河, 作先君宮, 告成事而還.

4.《國語》周語(上)

穆王將征犬戎. 祭公謀父諫曰:「不可. 先王耀德不觀兵. 夫兵戢而時動, 動則威, 觀則玩, 玩則無震. 是故周文公之〈頌〉曰:『載戢干戈, 載櫜弓矢. 我求懿德, 肆于時夏, 允王保之.』先王之於民也, 懋正其德而厚其性, 阜其財求而利其器用, 明利害之鄉, 以文修之. 使務利而避害, 懷德而畏威, 故能保世以滋大. 昔我先王世后稷, 以服事虞·夏. 及夏之衰也, 棄稷不務, 我先王不窋用失其官, 而自竄於戎·狄之間. 不敢怠業, 時序其德. 纂修其緒, 修其訓典, 朝夕恪勤, 守以敦篤, 奉以忠信, 奕世載德, 不忝前人. 至于武王, 昭前之光明, 而加之以慈和, 事神保民, 莫弗欣喜. 商王帝辛, 大惡於民. 庶民不忍, 欣戴武王, 以致戎于商牧. 是先王非務武也, 勤恤民隱而除其害也. 夫先王之制: 邦內甸服, 邦外侯服, 侯·衛賓服, 蠻夷要服, 戎·狄荒服. 甸服者祭, 侯服者祀, 賓服者享, 要服者貢, 荒服者王. 日祭, 月祀, 時享, 歲貢, 終王, 先王之訓也. 有不祭則修意, 有不祀則修言, 有不享則修文, 有不貢則修名, 有不王則修德, 序成而有不至則修刑. 於是乎有刑不祭, 伐不祀, 征不享, 讓不貢, 告不王. 於是乎有刑罰之辟, 有攻伐之兵, 有征討之備, 有威讓之令, 有文告之辭. 布令陳辭而又不至, 則增修於德而無勤民於遠. 是以近無不聽, 遠無不服. 今自大畢·伯士之終也, 犬戎氏以其職來王. 天子曰:『予必以不享征之, 且觀之兵』. 其無乃廢先王之訓而王幾頓乎? 吾聞夫犬戎樹惇, 帥舊德而守終純固, 其有以禦我矣!」

王不聽, 遂征之, 得四白狼·四白鹿以歸. 自是荒服者不至.

5.《國語》魯語(下)

叔孫穆子聘於晉, 晉悼公饗之, 樂及〈鹿鳴〉之三. 而後拜樂三.

晉侯使行人問焉, 曰:「子以君命鎮撫弊邑, 不腆先君之禮, 以辱從者, 不腆之樂以節. 吾子舍其大而加禮於之細, 敢問何禮也?」

對曰:「寡君使豹來繼先君之好, 君以諸侯之故, 貺使臣以大禮. 夫先樂金奏〈肆夏樊〉·〈遏〉·〈渠〉, 天子所以饗元侯也; 夫歌〈文王〉·〈大明〉·〈緜〉, 則兩君相見之樂也. 皆昭令德以合好也, 皆非使臣之所敢聞也. 臣以爲肄業及之, 故不敢拜. 今伶簫詠歌及〈鹿鳴〉之三, 君之所以貺使臣, 臣敢不拜貺? 夫〈鹿鳴〉, 君之所以嘉先君之好也, 敢不拜嘉?〈四牡〉, 君之所以章使臣之勤也, 敢不拜章;〈皇皇者華〉, 君敎使臣曰:

『每懷靡及』, 諏·謀·度·詢, 必咨於周, 敢不拜敎? 臣聞之曰:『懷和爲每懷, 咨才爲諏, 咨事爲謀, 咨義爲度, 咨親爲詢, 忠信爲周.』君旣使臣以大禮, 重之以六德, 敢不重拜.」

6.《史記》周本紀

穆王將征犬戎, 祭公謀父諫曰:「不可. 先王燿德不觀兵. 夫兵戢而時動, 動則威, 觀則玩, 玩則無震. 是故周文公之頌曰: '載戢干戈, 載櫜弓矢, 我求懿德, 肆于時夏, 允王保之.' 先王之於民也, 茂正其德而厚其性, 阜其財求而利其器用, 明利害之鄉, 以文脩之, 使之務利而辟害, 懷德而畏威, 故能保世以滋大. 昔我先王世后稷以服事虞·夏. 及夏之衰也, 棄稷不務, 我先王不窋用失其官, 而自竄於戎狄之閒. 不敢怠業, 時序其德, 遵脩其緒, 脩其訓典, 朝夕恪勤, 守以敦篤, 奉以忠信. 奕世載德, 不忝前人. 至于文王·武王, 昭前之光明而加之以慈和, 事神保民, 無不欣喜. 商王帝辛大惡于民, 庶民不忍, 訢載武王, 以致戎于商牧. 是故先王非務武也, 勸恤民隱而除其害也. 夫先王之制, 邦內甸服, 邦外侯服, 侯衛賓服, 夷蠻要服, 戎翟荒服. 甸服者祭, 侯服者祀, 賓服者享, 要服者貢, 荒服者王. 日祭, 月祀, 時享, 歲貢, 終王. 先王之順祀也, 有不祭則脩意, 有不祀則脩言, 有不享則脩文, 有不貢則脩名, 有不王則脩德, 序成而有不至則脩刑. 於是有刑不祭, 伐不祀, 征不享, 讓不貢, 告不王. 於是有刑罰之辟, 有攻伐之兵, 有征討之備, 有威讓之命, 有文告之辭. 布令陳辭而有不至, 則增脩於德, 無勤民於遠. 是以近無不聽, 遠無不服. 今自大畢·伯士之終也, 犬戎氏以其職來王, 天子曰'予必以不享征之, 且觀之兵', 無乃廢先王之訓, 而王幾頓乎? 吾聞犬戎樹敦, 率舊德而守終純固, 其有以禦我矣.」王遂征之, 得四白狼四白鹿以歸. 自是荒服者不至.

280(周-9) 집경(執競)

*〈執競〉: '執'은 堅持함. 《韓詩》에는 '服'의 뜻으로 풀이하였음. '競'은 '强'(彊)의 뜻. '競'과 '彊'은 古音으로 雙聲互訓. 따라서 '執競'은 '강한 의지를 견지하다'의 뜻. 殷紂를 멸하고 周天下를 이룬 武王의 强靭한 意志를 뜻함. 〈鄭箋〉에 "競, 彊也. 能恃彊道者, 維有武王耳"라 하였고, 〈集傳〉에도 "〈集傳〉에 "競, 强也. 言「武王持其自强不息之心, 故其功烈之盛, 天下莫得而競. 豈不顯哉! 成王·康王之德, 亦上帝之所君」也. 此祭, 武王·成王·康王之詩"라 함.
*이 시는 武王의 제사에 사용한 樂歌이며, 成王 때의 周公, 혹 康王 때에 지어진 것이라 함.

〈序〉: 〈執競〉, 祀武王也.

〈집경〉은 무왕의 제사에 사용하는 악가이다.

*전체 1장 14구(執競: 一章, 章十四句).

○ 賦

執競武王! 無競維烈!

競(경)을 執(집)ㅎ신 武王이여! 競ㅎ리 업슨 烈이샷다!

강함을 견지하신 무왕이여! 강함이 없이 공적을 이루었으랴!

不顯成康? 上帝是皇!

顯티 아니 ㅎ시냐, 成康이여? 上帝이 皇ㅎ샷다!

밝지 않으신가, 성왕과 강왕이여? 상제께서도 예뻐 여기셨도다!

【無競】'강하지 않음이 있겠는가'의 反語法 표현. 〈毛傳〉에 "無競, 競也"라 하였고, 〈鄭箋〉에 "競, 彊也. 能恃彊道者, 維有武王耳. 不彊乎! 其克商之功業. 言其彊也"라 함. 〈集傳〉에도 "競, 强也"라 함.
【烈】〈毛傳〉에 "烈, 業也"라 함.

【不顯】역시 反語法 표현. 〈毛傳〉에 "不顯乎! 其成大功而安之也. 顯, 光也"라 하였고, 〈鄭箋〉에 "不顯乎! 其成安祖考之道. 言其又顯也. 天以是故, 美之予之福祿"이라 함.

【成康】〈毛傳〉에 "自彼成康", 用彼成安之道也"라 하였으나, 하였고, 〈集傳〉에 "言「武王持其自强不息之心, 故其功烈之盛, 天下莫得而競. 豈不顯哉! 成王·康王之德, 亦上帝之所君」也"라 하여, 成王(姬誦)과 康王(姬釗)으로 보았음.

【皇】〈毛傳〉에 "皇, 美也"라 함.

自彼成康, 奄有四方, 斤斤其明!

뎌 成康으로부터, 문득 四方을 두시니, 斤斤(근근)흔 그 明이샷다!

저 성왕과 강왕으로부터, 사방을 동일하게 하시니, 밝은 살핌 명석하셨도다!

【奄有四方】〈毛傳〉에 "奄, 同也"라 하였으나 〈諺解〉에는 '문득'으로 풀이하였음. 〈鄭箋〉에는 "四方, 謂天下也. 武王用成安祖考之道, 故受命伐紂定天下, 爲周明察之君"이라 함.

【斤斤】밝게 살핌. 〈毛傳〉에 "斤斤, 明察也"라 하였고, 〈鄭箋〉에는 "斤斤, 如也"라 함. 〈集傳〉에도 "斤斤, 明之察也. 言「成康之德, 明著如此」也"라 함. 吳闓生 〈會通〉에는 "斤斤, 言其功業之休明也"라 함.

鍾鼓喤喤, 磬筦將將, 降福穰穰!

鐘鼓(종고)ㅣ 喤喤(황황)ᄒ며, 磬筦(경관)이 將將ᄒ니, 福을 降홈이 穰穰(양양)ᄒ도다!

종소리 북소리 화음을 이루고, 편경과 피리소리 함께 모이니, 내려 주시는 복록 많고 많도다!

【喤喤】큰소리. 〈毛傳〉과 〈集傳〉에 "喤喤, 和也"라 함.

【磬】編磬.

【筦】피리. '管'의 이체자.

【將將】〈毛傳〉과 〈集傳〉에 "將將, 集也"라 함.

【穰穰】많음. 〈毛傳〉에 "穰穰, 衆也"라 하였고, 〈集傳〉에 "穰穰, 多也. 言「今作樂

以祭, 而受福」也」라 함.

降福簡簡, 威儀反反.

福을 降홈이 簡簡(간간)ㅎ거늘, 威儀ㅣ 反反ㅎ니,

내려 주신 복 크기도 하며, 위의도 다시 겹치게 하시니,

旣醉旣飽, 福祿來反!

이믜 醉(취)ㅎ며 이믜 飽(포)ㅎ야, 福祿 來홈이 反ㅎ놋다!

이미 취하고 배부른데도, 복록을 거듭 내려주시는도다!

【簡簡】큰 모양. 〈毛傳〉과 〈集傳〉에 "簡簡, 大也"라 함.
【反反】〈毛傳〉에 "反反, 難也"라 하여 '어렵게 여김.' 그러나 〈鄭箋〉에는 "反反, 順
習之貌. 武王旣定天下, 祭祖考之廟, 奏樂而八音克諧, 神與之福. 又衆大謂如碬辭
也"라 함. 〈集傳〉에는 "反反, 謹重也"라 함.
【醉飽】〈鄭箋〉에 "君臣醉飽禮, 無違者, 以重得福祿也"라 함.
【反】〈毛傳〉에 "反, 復也"라 하였고, 〈集傳〉에도 "反, 覆也. 言「受福之多, 而愈益謹
重. 是以旣醉旣飽, 而福祿之來, 反覆而不厭」也"라 함.

> 참고 및 관련 자료

1. 孔穎達 〈正義〉
〈執競〉詩者, 祀武王之樂歌也. 謂周公·成王之時, 旣致太平, 祀於武王之廟. 時人
以今得太平, 由武王所致. 故因其祀述其功, 而爲此歌焉. 經之所陳皆述武王生時之
功也.
2. 朱熹 〈集傳〉
〈執競〉, 一章十四句:
此昭王以後之詩.《國語》說, 見前篇.

281(周-10) 사문(思文)

*〈思文〉:后稷이 農業의 文明을 일으킨 덕.
*이 시는 后稷을 하늘과 함께 배향하여 南郊에서 제사를 올릴 때의 악가임.

<序>: <思文>, 后稷配天也.

〈사문〉은 后稷을 하늘에 맞추어 배향하면서 사용한 樂歌이다.

*전체 1장 8구(思文: 一章, 章八句).

○ 賦

思文后稷! 克配彼天.

文ᄒᆞ신 后稷이여! 능히 뎌 天을 配(비)ᄒᆞ샷다.

후직의 문명을 일으킨 덕이여! 능히 저 하늘과 짝하리로다.

立我烝民, 莫匪爾極.

우리 모든 民을 立게 ᄒᆞ샴이, 네 極(극)이 아닛 아니시니라.

우리 많은 백성에게 곡식을 주심은, 그대의 지극함 아님이 없도다.

貽我來牟, 帝命率育.

우리를 來牟(리모)로 貽(이)ᄒᆞ심이, 帝ㅣ 命ᄒᆞ야 다 育게 ᄒᆞ신 디라,

우리에게 밀과 보리를 넘겨주시니, 하늘이 명하여 널리 기르게 하신지라,

無此疆爾界, 陳常于時夏!

이 疆이며 界(계)업시 ᄒᆞ시고, 常을 이 夏애 陳ᄒᆞ샷다!

이 땅이며 너의 경내이며 할 것 없이, 이 중원에 널리 농사를 퍼뜨려주셨도다!

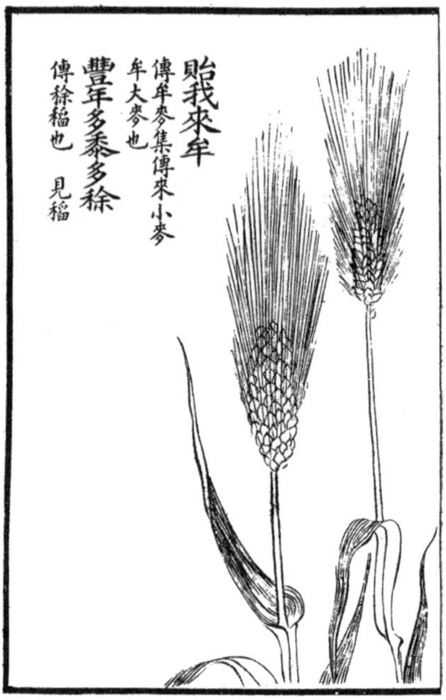

【思文】'思'는 助詞. '文'은 后稷의 文德. 〈集傳〉에 "思, 語詞;文, 言有文德也"라 함.

【克配彼天】〈鄭箋〉에 "克, 能也"라 함. '克配'는 능히 하늘과 동등하게 배향해도 됨. 陳奐 〈傳疏〉에 "后稷爲周始封之祖, 故旣立爲太祖廟, 而又于南郊之祀以配天"이라 함.

【立我烝民】【立】'粒'과 같음. 〈鄭箋〉에 "立, 當作粒;烝, 衆也. 周公思先祖有文德者, 后稷之功, 能配天. 昔堯遭洪水, 黎民阻飢, 后稷播殖百穀, 烝民乃粒. 萬邦作乂, 天下之人無不於女時, 得其中者. 言反其性"이라 함. 〈集傳〉에도 "立, 粒通"이라 함.

【極】〈毛傳〉에 "極, 中也"라 하여, '中正을 이루다'의 뜻. 그러나 〈集傳〉에는 "極, 至也, 德之至也"라 함.

【貽我來牟】'貽'는 〈鄭箋〉에 "貽, 遺"라 함. 농사 방법을 물려주심. '牟'는 麰의 假借字. 〈毛傳〉에 "牟, 麥"이라 하였고, 〈集傳〉에 "貽, 遺也;來, 小麥;牟大麥也"라 함. 〈諺解〉 物名에는 "來:밀 ○보리;牟:보리. ○쌀보리"라 함.

【率育】〈毛傳〉에 "率, 用也"라 하였고, 〈鄭箋〉에 "率, 循;育, 養也. 武王渡孟津, 白魚躍入于舟, 出涘以燎, 後五日火流爲烏, 五至以穀俱來. 此謂遺我來牟, 天命以是循存. 后稷養天下之功, 而廣大其子孫之國, 無此封竟於女. 今之經界, 乃大有天下也. 用是故, 陳其久常之功. 於是夏而歌之, 夏之屬有九.《書》說「烏以穀俱來」, 云穀紀后稷之德"이라 함. 〈集傳〉에 "率, 徧;育, 養也"라 함.

【常】常道. 농사로 일상의 삶을 살 수 있도록 함. 그러나 馬瑞辰 〈通釋〉에는 "常, 卽政也. ……陳常猶布常也. '陳常于時夏', 謂陳農政于中夏也"라 함.

【時】是.

【夏】華夏, 中原, 中國.

*〈集傳〉에 "○言「后稷之德, 眞可配天. 蓋使我烝民, 得以粒食者, 莫非其德之至也. 且其貽我民以來牟之種, 乃上帝之命, 以此徧養下民者. 是以無有遠近, 彼此之殊, 而得以陳其君臣父子之常道於中國也.」或曰:「此詩卽所謂納夏者, 亦以其有時夏之語, 而命之也.」"라 함.

1. 孔穎達〈正義〉

〈思文〉詩者, 后稷配天之樂歌也. 周公旣已制禮, 推后稷以配, 所感之帝, 祭於南郊. 旣已祀之, 因述后稷之德, 可以配天之意, 而爲此歌焉. 經皆陳后稷有德, 可以配天之事.《國語》(周語)云:「周文公之爲〈頌〉曰〈思文〉.」后稷克配彼天是. 此篇周公所自歌, 與〈時邁〉同也. 后稷之配, 南郊;與文王之配明堂, 其義一也. 而此與〈我將〉序不同者,〈我將〉主言文王饗其祭祀, 不說文王, 可以配上帝, 故云祀文王於明堂. 此篇主說后稷有德, 可以配天, 不說后稷饗其祭祀, 故言后稷配天, 由經文有異, 故爲序不同也.

2. 朱熹〈集傳〉

〈思文〉, 一章八句:

《國語》, 說見〈時邁〉篇.

282(周-11) 신공(臣工)

*〈臣工〉: '臣工'은 대신들, 제후들.
*이 시는 제후들이 천자의 제사를 돕기 위해 태묘에 사람을 보낸 것을 읊은 것이라 함.

〈序〉: 〈臣工〉, 諸侯助祭遣於廟也.

〈신공〉은 제후들이 천자의 제사를 돕기 위해 사람을 태묘에 보낸 것을 읊은 악가이다.

*전체 1장 15구(臣工: 一章, 章十五句).

○ 賦
嗟嗟臣工! 敬爾在公.

嗟(차)홉다 嗟홉다, 臣工아! 네 公에 이심을 敬홀 디어다.

아, 대신들이여! 그대들은 公의 지위에 있음에 공경을 다할지어다.

王釐爾成, 來咨來茹.

王이 네게 成을 釐(리)하시니, 來하야 咨(자)하며 來하야 茹(여)홀 디어다.

왕인 내가 그대들에게 법을 내리노니, 와서 모책을 짜고 잘 헤아리도록 하라.

【嗟嗟臣工】〈毛傳〉에 "嗟嗟, 勅之也;工, 官也"라 하였고, 〈鄭箋〉에 "臣, 謂諸侯也"라 함. 〈集傳〉에는 "嗟嗟, 重歎以深敕之也;臣工, 羣臣百官也"라 함. 馬瑞辰 〈通釋〉에는 "臣工, 二字平列, 猶官工之比, 工與官雙聲, 故官通借作工. 臣工, 蓋指諸侯卿大夫言之"라 함.

【敬】공경을 다함. 혹 '愼'의 뜻으로도 봄.

【在公】〈毛傳〉에 "公, 君也"라 하였고, 〈集傳〉에 "公, 公家也"라 함.

【釐】다스림. 〈鄭箋〉에 "釐, 理"라 하였고, 〈集傳〉에 "釐, 賜也"라 함.

【成】〈集傳〉에 "成, 成法也"라 함. 馬瑞辰 〈通釋〉에는 "王與往, 古同聲通用. 釐當爲禧之假借.《爾雅》釋詁:「禧, 吉也.」'往釐', 猶言往告. 成·熟, 一聲之轉, 古以穀熟爲成"이라 함.

【茹】헤아림. 탁(度)과 같음. 〈鄭箋〉에 "茹, 謀;茹, 度也. 諸侯來朝天子, 有不純臣之義, 於其將歸, 故於廟中, 正君臣之禮, 勅其諸官·卿大夫, 云:「敬女在君之事王, 乃平理女之成功. 女有事當來謀之, 來度之於王之朝, 無自專.」"이라 함. 〈集傳〉에도 "茹, 度也"라 함.

＊〈集傳〉에 "○此戒農官之詩. 先言「王有成法以賜女, 女當來茹度也.」"라 함.

嗟嗟保介! 維莫之春,

嗟홉다 嗟홉다, 保介(보개)여! 莫(모)흔 春이어니,

아, 농사 감독관이여! 지금은 늦은 봄이니,

亦又何求? 如何新畬?

ᄯᅩ흔 무서슬 求ᄒ리오? 新畬(신여)ㅣ 엇더뇨?

역시 또한 무엇을 구하는가? 햇 밭과 묵은 밭은 어떠한가?

於皇來牟! 將受厥明.

於(오)ㅣ라! 皇흔 來牟ㅣ, 쟝ᄎᆞᆺ 그 明을 受ᄒ리로소니,

오라, 크게 자란 밀과 보리! 장차 하늘의 밝은 은혜를 받으리니,

明昭上帝, 迄用康年!

明昭ᄒ신 上帝, 뻐 康年애 迄(흘)케 ᄒ샷다!

밝히 보시는 上帝께서, 이제껏 풍년을 주셨느니라!

命我衆人:「庤乃錢鎛, 奄觀銍艾!」

우리 衆人을 命ᄒᆞ야, "네 錢(전)과 鎛(박)을 庤(치)ᄒᆞ라, 믄득 銍(질)로 艾 (애)홈을 보리로다!"

우리 많은 이들에게 명하시되, "너의 쟁기, 괭이를 갖추어, 어서 많은 곡물을 낫으로 거두라!"하시니라.

【保介】〈鄭箋〉에 "保介, 車右也. 〈月令〉:「孟春天子親載耒耜措之於參. 保介之御間.」" 이라 하였고, 〈鄭箋〉에 "介, 甲也. 車右勇力之士, 被甲執兵也"라 함. 〈集傳〉에 "保 介, 見〈月令〉·《呂覽》. 其說不同, 然皆爲籍田而言, 蓋農官之副也"라 함. 陳奐〈傳 疏〉에는 "嗟嗟保介", 猶嗟嗟臣工耳. 則臣工·保介爲諸侯籍田時, 皆所率耕之人矣" 라 함.

【莫】暮. 暮春. 음력 3월. 〈鄭箋〉에 "莫, 晩也. 周之季春, 於夏爲孟春. 諸侯朝周之春, 故晩春. 遣之粅其車右, 以時事女歸, 當何求於民? 將如新田·畬田, 何急其教農趨 時也?"라 하였고, 〈集傳〉에는 "莫春, 斗柄建辰, 夏正之三月也"라 함.

【新畬】'新'은 2년 된 밭, '畬'는 3년 된 밭. 〈毛傳〉에 "田二歲曰新, 三歲曰畬"라 하 였고, 〈集傳〉에 "畬, 三歲田也"라 함.

【於皇】〈鄭箋〉에 "於, 美乎"라 하였고, 〈集傳〉에 "於皇, 歎美之辭"라 함.

【來牟】밀과 보리. '牟'는 '麰'의 假借字. 〈鄭箋〉에 "赤鳥以牟麥俱來, 故我周家大受 其光明. 謂爲珍瑞天下所休慶也. 此瑞乃明見於天, 至今用之, 有樂歲五穀豐熟"이 라 하였고, 〈集傳〉에 "來牟, 麥也"라 함.

【將受厥明】〈鄭箋〉에 "將, 大"라 하였고, 〈集傳〉에는 "明, 上帝之明賜也. 言麥將熟 也"라 함. '明'에 대해 吳闓生〈會通〉에는 "明, 猶成也"라 하였고, 馬瑞辰〈通釋〉 에는 "古者, 以年豐穀熟爲成"이라 함.

【明昭上帝】우리를 훤히 밝게 내려다보고 있는 上帝.

【迄】至. 지금껏. 〈鄭箋〉과 〈集傳〉에 "迄, 至也"라 함.

【康年】豐年. 〈毛傳〉에 "康, 樂也"라 하였고, 〈集傳〉에도 "康年, 猶豐年也"라 함.

【衆人】〈集傳〉에 "衆人, 甸徒也"라 함.

【庤】갖춤. 〈毛傳〉에 "庤, 具; 錢, 銚; 鎛, 鎒"라 하였고, 〈集傳〉에 "庤, 具; 錢, 銚; 鎛, 鉏, 皆田器也"라 함.

【奄】문득, 곧, 서둘러. 그러나 〈鄭箋〉에 "奄, 久; 觀, 多也. 敎我庶民, 具女田器, 終 久必多銍艾, 勸之也"라 함.

【銍艾】銍은 〈毛傳〉에 "銍, 穫也"라 하였고, 〈集傳〉에도 "銍, 穫禾短鎌也; 艾, 穫也" 라 함.

＊〈集傳〉에 “○此乃言所戒之事. 言「三月則當治其新畬矣, 今如何哉? 然麥已將熟, 則可以受上帝之明賜, 而此明昭之上帝, 又將賜我新畬以豐年也. 於是命『甸徒具農器以治其新畬, 而又將忽見其收成也.』」라 함.

1. 孔穎達〈正義〉

〈臣工〉詩者, 諸侯助祭遣於廟之樂歌也. 周公·成王之時, 諸侯以禮春朝, 因助天子之祭, 事畢將歸, 天子戒勅而遣之於廟, 詩人述其事, 而作此歌焉. 此諸侯來朝, 行朝享之禮已終, 天子饗食燕賜之事又畢, 唯待祭訖而去, 故於祭之末, 因在廟中遣之. 經陳戒諸侯之臣, 使助其公事, 又戒車右令, 及時勤農, 天子賓敬諸侯, 不勅其身戒, 其臣亦所以戒諸侯, 是其遣之事也. 此諸侯助祭, 是下土, 諸侯自外來也.〈振鷺〉·〈有客〉序, 皆云‘來’. 此與〈烈文〉, 不言‘來’者,〈振鷺〉·〈有客〉, 經言‘有客戾止, 王陳其來’之意, 故序言‘來助’·‘來見’, 此與〈烈文〉王告戒之以事, 不說其來, 但因助祭而戒之, 當言其‘助’而已, 不須言‘來’也.〈載見〉述其始見, 故序亦指言‘始見’, 不言其‘來’”.

283(周-12) 희희(噫嘻)

＊〈噫嘻〉: ‘噫嘻’는 〈毛傳〉에 “噫, 歎也; 嘻, 和也”라 하였고, 〈鄭箋〉에 “噫嘻, 有所
多大之聲也”라 하였으며, 〈集傳〉에는 “噫嘻, 亦歎辭也”라 하여, ‘화합을 이루는
모습을 신나게 여겨 감탄함’의 뜻임.
＊이 시는 봄과 여름 농사를 지으면서 하늘에 비와 좋은 날씨를 기원할 때의 樂
歌임.

〈序〉: 〈噫嘻〉, 春夏祈穀于上帝也.

〈희희〉는 봄가을에 곡식의 성장과 수확의 풍성함을 상제에게 기원할
때 올리던 악가이다.

〈箋〉: 祈, 猶禱也, 求也. 〈月令〉:「孟春祈穀于上帝」, 《左傳》:「夏則龍見而雩」,
是與!

＊전체 1장 8구(噫嘻: 一章, 章八句).

○ 賦
噫嘻成王! 旣昭假爾.

噫嘻(희희)라, 成王이! 이믜 昭히 너를 假(격)ᄒ시니,

아, 왕의 일을 이룸이여! 이미 밝은 빛이 너에게 이르렀으니,

率時農夫, 播厥百 .

이 農夫를 率(솔)ᄒ야, 그 百穀을 播(하)호ᄃᆡ,

이 농부들을 거느려, 온갖 곡식의 씨를 뿌리게 하되,

駿發爾私, 終三十里;

키 네 私(ᄉ)를 發ᄒ야, 三十里를 終ᄒ며,

서둘러 나가 너의 사전을 갈되, 30리의 땅을 다 끝내도록 하며,

亦服俺耕, 十千維耦!

또흔 네 耕(경)을 服ᄒᆞ디, 十千으로 耦(우)ᄒᆞ라!

또한 사이좋게 밭일을 하되, 만 명이 나서서 둘씩 짝을 지어 갈게
하라!

【噫嘻】〈毛傳〉에 "噫, 歎也; 嘻, 和也"라 하였고, 〈鄭箋〉에 "噫嘻, 有所多大之聲也"
라 함. 〈集傳〉에는 "噫嘻, 亦歎辭也"라 함.

【成王】王事를 이룸. 〈毛傳〉에 "成王, 成是王事也"라 함. 그러나 朱熹는 成王(姬
誦)으로 보았음.

【昭假爾】〈鄭箋〉에 "假, 至也"라 하였고, 〈集傳〉에 "昭, 明; 假, 格也; 爾, 田官也"라
함. '假'은 格. '爾'는 田官을 가리킴.

【時】是. 〈集傳〉에 "時, 是"라 함.

【播厥百穀】〈鄭箋〉에 "播, 猶種也. 噫嘻乎! 能成周公之功, 其德已著至矣. 謂光被
四表, 格于上下也. 又能率是主田之吏, 農夫使民耕田, 而種百穀也"라 함.

【駿發爾私】〈毛傳〉에 "私, 民田也. 言上欲富其民, 而讓於下, 欲民之大發其私田耳"
라 하였고, 〈鄭箋〉에 "駿, 疾也; 發, 伐也"라 함. '駿'은 서둘러, 빨리. 〈集傳〉에는
"駿, 大; 發, 耕也; 私, 私田也"라 하여, 이를 근거로 〈諺解〉에는 '키'(크게)로 풀이
한 것임. '發'은 땅을 갈아 耕作함. '私'는 私田.

【終三十里】〈毛傳〉에 "終三十里」, 言各極其望也"라 하였고, 〈集傳〉에 "三十里, 萬
夫之地. 四旁有川, 內方三十三里. 有奇言三十里, 擧成數也"라 함. 〈鄭箋〉에 "亦,
大; 服, 事也. 使民疾耕, 發其私田"이라 함.

【十千維耦】〈鄭箋〉에 "竟三十里者, 一部一吏主之. 於是民大事耕其私田, 萬耦同時
擧也. 《周禮》曰:「凡治野田夫, 間有遂. 遂上有徑, 十夫有溝, 溝上有畛. 百夫有洫,
洫上有塗. 千夫有澮, 澮上有道. 萬夫有川, 川上有路. 計此萬夫之地, 方三十三里,
少半里也. 耜廣五寸, 二耜爲耦. 一川之間萬夫, 故有萬耦耕. 言三十里者, 擧其成數"
라 함. '耦'는 둘이 짝을 이루어 밭을 갊. 〈集傳〉에 "耦, 二人並耕也"라 함.

＊〈集傳〉에 "○此連上篇, 亦戒農官之辭. '昭假爾', 猶言'格汝衆庶'. 蓋成王始置田
官, 而嘗戒命之也.「爾當率是農夫, 播其百穀, 使之大發其私田, 皆服其耕事. 萬人
爲耦而並耕也.」蓋耕本以二人爲耦, 今合一川之衆, 爲言故云萬人畢出, 并力齊心,
如合一耦也. 此必鄕遂之官司稼之屬, 其職以萬夫爲界者. 溝洫用貢法, 無公田,
故皆謂之私. 蘇氏曰:「民曰『雨我公田, 遂及我私』, 而君曰『駿發爾私, 終三十
里』. 其上下之間, 交相忠愛, 如此.」라 함.

1. 孔穎達 〈正義〉

〈噫嘻〉詩者, 春夏祈穀于上帝之樂歌也. 謂周公·成王之時, 春郊夏雩, 以禱求膏雨,
而成其穀實. 爲此祭於上帝, 詩人述其事, 而作此歌焉. 經陳播種耕田之事, 是重穀
爲之祈禱, 戒民使勤農業. 故作者, 因其禱祭而述其農事. 〈正義〉曰: 〈春官〉太祝掌
六祈之辭, 以祈福祥求永貞. 知祈爲禱求, 謂禱請求天降雨, 以成穀也. 〈月令〉孟春:
「祈穀於上帝」, 及《左傳》:「夏則龍星見而雩」, 此二者, 是此春夏祈穀於上帝之事, 與以
孟春祈穀, 文與此同, 以雩者, 又是爲穀, 求雨之祭, 故以二者爲此祭也. 龍星見而
雩, 桓五年《左傳》有其事, 此引之. 不言《左傳》者, 以〈月令〉事, 在孟春其時月分明, 故
顯言〈月令〉·《左傳》之言. '龍見', 則時月不明引取其意. 言夏則非彼成文, 故不云《左
傳》也. 言是與者, 爲若不審之辭, 亦所以足句也. 必知雩祭, 亦是祈穀者〈月令〉仲夏
大雩, 帝以祈穀, 實是雩爲祈穀之. 明文但'雩以龍見', 爲之當在孟夏之日, 爲〈月令〉
者, 錯至於仲夏, 失正雩之月. 故不引之《左傳》, 稱凡祀啓蟄而郊龍見, 而雩郊雩. 文
連事正當, 此不并引《左傳》者, 又以傳無祈穀之文, 故〈月令〉·《左傳》, 各取其一也.
〈郊特牲〉云'郊之祭'也. 大報天而主日,《書傳》曰「祀上帝於南郊」, 所以報天德. 然則
郊以報天, 而云祈穀者, 以人非神之福, 不生爲郊祀以報, 其已徃又祈, 其將來, 故
'祈報'兩言也. 天者, 至尊之物, 善惡莫不由之, 故於此二祭, 可以爲報天, 可以爲祈
穀. 襄七年《左傳》曰:「夫郊祀后稷, 以祈農事.」故啓蟄而郊, 郊而後祈, 是郊爲祈穀
之事也.《孝經》云:「郊祀后稷, 以配天宗. 祀文王於明堂, 以配上帝.」上言配天, 不言
祈穀者, 鄭〈箋膏肓〉云:《孝經》主說: 周公孝以必配天」之義, 本不爲郊祀之禮, 出是
以其言, 不備〈月令〉「孟春元日祈穀於上帝」, 先卽郊天也. 後乃擇元辰, 天子親載耒耜
躬耕, 帝籍是郊而後, 耕二者之禮. 獻子之言合, 是郊天之與祈穀, 爲一祭也. 案《禮
記大傳》注云:「王者之先祖, 皆感太微; 五帝之精, 以生蒼.」則靈威仰, 皆用正歲之正
月, 郊祭之. 蓋特尊焉.《孝經》曰:「郊祀后稷, 以配天配.」靈威仰也. 然則夏正郊天祭,
所感一帝而已. 〈月令〉注云:「雩祀五精之帝.」則雩祭總祀五帝矣. 郊雩所祭其神, 不
同此序, 并云祈穀于上帝者, 以其所郊之帝, 亦五帝之一同, 有五帝之名, 故一名上帝,
可以兼之也. 〈月令〉「孟春祈穀於上帝」之下, 注云'上帝·大微·五帝'者, 亦謂祈穀所祭也.
是太微之一, 不言祈穀, 總祀五帝也. 〈春官〉典瑞云「四圭有邸, 以祀天旅上帝」, 注云
「祀天夏正郊天」也. 上帝·五帝所郊, 亦五帝殊, 言天者尊異之, 此不殊之者, 非《周
禮》相對之例, 序者省以便文也.

284(周-13) 진로(振鷺)

*〈振鷺〉: '鷺'는 해오라비(해오라기). 백로. 〈諺解〉物名에는 "鷺: 하야로비"라 하여 해오라기, 해오라비를 가리킴.
*이 시는 夏의 후손 杞나라와, 殷의 후손 宋나라가 드디어 周나라에 복종하여, 두 군주가 와서 주나라 제사를 돕는 것을 가상히 여긴 樂歌임.

〈序〉: 〈振鷺〉, 二王之後來助祭也.

〈진로〉는 두 왕의 후손들이 와서 제사를 도울 때 올리는 악가이다.

〈箋〉: 二王, 夏殷也. 其後杞也, 宋也.

*전체 1장 8구(振鷺: 一章, 章八句).

○ 賦

振鷺于飛, 于彼西雝.

振(진)혼 鷺(로)ㅣ 飛ᄒ니, 뎌 西雝(셔옹)에 ᄒ놋다.
훨훨 백로 무리가 날더니, 저 서쪽 못에 있었도다.

我客戾止, 亦有斯容!

우리 客(긱)이 戾(려)ᄒ니, ᄯ혼 이 容이 잇도다!
우리 손님으로 이르러 오신 이는, 역시 이와 같은 몸가짐이로다!

【振鷺】〈毛傳〉에 "興也. 振, 振羣飛貌: 鷺, 白鳥也"라 하였고, 〈集傳〉에도 "振, 羣飛貌: 鷺, 白鳥"라 함.
【西雝】서쪽의 못. 〈毛傳〉과 〈集傳〉에 "雝, 澤也"라 함. 〈鄭箋〉에 "白鳥集于西雝之澤, 言所集得其處也. 興者, 喩杞宋之君, 有潔白之德, 來助祭於周之廟, 得禮之宜也"라 함.
【客】〈毛傳〉에 "客, 二王之後"라 하였고, 〈鄭箋〉에 "其至止亦有此容, 言威儀之善, 如鷺然"이라 함. 〈集傳〉에도 "客, 謂二王之後, 夏之後杞, 商之後宋, 於周爲客. 天子有事膰焉, 有喪拜焉者也"라 함.

【戾】至.

【止】助字.

【斯容】이러한 용모. 태도. 즉 백로가 날아 서옹에서 그랬듯이 두 군주가 찾아옴을 칭찬한 것.

＊〈集傳〉에 "○此二王之後, 來助祭之詩. 言「鷺飛于西雝之水, 而我客來助祭者, 其容貌脩整, 亦如鷺之潔白也.」 或曰興也"라 함.

在彼無惡, 在此無斁.

뎌에 이셔 惡(오)ᄒᆞ 리 업스며, 이에셔 斁(역)홈이 업스니,

저기에는 미워하는 이도 없고, 여기에는 싫어하는 이도 없으니,

庶幾夙夜, 以永終譽!

거의 夙夜ᄒᆞ야, 써 譽(여)를 기리 終(죵)ᄒᆞ리로다!

거의 아침저녁으로 힘써서, 그 명예를 길이 이어가리라!

【在彼】〈鄭箋〉에 "在彼, 謂居其國, 無怨惡之者"라 하였고, 〈集傳〉에 "彼, 其國也. 在國, 無惡之者"라 함.

【在此】〈鄭箋〉에 "在此. 謂其來朝人, 皆愛敬之, 無厭之者"라 하였고, 〈集傳〉에도 "在此, 無厭之者. 如是, 則庶幾其能夙夜以永終此譽矣. 陳氏曰:「在彼, 不以我革其命, 而有惡於我, 知天命無常, 惟德是與, 其心服也. 在我不以彼墜其命, 而有厭於彼, 崇德象賢, 統承先王, 忠厚之至也.」"라 함.

【永終】〈鄭箋〉에 "永, 長也;譽, 聲美也"라 함. 陳奐〈傳疏〉에는 "永·終, 皆長也"라 함.

> **참고 및 관련 자료**

1. 孔穎達〈正義〉

〈振鷺〉詩者, 二王之後來助祭之樂歌也. 謂周公·成王之時, 已致太平, 諸侯助祭, 二王之後, 亦在其中, 能盡禮備儀, 尊崇王室. 故詩人述其事, 而爲此歌焉. 天子之祭, 諸侯皆助, 獨美二王之後來助祭者, 以先代之後, 一旦事人, 自非聖德服之, 則彼情未適. 今二王之後助祭, 得宜是其敬服時王, 故能盡禮賓主之美, 光益王室, 所以特歌頌之.〈正義〉:曰〈樂記〉稱「武王伐紂, 旣下車, 封夏后氏之後於杞;投殷之後於宋」故知之也.《史記》杞世家云:「武王克殷, 求禹之後, 得東樓公封之於杞, 以奉夏后氏

之祀.」是杞之初封, 卽爲夏之後矣. 其殷
後, 則初封武庚於殷墟. 後以叛而誅之,
更命微子爲殷. 後書序云:「成王旣黜殷,
命殺武庚, 命微子啓作〈微子之命〉, 是宋
爲殷後, 成王始命之也.〈樂記〉:「武王封
先代之後已.」言投殷之後於宋者, 以微子
終爲殷後作記者, 從後錄之一 其實武王
之時, 始封於宋, 未爲殷後也.〈樂記〉注
云:「投者, 擧徙之辭, 謂微子在殷, 先有國
邑, 今擧而徙之別封宋國也.」若然僖六
年《左傳》曰:「許僖公見楚子於武城, 許男
面縛銜璧. 大夫衰絰士輿櫬. 楚子問諸逢
伯, 對曰:『昔武王克殷, 微子啓.』如是武
王親釋其縛, 受其璧而祓之. 焚其櫬禮而
命之, 使復其所.《史記》宋世家亦云:「周

武王克殷, 微子乃持其祭器, 造於軍門,
肉袒面縛, 左牽羊, 右把茅膝行而前, 以
告於是. 武王乃釋, 微子復其位如故.」言復位以還爲微子, 但微國本在紂之畿內, 旣
以武庚君於畿內, 則微子不得復封於微也. 但微子自囚以見武王, 武王使復其位, 正
謂解釋其囚, 使復臣位, 不是復封微國也. 以〈樂記〉之文, 知武王初卽封微子於宋矣.
但未知爵之尊卑, 國之大小耳. 至成王旣殺武庚, 命爲殷後當爵爲公, 地方百里. 至
制禮之後, 當受上公之地, 更方五百里.《史記》以爲成王之時, 始封微子於宋. 與〈樂
記〉文乖, 其說非也. 如〈樂記〉之文, 武王始封夏后於杞, 而《漢書》酈食其說漢王曰
「昔湯伐桀, 封其後於杞. 武王伐紂, 封其後於宋」者, 主言夏殷之滅, 其後得封耳. 以
伐夏者, 湯克殷者, 武故繫而言之. 其意不言湯卽封杞, 武卽封宋也. 王者所以必立
二王之後者, 以二代之先, 受命之祖, 皆聖哲之君, 故能克成王業, 功濟天下, 後世子
孫, 無道喪其國家, 遂令宗廟絶享, 非仁者之意也. 故王者, 旣行天罰, 封其支子, 爵
爲上公, 使得行其正朔, 用其禮樂, 立祖王之廟郊, 所感之帝, 而所以爲尊賢德崇, 三
統明王位, 非一家之有也. 故〈郊特牲〉曰:「王者, 存二代之後, 猶尊賢也.」尊賢不過二
代.《書傳》曰:「天子存二王之後, 與己三所以通天. 三統立三正, 鄭〈駮異義〉云:「言所
存二王之後者, 命使郊天, 以天子禮祭, 其始祖受命之王, 自行其正朔服色.」此之謂
通天三統, 是言王者立二王後之義也.

285(周-14) 풍년(豐年)

＊〈豐年〉: 풍년이 듦.
＊이 시는 풍년이 들어 가을 제사 嘗祭와 겨울 제사 烝祭를 통해 종묘에서 조상에게 감사함을 보고할 때의 樂歌임.

<序>: <豐年>, 秋冬報也.

〈풍년〉은 가을 嘗祭와 겨울 烝祭에 보고하는 樂歌이다.

〈箋〉: 報者, 謂嘗也, 烝也.

＊전체 1장 7구(豐年: 一章, 章七句).

○ 賦

豐年多黍多稌!

豐年(풍년)의 黍(셔)ㅣ 하며 稌(두)ㅣ 하(두다)!

풍년이라 기장이며 벼도 아주 많이 잘 되었네!

亦有高廩, 萬億及秭.

또흔 노픈 廩(름)이 이슘이, 萬과 億과 밋 秭(직)어늘,

크고 또한 높은 창고에는, 만이요 억이요 그 이상으로 세어야 수확량,

爲酒爲醴, 烝畀祖妣.

酒를 ᄒᆞ며 醴(례)를 ᄒᆞ야, 祖妣(조비)ᄭᅴ 烝畀(증비)ᄒᆞ야,

술을 빚어 단술을 만들어, 조상에 어른들 신께 바쳐 올려,

以洽百禮, 降福孔皆!

뻐 百禮를 洽(흡)ᄒᆞ니, 福을 降흠이 심히 皆(기)ᄒᆞ리로다!

온갖 예의를 모두 갖추었으니, 내리시는 복은 크고 두루 퍼지리라!

【豐年多黍多稌】'稌'는 벼. 나락. 혹 糯穀. 〈諺解〉物名에는 "稌: 나락. ○벼"라 함. 〈毛傳〉에 "豐, 大; 稌, 稻也"라 하였고, 〈鄭箋〉에 "豐年, 大有年也"라 함. 〈集傳〉에도 "稌, 稻也. 黍宜高燥而寒, 稌宜下濕而暑. 黍稌皆熟, 則百穀無不熟矣"라 함.

【亦】〈鄭箋〉에 "亦, 大也"라 하였으나, 〈集傳〉에는 "亦, 助語辭"라 함.

【廩】〈毛傳〉에 "廩, 所以藏齍盛之穗也"라 하여, 곡식을 갈무리 하는 창고.

【億及秭】〈毛傳〉과 〈集傳〉에 "數萬至萬曰億, 數億至億曰秭"라 하였고, 〈鄭箋〉에 "萬億及秭, 以言穀數多"라 함.

【醴】제사에 쓰이는 단술.

【烝畀】나아가 올려 바침. 〈鄭箋〉과 〈集傳〉에 "烝, 進; 畀, 予也"라 함.

【以洽百禮】〈正義〉에 "牲玉幣帛之屬, 合用以祭"라 함.

【孔】매우.

【洽】〈集傳〉에 "洽, 備"라 함.

【皆】〈毛傳〉과 〈集傳〉에 "皆, 徧也"라 함. 그러나 馬瑞辰 〈通釋〉에는 "皆與偕, 古通用. ……皆·偕·嘉, 一聲之轉"이라 하여 '皆'는 '嘉'의 뜻이라 하였음.

＊〈集傳〉에 "○此秋冬報賽田事之樂歌. 蓋祀田祖·先農·方社之屬也. 言「其收入之多, 至於可以供祭祀備百禮, 而神降之福, 將甚徧也.」"라 함.

> 참고 및 관련 자료

1. 孔穎達 〈正義〉

〈豐年〉詩者, 秋冬報之樂歌也. 謂周公·成王之時, 致太平而大豐熟. 秋冬嘗烝報祭宗廟. 詩人述其事而爲此歌焉. 經言'年豐而多穫黍稻', 爲酒醴以進, 與祖妣是報之事也. 言'烝畀祖妣', 則是祭於宗廟, 但作者主美其報, 故不言祀廟耳. 不言祈而言報者, 所以追養繼孝義, 不祈於父祖. 至秋冬物成, 以爲鬼神之助, 故歸功而稱報, 亦孝子之情也. 作者見其然, 而主意於報, 故此序特言報耳. 其餘則不然, 故〈那〉與〈烈祖〉, 實爲烝嘗而序稱爲祀, 以義不取於報故也. 其天地社稷之神, 雖國常祭謂之祈報, 故〈噫嘻〉·〈載芟〉·〈良耜〉之等, 與宗廟異也.

286(周-15) 유고(有瞽)

*〈有瞽〉: 어떤 장님.
*고대 맹인은 거의 악사가 되어 궁중 음악을 담당하였으며, 아울러 德識도 높아 흔히 임금에게 간언이나 충고도 하였음.

<序>: <有瞽>, 始作樂而合乎祖也.

〈유고〉는 처음으로 樂을 제정하여, 여러 악기를 모아 조상에게 연주해 올린 것이다.

〈箋〉: 王者治定制禮, 功成作樂. 合者, 大合諸樂而奏之.

*전체 1장 13구(有瞽: 一章, 章十三句).

○ 賦
有瞽有瞽! 在周之庭.

瞽(고)ㅣ여, 瞽ㅣ여, 周ㅅ 庭에 잇도다.
장님이여, 장님 악사여! 주나라 종묘의 뜰에 있구나.

【瞽】〈毛傳〉에 "瞽, 樂官也"라 하였고, 〈鄭箋〉에 "瞽, 矇也. 以爲樂官者, 目無所見, 於音聲審也.《周禮》:「上瞽四十人, 中瞽百人, 下瞽百六十人. 有視瞭者, 相之.」"라 함. 〈集傳〉에도 "瞽, 樂官, 無目者也"라 함.
【周庭】周의 宗廟의 뜰.
*〈集傳〉에 "○序以此爲始作樂, 而合乎祖之詩. 兩句總序其事也"라 함.

設業設虡, 崇牙樹羽!

業을 設ᄒ며 虡(거)를 設ᄒ니, 崇牙(숭아)에 羽를 樹ᄒ얏도다!
業木 가로로 세우고 걸대를 설치하고, 崇牙에는 오색 깃으로 장식하였도다!

應田縣鼓, 鞉磬柷圉.

應(응)과 田(뎐)이언 縣흔 鼓와, 鞉(도)와 磬(경)과 柷(츅)과 圉(어)ㅣ,

작은 북과 큰 북, 그리고 걸어놓은 북에, 잡고 흔드는 북과 편경, 柷, 圉도 있어,

旣備乃奏, 簫管備擧!

이믜 備흐야 奏흐니, 簫(쇼)와 管(관)이 備흐야 擧흐놋다!

이윽고 다 준비가 되어 연주하니, 퉁소와 피리도 갖추어 소리를 내는 구나!

【設業設虡】〈毛傳〉에 "業, 大板也. 所以飾枸爲縣也. 捷業如鋸齒. 或曰畫之, 植者 爲虡衡者, 爲枸崇牙上飾, 卷然可以縣也"라 하였고, 〈集傳〉에도 "業·虡·崇·牙, 見 〈靈臺〉篇"이라 함. '虡'(거)는 악기를 거는 시렁. 가로대.

【崇牙樹羽】'崇牙'는 악기를 걸 수 있도록 만든 세로 막대. 樅. 〈集傳〉에 "樹羽, 置 五采之羽於崇牙之上也"라 함.

【應田縣鼓】〈毛傳〉에 "應, 小鞞也; 田, 大鼓也. 縣鼓, 周鼓也"라 하여, '應'은 작은 북. 小鞞. '田'은 큰 북. '縣鼓'는 매달아 놓고 치는 周나라 식의 북. 그러나 〈鄭箋〉 에는 "又設縣鼓. '田'當作'申', '鞷', '鞷', 小鼓. 在大鼓旁, 應鞞之屬也. 聲轉字誤, 變 而作'田'"이라 하였고, 〈集傳〉에는 "應, 小鞞; 田, 大鼓也. 鄭氏曰: 「田當作鞷」, 小鼓 也. 縣鼓, 周制也. 夏后氏足鼓, 殷楹鼓, 周縣鼓"라 함.

【鞉磬柷圉】'鞉'는 자루에 두 귀가 있어서 잡고 흔들면, 그 귀가 부딪쳐 소리를 내는 북. '磬'은 編磬. '柷'은 漆桶과 같은 악기. '圉'는 '敔'의 가차. 伏虎背처럼 생 겼으며 연주를 멈출 때 쓰는 악기. 〈毛傳〉에 "鞉, 小鼓也; 柷, 木椌也; 圉, 楬也" 라 하였고, 〈集傳〉에 "鞉, 如鼓而小, 有柄兩耳, 持其柄搖之, 則旁耳還自擊; 磬, 石 磬也; 柷, 狀如漆桶, 以木爲之, 中有椎連底, 挏之令左右, 擊以起樂者也; 圉, 亦作 敔, 狀如伏虎背, 上有二十七鉏鋙, 刻以木, 長尺, 櫟之. 以止樂者也"라 함.

【旣備乃奏】〈鄭箋〉에 "'旣備'者, 縣也, 鞷也. 皆畢已也. '乃奏', 謂樂作也"라 함.

【簫管備擧】'簫'는 퉁소. '管'은 '筦'으로도 쓰며 적(篴, 笛)의 일종. 〈鄭箋〉에 "簫, 編 小竹; 管, 如今賣餳者, 所吹也. 管如篴, 倂而吹之"라 하였고, 〈集傳〉에도 "簫, 編 小竹管爲之; 管如篴倂兩, 而吹之者也"라 함. 陳奐 〈傳疏〉에 "管如篪, 六孔"이라 함.

喤喤厥聲, 肅雝和鳴,

喤喤(황황)흔 그 소리, 肅(슉)ᄒ고 雝(옹)ᄒ야 和히 鳴ᄒ니,

둥둥하는 그 소리, 엄숙하고 아름다우며 화음의 조화로움,

先祖是聽, 我客戾止, 永觀厥成!

先祖ㅣ 이예 聽(텽)ᄒ시며, 우리 客이 戾(려)ᄒ야, 기리 그 成을 觀ᄒ놋다!

선조 신령께서도 이를 들으실 것이며, 우리 손님이여 오셨으니, 길이
한 단락 끝까지 보아주시오!

【肅】嚴肅함.

【雝】和音을 이룸.

【先祖】周나라의 선조 文王.

【我客】杞(夏)와 宋(殷)에서 온 두 군주. 〈鄭箋〉에 "我客, 二王之後也. 長多其成功,
謂深感於和樂, 遂入善道, 終無愆過"라 하였고, 〈集傳〉에도 "我客, 二王後也"라
함.

【戾】至.

【永觀厥成】'成'은 樂의 한 段落. 閱. 〈集傳〉에 "觀, 視也; 成, 樂閱也. 如簫韶九成
之成, 獨言二王後者, 猶言「虞賓在位, 我有嘉客, 蓋尤以是爲盛」"라 함.

참고 및 관련 자료

1. 孔穎達〈正義〉

〈有瞽〉詩者, 始作樂而合於太祖之樂歌也. 謂周公攝政六年, 制禮作樂, 一代之樂
功成, 而合諸樂器, 於太祖之廟奏之, 告神以知善否. 詩人述其事而爲此歌焉. 經皆
言合諸樂器, 奏之事也. 言合於太祖, 則特告太祖; 不因祭祀, 則不告餘廟, 以樂初成,
故於最尊之廟奏之耳. 〈定本〉集注直云'合於祖', 無'太'字. 此太祖, 謂文王也. 〈正義〉
曰: 王者, 功成作樂, 治定制禮. 〈樂記〉文也. 引之者, 證此時成功, 故作樂也. 彼注云
'功成·治定', 同時耳. 功主於王業, 治主於教民, 然則武王雖已克殷, 未爲功成, 故至
於太平, 始功成作樂也. '大合諸樂, 而奏之', 謂合諸樂器, 一時奏之. 即經所云「鞉磬·
柷圉·簫管」之屬, 是也. 知不合諸異代樂者, 以序者, 序經之所陳, 止說周之樂器. 言
'既備乃奏', 是諸器備集, 然後奏之. 無他代之樂, 故知非合諸異代樂也.

287(周-16) 잠(潛)

*〈潛〉: '潛'은 물속에 나무를 쌓아, 겨울에 고기가 그 밑에 모여 있도록 하여 잡는 것. 우리말로 '너겁'이라 함. 〈毛傳〉에 "潛, 糝也"라 하였고, 《韓詩》에는 '涔'으로 되어 있으며, "涔, 魚池"라 하였음. 〈集傳〉에는 "潛, 糝也. 蓋積柴養魚, 使得隱藏避寒, 因以薄圍, 取之也. 或曰:「藏之深也.」"라 함.
*이 시는 늦겨울과 초봄에 새로 물고기를 잡을 수 있음을 감사히 여겨 이를 종묘에 바치면서 사용했던 樂歌임.

〈序〉: 〈潛〉, 季冬薦魚, 春獻鮪也.

〈잠〉은 늦겨울 물고기를 올리며, 봄에 鮪魚를 종묘에 바칠 때의 악가이다.

〈箋〉: 冬魚之性定, 春鮪新來, 薦獻之者, 謂於宗廟也.

*전체 1장 6구(潛: 一章, 章六句).

○ 賦

猗與漆沮! 潛有多魚.

猗(의)홉다! 漆(칠)와 沮(저)에, 潛(줌)애 多흔 魚ㅣ 이시니,

아, 칠수와 저수여! 너겁에는 물고기가 많으니,

有鱣有鮪, 鰷鱨鰋鯉.

鱣(전)이 이시며 鮪(유)ㅣ 이시며, 鰷(됴)ㅣ며 鱨(샹)이며 鰋(언)이며 鯉로소니,

큰 전어 있고 청새치 있고, 백어와 동자개 메기와 잉어로다.

以享以祀, 以介景福!

뻐 享(향)ᄒ며 뻐 祀(ᄉ)ᄒ야, 뻐 큰 福을 介케 ᄒ놋다!

이로써 사당에 올려 제사드리니, 큰 복 내려 도와주시리!

【猗與】歎美의 감탄사. 〈鄭箋〉에 "猗與, 歎美之言也"라 하였고, 〈集傳〉에도 "猗與, 歎辭"라 함.

【漆沮】岐周에 있는 두 물. 〈毛傳〉에 "漆沮, 岐周之二水也"라 함.

【鱣】큰 잉어. 〈鄭箋〉에 "鱣, 大鯉也"라 함.

【鮪】청새치. 〈鄭箋〉에 "鮪, 鮥也"라 함.

【鰷】〈諺解〉 物名에는 "鰷:빅어"라 함. 〈鄭箋〉에 "鰷, 白鰷也"라 하였고, 〈集傳〉에 "鰷, 白鰷也. 〈月令〉「季冬命漁師, 始漁. 天子親往, 乃嘗魚先薦寢廟; 季春薦鮪于寢廟」, 此其樂歌也"라 함.

【鱨】동자개.

【鰋】메기. 〈鄭箋〉에 "鰋, 鮎也"라 함.

【以介景福】〈鄭箋〉에 "介, 助; 景, 大也"라 함.

[참고 및 관련 자료]

1. 孔穎達 〈正義〉

〈潛〉詩者, 季冬薦魚, 春獻鮪之樂歌也. 謂周公·成王太平時, 季冬薦魚於宗廟, 至春又獻鮪, 澤及潛逃魚皆肥, 美獻之. 先祖神明降福, 作者述其事而爲此歌焉. 經總言冬春雜陳魚鮪, 皆是薦獻之事也. 先言季冬而後言春者, 冬卽次春, 故依先後爲文. 且冬薦魚多, 故先言之冬. 言季冬春, 亦季春也. 〈月令〉:「季春薦鮪於寢廟.」〈天官〉「漁人春獻王鮪」, 注引〈月令〉「季春之事」, 是薦鮪在季春也. 不言季者, 以季春鮪魚, 新來正月, 未有鮪. 言春則季, 可知. 且文承季冬之下, 從而略之也. 冬言薦春云獻者, 皆謂子孫獻進於先祖, 其義一也. 經言以享, 是冬亦爲獻. 〈月令〉季春言薦鮪, 是冬亦有薦因時異, 而變文耳. 冬則衆魚, 皆可薦, 故總稱魚. 春唯獻鮪而已, 故特言鮪. 〈正義〉曰: 冬魚之性定者, 冬月旣寒魚不行, 乃性定而肥充, 故冬薦之也. 〈天官〉庖人注云:「魚鴈水涸, 而性定.」則十月已定矣. 但十月初, 定季冬始肥, 取其尤美之, 時薦之也. 〈月令〉:「季冬乃命魚, 師始漁, 天子親往, 乃嘗. 魚先薦寢廟.」注云:「此時魚潔美, 故特薦之.」《白虎通》云:「王者不親取魚以薦廟.」故親行非, 此則不可, 故隱五年

「公矢魚於棠」,《春秋》譏之, 是也.〈魯語〉:「里革云:『古者, 大寒降上蟄, 發水虞, 於是乎, 講罛罶取名魚而嘗之廟.』」言大寒降, 與此季冬同, 其言土蟄發, 則孟春也. 以春魚始動, 猶乘冬先肥氣, 序旣移, 故又取以薦. 然則季冬孟春, 皆可以薦魚也. 韋昭以爲'薦魚, 唯在季冬'.《國語》云'孟春'者誤. 案〈月令〉「孟春獺祭魚」, 則魚肥而可薦, 但自禮文, 不具無其事耳. 里革稱古以言不當, 謬也. 言春鮪新來者, 陸璣云:「河南鞏縣東北, 崖上山腹有穴. 舊說云此穴與江湖通, 鮪從此穴而來, 北入河西上龍門, 入漆沮.」故張衡云「王鮪岫居, 山穴爲岫.」謂此穴也. 然則其來有時以春取而獻之, 明新來也. 陸璣又云「大者爲王鮪; 小者爲鮛鮪」, 言王鮪謂鮪之大者也. 序止言薦獻, 不言所在, 故言薦獻之者, 謂於宗廟也.

288(周-17) 옹(雝)

*〈雝〉:《論語》(八佾篇)에는 '雍'자로 표기되어 있음. '雝'(雍)은 '和'의 뜻.
*이 시는 太祖 文王에게 올리고 徹床할 때 쓰던 樂歌임.

〈序〉: 〈雝〉, 禘大祖也.

〈옹〉은 태조 문왕에게 올리는 禘祭이다.

〈箋〉: 禘, 大祭也. 大於四時, 而小於祫, 大祖謂文王.

*전체 1장 16구(雝: 一章, 章十六句).

○ 賦
有來雝雝, 至止肅肅.

來ㅎ욤이 雝雝(옹옹)ㅎ야, 至ㅎ얀 肅肅(숙숙)ㅎ도다.

오실 때의 모습 옹옹하시고, 이르러서는 숙숙하시네.

相維辟公, 天子穆穆!

相ㅎᄂ 이ᄂ 辟公(벽공)이어늘, 天子ㅣ 穆穆ㅎ샷다!

제사를 돕는 제후들, 천자께서는 덕스러운 모습일세!

【雝雝】和한 모습. 〈鄭箋〉과 〈集傳〉에 "雝雝, 和也"라 함.
【肅肅】공경스러운 모습. 〈鄭箋〉에 "肅肅, 敬也. 有是來時, 雝雝然; 旣至止而肅肅
然者, 乃助王禘祭, 百辟與諸侯也. 天子是時, 則穆穆然"이라 하였고, 〈集傳〉에도
"肅肅, 敬也"라 함.
【相】제사를 도움. 〈毛傳〉에 "相, 助"라 하였고, 〈集傳〉에도 "相, 助祭也"라 함.
【辟公】諸侯들을 가리킴. 〈集傳〉에 "辟公, 諸侯也"라 함.
【穆穆】德이 겉으로 나타나서 아름다운 모양. 〈集傳〉에 "穆穆, 天子之容也"라 함.
*〈集傳〉에 "○此武王祭文王之詩. 言「諸侯之來, 皆和且敬; 以助我之祭事, 而天子
有穆穆之容也.」"라 함.

於薦廣牡! 相予肆祀.

於(오)ㅣ라! 廣牡(광모)를 薦(천)ㅎ야, 나를 도와 祀를 베프니,

아, 큰 제물을 올리도다! 나를 도와 큰 제사를 베푸니,

假哉皇考, 綏予孝子!

假(가)ㅎ신 皇考ㅣ, 나 孝子를 綏(유)ㅎ샷다!

크신 공덕의 부왕 문왕께서, 이 아들에게 편안함을 주시도다!

【於薦廣牡】〈鄭箋〉에 "於, 進. 大牡之牲, 百辟與諸侯, 又助我陳祭祀之饌. 言得天下
之歡心"이라 하였으나, 〈集傳〉에는 "於, 歎辭; 廣牡, 大牲也"라 함. '廣'은 〈毛傳〉
에 "廣, 大也"라 함.

【肆】〈集傳〉에 "肆, 陳"이라 함.

【假】〈毛傳〉에 "假, 嘉也"라 하였으나, 〈集傳〉에는 "假, 大也"라 함.

【皇考】〈鄭箋〉에 "皇考, 斥文王也. 文王之德, 乃安我孝子. 謂受命定其基業也. 又徧
使天下之人, 有才知以文德武功爲之君故"라 하였고, 〈集傳〉에도 "皇考, 文王也"
라 함.

【綏】〈集傳〉에 "綏, 安也"라 함.

【孝子】祭主의 自稱. 〈集傳〉에 "孝子, 武王自稱也"라 함.

＊〈集傳〉에 "○言「此和敬之諸侯, 薦大牲以助我之祭事, 而大哉之文王, 庶其享之,
以安我孝子之心也.」"라 함.

宣哲維人, 文武維后.

宣哲(선철)호 人이시며, 文武ㅣ 后ㅣ시니,

선철하시어 사람 도리를 다하시며, 文武로써 천하에 왕이 되시니,

燕及皇天, 克昌厥後!

燕호야 皇天에 밋쳐, 능히 그 後를 昌(챵)호샷다!

편안하심이 황천에 미치시어, 능히 그 후손을 길이 번창하게 하시
도다!

【宣哲】〈鄭箋〉에 "宣, 徧也. 嘉哉!"라 하였고, 〈集傳〉에는 "宣, 通; 哲, 知"라 함. 馬

瑞辰〈通釋〉에는 "宣之言顯, 顯, 明也. 宣哲, 猶明哲也"라 함.

【文武維后】文武를 지녔기에 君主의 德을 갖추었음. 后는 君王.

【燕及皇天】【燕】〈毛傳〉과 〈集傳〉에 "燕, 安也"라 함.

【後】子孫. 後孫.

＊〈集傳〉에 "○此美文王之德. 宣哲則盡人之道；文武則備君之德. 故能安人以及於
天, 而克昌其後嗣也." 蘇氏曰：「周人以諱事神文王名昌, 而此詩曰『克昌厥後』,
何也？曰周之所謂諱, 不以其名號之耳. 不遂廢其文也. 諱其名而廢其文者, 周
禮之末失也.」라 함.

綏我眉壽, 介以繁祉.

나를 綏(유)호디 眉壽(미슈)로 ᄒ며, 介호디 繁(번)혼 祉(지)로 뻐 ᄒ야,

나에게 장수하도록 내려주시며, 많은 복으로써 더욱 크게 하시어,

旣右烈考, 亦右文母!

이믜 烈考를 右ᄒ고, 또혼 文母를 右케 ᄒ샷다!

이믜 훌륭하신 무왕께서 도우시고, 태사(太姒)께서도 역시 도와주시
도다!

【綏】편안히 함.

【眉壽】長壽.

【介】大의 뜻.

【繁】〈鄭箋〉에 "繁, 多也. 文王之德, 安及皇天. 謂降瑞應, 無變異也. 又能昌大其子
孫, 安助之, 以考壽多與福祿"이라 함.

【祉】福.

【右】佑. 〈集傳〉에 "右, 尊也. 周禮所謂「享右祭祀」, 是也"라 함.

【烈考】업적이 뛰어난 아버지. 즉 武王을 가리킴. 〈毛傳〉에 "烈考, 武王也"라 하였
고, 〈鄭箋〉에 "烈, 光也. 子孫所以得考壽與多福者, 乃以見右助於光明之考, 與文
德之母, 歸美焉"이라 함. 그러나 〈集傳〉에는 "烈考, 猶皇考也"라 함.

【文母】太姒. 文王(姬昌)의 妃이며 武王(姬發)의 어머니. 王季와 太任의 며느리. 有
莘氏(姒姓)의 딸. 〈毛傳〉과 〈集傳〉에 "文母, 大姒也"라 함. 王引之〈述聞〉에는
"文母之文, 則美大之稱, 猶言皇姒·皇母耳. ……古人贊美先世多謂之文"이라 함.

＊〈集傳〉에 "○言「文王昌厥後, 而安之以眉壽；助之以多福. 使我得以右於烈考文母

也.」라 함.

참고 및 관련 자료

1. 孔穎達 〈正義〉

〈雝〉者, 禘大祖之樂歌也. 謂周公·成王太平之時, 禘祭太祖之廟, 詩人以之之太平, 由此太祖. 故因其祭述其事, 而爲此歌焉. 經言祭祀文王, 諸侯來助, 神明安愛, 孝子愛予之多福, 皆是禘文王之事也. 毛於禘祫, 其言不明. 唯〈閟宮〉傳曰:「諸侯夏禘, 則不礿; 秋祫, 則不嘗.」然則天子, 亦有禘祫. 禘祫者, 皆殷祭. 蓋亦如鄭'三年一祫, 五年一禘'也. 武王以周十二月崩, 其明年周公攝政, 稱元年十二月小祥, 二年十二月大祥, 三年二月禫, 四年春禘, 蓋此時也. 若復五年, 則成王卽政之年, 頌之大例, 皆是元年. 前事此不應獨在五年, 禘時也. 鄭以武王十二月崩, 成王三年二月禫. 周公避流言而出, 明年春禘於時公未反時, 非太平, 必不得爲此頌也. 又明年周公反, 而居攝是爲元年, 至三年而祫, 五年禘, 嘗禘當以夏, 此卽攝政五年之夏, 禘也. 然則此禘, 毛以春. 鄭以夏又不同. 〈正義〉曰: 禘大祭, 〈釋天〉文嫌, 祭之最大, 故又辯之云. 大於四時而小於祫者, 《禮記》祭法禘嚳而郊稷, 禘謂祭天圓丘也. 《大傳》曰:「王者, 禘其祖之所自出禘謂祭. 感生之帝於南郊也.」然則圓丘與郊, 亦爲禘祭, 知〈釋天〉所云非祭天者, 以《爾雅》之文卽, 云繹又祭繹, 是宗廟之祭, 故知禘亦宗廟之禘也. 但宗廟尙爲大祭, 則郊丘大祭可知. 故鄭志云禘大祭天人共之'是也. 若然禘旣大祭, 宜大不是過而得小於祫者, 以四時之外, 特爲此祭, 大於四時, 故云大祭. 但此大祭五年再爲一, 則合; 聚祭之一, 則各. 就其廟, 故以合祭爲祫, 就廟爲禘, 禘尙大祭祫大, 可知. 是擧輕以明重, 故鄭每云五年再, 殷祭殷大也. 謂祫禘二者, 俱爲大祭也. 禮宜小者稱大者稀, 而《禮緯》言:「三年一祫, 五年一禘反.」禘稀而祫數者, 聖人因事見法以天道. 三年一閏, 五年再閏, 故制禮象之三年一祫, 五年一禘, 每於五年之內, 爲此二禮. 據其年端數之, 故言三年五年耳. 其實禘祫, 自相距各五年, 非祫多而禘小也. 知禘小於祫者, 《春秋》文二年:「大事於大廟」,《公羊傳》曰:「大事者何? 祫也. 毀廟之主, 陳於大祖, 未毀廟之主, 皆升合, 食於大祖, 是合祭羣廟之主, 謂之大事.」昭十五年有'事於武宮',《左傳》曰:「禘於武公, 是禘祭一廟謂之有事也.」祫言大事禘, 言有事, 是祫大於禘也. 知太祖謂文王者, 以經云'假哉皇考', 又言'文武維后, 是此皇考.」爲天下之人, 后明非后稷. 若是后稷, 則身非天子, 不得言維后也. 大祖謂祖之大者, 旣非后稷, 明知謂文王也. 文王雖不得爲始祖, 可以爲大祖也. 若此祭文王, 則於禮當諱, 而經云'克昌厥後'者, 以此詩自是四海之人, 歌頌之聲, 本非廟中之事. 故其辭不爲廟諱, 及採得之後, 卽爲經典, 詩書不諱, 故無嫌耳. 〈烝民〉云'四方爰發', 亦類此也.

2. 朱熹 〈集傳〉

〈雝〉, 一章十六句:

《周禮》樂師及徹, 帥學士而歌. 徹說者, 以爲卽此詩.《論語》亦曰'以雝徹'. 然則此蓋徹祭所歌, 而亦名爲徹也.

3.《論語》八佾篇

三家者以雝徹. 子曰:『「相維辟公, 天子穆穆」, 奚取於三家之堂?」

289(周-18) 재현(載見)

＊〈載見〉:‘載’는 始와 같으며, ‘見’은 ‘현’(賢遍反)으로 읽음. ‘낮은 이가 높은 이에게 자신을 나타내어 볼 수 있도록 하다’의 謙語. 謁見과 같음. 〈毛傳〉에 “載, 始也”라 하였고, 〈鄭箋〉에는 “諸侯始見君王, 謂見成王也”라 함.
＊이 시는 周公의 7년 攝政이 끝나고 成王이 정식으로 정사를 맡아 천자의 지위가 되자, 제후들이 비로소 찾아와 성왕을 뵙고, 이어서 武王 사당을 알현하여 제사를 도움. 이로써 주나라가 천하로부터 인정을 받아 안정되었음을 찬미한 樂歌임.

〈序〉: 〈載見〉, 諸侯始見乎武王廟也.
〈재현〉은 제후들이 비로소 武王의 사당에 알현한 것이다.

＊전체 1장 14구(載見:一章, 章十四句).

○ 賦
載見辟王, 曰求厥章.
곧 辟王(벽왕)씌 見(현)ᄒᆞ야, 그 章(쟝)을 求ᄒᆞ니,
비로소 성왕께 뵈옵고, 그 문물전장을 구하러 가니,

龍旂陽陽, 和鈴央央.
龍旂(룡긔)] 陽陽ᄒᆞ며 和와 鈴(령)이 央央ᄒᆞ며,
용무늬 깃발은 밝게 펄럭이고, 수레 앞뒤의 방울은 딸랑거리며,

鞗革有鶬, 休有烈光!
鞗革(됴혁)이 鶬(챵)ᄒᆞ니, 休ᄒᆞ야 烈光(렬꽝)이 잇도다!
고삐 끝 장식은, 아름답게 법도에 맞고 빛깔은 눈부시도다!

【載】처음. ‘始’와 같은 뜻. 〈毛傳〉에 “載, 始也”라 함. 그러나 〈集傳〉에는 “載, 則

龍旂陽陽

也. 發語辭也"라 함.

【辟王】成王(姬誦)을 가리킴.

【曰求厥章】'曰'은 發語辭. '章'은 〈鄭箋〉
에 「曰求其章」, 考求車服, 禮儀之文章
制度也"라 하였고, 〈集傳〉에는 "章, 法
度也"라 함.

【龍旂陽陽】〈毛傳〉에 「龍旂陽陽」, 言
有文章也"라 하였고, 〈集傳〉에 "交龍曰
旂"라 함. '龍旂'는 交龍을 그린 깃발.
〈鄭箋〉에 "交龍爲旂"라 함. '陽陽'은 밝
은 모습. 〈集傳〉에 "陽, 明也"라 함.

【和鈴】〈毛傳〉에 "和, 在軾前; 鈴, 在旂
上"이라 하였고, 〈集傳〉에도 "軾前曰和,
旂上曰鈴"이라 함.

【央央】〈集傳〉에 "央央, 有鶬皆聲和也"
라 함.

【鯈革有鶬】'鯈革'은 고삐의 끝에 달아

맨 장식. '鶬'은 쇠붙이로 된 장식. 〈毛傳〉에 「鯈革有鶬」, 言有法度也"라 하였고,
〈鄭箋〉에 "鯈革, 轡首也. 鶬, 金飾貌"라 함.

【休】〈鄭箋〉에 "休者, 休然盛壯"이라 하였고, 〈集傳〉에는 "休, 美也"라 함.

＊〈集傳〉에 "○此諸侯助祭於武王廟之詩. 先言「其來朝稟受法度, 其車服之盛如
此.」"라 함.

率見昭考, 以孝以享.

率(솔)ᄒᆞ야 昭考(쇼고)ᄭᅴ 見(현)ᄒᆞ야, 뻐 孝ᄒᆞ야 뻐 享ᄒᆞ야,

제후들 거느리고 무왕의 사당에 뵙고, 효성으로써 제사를 올리나이다.

【昭考】武王의 사당 位牌. 廟制는 太祖를 中央으로 모시는 위패의 위치에 따라,
左를 昭, 右를 穆이라 함. 즉 文王은 穆, 武王은 昭에 해당함. 〈毛傳〉에 "昭考, 武
王也"라 하였고, 〈集傳〉에도 "昭考, 武王也. 廟制: 太祖居中, 左昭右穆. 周廟大王
當穆, 武王當昭. 故《書》稱「穆考文王」, 而此詩及〈訪落〉, 皆謂武王爲昭考, 此乃言王
率諸侯, 以祭武王廟也"라 함.

【享】〈毛傳〉에 "享, 獻也"라 함.

以介眉壽, 永言保之.

뻐 眉壽를 介ᄒᆞ야, 기리 保ᄒᆞ야,

길이 長壽를 누리도록 하시며, 저에게 길이 천명을 보전케 하시어,

思皇多祜, 烈文辟公,

皇ᄒᆞᆫ 多祜(다호)를 홈은, 烈文ᄒᆞᆫ 辟公이,

크고 많은 복록 내리시어, 덕을 빛내는 제후들에게도,

綏以多福, 俾緝熙于純嘏!

綏(유)호ᄃᆡ 多福으로 뻐 ᄒᆞ야, ᄒᆞ여곰 緝(즙)ᄒᆞ야 熙ᄒᆞ야 純嘏(슌가)케 ᄒᆞ
놋다!

복으로 편안케 하시어, 큰 복이 빛나게 이어지도록 하시도다!

【永言保之】〈鄭箋〉에 "言, 我"라 함. 陳奐 〈傳疏〉에 "永, 長;言, 我也. 言我武王長保
   天命, 天乃予以多福也"라 함.
【思皇】〈鄭箋〉에 "皇, 君也. 諸侯旣以朝禮, 見於成王. 至祭時, 伯又率之, 見於武王
   廟, 使助祭也"라 하였고, 〈集傳〉에는 "思, 語辭;皇, 大也, 美也"라 함.
【烈文】빛나고 文彩 있음.
【辟公】제후들을 가리킴.
【綏以多福】〈鄭箋〉에 "以致孝子之事, 以獻祭祀之禮, 以助壽考之福, 長我安行此
   道, 思成王之多福"이라 함.
【俾緝熙于純嘏】〈鄭箋〉에 "俾, 使;純, 大也. 祭有十倫之義, 成王乃光文, 百辟與諸
   侯安之, 以多福, 使光明於大嘏之意天, 子受福曰大嘏. 辭有福祚之言"이라 함.
＊〈集傳〉에 "○又言「孝享以介眉壽, 而受多福. 是皆諸侯助祭有以致之, 使我得繼而
   明之, 以至於純嘏也.」蓋歸德於諸侯之辭, 猶烈文之意也"라 함.

참고 및 관련 자료

1. 孔穎達 〈正義〉
   〈載見〉詩者, 諸侯始見武王廟之樂歌也. 謂周公居攝七年, 而歸政成王. 成王卽政,
諸侯來朝, 於是率之以見武王之廟, 詩人述其事而爲此歌焉. 經言諸侯來朝, 車服有
法, 助祭得福, 皆爲見廟而言, 故擧見廟以總之. 按經義'見辟王', 謂見成王也. 又言
'率見昭考', 乃是見於武王之廟. 今序唯言始見於武王廟, 不言始見成王者, 以作者美

其助祭, 不美朝王. 主意於見廟, 故序特言之, 但諸侯之來, 必先朝而後助祭. 故經 '始見君王', 與'率見昭考'爲首引耳. 武王之崩, 至於成王卽政, 歷年多矣, 立廟久矣. 諸侯往前之朝, 已應嘗經助祭. 於此乃言始見於武王廟者, 以成王初卽王位, 萬事改 新, 成王之於此時, 親爲祭主. 言諸侯於成王之, 世始見武王, 非謂立廟, 以來諸侯 始見也. 〈烈文〉成王卽政, 諸侯助, 祭箋以爲朝享之祭, 則是周之正月朔日也. 於時 始告嗣位, 不能祭前, 已受諸侯之朝. 此詩言旣朝成王, 乃後助祭, 則與〈烈文〉異時 也. 要言始見君王, 不宜過後淹久. 蓋以夏之正月來朝, 卽助春祀之祭也. 四時之祭, 徧祭羣廟. 獨言見武王者, 作者特言昭考, 其意主於武王故也.

290(周-19) 유객(有客)

*〈有客〉:어떤 손님. 賓客. '客'은 손님. 周나라 姬姓이 아닌 자로서 주나라를 인정하여 찾아온 자를 뜻함.
*이 시에서의 客은 구체적으로는 微子(啓, 開)를 가리킴. 〈集傳〉에 "客, 微子也. 周旣滅商, 封微子於宋, 以祀其先王, 而以客禮待之, 不敢臣也"라 함.

※微子啓(開):《史記》宋微子世家에 "微子開者, 殷帝乙之首子而帝紂之庶兄也"라 하여 殷나라 帝乙의 장자이며 帝辛(紂)의 庶兄.《孟子》에는 紂의 叔父라 하였음. 《論語》微子篇에 "微子去之, 箕子爲之奴, 比干諫而死. 孔子曰:「殷有三仁焉.」"라 한 '삼인(三仁)'의 하나.《尙書》(周書)에 〈微子之命〉에 있으며, 이는 成王이 미자를 宋에 봉하면서 내린 冊命임. 武王이 殷을 멸한 다음 그 유민들로 하여금 제사를 이어갈 수 있도록 紂의 아들 武庚(祿父)을 봉해주었으나 무경이 三監과 난을 일으키자 周公이 東征하여 없애버리고 대신 주의 서형 미자를 찾아 봉해주어 은나라 제사를 잇도록 하였으며 그 나라를 송(宋)이라 하였음. 이에 미자는 송나라 시조가 되었으며, 송나라는 西周와 春秋시대를 거쳐 戰國시대까지 이어지다가 B.C. 286년 齊나라에게 망하였음. 미자 계는 紂王이 주색에 빠져 황음무도한 짓을 하자 여러 차례 간언을 하였으나 들어주지 않아 주를 떠나 숨었다가, 武王이 은을 멸하자 그는 스스로 주나라를 찾아와 주나라를 인정하였음. 이에 성왕은 주공이 동정을 마치고 나서 곧바로 미자를 송나라에 세워 책봉하면서 미자로 하여금 武庚의 반란을 교훈으로 삼아 반드시 옛 법을 따를 것이며, 신하와 백성을 관리하여 주나라 왕실을 보필할 것을 주문한 것임.

〈序〉: 〈有客〉, 微子來見祖廟也.
〈유객〉은 微子가 찾아와 주나라 조상의 사당을 알현하였다.
〈箋〉: 成王旣黜殷, 命殺武庚, 命微子代殷, 後旣受命來朝而見也.

*전체 1장 12구(有客: 一章, 章十二句).

○賦

有客有客! 亦白其馬.

客(긱)이여 客이여! 白(빅)혼 그 馬ㅣ로다.

반가운 손님이여, 반가운 손님이여! 역시 흰 말을 타고 오셨네.

有萋有且, 敦琢其旅!

萋(쳐)ᄒ며 且(져)ᄒ니, 敦琢(뒤탁)혼 그 旅(려)ㅣ로다!

공경스럽고 삼가는 그 모습, 옥으로 빚은 것 같은 그 일행이로다!

【有客有客】〈鄭箋〉에 "有客有客」, 重言之者, 異之也"라 함.

【白】〈毛傳〉에 "殷尙白也"라 함.

【亦】〈毛傳〉에 "亦, 亦周也"라 하였고, 〈鄭箋〉에 "亦, 亦武庚也. 武庚爲二王後, 乘殷之馬乃叛而誅. 不肖之甚也. 今微子代之, 亦乘殷之馬, 獨賢而見尊異, 故言亦駁而美之, 其來威儀萋萋且且, 盡心力於其事, 又選擇衆臣, 卿大夫之賢者, 與之朝王"이라 하였으나, 〈集傳〉에는 "亦, 語辭也. 殷尙白脩其禮物, 仍殷之舊也"라 함.

【有萋有且】'萋'는 '七西反', '且'는 '七序反'이라 하여 '처쳐'로 읽으며, 따라서 '萋且'는 공경을 다하며 삼가는 모습, 혹은 수행원이 많음을 뜻하는 雙聲連綿語를 풀어서 표현한 것으로 보임. 馬瑞辰 〈通釋〉에도 "萋且, 雙聲字, 皆以相從者之盛"이라 하여, 수행원이 많은 모습이라 하였음. 〈毛傳〉에 "萋·且, 敬愼貌"라 하였고, 〈集傳〉에도 "萋·且, 未詳. 傳曰「敬愼貌.」"라 함.

【敦琢】'敦'는 '뒤'(徒回反)로 읽으며, 옥으로 빚은 듯 아름다운 모습을 뜻하는 雙聲連綿語. 馬瑞辰 〈通釋〉에 "敦琢其旅」, 猶言彫琢其旅也"라 함. 〈鄭箋〉에 "言敦琢者, 以賢美之, 故玉言之"라 하였으며, 〈集傳〉에는 "敦琢, 選擇也"라 함.

【旅】따라온 卿大夫들을 가리킴. 〈集傳〉에 "旅, 其卿大夫從行者也"라 함.

＊〈集傳〉에 "○此微子來見祖廟之詩, 而此一節言其始至也"라 함.

有客宿宿, 有客信信.

客이 宿(슉)ᄒ고 宿ᄒ며, 客이 信ᄒ고 信ᄒ니,

객이여 이틀 더 묵으시지, 객이여 다시 이틀을 더 묵으시지,

言授之縶, 以縶其馬!

縶(칩)홀 꺼슬 授ᄒ야, 뻐 그 馬ᄅᆞᆯ 縶호리라!

타고 온 말 밧줄을 받아 묶어둘 걸, 그 말 가지 못하게 묶어둘 걸!

【宿·信】〈毛傳〉과 〈集傳〉에 "一宿曰宿, 再宿曰信"이라 함.《爾雅》에 "宿宿, 言再宿
也;信信, 言四宿也"라 함.

【言授之縶】〈毛傳〉에 "欲縶其馬而留之"라 하였고, 〈鄭箋〉에도 "縶, 絆也. 周之君
臣, 皆愛微子, 其所館宿, 可以去矣. 而言絆其馬, 意各殷勤"이라 함. 〈集傳〉에도
"縶其馬」, 愛之不欲其去也. 此一節言其將去也"라 함.

薄言追之, 左右綏之.

잠깐 追(츄)호야, 左右로 綏(유)호라.

잠깐 뒤따라가서 다시 오도록 하여, 좌우로 편안하게 해 드리리.

旣有淫威, 降福孔夷!

이믜 淫威(음위)를 두시니, 福을 降홈이 심히 夷(이)호도다!

이미 천자의 예악으로 크게 대접하여, 복 내리심도 아주 크게 해드
리리!

【薄言】陳奐 〈傳疏〉에 "薄言, 皆語詞"라 함. 그러나 〈諺解〉에는 '薄'을 '잠깐'으로
풀이하여 이를 따름.

【追之】〈鄭箋〉에 "追, 送也. 於微子去, 王始言餞送之. 左右之臣, 又欲從而安樂之.
厚之無已"라 하였고, 〈集傳〉에도 "追之, 已去而復還之, 愛之無已也"라 함.

【左右綏之】〈集傳〉에 "左右綏之", 言「所以安而留之者, 無方也.」"라 함.

【淫威】〈毛傳〉에 "淫, 大; 威, 則"이라 하였으나, 〈集傳〉에는 "淫威, 未詳. 舊說「淫,
大也; 統承先王, 用天子禮樂, 所謂淫威也.」"라 함. 크게 존경하여 대접함을 뜻하
는 雙聲連綿語가 아닌가 함. 馬瑞辰 〈通釋〉에는 '大德'이라 하였고, 吳闓生 〈會
通〉에는 '奇禍'라 함.

【夷】易. 쉬움. 그러나 大의 뜻이 타당함. 馬瑞辰 〈通釋〉에 "古'夷'字, 必有'大'訓.
'降福孔夷', 猶云降福孔大耳"라 함. 〈毛傳〉에 "夷, 易也"라 하였고, 〈鄭箋〉에 "旣
有大則, 謂用殷正朔, 行其禮樂, 如天子也. 神與之福, 又甚易也. 言動作而有度"라
함. 〈集傳〉에도 "夷, 易也, 大也. 此一節言其留之也"라 함.

1. 孔穎達 〈正義〉

〈有客〉詩者, 微子來見於祖廟之樂歌也. 謂周公攝政二年, 殺武庚, 命微子代爲殷,
後乃來朝而見於周之祖廟. 詩人因其來見, 述其美德, 而爲此歌焉. 經之所陳, 皆說
微子之美. 雖因見廟而歌, 其意不美在廟, 故經無廟事爲周太平之歌, 而述微子之美
者. 言王者所封得人, 卽爲王者之美, 故歌之也. 言見於祖廟, 必是助祭. 序不言所祭
之名, 不指所在之廟, 無得而知之也. 〈正義〉曰: 自命微子以上皆書, 序文彼注云「黜
殷命」, 謂殺武庚也. 微, 采地名; 微子啓, 紂同母庶兄也. 武王投之於宋, 因命之封,
爲宋公代殷, 後承湯祀是也. 彼言作〈微子之命〉, 所由微子先封於宋. 但未得爲殷後
耳. 於此時命爲宋公, 故作此命, 辭或召來, 命之, 或遣使就命. 史傳無文, 未可知也.
要是旣受命, 乃來朝而見也. 知非此時召來受命, 見祖廟者, 以經言'亦白其馬, 敦琢
其旅', 是自國而來之辭, 若未受命, 不得已乘白馬, 明是受命而後乃來. 與上〈有
瞽〉·〈振鷺〉, 或亦一時事也.

291(周-20) 무(武)

*〈武〉: 周公이 지은 음악 '大武'(太武)를 가리킴.
*이 시는 周公의 섭정 6년째 되던 해, 천하가 차츰 태평을 이루자 武王의 업적을 기려 이 음악을 지었으며, 이를 춤으로 만들어 종묘에서 연주한 樂歌라 함.

〈序〉: 〈武〉, 奏〈大武〉也.

〈무〉는 '태무' 음악을 연주한 것이다.

〈箋〉: 大武, 周公作, 樂所爲舞也.

*전체 1장 7구(武: 一章, 章七句).

○ 賦

於皇武王! 無競維烈!

於(오)ㅣ라 皇ᄒ신 武王이여! 競ᄒ리 업순 烈이샷다!

오, 위대하신 무왕이시여! 강하지 않으신가 은을 멸한 그 업적!

允文文王! 克開厥後!

진실로 文ᄒ신 文王이, 능히 그 後를 開(ㄱㅣ)ᄒ야시늘,

진실로 문덕을 갖추신 문왕이시여! 능히 후손의 길을 열어주셨거늘,

嗣武受之, 勝殷遏劉, 耆定爾功!

嗣(ᄉ)ᄒ야 武ㅣ 受ᄒ샤, 殷을 勝ᄒ야 劉(류)를 遏(알)ᄒ야, 네 功을 定홈을 耆(지)ᄒ샷다!

무왕이 이를 이어받아, 은나라 쳐서 이겨 포악함을 막고 끊어, 그대의 공이 이르러 안정되게 하셨도다!

【於皇武王】〈鄭箋〉에 "皇, 君也. 於乎君哉! 武王也"라 하였고, 〈集傳〉에는 "於, 歎辭; 皇, 大"라 함.

【無競維烈】'無競'은 無彊(無强)과 같음. 反語法 표현. '강하지 않은가?'의 뜻. 〈毛傳〉에 "烈, 業也"라 하였고, 〈鄭箋〉에 "無彊乎? 其克商之功業. 言其彊也"라 함.

【允文文王】'允文'은 참으로 文德이 있음. 〈鄭箋〉에 "信有文德哉! 文王也"라 함.

【克開厥後】〈鄭箋〉에 "能開其子孫之基緖"라 함.

【武】〈毛傳〉에 "武, 迹"이라 함. 文王의 자취를 뜻함.

【遏】〈鄭箋〉과 〈集傳〉에 "遏, 止"라 함.

【劉】〈毛傳〉과 〈集傳〉에 "劉, 殺"이라 함. 馬瑞辰 〈通釋〉에는 "遏, 絶也. 是遏·滅, 二字同義. '勝殷遏劉', 劉謂勝殷滅殺之"라 함.

【耆】致의 뜻. '지'(音指)로 읽음. 疊韻互訓. 〈毛傳〉과 〈集傳〉에 "耆, 致也"라 함. 그러나 〈鄭箋〉에는 "耆, 老也. 嗣子武王, 受文王之業, 擧兵伐殷而勝之, 以止天下之暴虐, 而殺人者, 年老乃定女之此功. 言不汲汲於誅紂, 須暇五年"이라 함.

＊〈集傳〉에 "○周公象武王之功, 爲〈大武〉之樂. 言「武王無競之功, 實文王開之, 而武王嗣而受之, 勝殷止殺以致定其功也.」"라 함.

┌─────────────────┐
│ 참고 및 관련 자료 │
└─────────────────┘

1. 孔穎達 〈正義〉

〈武〉詩者, 奏大武之樂歌也. 謂周公攝政六年之時, 象武王伐紂之事, 作大武之樂, 旣成而於廟奏之. 詩人視其奏, 而思武功, 故述其事而作此歌焉. 經之所陳, 皆武王生時之功也. 直言其奏, 不言其所奏之廟, 作者雖因奏作歌, 其意不在於廟, 故不言廟. 此與〈有瞽〉及〈酌〉, 或是一時之事. 但作者之意, 各有主耳. 〈正義〉曰: 以王者功成作樂, 必待太平. 〈明堂位〉云:「周公攝政六年, 制禮作樂.」故知大武, 是周公作, 樂所爲舞也. 謂之'武'者, 〈禮器〉云:「樂也者, 樂其所自成.」注云:「作樂者, 緣民所樂於己之功.」然則以武王用武, 除暴爲天下所樂, 故謂其樂爲武樂, 武樂爲一代大事, 故歷代皆稱'大'也.

2. 朱熹 〈集傳〉

〈武〉, 一章七句:

《春秋傳》以此爲〈大武〉之首章也. 〈大武〉, 周公象武王武功之舞歌, 此詩以奏之. 《禮》曰:「朱干玉戚, 冕而舞〈大武〉.」然傳以此詩爲武王所作, 則篇內已有武王之諡, 而其說誤矣.

3. 《左傳》 襄公 29년

○經:

吳子使札來聘.

○傳:

吳公子札來聘, 見叔孫穆子, 說之. 謂穆子曰:「子其不得死乎! 好善而不能擇人. 吾聞君子務在擇人. 吾子爲魯宗卿, 而任其大政, 不愼擧, 何以堪之? 禍必及子!」

請觀於周樂. 使工爲之歌〈周南〉·〈召南〉. 曰:「美哉! 始基之矣, 猶未也, 然勤而不怨矣.」爲之歌〈邶〉·〈鄘〉·〈衛〉. 曰:「美哉淵乎! 憂而不困者也. 吾聞衛康叔·武公之德如是, 是其衛風乎!」

爲之歌〈王〉, 曰:「美哉! 思而不懼, 其周之東乎!」

爲之歌〈鄭〉, 曰:「美哉! 其細已甚, 民弗堪也. 是其先亡乎!」

爲之歌〈齊〉, 曰:「美哉, 泱泱乎! 大風也哉! 表東海者, 其大公乎! 國未可量也.」

爲之歌〈豳〉, 曰:「美哉, 蕩乎! 樂而不淫, 其周公之東乎!」

爲之歌〈秦〉, 曰:「此之謂夏聲. 夫能夏則大, 大之至也, 其周之舊乎!」

爲之歌〈魏〉, 曰:「美哉, 渢渢乎! 大而婉, 險而易行, 以德輔此, 則明主也.」

爲之歌〈唐〉, 曰:「思深哉! 其有陶唐氏之遺民乎! 不然, 何憂之遠也? 非令德之後, 誰能若是?」

爲之歌〈陳〉, 曰:「國無主, 其能久乎!」

自〈鄶〉以下無譏焉.

爲之歌〈小雅〉, 曰:「美哉! 思而不貳, 怨而不言, 其周德之衰乎? 猶有先王之遺民焉.」

爲之歌〈大雅〉, 曰:「廣哉, 熙熙乎! 曲而有直體, 其文王之德乎!」

爲之歌〈頌〉, 曰:「至矣哉! 直而不倨, 曲而不屈, 邇而不偪, 遠而不攜, 遷而不淫, 復而不厭, 哀而不愁, 樂而不荒, 用而不匱, 廣而不宣, 施而不費, 取而不貪, 處而不底, 行而不流. 五聲和, 八風平, 節有度, 守有序, 盛德之所同也.」

見舞〈象箾〉·〈南籥〉者, 曰:「美哉! 猶有憾.」

見舞〈大武〉者, 曰:「美哉! 周之盛也, 其若此乎!」

見舞〈韶濩〉者, 曰:「聖人之弘也, 而猶有慙德, 聖人之難也.」

見舞〈大夏〉者, 曰:「美哉! 勤而不德, 非禹, 其誰能修之?」

見舞〈韶箾〉者, 曰:「德至矣哉, 大矣! 如天之無不幬也, 如地之無不載也. 雖甚盛德, 其蔑以加於此矣, 觀止矣. 若有他樂, 吾不敢請已.」

其出聘也, 通嗣君也. 故遂聘于齊, 說晏平仲, 謂之曰:「子速納邑與政. 無邑無政, 乃免於難. 齊國之政將有所歸, 未獲所歸, 難未歇也.」故晏子因陳桓子以納政與邑, 是以免於欒·高之難. 聘於鄭, 見子產, 如舊相識. 與之縞帶, 子產獻紵衣焉. 謂子產曰:「鄭之執政侈, 難將至矣, 政必及子. 子爲政, 愼之以禮. 不然, 鄭國將敗.」適衛, 說蘧瑗·史狗·史鰌·公子荊·公叔發·公子朝, 曰:「衛多君子, 未有患也.」自衛如晉, 將宿於戚, 聞鐘聲焉, 曰:「異哉! 吾聞之也, 辯而不德, 必加於戮. 夫子獲罪於君以在此, 懼猶不足, 而又何樂? 夫子之在此也, 猶燕之巢于幕上. 君又在殯, 而可以樂乎?」遂去之. 文子聞之, 終身不聽琴瑟. 適晉, 說趙文子·韓宣子·魏獻子, 曰:「晉國其萃於三族乎!」說叔向. 將行, 謂叔向曰:「吾子勉之! 君侈而多良, 大夫皆富, 政將在家. 吾子好直, 必思自免於難.」

4.《禮記》明堂位

昔殷紂亂天下, 脯鬼侯以饗諸侯. 是以周公相武王以伐紂. 武王崩, 成王幼弱, 周公踐天子之位, 以治天下;六年, 朝諸侯於明堂, 制禮作樂, 頒度量, 而天下大服;七年, 致政於成王;成王以周公爲有勳勞於天下, 是以封周公於曲阜, 地方七百里, 革車千乘, 命魯公世世祀周公以天子之禮樂. 是以魯君, 孟春乘大路, 載弧韣;旂十有二旒, 日月之章;祀帝于郊, 配以后稷. 天子之禮也. 季夏六月, 以禘禮祀周公於大廟, 牲用白牡;尊用犧象, 山罍;鬱尊用黃目;灌用玉瓚, 大圭;薦用玉豆, 雕篹;爵用玉琖, 仍雕, 加, 以璧散璧角;俎用梡嶡;升歌淸廟, 下管象;朱干玉戚, 冕而舞〈大武〉;皮弁素積, 裼而舞大夏. 昧, 東夷之樂也;任, 南蠻之樂也. 納夷蠻之樂於大廟, 言廣魯於天下也. 君卷冕立於阼, 夫人副禕立于房中. 君肉袒迎牲于門;夫人薦豆籩. 卿大夫贊君, 命婦贊夫人:各揚其職. 百官廢職服大刑, 而天下大服. 是故, 夏礿秋嘗冬烝, 春社秋省而遂大蜡, 天子之祭也.

〈3〉「閔予小子之什」

292(周-21) 민여소자(閔予小子)

＊〈閔予小子〉: '어린 나(성왕)를 불쌍히 여겨주옵소서'의 뜻.
＊이 시는 周公의 섭정이 끝나고 成王이 직접 정사를 맡게 되자, 文王과 武王을 모신 宗廟에 가서 이를 고하며, 맡은 일을 잘 수행할 수 있도록 해 달라고 기도한 樂歌임.

〈序〉: 〈閔予小子〉, 嗣王朝於廟也.

〈민여소자〉는 왕위를 이어받은 성왕이 그 사실을 종묘에 고한 것이다.

〈箋〉: 嗣王者, 謂成王也. 除武王之喪, 將始卽政朝於廟也.

＊전체 1장 11구(閔予小子: 一章, 章十一句).

○ 賦
閔予小子! 遭家不造, 嬛嬛在疚.

閔(민)흔 나 小子ㅣ, 家의 造티 몯홈을 遭(조)ᄒ야, 嬛嬛(경경)히 疚(구)에 在ᄒ니,

불쌍히 여기옵소서, 어린 이 몸을! 집안의 큰 불행을 당하여, 의지할 바 없이 슬픔에 젖어 있습니다.

於乎皇考! 永世克孝!

於乎(오호)ㅣ라, 皇考ㅣ여! 기리 世예 능히 孝ᄒ샷다!

아, 아버님 무왕이시여! 평생을 효로써 마치셨나이다!

【閔】〈毛傳〉에 "閔, 病"이라 하였고, 〈鄭箋〉에는 "閔, 悼傷之言也"라 함. 〈集傳〉에
도 "閔, 病也; 予小子, 成王自稱也"라 함.

【不造】〈毛傳〉에 "造, 爲"라 하였고, 〈鄭箋〉에 "造, 猶成也. 可悼傷乎! 我小子耳.
遭武王崩, 家道未成, 嬛嬛然, 孤特在憂病之中"이라 함. 〈集傳〉에도 "造, 成也"라
함. 아버지 武王이 집안을 다 이루지 못하고 崩御하였음을 말함.

【嬛嬛】惸惸과 같음. 의지할 곳 없이 외로운 것. 〈集傳〉에 "嬛, 與煢同. 無所依怙
之意"라 함.

【疚】〈毛傳〉에 "疚, 病也"라 하였고, 〈集傳〉에는 "疚, 哀, 病也. 匡衡曰:「煢煢在疚」,
言成王喪畢, 思慕意氣, 未能平也.」 蓋所以就文武之業, 崇大化之本也"라 함.

【皇考】돌아가신 父王. 武王을 가리킴. 〈集傳〉에 "皇考, 武王也. 歎武王之終身能
孝也"라 함.

【克】能과 같음. 〈鄭箋〉에 "於乎! 我君考武王, 長世能孝. 謂能以孝行, 爲子孫法度,
使長見行也. 念此君祖文王, 上以直道事天, 下以直道治民, 信無私枉"이라 함.

*〈集傳〉에 "成王免喪, 始朝於先王之廟, 而作此詩也"라 함.

念茲皇祖, 陟降庭止.

이 皇祖를 念홈이, 庭에 陟降(쳑강)툿 ᄒ시니,

이 할아버지 문왕을 생각하오니, 곧은 도로써 오르내리셨듯이,

維予小子, 夙夜敬止!

나 小子ㅣ, 夙夜(슉야)에 敬홀 디엇다!

이 어린 소자는, 밤낮 없이 공경을 다 하오리다!

【茲】〈鄭箋〉에 "茲, 此也"라 함.

【皇祖】〈集傳〉에 "皇祖, 文王也. 承上文言「武王之孝, 思念文王, 常若見其陟降於庭,
猶所謂見堯於牆, 見堯於羹也.」《楚辭》云「三公揖讓, 登降堂只」, 與此文勢正相似,
而匡衡引此句, 顏注亦云:「若神明臨其朝廷」, 是也"라 함.

【陟降】〈鄭箋〉에 "陟降, 上下也"라 함.

【庭】〈毛傳〉에 "庭, 直也"라 함. 그러나 혹 原義 그대로 '뜰'로 풀이하기도 함.

【止】助字. 馬瑞辰 〈通釋〉에 "「陟降庭止」與「夙夜敬止」, 相對成文, 蓋謂文王陟降群
臣, 皆以直道"라 함.

【夙夜敬止】〈鄭箋〉에 "夙, 早; 敬, 愼也. 我小子, 早夜愼行祖考之道. 言不敢懈倦也"

라 함.

於乎皇王! 繼序思不忘!

於乎ㅣ라 皇王이여! 序를 繼홈을 思호야 忘티 몯호리로다!

아, 아버님과 할아버님! 그 뒤를 이을 것을 생각하며 잊지 않겠나이다!

【於乎皇王】〈鄭箋〉에 "於乎! 君王歎文王·武王也"라 하였고, 〈集傳〉에도 "皇王, 兼指文武也. 承上文言「我之所以夙夜敬止者, 思繼此序而不忘耳.」"라 함.

【繼序思不忘】〈毛傳〉에 "序, 緒也"라 하였고, 〈鄭箋〉에 "我繼其緒, 思其所行, 不忘也"라 함.

참고 및 관련 자료

1. 孔穎達 〈正義〉

〈閔予小子〉詩者, 嗣王朝於廟之樂歌也. 謂成王嗣父爲王, 朝於宗廟, 自言當嗣之意. 詩人述其事, 而作此詩歌焉. 此朝廟早晚, 毛無其說, 毛無避居之事, 此朝廟事, 武王崩之明年, 周公卽已攝政成王, 未得朝廟, 且又無政可謀, 此欲夙夜敬愼, 繼續先緒, 必非居攝之年也. 王肅以此篇爲周公致政, 成王嗣位, 始朝於廟之樂歌, 毛意或當然也. 此及〈小毖〉四篇, 俱言嗣王, 文勢相類, 則毛意俱爲攝政之後, 成王嗣位之初, 有此事. 詩人當卽歌之也. 鄭以爲成王, 除武王之喪, 將始卽政, 則是成王十三, 周公未居攝, 於是之時, 成王朝廟, 自言敬愼, 思繼先緒. 〈訪落〉與羣臣共謀敬之, 則羣臣進戒, 文相應和. 事在一時, 則俱是未攝之前, 後至太平之時, 詩人追述其事, 爲此歌也. 〈小毖〉言懲創往時, 則是歸政之後, 元年之事, 以其居攝之日, 抗禮世子; 今始卽政, 周之新王, 故亦與此爲類, 稱嗣王焉. 經云'於乎皇考', 下篇羣臣進謀, 云率時昭考, 皆以武王爲言. 計歲首命, 諸羣廟皆朝, 此特謀政, 故在武王廟也. 此篇王所自言亦是謀政之事, 但謀者與人之辭, 故下篇言謀此, 則獨述王言. 故稱爲朝, 且此三篇一時之事, 似一人之作皆, 因朝廟而有此事. 故首篇言朝以冠之. 〈正義〉曰: 以頌皆成王時事, 故知嗣王爲成王. 〈曲禮〉云:「內事曰孝王某, 外事曰嗣王某.」彼謂祝之, 所言以告神, 因其內外而異稱. 此非告神之辭, 直以嗣續先王, 稱嗣王耳. 古者, 天子崩, 百官聽於冢宰, 世子以三年之內, 不言政事. 此嗣王朝廟, 自謀爲政, 則是卽政之事, 故知除武王喪, 將始卽政, 朝於廟也. 〈曲禮〉稱「天子在喪, 曰予小子」, 若已除喪, 當爲吉稱, 而經言'小子在疚', 爲喪中辭者, 以其服雖除去, 喪日近. 又序其在喪之事, 故仍同喪, 稱言將始卽政者, 始欲卽政先朝於廟. 既朝而卽聽政,故言將也.〈烈文〉箋云「新王卽政, 必以朝享之禮, 祭祖考告嗣位」, 然則除喪朝廟, 亦用朝享之禮祭於廟矣. 序不言祭者, 以作者主述王言, 其意不在於祭, 故略而言 朝, 則祭可知.

2. 朱熹〈集傳〉

〈閔予小子〉, 一章十一句:

此成王除喪, 朝廟所作. 疑後世遂以爲嗣王, 朝廟之樂. 後三篇倣此.

293(周-22) 방락(訪落)

*〈訪落〉:‘訪’은 ‘謀’, 혹 ‘問’의 뜻. ‘落’은 ‘始’의 뜻. “처음으로 군신들에게 묻고 모책을 세우다”의 뜻.
*이 시는 成王이 비로소 정사를 맡게 되자 宗廟에서 群臣들과 앞으로의 통치에 대해 묻고 모책을 세운 내용의 樂歌임.

〈序〉: 〈訪落〉, 嗣王謀於廟也.

〈방락〉은 성왕이 정사를 이어 받자 종묘에서 군신들과 앞으로의 통치에 대해 묻고 모책을 세운 것이다.

〈箋〉: 謀者, 謀政事也.

*전체 1장 12구(訪落:一章, 章十二句).

○ 賦
「訪予落止.」 「率時昭考.」
“내 落(락)에 訪(방)ᄒᆞ야”, “이 昭考를 率ᄒᆞ려 ᄒᆞ나”,
“처음으로 내 묻노라” 하니, “밝으셨던 무왕을 따르소서”라 하도다.

「於乎悠哉! 朕未有艾!
“於乎(오호)ㅣ라, 悠(유)ᄒᆞᆫ 디라, 朕(짐)이 艾(애)티 몯ᄒᆞ리로다!
“아, 참으로 멀고 멀도다! 짐은 아직 경험이 없도다!

將予就之, 繼猶判渙.
쟝ᄎᆞᆺ 날로 就ᄒᆞᆯ 디나, 繼ᄒᆞᆷ이 오히려 判渙(판환)ᄒᆞ도다.
장차 내 그 길로 나서려니와, 뒤를 이음이 그래도 너무 허술하도다.

維予小子, 未堪家多難.
나 小子ㅣ, 家의 多難을 堪(감)티 몯ᄒᆞ니,

나 이 어린 소자는, 국가의 많은 어려움을 감당할 수 없으리니,

紹庭上下, 陟降厥家.

庭에 上下ᄒᆞ며, 그 家에 陟降홈을 紹(쇼)ᄒᆞ야,

뜰에 오르내리며, 문왕께서 군신들에게 했던 대로 이어받으면,

休矣皇考, 以保明其身!」

休ᄒ신 皇考로, 써 그 身을 保ᄒ며 明홀 디엇다!」

훌륭하신 무왕께서, 이 몸을 밝게 지켜주시리!」

【訪落】〈毛傳〉에 "訪, 謀;落, 始"라 하였고, 〈集傳〉에 "訪, 問;落, 始"라 함. 郝懿行 〈義疏〉에 "落, 本殞墜之義, 故云殞落. 此訓'始'者, 始終代嬗, 榮落互根"이라 함.

【率時昭考】'率'은 따름. '時'는 是와 같음. 〈毛傳〉에 "時, 是;率, 循"이라 함. '昭'는 〈鄭箋〉에 "昭, 明"이라 함. '考'는 武王. 〈鄭箋〉에는 이 구절이 成王과 群臣 사이 의 문답이라 하였음.

【悠哉】〈毛傳〉과 〈集傳〉에 "悠, 遠也"라 함.

【艾】'數', '乂'와 같음. 헤아림. 다스림. 〈鄭箋〉에 "艾, 數"라 하였고, 〈集傳〉에 "艾, 如夜未艾之艾"라 함. 그러나 《爾雅》에 "艾, 歷也"라 하여, '未艾'는 '아직 경험이 없음'의 뜻으로 봄이 타당할 듯함.

【猶】〈毛傳〉에 "猶, 道"라 함.

【判渙】〈毛傳〉과 〈集傳〉에 "判, 分;渙, 散也"라 함. 〈卷阿〉의 '半奐'과 같음. 廣大하 거나 분산됨, 허술함을 뜻하는 疊韻連綿語. 陳奐〈傳疏〉에 "判渙, 疊韻連綿字. 判從半聲, 故云分也"라 함. 〈鄭箋〉에 "猶, 圖也. 成王始卽政, 自以承聖父之業, 懼 不能遵其道德, 故於廟中與羣臣, 謀我始卽政之事. 羣臣曰:「當循是明德之考所施 行.」故答之以謙曰:「於乎, 遠哉! 我於是未有數言, 遠不可及也. 若扶將我, 就其曲 法而行之, 繼續其業, 圖我所失分散者, 收斂之.」"라 함.

【未堪家多難】〈鄭箋〉에 "多, 衆也. 我小子耳, 未任統理國家, 衆難成之事, 必有任賢, 待年長大之志, 難成之事, 謂諸政有業, 未平者"라 함.

【紹】〈鄭箋〉에 "紹, 繼也"라 함.

【厥家】文王 때의 群臣들을 가리킴. 〈鄭箋〉에 "厥家, 謂羣臣也. 繼文王陟降庭止 之道, 上下羣臣之職, 以次序者"라 함. 이는 文王이 했던 일을 떠올린 것임. 앞장 〈閔予小子〉의 注를 참조할 것.

【休矣皇考】〈鄭箋〉에 "美矣! 我君考武王, 能以此道, 尊安其身. 謂定天下, 居天子之

位"라 함. '皇考'는 武王.

【保明】〈集傳〉에 "保, 安; 明, 顯也"라 함. '保明'은 '明保'의 도치형. 陳奐〈傳疏〉에
"〈烝民〉篇云:「旣明且哲, 以保其身.」 保明, 猶明保也"라 함.

＊〈集傳〉에 "○成王旣朝於廟, 因作此詩, 以道延訪羣臣之意. 言「我將謀之於始, 以
　循我昭考武王之道. 然而其道遠矣, 予不能及也. 將使予勉强以就之, 而所以繼之
　者. 猶恐其判渙而不合也, 則亦繼其上下於庭, 陟降於家, 庶幾賴皇考之休, 有以
　保明吾身而已矣.」라 함.

参고 및 관련 자료

1. 孔穎達〈正義〉
〈訪落〉詩者, 嗣王謀於廟之樂歌也. 謂成王旣朝廟, 而與羣臣謀事. 詩人述之而爲
此歌焉.

2. 朱熹〈集傳〉
〈訪落〉, 一章十二句:
　說同上篇.

294(周-23) 경지(敬之)

*〈敬之〉:'공경스럽게 하라'의 뜻.
*이 시는 成王이 정사를 맡게 되자 군신들이 성왕에게 '敬'을 우선으로 삼을 것을 箴戒로 올린 악가임.

<序>: <敬之>, 羣臣進戒嗣王也.

〈경지〉는 군신들이 성왕에게 箴戒를 올린 것이다.

*전체 1장 12구(敬之: 一章, 章十二句).

○ 賦

「敬之敬之! 天維顯思, 命不易哉!

"敬(경)홀 디어다, 敬홀 디어다! 天이 顯혼 디라, 命이 易(이)티 아니니,

"공경스럽게 공경스럽게 하소서! 하늘은 밝게 드러나, 천명은 쉽게 보존할 수 없는 것입니다!

無日高高在上.

高高ᄒ야 上의 잇다 니ᄅ디 말 디어다.

하늘은 높고 높은 저 위에 있다 말하지 마소서.

陟降厥士, 日監在兹!」

그 士(ᄉ)에 陟降ᄒ야, 日로 監(감)ᄒ야 이예 겨시니라!"

일마다 오르내리시며, 날마다 이곳을 살피고 계십니다!"

【顯思】顯은 밝게 드러남. 훤히 보고 있음. '思'는 助字. 〈毛傳〉에 "顯, 見"이라 하였고, 〈鄭箋〉에 "顯, 光"이라 함. 〈集傳〉에는 "顯, 明也; 思, 語辭也"라 함.
【命不易哉!】天命은 쉽게 보존할 수 없는 것임.
【陟降厥士】'士'는 〈毛傳〉과 〈集傳〉에 "士, 事也"라 함. 그러나 馬瑞辰 〈通釋〉에는 "陟降, 猶言升降. '士', 當讀如士民之士, 謂群臣之通稱"이라 함.

【日監在玆】〈鄭箋〉에 "監, 視也. 羣臣見王謀卽政之事, 故因時戒之曰:「敬之哉! 敬
之哉! 天乃光明, 去惡與善, 其命吉凶, 不變易也. 無謂『天高又高, 在上遠人而不畏
也』. 天上下其事, 謂轉運日月, 施其所行, 日月瞻視近, 在此也.」"라 함.

*〈集傳〉에 "○成王受羣臣之戒而述其言曰:「敬之哉敬之哉! 天道甚明, 其命不易
保也. 無謂其高而不吾察. 當知其聰明, 明畏常若陟降於吾之所爲, 而無日不臨監
於此者, 不可以不敬也.」"라 함.

「維予小子, 不聰敬止.

"나 小子ㅣ, 聰(총)ᄒᆞ야 敬디 몯ᄒᆞ나,

"나 어린 소자는, 총명스럽게 공경을 다하지 못하나,

日就月將, 學有緝熙于光明.

日로 就ᄒᆞ며 月로 將ᄒᆞ야, 學이 緝(즙)ᄒᆞ야 熙ᄒᆞ야 光明홈이 이시며,

날로 나아가고 달로 나아져, 더욱 밝고 밝게 광명에 넓어짐이 있도록
하리니,

佛時仔肩, 示我顯德行!」

이 仔肩(ᄌᆞ견)을 佛(필)ᄒᆞ야, 내게 顯ᄒᆞᆫ 德行으로 示홀 디니라!"

그대들은 이 임무를 수행할 수 있도록 나를 도와, 드러난 덕행을 내게
보여줄지니라!"

【維予小子】〈毛傳〉에 "小子, 嗣王也"라 하여 成王 자신을 가리킴.
【日就月將】날로 나아가고 달로 나아짐. '就'는 《廣雅》에 "就, 久也"라 함. '將'은
〈毛傳〉에 "將, 行也"라 하였고, 〈集傳〉에는 "將, 進也"라 함. 馬瑞辰〈通釋〉에는
"日就月將, 謂日久月長, 猶言日積月累耳"라 함.
【學有緝熙于光明】〈鄭箋〉에 "緝熙, 光明也"라 하였고, 〈毛傳〉에 "光, 廣也"라 함.
【佛時仔肩】'佛'은 弼과 같음. '필'로 읽음. '仔肩'은 능히 그 任務를 遂行해 냄.《說
文》에 "仔, 克也"라 하였고, 《爾雅》에 "肩, 克也"라 함. '時'는 是. 〈毛傳〉에 "佛, 大
也; 仔肩, 克也"라 하였고, 〈鄭箋〉에 "佛, 輔也; 時, 是也; 仔肩, 任也"라 함. 〈集傳〉
에는 "佛, 弼通; 仔, 肩任也"라 함.
【示我顯德行】〈鄭箋〉에 "羣臣戒成王以「敬之敬之」, 故承之以謙云:「我小子耳, 不聰
達於敬之之意. 日就月行, 言當習之以積漸也. 且欲學於有光明之光明者, 謂賢中之

賢也. 輔佛是任, 示道我以顯明之德行, 是時自知未能成文武之功·周公始有居攝之志.」라 하였고, 〈集傳〉에 "此乃自爲答之之言, 曰:「我不聰而未能敬也. 然願學焉, 庶幾日有所就, 月有所進, 續而明之以至於光明. 又賴羣臣輔助我所負荷之任, 而示我以顯明之德行, 則庶乎其可及爾!」라 함.

참고 및 관련 자료

1. 孔穎達 〈正義〉

〈敬之〉詩者, 羣臣進戒嗣王之樂歌也. 謂成王朝廟, 與羣臣謀事, 羣臣因在廟, 而進戒嗣王. 詩人述其事, 而作此歌焉.

295(周-24) 소비(小毖)

*〈小毖〉: 작은 일에도 삼감.
*이 시는 성왕이 정치를 맞게 되자 신하들에게 자신을 잘 돕도록 권면한 것임.

<序>: <小毖>, 嗣王求助也.

〈소비〉는 성왕이 도움을 구한 것이다.

〈箋〉: 毖, 愼也. 天下之事, 當愼其小. 小時而不愼, 後爲禍大. 故成王求忠臣, 早輔助已, 爲政以救患難.

*전체 1장 8구(小毖: 一章, 章八句).

○ 賦

予其懲, 而毖後患.

내 그 懲(징)혼 디라, 後ㅅ 患(환)이나 毖(비)홀가?

내 앞서 겪은 일 징계하면, 뒷날 후환을 미리 삼갈 수 있을까?

莫予莽蜂, 自求辛螫!

내 蜂(봉)을 莽(병)티 마롤 디랏다, 스스로 辛螫(신셕)을 求홈이로다!

나를 악한 곳으로 끌고 들어가지 말라, 스스로 벌에 쏘이는 아픔을 요구하랴!

肇允彼桃蟲, 拚飛維鳥!

肇(죠)애 뎌 桃蟲(도츙)이라 믿다니, 拚(반)히 飛ᄒ니 鳥ㅣ로다!

처음에는 진실로 저 뱁새 작다고 여겼더니, 날아오르니 큰 새로 컸도다!

未堪家多難, 予又集于蓼!

家의 多難을 堪티 몯ᄒ거늘, 내 쏘 蓼(료)에 集호라!

국가의 많은 어려움을 감당치 못하거늘, 내 또 독초를 모아들이랴!

【懲】지난날 잘못을 징계하여 경계로 삼음. 〈鄭箋〉에 "懲, 艾也"라 함. 〈鄭箋〉에
三監의 亂을 가리키는 것이라 하였음.

【毖】삼감. 〈毛傳〉에 "毖, 愼也"라 하였고, 〈集傳〉에 "懲, 有所傷而知戒也; 毖, 愼"
이라 함. 〈諺解〉에는 이 구절을 疑問文으로 풀어 이를 따랐음.

【莾蜂】〈毛傳〉에 "莾蜂, 摩曳也"라 하여 '끌고 다니다'의 雙聲連綿語로 보았으나,
〈集傳〉에는 "莾, 使也; 蜂, 小物而有毒"이라 하여, '작은 벌에게 사역을 당하다'의
뜻으로 보았음. '莾'은 使役의 뜻. '蜂'은 〈諺解〉物名에 "蜂:벌"이라 함. 그러나 馬
瑞辰 〈通釋〉에는 "〈釋文〉引孫炎曰:「謂相挈曳入于惡也.」"라 하여 벌과는 관련이
없음. '屛蓬', '幷封' 등으로도 표기하며 '악한 곳으로 끌고 들어가다'의 뜻을 표
현하는 雙聲連綿語임.

【自求辛螫】'辛'은 辛毒. '螫'은 벌에 쏘임. 그러나 陳奐 〈傳疏〉에는 "〈釋文〉引《韓
詩》作'辛赦', 云:「赦, 事也.」辛事, 謂辛苦之事也"라 함. 한편 〈鄭箋〉에는 "始者, 管
叔及其羣弟, 流言於國. 成王信之而疑周公, 至後三監叛而作亂. 周公以王命擧兵
誅之, 歷年乃已. 故今周公歸政, 成王受之, 而求賢臣以自輔助也. 曰:「我其創艾於
往時矣. 畏愼後復有禍難, 羣臣小人無敢我摩曳.」謂爲譖詐誑欺, 不可信也. 汝如
是, 徒自求辛苦毒螫之害耳. 謂將有刑誅"라 하여, '三監之亂'을 이유로 들었음.

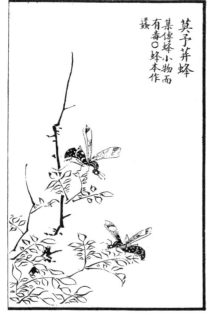

【肇允】〈集傳〉에 "肇, 始; 允, 信也"라 함.

【桃蟲】뱁새. 鷦鷯. 아주 작은 새. 〈諺解〉 物名에는 "桃蟲:뱁새"라 함. 〈毛傳〉에 "桃蟲, 鷦也. 鳥之始小, 終大者"라 하였고, 〈集傳〉에도 "桃蟲, 鷦鷯. 小鳥也"라 함. 〈鄭箋〉에는 "肇, 始; 允, 信也. 始者信以彼管蔡之屬, 雖有流言之罪, 如鷦鳥之小, 不登誅之. 後反叛而作亂, 猶鷦之翻飛爲大鳥也. 鷦之所爲鳥, 題肩也. 或曰鴟, 皆惡聲之鳥"라 함.

【拼】나는 모양. '翻'(飜)과 같음. 〈集傳〉에 "拼, 飛貌"라 함.

【鳥】큰 새. 뱁새가 독수리를 낳는다는 옛말이 있음. 〈集傳〉에 "鳥, 大鳥也. 鷦鷯之雛, 化而爲鵰, 故古語曰「鷦鷯生鵰」, 言始小而終大也"라 함.

【未堪】〈毛傳〉에 "堪, 任"이라 함.

【予又集于蓼】〈毛傳〉에 "予, 我也. 我又集于蓼, 言辛苦也"라 하였고, 〈鄭箋〉에는 "集, 會也. 未任統理我國家, 衆難成之事. 謂使周公居攝時也. 我又會於辛苦, 遇三監及淮夷之難也"라 함. '蓼'는 여뀌. 毒草. 혹 '瘳'의 假借字로 보기도 함. 〈集傳〉에 "蓼, 辛苦之物也"라 함.

*〈集傳〉에 "○此亦〈訪落〉之意, 成王自言:「予何所懲而謹後患乎? 荓蜂而得辛螫, 信桃蟲而不知其能爲大鳥.」此其所當懲者, 蓋指管蔡之事也. 然我方幼沖, 未堪多難, 而又集于辛苦之地, 羣臣奈何捨我, 而弗助哉?"라 함.

참고 및 관련 자료

1. 孔穎達 〈正義〉

〈小毖〉詩者, 嗣王求助之樂歌也. 謂周公歸政之後, 成王初始嗣位, 因祭在廟, 而求羣臣助己. 詩人述其事而作此歌焉. 經言創艾往過, 戒愼將來, 是求助之事也. 毛以上三篇, 亦爲歸政後事, 於〈訪落〉言謀於廟, 則進戒求助, 亦在廟中, 與上一時之事. 鄭以上三篇, 居攝之前, 此在歸政之後, 然而頌之大列, 皆由神明而興此, 蓋亦因祭在廟而求助也. 〈正義〉曰:毖, 愼. 〈釋詁〉文. 箋以經文, 無'小'字, 而名曰「小毖」, 故解其意. 此意出於「允彼桃蟲, 翻飛維鳥」而來也. 言早輔助者, 初嗣王位而卽求之, 是其早也.

2. 朱熹 〈集傳〉

〈小毖〉, 一章八句:

蘇氏曰:「〈小毖〉者, 謹之於小也. 謹之於小, 則大患無由至矣.」

296(周-25) 재삼(載芟)

＊〈載芟〉: '풀을 뽑기 시작함'.
＊이 시는 성왕 때 개간과 경작, 수확, 제사 등의 과정을 노래한 악가임.

〈序〉: 〈載芟〉, 春籍田而祈社稷也.

〈재삼〉은 봄에 籍田(백성의 힘을 빌려 농사를 함)을 시작하면서 社稷 神에게 기도하던 악가이다.

〈箋〉: 籍田, 甸師氏所掌. 王載耒耜, 所耕之田. 天子千畝, 諸侯百畝, 籍之言借也. 借民力治之, 故謂之籍田.

＊전체 1장 31구(載芟: 一章, 章三十一句).

○ 賦
載芟載柞, 其耕澤澤!

곧 芟(삼)하며 곧 柞(작)하니, 그 耕(경)이 澤澤(석석)하도다!

풀베기를 시작하고 나무 뽑기 시작하고 나니, 그 밭 갈면 흙이 부드러워지도다!

千耦其耘, 徂隰徂畛!

千耦(천우)ㅣ 그 耘(운)하니, 隰에 徂(조)하며 畛(진)에 徂하놋다!

천 명이 짝을 이루어 김을 매니, 새로 일군 밭으로 묵은 밭으로 나서도다!

【載】〈鄭箋〉에 "載, 始也"라 하여 일을 시작함.
【芟柞】除草를 '芟', 除木을 '柞'이라 함. 〈毛傳〉에 "除草曰芟, 除木曰柞"이라 하였고, 〈集傳〉에도 "除草曰芟, 除木曰柞. 〈秋官〉「柞氏掌攻草木」, 是也"라 함.
【澤澤】흙이 흩어짐. 부드러워짐. 〈集傳〉에 "澤澤, 解散也"라 함.

【耦】짝. 둘씩 짝을 지어 농사일을 함.
【耘】〈集傳〉에 "耘, 去苗間草也"라 함.
【徂】나섬. 감.
【隰·畛】〈毛傳〉에 "畛, 場也"라 하였으나, 〈鄭箋〉에는 "隰, 謂新發田也;畛, 謂舊田"이라 하여, '隰'은 새로 일군 밭. '畛'은 묵은 밭이라 함. 그러나 〈集傳〉에는 "隰, 爲田之處也;畛, 田畔也"라 하여 밭이 있는 곳과 밭두둑이라 함.

侯主侯伯, 侯亞侯旅,

主와 伯과, 亞와 旅와,

가장과 장자, 그리고 중숙과 자제들 모두 나와,

侯彊侯以, 有嗿其饁,

彊과 以왜, 그 饁(엽)을 嗿(탐)ᄒ노소니,

강하게 힘을 써서 밭일을 하다가, 실어온 새참을 모여서 먹네.

思媚其婦, 有依其士.

그 婦를 媚(미)ᄒ며, 그 士(ᄉ)를 依ᄒ야,

그 며느리는 순하고, 그 지애비에게 사랑을 받으니,

有略其耜, 俶載南畝!

略(략)ᄒ 그 耜(ᄉ)로, 비로소 南畝(남모)에 載(지)ᄒ놋다!

날카로운 보습을 들어, 비로소 남쪽의 밭일을 시작하도다!

【侯】發語辭.
【主·伯】〈毛傳〉과 〈集傳〉에 "主, 家長也;伯, 長子也"라 함.
【亞·旅】〈毛傳〉에 "亞, 仲叔也;旅, 子弟也"라 하였고, 〈集傳〉에 "亞, 仲叔也;旅, 衆子弟也"라 함.
【彊以】〈毛傳〉에 "强(彊), 强(彊)力也;以, 用也"라 하였고, 〈鄭箋〉에는 "有徑路者, 强有餘力者.《周禮》曰:「以强予任民以謂閒民.」今時傭賃也. 春秋之義, 能東西之. 曰以成王之時, 萬民樂治田業, 將耕先始芟柞, 其草木土氣烝達而和. 耕之, 則澤澤然解散. 於是耘除其根株, 輩作者千耦. 言趨時也. 或往之隰, 或往之畛, 父子餘夫, 俱行强有餘力者, 相助又取傭, 賃務疾畢已, 當種也"라 함. 〈集傳〉에는 "彊, 民之有

餘力而來助者. 遂人所謂以彊予任畎者也. 能左右之曰:「以太宰, 所謂聞民轉移執事者.」若今時備力之人, 隨主人所左右者也"라 함.

【饁】〈毛傳〉에 "饁, 衆貌"라 하였고, 〈集傳〉에 "饁, 衆飮食聲也"라 함.

【饁】들점심, 새참. 〈鄭箋〉에 "饁, 饋饟也"라 함.

【思媚其婦】'思'는 助字. '媚'는 〈集傳〉에 "媚, 順"이라 함.

【有依其士】'依'는 〈鄭箋〉에 "依之言愛也. 婦子來饋饟其農人於田野, 乃逆而媚愛之. 言勸其事, 勞不自苦"라 함. '士'는 〈毛傳〉에 "士, 子弟也"라 하였고, 〈集傳〉에는 "依, 愛; 士, 夫也. 言餉婦與耕夫, 相慰勞也"라 함.

【略】〈毛傳〉과 〈集傳〉에 "略, 利也"라 함.

【俶載】〈鄭箋〉에 "俶載, 當作熾菑"라 하여 묵은 밭을 태움이라 하였으나, 〈集傳〉에는 "俶, 始; 載, 事也"라 함.

播厥百穀, 實函斯活.

그 百穀을 播ᄒ(파)야, 實이 函(함)ᄒ야 이예 活ᄒ니,

온갖 곡식 씨를 뿌리니, 그 종자들 생기를 머금고 부풀어 오르니,

驛驛其達, 有厭其傑.

驛驛(역역)히 그 達ᄒ며, 厭(염)ᄒ 그 傑이며,

새싹 땅을 뚫고 솟아올라, 먼저 나온 것들부터 싱싱해지니,

厭厭其苗, 緜緜其麃.

厭厭ᄒ 그 苗(묘)ㅣ며, 緜緜(면면)ᄒ 그 麃(표)ㅣ로다.

나란히 자라 오른 그 싹들, 빈틈없이 김매기를 해 주도다.

【播】〈鄭箋〉에 "播, 猶種也"라 함.

【實函斯活】〈鄭箋〉에 "實, 種子也; 函, 含也; 活, 生也. 農夫旣耘除草木根株, 乃更以利耜熾菑之, 而後種其種, 皆成好含生氣"라 하였고, 〈集傳〉에도 "函, 含; 活, 生也. 旣播之, 其實含氣而生也"라 함.

【驛驛】〈集傳〉에는 "驛驛, 苗生貌"라 함.

【達】〈毛傳〉에 "達, 射也"라 하였으나, 〈鄭箋〉에 "達, 出地也"라 하였고, 〈集傳〉에도 "達, 出土也"라 함.

【有厭其傑】〈毛傳〉에 "「有厭其傑」, 言傑苗厭然, 特美也"라 하였고, 〈鄭箋〉에 "傑,

先長者"라 하였으며, 〈集傳〉에도 "厭, 受氣足也; 傑, 先長者也"라 함. '厭'은 기운을 받음이 足한 것. '傑'은 먼저 자란 것.

【壓壓其苗】〈鄭箋〉에 "厭厭其苗", 衆齊等也"라 하여, 여러 싹이 가지런하게 자람.

【緜緜】빈틈없이. 〈集傳〉에 "緜緜, 詳密也"라 함.

【麃】김을 맴. 〈毛傳〉과 〈集傳〉에 "麃, 耘也"라 함.

載穫濟濟, 有實其積,

곧 穫(확)홈을 濟濟히 ᄒᆞ니, 實ᄒᆞᆫ 그 積(ᄌ)ㅣ,

수확을 시작하니 무리를 이룬 일꾼들, 잘 여문 이삭을 쌓아 올린 노적가리,

萬億及秭, 爲酒爲醴,

萬이며 億이며 밋 秭(ᄌ)ㅣ어늘, 酒를 ᄒᆞ며 醴를 ᄒᆞ야,

만억을 넘어 그 이상, 이로써 술을 만들고 단술을 빚어,

烝畀祖妣, 以洽百禮!

祖妣씌 烝畀(증비)ᄒᆞ야, 뻐 百禮를 洽(흡)ᄒᆞ놋다!

조상의 사당에 바쳐 올리니, 온갖 예에 다 합당하도다!

【濟濟】〈毛傳〉에 "濟濟, 難也"라 하였고, 〈鄭箋〉에 "難者, 穗衆難進也"라 함. 그러나 〈集傳〉에는 "濟濟, 人衆貌"라 하여 '일꾼들이 많은 모습'이라 하였음.

【實·積】〈鄭箋〉에 "有實, 實成也"라 하였고, 〈集傳〉에 "實, 積之實也; 積, 露積也"라 함. 그러나 '積'는 〈音義〉에 '자'(子賜反)로 읽음.

【秭】億의 億倍의 단위. '同秭'의 '秭'는 억만 배의 많은 수확을 뜻함. 〈鄭箋〉에 "其積之, 乃「萬億及秭」, 言得多也"라 함.

【烝畀】祭物을 바치며 제사지냄. 〈鄭箋〉에 "烝, 進; 畀, 予"라 함.

【祖妣】조상들.

【以洽百禮】〈鄭箋〉에 "洽, 合也. 進于祖妣, 謂祭先祖先妣也; 以洽百禮, 謂饗燕之屬"이라 함.

有飶其香, 邦家之光.

飶(필)이 그 香ᄒᆞ니, 邦家의 光홈이며,

그 향내 좋은 술은, 나라 안의 영광이며,

有椒其馨, 胡考之寧!

椒(쵸)ㅣ 그 馨(형)ᄒ니, 胡考(호고)의 寧홈이로다!

향내 좋고 냄새 좋은 그 술, 장수의 복을 누릴 편안함이로다!

匪且有且, 匪今斯今, 振古如茲!

이예 이 이실ᄲᅢᆫ 아니며, 이제 이제 ᄲᅢᆫ이 아니라, 振古(진고)로 이ᄀᆞᆮ도다!

여기만 이러한 큰 수확이 있는 것이 아니며, 지금만 그런 것이 아니라,
예로부터 이러하였느니라!

【馤】〈毛傳〉에 "馤, 芬香也"라 하였고, 〈集傳〉에는 "馤, 芬香也. 未詳何物"이라 함.
〈鄭箋〉에는 "芬香之酒醴, 饗燕賓客, 則多得其歡心, 於國家有榮譽"라 함.

【邦家】온 나라 안 모두.

【椒】〈毛傳〉에 "椒, 猶馤也"라 함. 꽃다운 향기.

【胡】〈毛傳〉에 "胡, 壽也;考, 成也"라 하였고, 〈集傳〉에는 "胡, 壽也. 以燕享賓客,
則邦家之所以光也;以共養耆老, 則胡考之所以安也"라 함.

【寧】〈鄭箋〉에 "寧, 安也. 以芬香之酒醴, 祭於祖妣, 則多得其福右"라 함.

【匪】〈鄭箋〉에 "匪, 非也"라 함.

【且】〈毛傳〉과 〈集傳〉에 "且, 此也"라 함. '且는 此'. 이곳에만 큰 수확을 이룬 것이
아님.

【匪今斯今】지금만 이러한 것이 아님.

【振】〈毛傳〉에 "振, 自也"라 하였으나, 〈鄭箋〉에 "振, 亦古也"라 하였고, 〈集傳〉에
는 "振, 極也. 言「非獨此處, 有此稼穡之事;非獨今時, 有今豐年之慶. 蓋自極古以
來, 已如此矣.」 猶言自古有年也"라 함. 따라서 '振古'는 '自古', '極古', '太古'의 뜻.
〈鄭箋〉에 "饗燕祭祀, 心非云且而有且. 謂將有嘉慶禎祥, 先來見也. 心非云今而有
此, 今謂嘉慶之事, 不聞而至也. 言修德行禮, 莫不獲報, 乃古古而如此, 所由來者,
久非適今時"라 함.

참고 및 관련 자료

1. 孔穎達 〈正義〉
〈載芟〉詩者, 春籍田而祈社稷之樂歌也. 謂周公·成王太平之時, 王者於春時, 親耕

籍田以勸農業. 又祈求社稷, 使獲其年豐歲稔. 詩人述其豐熟之事, 而爲此歌焉. 經陳下民樂治田業, 收穫弘多, 釀爲酒醴, 用以祭祀, 是由王者, 耕籍田祈社稷, 勸之使然. 故序本其多種所由, 言其作頌之意. 經則主說年豐, 故其言不及籍社, 所以經序有異也. 〈月令〉:「孟春天子躬耕帝籍, 仲春擇元日命民人社.」〈大司馬〉:「仲春教振旅, 遂以蒐田, 獻禽以祭社.」然則天子祈社, 亦以仲春, 與耕籍異月, 而連言之者, 雖則異月, 俱在春時, 故以春總之. 〈祭法〉云:「王爲羣姓立社曰泰社, 王自爲立社曰王社.」此二社, 皆應以春祀之, 但此爲百姓祈祭, 文當主於泰社, 其稷與社, 共祭亦當謂泰社·社稷焉. 〈正義〉曰:〈天官〉:「甸師掌耕耨王籍.」〈月令〉孟春云:「天子親載耒耜, 躬耕帝籍.」是籍田者, 甸師所掌王所耕也. 天子千畝, 諸侯百畝. 〈祭義〉文王親耕者, 一人, 獨發三推而已. 借民力使終治之, 故謂之籍田也. 〈月令〉說耕籍之事, 云天子三推, 公五推, 卿諸侯九推. 〈周語〉說耕籍之事, 云「王耕一發班三之. 庶人終於千畝」, 韋昭云:「王無耦, 以一耜耕. 班, 次也; 三之者, 下各三其上, 王一發, 公三卿九大夫二十七」, 然則每耕人數, 如〈周語〉其推之數, 如〈月令〉則王一人發而三推, 公三人發各五推, 卿九人發各九推, 大夫推數則無. 文因以三孤, 并六卿, 是爲九其大夫, 雖多見相三之數, 取二十七人, 爲之耳. 其士蓋八十一人爲之耳. 〈月令〉止有卿, 而韋昭兼言大夫, 明亦宜有士也. 庶人終於千畝, 謂甸師之屬徒也. 〈天官〉序云:「甸師下士一人, 府一人, 史二人, 胥三十人, 徒二百人.」其職云:「掌帥其屬, 而耕耨王籍」, 注云:「其屬府史胥徒也. 耨, 芸芓也. 王以孟春躬耕帝籍, 天子三推, 三公五推, 卿諸侯九推, 庶人終於千畝. 庶人謂徒三百人.」籍之言借也. 王一耕之, 而使庶人芸芓終之. 是借民者, 謂借此甸師之徒也. 王者役人, 自是常事, 而謂之借者, 言此田耕耨, 皆當王親爲之. 但以聽政治民, 有所不暇, 故借人之力, 以爲己功, 是以謂之借也. 《漢書》孝文「元年開籍田」, 應劭曰:「籍田千畝, 典籍之田. 臣瓚案:景帝詔曰:『朕親耕后親桑, 率天下先本. 不得以假借爲稱.』而鄭以爲借民力者, 凡言典籍者, 謂作事設法書而記之. 或復追述前言, 號爲典法, 此籍田在於公地, 歲歲耕墾, 此乃當時之事. 何故以籍爲名? 若以事載典籍, 卽名籍田, 則天下之事, 無非籍矣. 何獨於此偏得籍名? 瓚見親耕之, 言卽云不得假借, 豈籍田千畝者, 天子親耕之乎? 聖王制法, 爲此籍田者, 萬民之業, 以農爲本, 五禮之事, 唯祭爲大, 以天子之貴, 親執耒耜, 所以勸農業也. 祭之所奉, 必用己力, 所以敬明神也. 〈祭義〉云:「天子爲籍千畝, 躬秉耒耜, 以事天地山川社稷.」先古以爲醴酪, 粢盛於是乎? 取之敬之, 至也. 是說籍田之意也.

2. 朱熹〈集傳〉

〈載芟〉, 一章三十一句:

此詩未詳所用, 然辭意與〈豐年〉相似, 其用應亦不殊.

297(周-26) 양사(良耜)

*〈良耜〉: 좋은 보습.
*이 시는 가을 수확을 마치고 社稷의 신에게 제사를 올리면서, 풍년을 감사히 여겨 읊은 樂歌임.

<序>: <良耜>, 秋報社稷也.

〈양사〉는 가을의 수확을 사직 신에게 보고할 때의 악가이다.

*전체 1장 23구(良耜: 一章, 章二十三句).

○ 賦
畟畟良耜, 俶載南畝.

畟畟(측측)혼 良耜(량사)로, 비로소 南畝(남모)에 載(지)ᄒ야,

측측하는 보습질 소리, 남쪽 밭에서 농사일 시작하여,

播厥百穀, 實函斯活!

그 百穀을 播(파)ᄒ니, 實이 函(함)ᄒ야 이에 活ᄒ놋다!

온갖 곡식 씨를 뿌리니, 씨앗이 물기 머금고 살아나네!

或來瞻女, 載筐及筥, 其饟伊黍!

或 來ᄒ야 너를 瞻ᄒ니, 곧 筐(광)과 밋 筥(거)ㅣ로소니, 그 饟(샹)이 黍ㅣ로다!

혹 여인들 오는 모습 보니, 광주리를 메고 오는 것은, 점심으로 먹여줄 기장밥이로다!

其笠伊糾, 其鎛斯趙, 以薅荼蓼!

그 笠(립)이 糾(규)ᄒ며, 그 鎛(박)으로 이예 趙(죠)ᄒ노소니, 뻐 荼蓼(도료)를 薅(호)ᄒ놋다!

삿갓은 가볍게 비껴쓰고, 호미로 푹푹 파헤쳐, 씀바귀와 여뀌풀을 뽑아내도다!

荼蓼朽止, 黍稷茂止!

荼蓼] 朽(후)하니, 黍稷이 茂(무)하놋다!

씀바귀와 여뀌풀 썩어가니, 기장과 피가 더욱 잘 자라도다!

【畟畟】 '測測'과 같음. 보습으로 깊이 가는 소리. 〈毛傳〉에 "畟畟, 猶測測也"라 하였고, 〈集傳〉에는 "畟畟, 嚴利也"라 함.

【良】 〈鄭箋〉에 "良, 善也"라 함.

【俶·載】 두 글자 모두 '시작하다'의 뜻. 〈鄭箋〉에 "農人測測, 以利善之耜熾菑, 是南畝也"라 함.

【播厥百穀】 〈鄭箋〉에 "種此百穀, 其種皆成好"라 하였고, 〈集傳〉에 "說見前篇"이라 함.

【實函斯活】 〈鄭箋〉에 "含生氣. 言得其時"라 함.

【或來瞻女】 〈鄭箋〉에 "瞻, 視也. 有來視女, 謂婦子來饁者也"라 하였고, 〈集傳〉에는 "「或來瞻女」, 婦子之來饁者也"라 함.

【筐·筥】 〈鄭箋〉에 "筐·筥, 所以盛黍也. 豐年之時, 雖賤者, 猶食黍饁者"라 하였고, 〈集傳〉에 "筐·筥, 饟具也"라 함.

【饟】 우리에게 먹여줄 음식. 참. 새참.

【笠】 삿갓. 〈毛傳〉에 "笠所以禦暑雨也"라 함.

【糾】 〈集傳〉에 "糾然, 笠之輕擧也"라 함.

【鎛】 호미.

【趙】 〈毛傳〉과 〈集傳〉에 "趙, 刺也"라 하여, 땅을 팜.

【嫭】 뽑아 없앰. 〈集傳〉에 "嫭, 去也"라 함. '호'(呼毛反)로 읽음.

【荼蓼】 씀바귀와 여뀌풀. 여기서는 잡초를 뜻함. 〈毛傳〉에 "蓼, 水草也"라 하였고, 〈集傳〉에도 "荼, 陸草; 蓼, 水草. 一物而有水陸之異也. 今南方人, 猶謂

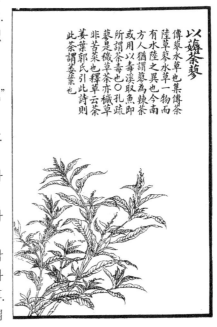

蓼爲'辣茶', 或用以毒溪取魚, 卽所謂'茶毒'也"라 함. 〈鄭箋〉에는 "見載糾然之笠,
以田器刺地, 薅去茶蓼之事. 言閔其勤苦"라 함.
【朽止】〈集傳〉에 "毒草朽, 則土熟而苗盛"이라 함.

穫之挃挃, 積之栗栗.

穫(확)홈을 挃挃(질질)히 ᄒᆞ며, 積(젹)홈을 栗栗히 ᄒᆞ니,

낫질 삭삭 베어내니, 쌓은 곡식 많고 많도다.

其崇如墉, 其比如櫛, 以開百室!

그 崇(슝)이 墉(용)ᄀᆞᆮᄐᆞ며, 그 比(비)ㅣ 櫛(즐)ᄀᆞᆮᄐᆞ니, 뻐 百室을 開ᄒᆞᆺ다!

그 높은 것이 성벽 같으며, 그 즐비함은 빗살 같아, 우리 동네 모든 집
이 광문을 열도다!

百室盈止, 婦子寧止.

百室이 盈(영)ᄒᆞ니, 婦子ㅣ 寧ᄒᆞᆺ다.

집집마다 모든 광을 가득 채우니, 처자들은 이제 편안하도다.

殺時犉牡, 有捄其角!

이 犉牡(슌모)ᄅᆞᆯ 殺ᄒᆞ니, 捄(구)ᄒᆞᆫ 그 角이로다!

이 검은 입술의 황소를 잡으니, 그 뿔이 굽은 놈이로다!

以似以續, 續古之人!

뻐 似(ᄉᆞ)ᄒᆞ며 뻐 續(쇽)ᄒᆞ야, 녯 사ᄅᆞᆷ을 續ᄒᆞᆺ다!

지난해 이어 내년에도, 옛사람 하던 대로 이어가리라!

【挃挃】〈毛傳〉과 〈集傳〉에 "挃挃, 穫聲也"라 함.
【栗栗】〈毛傳〉에 "栗栗, 衆多也"라 하였고, 〈集傳〉에 "栗栗, 積之密也"라 함.
【墉】城. 〈毛傳〉에 "墉, 城也"라 함.
【櫛】빗. 梳箆. 빽빽함을 뜻함. 〈集傳〉에 "櫛, 理髮器. 言密也"라 함.
【百室】一族. 五家를 比, 五比를 閭, 四閭를 族이라 함. 〈集傳〉에 "百室, 一族之人
也. 五家爲比, 五比爲閭, 四閭爲族. 族人輩作相助, 故同時入穀也"라 함. 〈鄭箋〉에

는 "百室, 一族也. 草穢既除, 而禾稼茂, 禾稼茂而穀成熟, 穀成熟而積聚多, 如墉
也, 如櫛也. 以言積之高大, 且相比迫也. 其已治之, 則百家開戶納之, 千耦其耘耔,
作尙衆也. 一族同時納穀, 親親也. 百室者, 出必共洫, 間而耕入, 必共族中而居, 又
有祭酺, 合醵之歡"이라 함.

【盈】〈集傳〉에 "盈, 滿"이라 함.

【寧】〈集傳〉에 "寧, 安也"라 함.

【犉】입술이 검은 黃牛. 〈毛傳〉에 "〈毛傳〉에 "黃牛黑脣曰犉. 社稷之牛角尺"이라 하
였고, 〈集傳〉에도 "黃牛黑脣曰犉"이라 함.

【捄】뿔이 굽은 황소. 〈集傳〉에 "捄, 曲貌"라 함. 〈鄭箋〉에는 "捄, 角貌. 五穀畢入,
婦子則安, 無行饁之事. 於是殺牲, 報祭社稷, 嗣前歲者, 復求有豐年也"라 함.

【以似以續】〈毛傳〉에 「以似以續」, 嗣前歲, 續往事也"라 하였고, 〈集傳〉에는 "續,
謂續先祖, 以奉祭祀"라 함. 〈鄭箋〉에 "續往事者, 復以養人也;續古之人, 求有良
司稼也"라 함. 馬瑞辰〈通釋〉에 「以似以續」, 猶云以享以祀, 以孝以享, ……似續,
皆爲祀事"라 함.

【古之人】조상.

> 참고 및 관련 자료

1. 孔穎達〈正義〉

〈良耜〉詩者, 秋報社稷之樂歌也. 謂周公·成王, 太平之時, 年穀豐稔, 以爲由社稷
之所祐, 故於秋物旣成, 王者乃祭社稷之神, 以報生長之功. 詩人述其事, 而作此歌
焉. 經之所陳, 其末四句, 是報祭社稷之事. 「婦子寧止」以上, 言其耕種多獲, 以明報
祭所由, 亦是報之事也. 經言「百室盈止, 婦子寧止」, 乃是場功畢入, 當十月之後而得.
言秋報者, 作者先陳人事, 使畢然後, 言其報祭. 其實報祭, 在秋寧止, 在冬也. 本或
秋下有'冬'衍字, 與〈豐年〉之序, 相涉而誤. 定本無'冬'字.

2. 朱熹〈集傳〉

〈良耜〉一章二十三句:

或疑〈思文〉·〈臣工〉·〈噫嘻〉·〈豐年〉·〈載芟〉·〈良耜〉等篇, 卽所謂豳頌者. 其詳見於
豳風及〈大田〉篇之末, 亦未知其是否也.

298(周-27) 사의(絲衣)

*〈絲衣〉: 제복. 제사를 올릴 때의 복장.
*이 시는 繹(祭祀의 일종)을 올리면서 卿大夫가 賓尸가 되어 제사를 돕는 모습을 노래한 樂歌임.

<序>: <絲衣>, 繹賓尸也. 高子(子夏?)曰:「靈星之尸也.」

〈사의〉는 역(繹)의 제사에 빈시(賓尸)를 읊은 것이다. 高子는 "靈星의 빈시"라 하였다.

〈箋〉: 繹, 又祭也. 天子·諸侯也, 繹以祭之. 明日卿大夫曰賓尸, 與祭同日. 周曰繹, 商謂之肜.

*전체 1장 9구(絲衣: 一章, 章九句).

○ 賦
絲衣其紑, 載弁俅俅.

絲衣(ᄉ의) 그 紑(부)ᄒ니, 弁(변)을 載ᄒ 이 俅俅(구구)ᄒ도다.

제복은 깨끗하기도 하고, 쓰고 있는 爵弁은 공순한 모습일세.

自堂徂基, 自羊徂牛, 鼐鼎及鼒!

堂으로브터 基(긔)예 徂(조)ᄒ며, 羊으로브터 牛에 徂ᄒ며, 鼐鼎(내뎡)과 밋 鼒(ᄌ)ㅣ로다!

堂으로부터 뜰로 내려와 살피고, 양으로부터 소의 제물까지 보고하고, 鼐鼎과 鼒까지 점검하도다!

兕觥其觩, 旨酒思柔.

兕觥(시굉)이 그 觩(구)ᄒ니, 旨酒(지쥬)ㅣ 柔(유)커늘,

쇠뿔 잔의 굽은 모습 따라, 좋은 술이 온화하거늘,

不吳不敖, 胡考之休!

吳(화)티 아니며 敖(오)티 아니 ㅎ니, 胡考의 休ㅣ로다!

떠들썩하지도 않고 거들먹거리지도 않으니, 壽福의 아름다움이로다!

【絲衣】〈毛傳〉과 〈集傳〉에 "絲衣, 祭服也"라 함.

【紑】〈毛傳〉에 "紑, 絜鮮貌"라 하였고, 〈集傳〉에도 "紑, 潔貌"라 함.

【載弁】載는 戴. 弁은 爵弁. 〈鄭箋〉에 "載, 猶戴也;弁, 爵弁也. 爵弁而祭於王, 士服也"라 하였고, 〈集傳〉에도 "載, 戴也;弁, 爵弁也. 士祭於王之服仗"이라 함.

【俅俅】공경스럽게 순종함을 뜻함. 〈毛傳〉과 〈集傳〉에 "俅, 恭順貌"라 함.

【自堂徂基】'堂'은 門 옆의 房. '基'는 門과 堂 사이의 공간. 門檻. 제사에 앞서 士는 堂에서 祭器를 살펴보고 基에 내려와 報告함. 〈毛傳〉과 〈集傳〉에 "基, 門塾之基"라 함. 〈鄭箋〉에는 "繹禮輕, 使士升門堂, 視壺濯及籩豆之屬. 降往於基, 告濯具"라 함.

【徂】갈. 往, 之의 뜻.

【自羊徂牛】희생 양과 소를 살펴봄. 〈毛傳〉에 "自羊徂牛, 言先小後大也"라 하였고, 〈鄭箋〉에는 "又視牲從羊之牛, 反告充已"라 함.

【鼐鼎及鼒】각종 솥을 점검함. 〈毛傳〉에 "大鼎謂之鼐, 小鼎謂之鼒"라 하였고, 〈鄭箋〉에 "乃擧鼎, 冪告絜禮之次也. 鼎圜弇上謂之鼒"라 함. 〈集傳〉에도 "鼐, 大鼎;鼒, 小鼎也"라 함. '鼒'는 '자'(音玆)로 읽음.

【兕觥】水牛의 뿔로 만든 잔. '觥'은 '굉'(古橫反)으로 읽음. '觵'의 假借字.

【觩】쇠뿔이 굽은 모습.

【思柔】〈鄭箋〉에 "柔, 安也. 繹之旅士, 用兕觥變於祭也. 飮美酒者, 皆思自安"이라 하였고, 〈集傳〉에는 "思, 語辭;柔, 和也"라 함.

【思】助字.

【吳】시끄러움. 떠들썩함. '吴'(화)의 假借字. '화'(胡化反)로 읽음. 《說文》에 "吴, 大言也"라 함. 이에 따라 〈諺解〉에는 '화'로 읽었음. 〈毛傳〉과 〈集傳〉에 "吳, 譁也"라 함. 〈鄭箋〉에 "不諠譁·不敖慢也"라 함.

【胡考】〈毛傳〉에 "考, 成也"라 함. 그러나 '壽考', '壽福'의 뜻으로도 봄. 〈載芟〉의 注를 볼 것.

【休】美. 〈鄭箋〉에 "此得壽考之休徵"이라 함.

＊〈集傳〉에 "○此亦祭而飮酒之詩. 言「此服絲衣, 爵弁之人, 升門堂視壺濯籩豆之屬, 降徃於基告濯具. 又視牲從羊至牛, 反告充已, 乃擧鼎冪告潔禮之次也. 又能謹其威儀, 不諠譁不怠傲, 故能得壽考之福.」"이라 함.

참고 및 관련 자료

1. 孔穎達 〈正義〉

〈絲衣〉詩者, 繹賓尸之樂歌也. 謂周公·成王, 太平之時, 祭宗廟之明日, 又設祭事以尋繹, 昨日之祭, 謂之爲繹. 以賓事所祭之尸, 得之得禮, 詩人述其事, 而爲此歌焉. 經之所陳, 皆繹祭始末之事也, 子夏作序, 則唯此一句而已. 後世有高子者, 別論他. 事云'靈星之尸', 言祭靈星之時, 以人爲尸, 後人以高子言'靈星', 尙有尸, 宗廟之祭, 有尸必矣. 故引高子之言, 以證賓尸之事. 子夏說受聖旨, 不須引人爲證. 毛公分序篇, 端於時已有此語, 必是子夏之後. 毛公之前, 有人著之史傳, 無文. 不知誰著之, 故鄭志答張逸云:「高子之言, 非毛公後人著之, 止言非毛公後人.」亦不知前人爲誰也. 以鄭言非毛公後人, 著之不云詩序, 本有此文, 則知鄭意, 不以此爲子夏之言也. 鄭知非毛公後人著之者, 鄭玄去毛公, 未爲久遠. 此書有所傳授, 故知毛時有之若是, 後人著之, 則鄭宜除去答之, 以此明已不去之意. 以毛公之時, 已有此言故也. 高子者, 不知何人. 孟軻弟子有公孫丑者, 稱'高子'之言, 以問孟子, 則高子與孟子同時. 趙岐以爲齊人, 此言高子蓋彼是也. '靈星'者, 不知何星. 《漢書》郊祀志云:「高祖詔御史, 其令天下立靈星祠.」張晏曰:「龍星左角曰天田, 則農祥也. 晨見而祭之.」史傳之說'靈星', 唯有此耳. 未知高子所言是, 此以否? 〈正義〉曰: 繹又祭. 〈釋天〉文, 李巡曰:「繹明日復祭曰又祭.」知天子諸侯, 同名曰繹以祭之. 明日者, 宣八年六月:「辛巳有事于太廟, 仲遂于垂. 壬午猶繹.」有事謂祭事也. 以辛巳日祭, 壬午而繹, 是皆爲諸侯用祭之, 明日此則天子之禮, 同名曰繹. 故知天子亦以祭之明日也. 故《公羊傳》曰:「繹者何? 祭之明日也.」知卿大夫曰賓尸者, 今少牢饋食禮者, 卿大夫之祭禮也. 其下篇有司徹云:「若不賓尸.」注云:「不賓尸, 謂下大夫也.」以言若不賓尸, 是對有賓尸者, 有司徹所行, 卽賓尸之禮, 是卽大夫曰賓尸. 案其禮, 非異日之事, 故知與祭同日. 然則天子諸侯, 謂之繹, 卿大夫謂之賓尸, 是繹與賓尸, 事不同矣. 而此序云'繹賓尸'者, 繹祭之禮, 主爲賓事此尸, 但天子諸侯禮, 大異日爲之別, 爲立名謂之爲繹. 言其尋繹昨日, 卿大夫禮小同日爲之, 不別立名, 直指其事謂之賓尸耳. 此序言'繹'者, 是此祭之名, '賓尸', 是此祭之事, 故特詳其文也. '周曰繹, 商謂之肜'者, 因繹又祭, 遂引〈釋天〉以明異代之禮別也. 彼云'周曰繹, 商曰肜', 孫炎曰:「肜者, 亦相尋不絶之意.」《尙書》有〈高宗肜日〉, 是其事也.

2. 朱熹 〈集傳〉

〈絲衣〉, 一章九句:

此詩或紑·俅·牛·鼒·柔·休, 並叶基韻, 或基·觩, 並叶紑韻.

299(周-28) 작(酌)

*⟨酌⟩: '작'은 '斟酌하다, 參酌하다'의 뜻.
*이 시는 周公이 攝政 6년째 되던 해 武王의 생전 업적을 참작하여 太武(大武)라는 음악을 지어 이를 종묘에서 연주하며, 태평을 이루어 곧 成王에게 정사를 돌려줄 것임을 보고한 樂歌임. 孔穎達 ⟨正義⟩에 "言武王能酌取先祖之道, 以養天下之民, 故名篇爲⟨酌⟩"이라 함. 혹 '勺'의 假借字로 樂舞名이라고도 함.

⟨序⟩: ⟨酌⟩, 告成⟨大武⟩也. 言能酌先祖之道以養天下也.

⟨작⟩은 태무 음악의 완성을 고한 것이다. 능히 선조의 도를 짐작하여 천하를 양육함을 말한 것이다.

⟨箋⟩: 周公居攝六年, 制禮作樂, 歸政成王. 乃後祭於廟而奏之, 其始成告之而已.

*전체 1장 9구(酌: 一章, 章九句).

○ 賦
於鑠王師! 遵養時晦.

於(오)ㅣ라 鑠(샥)혼 王師로, 遵養(준양)ᄒ야 時로 晦(회)ᄒ야,

아, 불꽃 같은 무왕의 군사여! 그 빛을 시의에 따라 어둠 속에 감추었다가,

時純熙矣, 是用大介!

이에 純熙(휸희)커아, 이에 大介(대개)를 쓰샷다!

때가 되자 크게 일어나, 이에 큰 병력을 쓰시었도다!

我龍受之, 蹻蹻王之造!

내 龍(룡)ᄒ야 受호니, 蹻蹻(교교)혼 王의 造(죠)ㅣ로다!

내 총애하는 이들을 받아들이니, 씩씩하게 왕에게 찾아온 이들이로다!

載用有嗣, 實維爾公, 允師!

곧 뻐 嗣(스)홈이, 진실로 네 公을, 진실로 師(스)홀 디로다!

곧 이들을 써서 뒤를 이어 가니, 실로 그대의 하신 일, 진실로 법으로 삼을지로다!

【於鑠】〈毛傳〉에 "鑠, 美"라 하였고, 〈集傳〉에는 "於, 歎辭; 鑠, 盛"이라 함. '於'(오)는 감탄사. '鑠'은 불타오르듯 대단함. '爍'과 같음.

【遵養時晦】〈毛傳〉에 "遵, 率; 養, 取; 晦, 昧也"라 하였고, '遵'은 〈集傳〉에 "遵, 循"이라 함. '養晦'를 뜻함.

【時】당시 紂의 악행이 심하던 時宜에 따라 드러내지 않고 기다렸음을 말함.

【時】때가 됨. 紂를 벌할 때가 되었음.

【純熙】〈鄭箋〉에 "純, 大; 熙, 興"이라 하였고, 〈集傳〉에는 "熙, 光"이라 함.

【介】〈鄭箋〉에 "介, 助也. 於美乎! 文王之用師率殷之叛國, 以事紂. 養是闇昧之君, 以老其惡. 是周道大興, 而天下歸往矣. 故有致死之士, 助之"라 함. 그러나 〈集傳〉에는 "介, 甲也. 所謂「一戎衣」也"라 하여 "갑옷 하나가 곧 천하를 안정시켰다"라 하였음. 여기서는 크게 군사를 일으켜 紂를 치러 나섰음을 뜻함.

【龍】〈毛傳〉에 "龍, 和也"라 하였고, 〈鄭箋〉에 "龍, 寵也. 來助我者, 我寵而受用之"라 함. 〈集傳〉에도 "龍, 寵也"라 함.

【蹻蹻】씩씩함. 〈毛傳〉과 〈集傳〉에 "蹻蹻, 武貌"라 함.

【造】〈毛傳〉과 〈集傳〉에 "造, 爲也"라 하였고, 〈鄭箋〉에 "蹻蹻之士, 皆爭來造王, 王則用之"라 하여 씩씩한 군사들이 무왕을 찾아옴이라 하였음.

【載】〈集傳〉에 "載, 則"이라 함.

【有嗣】〈鄭箋〉에 "有嗣, 傳相致"라 함.

【公】〈毛傳〉과 〈集傳〉에 "公, 事也"라 함.

【允】〈鄭箋〉에 "允, 信也. 王之事所以擧兵克勝者, 實維女之事, 信得用師之道"라 하였고, 〈集傳〉에도 "允, 信也"라 함.

【師】吳闓生〈會通〉에는 "維前人之事, 是法也"라 하여 法의 뜻이라 하여 이를 따라 풀이함.

＊〈集傳〉에 "○此亦頌武王之詩. 言「其初有於鑠之師, 而不用退自循養, 與時皆晦, 旣純光矣! 然後一戎衣而天下大定, 後人於是寵, 而受此蹻蹻然王者之功. 其所以嗣之者, 亦惟武王之事, 是師爾.」라 함.

1. 孔穎達 〈正義〉

〈酌〉詩者, 告成大武之樂歌也. 謂周公攝政六年, 象武王之事, 作大武之樂. 旣成而
告於廟, 作者覩其樂成, 而思其武功, 述之而作此歌焉. 此經無'酌'字, 序又說名酌之
意. 言武王能酌取先祖之道, 以養天下之民, 故名篇爲〈酌〉. 毛以爲述武王取紂之事,
卽是武樂所象衆. 鄭以爲武王克殷, 用文王之道, 故經述文王之事, 以昭成王所由功
成, 而作此樂, 所以上本之也. 言'告成大武', 不言所告之廟. 〈有瞽〉始作樂, 而合乎
太祖, 此亦當告太祖也. 〈大司樂〉舞〈大武〉以享先祖, 然則諸廟之中, 皆用此樂. 或亦
徧告羣廟也. 言'酌先祖之道'者, 周之先祖, 后稷以來, 先世多有美道, 武王酌取用之
除殘去暴, 育養天下, 故詩人爲篇立名謂之爲〈酌〉. 序其名篇之意, 於經無所當也.
鄭以經陳文王之道, 武王得而用之, 亦是酌取之義. 但所酌之事, 不止此耳. 經有遵
養時晦, 毛謂武王取紂; 鄭爲文王養紂, 此言以養天下, 則是愛養萬民, 非養紂身. 雖
'養'字爲同, 非經養也. '酌', 《左傳》作'約', 古今字耳. 〈正義〉曰: 周公攝政六年, 制禮
作樂. 〈明堂位〉文, 雖六年已作, 歸政成王, 乃後祭於廟而奏之. 初成之時, 未奏用也,
其始成告之而已. 故此篇歌其告成之事, 言此者, 以明告之早晚, 謂在居攝六年, 告之
也. 知然者以〈洛誥〉爲攝政七年之事, 而經稱周公戒成王云:「肇稱殷禮, 祀於新邑時,
待成王卽政, 乃行周禮.」禮旣如此, 樂亦宜然, 故知大武之樂, 歸政成王, 始祭廟奏.
周公初成之日, 告之而已.

2. 朱熹 〈集傳〉

〈酌〉, 一章八句:

〈酌〉, 卽勺也. 〈內則〉十三舞〈勺〉, 卽以此詩, 爲節而舞也. 然此詩與〈賚〉·〈般〉, 皆
不用詩中字名篇, 疑取樂節之名, 如曰武宿夜云爾.

300(周-29) 환(桓)

*〈桓〉: '類'와 '禡' 등 군사들 출병 때의 제사에서 講武로 사용한 樂歌이며, '桓'은 武志(武威之志, 士氣)를 뜻함.
*이 시는 武王이 殷紂를 벌할 때 六軍을 진열시키고 講武(講習武事)를 하면서 上帝에게는 '類祭', 정벌할 곳의 地神에게는 '禡祭'를 올렸음. 周公과 成王 때, 천하가 안정되자 이에 옛 무왕의 伐紂 상황을 追述하여 지은 樂歌라 함. 그러나 이 시의 첫 구절은 《左傳》에는 〈太武〉의 제6장으로 되어 있음. 참고란을 볼 것.

<序>: <桓>, 講武類禡也. 桓, 武志也.

〈환〉은 武王이 殷紂를 벌할 때 講武를 하면서 올린 類祭와 禡祭를 追述한 악가이다. '桓'은 武威之志를 뜻한다.

〈箋〉: 類也, 禡也, 皆師祭也.

*전체 1장 9구(桓: 一章, 章九句).

○ 賦
綏萬邦, 婁豐年.

萬邦을 綏(유)ᄒᆞ시니, ᄌᆞ조 豐年(풍년)ᄒᆞ놋다.
온 세상을 편케 하시니, 자주 풍년이로다.

天命匪解, 桓桓武王!

天命이 解(희)티 아니ᄒᆞᆫ 디라, 桓桓(환환)ᄒᆞ신 武王이,
천명에 게으름이 없으니, 씩씩하시도다, 무왕이여!

保有厥士, 于以四方, 克定厥家.

그 士를 保有ᄒᆞ샤, 四方의 以ᄒᆞ야, 능히 그 家를 定ᄒᆞ시니,
그 사업을 보유하시고, 이를 사방에 쓰시어, 그 나라를 안정시키시니,

於昭于天, 皇以間之!

於(오)ㅣ라 天의 昭(쇼)흔 디라, 皇ㅎ야 뻐 間(간)ㅎ샷다!

오, 하늘에 밝히 이르되, 크신 덕으로써 은나라를 대신하였도다!

【綏】〈鄭箋〉과 〈集傳〉에 "綏, 安也"라 함.

【婁】'屢'와 같음. '亟'의 뜻. 자주. 〈鄭箋〉에 "婁, 亟也. 誅無道, 安天下, 則亟有豐熟之年, 陰陽和也"라 함.

【解】게으름, 나태함. '懈'와 같음. 〈鄭箋〉에 "天命爲善, 不解倦者, 以爲天子"라 함.

【桓桓】威武가 있어 씩씩하고 늠름함. 〈鄭箋〉에 "我桓桓有威武之武王, 則能安有天下之事"라 하였고, 〈集傳〉에는 "桓桓, 武貌. 大軍之後, 必有凶年, 而武王克商, 則除害以安天下. 故屢獲豐年之祥. 〈傳〉所謂「周饑克殷而年豐」, 是也. 然天命之於周, 久而不厭也. 故此桓桓之武王, 保有其土, 而用之於四方, 以定其家, 其德上昭于天也"라 함.

【厥士】〈毛傳〉에 "士, 事也"라 함. 그러나 혹 '人才'를 뜻하는 것으로도 봄.

【于以四方】〈鄭箋〉에 "此言其當天意也. 於是用武事於四方, 能定其家, 先王之業, 遂有天下"라 함.

【家】國家.

【於】'오(音烏)로 읽으며, 感歎詞.

【于】〈鄭箋〉에 "于, 曰也"라 함.

【皇】빛남.

【間】殷나라를 대신하여 천하를 보유함. 〈毛傳〉에 "間, 代也"라 하였고, 〈鄭箋〉에 "皇, 君也. 於明乎曰天也! 紂爲天下之君, 但由爲惡天, 以武王代之"라 함. 〈集傳〉에는 "間字之義, 未詳. 〈傳〉曰:「間, 代也. 言「君天下以代商也. 此亦頌武王之功.」"이라 함.

参고 및 관련 자료

1. 孔穎達〈正義〉

〈桓〉詩者, 講武類禡之樂歌也. 謂武王將欲伐殷, 陳列六軍講習武事, 又爲類祭於上帝, 爲禡祭於所征之地, 治兵祭神, 然後克紂. 至周公·成王, 太平之時, 詩人追述其事, 而爲此歌焉. 序又說名篇之意, '桓'者, 威武之志. 言講武之時, 軍師皆武, 故取'桓'字名篇也. 此經雖有'桓'字, 止言王身之武, 名篇曰〈桓〉, 則謂軍衆盡武. 〈諡法〉「闢土服遠曰桓」, 是有威武之義, '桓'字雖出於經, 而與經小異, 故特解之. 經之所陳武王伐紂之後, 民安年豐, 克定王業, 代殷爲王, 皆由講武類禡, 得使之然. 作者主美武王, 意在本由類禡, 故序達其意, 言其作之所由講武, 是軍衆初出, 在國治兵也. '類'則於內祭天;'禡'則在於所征之地, 自內而出, 爲事之次也. 〈正義〉曰:〈釋天〉云: 「是類是禡, 師祭也.」〈王制〉云:「天子將出征, 類乎上帝, 禡於所征之地.」注云:「上帝 謂五德之帝.」所祭於南郊者, 言祭於南郊, 則是感生之帝, 夏正於南. 郊祭者, 周則蒼 帝, 靈威仰也. 南郊所祭一帝而已. 而云'五德之帝'者, 以記文不指, 言周不得斥言蒼 帝, 故漫言'五德之帝'以總之. 又嫌普祭五帝, 故言南郊以別之. 五德者, 五行之德. 此五方之帝, 各有本德, 故稱五德之帝. 太昊炎帝之等, 感五行之德, 生亦得謂之五 德之帝. 但'類於上帝', 謂祭上天, 非祭人帝也. 且人帝無時, 在南郊祭者, 以此知非人 帝也. 謂之'類'者, 《尙書》歐陽說以事類, 祭之天位, 在南方, 就南郊祭之. 〈春官〉肆 師云:「類造上帝.」注云:「造, 猶卽也. 爲兆以類禮.」卽祭上帝也. 類禮, '依郊祀而爲 之'者, 言'依郊祀爲之', 是用歐陽事類之說, 爲義也. 言爲兆以祭上帝, 則是隨兵所向 就而祭之, 不必祭於南郊. 但所祭者, 是南郊所祭之天耳. 正以言造, 故知就其所往, 爲其兆位而祭之. 不要在南郊, 此言小異於歐陽. 南郊之祭, 天周以稷配, 此師祭 所配, 亦宜用常配之人, 周卽當以后稷也. '禡'之所祭, 其神不明. 肆師云:「凡四時之 大田獵, 祭表貉.」則爲位注云:「貉, 師祭也. 於立表處爲師祭.」祭造軍法者, 禱氣勢 之增倍也. 其神蓋'蚩尤', 或曰'黃帝'. 又旬祝掌四時之田, 表貉之祝號. 杜子春云:「貉, 兵祭也. 田以講武治兵.」故有兵祭習兵之禮, 故貉祭禱氣象之千百, 而多獲. 由此二 注言之, 則禡祭造兵爲軍法者, 爲表以祭之禡. 《周禮》作'貉', '貉'又或爲'貊'字, 古今 之異也. '貉'之言'百', 祭祀此神, 求獲百倍.

2. 朱熹〈集傳〉

〈桓〉, 一章九句:

《春秋傳》以此爲〈大武〉之六章. 則今之篇次, 蓋已失其舊矣. 又篇內已有武王之諡, 則 其謂武王時作者, 亦誤矣. 序以爲講武類禡之詩, 豈後世取其義, 而用之於其事也歟?

3. 《左傳》宣公 12 年 傳

潘黨曰:「君盍築武軍而收晉尸以爲京觀? 臣聞『克敵必示子孫, 以無忘武功.』」

楚子曰:「非爾所知也. 夫文:『止戈爲武』. 武王克商, 作頌曰:『載戢于戈, 載櫜弓矢. 我求懿德, 肆于時夏, 允王保之.』又作武, 其卒章曰:『耆定爾功.』其三曰:『鋪時繹思, 我徂惟求定.』其六曰:『綏萬邦, 屢豐年.』夫武, 禁暴·戢兵·保大·定功·安民·和衆, 豐 財者也, 故使子孫無忘其章. 今我使二國暴骨, 暴矣; 觀兵以威諸侯, 兵不戢矣; 暴而 不戢, 安能保大? 猶有晉在, 焉得定功? 所違民欲猶多, 民何安焉? 無德而強爭諸侯, 何以和衆? 利人之幾, 而安人之亂, 以爲己榮, 何以豐財? 武有七德, 我無一焉, 何 以示子孫? 其爲先君宮, 告成事而已, 武非吾功也. 古者明王伐不敬, 取其鯨鯢而封 之, 以爲大戮, 於是乎有京觀以懲淫慝. 今罪無所, 而民皆盡忠以死君命, 又可以爲 京觀乎?』祀于河, 作先君宮, 告成事而還.

301(周-30) 뇌(賚)

＊〈賚〉: '주다'의 뜻.
＊이 시는 武王이 殷의 紂를 멸한 다음, 종묘에서 공신들을 모아놓고 이들을 제후로 삼으면서 祝奏로 사용한 樂歌임.

<序>: <賚>, 大封於廟也. 賚, 予也. 言所以錫予善人也.

〈뇌〉는 무왕이 은주를 멸하고, 공신들을 종묘에서 크게 봉하여 제후로 삼은 내용의 樂歌이다. 賚는 주다의 뜻이다. 善人에게 하사함을 말한다.

〈箋〉: 大封, 武王伐紂, 時封諸臣有功者.

＊전체 1장 6구(賚: 一章, 章六句).

○ 賦

文王旣勤止, 我應受之,

文王이 이믜 勤(근)ᄒᆞ야시늘, 우리 應ᄒᆞ야 受호니,

문왕께서 이미 힘쓰셨으니, 우리가 마땅히 이를 이어받아,

敷時繹思, 我徂維求定!

이 繹(역)ᄒᆞ야 思홀 꺼슬 敷(부)ᄒᆞ야, 우리 가 定을 求홈이니라!

이 큰 덕을 널리 펴서, 우리가 나아가서 천하의 안정을 기약하리라!

時周之命, 於繹思!

이 周의 命이시니, 於(오)ㅣ라 繹ᄒᆞ야 思홀 디어다!

이 주나라의 천명을, 아, 길이 생각하여 빛내리로다!

【勤】〈毛傳〉에 "勤, 勞"라 함.
【應】〈毛傳〉과 〈集傳〉에 "應, 當也"라 함.

【敷時繹思】〈毛傳〉에 "繹, 陳也"라 하였고, 〈鄭箋〉에는 "敷, 猶徧也. 文王旣勞心於
政事, 以有天下之業. 我當而受之, 敷是文王之勞心, 能陳繹而行之"라 함. 〈集傳〉
에는 "敷, 布; 時, 是也; 繹, 尋繹也"라 함. 馬瑞辰〈通釋〉에는 "謂布是文王之德澤,
引申之及于無窮, 卽序所云「錫予善人也.」"라 함.

【我徂維求定】〈毛傳〉에 "今我往以此求定, 謂安天下也"라 함.

【時周之命】馬瑞辰〈通釋〉에 "時與承一聲之轉, 古亦通用. ……周受天命, 而諸侯受
封于廟者, 又將受命于周. 時周之命, 卽承周之命"이라 함.

【於繹思】'於'는 감탄사. 〈鄭箋〉에 "勞心者, 是周之所以受天命, 而王之所由也. 於
女諸臣, 受封者, 陳繹而思行之, 以文王之功業, 勅勸之"라 하였고, 〈集傳〉에는
"於, 歎辭; 繹思, 尋繹而思念也"라 함.

＊〈集傳〉에 "○此頌文武之功, 而言其大封功臣之意也. 言「文王之勤勞天下, 至矣!
其子孫受而有之, 然而不敢專也. 布此文王功德之在人, 而可繹思者, 以賚有功而
徃, 求天下之安定. 又以爲凡此, 皆周之命, 而非復商之舊矣. 遂歎美之, 而欲諸臣
受封賞者, 繹思文王之德, 而不忘也.」"라 함.

참고 및 관련 자료

1. 孔穎達〈正義〉

〈賚〉詩者, 大封於廟之樂歌也. 謂武王旣伐紂, 於廟中大封有功之臣, 以爲諸侯. 周
公·成王, 太平之時, 詩人追述其事, 而爲此歌焉. 經無'賚'字, 序又說其名篇之意:「賚,
予也. 言所以錫予善德之人.」故名篇曰〈賚〉. 經之所陳, 皆是武王, 陳文王之德, 以
戒勅受封之人, 是其大封之事也. 此言'大封於廟', 謂文王廟也. 〈樂記〉說武王克殷
之事云:「將帥之士, 使爲諸侯.」下文則云:「虎賁之士, 脫劍祀乎明堂.」注云:「文王之
廟爲明堂.」制是大封諸侯, 在文王之廟也. 〈正義〉曰: 以言'大封', 則所封者廣, 唯初
定天下, 可有此事. 守文之世, 不應得然. 且宣十二年《左傳》曰:「昔武王克商, 而作頌.
其三曰'敷時繹思, 我徂維求定'.」引此文以爲武王之頌, 故知武王伐紂, 時封諸臣有
功者, 封爲諸侯. 〈樂記〉:「武王克殷, 未及下車, 而封黃帝之後於薊. 封帝堯之後於祝.
陳下車而封杞宋.」又言:
「將率之士, 使爲諸侯.」是大封也. 昭二十八年《左傳》曰:「昔武王克商, 光有天下. 其
兄弟之國者, 十有五人, 姬姓之國者四十人.」《古文尙書》武成篇說:「武王克殷, 而反
祀於宗廟, 列爵惟五分土. 惟三大賚於四海, 而萬姓悅服.」皆是武王大封之事, 此言
'大封於廟', 〈樂記〉未之廟, 而已封三恪二代者, 言其急於先代之意耳. 〈祭統〉曰:「古
者, 明君必賜爵祿於太廟, 示不敢專也.」然則武王未及下車, 雖有命封之, 必至廟受
策, 乃成封耳. 亦在此大封之中也. 皇甫謐云:「武王伐紂之年, 夏四月乙卯. 祀於周廟,
將率之士, 皆封諸侯國四百人, 兄弟之國十五人, 同姓之國四十人.」如謐之言, 此大

封, 是伐紂之年事也.

　2. 朱熹〈集傳〉

〈賚〉, 一章六句:

《春秋傳》以此爲〈大武〉之三章, 而序以爲大封於廟之詩. 說同上篇

　3.《左傳》宣公 12年 傳

　앞장 〈桓〉(300)의 참고란을 볼 것.

302(周-31) 반(般)

＊〈般〉:〈鄭箋〉과 〈正義〉에 "般, 樂也"라 하여 '즐겁다'의 뜻. 그러나 朱熹는 "般, 義未詳"이라 함.
＊이 시는 武王이 殷紂를 멸하고 四嶽과 河水, 바다를 巡狩하면서 천하가 안정되었음을 고하며 제사를 올린 악가임.

〈序〉:〈般〉, 巡守而祀四嶽河海也.
〈반〉은 천하를 순수하면서 四嶽과 河海에 제사를 올린 樂歌이다.
〈箋〉: 般, 樂也.

＊전체 1장 7구(般: 一章, 章七句).

○ 賦
於皇時周! 陟其高山, 隋山喬嶽.
於(오)ㅣ라, 皇흔 이 周ㅣ, 그 高山과 隋山(타산)과 喬嶽(교악)애 陟ᄒ시고,

오, 무왕의 이 주나라여! 저 높은 四嶽에 올라 제를 올리니, 낮은 산 높은 산이로다.

允猶翕河, 敷天之下,
진실로 翕河(흡하)를 猶ᄒ야, 敷天(부텬)ㅅ 下를,

진실로 河神을 모아 제사드리려 도모하니, 하늘 아래 널리,

裒時之對, 時周之命!
裒(부)ᄒ야 이에 對ᄒ시니, 이 周의 命이시니라!

이 신들을 모두 모아 배향하노니, 이 주나라가 천명을 받듦이로다!

【於】'오'로 읽으며 感歎詞.
【皇】아름다움. 그러나 〈鄭箋〉에는 "皇, 君"이라 함. 武王을 가리킴.

【陟】산에 올라 제사를 올림. 馬瑞辰〈通釋〉에 "周時祭山曰升, 或曰陟"이라 함.

【高山】〈毛傳〉에 "高山, 四嶽也"라 하였고, 〈集傳〉에 "高山, 泛言山耳"라 함.

【墮山喬嶽】〈毛傳〉에 "墮山, 山之墮. 墮, 小者也"라 하였고, 〈鄭箋〉에는 "喬, 高"라 함. 〈集傳〉에는 "墮, 則其狹而長者;喬, 高也;嶽, 則其高而大者"라 함.

【允猶】〈鄭箋〉에 "猶, 圖也, 於乎, 美哉! 君是周邦, 而巡守其所至, 則登其高山而祭之. 望秩於山川, 小山及高嶽皆信. 案山川之圖, 而次序祭之. 河言合者, 河自大陸之北, 數爲九祭者, 合爲一"이라 하여, '翕河'는 여러 河를 合하여 제사하는 것이라 하였음. 〈集傳〉에는 "允猶, 未詳. 或曰「允, 信也;猶, 與由同.」"이라 함.

【翕河】〈毛傳〉에 "翕, 合也"라 하였고, 〈集傳〉에는 "翕河, 河善泛溢, 今得其性, 故翕而不爲暴也"라 함. 陳奐〈傳疏〉에는 "翕訓合, 允猶翕河, 言猶合河而祭之. 允, 語詞耳"라 함.

【敷天之下】'普天之下'와 같음.

【裒】〈毛傳〉에 "裒, 聚也"라 하였고, 〈鄭箋〉에 "裒, 衆"이라 함. 〈集傳〉에 "裒, 聚也;對, 答也. 言「美哉! 此周也. 其巡守而登此山 以柴望.」 又道「於河以周, 四嶽, 凡以敷天之下, 莫不有望於我, 故聚而朝之, 方嶽之下, 以答其意耳.」"라 함.

【對】〈鄭箋〉에 "對, 配也"라 함. 馬瑞辰〈通釋〉에 "'裒', 卽'抙'字之別體.《說文》:「抙, 引聚也.」……'對', 當讀'對揚王休'之對. '對', 猶答也. 謂諸侯皆聚于是, 以答揚天子之休命也"라 함.

【時周之命】'時'는 是와 같음. 〈鄭箋〉에 "徧天之下衆山川之神, 皆如是. 配而祭之, 是周之所以受天命, 而王也"라 함.

참고 및 관련 자료

1. 孔穎達〈正義〉

〈般〉詩者, 巡守而祀四岳·河海之樂歌也. 謂武王旣定天下, 巡行諸侯所守之土, 祭祀四岳·河海之神. 神皆饗其祭祀, 降之福助. 至周公·成王, 太平之時, 詩人述其事而作此歌焉. 經言'喬嶽·翕河', 是祀河岳之事也. 經無'般'字, 序又說其名篇之意:「般, 樂也.」爲天下所美樂.〈定本〉'般·樂'二字, 爲鄭注未知孰是. '岳'實有五, 而稱四者, 天子巡守遠適四方, 至於其方之岳, 有此祭禮於中岳無事, 故序不言焉. '四瀆'者, 五岳之四, 故《周禮》岳瀆連文. 序旣不言五岳, 故亦不言四瀆, 以河是四瀆之一, 故擧以爲言.《漢書》溝洫志曰:「中國川原, 以百數, 莫著於四瀆, 而河爲宗.」然則河爲四瀆之長. 巡守四瀆, 皆祭. 言河可以兼之. 經無海而序言'海'者, 海是衆川所歸, 經雖不說祭之可知, 故序特言之.

2. 朱熹〈集傳〉

〈般〉, 一章七句:

〈般〉義未詳.

2. 노송魯頌

4편(303-306)

周 成王이 周公(姬旦)을 山東 曲阜에 封하여 魯나라를 세워주었으나, 주공은 어린 성왕을 섭정하느라 부임할 수 없었고, 대신 아들 伯禽을 보내어 다스리도록 하였다. 당시 成王은 周公이 섭정할 때 그로 하여금 天子의 禮로써 天神地祇 및 山川 바다에 제사지내도록 하였다. 이에 孔子는 周公을 王者의 後孫과 마찬가지로 여겨 魯나라의 시를 頌에 採錄한 것으로 보고 있다. 그러나 '風'에 魯詩가 없고 魯頌 4篇은 모두 僖公에 대한 찬양으로, 風과 雅를 겸한 것이어서 실제 순수한 頌과는 다르다. 그럼에도 이를 '頌'으로 분류한 것은 《詩》의 편집자가 魯나라 사람이어서 魯나라를 王(天子)과 같이 높인 것이라 보고 있다.

★ 역사적 관련 사항은 《左傳》, 《國語》(魯語) 및 《史記》 魯周公世家 등을 참조할 것.

○ 鄭玄《毛詩譜》<魯頌>

魯者, 少昊摯之墟也. 國中有大庭氏之庫, 則大庭氏, 亦居茲乎!

在周公歸政, 成王封其元子伯禽於魯. 其封域, 在<禹貢>徐州, 大野蒙羽之野. 自後政衰, 國事多廢, 十九世至僖公, 當周惠王·襄王時, 而遵伯禽之法, 養四種之馬, 牧於坰野.

尊賢祿士, 修泮宮守禮教. 僖十六年冬, 會諸侯于淮上, 謀東略, 公遂伐淮夷. 僖二十年, 新作南門, 又修姜嫄之廟, 至於復魯舊制, 未徧而薨. 國人美其功, 季孫行, 父請命於周, 而作其頌. 文公十三年太室屋壞.

初成王以周公, 有太平制典法之勳, 命魯郊祭天, 三望如天子之禮. 故孔子錄其詩之頌, 同於王者之後.

問者曰:「列國作詩, 未有請於周者. 行父請之, 何也?」曰:「周尊魯巡守述職, 不陳其詩. 至於臣頌君功, 樂周室之聞, 是以行父請焉. 周之不陳其詩者, 爲優耳. 其有大罪, 侯伯監之, 行人書之, 亦云覺焉.」

○ 朱熹 <集傳>

魯, 少皞之墟. 在禹貢徐州, 蒙羽之野. 成王以封周公長子伯禽. 今襲慶東平府, 沂密海等州, 卽其地也.

成王以周公有大勳, 勞於天下. 故賜伯禽以天子之禮樂, 魯於是乎有頌以爲廟樂. 其後又自作詩, 以美其君, 亦謂之頌.

舊說皆以爲伯禽十九世孫僖公申之詩, 今無所考. 獨<閟宮>一篇, 爲僖公之詩無疑耳.

夫以其詩之僭如此, 然夫子猶錄錄之者, 蓋其體固列國之風, 而所歌者, 乃當時之事, 則猶未純於天子之頌. 若其所歌之事, 又皆有先王禮樂教化之遺意焉, 則其文疑若猶可予也. 況夫子魯人, 亦安得而削之哉? 然因其實而著之, 而其是非得失, 自有不可揜者, 亦《春秋》之法也. 或曰:「魯之無風, 何也?」先儒以爲「時王襃周公之後, 比於先代, 故巡守不陳其詩, 而其篇序不列於大師之職, 是以宋·魯無風」. 其或然歟? 或謂「夫子有所諱而削之, 則《左氏》所記, 當時列國大夫賦詩, 及吳季子觀周樂, 皆無曰魯風者」, 其說不得通矣.

303(魯-1) 경(駉)

＊〈駉〉: '駉駉'의 줄인 말로, 〈毛傳〉에 "駉駉, 良馬腹幹肥張也"라 하였고, 〈集傳〉에도 "駉駉, 腹幹肥張貌"라 하여, 배와 등마루 뼈가 살찌고 벌어진 모습의 말을 뜻함.

＊이 시는 춘추시대 魯 僖公(姬申)이 伯禽(周公의 아들이며 魯나라에 첫 부임한 제후)의 법을 생각하여, 백성을 아끼고 사랑하였으며, 특히 농사에 방해가 되지 않도록 먼 들에서 말을 기르도록 하였음. 이에 계손행보(季孫行父)가 천자에게 청하여 史克으로 하여금 이 頌을 짓도록 한 것이라 함. 여기에는 많은 말의 종류가 등장하며, 특히 孔子는 '思無邪'의 구절로 '詩三百'을 한 마디로 규정한 표현이 있어 널리 인용되기도 함.

> **〈序〉: 〈駉〉, 頌僖公也. 僖公能遵伯禽之法, 儉以足用, 寬以愛民, 務農重穀, 牧于坰野, 魯人尊之. 於是季孫行父請命于周, 而史克作是頌.**

〈경〉은 희공을 칭송한 것이다. 희공은 능히 백금의 법을 준수하여, 검약함을 실천, 나라를 풍족하게 하였고, 관용을 베풀어 백성을 사랑하였으며, 농사에 힘써 곡물을 중히 여기도록 하기 위해, 농사에 방해가 되지 않도록 坰野(먼 들)에서 말을 기르도록 하여, 노나라 백성들로부터 존경을 받았다. 이에 계손행보가 주나라 천자에게 청하여 사극에게 이 송을 짓도록 한 것이다.

〈箋〉: 季孫行父, 季文子也. 史克, 魯史也.

※魯 僖公: 춘추시대 魯 莊公(姬同)의 막내아들이며 이름은 申. 閔公(愍公, 湣公)의 아우. 《史記》 魯世家에 "名申, 莊公之少子. ……季友聞之, 自陳與湣公弟申如邾"라 하여 閔公(湣公)의 아우라 하였음. 그러나 《漢書》 五行志에는 閔公의 庶兄이라 하였으며 《左傳》 釋文과 何休의 《公羊傳》 注와 疏에도 모두 庶兄이라 하였음. 어머니는 成風. B.C.660~627년까지 33년간 재위함. 한편 《史記》와 《漢書》에는 '釐公'으로 표기하고 있고, 같은 《史記》에도 〈年表〉에는 '僖公'이라 표기하고 있음. 《諡法》에 "小心畏忌曰僖"라 함. 《左傳》 僖公을 참조할 것.

※계손행보(季孫行父): 季文子. 魯나라 대부. 季友의 손자이며 齊仲無佚의 아들. 魯나라 三桓의 하나인 季孫氏 집안.《穀梁傳》疏에《世本》을 인용하여 "季友生仲無佚, 佚生行父"라 함.

※史克: 大史克. 里剋으로도 보임. 당시 魯나라 역사 기록을 담당하던 관리. 줄여서 '史克'이라고도 부름.《國語》魯語(上)에는 '里革'으로 되어 있으며 韋昭 注에 "里克, 魯太史克也"라 함. 季文子와 史克의 대화는《左傳》文公 18년과 《國語》魯語(上)를 참조할 것.

*전체 4장. 매 장 8구씩(駉:四章. 章八句).

(1) 賦

駉駉牡馬, 在坰之野, 薄言駉者!

駉駉(경경)혼 牡馬(모마)ㅣ, 坰野(경야)애 이시니, 잠깐 駉혼 디로다!

크고 살찐 숫말들이, 먼 들에 있으니, 과연 경(駉)한 말들이로다!

有驈有皇, 有驪有黃, 以車彭彭!

驈(휼)이 이시며 皇이 이시며, 驪(리) 이시며 黃이 이시니, 車(거)애 以(이)홈애 彭彭(방방)ᄒ도다!

월라말과 가리온말, 황라말과 절다말이 있으니, 이로써 수레를 힘 있게 끌도다!

思無疆, 思馬斯臧!

思ㅣ 疆(강)이 업스니, 馬를 思(ᄉ)홈애 이에 臧(장)ᄒ도다!

참으로 한없이 멀리 가면서, 생각건대 참 좋은 말이로다!

【坰】〈毛傳〉에 "坰, 遠野也. 邑外曰郊, 郊外曰野, 野外曰林, 林外曰坰. 牧之坰野, 則駉駉然"이라 하였고, 〈集傳〉에 "邑外謂之郊, 郊外謂之牧, 牧外謂之野, 野外謂之林, 林外謂之坰"이라 함. 〈鄭箋〉에 "必牧於坰野者, 避民居與良田也.《周禮》曰: 「以官田, 牛田, 賞田, 牧田」任遠郊之地"라 함.

【薄言】助詞. 그러나 의미가 통하도록 '과연'으로 풀이함.

【驈】〈諺解〉 物名에는 "驈:월라"라 함. 〈毛傳〉과 〈集傳〉에 "驪馬白跨曰驈"이라 함.

가라말로서 가랑이가 흰 것.

【皇】〈諺解〉物名에는 "皇:가리온"이라 함. 黃白의 말. 〈毛傳〉과 〈集傳〉에 "黃白曰皇"이라 함.

【驪】純黑의 말. 〈毛傳〉과 〈集傳〉에 "純黑曰驪"라 함.

【黃】〈諺解〉物名에는 "黃:황라"라 함. 〈毛傳〉과 〈集傳〉에 "黃騂曰黃"이라 함. 누런 騂(절다말). 孔穎達 〈正義〉에 "諸侯馬四種: 有良馬, 有戎馬, 有田馬, 有駑馬. 僖公使牧於坰野, 馬皆肥健, 作者因馬有四種, 故每章各言其一首章, 言良馬. 朝祀所乘, 故云'彭彭', 見其有力有容也. 二章言'戎馬', 齊力尙强, 故云'伾伾', 見其有力也. 三章言其'田馬', 田獵齊足尙疾, 故云'驛驛', 見其善走也. 卒章言'駑馬', 主給雜使, 貴其肥壯, 故云'祛祛', 見其强健也. 馬有異種, 名色又多, 故每章各擧四色以充之"라 함.

【以】用.

【彭彭】〈毛傳〉에 "彭彭, 有力有容也"라 하였고, 〈集傳〉에는 "彭彭, 盛貌"라 함. 수레를 끌기 위한 말임을 가리킴.

【思無疆】공간으로 끝이 없음. '思'는 陳奐 〈傳疏〉에 "思, 詞也. 無疆, 無期, 頌壽之詞"라 하여, '뜻이 없는 助詞'로 보았음. 〈集傳〉에 "思無疆, 言其思之深廣無窮也"라 함. 〈鄭箋〉에는 "坰之牧地, 水草旣美, 牧人又良, 飮食得其時, 則自肥健耳"라 함.

【斯】陳奐 〈傳疏〉에 "斯, 猶其也"라 함.

【臧】〈鄭箋〉에 "臧, 善也. 僖公之思, 遵伯禽之法, 反覆思之, 無有竟已. 乃至於思馬, 斯善多, 其所及廣博"이라 하였고, 〈集傳〉에도 "臧, 善也"라 함.

＊〈集傳〉에 "○此詩言「僖公牧馬之盛, 由其立心之遠, 故美之曰『思無疆』, 則思馬斯臧矣!」衛文公「秉心塞淵, 而騋牝三千」, 亦此意也"라 함.

(2) 賦

駉駉牡馬, 在坰之野, 薄言駉者!

駉駉ᄒᆞᆫ 牡馬,ㅣ 坰野애 이시니, 잠깐 駉ᄒᆞᆫ 디로다!

크고 살찐 숫말들이, 먼 들에 있으니, 과연 경한 말이로다!

有驈有皇, 有驪有黃, 以車伾伾!

驈(츄)ㅣ 이시며 皇(비) 이시며, 驪(셩)이 이시며 黃(그) 이시니, 車애 以홈애 伾伾(비비)ᄒᆞ도다!

부루말과 공골말, 절다말에 철총말, 이로써 수레를 끌게 하니 힘도 세도다!

思無期, 思馬斯才!

思ㅣ 期 업스니, 馬를 思홈애 이에 才(ᄌᆡ)ᄒ도다!

긴 시간 달려도 지치지 않으니, 생각건대 참 재능도 대단한 말이로다!

【騢·駓】〈諺解〉物名에는 "騢:츄마; 駓:공골. ○부로. ○잠불"이라 함. 〈毛傳〉과 〈集傳〉에 "倉白雜毛曰騢, 黃白雜毛曰駓"라 함. '騢'는 蒼白色의 雜毛가 있는 말. '駓'는 黃色 雜毛의 말.

【騯·騏】〈毛傳〉에 "赤黃曰騯, 蒼祺曰騏"라 하였고, 〈集傳〉에는 "赤黃曰騯, 靑黑曰騏"라 함. '騯'은 赤黃色의 말. 〈諺解〉物名에는 "騯:절다"라 함. '騏'는 靑黑色의 말. 철총마.

【伾伾】힘 있는 모습. 〈毛傳〉과 〈集傳〉에 "伾伾, 有力也"라 함.

【思無期】시간으로 끝이 없음. 〈集傳〉에 "無期, 猶無疆也"라 함.

【才】〈毛傳〉에 "才, 多材也"라 하였고, 〈集傳〉에 "才, 材力也"라 함.

(3) 賦

駉駉牡馬, 在坰之野, 薄言駉者!

駉駉ᄒᆞᆫ 牡馬ㅣ 坰野애 이시니, 잠깐 駉ᄒᆞᆫ 디로다!

크고 살찐 숫말들, 먼 들에 있으니, 과연 경한 말이로다!

有驒有駱, 有駵有雒, 以車繹繹!

驒(타)ㅣ 이시며 駱(락)이 이시며, 駵(류)ㅣ 이시며 雒(락)이 이시니, 車애 以홈애 繹繹(역역)ᄒ도다!

연전총 말과 표구렁말, 붉은 무늬에 검은 갈기말과 검은 몸에 흰 갈기말이니, 이로써 수레를 끌게 하면 잘도 달리도다!

思無斁, 思馬斯作!

思ㅣ 斁(역)홈이 업스니, 馬를 思홈애 이에 作ᄒᆞᆺ다!

참으로 싫증도 내지 않으니, 분기하여 잘 달리는 참 좋은 말이로다!

【騏】'타'(徒河反)로 읽으며, 〈諺解〉物名에는 "騏:련젼춍"이라 함. 동전을 연결한 무늬가 있는 푸른 얼룩 말. 〈毛傳〉에 "靑驪驎曰騏"라 하였고, 〈集傳〉에 "靑驪驎曰騏, 色有深淺斑駁如魚鱗, 今之連錢驄也"라 함.

【駱】〈諺解〉物名에는 "駱:표구렁. ○월라"라 함. 白馬로서 갈기가 검은 말. 〈毛傳〉과 〈集傳〉에 "白馬黑鬣曰駱"이라 함. 〈毛傳〉에 "黑身白鬣曰雒"이라 함.

【駵】〈毛傳〉과 〈集傳〉에 "赤身黑鬣曰駵"라 함. 붉은 몸에 갈기가 검은 말.

【雒】〈毛傳〉과 〈集傳〉에 "黑身白鬣曰雒"이라 함.

【繹繹】잘 달리는 모습. 〈毛傳〉에 "繹繹, 善走也"라 하였고, 〈集傳〉에 "繹繹, 不絶貌"라 함.

【無斁】싫증을 내지 않음. 〈鄭箋〉과 〈集傳〉에 "斁, 厭也"라 함.

【作】일어남. 〈毛傳〉에 "作, 始也"라 하였고, 〈集傳〉에는 "作, 奮起也"라 함. 〈鄭箋〉에 "思遵伯禽之法, 無厭倦也. 作謂牧之, 使可乘駕也"라 함.

(4) 賦

駉駉牡馬, 在坰之野, 薄言駉者!

駉駉흔 牡馬ㅣ 坰野애 이시니, 잠깐 駉흔 디로다!

크고 살찐 숫말들이, 먼 들에 있으니, 과연 경한 말이로다!

有駰有騢, 有驔有魚, 以車袪袪!

駰(인)이 이시며 騢(하)ㅣ 이시며 驔(뎜)이 이시며 魚ㅣ 이시니, 車애 以홈애 袪袪(거거)ㅎ도다!

인마와 적부루말, 사족백말과 골회눈말이 있으니, 이로써 수레를 끌게 하면 굳세기도 하지!

思無邪, 思馬斯徂!

思ㅣ 邪(샤)ㅣ 업스니, 馬를 思홈애 이에 徂(조)ㅎ놋다!

참으로 비뚤어짐이 없으니, 생각건대 신나게 달리는 말이로다!

【駰·騢】〈毛傳〉에 "陰白雜毛曰駰, 彤白雜毛曰騢"라 하였고, 〈集傳〉에 "陰白雜毛曰駰, 陰淺黑色今泥驄也. 彤白雜毛曰騢"라 함. '駰'은 陰이 희고 雜毛가 있는 말. '騢'는 붉고 흰 雜毛의 말. 〈諺解〉物名에는 "騢:류부로. ○뎍부로"라 함.

【驔·魚】〈諺解〉物名에는 "驔: ᄉ죡빅; 魚: 골회눈"이라 함. '驔'은 정강이가 흰 말. '점'(音簟. 徒點反)으로 읽으며, '魚'는 두 눈이 흰 말. 〈毛傳〉에 "豪骭曰驔, 二目白曰魚"라 하였고, 〈集傳〉에 "豪骭曰驔. 毫在骭而白也. 二目白曰魚, 似魚目也"라 함.

【祛祛】굳셈. 〈毛傳〉과 〈集傳〉에 "祛祛, 彊健也"라 함.

【思無邪】邪曲됨이 없음. 이는 《論語》 爲政篇에 "子曰: 「《詩》三百, 一言以蔽之, 曰: 『思無邪』.」"라 하여, 《詩》 전체를 압축하여 규정한 말로 널리 알려져 있으며, 〈陶山本〉 및 〈栗谷諺解〉에 "子(ᄌ)ㅣ 글ᄋᆞ샤딕 詩(시)ㅣ 三百(삼빅)애 흔 말이 뻐 蔽 (폐)ᄒᆞ야시니 굴온 思(ᄉ)ㅣ 邪(사) 업슴이니라"라 하여, '생각에 비뚤어짐이 없다'로 풀이하고 있음.

【徂】〈鄭箋〉에 "徂, 猶行也. 思遵伯禽之法, 專心無復邪意也. 牧馬使可走行"이라 하였고, 馬瑞辰〈通釋〉에는 "徂, 當爲駔之假借. 駔, 駿馬"라 함. 〈集傳〉에 "徂, 行也"라 함.

＊〈集傳〉에 "○孔子曰: 「詩三百, 一言以蔽之曰思無邪.」 蓋詩之言美惡不同, 或勸或懲, 皆有以使人得其情性之正. 然其明白簡切, 通於上下, 未有若此. 言者, 故特稱之以爲可當三百篇之義, 以其要爲不過乎此也. 學者, 誠能深味其言, 而審於念慮之間, 必使無所思, 而不出於正, 則日用云爲莫非天理之流行矣. 蘇氏曰: 「昔之爲詩者, 未必知此也. 孔子讀詩至此, 而有合於其心焉. 是以取之, 蓋斷章云爾.」"라 함.

참고 및 관련 자료

1. 孔穎達〈正義〉

作〈駉〉詩者, 頌僖公也. 僖公能遵伯禽之法. 伯禽者, 魯之始封賢君, 其法可傳於後. 僖公以前, 莫能遵用, 至於僖公, 乃遵奉行之. 故能性自節儉以足其用, 情又寬恕, 以愛於民, 務勤農業, 貴重田穀, 牧其馬於坰遠之野, 使不害民田, 其爲美政如此. 故既薨之後, 魯國之人, 慕而尊之. 於是卿有季孫氏名行父者, 請於周曰: 「魯爲天子所優, 不陳其詩, 不得作風. 今僖公身有盛德, 詩爲作頌」 既爲天子所許, 而史官名克者, 作是駉詩之頌, 以頌美僖公也. 〈定本〉集注, 皆重有僖公字言, 能遵伯禽之法者. 伯禽賢君, 其法非一, 僖公每事遵奉, 序者總以爲言也. 不言遵周公之法者, 以周公聖人, 身不之魯. 魯國之所施行, 皆是伯禽之法. 故繫之於伯禽, 以見賢能, 慕賢之意也. '儉'者, 約於養身, 爲費寡少, 故能畜聚貨財, 以足諸用; '寬'者, 緩以馭物, 政不苛猛, 故能明愼刑罰, 以愛下民, 此雖僖公本性, 亦遵伯禽爲然也. '務農', 謂止舍勞役, 盡力耕耘; '重穀', 謂愛惜禾黍, 不妄損費, 其事是一, 但所從言之異耳. 由其務農, 故牧於坰遠之野, 使避民居與良田, 卽四章上二句是也. 其下六句, 是因言'牧在於坰

野', 卽說諸馬肥健, 僖公思使之善, 終說牧馬之事也. 儉以足用, 寬以愛民, 說僖公之
德, 與務農重穀爲首引耳, 於經無所當也. 僖公之愛民務農, 遵伯禽之法, 非獨牧馬
而已. 以馬畜之賤, 尙思使之善, 則其於人事, 無所不思明矣. 魯人尊之, 以下以諸侯,
而作頌詩爲非常, 故說其作頌之意, 雖復主序, 此篇其義, 亦通. 於下三篇, 亦是行父
所請, 史克所作也. 此言'魯人尊之', 謂旣薨之後, 尊重之也. 〈正義〉曰: 行父, 是季友
之孫, 故以季孫爲氏, 死諡曰文子.《左傳》·《世本》, 皆有其事. 文十八年《左傳》稱: 「季
文子使太史克, 對宣公.」知史克魯史也. 此雖僭名爲頌, 而體實國風, 非告神之歌,
故有章句也. 禮諸侯六閑, 馬四種: 有良馬, 有戎馬, 有田馬, 有駑馬. 僖公使牧於坰
野, 馬皆肥健, 作者因馬有四種, 故每章各言其一首章, 言良馬. 朝祀所乘, 故云'彭
彭', 見其有力有容也. 二章言'戎馬', 齊力尙强, 故云'伾伾', 見其有力也. 三章言其'田
馬', 田獵齊足尙疾, 故云'驛驛', 見其善走也. 卒章言'駑馬', 主給雜使, 貴其肥壯, 故
云'祛祛', 見其强健也. 馬有異種, 名色又多, 故每章各擧四色以充之. 宗廟齊豪, 則
馬當純色. 首章說良馬, 而有異毛者, 容朝車所乘故也.

2. 朱熹〈集傳〉

○《詩》, 三百十一篇. 言三百者, 擧大數也. 蔽, 猶蓋也. 「思無邪」,〈魯頌〉, 駉篇之辭.
凡《詩》之言, 善者, 可以感發人之善心; 惡者, 可以懲創人之逸志. 其用歸於使人得情
性之正而已. 然其言微婉, 且或各因一事而發, 求其直指全體, 則未有若此之明且盡
者. 故夫子言《詩》三百篇, 而惟此一言足以盡蓋其義, 其示人之意亦深切矣.

○程子曰:『「思無邪」者, 誠也.」

○范氏曰:「學者, 必務知要, 知要則能守約, 守約則足以盡博矣. 經禮三百, 曲禮
三千, 亦可以一言而蔽之, 曰:『毋不敬』.」

3.《左傳》文公 18년 傳

莒紀公生大子僕, 又生季佗, 愛季佗而黜僕, 且多行無禮於國. 僕因國人以弒紀公,
以其寶玉來奔, 納諸宣公. 公命與之邑, 曰:「今日必授!」季文子使司寇出諸竟, 曰:「今
日必達!」公問其故. 季文子使大史克對曰:「先大夫臧文仲敎行父事君之禮, 行父奉
以周旋, 弗敢失隊, 曰:『見有禮於其君者, 事之, 如孝子之養父母也; 見無禮於其君者,
誅之, 如鷹鸇之逐鳥雀也.』先君周公制〈周禮〉曰:『則以觀德, 德以處事, 事以度功,
功以食民.』作〈誓命〉曰:『毁則爲賊, 掩賊爲藏. 竊賄爲盜, 盜器爲姦. 主藏之名, 賴
姦之用, 爲大凶德, 有常, 無赦. 在〈九刑〉不忘.』行父還觀莒僕, 莫可則也. 孝敬·忠信
爲吉德, 盜賊·藏姦爲凶德. 夫莒僕, 則其孝敬, 則弒君父矣; 則其忠信, 則竊寶玉矣.
其人, 則盜賊也; 其器, 則姦兆也. 保而利之, 則主藏也. 以訓則昏, 民無則焉. 不度
於善, 而皆在於凶德, 是以去之. 昔高陽氏有才子八人: 蒼舒·隤凱·檮戫·大臨·尨降·
庭堅·仲容·叔達, 齊·聖·廣·淵·明·允·篤·誠, 天下之民謂之八愷. 高辛氏有才子八人:
伯奮·仲堪·叔獻·季仲·伯虎·仲熊·叔豹·季狸, 忠·肅·共·懿·宣·慈·惠·和, 天下之民謂

之八元. 此十六族也, 世濟其美, 不隕其名. 以至於堯, 堯不能擧. 舜臣堯, 擧八愷, 使主后土, 以揆百事, 莫不時序, 地平天成. 擧八元, 使布五敎于四方, 父義·母慈·兄友·弟共·子孝, 內平外成. 昔帝鴻氏有不才子, 掩義隱賊, 好行凶德; 醜類惡物. 頑嚚不友, 是與比周, 天下之民謂之渾敦. 少皥氏有不才子, 毁信廢忠, 崇飾惡言; 靖譖庸回, 服讒蒐慝, 以誣盛德, 天下之民謂之窮奇. 顓頊氏有不才子, 不可敎訓, 不知話言; 告之則頑, 舍之則嚚, 傲很明德, 以亂天常, 天下之民謂之檮杌. 此三族也, 世濟其凶, 增其惡名, 以至于堯, 堯不能去. 縉雲氏有不才子, 貪于飮食, 冒于貨賄, 侵欲崇侈, 不可盈厭, 聚斂積實, 不知紀極, 不分孤寡, 不恤窮匱, 天下之民以比三凶, 謂之饕餮. 舜臣堯, 賓于四門, 流四凶族, 渾敦·窮奇·檮杌·饕餮, 投諸四裔, 以禦螭魅. 是以堯崩而天下如一, 同心戴舜, 以爲天子, 以其擧十六相, 去四凶也. 故虞書數舜之功, 曰『愼徽五典, 五典克從』, 無違敎也. 曰『納于百揆, 百揆時序』, 無廢事也. 曰『賓于四門, 四門穆穆』, 無凶人也. 舜有大功二十而爲天子, 今行父雖未獲一吉人, 去一凶矣. 於舜之功, 二十之一也, 庶幾免於戾乎!」

4.《國語》魯語(上)

莒太子僕弑紀公, 以其寶來奔. 宣公使僕人以書命季文子曰:「夫莒太子不憚以吾故殺其君, 而以其寶來, 其愛我甚矣. 爲我予之邑, 今日必授, 無逆命矣.」里革遇之而更其書曰:「夫莒太子殺其君而竊其寶來, 不識窮固又求自邇, 爲我流之於夷, 今日必通, 無逆命矣.」明日, 有司復命, 公詰之, 僕人以里革對. 公執之, 曰:「違君命者, 女亦聞之乎?」對曰:「臣以死奮筆, 奚啻其聞之也! 臣聞之曰『毁則者爲賊, 掩賊者爲藏, 竊寶者爲宄, 用宄之財者爲姦』. 使君爲藏姦者, 不可不去也. 臣違君命者, 亦不可不殺也.」公曰:「寡人實貪, 非子之罪.」乃舍之.

5.《史記》魯周公世家

季友母陳女, 故亡在陳, 陳故佐送季友及子申. 季友之將生也, 父魯桓公使人卜之, 曰:「男也, 其名曰'友', 間于兩社, 爲公室輔. 季友亡, 則魯不昌.」及生, 有文在掌曰「友」, 遂以名之, 號爲成季. 其後爲季氏, 慶父後爲孟氏也. 釐公元年, 以汶陽鄪封季友. 季友爲相. 九年, 晉里克殺其君奚齊·卓子. 齊桓公率釐公討晉亂, 至高梁而還, 立晉惠公. 十七年, 齊桓公卒. 二十四年, 晉文公卽位. 三十三年, 釐公卒, 子興立, 是爲文公.

6.《論語》爲政篇

子曰:「《詩》三百, 一言以蔽之, 曰『思無邪』.」

304(魯-2) 유필(有駜)

*〈有駜〉: 말이 강하고 힘이 있는 모습. 이는 임금과 신하가 훌륭하여 나라를 다스림에 지치지 않고 원대하게 일을 처리할 수 있음을 뜻함. 〈毛傳〉에 "駜, 馬肥彊貌. 馬肥彊, 則能升高進遠; 臣彊力, 則能安國"이라 하였고, 〈集傳〉에 "駜, 馬肥強貌"라 함. 〈鄭箋〉에는 "此喩僖公之用臣, 必先致其祿食. 祿食足, 而臣莫不盡其忠"이라 함.
*이 시는 僖公이 신하들에게 예로써 하고, 신하는 임금에게 충을 다하여 훌륭한 치적을 이루어 감을 칭송한 頌歌임.

〈序〉: 〈有駜〉, 頌僖公君臣之有道也.

〈유필〉은 희공의 임금과 신하 사이에 도가 있음을 칭송한 것이다.

〈箋〉: 有道者, 以禮義相與之謂也.

*전체 3장. 매 장 9구씩(有駜: 三章. 章九句).

(1) 興
有駜有駜, 駜彼乘黃!

駜(필)ᄒ며 駜ᄒ니, 駜흔 뎌 乘黃(승황)이로다!

살찌고 강하며 살찌고 강하구나, 저 네 필 살찐 새고라말이여!

夙夜在公, 在公明明!

夙夜애 公애 이시니, 公애 이셔 明明ᄒ놋다!

밤낮으로 임금 계신 곳에서, 임금 곁에서 밝은 정치를 펴누나!

振振鷺! 鷺于下.

振振(진진)ᄒᄂ 鷺(로)ㅣ여! 鷺ㅣ 下툿 ᄒ놋다.

훨훨 나는 백로 춤이여! 백로가 내려와 앉은 듯하도다.

鼓咽咽, 醉言舞, 于胥樂兮!

皷ㅣ 咽咽(연연)ᄒ거늘, 醉ᄒ야 舞ᄒ니, 서ᄅ 樂(라)ᄒ놋다!

북소리 둥둥, 취하여서 추는 춤, 모두가 이에 즐거워하는구나!

【乘】네 필씩 짝이 되어 수레를 끄는 말.

【黃】말의 한 종류. 새고라말.

【夙夜在公】〈鄭箋〉에 "夙, 早也. 言時臣憂念君事, 早起夜寐, 在於公之所"라 함. '在公'은 임금이 계신 公所.

【明明】밝게 판단하여 다스림. 〈鄭箋〉에 "在於公之所, 但明義明德也.《禮記》曰: 「大學之道, 在明明德.」"이라 하였고, 〈集傳〉에는 "明明, 辨治也"라 함.

【鷺】白鷺의 扮裝을 하고 추는 춤. 〈毛傳〉에 "振振, 羣飛貌. 鷺, 白鳥也. 以興潔白之士"라 하였고, 〈集傳〉에도 "振振, 羣飛貌; 鷺, 鷺羽舞者所持, 或坐或伏, 如鷺之下也"라 함. '振振'은 白鷺로 분장하여 추는 춤을 形容한 것.

【咽咽】'淵淵'과 같으며, 북소리를 형용한 것. 〈毛傳〉에 "咽咽, 鼓節也"라 하였고, 〈集傳〉에는 "咽, 與淵同. 鼓聲之深長也. 或曰:「鷺亦興也.」"라 함.

【于胥樂兮】'于'는 於와 같음. '胥'는 相, 혹은 皆. 〈鄭箋〉에 "于, 於; 胥, 皆也. 僖公之時, 君臣無事, 則相與明義明德而已. 潔白之士, 羣集於君之朝. 君以禮樂與之飲酒, 以鼓節之咽咽然. 至於無算爵, 則又舞燕樂以盡其歡. 君臣於是, 則皆喜樂也"라 함. 〈集傳〉에는 "胥, 相也. 醉而起舞以相樂也. 此燕飲而頌禱之辭也"라 함.

(2) 興

有駜有駜, 駜彼乘牡!

駜ᄒ며 駜ᄒ니, 駜ᄒ뎌 乘牡(승모)ㅣ로다!

살찌고 강하며 살찌고 강한, 저 네 필 말 강한 숫말이로다!

夙夜在公, 在公飲酒!

夙夜애 公애 이시니, 公애 이셔 酒를 飲ᄒ놋다!

밤낮으로 임금 계신 곳에서, 임금 곁에서 술을 마시도다!

振振鷺! 鷺于飛.

振振ᄒᄂᆫ 鷺ㅣ여! 鷺ㅣ 飛ᄃᆺ ᄒ놋다.

훨훨 나는 백로 춤이여! 백로가 날아오르듯 하는구나.

鼓咽咽, 醉言歸, 于胥樂兮!

鼓ㅣ 咽咽ᄒ거늘, 醉ᄒ야 歸ᄒ니, 서ᄅ 樂ᄒ놋다!

북소리 둥둥둥, 취하여 돌아가니, 이에 모두가 즐겁게 여기도다!

【飲酒】〈毛傳〉에 "言臣有餘敬, 而君有餘惠"라 함.
【鷺于飛】〈鄭箋〉에 "飛, 喩羣臣飲酒, 醉欲退也"라 하였고, 〈集傳〉에는 「鷺于飛」,
  舞者振作鷺羽, 如飛也"라 함.

(3) 興

有駜有駜, 駜彼乘黃!

駜ᄒ며 駜ᄒ니, 駜ᄒ뎌 乘黃(승황)이로다!

살찌고 강하며 살찌고 강하구나, 저 네 필 살찐 돈총말이여!

夙夜在公, 在公載燕!

夙夜애 公애 이시니, 公애 이셔 燕(연)ᄒ놋다!

밤낮으로 임금 계신 곳에서, 임금 곁에서 잔치를 하도다!

自今以始, 歲其有!

이제로브터 뻐 始(시)ᄒ야, 歲(세) 그 有ᄒ리로다!

지금으로부터 시작해서, 해마다 큰 풍년이리라!

君子有穀, 詒孫子, 于胥樂兮!

君子ㅣ 穀을 두어, 孫子애 詒(이)ᄒ리로소니, 서ᄅ 樂ᄒ놋다!

군자께서 복이 있어, 자손에게 물려주니, 이에 모두가 즐거워하누나!

【黃】〈諺解〉物名에는 "黃:돈총"이라 함. 〈毛傳〉에 "青驪曰駽"이라 하였고, 〈集傳〉
  에는 "青驪曰駽. 今鐵驄也"라 함.
【載】〈鄭箋〉에 "載, 言則也"라 하였고, 〈集傳〉에 "載, 則也"라 함.
【歲其有】〈毛傳〉에 "歲其有", 豐年也"라 하였고, 〈集傳〉에는 "有, 有年也"라 함.

【穀】훌륭함. 혹은 福祿을 뜻함. 〈鄭箋〉에 "穀, 善"이라 하였고, 〈集傳〉에는 "穀, 善也. 或曰祿也"라 함.

【詒】'貽', '遺'와 같음. 남겨 줌. 물려줌. 〈鄭箋〉에 "詒, 遺也. 君臣安樂, 則陰陽和而 有豐年. 其善道, 則可以遺子孫也"라 하였고, 〈集傳〉에는 "詒, 遺也. 頌禱之辭也" 라 함.

【孫子】子孫.

참고 및 관련 자료

1. 孔穎達 〈正義〉

君以恩惠及臣, 臣則盡忠事君. 君臣相與, 皆有禮矣. 是君臣有道也. 經三章皆陳 君皆祿食其臣, 臣能憂念事君. 「夙夜在公」, 是有道之事也. 此主頌僖公, 而兼言臣者, 明君之所爲美, 由與臣有道, 道成於臣, 故連臣而言之. 〈正義〉曰: 蹈履有法, 謂之 禮; 行允事宜, 謂之義. 君能致其祿食, 與之燕飮, 是君以禮義與臣也. 臣能夙夜在 公, 盡其忠敬, 是臣以禮義與君也.

305(魯-3) 반수(泮水)

*〈泮水〉: 泮宮을 둘러 흐르는 물. '泮宮'은 '頖宮'으로도 표기하며, 諸侯의 學宮.
《禮記》王制篇에 "天子命之敎然後爲學. 小學在公宮南之左, 大學在郊. 天子曰辟
廱, 諸侯曰頖宮"이라 함. 〈毛傳〉에 "泮水, 泮宮之水也. 天子辟廱, 諸侯泮宮"이라
하였고, 〈鄭箋〉에는 "辟廱者, 築土雝水之外, 圓如璧. 四方來觀者, 均也. 泮之言半
也. 半水者, 蓋東西門, 以南通水, 北無也. 天子諸侯宮異制, 因形然"이라 함. 〈集傳〉
에도 "泮水, 泮宮之水也. 諸侯之學鄉射之宮, 謂之泮宮. 其東西南方有水, 形如半璧,
以其半於辟廱, 故曰泮水, 而宮亦以名也"라 함.
*이 시는 僖公이 淮夷의 반란을 덕으로 다스려 진압하고 반궁으로 돌아오자,
백성들이 그의 덕을 흠모하여 읊은 頌歌임.

> 〈序〉: 〈泮水〉, 頌僖公能修泮宮也.
>
> 〈반수〉는 희공이 능히 반궁을 잘 수축하였음을 칭송한 것이다.

*전체 8장. 매 장 8구씩(泮水: 八章. 章八句).

(1) 賦(興)

思樂泮水, 薄采其芹.

樂(락)훈 泮水(반슈)애, 잠깐 그 芹(근)을 采호라.

즐겁도다 반수 가에서, 잠깐 그 미나리를 캐노라.

魯侯戾止, 言觀其旂!

魯侯ㅣ 戾(려)호시니, 그 旂(긔)를 觀호리로다!

희공께서 와서 이르시니, 그 깃발을 보리로다!

其旂茷茷, 鸞聲噦噦.

그 旂ㅣ 茷茷(패패)호며, 鸞聲(란셩)이 噦噦(회회)호니,

그 깃발 바람에 나부끼고, 난새 방울 소리 딸랑딸랑.

無小無大, 從公于邁!

小ㅣ 업스며 大 업시, 公을 조차 邁(매)ᄒ놋다!

늙은이 젊은이 할 것 없이, 임금 따라 달려가도다!

【思】〈集傳〉에 "思, 發語辭也"라 함.

【薄】助詞.

【芹】〈毛傳〉에 "言「水則采取其芹, 宮則采取其化.」"라 하였고, 〈鄭箋〉에 "芹, 水菜
也. 言已思樂僖公之修泮宮之水, 復伯禽之法, 而往觀之, 采其芹也"라 하였으며,
〈集傳〉에는 "芹, 水菜也"라 함.

【魯侯】僖公을 가리킴.

【戾止】〈毛傳〉에 "戾, 來; 止, 至也"라 하였고, 〈集傳〉에 "戾, 至也"라 함.

【言】我, 혹은 發語辭.

【旂】魯侯가 淮夷를 진압하고 泮宮으로 들어오는 행렬의 깃발들. 〈毛傳〉에 "言
觀其旂", 言法則其文章也"라 함. 陳奐〈傳疏〉에는 "旂有文章等級之度, 國人觀之,
樂取以爲法也"라 함.

【茷茷】깃발이 늘어져 흩날리는 모습. 〈毛傳〉에 "茷茷, 言有法度也"라 하였고,
〈集傳〉에 "茷茷, 飛揚也"라 함. 馬瑞辰〈通釋〉에 "茷茷, 旆旆之假借.《說文》:「旆
旆, 正旂之垂貌.」"라 함.

【鸞聲】鸞鳥 형상의 방울. 鸞鈴.

【噦噦】鸞鈴의 방울소리. 〈毛傳〉에 "噦噦, 言其聲也"라 하였고, 〈集傳〉에는 "噦
噦, 和也. 此飮於泮宮而頌禱之辭也"라 함.

【小大】모든 이들. 尊卑老弱, 男女老少 누구나.

【從公于邁】〈鄭箋〉에 "于, 徃; 邁行也. 我采水之芹, 見僖公來至于泮宮. 我則觀其旂
茷茷然, 鸞和之聲噦噦然. 臣無尊卑, 皆從君行而來. 稱言此者, 僖公賢君, 人樂見
之"라 함.

＊〈集傳〉에 "○賦其事以起興也"라 함.

(2) 賦(興)

思樂泮水, 薄采其藻.

樂흔 泮水애, 잠깐 그 藻(조)를 采호라.

즐겁도다 반수 가에서, 그 마름풀을 뜯도다.

魯侯戾止, 其馬蹻蹻!

魯侯ㅣ 戾ᄒ시니, 그 馬ㅣ 蹻蹻(교교)ᄒ도다!

희공께서 오시어 이르시니, 그 말도 씩씩하도다!

其馬蹻蹻, 其音昭昭.

그 馬ㅣ 蹻蹻ᄒ니, 그 音이 昭昭(쇼쇼)ᄒ샷다.

그 말이 씩씩하니, 임금의 그 말씀 덕스럽도다.

載色載笑, 匪怒伊敎!

곧 色(쇠)ᄒ시며 곧 笑(쇼)ᄒ시니, 怒(노)ㅣ 아니라 敎(교)ㅣ 샷다!

온화한 표정에 웃음 가득, 화도 내지 아니하시며 가르쳐주시네!

【蹻蹻】굳세고 왕성함. 씩씩함. 〈毛傳〉에 "其馬蹻蹻」, 言彊盛也"라 하였고, 〈集傳〉에 "蹻蹻, 盛貌"라 함.

【昭昭】僖公의 말을 의미함. 〈鄭箋〉에 "其音昭昭」, 僖公之德音"이라 함.

【色】안색을 온화하게 함. 〈毛傳〉에 "色, 溫潤也"라 하였고, 〈鄭箋〉에 "僖公之至泮宮, 和顔色而笑語, 非有所怒. 於是有所敎化也"라 함. 〈集傳〉에는 "色, 和顔色也"라 함.

【敎】僖公의 말씀, 敎令.

＊〈集傳〉에 "○賦其事以起興也"라 함.

(3) 賦(興)
思樂泮水, 薄采其茆.

樂혼 泮水애, 잠깐 그 茆(묘)를 采호라.

즐겁도다 반수 가에서, 그 순채를 캐도다.

魯侯戾止, 在泮飮酒!

魯侯ㅣ 戾ᄒ시니, 泮애 이셔 酒를 飮ᄒ놋다!

희공께서 이르러 오시어, 반궁에서 술을 드시네!

旣飮旨酒, 永錫難老!

이믜 旨酒(지쥬)를 飮ᄒ시니, 기리 難老(난로)를 錫(셕)ᄒ리로다!

이미 좋은 술을 드시고는, 늙을 수 없다고 노인에게 만수무강을 내리시네!

順彼長道, 屈此群醜!

뎌 長道(쟝도)를 順ᄒ샤, 이 羣醜(군취)를 屈(굴)ᄒ쇼셔!

저 먼 길 원정에 나서시어, 이 많은 회이 무리들을 굴복시켰네!

【茆】鳧葵로도 불리는 나물 이름. 혹 순채(蓴菜)라고도 함. 〈諺解〉物名에는 "茆:슌"이라 함. 〈毛傳〉에 "茆, 鳧葵也"라 하였고, 〈集傳〉에도 "茆, 鳧葵也. 葉大如手, 赤圓而滑. 江南人謂之'蓴菜'者也"라 함.

【在泮飮酒】〈鄭箋〉에 "在泮飮酒者, 徵先生君子與之, 行飮酒之禮, 而因以謀事也"라 함.

【永錫難老】초청한 노인들에게 장수를 축복해 내림. 〈鄭箋〉에 "已飮美酒, 而長賜其難. 使老難使老者, 最壽考也. 長賜之者, 如〈王制〉所云:「八十月告存, 九十日有秩」者與!"라 함.

【長道】遠道. 淮夷를 진압하기 위한 먼 원정길. 그러나 덕으로 진압하고자 하는 '大道'라고도 함. 〈集傳〉에 "長道, 猶大道也"라 함.

【屈此群醜】'群醜'는 무리를 지어 반란을 일으킨 淮夷를 가리킴. 〈毛傳〉에 "屈, 收;醜, 衆也"라 하였고, 〈鄭箋〉에 "順從長遠, 屈治醜惡也. 是時淮夷叛逆, 旣謀之於泮宮, 則從彼遠道, 往伐之治, 此羣爲惡之人"이라 함. 〈集傳〉에는 "屈, 服;醜, 衆也. 此章以下皆頌禱之辭也"라 함.

＊〈集傳〉에 "○賦其事以起興也"라 함.

(4) 賦

穆穆魯侯! 敬明其德.

穆穆ᄒ신 魯侯ㅣ여! 그 德을 敬明(경명)ᄒ샷다.

그윽하신 우리 희공이여! 공경스럽고 총명하신 그 덕.

敬愼威儀, 維民之則!

威儀를 敬愼ᄒ시니, 民의 則(측)이샷다!

위의를 공경스럽게 삼가시니, 백성이 본받을 바로다!

允文允武, 昭假烈祖.

진실로 文ᄒ시며 진실로 武ᄒ샤, 烈祖ᄭᅴ 昭(쇼)히 假(격)ᄒ시니,

진실로 문무를 모두 갖추시어, 조상의 뜻에 밝게 다가가시니,

靡有不孝, 自求伊祜!

孝 아님이 잇디 아녀, 스스로 祜(호)를 求ᄒ샷다!

효성이 아님이 없으니, 스스로 큰 복을 구하신 것이네!

【則】法으로 여김. 準則으로 삼음. 〈鄭箋〉에 "則, 法也. 僖公之行民之所法傚也"라 함.

【允文允武】'允'은 誠과 같음. '진실로'의 뜻. 僖公은 文武를 갖추었음을 말함. 〈鄭箋〉에 "僖公信文矣, 爲脩泮宮也; 信武矣, 爲伐淮夷也"라 함.

【昭假烈祖】'昭'는 총명함. '假'는 '格'과 같음. 다가감. '격'(古百反)으로 읽음. 〈毛傳〉에 "假, 至也"라 함. 〈鄭箋〉에 "其聰明, 乃至於美祖之德. 謂遵伯禽之法"이라 하였고, 〈集傳〉에도 "昭, 明也; 假, 與格同; 烈祖, 周公·魯公也"라 함.

【祜】福. 〈鄭箋〉에 "祜, 福也. 國人無不法傚之者, 皆庶幾力行自求福祿"이라 함.

(5) 賦

明明魯侯! 克明其德.

明明ᄒ신 魯侯ㅣ여! 능히 그 德을 明ᄒ샷다.

밝고 밝으신 희공이시여! 능히 그 덕을 밝게 하시도다.

旣作泮宮, 淮夷攸服!

이믜 泮宮을 作ᄒᆞ니, 淮夷(회이)의 服홀 배로다!

이미 반궁을 지으시고, 淮夷가 굴복한 바로다!

矯矯虎臣, 在泮獻馘.

矯矯(교교)ᄒᆞᆫ 虎臣(호신)이, 泮애 이셔 馘(괵)을 獻ᄒᆞ며,

씩씩한 무신들이, 반궁에서 적의 귀를 베어 바치며,

淑問如皐陶, 在泮獻囚!

淑問(슉문)이 皐陶(고요)ᄀᆞᆮᄐᆞᆫ 이, 泮애 이셔 囚(슈)를 獻ᄒᆞ리로다!

포로를 잘 신문하기는 마치 고요 같아, 반궁에서 그 포로들을 바치
도다!

【克】〈鄭箋〉에 "克, 能"이라 함.

【淮夷】지금의 江蘇 북부 淮水 가에 살던 東夷族. 이들은 華夏族의 周(姬姓)에게
　굴복하지 않고 대대로 반란을 일으켰음.

【攸服】〈鄭箋〉에 "攸, 所也. 言僖公能明其德, 修泮宮而德化, 行於是伐淮夷, 所以
　能服也"라 함.

【矯矯】씩씩한 모습. 〈鄭箋〉과 〈集傳〉에 "矯矯, 武貌"라 함.

【虎臣】武臣. '虎'는 虎班의 신하들. 淮夷 진압에 나섰던 武將들.

【馘】항복하지 않는 敵의 왼쪽 귀를 벰. 〈鄭箋〉과 〈集傳〉에 "馘, 所格者之左耳也"
　라 함. 陳奐 〈傳疏〉에 "不服者, 殺而獻其左耳曰馘"이라 함.

【淑問】포로를 잘 신문함. 〈鄭箋〉에 "淑, 善也"라 하였고, 〈集傳〉에도 "淑, 善也;
　問, 訊囚也"라 함.

【皐陶】'咎繇'로도 표기하며 偃姓. 舜의 신하로 刑獄을 담당했던 대신. 《尙書》皐
　陶謨에 "天討有罪, 五刑五用哉! 政事懋哉懋哉! 天聰明, 自我民聰明; 天明畏, 自
　我民明威. 達于上下, 敬哉有土!"라 함.

【囚】포로. 〈毛傳〉에 "囚, 拘也"라 하였고, 〈鄭箋〉에 "囚, 所虜獲者. 僖公旣伐淮夷,
　而反在泮宮, 使武臣獻馘. 又使善聽, 獄之吏如皐陶者, 獻囚. 言伐有功, 所任得其
　人"이라 함. 〈集傳〉에도 "囚, 所虜獲者. 蓋古者出兵, 受成於學, 及其反也, 釋奠於
　學, 而以訊馘告, 故詩人因魯侯在泮, 而願其有是功也"라 함.

(6) 賦

濟濟多士, 克廣德心.

濟濟흔 多士ㅣ, 능히 德心을 廣ㅎ야,

많고 많은 훌륭한 무사들, 능히 덕스러운 마음을 넓혀,

桓桓于征, 狄彼東南.

桓桓(환환)히 征ㅎ야, 뎌 東南을 狄(뎍)ㅎ니,

씩씩하게 회이 정벌에 나서서, 저 동남쪽을 거꾸러뜨리니,

烝烝皇皇, 不吳不揚.

烝烝(증증)ㅎ며 皇皇(황황)ㅎ며, 吳(화)티 아니며 揚티 아니셔,

씩씩하게 원정길에 나서며, 시끄러움도 없고 군대 질서에 손상됨도 없고,

不告于訩, 在泮獻功!

訩(흉)을 告티 아니 ㅎ야, 泮애 이셔 功을 獻ㅎ리로다!

공을 다투어 내세우지도 않은 채, 반궁에서 그 모든 공로를 임금에게 바치네!

【濟濟多士】〈鄭箋〉에 "多士, 謂虎臣及如皋陶之屬"이라 함.

【克廣德心】〈集傳〉에 "廣, 推而大之也; 德心, 善意也"라 함.

【桓桓】위엄 있고 씩씩함. 〈毛傳〉에 "桓桓, 威武貌"라 함.

【征】淮夷 征伐을 가리킴. 〈鄭箋〉에 "征, 征伐也"라 함.

【狄】〈鄭箋〉에 "狄, 當作剔. 剔, 治也. 東南, 斥淮夷"라 하여 '狄'은 '剔'이어야 한다 하였고, 〈集傳〉에도 "狄, 猶逷也"라 하여 '逷'(거꾸러뜨리다)으로 보았음.

【東南】회이를 가리킴. 〈集傳〉에 "東南, 謂淮夷也"라 함.

【烝烝皇皇】〈毛傳〉에 "烝烝, 厚也; 皇皇, 美也"라 하였으나, 〈鄭箋〉에 "烝烝, 猶進進也; 皇皇, 當作睢睢. 睢睢, 猶往往也"라 하였고, 〈集傳〉에는 "「烝烝皇皇」, 盛也"라 함.

【不吳】'吳'는 '吴'(화:시끄러움)의 誤字로 봄. 이에 〈諺解〉에도 '화'로 읽었음. 〈鄭箋〉에 "吳, 譁也"라 하였고, 〈集傳〉에 "不吳, 不揚肅也"라 함.

【揚】〈毛傳〉에 "揚, 傷也"라 하였고, 〈正義〉에 "不有損傷於軍旅之間"이라 함.

【不告于訩】군대가 화목하여 功을 다투지 않음. '訩'은 訟. 〈鄭箋〉에 "訩, 訟也. 言

多士之於伐淮夷, 皆勸之. 有進進往往之心, 不謹譁·不大聲"이라 하였고, 〈集傳〉에 "不告于訩」, 師克而和, 不爭功也"라 함.

【在泮獻功】〈鄭箋〉에 "僖公還在泮宮, 又無以爭訟之事, 告於治訟之官者, 皆自獻其功"이라 함.

(7) 賦

角弓其觩, 束矢其搜.

角弓이 그 觩(구)하니, 束矢(속시) 그 搜(수)하도다.

각궁을 느슨히 하고, 화살 50개씩 묶어 거두도다.

戎車孔博, 徒御無斁!

戎車ㅣ 심히 博(박)하니, 徒와 御ㅣ 斁(역)홈이 업도다!

兵車는 심히 편안하며, 걷고 타고 가면서 싫증이 없었네!

旣克淮夷, 孔淑不逆.

이믜 淮夷를 克하니, 심히 淑(슉)하야 逆(역)디 아니 하놋다.

이윽고 회이를 무찌르고 나서도, 심히 잘 따르며 군법에 위배됨이 없이 하였네.

式固爾猶, 淮夷卒獲!

뻐 네 猶(유)를 固(고)하면, 淮夷 ᄆᄎᆷ내 獲(획)하리라!

임금께서 쓰시는 모책 심히 견고히 하면, 마침내 회이의 마음을 얻게 되리라!

【觩】〈毛傳〉에 "觩, 弛貌"라 하였고, 〈鄭箋〉에 "角弓觩然, 言持弦急也"라 하였으나, 〈集傳〉에는 "觩, 弓健貌"라 하여, '느슨히 하다', '팽팽히 하다' 등 풀이가 다름.

【束矢】화살 50개의 묶음. 〈毛傳〉에 "五十矢爲束"이라 하였고, 〈集傳〉에 "五十矢爲束. 或曰'百矢'也"라 함.

【搜】화살을 묶어 모음. 그러나 〈毛傳〉에 "搜, 衆意也"라 하였고, 〈鄭箋〉에는 "束矢搜然, 言勁疾也"라 하였으며, 〈集傳〉에 "搜; 矢疾聲也"라 하여 각기 달리 풀이함.

【博】〈鄭箋〉에 "博, 當作傳. 甚傳緻者, 言安利也"라 하였고, 〈集傳〉에 "博, 廣大也"
라 함.

【徒御】步兵과 兵車에 탄 병사.

【無斁】〈鄭箋〉에 "徒行者·御車者, 皆敬其事, 又無厭倦也"라 하였고, 〈集傳〉에 "無
斁, 言競勸也"라 함.

【旣克淮夷】〈鄭箋〉에 "僖公以此兵衆, 伐淮夷而勝之"라 함.

【孔淑不逆】군사들이 군법을 잘 따름. 〈鄭箋〉에 "其士卒甚順軍法, 而善無有爲逆
者. 謂堙井刊木之類"라 하였고, 〈集傳〉에는 "逆, 違命也. 蓋能審同其謀猶, 則淮
夷終無不獲矣"라 함.

【式固爾猶】〈鄭箋〉에 "式, 用; 猶, 謀也. 用堅固女軍謀之故, 故淮夷盡可獲服也. 謀
爲度己之德, 慮彼之罪, 以出兵也"라 함. '式'은 發語辭. '猶'는 謀. 孔穎達〈正義〉
에는 "言僖公能固執大道之故, 故淮夷卒皆服也"라 함.

【淮夷卒獲】마침내 淮夷를 굴복시켜 그들의 마음을 얻게 될 것임. 〈諺解〉에는
이 구절을 가정문으로 풀이하였으며, 이에 따름.

(8) 興

翩彼飛鴞, 集于泮林.

翩(편)히 뎌 飛ㅎ는 鴞(효)ㅣ, 泮林에 集ㅎ야,

훨훨 나는 저 소리개, 반수 가의 숲에 모여들어,

食我桑黮, 懷我好音!

우리 桑黮(상심)을 食ㅎ고, 나를 好音으로 懷ㅎ놋다!

우리의 오디를 먹으며, 우리의 좋은 덕음에 품어드네!

憬彼淮夷, 來獻其琛.

憬(경)혼 뎌 淮夷ㅣ, 來(릭)ㅎ야 그 琛(침)을 獻ㅎ니,

멀고 먼 저 회이들이, 와서 그들의 보물을 바치니,

元龜象齒, 大賂南金!

元龜(원귀)와 象齒(상치)와, 키 南金(남금)을 賂(뢰)ㅎ놋다!

큰 거북과 상아, 그리고 남쪽의 좋은 구리를 많이도 바쳐 올리네!

【翩】〈毛傳〉에 "翩, 飛貌"라 함.

【鴞】〈毛傳〉과 〈集傳〉에 "鴞, 惡聲之鳥也"라 함. 淮夷를 비유함.

【桑黮】뽕나무에 열리는 오디. '葚'으로도 표기함. 〈毛傳〉과 〈集傳〉에 "黮, 桑實也"라 함.

【懷我好音】'好音'은 德音. 淮夷를 慰撫하는 僖公의 정책. 〈鄭箋〉에 "懷, 歸也. 言鴞恆惡鳴, 今來止於泮水之木上, 食其桑黮, 爲此之故, 故改其鳴, 歸就我以善音. 喻人感於恩, 則化也"라 함.

【憬】〈毛傳〉에 "憬, 遠行貌"라 하였으나, 〈集傳〉에는 "憬, 覺悟也"라 함.

【琛】보배. 〈毛傳〉과 〈集傳〉에 "琛, 寶也"라 함.

【元龜】크고 검은 색의 거북 껍질. 〈毛傳〉과 〈集傳〉에 "元龜, 尺二寸"이라 함. 점을 치는데 사용하는 靈龜.

【大賂南金】〈鄭箋〉에 "大, 猶廣也. 廣賂者, 賂君及卿大夫也"라 하였고, 〈毛傳〉과 〈集傳〉에 "賂, 遺也"라 함. 그러나 郭沫若은 '賂'는 貝類의 일종이라 함. '金'은 兪樾은 美玉이라 하였으나, 郭沫若은 銅이라 하였음. '南'은 〈毛傳〉에 "南, 謂荊揚也"라 하여, 荊州(지금의 湖北)와 揚州(지금의 江蘇) 지역. 〈鄭箋〉에는 "荊揚之州, 貢金三品"이라 하였고, 〈集傳〉에는 "南金, 荊揚之金也. 此章前四句興, 後四句, 如〈行葦〉首章之例也"라 함.

참고 및 관련 자료

1. 孔穎達〈正義〉

作〈泮水〉詩者, 頌僖公之能修泮宮也. 泮宮, 學名. 能修其宮, 又修其化. 經八章言民思往泮宮, 樂見僖公. 至於克服淮夷, 惡人感化, 皆修泮宮所至. 故序言'能修泮宮', 以總之. 〈定本〉云:'頌僖公修泮宮', 無'能'字.

306(魯-4) 비궁(閟宮)

*〈閟宮〉: '閟'는 神, 혹 閉의 뜻. 姜嫄의 '高祺'가 있는 곳. '高祺'는 王朝의 첫 어머니를 神으로 모셔, 후손들이 자식을 낳게 해달라고 비는 神廟. 周나라는 姜嫄을 高祺에 모셔 섬겼음. 〈毛傳〉에 "閟, 閉也. 先妣姜嫄之廟, 在周常閉而無事. 孟仲子曰:「是祺宮也.」"라 하였고, 〈鄭箋〉에 "閟, 神也. 姜嫄神所, 依故廟曰神宮"이라 함. 〈集傳〉에도 "閟, 深閉也; 宮, 廟也"라 함. 즉 그대로 닫혀 있던 姜嫄의 神廟, 혹 閉廟를 뜻함.

*이 시는 魯나라가 중도에 쇠하여 그대로 방치되었던 것들을, 僖公이 周公 시절의 국토 모습으로 회복함과 아울러 閟宮 및 선대 여러 조상들의 廟堂을 복구하고 수축한 업적을 칭송한 頌歌임.

〈序〉: 〈閟宮〉, 頌僖公能復周公之宇也.

〈비궁〉은 僖公이 능히 周公이 시대의 면모를 회복하였음을 칭송한 것이다.

〈箋〉: 宇, 居也.

*전체 8장. 2장은 17구씩, 1장은 12구씩, 1장은 38구, 2장은 8구씩, 2장은 10구씩(閟宮: 八章. 二章章十七句, 一章章十二句, 一章章三十八句, 二章章八句, 二章章十句). 그러나 〈集傳〉에는 "閟宮, 九章, 五章章十七句, 內第四章脫一句, 二章章八句, 二章章十句"라 하여 총 9장으로 나누었으며, 제 4장에는 한 句가 탈락된 것으로 보았음.

(1) 賦
閟宮有侐, 實實枚枚.

閟(비)흔 宮이 侐(혁)ㅎ니, 實實(실실)ㅎ며 枚枚(미미)ㅎ도다.

비궁은 맑고 깨끗하며, 튼튼하고 아름답도다.

赫赫姜嫄, 其德不回, 上帝是依.

赫赫혼 姜嫄(강원)이, 그 德이 回티 아니샤, 上帝이에 依ㅎ시니,

빛나신 강원께서, 그 덕이 비뚤어지지 않아, 천제께서 그의 몸에 의탁하여,

無災無害, 彌月不遲.

災(지) 업스며 害(해) 업서, 月이 彌(미)ᄒᆞ야 遲(지)티 아니 ᄒᆞ야,

아무런 재앙도 없이 해도 없이, 열 달이 차자 늦지 않게,

是生后稷, 降之百福.

이에 后稷을 生ᄒᆞ시고, 百福을 降ᄒᆞ시니,

이 后稷을 낳으시고, 천제께서 온갖 복을 내려주시니,

黍稷重穋, 稙稚菽麥.

黍와 稷이 重ᄒᆞ며 穋(륙)ᄒᆞᄂᆞᆫ 것과, 稙(직)ᄒᆞ며 稚(치)ᄒᆞᄂᆞᆫ 菽(슉)과 麥(믹)이로다.

일찍 여물고 늦게 패는 기장과 피에, 일찍 심고 늦게 심어야 하는 콩과 보리였도다.

奄有下國, 俾民稼穡.

믄득 下國을 두샤, 民오로 ᄒᆞ여곰 稼穡(가싁)게 ᄒᆞ시니,

온 누리를 널리 뒤덮어, 사람들로 하여금 농사를 짓게 하시니,

有稷有黍, 有稻有秬.

稷이 이시며 黍ㅣ 이시며, 稻(도)ㅣ 이시며 秬(거)ㅣ 잇도소니,

피가 있고 기장이 있으며, 벼가 있고 검정 기장이 있게 되었더니,

奄有下土, 纘禹之緒!

믄득 下土를 두샤, 禹의 緖(셔)를 纘(찬)ᄒᆞ샷다!

곧바로 이 아래 모든 땅을 다 덮어, 옛 禹임금의 사업을 이으셨도다!

【侐】'혁'(況域反)으로 읽음. 〈毛傳〉에 "侐, 清淨也"라 하였고, 〈集傳〉에도 "侐, 清靜也"라 함.

【實實枚枚】〈毛傳〉에 "實實, 廣大也;枚枚, 礱密也"라 하였고, 〈集傳〉에는 "實實, 鞏固也;枚枚, 礱密也. 時蓋脩之, 故詩人歌詠其事, 以爲頌禱之辭, 而推本后稷之 生, 而下及於僖公耳"라 함.

【姜嫄】周나라 시조 后稷의 어머니. 〈鄭箋〉에 "赫赫乎, 顯著姜嫄也!"라 함.

【回】강원이 후직을 임신하고 행동이 바름. 〈鄭箋〉에 "其德貞正不回邪"라 하였 고, 〈集傳〉에는 "回, 邪也"라 함.

【依】상제가 그의 몸을 통해 자손을 퍼뜨리고자 함. 〈毛傳〉에 "「上帝是依」, 依其 子孫也"라 하였고, 〈鄭箋〉에는 "依, 依其身也. 天用是馮依, 而降精氣, 其任之"라 함. 〈集傳〉에는 "依, 猶眷顧也. 說見〈生民〉篇"이라 함.

【無災無害】〈鄭箋〉에 "又無災害, 不坼不副, 終人道"라 함.

【彌】임신기간이 끝나고 출산에 이름. 〈鄭箋〉에 "彌, 終也. 十月而生子, 不遲晚"이 라 함.

【重】일찍 패는 곡식.

【穋】늦게 패는 곡식.

【稙·稑】【稙】일찍, 혹은 늦게 심어야 하는 곡물의 구분. 〈毛傳〉과 〈集傳〉에 "先 種曰稙, 後種曰稑"라 함.

【奄有下國】〈鄭箋〉에 "奄, 猶覆也. 姜嫄用是而生子后稷, 天神多與之福, 以五穀終, 覆蓋天下, 使民知稼穡之道. 言其不空生也. 后稷生而名棄, 長大堯登用之, 使居稷 官, 民賴其功. 後雖作司馬, 天下猶以后稷稱焉"이라 함. 그러나 〈集傳〉에는 "奄, 有;'下國'. 封於邰也"라 하여, '下國'을 后稷이 封地로 받은 邰 땅이라 하였음.

【俾民稼穡】后稷이 사람들에게 농사법을 가르쳐 줌.

【秬】검은 기장. 〈鄭箋〉에 "秬, 黑黍也"라 함.

【禹】中國 최초의 왕조 夏나라의 시조. 夏后氏 부락의 領袖였으며 姒姓. 大禹, 夏 禹 등으로도 불리며 이름은 文命. 鯀의 아들. 鯀이 물을 막는 방법으로 治水에 실패하여 죽임을 당한 뒤 禹는 물을 소통시키는 방법으로 성공을 거둔 다음 舜임금으로부터 천하를 물려받아 夏王朝를 세움. 뒤에 천하를 순시하다가 會 稽에서 생을 마침. 그는 益에게 천하를 물려주려 하였으나 아들 啓의 무리가 난을 일으켜 益을 죽이고 世襲王朝를 시작함. 이로부터 禪讓(公天下)의 제도가 마감되고 世襲(家天下)의 역사가 시작됨. 이를 "傳子而不傳賢"이라 함. 《史記》에 서는 五帝本紀 다음 첫 왕조로 夏本紀가 시작됨. 여기서는 禹가 治水事業으로 사람들이 안심하고 살 수 있도록 한 공적을 이어받았음을 뜻함.

【緒】事業. 〈毛傳〉에 "緒, 業也"라 하였고, 〈鄭箋〉에 "緒, 事也. 堯時洪水爲災民, 不粒食. 天神多予后稷以五穀, 禹平水土, 乃敎民播種之. 於是天下大有, 故云繼禹 之事也. 美之, 故申說以明之"라 함. 〈集傳〉에도 "緒, 業也. 禹治洪水, 旣平后稷,

乃播種百穀"이라 함.

(2) 賦

后稷之孫, 實維大王.

后稷의 孫이, 진실로 大王(태왕)이시니,

후직의 후손이, 바로 태왕이시니,

居岐之陽, 實始翦商.

岐(기)ㅅ 陽에 居ㅎ샤, 진실로 비로소 商을 翦(전)ㅎ여시늘,

岐山의 남쪽에서, 실로 상나라를 없앨 조짐이 시작되더니,

至于文武, 纘大王之緒.

文武의 니르샤, 大王의 緒를 纘ㅎ샤,

문왕 무왕 때에 이르러, 태왕의 업적을 이어받아,

致天之屆, 于牧之野:

天의 屆(계)를 致홈을, 牧ㅅ 野에 ㅎ시니,

하늘이 상나라에 내린 재앙이 이르자, 목야에서 결전이 벌어졌도다.

「無貳無虞! 上帝臨女.」

"貳(이)티 말며 虞(우)티 말라! 上帝 너를 臨ㅎ야 겨시니라."

"두 마음 먹지 말고 두려워 말라! 하느님이 너에게 임하였느니라!"

敦商之旅, 克咸厥功.

商의 旅(려)를 敦(퇴)ㅎ야, 능히 그 功을 咸(함)커늘,

상나라 무리들을 처리하여, 싸워 이겨 그 공을 함께 하거늘,

王曰:「叔父! 建爾元子, 俾侯于魯.

王이 글ㅇ샤디 "叔父(숙부)아! 네 元子를 建ㅎ야, ㅎ여곰 魯애 侯ㅎ노니,

뒷날 成王께서는 "숙부 주공이시여! 그대의 長子를 세워, 魯나라에 侯로 삼노니,

大啓爾宇, 爲周室輔!」

키 네 宇를 啓ᄒᆞ야, 周室에 輔(보)ㅣ 될 디어다!"

크게 그 삶터를 열어, 주나라 왕실의 보필이 되소서!" 하였노라.

【大王】太王. 太公, 古公亶父.

【岐陽】岐山의 남쪽. 지금의 陝西 岐山縣 서남쪽. 古公亶父가 豳에서 岐陽으로 옮김.

【翦商】〈毛傳〉에 "翦, 齊也"라 하였고, 〈鄭箋〉에 "翦, 斷也. 大王自豳徙居岐陽, 四方之民, 咸歸往之. 於時而有王迹, 故云是始斷商"이라 함. 〈集傳〉에도 "翦, 斷也. 大王自豳徙居岐陽, 四方之民, 咸歸徃之, 於是而王迹始著. 蓋有翦商之漸矣"라 함.

【文武】文王(姬昌)과 武王(姬發).

【致天之屆】'屆'는 〈鄭箋〉에 "屆, 殛"이라 하였고, 〈集傳〉에 "屆, 極也. 猶言窮極也"라 함. 陳奐〈傳疏〉에는 "古極·殛通. '致天之屆', 猶云致天之罰耳"라 함.

【牧野】殷나라 때의 지명으로 지금의 河南 淇縣. 이곳에서 武王이 군사들에게 〈牧誓〉를 선언하고 殷의 紂와 결전을 벌여, 결국 紂는 망하고 말았음.

【無爾無虞】이는 武王이 군사들에게 내린 명령임. 《尙書》牧誓를 참조할 것. 〈毛傳〉에 "虞, 誤也"라 하였으나, 〈鄭箋〉에는 "虞, 度也. 文王·武王, 繼大王之事, 至受命致大平. 天所以罰殛紂, 於商郊牧野, 其時之民, 皆樂武王之如是, 故戒之云「無有二心」也. 無復計度也. 天視護女, 至則克勝"이라 함. 〈集傳〉에 "虞, 慮也. 「無貳無虞, 上帝臨女」, 猶〈大明〉云「上帝臨女, 無貳爾心」也"라 함.

【敦商之旅】'敦'(퇴)는 〈鄭箋〉과 〈集傳〉에 "敦, 治之也"라 함. 馬瑞辰〈通釋〉에 "此詩敦亦當讀屯. 屯, 聚也. ……自聚其師旅爲屯, 俘虜敵之士衆亦爲屯"이라 함. '旅'는 商나라 무리. 군대. 〈鄭箋〉에 "旅, 衆"이라 함.

【咸】〈鄭箋〉에 "咸, 同也. 武王克殷, 而治商之臣民, 使得其所能, 同其功於先祖也. 后稷·大王·文王, 亦周公之祖考也. 伐紂, 周公又與焉. 故述之以美大魯"라 하였고, 〈集傳〉에도 "咸, 同也. 言輔佐之臣, 同有其功, 而周公亦與焉也"라 함. 馬瑞辰〈通釋〉에는 "猶云克備厥功, 克成厥功也"라 함.

【王曰叔父】'王'은 成王(姬誦), 叔父는 周公. 〈毛傳〉에 "王, 成王也"라 하였고, 〈鄭箋〉에도 "叔父, 謂周公也. 成王告周公曰:「叔父! 我立女首子, 使爲君於魯.」 謂欲封伯禽也"라 함. 〈集傳〉에 "王, 成王也; 叔父, 周公也"라 함.

【元子】周公(姬旦)의 맏아들 伯禽을 가리킴. 《史記》魯周公世家를 참조할 것. 〈毛傳〉에 "元, 首"라 하였고, 〈集傳〉에 "元子, 魯公伯禽也"라 함.

【俾侯于魯】'侯'는 周나라 때 公侯伯子男의 爵位 등급.
【魯】지금의 山東省 曲阜. 周公의 봉지였으나 성왕을 攝政하느라 대신 아들 伯禽을 보냈음.
【大啓爾宇】〈毛傳〉에 "宇, 居也"라 하였고, 〈鄭箋〉에 "封魯公以爲周公後, 故云:「大開女居, 以爲我周家之輔.」謂封以方七百里, 欲其强於衆國"이라 함. 〈集傳〉에 "啓, 聞;宇, 居也"라 함.

(3) 賦

乃命魯公, 俾侯于東.

魯公을 命ᄒ샤, ᄒ여곰 東의 侯ᄒ시고,

이리하여 魯公 백금에게 명하여, 동녘 땅 侯가 되게 하시고,

錫之山川, 土田附庸.

山川과 土田과 附庸(부용)을 錫(셕)ᄒ도다.

산천과 토지, 그리고 부용국을 하사하셨도다.

周公之孫, 莊公之子.

周公의 孫이언, 莊公(장공)의 子ㅣ,

周公의 후손이며, 莊公의 아들 희공께서,

龍旂承祀, 六轡耳耳!

龍旂(룡긔)로 祀(ᄉ)를 承ᄒ시니, 六轡(륙비)ㅣ 耳耳(이이)ᄒ도다!

용무늬 깃발을 세워 제사를 이으니, 여섯 고삐 찬란하도다!

春秋匪解, 享祀不忒.

春秋에 解(희)티 아니샤, 享祀(향ᄉ)를 忒(특)디 아니 ᄒ샤,

봄 가을 전혀 해이함이 없이, 제사를 올림에 어긋남이 없어,

皇皇后帝, 皇祖后稷.

皇皇ᄒ신 后帝와, 皇祖ㅣ 后稷씌,

크고 크신 上帝와 함께, 여러 선조 및 후직에게,

享以騂犧, 是饗是宜, 降福旣多.

享(향)호ᄃᆡ 騂犧(셩희)로ᄡᅥ ᄒᆞ시니, 이에 饗(향)ᄒᆞ며 이에 宜ᄒᆞ야, 福을 降
홈이 이믜 多ᄒᆞ며,

붉은 소 잡아 희생으로 드리니, 신령도 흠향하며 마땅하다 여겨, 복을
내리심이 이토록 많았으며,

周公皇祖, 亦其福女!

周公과 皇祖도, ᄯᅩᄒᆞᆫ 그 너를 福ᄒᆞ샷다!

주공과 백금도, 또한 너에게 복을 내리셨도다!

【魯公】伯禽을 가리킴.

【俾侯于東】〈鄭箋〉에 "東, 東藩魯國也. 旣告周公以封伯禽之意, 乃策命伯禽使爲君
於東, 加賜之以山川土田及附庸, 令專統之. 〈王制〉曰:「名山大川, 不以封諸侯.」附
庸, 則不得專臣也"라 함.

【錫】賜와 같음.

【附庸】속해 있는 城. 庸은 墉. 附庸國.《論語》季氏篇 "季氏將伐顓臾. 冉有, 季路
見於孔子曰:「季氏將有事於顓臾.」孔子曰:「求! 無乃爾是過與? 夫顓臾, 昔者, 先王
以爲東蒙主, 且在邦域之中矣, 是社稷之臣也. 何以伐爲?」"의 注에 "顓臾, 國名, 魯
附庸也"라 함. 〈集傳〉에는 "附庸, 猶屬城也. 小國不能自達於天子; 而附於大國也.
上章旣告周公以封伯禽之意, 此乃言其命魯公而封之也"라 함.

【周公之孫】〈毛傳〉에 "周公之孫, 莊公之子, 謂僖公也"라 함.

【莊公】魯 桓公의 아들. 이름은 同(子同). 어머니는 齊나라 출신의 文姜. 桓公 6년
에 태어나 B.C.693~662년까지 32년간 재위함. 〈謚法〉에 "勝敵克亂曰莊"이라 함.
그 다음이 민공이며 다시 그 다음이 희공임. 〈集傳〉에 "莊公之子, 其一閔公, 其
一僖公, 知此是僖公者, 閔公在位不久, 未有可頌. 此必是僖公也"라 함.

【龍旂承祀】〈鄭箋〉에 "交龍爲旂承祀, 謂視祭祀也"라 함.

【六轡】〈鄭箋〉에 "四馬, 故六轡"라 함.

【耳耳】〈毛傳〉에 "耳耳然, 至盛也"라 하였고, 〈集傳〉에 "耳耳, 柔從也"라 함.

【春秋】〈鄭箋〉에 "春秋, 猶言四時也"라 하였고, 〈集傳〉에 "春秋, 錯擧四時也"라
함.

【解】懈. 게으름. 解弛함.

【忒】어김. 〈鄭箋〉에 "忒, 變也"라 하였고, 〈集傳〉에 "忒, 過差也. 成王以周公有大

功於王室, 故命魯公以夏正孟春, 郊祀上帝, 配以后稷, 牲用騂牡"라 함.

【皇皇】큰 모양.

【后帝】上帝. 〈鄭箋〉에 "皇皇后帝", 謂天也. 成王以周公功大, 命魯郊祭天, 亦配之以君祖"라 함.

【皇祖】群公, 즉 여러 조상. 그러나 〈諺解〉에는 '后稷'으로 풀이 하였음. 〈集傳〉에 "皇祖, 謂羣公. 此章以後, 皆言「僖公致敬郊廟, 而神降之福, 國人稱願之如此」也"라 함.

【騂犧】赤牛純色. 희생으로 쓰는 소. 〈毛傳〉에 "騂, 赤; 犧, 純也"라 하였고, 〈鄭箋〉에 "后稷其牲用赤牛純色, 與天子同也. 天亦饗之, 宜之多予之福"이라 함.

【是饗是宜】馬瑞辰〈通釋〉에 "宜, 本祭社之名. ……凡神歆其祀, 通謂之宜"라 함.

【周公皇祖】〈鄭箋〉에 "此皇祖, 謂伯禽也"라 함.

(4) 賦

秋而載嘗, 夏而楅衡.

秋에 곧 嘗(샹)홀 디라, 夏애 楅衡(복형)ᄒ니,

이 가을 제사를 위해, 여름부터 소에 楅衡을 매어두었으니,

白牡騂剛, 犧尊將將.

白牡(빅모)와 騂剛(셩강)이며, 犧尊(희준)이 將將ᄒ며,

흰 황소와 붉은 황소 잡으니, 그 희생과 술통의 그림도 멋졌으며,

毛炰胾羹, 籩豆大房.

毛ᄒ야 炰(포)ᄒ며 胾(치)며 羹(깅)이며, 籩豆와 大房이어늘,

그을린 돼지고기, 산적과 고깃국에, 죽기 목기와 반으로 잘라 차린 희생물,

萬舞洋洋, 孝孫有慶!

萬으로 舞홈을 洋洋히 ᄒ니, 孝孫이 慶이 잇도다!

많은 무리를 이루어 추는 만무의 춤, 효성스런 제주에게 경사 있도다!

俾爾熾而昌, 俾爾壽而臧.

널로 ᄒ여곰 熾(치)ᄒ고 昌ᄒ며, 널로 ᄒ여곰 壽ᄒ고 臧ᄒ야,

그대로 하여금 더욱 불꽃같이 창성하게 하고, 그대로 하여금 장수하고 잘되게 하여,

保彼東方, 魯邦是常.

뎌 東方을 保ᄒ야, 魯邦을 이에 常ᄒ시며,

저 동쪽 땅을 대대로 보전하여, 우리 魯나라가 영원히 이어가게 하며,

不虧不崩, 不震不騰.

虧(휴)티 아니며 崩(붕)티 아니며, 震티 아니며 騰(등)티 아니 ᄒ야,

이지러지지도 않고 무너지지도 않으며, 흔들리지도 않고 허물어지지도 않아,

三壽作朋, 如岡如陵!

三壽(삼슈)로 朋(붕)을 作ᄒ야, 岡(강)ᄀᆞᆺ트며 陵(릉)ᄀᆞᆺ트쇼셔!

三壽와 짝이 되도록 장수함이, 마치 산 같고 언덕같이 무궁하리라!

【載】 시작함. 〈鄭箋〉에 "載, 始也"라 함.

【嘗】 가을 제사. 〈毛傳〉에 "諸侯夏禘, 則不礿. 秋祫, 則不嘗. 唯天子兼之"라 하였고, 〈鄭箋〉에 "秋將嘗祭"라 함. 〈集傳〉에는 "嘗, 秋祭名"이라 함.

【楅衡】 희생용 소의 뿔에 가로로 매어 소가 사물이나 사람을 뿔로 받는 것을 막는 막대. 〈毛傳〉에 "楅衡, 設牛角以楅之也"라 하였고, 〈鄭箋〉에 "於夏則養牲楅衡, 其牛角爲其觸紙人也. 秋嘗而言始者, 秋物新成, 尚之也"라 함. 〈集傳〉에는 "楅衡, 施於牛角, 所以止觸也.《周禮》封人云「凡祭, 飾其牛牲, 設其楅衡」, 是也. 秋將嘗而夏楅衡其牛, 言夙戒也"라 함.

【白牡】 흰 황소. 周公 제사에 바치는 희생. 〈毛傳〉에 "白牡, 周公牲也"라 하였고, 〈集傳〉에 "白牡, 周公之牲也; 騂剛, 魯公之牲也. 白牡, 殷牲也. 周公有王禮, 故不敢與文武同, 魯公則無所嫌, 故用騂剛"이라 함.

【騂剛】 붉은 황소. '剛'은 犅의 假借. 황소. 〈毛傳〉에 "騂剛, 魯公牲也"라 함.

【犧尊】 술통에 그린 그림. 구체적으로는 알 수 없음. 〈毛傳〉에 "犧尊, 有沙飾也"라 하였고, 〈集傳〉에는 "犧尊, 畫牛於尊腹也. 或曰:「尊, 作牛, 形鑿其背, 以受酒也.」"라 함.

【毛炰】 돼지의 털을 뽑고 그을림. 〈毛傳〉에 "毛炰, 豚也"라 하였고, 〈集傳〉에 "毛

炰,《周禮》封人「祭祀, 有毛炰之豚」, 注云「爓去其毛, 而炰之」也」라 함. 〈集傳〉에
"胾, 切肉也; 羹, 大羹鉶羹也. 大羹, 大古之羹, 湇煑肉汁, 不和盛之以登, 貴其質也.
鉶羹, 肉汁之有菜和者也. 盛之鉶器, 故曰鉶羹"이라 함.

【胾羹】고깃국. 〈毛傳〉에 "胾, 肉也; 羹, 大羹, 鉶羹也"라 함. 大羹과 鉶羹 두 가지
라 함.

【大房】희생을 반으로 잘라 도마에 얹은 제삿상. 〈毛傳〉에 "大房, 半體之俎也"라
하였고, 〈鄭箋〉에 "大房, 玉飾俎也. 其制足間, 有橫下有跗, 似乎堂後有房然"이라
함. 〈集傳〉에는 "大房, 半體之俎, 足下有跗, 如堂房也"라 함.

【萬舞】방패를 들고 추는 춤. 〈鄭箋〉에 "萬舞, 干舞也"라 하였고, 〈集傳〉에도 "萬,
舞名"이라 함.

【洋洋】〈毛傳〉에 "洋洋, 衆多也"라 함.

【孝孫】祭主, 즉 僖公을 가리킴. 〈鄭箋〉에 "此皆慶孝孫之辭也"라 함.

【俾】〈鄭箋〉에 "俾, 使"라 함.

【壽】長壽의 복을 내림. 〈毛傳〉에 "壽, 考也"라 함.

【臧】〈鄭箋〉에 "臧, 善"이라 함.

【保】〈鄭箋〉에 "保, 安"이라 함.

【常】지켜줌. 〈鄭箋〉에 "常, 守也"라 함.

【虧·崩】〈鄭箋〉에 "虧·崩, 皆謂毀壞也"라 함.

【震·騰】〈毛傳〉에 "震, 動也; 騰, 乘也"라 하였고, 〈鄭箋〉에 "震·騰, 皆謂僭踰相侵
犯也"라 하였으며, 〈集傳〉에는 "震·騰, 驚動也"라 함.

【三壽】'三卿'이라 하였으나 구체적으로 알 수 없음. 〈鄭箋〉에 "三壽, 三卿也"라
함. 〈集傳〉에 "三壽, 未詳. 卿氏曰:「三卿也.」 或曰:「願公壽與岡陵等而爲三也.」"라
함.

【岡·陵】〈鄭箋〉에 "岡·陵, 取堅固也"라 함.

(5) 賦

公車千乘, 朱英綠縢, 二矛重弓.

公의 車ㅣ 千乘이니, 朱흔 英과 綠흔 縢(등)이며, 二矛(이모)와 重弓이
로다.

임금의 兵車는 千乘이요, 붉은 장식의 창에 푸른 끈을 단 활, 그리고
창과 활을 둘 씩 묶은 것이로다.

公徒三萬, 貝冑朱綬, 烝徒增增.

公의 徒ㅣ 三萬이니, 貝(패)로 혼 冑(쥬)와 朱혼 綬(셤)이며, 모둔 徒ㅣ 增增ᄒ도다.

임금의 步卒은 3만이요, 조개 박아 붉은 실 맨 투구, 이처럼 수많은 보병들 많고 많도다.

戎狄是膺, 荊舒是懲, 則莫我敢承!

戎狄을 이에 膺(응)ᄒ며, 荊舒(형셔)를 이에 懲케 ᄒ니, 곧 우리를 敢히 承ᄒ 리 업도다!

서쪽과 북쪽으로 융적을 응징하고, 남쪽으로 荊과 舒를 징계하니, 감히 우리에게 대항할 자 없도다!

俾爾昌而熾, 俾爾壽而富.

널로 ᄒ여곰 昌ᄒ고 熾ᄒ며, 널로 ᄒ여곰 壽ᄒ고 富ᄒ야,

그대로 하여금 번창하여 불꽃같이 일게 하고, 그대로 하여금 장수하고 부유하게 해 주리니,

黃髮台背, 壽胥與試.

黃髮台背(황발티비)ㅣ, 壽ᄒ야 서르 다 試ᄒ며,

머리 노래지고 등에 복어 무늬 나도록, 장수하여 일할 수 있게 하며,

俾爾昌而大, 俾爾耆而艾.

널로 ᄒ여곰 昌ᄒ고 大ᄒ며, 널로 ᄒ여곰 耆(기)ᄒ고 艾(애)ᄒ야,

그대로 하여금 창성하고 광대하게 하며, 그대로 하여금 장수하고 또 장수하게 하리니,

萬有千歲, 眉壽有無害!

萬이오 千歲예, 眉壽(미슈)ᄒ야 害이심이 업ᄉ쇼셔!

천년만년 되도록, 눈썹 힘 있게 다시 나서 어떤 재앙도 없으리로다!

【千乘】큰 제후의 나라를 뜻함. 〈毛傳〉에 "大國之賦, 千乘"이라 하였고, 〈集傳〉에도 "千乘, 大國之賦也. 成方十里, 出革車一乘, 甲士三人, 左持弓, 右持矛, 中人御, 步卒七十二人, 將重車者二十五人. 千乘之地, 則三百十六里, 有奇也"라 함.

【朱英綠縢】'朱英'은 창에 붉은 장식을 한 것. '綠縢'은 활에 푸른 실을 맨 것. 〈毛傳〉에 "朱英, 矛飾也; 縢, 繩也"라 하였고, 〈集傳〉에도 "朱英, 所以飾矛. 綠縢, 所以約弓也"라 함.

【二矛重弓】창을 두 개씩 한 조로 묶은 것. 〈毛傳〉에 "重弓, 重於韔中也"라 하였고, 〈鄭箋〉에 "二矛重弓", 備折壞也. 兵車之法: 左人持弓, 右人持矛, 中人御"라 함. 〈集傳〉에도 "二矛, 夷矛酋矛也; 重弓, 備折壞也"라 함.

【公徒三萬】〈鄭箋〉에 "萬二千五百人爲軍, 大國三軍合三萬七千五百人. 言三萬者, 擧成數也"라 하였고, 〈集傳〉에도 "徒, 步卒也; 三萬, 擧成數也. 車千乘, 法當用十萬人, 而爲步卒者七萬二千人, 然大國之賦, 適滿千乘, 苟盡用之, 是擧國而行也. 故其用之大國三軍而已. 三軍謂車三百七十五乘, 三萬七千五百人, 其爲步卒不過二萬七千人, 擧其中而以成數言, 故曰三萬也"라 함.

【貝冑朱綬】조개를 박고 붉은 실로 꿰어 맨 투구. 〈毛傳〉에 "貝冑, 貝飾也; 朱綬, 以朱綬綴之"라 하였고, 〈集傳〉에 "貝冑, 貝飾冑也; 朱綬, 所以綴也"라 함.

【烝徒增增】〈鄭箋〉에 "烝, 進也; 徒, 進行, 增增然"이라 함. '增增'은 〈毛傳〉과 〈集傳〉에 "增增, 衆也"라 함.《爾雅》郭璞 注에 "增增, 衆夥之貌"라 함.

【戎狄是膺】〈毛傳〉에 "膺, 當"이라 하였고, 〈集傳〉에도 "戎, 西戎; 狄, 北狄; 膺, 當也"라 함.

【荊舒是懲】'荊'은 楚의 別稱. '舒'는 초나라 곁에 있던 작은 나라. 초의 동맹국. 〈集傳〉에 "荊, 楚之別號; 舒, 其與國也; 懲, 艾"라 함. 〈鄭箋〉에 "懲, 艾也. 僖公與齊桓, 擧義兵. 北當戎與狄, 南艾荊及羣舒, 天下無敢禦也"라 함.

【承】막아섬, 방어함. 〈毛傳〉에 "承, 止也"라 하였고, 〈集傳〉에는 "承, 禦也. 僖公嘗從齊桓公伐楚, 故以此美之, 而祝其昌大壽考也"라 함. 〈鄭箋〉에 "此慶僖公勇於用兵, 討有罪也"라 함.

【俾爾】〈鄭箋〉에 "俾爾, 猶使女也"라 함.

【黃髮台背】'黃髮'은 늙어 다시 노란 머리카락이 나는 것. '台背'는 늙어 등에 복어 무늬가 생기는 것으로, 둘 모두 長壽의 징표라 여겼음. 〈鄭箋〉에 "黃髮台背, 皆壽徵也"라 함.

【壽胥與試】'胥'는 相. 長壽하여 서로 일을 해봄. 氣力이 衰하지 않았음을 뜻함. 〈鄭箋〉에 "胥, 相也. 壽而相與試, 謂講氣力不衰倦"이라 하였고, 〈集傳〉에는 "壽胥與試'之義, 未詳. 王氏曰:「壽, 考者相與爲公用也.」 蘇氏曰:「願其壽而相與試其才力, 以爲用也.」"라 함. 陳奐 〈傳疏〉에 "壽胥與試, 美用老人之言, 以安國也"라 하였

고, 馬瑞辰 〈通釋〉에는 "試, 猶式也. 字通作視. ……《廣雅》:「視, 比也.」……'壽胥與試', 承'黃髮台背'言, 猶云'壽相與比耳'"라 함.

【耆·艾】두 글자 모두 老壽의 뜻.

【萬有千歲】〈鄭箋〉에 "此又慶僖公勇於用兵, 討有罪也. 中時魯微弱, 爲鄰國所侵削, 今乃復其故, 故喜而重慶之"라 함.

【眉壽】〈鄭箋〉에 "眉壽, 秀眉, 亦壽徵"이라 함.

(6) 賦

泰山巖巖, 魯邦所詹.

泰山이 巖巖(암암)ᄒ니, 魯邦의 詹(첨)ᄒᄂ 배로다.

태산은 바위로 높이 솟아, 노나라가 우러러보는 바요,

奄有龜蒙, 遂荒大東.

龜(귀)와 蒙(몽)을 두어, 드듸여 大東을 荒(황)ᄒ야,

龜山와 蒙山이 있어 나라 안을 덮고 있으니, 드디어 동방을 크게 차지하여,

至于海邦, 淮夷來同.

海邦(ᄒ방)애 니르히 ᄒ니, 淮夷ㅣ 來ᄒ야 同ᄒ야,

바닷가에 이르도록 넓은 땅으로서, 회수 夷族들이 와서 회동을 하며,

莫不率從, 魯侯之功!

率從(솔종)티 아닛 아니 ᄒ니, 魯侯의 功이샷다!

복종하지 않음이 없으니, 바로 우리 임금 희공의 공이로다!

【泰山】五嶽 중의 東嶽. 지금의 山東 泰安市 동쪽에 있는 산. 岱嶽, 太山 등으로도 불림. 〈集傳〉에 "泰山, 魯之望也"라 함.

【詹】〈毛傳〉에 "詹, 至也"라 하였으나, 〈集傳〉에는 "詹, 與瞻同"이라 하여 '瞻'의 뜻이라 함. 陳奐 〈傳疏〉에는 "言所至境也"라 함.

【奄】〈鄭箋〉에 "奄, 覆"이라 함.

【龜蒙】龜山과 蒙山. 〈毛傳〉에 "龜, 山也;蒙, 山也"라 하였고, 〈集傳〉에 "龜蒙, 二

山名"이라 함.

【荒】奄有함. 차지함. 〈毛傳〉에 "荒, 有也"라 하였고, 〈鄭箋〉과 〈集傳〉에는 "荒, 奄也"라 함.

【大東】〈鄭箋〉과 〈集傳〉에 "大東, 極東也"라 함.

【海邦】〈鄭箋〉과 〈集傳〉에 "海邦, 近海之國也"라 함.

【淮夷】淮水 근처의 東夷族.

【來同】〈鄭箋〉에 "「來同」, 爲同盟也"라 함.

【率從】〈鄭箋〉에 "「率從」, 相率從於中國也"라 함.

【魯侯】〈鄭箋〉에 "魯侯, 謂僖公"이라 함.

(7) 賦

保有鳧繹, 遂荒徐宅,

鳧(부)와 繹(역)을 保有ᄒᆞ야, 드듸여 徐宅(셔퇴)을 荒ᄒᆞ야,

鳧山과 繹山을 보유하고, 드디어 徐나라 땅까지 차지하여,

至于海邦, 淮夷蠻貊.

海邦의 니ᄅᆞ히 ᄒᆞ니, 淮夷와 蠻貊(만뫼)과,

바닷가에 이르도록 넓은 영토, 회이와 남만이며 동쪽의 맥족까지,

及彼南夷, 莫不率從.

믿 뎌 南夷ㅣ, 率從티 아닛 아니 ᄒᆞ며,

그리고 남쪽 형초까지, 복종하지 않은 곳이 없어,

莫敢不諾, 魯侯是若!

敢히 諾(락)디 아닛 아니 ᄒᆞ야, 魯侯를 이예 若(약)ᄒᆞ놋다!

감히 우리 명령을 허락하지 않음이 없이, 우리 임금 희공에게 순종하도다!

【鳧繹】鳧山과 繹山. 〈毛傳〉에 "鳧, 山也; 繹, 山也"라 하였고, 〈集傳〉에도 "鳧繹, 二山名"이라 함.

【徐宅】宅은 居. '徐'는 徐國. 지금의 江蘇 북부 徐州에 있던 東夷族의 작은 나라.

〈毛傳〉에 "宅, 居也"라 하였고, 〈集傳〉에 "宅, 居也. 謂徐國也"라 함.

【淮夷蠻貊】〈毛傳〉에 "淮夷蠻貊而夷行也"라 함.

【南夷】〈毛傳〉에 "南夷, 荊楚也"라 함.

【諾】〈鄭箋〉과 〈集傳〉에 "諾, 應辭也"라 함.

【若】〈毛傳〉과 〈集傳〉에 "若, 順也"라 하였고, 〈鄭箋〉에 "「是若」者, 是僖公所謂順也"라 함.

＊〈集傳〉에 "○泰山·龜·蒙·鳧·繹, 魯之所有. 其餘則國之東南, 勢相連屬, 可以服從之國也"라 함.

(8) 賦

天錫公純嘏, 眉壽保魯.

天이 公끠 純嘏(슌가)를 錫(셕)ᄒ시니, 眉壽ᄒ야 魯를 保ᄒ샤,

하늘이 공에게 큰 복을 내리시어, 장수하면서 이 노나라를 보존하여,

居常與許, 復周公之宇!

常과 다믓 許에 居ᄒ야, 周公의 宇를 復(복)ᄒ샷다!

常과 許 땅을 찾으시어, 주공의 그 옛날 모습을 회복하셨도다!

魯侯燕喜, 令妻壽母,

魯侯ㅣ 燕ᄒ야 喜ᄒ시니, 슈ᄒ 妻와 壽ᄒ 母ㅣ샷다.

희공은 잔치 즐기시나니, 훌륭한 부인에 장수하신 어머님 계셨도다.

宜大夫庶士, 邦國是有.

태우와 庶士를 宜(의)케 ᄒ샤, 邦國을 이에 두시니,

大夫와 庶士도 마땅케 하여, 나를 이처럼 가지고 계시니,

旣多受祉, 黃髮兒齒!

이믜 祉(지)를 해 受ᄒ샤, 黃髮(황발)이며 兒齒(ᄋ치)ᄒ리샷다!

이윽고 하늘의 많은 복을 받으시어, 황발에 아치가 되도록 장수하시리라!

【純嘏】大福. 純은 大. 嘏는 福. 〈鄭箋〉에 "純, 大也; 受福曰嘏"라 함.

【常·許】魯의 南과 西의 변두리에 있는 땅. 〈毛傳〉에 "常·許, 魯南鄙西鄙"라 하였고, 〈鄭箋〉에 "許, 許田也. 魯朝宿之邑也. 常, 或作嘗, 在薛之旁.《春秋》魯莊公三十一年:「築臺于薛.」 是與周公有常邑許, 許田未聞也. 六國時, 齊有孟嘗君食邑於薛"이라 함. 그러나 〈集傳〉에는 "常, 或作嘗. 在薛之旁; 許, 許田也. 魯朝宿之邑也. 皆魯之故地, 見侵於諸侯, 而未復者. 故魯人以是願僖公也"라 함.

【燕喜】〈鄭箋〉에 "燕, 燕飮也"라 함.

【令妻壽母】훌륭한 妃와 장수한 어머니. 僖公의 妃는 聲姜(文公의 어머니)이며, 어머니는 成風이었음. 〈鄭箋〉에 "令, 善也. 僖公燕飮於內寢, 則善其妻, 壽其母, 謂爲之祝慶也. 與羣臣燕, 則欲與之相"이라 하였고, 〈集傳〉에 "令妻, 令善之妻聲姜也; 壽母, 壽考之母成風也. 閔公八歲被弑, 必是未娶, 其母叔姜, 亦應未老. 此言'令妻壽母', 又可見公爲僖公無疑也"라 함.

【宜】자신들의 임무에 마땅하도록 해 줌. 〈鄭箋〉에 "宜, 亦祝慶也"라 함.

【有】〈鄭箋〉에 "「是有」, 猶常有也"라 하였고, 〈集傳〉에도 "有, 常有也"라 함.

【兒齒】이가 어린 아이 치아처럼 다시 남. 長壽를 뜻함. 〈鄭箋〉에 "兒齒, 亦壽徵"이라 하였고, 〈集傳〉에도 "兒齒, 齒落更生細者, 亦壽徵也"라 함.

(9) 賦

徂徠之松, 新甫之柏.

徂來(조릭)의 松과, 新甫(신보)의 栢(빅)을,

조래산의 소나무와, 新甫山의 잣나무를,

是斷是度, 是尋是尺.

이에 斷ᄒ며 이에 度(탁)ᄒ며, 이에 尋(심)ᄒ며 이에 尺(쳑)ᄒ야,

이에 자르고 재어서, 여덟 척, 한 척 치수를 맞추어,

松桷有舄, 路寢孔碩.

松으로 ᄒᆫ 桷(각)이 舄(셕)ᄒ니, 路寢(로침)이 심히 碩(셕)ᄒ도다.

소나무로 서까래 하니 크기도 하여, 寢殿을 만드니 심히 웅장하도다.

新廟奕奕, 奚斯所作.

新廟ㅣ 奕奕ᄒ니, 奚斯(희ᄉ)의 作ᄒᆫ 배로다.

새로 지은 사당의 멋진 모습, 이는 바로 해사가 지은 바로다.

孔曼且碩, 萬民是若!

심히 曼(만)ᄒᆞ고 ᄯᅩ 碩ᄒᆞ니, 萬民을 이에 若ᄒᆞ도다!

심히 길고도 게다가 크니, 만민이 이처럼 바라던 바로다!

【徂徠·新甫】山 이름. 〈毛傳〉에 "徂徠, 山也; 新甫, 山也"라 하였고, 〈集傳〉에도 "徂來·新甫, 二山名"이라 함. 〈集傳〉과 〈諺解〉에는 '徂徠'가 '徂來'로 되어 있음.

【柏】잣나무, 혹 측백나무. 〈諺解〉에는 '栢'자로 되어 있음.

【尋】〈毛傳〉과 〈集傳〉에 "八尺曰尋"이라 함.

【桷】서까래. 〈毛傳〉에 "桷, 榱也"라 함.

【舃】웅장함, 宏大함. 〈毛傳〉과 〈集傳〉에 "舃, 大貌"라 함.

【路寢】임금의 正寢. 〈毛傳〉과 〈集傳〉에 "路寢, 正寢也"라 함.

【孔碩】〈鄭箋〉에 "孔, 甚; 碩, 大也"라 함.

【新廟】僖公의 바로 前代 군주 閔公의 사당이라 함. 閔公은 莊公의 서자이며 僖公의 배다른 아우로 8세에 군주에 올랐으나 2년만에 죽음. 《左傳》閔公을 참조할 것. 그러나 鄭玄은 姜嫄의 사당이라 하였음. 〈毛傳〉에 "新廟, 閔公廟也. 有大夫公子奚斯者, 作是廟也"라 하였으나, 〈鄭箋〉에는 "修舊曰新. 新者, 姜嫄廟也. 僖公承衰亂之政, 修周公·伯禽之敎, 故治正寢上, 新姜嫄之廟. 姜嫄之廟, 廟之先也"라 하였고, 〈集傳〉에는 "新廟, 僖公所修之廟"라 하여 각기 閔公廟, 姜嫄廟 등 의견이 다름.

【奕奕】〈鄭箋〉에 "奕奕, 姣美也"라 함.

【奚斯】公子魚. 당시 뛰어났던 건축가. 匠人. 大木匠. 《左傳》閔公 2年 傳을 참조할 것. 〈毛傳〉과 〈集傳〉에 "奚斯, 公子魚也. 作者, 敎護屬功課章程也"라 하였고, 〈鄭箋〉에 "奚斯作"者, 敎護屬功課章程也. 至文公之時, 大室屋壞"라 함. 奚斯가 사당을 지었다고 하였으나, 〈三家詩〉에는 이 노래를 지었다 하였음.

【孔曼且碩】〈毛傳〉에 "曼, 長也"라 하였고, 〈集傳〉에도 "曼, 長; 碩, 大也"라 함. 〈鄭箋〉에는 "曼, 修也, 廣也"라 함.

【萬民是若】〈鄭箋〉에 "且然也. 國人謂之順也"라 하였고, 〈集傳〉에 "萬民是若」, 順萬民之望也"라 함.

참고 및 관련 자료

1. 孔穎達 〈正義〉

作〈閟宮〉詩者, 頌美僖公能復周公之宇. 謂復周公之時, 土地居處也. 〈明堂位〉曰:「成王以周公爲有勳勞於天下, 是以封周公於曲阜. 地方七百里, 革車千乘, 是周公之時, 土境特大, 異於其餘諸侯也. 伯禽之後, 君德漸衰, 鄰國侵削, 境界狹小. 至今僖公有德, 更能復之, 故作詩以頌之也. 復周公之宇, 雖辭出於經, 而經之所言, 止爲常許此, 則總序篇義與經小殊. 其言復周公之宇, 主以境界爲辭. 但僖公所行善事, 皆是復, 故非獨土地而已. 自二章周公之孫以下, 皆述僖公之德. 作者將美僖公, 追述遠祖, 上陳姜嫄·后稷, 至於文武大王, 爰及成王封建之辭. 魯公受賜之命, 言其所以有魯之由, 與僖公之事爲首引耳. 序者, 以其非頌所主之意, 故從而略之.

2. 朱熹 〈集傳〉

〈閟宮〉, 九章, 五章章十七句(內第四章脫一句), 二章章八句, 二章章十句:

舊說八章. 二章章十七句, 一章十二句, 一章三十八句, 二章章八句, 二章章十句. 多寡不均, 雜亂無次, 蓋不知第四章有脫句而然. 今正其誤.

3. 상송商頌

5편(307-311)

商은 殷을 말하며, 그 뒤를 이은 周代의 宋나라를 말한다. 商(殷)의 末王 紂가 武王에 의해 망하고 나서, 그 유민을 위무하고 상나라 제사를 잇도록 하고자 紂의 아들 武庚(祿父)을 宋(지금의 河南 商丘)에 봉하면서, 아울러 주공의 아우 管叔과 蔡叔, 霍叔을 보내어 감독하도록 하였다. 이를 '三監'이라 한다. 그런데 이들이 周公의 攝政에 유언을 퍼뜨려 주공을 모함하고 심지어 무경을 부추겨 난을 일으켜 東都를 공격하자, 주공은 할 수 없이 이들을 진압하여 무경과 관숙을 죽이고 채숙은 추방하였다. 이를 '周公東征'이라 한다. 그리고 다시 商(殷)의 혈족 微子(啓)를 찾아 武庚의 임무를 대신 맡도록 하여, 결국 미자가 異姓諸侯 송나라의 시조가 되었다. 이렇게 殷祀를 이어받았으나 微子와 戴公 사이에 국력이 쇠미하여 殷代로부터 이어오던 禮樂은 사라지고 말았다. 그러다가 閔公 때 宋의 嫡子 正考甫가 周나라 太師로부터 殷의 頌歌 12편을 얻었는데 이 역시 제대로 전수되지 못하고 5편만 남은 것이다. 한편 正考甫는 '正考父'로도 표기하며 孔子의 7대조이다. 공자의 선대는 宋(殷의 後繼)의 적손으로 宋 閔公(愍公, 湣公)의 세자 弗甫何는 嫡嗣로서 마땅히 송나라 군주에 올랐어야 하나 煬公이 찬탈하여 오르지 못하였다. 이에 아우 厲公이 양공을 죽이고 불보하를 세우려 하였으나 불보하는 그(厲公)에게 양보하였다.

그 불보하의 아들 宋父가 낳은 아들이 바로 正考甫였다. 그 뒤 정고보가 공보하(孔父嘉)를 낳았는데, 宋나라 司馬 華督에게 피살되어 대가 끊어졌다가, 그 아들 목금보(木金父)를 이어 기보(祁父)를 거쳐 방숙(防叔)에 이르렀을 때, 다시 華氏의 난에 쫓겨 魯나라로 피신하였으며, 방숙이 伯夏를, 백하가 숙량흘(叔梁紇)을 낳았고, 숙량흘이 공자(仲尼, 孔丘)를 낳은 것이다. 이 때문에 공자는 노나라 사람이 된 것이다.

이 商頌 5편은 내용을 살펴보면 商나라 때의 樂歌가 아니라, 春秋 초기 宋나라 때 자신들의 아득한 起源을 밝힘과 동시에 옛날 湯의 개국과 中宗(太戊) 및 高宗(武丁)의 中興 등을 기억하며 찬양하고자 지어진 것이다. 이 역시 孔子의 조상과 연관이 있어 '風'에 넣지 않고 '頌'으로 분류되어 편집된 것으로 보고 있다.

★ 역사적 관련 사항은《左傳》,《史記》殷本紀와 宋微子世家 및《孔子家語》등을 참조할 것.

○ 鄭玄《毛詩譜》<商頌>

商者, 契所封之地, 有娀氏之女名簡狄者, 吞鳦卵而生契. 堯之末年, 舜擧爲司徒, 有五敎之功, 乃賜姓而封之. 世有官守, 十四世至湯, 則受命伐夏桀, 定天下. 後世有中宗者, 嚴恭寅畏天命, 自度治民, 祗懼不敢荒寧. 後有高宗者, 舊勞於外, 爰洎小人作, 其卽位, 乃或諒闇, 三年不言. 言乃雍, 不敢荒寧, 嘉靖殷邦, 至於大小, 無時或怨. 此三王, 有受命中興之功, 時有作詩頌之者. 商德之壞, 武王伐紂, 乃以陶唐氏火正閼伯之墟, 封紂兄微子啓, 爲宋公, 代武庚爲商後. 其封域, 在<禹貢>徐州·泗濱, 西及豫州盟豬之野. 自從政衰, 散亡商之禮樂. 七世至戴公時, 當宣王, 大夫正考父者, 校商之名, 頌十二篇於周太師, 以<那>爲首, 歸以祀其先王. 孔子錄詩之時, 則得五篇而已. 乃列之以備, 三頌著爲後王之義, 監三代之成功, 法莫大於是矣.

問者曰:「列國政衰, 則變風作. 宋何獨無乎?」曰:「有焉. 乃不錄之. 王者之後, 時王所客也. 巡守述職不陳, 其詩亦示無貶黜客之義也.」

又問曰:「周太師, 何由得商頌?」曰:「周用六代之樂, 故有之.」

○ 朱熹 <集傳>

契, 爲舜司徒, 而封於商. 傳十四世, 而湯有天下. 其後三宗迭興, 及紂無道, 爲武王所滅, 封其庶兄微子啓於宋, 脩其禮樂, 以奉商. 後其地在禹貢徐州泗濱, 西及豫州盟豬之野. 其後政衰, 商之禮樂, 日以放失. 七世至戴公時, 大夫正考甫, 得<商頌>十二篇, 於周大師歸, 以祀其先王. 至孔子, 編詩而又亡其七篇. 然其存者, 亦多闕文疑義, 今不敢強通也. 商都亳, 宋都商丘, 皆在今應天府亳州界.

307(商-1) 나(那)

*⟨那⟩: '那'는 '多'의 뜻. '많도다'의 의미.
*이 시는 殷의 개국 시조 湯임금의 제사에 쓰인 頌歌임. 宋은 微子(啓)가 은의 제사를 잇도록 봉지로 받은 나라이며, 그 微子에서 戴公에 이를 때까지는 국세가 쇠미하여 殷의 음악을 제대로 이어가지 못한 채 폐기되다시피 하였음. 그러다가 閔公 때 정고보(正考甫, 正考父. 孔子 7대조)가 周나라 太師로부터 殷의 頌歌 12편을 얻었는데 그 첫수가 이 ⟨나⟩편이었다 함.

⟨序⟩: ⟨那⟩, 祀成湯也. 微子至于戴公, 其間禮樂廢壞. 有正考甫者, 得⟨商頌⟩十二篇於周之大師, 以⟨那⟩爲首.

⟨나⟩는 탕임금 제사에 부르던 頌歌이다. 미자에서 대공에 이르기까지 그 사이 예악이 폐기되고 무너졌다. 正考甫라는 자가 周나라 태사로부터 ⟨상송⟩ 12편을 얻었는데, ⟨나⟩편이 첫 수였다.

⟨箋⟩: 禮樂廢壞者, 君怠慢於爲政, 不修祭祀·朝聘·養賢·待賓之事, 有司忘其禮之儀制, 樂師失其聲之曲折, 由是散亡也. 自正考甫至孔子之時, 又無七篇矣. 正考甫, 孔子之先也. 其祖弗甫何, 以有宋而授厲公.

*成湯: 商(殷)의 개국군주. 湯王. 子姓. 이름은 履. 武湯, 成湯, 有湯, 天乙로도 불림. 그 선조는 설(契). '湯'은 원래 夏나라의 諸侯였으며, 亳을 근거로 발전하여 夏나라 末王 桀의 무도함을 제거하고 伊尹을 등용, 殷(商)을 세움. 儒家에서 聖人으로 받듦.《史記》殷本紀를 참조할 것.

*전체 1장 22구(那: 一章, 章二十二句).

○ 賦
猗與那與! 置我鞉鼓.

猗(의)홉다, 那(나)흔 디라! 우리 鞉(도)와 鼓를 置ᄒ야,
아, 많도다! 궁궐 뜰에 도고의 북을 달아 놓고,

奏鼓簡簡, 衎我烈祖!

皷 奏홈을 簡簡(간간)히 ᄒ니, 우리 烈祖를 衎(간)ᄒ놋다!

뜰아래에서 연주하는 그 화음, 우리 조상 탕임금도 즐거워하시리라!

湯孫奏假, 綏我思成!

湯의 孫이 奏ᄒ야 假(격)ᄒ시니, 우리를 綏(유)호ᄃᆡ 思ᄒ야 成혼 이로 ᄒ샷다!

탕의 후손 태갑이 드리는 음악 다가가면, 우리가 뜻을 이루어 편안하리라!

鞉鼓淵淵, 嘒嘒管聲.

鞉와 皷ㅣ 淵淵(연연)ᄒ며, 嘒嘒(혜혜)혼 管ㅅ 聲이,

도고 소리 둥둥하며, 청량한 관악기 소리,

旣和且平, 依我磬聲.

이믜 和ᄒ고 또 平ᄒ야, 우리 磬ㅅ 聲에 依ᄒ니,

이윽고 조화롭고 또한 평안하여, 우리 경소리에 의지하여 맞추니,

於赫湯孫! 穆穆厥聲!

於(오)홉다, 赫혼 湯(탕)의 孫이여! 穆穆혼 그 聲이샷다!

아 빛나는 탕왕의 후손이여! 그윽하도다 그 소리여!

庸鼓有斁, 萬舞有奕.

庸皷(용고)ㅣ 斁(역)ᄒ며, 萬舞(만무)ㅣ 奕(혁)ᄒ니,

큰 종, 큰 북이 우렁차고, 萬舞 춤은 익숙하니,

我有嘉客, 亦不夷懌?

우리 嘉客(가ᄀᆡᆨ)이, 또혼 夷懌(이예)티 아니랴?

우리 제사 도우러 오신 손님들, 역시 즐겁고 기쁘지 않으랴?

自古在昔, 先民有作.

古로부터 昔에 이숌애, 先民이 作홈을 두니,

아득한 옛날 옛적에, 조상들께서 하셨던 일들,

溫恭朝夕, 執事有恪!

朝夕에 溫恭ᄒ야, 事(ᄉ)를 執홈을 恪(각)ᄒ니라!

아침저녁으로 익히고 공손히 하여, 맡은 일에 공경을 다하리로다!

顧予烝嘗, 湯孫之將!

내 烝嘗(증상)을 顧홀 딘뎌, 湯孫(탕손)의 將(쟝)이니라!

우리가 바치는 이 제사를 생각하옵소서, 탕의 후손이 제사를 받드나
이다!

【猗與那與】〈毛傳〉과 〈集傳〉에 "猗, 歎辭; 那, 多"라 함. 陳奐〈傳疏〉에는 "云'多'者,
美嘆成湯多武公, 以定天下也.《周禮》:「戰功成曰多.」"라 하였고, 馬瑞辰〈通釋〉에
는 "猗·那, 二字疊韻, 皆美盛之貌"라 함.

【置】〈鄭箋〉에 "置讀曰植. 植靴鼓者, 爲楹貫而樹之. 美湯受命伐桀, 定天下而作
〈濩樂〉, 故歎之多. 其改夏之制, 乃始植我殷家之樂靴與鼓也. 靴雖不植貫而搖之,
亦植之類"라 하였고, 〈集傳〉에 "置, 陳也"라 함.

【靴鼓】〈毛傳〉에 "靴鼓, 樂之所成也. 夏后氏足鼓; 殷人置鼓; 周人縣鼓"라 함.

【奏鼓】뜰 아래에서 연주하는 음악. 〈鄭箋〉에 "奏鼓, 奏堂下之樂也"라 함.

【簡簡】〈集傳〉에 "簡簡, 和大也"라 함.

【衎我烈祖】〈毛傳〉에 "衎, 樂也; 烈祖, 湯有功烈之祖也"라 하였고, 〈鄭箋〉에 "烈祖,
湯也"라 함. 〈集傳〉에 "衎, 樂也; 烈祖, 湯也.《記》曰:「商人尙聲臭味, 未成滌蕩, 其
聲樂三闋, 然後出迎牲.」卽此是也. 舊說以此爲祀, 成湯之樂也"라 함.

【湯孫】〈鄭箋〉에 "湯孫, 太甲也"라 하였으나, 〈集傳〉에는 "湯孫, 主祀之時王也"라
함.

【假】〈毛傳〉에 "假, 大也"라 하였으나, 〈鄭箋〉에 "假, 升"이라 하였고, 〈集傳〉에는
"假, 與格同. 言「奏樂以格於祖考」也"라 함. 馬瑞辰〈通釋〉에는 "凡神人來至曰假,
祭者尙致乎神亦曰假"라 함.

【綏我思成】내 생각하는 바를 편안히 하여, 이를 이룸. 〈鄭箋〉에 "綏, 安也. 以金
奏堂下諸縣, 其聲和大簡簡然以樂. 我功烈之祖成湯, 湯孫太甲, 又奏升堂之樂弦

歌之, 乃安我心所思而成之. 謂神明來格也.《禮記》曰:「齊之日, 思其居處, 思其笑
語, 思其志意, 思其所樂, 思其所嗜. 齊三日, 乃見其所爲. 齊者, 祭之日, 入室僾然,
必有見于其位, 周旋出戶肅然, 必有聞乎其容聲, 出戶而聽愾然, 必有聞乎其歎息
之聲.」此之謂思成"이라 하였으나,〈集傳〉에는 "綏, 安也; 思成, 未詳. 鄭氏曰:「安
我以所思而成之, 人謂神明來格也.」《禮記》曰:「齊之日, 思其居處, 思其笑語, 思其
志意, 思其所樂, 思其所嗜, 齊三日, 乃見其所爲. 齊者, 祭之日, 入室僾然, 必有見乎
其位, 周旋出戶肅然, 必有聞乎其容聲, 出戶而聽愾然, 必有聞乎其歎息之聲.」此
之謂思成. 蘇氏曰:「其所見聞, 本非有也. 生於思耳.」此二說近是. 蓋齊而思之, 祭
而如有見聞, 則成此人矣. 鄭注頗有脫誤, 今正之"라 함.

【淵淵】〈集傳〉에 "淵淵, 深遠也"라 함. 陳奐〈傳疏〉에 "綏, 安. 成, 平也. ……以樂
我烈祖, 安享太平之福也"라 하였고, 馬瑞辰〈通釋〉에는 "綏與遺迭韻, ……'綏我
思成', 猶云'遺我福'"이라 함.

【嘒嘒】〈毛傳〉에 "嘒嘒然, 和也"라 하였고,〈集傳〉에는 "嘒嘒, 淸亮也"라 함.

【平】〈毛傳〉에 "平, 正平也"라 함.

【依】〈毛傳〉에 "依, 倚也; 磬聲之淸者也. 以象萬物之成"이라 함.

【磬】〈鄭箋〉에 "磬, 玉磬也. 堂下諸縣, 與諸管, 聲皆和平, 不相奪倫, 又與玉磬之聲,
相依亦謂和平也. 玉磬尊, 故異言之"라 하였고,〈集傳〉에도 "磬, 玉磬也. 堂上升
歌之樂, 非石磬也"라 함.

【聲】〈毛傳〉에 "周尙臭, 殷尙聲"라 함.

【於赫湯孫】〈毛傳〉에 "於赫湯孫」, 盛矣! 湯爲人子孫也"라 함.

【穆穆】〈鄭箋〉에 "穆穆, 美也. 於, 盛矣! 湯孫. 呼太甲也. 此樂之美, 其聲鐘鼓, 則
斁斁然, 有次序"라 하였고,〈集傳〉에 "穆穆, 美也"라 함. 陳奐〈傳疏〉에 "赫爲盛,
穆爲美, 正是贊嘆成湯之樂, 所以終殷人尙聲之義, 其間不應及祀成湯之人"이라
함.

【庸】大鐘.〈毛傳〉에 "大鐘曰庸"이라 하였고,〈集傳〉에 "庸, 鏞通"이라 함.

【斁】盛함.〈毛傳〉과〈集傳〉에 "斁斁然, 盛也"라 함.

【萬舞】干舞. 방패를 들고 추는 춤.

【奕】〈毛傳〉에 "奕奕然, 閑也"라 하였고,〈鄭箋〉에 "其干舞, 又閑習"이라 함.〈集
傳〉에는 "奕奕然, 有次序也. 蓋上文言「鞉鼓管籥, 作於堂下, 其聲依堂上之玉磬,
無相奪倫者.」至於此, 則九獻之後, 鐘鼓交作, 萬舞陳於庭, 而祀事畢矣"라 함.

【嘉客】先代의 後孫으로 와서 祭를 돕는 者.〈鄭箋〉에 "嘉客, 謂二王後及諸侯來
助祭者. 我客之來, 助祭者, 亦不說懌乎! 言說懌也. 乃大古而有此助祭之禮, 非專
於今也. 其禮儀溫溫然, 恭敬執事, 薦饌則又敬也"라 함.〈集傳〉에는 "嘉客, 先代
之後, 來助祭者也"라 함.

【亦不夷懌】〈毛傳〉에 "夷, 說也"라 하였고, 〈集傳〉에 "夷, 悅也. '亦不夷懌'者, 言皆悅懌也"라 함. 〈諺解〉에는 '懌'을 '예'로 읽어 '夷懌'는 雙聲連綿語로 쓰였음.

【自古在昔】〈毛傳〉에 "先王稱之曰在古; 古曰在昔"이라 함.

【先民有作】〈毛傳〉에 "昔曰先民. 有作, 有所作也"라 함.

【恪】〈毛傳〉에 "恪, 敬也"라 하였고, 〈集傳〉에도 "恪, 敬也. 言「恭敬之道, 古人所行, 不可忘也.」閔馬父曰:「先聖王之傳, 恭猶不敢專稱曰自古, 古曰在昔, 昔曰先民.」"이라 함.

【顧】〈鄭箋〉에 "顧, 猶念也"라 함.

【烝嘗】烝은 겨울, 嘗은 가을의 제사.

【將】제사를 받들어 올림. 혹은 도와줌. 〈鄭箋〉에는 "將, 猶扶助也. 嘉客念我殷家, 有時祭之事, 而來者, 乃太甲之扶助也. 序助者之來意也"라 하여 '우리를 도우소서'의 뜻이라 하였으나, 〈集傳〉에는 "將, 奉也. 言「湯其尚顧我烝嘗哉!」此湯孫之所奉者, 致其丁寧之意, 庶發其顧之也"라 하여 '제사를 받들다'로 보았음.

참고 및 관련 자료

1. 孔穎達 〈正義〉

〈那〉之詩者, 祀成湯之樂歌也. 成湯創業, 垂統制禮作樂, 及其崩也, 後世以時祀之, 詩人迹其功業而作此歌也. 又總序商頌廢興所由, 言'微子至于戴公之時', 其間十有餘世, 其有君闇政衰, 致使禮樂廢壞, 令商頌散亡. 至戴公之時, 其大夫有名曰正考父者, 得商頌十二篇於周之太師, 此十二篇以〈那〉爲首. 是故孔子錄詩之時, 得其五篇, 列之以備三頌也. 〈殷本紀〉云:「主癸生天乙, 是爲成湯.」案《中候》雒子命云「天乙在亳」, 注云:「天乙, 湯名.」是鄭以湯之名爲天乙也. 則成湯, 非復名也. 《周書》謚法者, 周公所爲《禮記》檀弓云:「死謚, 周道也.」則自殷以上, 未有謚法. 蓋生爲其號, 死因爲謚耳. 〈謚法〉:「安民立政曰成, 除殘去虐曰湯.」蓋以天乙有此行, 故號曰成湯也. 〈長發〉稱「武王載旆, 又呼湯爲武王」者, 以其伐桀, 革命成就武功, 故以武名之, 非其號謚也. 《國語》云「校商之名, 頌十二篇」, 此云「得〈商頌〉十二篇」, 謂「於周之太師」, 校定眞僞, 是從太師而得之也. 言'得之大師以〈那〉爲首', 則太師先以〈那〉爲首矣. 且殷之創基, 成湯爲首. 〈那〉序云「祀成湯」, 明知無先〈那〉者, 故知太師以〈那〉爲首也. 經之所陳, 皆是祀湯之事. 毛以終篇, 皆論湯之生存所行之事. 鄭以奏鼓以下, 言湯孫太甲祭湯之時, 有此美事, 亦是祀湯而有此事. 故序總云「祀成湯」也. 〈正義〉曰:'禮樂廢壞'者, 正謂禮不行·樂不用, 故令之廢壞. '廢壞'者, 若牆屋之不修也. 但禮事非一, 箋畧擧禮之大者, 以言焉. 由君不復行禮, 有司不復修習, 故忘其禮之儀制; 由君不復用樂, 樂師不復修習, 故失其聲之曲折; 由是禮樂崩壞, 故商詩散亡也. 知孔子之時,七篇已亡者, 以其考甫校之, 太師歸以祀其先王, 則非煩重蕪穢, 不是可棄者也. 而子夏作序, 已無七篇, 明是孔子之前, 已亡滅也.《世本》云:「宋昬公生弗甫何, 弗甫何生宋父, 宋父生正考甫, 正考甫生孔父嘉, 爲宋司馬華督殺之, 而絶其世. 其子木金父, 降爲士. 木金父生祁父, 祁父生防叔, 爲華氏所偪, 奔魯爲防大夫, 故曰防叔. 防叔生伯夏, 伯夏生叔梁紇, 叔梁紇生仲尼.」則正考甫是孔子七世之祖, 故云孔子之先也. 其祖弗父何, 以有宋, 而授厲公. 昭七年《左傳》文也. 服虔云:「弗父何, 宋湣公世子, 厲公之兄, 以有宋.」言湣公之適嗣, 當有宋國, 而讓與弟厲公也.〈宋世家〉稱「厲公殺煬公而自立」, 傳言弗父何授之者, 何是湣公世子, 父卒, 當立, 而煬公簒之. 蓋厲公旣殺煬公, 將立弗父何, 而何讓與厲公也.

2. 朱熹〈集傳〉

〈那一〉, 章二十二句:

閔馬父曰:「正考甫校商之名頌, 以〈那〉爲首, 其輯之, 亂曰云云. 卽此詩也.」

3.《國語》魯語(下)

齊閭丘來盟, 子服景伯戒宰人曰:「陷而入於恭.」閔馬父笑, 景伯問之, 對曰:「笑吾子之大也. 昔正考父校商之名頌十二篇於周太師, 以〈那〉爲首, 其輯之亂曰:『自古在昔, 先民有作. 溫恭朝夕, 執事有恪.』先聖王之傳恭, 猶不敢專, 稱曰'自古', 古曰'在昔', 昔曰'先民'. 今吾子之戒吏人曰'陷而入於恭', 其滿之甚也. 周恭王能庇昭·穆之闕而爲'恭', 楚恭王能知其過而爲'恭'. 今吾子之敎官僚, 曰'陷而後恭', 道將何爲?」

308(商-2) 열조(烈祖)

*〈烈祖〉: 功烈이 뛰어난 조상이라는 뜻이며, 탕임금을 가리킴.
*이 시는 中宗(太戊)이 탕임금에게 제사를 지내는 장면을 묘사하면서, 아울러 중종은 '桑穀共生'의 불길한 징조를 修德으로 이겨내고 은나라를 중흥시켜 中宗이라 불리게 되었음을 칭송한 頌歌임.

<序>: <烈祖>, 祀中宗也.

〈열조〉는 은 中宗의 제사에 부른 頌歌이다.

〈箋〉: 中宗, 殷王太戊, 湯之玄孫也. 有桑穀之異, 懼而修德, 殷道復興, 故表顯之號爲中宗.

※中宗: 殷나라 王 太戊. 湯의 玄孫이며 伊陟(伊尹의 아들)을 재상으로 삼아 은나라를 중흥시킨 임금. '大戊'로도 표기하며 商(殷)의 제 9대 임금. 沃丁의 아우인 太庚의 아들. 太庚이 죽은 뒤 7대 小甲, 8대 雍己 등 두 형의 뒤를 이어 제위에 올라 伊陟·巫咸·臣扈 등을 차례로 등용하여 은나라 왕실을 부흥시켰음. 75년간 재위함. 《尙書》咸有一德의 〈咸乂篇〉序에 "伊陟相大戊, 亳有祥桑穀共生于朝, 伊陟贊于巫咸, 作〈咸乂〉四篇"이라 함. 그러나 이 고사는 湯, 高宗(武丁), 혹은 成王 등 그 주체가 기록마다 다름.

*전체 1장 22구(烈祖: 一章, 章二十二句).

○ 賦

嗟嗟烈祖! 有秩斯祜.

嗟(차)홉다 嗟홉다! 烈祖ㅣ, 秩(질)흔 이 祜(호)를 두샤,
아, 공덕 烈烈한 湯王이여! 변치 않는 이 복을 주시어,

申錫無疆, 及爾斯所!

다시곰 無疆(무강)에 錫(석)ᄒ신 디라, 네 이 所(소)에 及ᄒ도다!
겹쳐 내리시어 끝이 없더니, 지금 네가 있는 여기까지 이르렀도다!

旣載淸酤, 賚我思成.

이미 淸酤(청고)를 載(지)하니, 우리를 賚(뢰)하되 思하야 成흔 이로 하며,

맑은 술 차려 놓으니, 우리에게 복을 내려 이루게 해 주시옵소서.

亦有和羹, 旣戒旣平.

쏘흔 和흔 羹(깅)이, 이믜 戒하며 이믜 平하거늘,

또한 오미를 갖춘 고깃국이, 이미 갖추어졌고 이미 조화로우니,

鬷假無言, 時靡有爭.

鬷假(주격)홈애 言이 업서, 時예 爭(징)하리 잇디 아니 하니,

말없이 정성을 다해 바치며, 이에 그 어떤 다툼도 없으니,

綏我眉壽, 黃耇無疆!

우리를 綏(유)하되 眉壽(미슈)하야, 黃耇(황구)ㅣ 疆이 업슴으로 하놋다!

우리를 편안히 하되 장수를 내리시어, 늙어 수명이 끝이 없도록 해 주소서!

約軧錯衡, 八鸞鶬鶬.

約(약)흔 軧(기)와 錯흔 衡이며, 八鸞(팔란)이 鶬鶬(창창)흔 디라,

가죽 감은 속 바퀴에 무늬의 재갈, 여덟 개의 말방울 딸랑거리며,

以假以享, 我受命溥將.

뻐 假(격)하며 뻐 享하니, 우리 命 受홈이 溥將(부쟝)하거늘,

제후들도 제사에 이르렀으니, 우리가 천명을 받아 넓은 도움 주시거늘,

自天降康, 豐年穰穰.

天으로브터 康(강)을 降(강)하샤, 豐年이 穰穰(양양)하니,

하늘로부터 내리시는 강건함에, 풍년까지 들어서 풍성하오니,

來假來饗, 降福無疆!

來(릭)하야 假(격)하며 來하야 饗(향)하야, 福을 降홈이 疆이 업도다!

오시어서 흠향하시고, 끝없는 복을 내려주소서!

顧予烝嘗, 湯孫之將!

내 烝嘗을 顧홀 딘뎌, 湯孫의 將이니라!

내 드리는 이 제사를 돌아보소서, 그대 탕의 후손이 바쳐 올리나이다!

【烈祖】〈集傳〉에 "烈祖, 湯也"라 함.

【秩】〈毛傳〉과 〈集傳〉에 "秩, 常"이라 함.

【祜】〈鄭箋〉에 "祜, 福也"라 함.

【申】겹침. 〈毛傳〉과 〈集傳〉에 "申, 重也"라 함.

【爾】〈集傳〉에 "爾, 主祭之君. 蓋自歌者, 指之也"라 함.

【斯所】〈集傳〉에 "斯所, 猶言此處也"라 함. 陳奐 〈傳疏〉에는 "猶云以迄于今也"라
함.

*〈集傳〉에 "○此亦祀成湯之樂. 言「嗟嗟烈祖, 有秩秩無窮之福, 可以申錫於無疆.
是以及於爾今王之所, 而脩其祭祀, 如下所云也.」"라 함.

【酤】〈毛傳〉에 "酤, 酒"라 하였고, 〈集傳〉에 "酤, 酒賚與也"라 함.

【賚】〈毛傳〉에 "賚, 錫也"라 하였고, 〈毛傳〉에 "賚, 讀如往來之來. 嗟嗟乎! 我功烈
之祖, 成湯! 旣有此王天下之常福, 天又重賜之以無竟界之期, 其福乃及女之此所
女. 女, 中宗也. 言承湯之業, 能興之也. 旣載淸酒於尊, 酌以祼獻, 而神靈來至, 我
致齊之, 所思則用成, 重言嗟嗟, 美歎之深"이라 함.

【思成】〈集傳〉에 "思成, 義見上篇"이라 함. 馬瑞辰 〈通釋〉에는 "按賚從〈傳〉訓賜爲
是, 思爲語詞, 成猶滿也·福也. '賚我思成', 猶云'賜我福也'"라 함.

【和羹】〈鄭箋〉에 "和羹者, 五味調腥, 熟得節食之, 於人性安和. 喻諸侯有和順之德
也. 我旣祼獻, 神靈來至, 亦復由有和順之諸侯, 來助祭也. 其在廟中, 旣恭肅敬戒
矣, 旣齊立平列矣, 至于設薦進俎, 又總升堂, 而齊一, 皆服其職·勸其事, 寂然無言
語者·無爭訟者. 此由其心平性和, 神靈用之故. 安我以壽考之福, 歸美焉"이라 하
였고, 〈集傳〉에 "和羹, 味之調節也"라 함.

【戒·平】〈毛傳〉에 "戒, 至"라 하였고, 〈集傳〉에는 "戒, 夙戒也; 平, 猶和也. 《儀禮》
於祭祀燕享之始, 每言羹定. 蓋以羹熟爲節, 然後行禮. 定, 卽戒平之謂也"라 함.
그러나 '戒'는 '갖추다'의 뜻. 馬瑞辰 〈通釋〉에 "戒, 當訓備. 《方言》:「戒, 備也.」
……和羹必備五味"라 함.

【鬷假無言】정성을 다해 바치며 말은 없음. 〈毛傳〉에 "鬷, 總; 假, 大也. '總大無言',
無爭也"라 하였고, 〈集傳〉에는 "鬷, 〈中庸〉作奏, 正與上篇義同. 蓋古聲奏族相近

族, 聲轉. 平而爲禋耳. 無言, 無爭. 肅敬而齊一也. 言「其載淸酤, 而旣與我以思成矣. 及進和羹, 而肅敬之至, 則又安我以眉壽黃耈之福也.」라 함. '禋'은 〈中庸〉(33장)에는 '奏'로 되어 있음. 즉 《詩》曰:「奏假無言, 時靡有爭」是故君子不賞而民勸, 不怒而民威於鈇鉞"이라 하였고, 朱熹 〈集註〉에 "奏, 進也. 承上文而遂及其效, 言「進而感格於神明之際, 極其誠敬, 無有言說而人自化之也.」라 하였음. 이에 따라 〈諺解〉에는 '禋'을 '주'로 읽었으며, '假' 역시 '格'(至의 뜻)으로 보아 '격'으로 읽었음. 한편 馬瑞辰 〈通釋〉에도 "當從〈中庸〉引作'奏假', 訓爲'進至', 與'湯孫奏假'同義. 至之言致, 謂精誠上致乎神"이라 함. 한편 '無言'에 대해 聞一多 〈類纂〉에는 "按言, 皆讀爲愆. ……愆, 亦過也"라 하여, '無愆(無過)'의 뜻이라 하였음.

【時】'是'와 같음.

【黃耈】'黃'은 老人의 머리가 희어졌다가 다시 노랗게 되는 것. '耈'는 늙음. 長壽를 뜻함.

【約軝錯衡】〈鄭箋〉에 "約軝, 轂餙也"라 하였고, 〈集傳〉에는 "約軝錯衡·八鸞", 見〈采芑〉篇"이라 함.

【八鸞鶬鶬】〈毛傳〉에 "八鸞鶬鶬, 言文德之有聲也"라 하였고, 〈鄭箋〉에 "鸞在鑣, 四馬則八鸞"이라 함. '鶬'은 '鏘'과 같음. 〈集傳〉에 "鶬, 見〈載見〉篇. 言「助祭之諸侯, 乘是車, 以假以享於祖宗之廟」也"라 함.

【以假以享】〈毛傳〉에 "假, 大也"라 하였으나, 〈鄭箋〉에는 "假, 升也; 享, 獻也"라 함. 吳闓生 〈會通〉에는 "以假以享, 主祭者之感激神明也. 來假來享, 神明之來降也"라 함.

【薄將】아주 넓은 도움. 〈鄭箋〉에 "將, 猶助也. 諸侯來助祭者, 乘篆轂金飾錯衡之車駕, 四馬其鸞鶬鶬然聲和. 言車服之得其正也. 以此來朝升堂, 獻其國之所有於我, 受政教至祭祀, 又溥助我. 言得萬國之懽心也"라 하였고, 〈集傳〉에 "溥, 廣; 將, 大也"라 함.

【豐年穰穰】〈鄭箋〉에 "天於是下平安之福, 使年豐"이라 하였고, 〈集傳〉에는 "穰穰, 多也. 言「我受命旣廣大, 而天降以豐年, 黍稷之多, 使得以祭也. 假之而祖考來, 享之而祖考來, 饗則降福無疆矣.」라 함.

【來格來饗】〈鄭箋〉에 "享謂獻酒, 使神享之也. 諸侯助祭者來, 升堂來獻酒, 神靈又下與我久長之福也"라 함.

【降福無疆】〈鄭箋〉에 "此祭中宗, 諸侯來助之, 所言湯孫之將者, 中宗之享此祭, 由湯之功, 故本言之"라 함.

【湯孫之將】〈集傳〉에 "說見前篇"이라 함.

1. 孔穎達〈正義〉

〈烈祖〉詩者, 祀中宗之樂歌也. 謂中宗旣崩之後, 子孫祀之, 詩人述中宗之德, 陳其祭時之事, 而作此歌焉. 經稱成湯, 王有天下, 中宗承而興之, 諸侯助祭, 神明降福, 皆是祀時之事, 故言祀以總之.〈正義〉曰: 案〈殷本紀〉云:「湯生太丁, 太丁生太甲, 崩, 子沃丁立, 崩, 弟太庚立, 崩, 子小甲立, 崩, 弟雍己立, 崩, 弟太戊立.」是太戊爲湯之玄孫也.〈本紀〉又云:「太戊立亳, 有祥桑穀共生於朝, 一暮大拱, 太戊懼. 問伊陟, 伊陟曰:『帝之政, 其有闕與? 帝其修德.』太戊從之, 而祥桑穀枯死, 殷復興, 諸侯歸之, 故稱中宗.」是表顯立號之事也.《禮》:「王者祖, 有功宗, 有德不毁其廟.」故異義詩, 魯說. 丞相匡衡以爲殷中宗·周成·宣王, 皆以時毁.《古文尙書》說經, 稱中宗明, 其廟宗而不毁. 謹案《春秋公羊》:「御史大夫貢禹說:『王者宗, 有德廟不毁, 宗而復毁, 非尊德之義.』」鄭從而不駁, 明亦以爲不毁也. 則非徒六廟而已. 鄭言殷六廟者, 據其正者而言也.《禮稽命徵》曰:「殷五廟, 至於子孫六.」注云:「契爲始祖, 湯爲受命, 王各立其廟. 與親廟四, 故六.」是此六者, 決定不毁, 故鄭據之以爲殷立六廟, 至於中興之主, 有德則宗, 宗旣無常數, 亦不宗, 故鄭不數二宗之廟也.

2.「桑穀共生」의 고사

(1)《史記》殷本紀

帝雍己崩, 弟太戊立, 是爲帝太戊. 帝太戊立伊陟爲相. 亳有祥桑穀共生於朝, 一暮大拱. 帝太戊懼, 問伊陟. 伊陟曰:「臣聞妖不勝德, 帝之政其有闕與? 帝其修德.」太戊從之, 而祥桑枯死而去. 伊陟贊言于巫咸. 巫咸治王家有成, 作咸艾, 作太戊. 帝太戊贊伊陟于廟, 言弗臣, 伊陟讓, 作原命. 殷復興, 諸侯歸之, 故稱中宗.

(2)《尙書大傳》(1)

戊丁之時, 桑穀俱生於朝, 七日而大拱. 戊丁召其相而問焉. 其相曰:「吾雖知之, 吾不能言也.」問諸祖己, 曰:「桑穀, 野草也. 野草生於朝, 亡乎!」戊丁懼, 側身脩行, 思昔先王之政, 興滅國, 繼絶世, 舉逸民, 明養老之禮. 重譯來朝者六國.

(3)《呂氏春秋》(制樂篇)

成湯之時, 有穀生於庭, 昏而生, 比旦而大拱. 其史請卜其故. 湯退卜者曰:「吾聞祥者福之先者也, 見祥而爲不善, 則福不至; 妖者禍之先者也, 見妖而爲善, 則禍不至.」於是早朝晏退, 問疾弔喪, 務鎮撫百姓, 三日而穀亡.

(4)《韓詩外傳》(3)

有殷之時, 穀生湯之廷, 三日一大拱. 湯問伊尹曰:「何物也?」對曰:「穀樹也.」湯問:「何爲而生於此?」伊尹曰:「穀之出澤, 野物也, 今生天子之庭, 殆不吉也.」湯曰:「奈何?」伊尹曰:「臣聞: 妖者, 禍之先; 祥者, 福之先. 見妖而爲善, 則禍不至; 見祥而爲不善, 則福不臻.」湯乃齋戒靜處, 夙興夜寐, 弔死問疾, 赦過賑窮, 七日而穀亡, 妖孽不見, 國家昌. 詩曰:『畏天之威, 于時保之.』

(5)《說苑》〈君道篇〉

殷太戊時, 有桑穀生於庭, 昏而生, 比旦而拱, 史請卜之湯廟, 太戊從之, 卜者曰:「吾聞之, 祥者, 福之先者也, 見祥而爲不善, 則福不生;殃者, 禍之先者也, 見殃而能爲善, 則禍不至.」於是乃早朝而晏退, 問疾弔喪, 三日而桑穀自亡.

(6)《孔子家語》〈五義解〉

先世殷王太戊之時, 道缺法圮, 以致夭蘖, 桑穀于朝, 七日大拱. 占之者曰:「桑穀野木, 而不合生朝, 意者國亡乎!」太戊恐駭, 側身修行, 思先王之政, 明養民之道, 三年之後, 遠方慕義. 重譯至者, 十有六國, 此卽以己逆天時, 得禍爲福者也

(7)《論衡》

〈感類篇〉:太戊之時, 桑穀生朝, 七日大拱. 太戊思政, 桑穀消亡.

〈無形篇〉:傳稱高宗有桑穀之異, 悔過反政, 享福百年, 是虛也.

〈異虛篇〉:殷高宗之時, 桑穀俱生於朝, 七日而大拱. 高宗召其相而問之, 相曰:「吾雖知之, 弗能言也.」問祖己. 祖己曰:「夫桑穀者, 野草也, 而生於朝, 意朝亡乎?」高宗恐駭, 側身而行道, 思索先王之政, 明養老之義, 興滅國, 繼絕世, 舉佚民, 桑穀亡. 三年之後, 諸侯以譯來朝者六國, 遂享百年之福.

(8)《漢書》

〈郊祀志〉:後八世, 帝太戊有桑穀生於廷, 一暮大拱, 懼, 伊陟曰:「妖不勝德」, 太戊脩德, 桑穀死.

〈五行志〉〈下〉:書序曰:伊陟相太戊, 亳有祥桑穀共生. 傳曰:俱生乎朝, 七日而大拱, 伊陟戒而修德, 而木枯.

309(商-3) 현조(玄鳥)

*〈玄鳥〉: 제비, 燕, 鳦. 商나라의 토템. 陸德明 〈音義〉에 "玄鳥, 燕也. 一名鳦"이라 함. 〈諺解〉 物名에는 "玄鳥: 져비"라 함. 이는 湯의 첫 조상 설(契)은 어머니 簡狄이 제비가 떨어뜨린 알을 삼키고 낳았다는 卵生神話를 바탕으로 하고 있음. 고대 중국은 敍事性 신화가 매우 적었으나, 殷의 東夷族은 華夏族(周)보다 그나마 신화가 있어 이 간적의 '玄鳥卵生'이 대표적임. 특히 契은 《孟子》에 의하면 舜임금 때 司徒가 되어 五倫을 제정한 것으로도 알려짐.
*이 시는 高宗(武丁)이 '雊雉'의 凶兆를 修德으로 극복하고 殷을 부흥시켜, 죽은 뒤 契의 사당에 合祀하게 되었음을 칭송한 것임. 참고란을 볼 것.

〈序〉: 〈玄鳥〉, 祀高宗也.

〈현조〉는 고종에게 제사를 올릴 때의 송가이다.

〈箋〉: 祀當爲祫. 祫, 合也. 高宗, 殷王武丁. 中宗玄孫之孫也. 有雊雉之異, 又懼而修德, 殷道復興, 故亦表顯之號爲高宗云. 崩而始合祭於契之廟, 歌是詩焉. 古者, 君喪三年, 旣畢禘於其廟, 而後祫祭於太祖. 明年春禘于羣廟. 自此之後, 五年而載. 殷祭一禘一祫. 《春秋》謂之'大事'.

*전체 1장 22구(玄鳥: 一章, 章二十二句).

○ 賦

天命玄鳥, 降而生商, 宅殷土芒芒.

天이 玄鳥(현됴)를 命ᄒ샤, 降ᄒ야 商을 生ᄒ야, 殷土ㅣ 芒芒(망망)ᄒᆫ 듸 宅(퇵)ᄒ야시늘,

하늘이 제비에게 명하시어, 내려가 상나라 조상 낳게 하시와, 넓은 은나라 땅에 살게 하셨거늘,

古帝命武湯, 正域彼四方!

녯 帝ㅣ 武湯(무탕)을 命ᄒ샤, 域(역)을 뎌 四方애 正ᄒ시니라!

上帝께서는 무위가 있으신 湯에게 명하시어, 저 사방 지역을 다스리게
하셨네!

【玄鳥】제비. 〈毛傳〉에 "玄鳥, 鳦也. 春分玄鳥, 降湯之先祖有娀氏女簡狄.
配高辛氏帝, 帝率與之, 祈于郊禖, 而生契. 故本其爲天所命, 以玄鳥至而生焉"이라 하였고,
〈鄭箋〉에 "降, 下也. 天使鳦下, 而生商者, 謂鳦遺卵娀氏之女簡狄, 呑之而生契. 爲
堯司徒, 有功封商. 堯知其後將興, 又錫其姓焉"이라 함. 〈集傳〉에도 "玄鳥, 鳦也.
春分玄鳥降, 高辛氏之妃, 有娀氏女簡狄, 祈於郊禖, 鳦遺卵, 簡狄呑之, 而生契.
其後世遂爲有商氏, 以有天下. 事見《史記》"라 함.
【生商】'商'은 商(殷)나라 시조 설(契)을 의미함. 有娀氏의 딸 簡狄이 제비가 떨어
뜨린 알을 삼키고 契을 낳았음.
【宅殷】〈集傳〉에 "宅, 居也;殷, 地名"이라 함.
【芒芒】〈毛傳〉과 〈集傳〉에 "芒芒, 大貌"라 하였고, 〈鄭箋〉에 "自契至湯, 八遷始居
亳之殷地, 而受命. 國日以廣大芒芒然. 湯之受命, 由契之功. 故本其天意"라 함.
【古帝】〈鄭箋〉에 "古帝, 天也. 天帝命有威武之德者, 成湯使之長有邦域, 爲政於天
下"라 하였고, 〈集傳〉에도 "古, 猶昔也;帝, 上帝也;武湯, 以其有武德號之也"라 함.
'古帝'는 馬瑞辰 〈通釋〉에 "古, 始也. 萬物莫始於天, 故天可稱古, 古帝, 猶言昊天·
上帝"라 함. '武湯'은 武威가 있는 湯王.
【正域】正은 治. 域은 封域. 〈毛傳〉에 "正, 長;域, 有也"이라 하여, 구역 내의 우두
머리가 됨. 〈集傳〉에 "正, 治也;域, 封境也"라 함.
＊〈集傳〉에 "○此亦祭祀宗廟之樂, 而追叙商人之所由生, 以及其有天下之初也"라 함.

方命厥后, 奄有九有.

方으로 그 后를 命ᄒ샤, 다 九有(구유)를 두시니,

그 모든 제후들에게 내리신 분부, 九州를 모두 엄유하여 다스리겠노라
하시니,

商之先后, 受命不殆, 在武丁孫子!

商의 先后ㅣ, 命 受홈이 殆(틱)티 아닌 디라, 武丁(무뎡)ㅅ 孫子의 겨
샷다!

상나라 선대 왕들이, 받은 천명을 굳게 지켜, 드디어 현손 武丁이 제위
에 올랐도다!

武丁孫子, 武王靡不勝.

武丁ㅅ 孫子ㅣ언, 武王이 勝(승)티 아닐 이 업스시니,

현손 무정은, 무위를 갖춘 왕으로서 천명을 감당치 못함이 없으니,

龍旂十乘, 大糦是承!

龍旂(룡긔) 十乘으로, 大糦(대치)를 이 承ᄒᆞᆺ놋다!

용무늬 깃발을 단 십 승의 제후들이, 큰 제사에 올릴 서직을 바쳐 왔도다!

【方命厥後】〈鄭箋〉에 "方命, 其君謂徧告諸侯也"라 하였고, 〈集傳〉에도 "方命厥後", 四方諸侯無不受命也"라 함. '方'은 '두루'(徧, 遍, 普, 溥)의 뜻. 馬瑞辰〈通釋〉에 "方·旁, 古通用. ……旁之言溥也, 遍也"라 함.

【九有】〈毛傳〉과 〈集傳〉에 "九有, 九州也"라 하였고, 〈鄭箋〉에 "湯有是德, 故覆有九州, 爲之王也"라 함. 禹가 천하를 九州로 나눔. 《尙書》禹貢을 참조할 것. '九有'는 '九域'과 같음. 馬瑞辰〈通釋〉에 "域與有, 一聲之轉. ……九有, 卽九域之假借"라 함.

【商之先后】〈鄭箋〉에 "后, 君也. 商之先君, 受天命而行之, 不解殆者, 在高宗之孫子. 言高宗興湯之功, 法度明也"라 함.

【武丁】高宗. 殷의 22대 군주. 이름은 武丁. 小乙의 아들이며 祖庚과 祖甲의 아버지. 傅說을 얻어 殷나라를 중흥시킨 임금. 高宗은 죽은 뒤의 廟號임.《史記》殷本紀에 "帝武丁崩, 子帝祖庚立. 祖己嘉武丁之以祥雉爲德, 立其廟爲高宗"이라 함.《論語》憲問篇에도 "子張曰:「《書》云:『高宗諒陰, 三年不言.』何謂也?」子曰:「何必高宗, 古之人皆然. 君薨, 百官總己以聽於冢宰三年.」"이라 함. 〈毛傳〉에 "武丁, 高宗也"라 하였고, 〈集傳〉에도 "武丁, 高宗也. 言「商之先后, 受天命, 不危殆, 故今武丁孫子, 猶賴其福.」"이라 함.

【武丁孫子】〈諺解〉에 '武丁의 孫子', 즉 무정의 후손이라 하였으나, 다음 구절로 이어져 뜻이 타당하려면 '무정은 (탕)의 후손으로써'이어야 함.

【武王】武威가 있는 王. 원래는 湯임금만을 지칭하였으나 후세에는 자신에 대한 칭호로도 쓰였음. 〈集傳〉에 "武王, 湯號, 而其後世亦以自稱也"라 함. 따라서 여기에서는 武丁을 가리킴. 王引之〈述聞〉과 馬瑞辰〈通釋〉에는 '武丁'이라 하였고, 陳奐〈傳疏〉에도 "商湯受天命, 無有懈怠, 以傳至武丁孫子也. ……于湯王天下之業, 亦無不保任之也"라 하였으며, 吳闓生〈會通〉에도 "商之先后, 受命不怠.

在武丁孫子: 武丁孫子, 武王靡不勝"이라 함.

【勝】감당해 냄. 〈毛傳〉에 "勝, 任也"라 함.

【龍旂】〈鄭箋〉에 "交龍爲旂"라 하였고, 〈鄭箋〉에 "十乘者, 三王後八州之大國"이
라 함. 〈集傳〉에도 "龍旂, 諸侯所建交龍之旂也"라 함.

【龍旅十乘】雙旗를 꽂고 찾아 온 諸侯가 열이 됨.

【大糦】큰 제사에 쓸 黍稷. '糦'는 '치'(尺志反)로 읽으며, 〈音義〉에 《韓詩》云:「大祭
也.」라 함. 그러나 〈鄭箋〉에는 "糦, 黍稷也. 高宗之孫子, 有武功有王德於天下者,
無所不勝服, 乃有諸侯建龍旂者, 十乘奉承黍稷而進之者, 亦言得諸侯之歡心"이라
하였고, 〈集傳〉에 "大糦, 黍稷也; 承, 卷也"라 함.

＊〈集傳〉에 "○言「武丁孫子, 今襲湯號者, 其武無所不勝. 於是諸侯無不奉黍稷, 以
來助祭也.」"라 함.

邦畿千里, 維民所止, 肇域彼四海!

邦ㅅ 畿(긔) 千里여, 民의 止(지)ᄒᆞ연ᄂᆞᆫ 배로소니, 域(역)은 뎌 四海예 肇
(죠)ᄒᆞ얏도다!

나라 크기는 천 리, 백성들이 머물러 사는 곳, 그 땅으로써 저 사해까
지 열었도다!

四海來假, 來假祈祈!

四海ㅣ 來(리)ᄒᆞ야 假(격)ᄒᆞ니 來ᄒᆞ야, 假홈을 祈祈(긔긔)히 ᄒᆞ놋다!

사해 모든 나라들이 찾아오니, 찾아와 바치는 조공이 많고 많도다!

景員維河, 殷受命咸宜, 百祿是何!

景(경)의 員(원)ᄒᆞᆫ 河애, 殷이 命을 受홈이 다 맛당ᄒᆞ 디라, 百祿(빅록)을
이 何(하)ᄒᆞ놋다!

동서남북 사방이 물로 둘러싸여, 은나라는 천명을 받기에 모두 마땅
하니, 온갖 복을 받아 떠맡았도다!

【畿】〈毛傳〉에 "畿, 疆也"라 함.

【止】〈鄭箋〉에 "止, 猶居也"라 하였고, 〈集傳〉에도 "止, 居"라 함.

【肇】開. 넓힘, 개척함. 〈鄭箋〉에 "肇, 當作兆. 王畿千里之內, 其民居安, 乃後兆域,

正天下之經界. 言其爲政自內及外"라 하였고, 〈集傳〉에는 "肇, 開也. 言'王畿之內, 民之所止, 不過千里, 而其封域, 則極乎四海之廣"也"라 함. 陳奐 〈傳疏〉에는 "肇, 始; 域, 有也. 王肅云:「殷道衰, 四夷來侵. 至高宗然後始復, 以四海爲境域也.」"라 함.

【假】〈鄭箋〉에 "假, 至也"라 하였고, 〈集傳〉에는 "假, 與格同"이라 함.

【祁祁】무리를 이룬 모습. 〈鄭箋〉에 "祁祁, 衆多也"라 하였고, 〈集傳〉에도 "祁祁, 衆多貌"라 함.

【景員維河】〈毛傳〉에 "景, 大; 員, 均"이라 하였으나, 〈鄭箋〉에 "員, 古文作云. 河之言何也. 天下旣蒙王之政令, 皆得其所而來, 朝覲貢獻, 其至也, 祁祁然"이라 함. 그러나 〈集傳〉에는 "「景員維河」之義, 未詳. 或曰:「景, 山名. 商所都也. 見〈殷武〉卒章. 《春秋傳》亦曰:「商湯有景亳之命'是也. 員, 與下篇'幅隕', 義同. 蓋言周也. 河, 大河也.」言'景山四周, 皆大河也.」"라 함. 馬瑞辰 〈通釋〉에는 "景與廣, 一聲之轉. 景, 古音從京聲, 讀亦斤廣. 景卽廣之假借. ……員·運, 古通用, 皆與運同聲. ……此詩景員, '景', 當讀東西爲廣之廣; '員', 當讀爲南北之運之運. ……商家四面皆河, 故合東西南北言之, 而曰「景員維河」"라 하여, '景員'은 '廣運'의 뜻이라 하였음.

【殷受命咸宜】〈鄭箋〉에 "衆多其所貢於殷, 大至所云「維言何乎?」言殷王之受命, 皆其宜也"라 함.

【百祿是何】'何'는 '荷'의 假借. 짊어짐. 떠맡음. 온갖 복을 다 받음. 〈毛傳〉에 "何, 任也"라 하였고, 〈鄭箋〉에 "「百祿是何」, 謂當擔負天之多福"이라 함. 〈集傳〉에도 "何, 任也. 《春秋傳》作'荷'"라 함.

참고 및 관련 자료

1. 孔穎達 〈正義〉

〈玄鳥〉詩者, 祀高宗之樂歌也. 鄭以祀爲祫, 謂高宗崩三年喪畢, 始爲祫祭於契之廟, 詩人述其事而作此歌焉. 以高宗上能興湯之功, 下能垂法後世, 故經遠本玄鳥生契, 帝命武湯, 言「高宗能興其功業」. 又述武丁孫子, 無不勝服, 四海來至, 百祿所歸, 言「高宗之功, 澤流後世, 因祫祭而美其事」, 故序言'祫'以總之. 毛無破字之理, 未必以此爲祫, 或與殷武同爲時祀, 但所述之事, 自有廣狹耳. 〈正義〉曰:知此祀, 當爲祫者, 以經之所陳, 乃上述'玄鳥生商'及'成湯受命', 若是四時常祀, 不應遠頌上祖殷武, 與此皆云祀. 殷武所陳, 高宗身事而已. 則知此與彼殊, 宜當爲祫也. 案〈殷本紀〉:「太戊生仲丁及外壬及河亶甲, 亶甲生祖乙, 祖乙生祖辛, 祖辛生祖丁, 祖丁生陽甲及盤庚及小辛及小乙, 小乙生武丁.」是武丁爲太戊玄孫之孫. 《書》序云:「高宗祭成湯, 有飛雉升鼎耳, 而雊作〈高宗肜日〉.」〈殷本紀〉稱「武丁見雉升鼎耳, 懼而修政行德,天下咸懽, 殷道復興, 立其廟爲高宗.」〈喪服四制〉, 說高宗之德云:「當此之時, 殷衰而復興, 禮廢而復起, 高而宗之, 故謂之高宗.」是殷道復興, 表顯立號之事也.《禮》:「三年喪畢, 祫於太祖之廟. 以新崩之主, 序於昭穆.」此高宗崩喪畢之後, 新與羣廟之主, 祫合祭於契之廟, 故詩人因此祫禘之後, 乃述序其事, 而歌作詩焉. 鄭駁異義云:「三年一祫, 百王通義.」則殷之祫祭, 三年一爲而必, 知此崩而始祫者, 以序云「祫高宗也.」若是三年, 常祫則毀廟之主, 陳於太祖; 未毀廟之主, 皆升合食於太祖, 使徧及先祖, 不獨主於高宗. 今序言「祫高宗」, 明是爲高宗而作祫, 故知是崩後, 初祫於契之廟. 旣言「崩而始祫」, 因辯祫之先後, 及言「古者, 君喪」以下, 以明禘祫之疏數也.〈大宗伯〉及〈王制〉之注, 皆云「魯禮三年喪畢, 祫於太廟. 明年春禘於羣廟」, 自此之後五年, 而再殷祭一禘一祫.《春秋》謂之大事, 彼二注, 其言與此正同. 而云魯禮, 則此云「古者君喪」以下, 謂魯禮也. 此箋及禮注所言「禘」, 祫疏數, 經無正文, 故鄭作魯禮禘祫, 志以推之. 其畧云:「魯莊公, 以其三十二年秋八月, 薨. 閔二年五月而吉禘. 此時慶父使賊殺子般之後, 閔公心懼於難, 務自專成, 以厭其禍至, 二年春, 其間有閏二十一月禫, 除喪夏四月, 則祫. 又卽以五月禘, 此月大祭, 故譏其速譏.」其速者, 明當異歲也. 經獨言「吉禘於莊公·閔公之服」, 凡二十一月, 於禮少四月, 又不禫無恩也. 魯閔公二年秋八月, 君薨, 僖二年除喪, 而明年春禘, 自此之後, 乃五年. 再殷祭六年祫, 故八年經曰:「秋七月禘於太廟, 用致夫人然. 致夫人自魯, 禮因禘事, 而致哀姜, 故譏焉.」魯僖公, 以其三十三年冬十二月薨. 文二年秋八月祫, 僖薨至此, 而除間有閏積二十一月, 從閔除喪不禫, 故明月卽祫. 經云:「八月丁卯大事於太廟躋僖公.」僖公之服亦少四月, 不刺者, 有恩也. 魯文公以其十八年春二月薨, 宣二年除喪而祫, 明年春禘, 自此之後五年, 而再殷祭, 與僖爲之同. 六年祫, 故八年禘, 經曰:「夏六月辛巳, 有事於太廟. 仲遂卒於垂, 說者以爲有事謂禘, 爲仲遂卒張本.」故畧之言, 有事耳. 魯昭公十一年夏五月, 夫人歸氏薨, 十三年夏五月大祥, 七月而禫. 公會劉子及諸侯於平丘, 公不得志八月歸, 不及祫. 冬, 公如晉, 明十四年春歸乃祫. 故十五年春乃禘. 經曰:「二月癸酉, 有事於武宮.」傳曰:「禘於武公, 及二十五年.」傳將禘於襄公, 此則十八年祫, 二十年禘, 二十三年祫, 二十五年禘, 於茲明矣. 儒家之說:「禘, 祫也.」通俗不同學者, 競傳其間, 是用訕訕爭論, 從數百年來矣. 竊念《春秋》者, 書天子·諸侯中, 失之事. 得禮則善, 違禮則譏. 可以發起是非, 故據而述焉. 從其禘祫之先後, 考其疏數之, 所由而粗, 託注焉. 魯禮:三年之喪畢, 則祫於太祖, 明年春禘於羣廟, 僖也·宣也, 八年皆有禘祭, 則《公羊傳》所云「五年而再殷祭祫之」, 在六年明矣.〈明堂位〉曰:「魯王, 禮也, 以相準況.」可知也. 此是鄭君考校魯禮, 禘祫疏數之事也. 閔二年五月, 吉禘於莊公. 卽是《春秋》之經, 而於禘之前, 經無祫事. 鄭知四月祫者, 以文二年經書「大事於太廟」,《公羊傳》曰:「大事者何? 祫也. 彼是除喪而祫, 則知閔之吉禘之前, 亦當先有祫祭, 於祫所以不譏者, 以時有慶父之難, 君子原情免之. 但爲祫, 足以成尊, 不假更復爲禘, 而五月又禘, 故譏之.」而書'吉禘'也. 譏之言'吉', 則是未應從吉, 故知明當異歲也. 且五年而再殷祭, 乃是《公羊傳》文, 後禘去前禘, 當五年矣. 僖也·宣也, 皆八年有禘, 明知前禘, 當在三年矣. 文公以二年祫祭, 祫在除喪之年, 禘宜在三年, 是其與祫當異歲也. 定以《春秋》上下考校, 知其必然, 故此箋及禮注, 皆爲定解, 仍恐後儒致惑. 故又作志以明之如志之. 言'五年再殷祭, 先祫後禘', 而此云一禘一祫, 先言禘者, 恐其文便, 無義例也.《春秋》謂之'大事', 指謂文二年祫祭之事耳. 其禘則《春秋》或謂之禘, 或云有事, 皆不言大事. 僖宣八年之經, 是也. 此箋或云「古者君喪三年, 喪畢, 禘於其廟. 而後祫於太祖, 自此之後五年, 而再殷祭」者, 其文誤也. 何則? 禮注及志, 皆無此言, 則此不當獨有也.〈定本〉亦無此文.

2.《孟子》滕文公(上)

當堯之時, 天下猶未平, 洪水橫流, 氾濫於天下; 草木暢茂, 禽獸繁殖; 五穀不登, 禽獸偪人; 獸蹄鳥跡之道, 交於中國. 堯獨憂之, 擧舜而敷治焉. 舜使益掌火, 益烈山澤而焚之, 禽獸逃匿. 禹疏九河, 瀹濟漯, 而注諸海; 決汝漢, 排淮泗, 而注之江. 然後中國可得而食也. 當是時也, 禹八年於外, 三過其門而不入, 雖欲耕, 得乎? ㉥ 后稷教民稼穡, 樹藝五穀, 五穀熟而民人育. 人之有道也, 飽食煖衣, 逸居而無教, 則近於禽獸. 聖人有憂之; 使契爲司徒, 教以人倫: 父子有親, 君臣有義, 夫婦有別, 長幼有序, 朋友有信.

3.《史記》殷本紀

殷契, 母曰簡狄, 有娀氏之女, 爲帝嚳次妃. 三人行浴, 見玄鳥墮其卵, 簡狄取吞之, 因孕生契. 契長而佐禹治水有功. 帝舜乃命契曰:「百姓不親, 五品不訓, 汝爲司徒而敬敷五教, 五教在寬.」封于商, 賜姓子氏. 契興於唐·虞·大禹之際, 功業著於百姓, 百姓以平.

4.《史記》殷本紀

帝小乙崩, 子帝武丁立. 帝武丁卽位, 思復興殷, 而未得其佐. 三年不言, 政事決定於冢宰, 以觀國風. 武丁夜夢得聖人, 名曰說. 以夢所見視群臣百吏, 皆非也. 於是迺使百工營求之野, 得說於傅險中. 是時說爲胥靡, 築於傅險. 見於武丁, 武丁曰是也. 得而與之語, 果聖人, 擧以爲相, 殷國大治. 故遂以傅險姓之, 號曰傅說.

帝武丁祭成湯, 明日, 有飛雉登鼎耳而呴, 武丁懼. 祖己曰:「王勿憂, 先修政事.」祖己乃訓王曰:「唯天監下典厥義, 降年有永有不永, 非天夭民, 中絶其命. 民有不若德, 不聽罪, 天旣附命正厥德, 乃曰其奈何. 嗚呼! 王嗣敬民, 罔非天繼, 常祀毋禮于棄道.」武丁修政行德, 天下咸驩, 殷道復興.

帝武丁崩, 子帝祖庚立. 祖己嘉武丁之以祥雉爲德, 立其廟爲高宗, 遂作〈高宗肜日〉及〈訓〉.

5.《尙書》商書〈高宗肜日〉

〈序〉:高宗祭成湯, 有飛雉升鼎耳而雊, 祖己訓諸王, 作〈高宗肜日〉·〈高宗之訓〉.

〈本文〉:高宗肜日, 越有雊雉. 祖己曰:「惟先格王, 正厥事.」乃訓于王. 曰:「惟天監下民, 典厥義. 降年有永有不永, 非天夭民, 民中絶命. 民有不若德, 不聽罪. 天旣孚命正厥德, 乃曰:『其如台?』嗚呼! 王司敬民, 罔非天胤, 典祀無豐于昵.」

6.《說苑》辨物篇

《易》曰:『天垂象, 見吉凶, 聖人則之.』昔者, 高宗·成王感於雊雉暴風之變, 修身自改, 而享豐昌之福也

7.《左傳》隱公 3年 傳

宋穆公疾, 召大司馬孔父而屬殤公焉, 曰:「先君舍與夷而立寡人, 寡人弗敢忘. 若以大夫之靈, 得保首領以沒;先君若問與夷, 其將何辭以對? 請子奉之, 以主社稷. 寡人雖死, 亦無悔焉!」對曰:「羣臣願奉馮也.」公曰:「不可. 先君以寡人爲賢, 使主社稷. 若弃德不讓, 是廢先君之舉也, 豈曰能賢? 光昭先君之令德, 可不務乎? 吾子其無廢先君之功!」使公子馮出居于鄭. 八月庚辰, 宋穆公卒, 殤公卽位. 君子曰:「宋宣公可謂知人矣. 立穆公, 其子饗之, 命以義夫! 〈商頌〉曰:『殷受命咸宜, 百祿是荷』, 其是之謂乎!」

8.《十八史略》⑴

殷王成湯:子姓, 名履. 其先曰契, 帝嚳子也. 母簡狄, 有娀氏女, 見玄鳥墮卵呑之, 生契. 爲唐虞司徒, 封於商, 賜姓.

310(商-4) 장발(長發)

＊〈長發〉: 길이 발전함.
＊이 시는 殷 高宗의 제천의식을 노래한 것이라고도 하고, 혹 은나라의 悠長한 起源과 내력을 읊은 것이라고도 함.

<序>: <長發>, 大禘也.

〈장발〉은 대체(大禘)의 제사에 쓰인 송가이다.

〈箋〉: 大禘, 郊祭天也. 《禮記》曰: 「王者 禘其祖之所自出, 以其祖配之.」 是謂也.

＊전체 7장. 1장은 8구, 4장은 7구씩, 1장은 9구, 1장은 6구(長發, 七章, 一章章八句, 四章章七句, 一章章九句, 一章章六句).

(1) 賦

濬哲維商, 長發其祥.

濬哲(쥰철)혼 商애, 그 祥(샹)이 發컨디 長ᄒ도다.

상나라의 준철한 후대 군주들이 있었으니, 장구하게 그 발상이 이어졌도다.

洪水芒芒, 禹敷下土方.

洪水ㅣ 芒芒(망망)ᄒ거늘, 禹ㅣ 下土方을 敷(부)ᄒ샤,

홍수가 망망하게 넘쳐나자, 禹가 아래의 사방 땅을 다스리시어,

外大國是疆, 幅隕旣長.

外大國을 이에 疆ᄒ야, 福隕(복원)이 이믜 長ᄒ거늘,

멀고 큰 나라를 강역으로 하여, 변방 둘레까지 널리 펴나가니,

有娀方將, 帝立子生商!

有娀(유융)이 보야흐로 將홀 ᄉᆡ, 帝ㅣ 子를 立ᄒᆞ야 商을 生ᄒᆞ시니라!

그 때 유융씨(有娀氏)의 나라가 한창 커서, 천제께서 그 아들을 세워 상나라 조상을 낳게 하셨도다!

【濬哲】'濬'은 深. '哲'은 知.〈毛傳〉에 "濬, 深〈集傳〉에 "濬, 深; 哲, 知"라 함.

【長發其祥】그 發祥이 悠長함.

【長】〈鄭箋〉에 "長, 猶久也"라 하였고,〈集傳〉에도 "長, 久也"라 함.

【洪水芒芒】〈毛傳〉에 "洪, 大也"라 함.

【敷】펴나감.

【方】四方.〈集傳〉에 "方, 四方也"라 함.

【外大國】먼 諸侯의 나라.〈集傳〉에 "外大國, 遠諸侯也"라 함.

【幅隕】〈毛傳〉에 "諸夏爲外, 幅, 廣也; 隕, 均也"라 하였고,〈集傳〉에 "幅, 猶言邊幅也; 隕, 讀作員, 謂周也"라 함.〈鄭箋〉에 "隕當作圓, 圓謂周也. 深知乎! 維商家之德也. 久發見其禎祥矣, 乃用洪水, 禹敷下土, 正四方定, 諸夏廣大, 其竟界之時, 始有王天下之萌兆. 歷虞夏之世, 故爲久也"라 함.〈諺解〉에는 '福隕'으로 잘못 표기되어 있음.

【有娀方將】당시 有娀氏 부락이 바야흐로 커지고 있었음. '有娀'은〈毛傳〉에 "有娀, 契母也"라 하여 簡狄으로 보았음.〈集傳〉에 "有娀, 契之母家也; 將, 大也"라 함. 有娀은 당시 부락의 이름.

【將】〈毛傳〉에 "將, 大也"라 함.

【帝立子生商】商나라 조상 契을 낳도록 함. 앞장〈玄鳥〉편을 볼 것.〈鄭箋〉에 "帝, 黑帝也. 禹敷下土之時, 有娀氏之國, 亦始廣大. 有女簡狄, 吞鳦卵而生契. 堯封之於商, 後湯王因以爲天下號. 故云帝立子生商"이라 함.

＊〈集傳〉에 "○言「商世世有濬哲之君, 其受命之祥發見也久矣. 方禹治洪水, 以外大國爲中國之竟, 而幅員廣大之時, 有娀氏始大, 故帝立其女之子而造商室也. 蓋契於是時始爲舜司徒, 掌布五敎於四方, 而商之受命, 實基於此.」라 함.

(2) 賦
玄王桓撥, 受小國是達, 受大國是達!

玄王(현왕)이 桓(환)으로 撥(발)ᄒᆞ시니, 小國을 受ᄒᆞ여도 이에 達ᄒᆞ며, 大國을 受ᄒᆞ여도 이에 達ᄒᆞ샷다!

玄王 설이 크게 행정을 펴서, 작은 나라를 맡아도 성공하고, 큰 나라를 맡아도 성공했도다!

率履不越, 遂視旣發.

履(리)를 率ᄒ야 越(월)티 아니 ᄒ시니, 드듸여 視(시)홈애 이믜 發ᄒ도다.

禮를 따르도록 하여 어김이 없게 하시니, 드디어 살펴보니 그 앞날이 드러났도다.

相土烈烈, 海外有截!

相土(상토)ㅣ 烈烈ᄒ시니, 海外ㅣ 截(절)ᄒ도다!

그 손자 相土의 빛나는 업적, 해외까지 모두가 한결같이 그에게 몰려들었도다!

【玄王】〈毛傳〉에 "玄王, 契也"라 하였고, 〈鄭箋〉에 "承黑帝而立子, 故謂契爲玄王"이라 함. 契은 五行으로 북방 水德, 黑色으로 왕이 되어 玄王, 黑帝로 불린 것. 〈集傳〉에는 "玄王, 契也. 玄者, 深微之稱. 或曰「以玄鳥降而生也」; 王者, 追尊之號"라 함.

【桓撥】〈毛傳〉에 "玄王, 契也; 桓, 大; 撥, 治"라 하였고, 〈集傳〉에 "桓, 武; 撥, 治"라 함.

【達】통달함. 성공함. 달성함. 〈集傳〉에 "達, 通也. '受小國·大國', 無所不達. 言「其無所不宜」也"라 함.

【率履不越】〈毛傳〉에 "履, 禮也"라 하였고, 〈集傳〉에 "率, 循; 履, 禮; 越, 過"라 함. 制定된 禮를 이에 잘 따름. '履'는 禮.

【遂】〈鄭箋〉에 "遂, 猶徧也"라 함.

【發】〈鄭箋〉에 "發, 行也. 玄王廣大其政治, 始堯封之商爲小國, 舜之末年, 乃益其土地, 爲大國. 皆能達其敎令, 使其民循禮不得踰越, 乃徧省視之敎令, 則盡行也"라 함. 〈集傳〉에 "發, 應也. 言「契能循禮不過越, 遂視其民, 則旣發以應之矣.」"라 함.

【相土】契의 후손 이름. 뒤에 제후가 되어 맡은 나라를 잘 다스림. 〈毛傳〉에 "相土, 契孫也; 烈烈, 威也"라 하였고, 〈鄭箋〉에 "相土, 居夏后之世, 承契之業, 入爲王官之伯; 出長諸侯. 其威武之盛烈烈然"이라 함. 〈集傳〉에 "相土, 契之孫也"라 함.

【截】整齊됨. 즉 한결같이 그에게 歸附함. 〈鄭箋〉에 "截, 整齊也. 四海之外, 率服截爾整齊"라 함. 〈集傳〉에 "截, 整齊也. 至是而商益大, 四方諸侯歸之, 截然整齊矣. 其後湯以七十里起, 豈嘗中衰也與?"라 함.

(3) 賦

帝命不違, 至于湯齊.

帝命이 違(위)티 아니샤, 湯의 니르러 齊(제)ᄒᆞ시니,

천명은 어김이 없어, 탕왕에 이르러 때에 천심과 같아지니,

湯降不遲, 聖敬日躋.

湯이 降ᄒᆞ샴이 遲(지)티 아니 ᄒᆞ시며, 聖敬(성경)이 日로 躋(제)ᄒᆞ샤,

탕이 태어나심은 늦지 않아, 성스러운 덕이 해가 떠오르듯 하여,

昭假遲遲, 上帝是祗, 帝命式于九圍!

昭(쇼)히 假(격)홈을 遲遲(지지)히 ᄒᆞ샤, 上帝를 이에 祗(지)ᄒᆞ시니, 帝ㅣ 命ᄒᆞ샤 九圍(구위)에 式(식)게 ᄒᆞ시니라!

밝게 드러남이 그치지 않았고, 상제만을 공경히 여겼으므로, 상제께서는 그에게 九州에 법이 되도록 명하셨느니라!

【帝命不違】〈鄭箋〉에 "「帝命不違」者, 天之所以命契之事, 世世行之其德, 浸大至於湯, 而當天心"이라 함. 馬瑞辰〈通釋〉에 "帝命不違, 卽不違帝命之倒文, 詩總括相土以下諸君, 謂之先君之不違天命, 到湯皆齊一"이라 함.

【湯齊】〈毛傳〉에 "至湯, 與天心齊"라 하였고, 〈集傳〉에 "「湯齊」之義, 未詳. 蘇氏曰:「至湯而王業成, 與天命會也.」"라 함. 俞樾은 '齊'를 濟와 같아 '이루어지다'의 뜻이라 하였음.

【湯降不遲】'降'은 〈鄭箋〉에 "降, 下"라 함. '不遲'는 〈毛傳〉에 "不遲, 言疾也"라 함. 〈集傳〉에는 "降, 猶生也; 遲, 遲久也"라 함.

【躋】해가 솟아오름. 〈毛傳〉에 "躋, 升也"라 함.

【假】〈鄭箋〉에 "假, 暇"라 함.

【遲遲】느리지만 그침이 없음. 꾸준히 덕을 펴 나갔음을 뜻함.

【祗】〈鄭箋〉과〈集傳〉에 "祗, 敬"이라 함. 오직 상제의 뜻만을 공경히 받듦.

【式】法이 됨. 〈鄭箋〉에 "式, 用也"라 하였고, 〈集傳〉에는 "式, 法也"라 함.

【九圍】九州, 天下. 〈毛傳〉과 〈集傳〉에 "九圍, 九州也"라 함. 〈鄭箋〉에는 "湯之下土, 尊賢甚疾, 其聖敬之德, 日進然, 而以其德聰明, 寬暇天下之人遲遲然. 言急於己而緩於人, 天用是故, 愛敬之也. 天於是, 又命之使用事於天下. 言王之也"라 함. '九圍', '九有', '九域'의 뜻으로 馬瑞辰 〈通釋〉에 "圍·域·有, 皆一聲之轉, 聲同則義同"이라 함.

*〈集傳〉에 "○商之先祖, 旣有明德, 天命未嘗去之, 以至於湯. 湯之生也, 應期而降, 適當其時, 其聖敬又日躋升, 以至昭假于天, 久而不息. 惟上帝是敬, 故帝命之使爲法於九州也"라 함.

(4) 賦

受小球大球, 爲下國綴旒, 何天之休!

小球(쇼구)와 大球를 受ᄒ샤, 下國에 綴旒(츄류)ㅣ 되샤, 天의 休를 何(하)ᄒ샷다!

작은 구슬 큰 구슬 받으시어, 아래 제후들의 表章이 되시니, 하늘의 아름다움을 짊어지셨도다!

不競不絿, 不剛不柔,

競(경)티 아니시며 絿(구)티 아니시며, 剛(강)티 아니시며 柔(유)티 아니샤,

다투지도 않으며 급히 굴지도 않으며, 강하게 하지도 않고, 부드럽게 하지도 않아,

敷政優優, 百祿是遒!

政을 敷(부)홈을 優優(우우)히 ᄒ시니, 百祿이 이예 遒(츄)ᄒ샷다!

정사를 펴되 너그럽고 관대하여, 온갖 복록이 그 한 몸에 모였도다!

【小球大球】〈毛傳〉에 "球, 玉"이라 하였고, 〈集傳〉에 "「小球大球」之義, 未詳. 或曰: 「小國大國所贊之玉也.」 鄭氏曰: 「小球, 鎭圭, 尺有二寸; 大球, 大圭, 三尺也. 皆天子之所執也.」"라 함. 王引之 〈經義述聞〉에 "小球大球, 小共大共, 皆言法制有大小之差別也"라 하였고, 馬瑞辰 〈通釋〉에는 "共者, 拱之假借; 球者, 捄之假借.《廣雅》釋詁:「拱·捄, 法也.」引申爲法, 言爲人所取法也"라 함.

【下國】〈集傳〉에 "下國, 諸侯也"라 함.

【綴旒】〈毛傳〉에 "綴, 表; 旒, 章也"라 하였고, 〈鄭箋〉에 "綴, 猶結也; 旒, 旌旗之垂
者也〈集傳〉에 "綴, 猶結也; 旒, 旗之垂者也. 言「爲天子而爲諸侯所係, 屬如旗之縿
爲旒所綴著」也"라 함. '綴旒'는 〈音義〉에 '綴'은 '철'(陟劣反)로 읽도록 되어 있으
나, 朱熹 〈詩傳〉에는 '췌'(音贅)라 하였고, '旒'는 '류'(音流)라 하였으며, 이를 〈諺
解〉에는 '츄류'로 읽어 疊韻連綿語의 物名임. 따라서 단순한 '表章, 徽章, 標章'
등의 의미로 보는 것이 타당할 듯함.

【何】등에 짐. 〈集傳〉에 "何, 荷"라 함.

【休】〈鄭箋〉에 "休, 美也. 湯旣爲天所命, 則受小玉. 謂尺二寸圭也. 受太玉, 謂珽也,
長三尺執圭, 搢珽以與諸侯會同. 結定其心, 如旌旗之旒縿著焉. 擔負天之美譽, 爲
衆所歸鄕"이라 함.

【競·絿】〈毛傳〉에 "絿, 急也"라 하였고, 〈鄭箋〉에 "競, 逐也. 不逐, 不與人爭前後"
라 함. 그러나 〈集傳〉에 "競, 強; 絿, 緩也"라 하여 이 풀이가 타당함.

【敷政】政事를 펴나감.

【優優】〈毛傳〉에 "優優, 和也"라 하였고, 〈集傳〉에는 "優優, 寬裕之意"라 함.

【遒】모아짐. 집중됨. 〈毛傳〉과 〈集傳〉에 "遒, 聚也"라 함.

(5) 賦
受小共大共, 爲下國駿厖, 何天之龍!

小共과 大共을 受ᄒ샤, 下國에 駿厖(쥰방)이 되샤, 天의 龍(룡)을 何ᄒ
샷다!

작은 구슬 큰 구슬 받으시어, 아래 모든 제후의 큰 후덕이 되시니, 하
늘의 총애를 한 몸에 짊어지셨도다!

敷奏其勇, 不震不動.

그 勇(용)을 敷奏(부주)ᄒ샤, 震(진)티 아니시며 動티 아니시니,

그 용맹을 무공으로 펴 나가시되, 두려워하지도 않고 흔들리지도 않으
시며,

不戁不竦, 百祿是總!

戁(난)티 아니시며 竦(숑)티 아니시니, 百祿이 이예 總(총)ᄒ샷다!

두려워 하지도 아니하고 겁내지도 아니하니, 온갖 복록이 한 몸에 아우르셨도다!

【受小共大共】〈毛傳〉에 "共, 法"이라 하였고, 〈鄭箋〉에 "共, 執也. 「小共大共」, 猶所執搢‘小球大球’也"라 함. 〈集傳〉에 "「小共大共‧駿厖」之義, 未詳. 或曰:「小國大國, 所共之貢也.」鄭氏曰:「共, 執也. 猶小球大球也.」蘇氏曰:「共, 珙通. 合珙之玉也.」〈傳〉曰:「駿, 大也; 厖, 厚也.」董氏曰:「〈齊詩〉作‘駿駹’, 謂馬也.」"라 함.

【駿厖】큰 후덕. ‘駿’은 大, ‘厖’은 厚. 〈毛傳〉에 "駿, 大; 厖, 厚"라 하였고, 〈鄭箋〉에 "駿之言俊也"라 함. ‘厖’은 〈音義〉에 ‘망’(莫邦反)이라 하였고, 〈集傳〉에도 ‘音忙’이라 하여 ‘망’으로 읽어야 하나, 〈諺解〉에는 ‘방’으로 읽었음.

【龍】寵과 같음. 총애를 받음. 〈毛傳〉에 "龍, 和也"라 하였고, 〈鄭箋〉에 "龍, 當作寵寵. 榮名之謂"라 함. 〈集傳〉에도 "龍, 寵也"라 함.

【敷奏】〈集傳〉에 "「敷奏其勇」, 猶言大進其武功也"라 하여, ‘무공을 펴다’의 뜻을 표현하는 疊韻連綿語.

【不震不動】〈鄭箋〉에 "「不震不動」, 不可驚憚也"라 함.

【不戁不竦】〈毛傳〉에 "戁, 恐; 竦, 懼也"라 하였고, 〈集傳〉에 "戁, 恐; 竦, 懼也"라 함.

(6) 賦

武王載旆, 有虔秉鉞.

武王이 旆(패)를 載(지)ᄒᆞ샤, 虔(건)ᄒᆞ야 鉞(월)을 秉(병)ᄒᆞ시니,

탕왕께서 깃발을 꽂고, 또한 손에는 斧鉞을 굳게 잡으시니,

如火烈烈, 則莫我敢曷!

火ㅣ 烈烈ᄐᆞᆺ ᄒᆞ야, 곧 나를 敢히 曷(알)ᄒᆞᆯ 리 업도다!

마치 타오르는 불꽃같아, 곧 감히 나를 막아설 자 없게 하셨도다!

苞有三蘗, 莫遂莫達, 九有有截.

苞(포)의 세 蘗(얼)이, 遂(슈)티 몯ᄒᆞ며 達티 몯ᄒᆞ야, 九有(구유)ㅣ 截(졀)ᄒᆞ거늘,

뿌리 하나에 그 그루터기 곁에 난 세 개의 싹, 다스릴 수도 없고 말을 듣지도 않아, 구주가 모두 나서서 잘라버리거늘,

韋顧旣伐, 昆吾夏桀!

韋(위)와 顧를 이미 伐호시고, 昆吾(곤오)와 夏桀(하걸)을 호도다!

이렇게 韋와 顧나라가 이윽고 정벌되고, 이어서 곤오와 하나라 걸도 멸하였도다!

【武王】〈毛傳〉과 〈集傳〉에 "武王, 湯也"라 함.

【施】〈毛傳〉에 "施, 旗也"라 함.

【有】〈鄭箋〉에 "有之言又也"라 함.

【虔】〈毛傳〉에 "虔, 固"라 하였고, 〈集傳〉에는 "虔, 敬也. 言「恭行天討」也"라 함.

【曷】'遏'(알)과 같음. '막아섬'. 혹은 '해를 입힘'. 〈毛傳〉에 "曷, 害也"라 하였고, 〈集傳〉에는 "曷, 遏通. 或曰:「曷, 誰何也.」"라 함. 〈鄭箋〉에 "上旣美其剛柔得中, 勇敢不懼, 於是有武功, 有王德及建施, 興師出伐. 又固持其鉞, 志在誅有罪也. 其威勢如猛火之炎熾, 誰敢禦害我?"라 함. 〈集傳〉에 '音遏'이라 하여 '알'로 읽음.

【苞有三蘖】'苞'는 뿌리. '蘖'은 그루터기에서 새로 나오는 싹. 한 뿌리에서 세 개의 싹. 이는 夏의 '桀王'과 '韋', '顧', '昆吾'를 비유함. 모두 폭군 夏桀에게 동조했던 무리들로써 '韋'는 豕韋이며 彭姓의 북쪽 소수민족. '顧'와 '昆吾'는 己姓이며, 역시 夏나라 곁에 있던 민족의 작은 나라였음. 《史記》殷本紀에 "當是時, 夏桀爲虐政淫荒, 而諸侯昆吾氏爲亂. 湯乃興師率諸侯, 伊尹從湯, 湯自把鉞以伐昆吾, 遂伐桀"이라 함. 〈毛傳〉에 "苞, 本;蘖, 餘也"라 하였고, 〈鄭箋〉에 "苞, 豐也. 天豐大, 先三正之後, 世謂君"이라 함. 〈集傳〉에 "苞, 本也;蘖, 旁生萌蘖也. 言「一本生三蘖也.」本則夏桀, 蘖則韋也, 顧也, 昆吾也. 皆桀之黨也. 鄭氏曰:「韋, 彭姓;顧·昆吾, 己姓.」"이라 함. 陳奐 〈傳疏〉에 "苞, 本指夏桀. 三蘖, 指韋·顧及昆吾"라 함.

【遂·達】처리함. 처치함. 다스림.

【九有有截】〈毛傳〉에 "以大國行天子之禮樂, 然而無有能以德自, 遂建於天者, 故天下歸鄉湯, 九州齊一截然"이라 함.

【昆吾夏桀】〈毛傳〉에 "有韋國者, 有顧國者, 有昆吾國者"라 하였고, 〈鄭箋〉에 "韋, 豕韋, 彭姓也. 顧·昆吾, 皆己姓也. 三國黨於桀, 惡湯. 先伐韋顧克之, 昆吾夏桀, 則同時誅也"라 함. '夏桀'은 夏나라 末王. 이름은 癸(履癸). 妹喜에게 빠져 무도한 짓을 저질렀으며 殷의 湯王에게 망함. 殷나라 末王 紂와 함께 '桀紂'라 하여 폭군의 전형으로 거론됨. 《史記》夏本紀를 참조할 것. 《十八史略》(1)에 "孔甲之後, 歷王皐·王發·王履癸. 號爲桀, 貪虐, 力能伸鐵鉤索. 伐有施氏, 有施以末喜女焉, 有寵, 所言皆從, 爲傾宮瑤臺, 殫民財. 肉山脯林, 酒池可以運船, 糟堤可以望十里, 一鼓而牛飮者三千人, 末喜以爲樂. 國人大崩, 湯伐夏, 桀走鳴條而死"라 함.

*〈集傳〉에 "○言「湯旣受命, 載旆秉鉞以征不義, 桀與三蘗, 皆不能遂其惡, 而天下截然歸商矣. 初伐韋, 次伐顧, 次伐昆吾, 乃伐夏桀, 當時用師之序如此.」"라 함.

(7) 賦

昔在中葉, 有震且業.

녜 中葉에 이셔, 震ᄒ고 ᄯ 業ᄒ더니,

그 옛날 은의 中葉에 이르러, 두렵고 위태로운 시절이 있었으니,

允也天子, 降于卿士.

진실로 天子ᄭ, 卿士를 降ᄒ시니,

진실로 천자 탕왕에게, 하늘에서 인재를 내리시니,

實維阿衡, 實左右商王!

진실로 阿衡(아형)이, 진실로 商王을 左右(자우)ᄒ도다!

바로 阿衡 벼슬의 伊尹으로서, 진실로 탕왕을 도우셨느니라!

【中葉】中世. 相土가 다스리던 시절. 〈毛傳〉과 〈集傳〉에 "葉, 世也"라 하였고, 〈鄭箋〉에 "中世, 謂相土也"라 함.
【有震且業】〈毛傳〉에 "業, 危也"라 하였고, 〈集傳〉에 "震, 懼; 業, 危也. 承上文而言 '昔在', 則前乎此矣, 豈謂湯之前世, 中衰時與?"라 함. 〈鄭箋〉에 "震, 猶威也. 相土始有征伐之威, 以爲子孫討惡之業. 湯遵而興之信也. 天命而子之, 下予之卿士. 謂生賢佐也.《春秋傳》(成公 2年)曰:「畏君之震, 師徒橈敗.」"라 함. 馬瑞辰〈通釋〉에 "卽言其有威且大耳"라 함.
【允也天子】〈集傳〉에 "「允也天子」, 指湯也"라 함.
【降于卿士】〈集傳〉에 "降, 言天賜之也; 卿士, 則伊尹也. 言「至於湯, 得伊尹而有天下」也"라 함.
【阿衡】伊尹의 벼슬 이름. 商나라 때 관직 이름으로 탕이 伊尹에게 주었던 최고 譽稱. 太甲 때는 '保衡'으로 고쳐 불렀음. 孔穎達은 "伊尹名摯, 湯以爲阿衡, 至太甲改曰保衡. 阿衡·保衡, 皆公官"이라 함. 〈毛傳〉에 "阿衡, 伊尹也"라 하였고, 〈鄭箋〉에 "阿, 倚; 衡, 平也. 伊尹湯所依倚而取平, 故以爲官名"이라 함. 〈集傳〉에 "阿衡, 伊尹官號也"라 함. 한편 '伊尹'은 殷나라 湯王의 재상. 이름은 摯. 湯이 有莘氏의 딸을 아내로 맞을 때 媵臣으로 따라가면서 조리 기구를 짊어지고 가서

주방장이 되어 湯에게 접근하였음. 뒤에 탕에게 발탁되어 阿衡(재상)에 올라 夏의 末王 桀을 쳐서 殷왕조를 일으키는 데에 큰 공을 세웠으며, 그 아들 伊陟 역시 太戊(中宗)의 재상이 되어 殷王朝의 기반을 다지는 데에 많은 공헌을 하였음. 《史記》殷本紀에 "伊尹名阿衡. 阿衡欲奸湯而無由, 乃爲有莘氏媵臣, 負鼎俎, 以滋味說湯, 致于王道. 或曰, 伊尹處士, 湯使人聘迎之, 五反然後肯往從湯, 言素王及九主之事. 湯擧任以國政. 伊尹去湯適夏. 旣醜有夏, 復歸于亳. 入自北門, 遇女鳩·女房, 作女鳩女房"이라 함.

【左右】도움. 〈毛傳〉에 "左右, 助也"라 함. 陳奐 〈傳疏〉에 "《爾雅》:「左右, 亮也.」 助與亮同義"라 함.

【商王】〈鄭箋〉에 "商王, 湯也"라 함.

참고 및 관련 자료

1. 孔穎達 〈正義〉

〈長發〉詩者, 大禘之樂歌也. 禘者, 祭天之名, 謂殷王高宗之時, 以正歲之正月, 祭其所感之帝於南郊, 詩人因其祭也, 而歌此詩焉. 經陳洪水之時, 已有將王之兆, 玄王政教大行相土, 威服海外. 至於成湯, 受天明命, 誅除元惡, 王有天下, 又得賢臣爲之輔佐, 此皆天之所祐. 故歌詠天德, 因此大禘而爲頌. 故言大禘以總之. 經無高宗之事, 而爲高宗之頌者, 以高宗禘祭得禮, 因美之而爲此頌, 故爲高宗之詩. 但作者, 主言天德, 止述商有天下之由, 故其言不及高宗, 此則鄭之意耳. 王肅以大禘爲殷祭, 謂郊祭, 宗廟非祭天也. 毛氏旣無明訓, 未知意與誰同? 〈正義〉曰:〈祭法〉云:「殷人禘嚳而郊冥.」 注云:「禘謂冬至祭天於圓丘.」 則圓丘之祭名爲禘也. 又〈王制〉及〈祭統〉言:「四時祭名: 春礿, 夏禘, 秋嘗, 冬烝.」 注云:「蓋夏殷制.」 則殷之夏祭, 宗廟亦名禘也. 又鄭駁異義云:「三年一祫, 五年一禘, 百王通義.」 以爲《禮讖》云:「殷之五年.」 殷祭亦名禘也. 然則祭之名禘者多矣, 而知此'大禘'爲郊祭天者, 以冬至爲祭. 乃是天皇大帝, 神之最尊者也. 爲萬物之所宗, 人神之所主, 非於別代異姓曲有感助. 經稱「帝立子生商」, 謂感生之帝, 非天皇大帝也. 且〈周頌〉所詠「靡神不擧」, 皆無圓丘之祭. 殷人何獨捨其感生之帝, 而遠述昊天上帝乎? 以此知非圓丘之禘也. 時祭所及親廟, 與太祖而已, 而此經歷言「玄王相土」, 非時祭所及, 又非宗廟夏禘也. 五年殷禘, 鄭於禘, 祫志推之, 以爲禘祭, 各就其廟. 今此篇上述商國所興之由, 歷更前世有功之祖, 非是各就其廟之. 言以此, 又知非五年殷祭之禘也. 彼諸禘者, 皆非此篇之義, 故知此云'大禘', 唯是郊祭天耳. 祭天南郊, 亦名爲禘, 故引《禮記》以證之. 所引者《喪服小記》及《大傳》, 皆有此文. 《大傳》注云:「凡大祭曰禘.」 自由也, 祭其先祖所由生, 謂郊祀天也. 王者之先祖, 皆感太微五帝之精以生. 蒼則靈威仰赤, 則赤熛怒黃, 則含樞紐白, 則白招拒黑, 則汁光紀, 皆用正歲之正月, 郊祭之, 蓋特尊焉.《孝經》曰:「郊祀后稷, 以配天, 配靈威仰也.」宗祀文王於明堂, 以配上帝, 謂汎配五帝也. 如彼注則殷人之祖, 出於汁光紀, 故以正歲正月於郊禘, 而祭之. 故此序謂之大禘也.《易緯》稱:「三王之郊, 一用夏正.」故知郊天, 皆用正歲正月也. 鄭志趙商問此云:「案〈祭法〉, 殷人禘嚳, 而郊冥. 又〈喪服小記〉及《大傳》皆云『王者禘其祖之所自出, 以其祖配』之注, 皆以爲祭天皇, 大帝以嚳配之. 然則此詩之禘, 亦宜以爲圓丘之祭, 不審云郊何?」答曰:「郊祀后稷以配天, 則以祖配其祖從出之明文也. 云注皆以爲祭天皇大帝. 詩之大禘, 宜爲圓丘之祭, 探意大過, 得無誣乎?」禘者, 祭名. 天人其云是鄭解, 此禘爲郊天之事也. 〈小記〉·〈大傳〉言:「禘祖之所自出者.」注皆以爲郊所感之帝, 而商云「祭天皇大帝」, 故云「得無誣乎?」〈祭法〉稱:「殷人禘嚳而郊冥.」此若郊天, 當以冥配, 而不言冥者, 此因祭天歌詠天德, 言其能降靈氣祐殷興耳. 其意不述祭時之事, 不美所配之人. 〈昊天有成〉「命郊祀天地」, 亦是南郊之祭, 而辭不及稷, 何怪? 此篇不言冥也. 馬昭云:「〈長發〉, 大禘者, 宋爲殷後, 郊祭天以契配. 不郊冥者, 異於先王, 故其詩詠契之德. 宋無圓丘之禮, 唯以郊爲大祭. 且欲別之於夏禘. 故云大禘.」此說非也, 何則? 名曰〈商頌〉, 是商世之頌, 非宋人之詩. 安得云宋郊契配也? 諸稱「三王有受命」, 中興之功, 時有作詩頌之者, 則是殷時作之. 理在不惑, 而云宋人郊天虛妄, 何甚? 而馬昭雖出鄭門, 其言非鄭意也. 若然商非宋詩, 而〈樂記〉云:「溫良而能斷者, 宜歌商.」注云:「商宋詩者, 以宋承商後, 得歌商頌.」非謂宋人作之也.

2. 朱熹〈集傳〉

〈長發〉, 七章, 一章八句, 四章章七句, 一章九句, 一章六句:

序以此爲大禘之詩. 蓋祭其祖之所出, 而以其祖配也.

蘇氏曰:「大禘之祭所及者遠, 故其詩歷言商之先后, 又及其卿士伊尹, 蓋與祭於禘者也. 〈商書〉(盤庚)曰:「茲予大享于先王, 爾祖其從與享之.」是禮也. 豈其起於商之世歟? 今按大禘不及羣廟之主, 此宜爲祫祭之詩, 然經無明文, 不可考也.」

3.《左傳》成公 2年 傳

晉師從齊師, 入自丘輿, 擊馬陘. 齊侯使賓媚人賂以紀甗·玉磬與地:「不可, 則聽客之所爲.」賓媚人致賂, 晉人不可, 曰:「必以蕭同叔子爲質, 而使齊之封內盡東其畝.」

對曰:「蕭同叔子非他, 寡君之母也. 若以匹敵, 則亦晉君之母也. 吾子布大命於諸侯, 而曰『必質其母以爲信』, 其若王命何? 且是以不孝令也. 《詩》曰:『孝子不匱, 永錫爾類.』若以不孝令於諸侯, 其無乃非德類也乎? 先王疆理天下, 物土之宜, 而布其利. 故《詩》曰:『我疆我理, 南東其畝.』今吾子疆理諸侯, 而曰『盡東其畝』而已, 唯吾子戎車是利, 無顧土宜, 其無乃非先王之命也乎? 反先王則不義, 何以爲盟主? 其晉實有闕. 四王之王也, 樹德而濟同欲焉; 五伯之霸也, 勤而撫之, 以役王命. 今吾子求合諸侯, 以逞無疆之欲,《詩》曰:『布政優優, 百祿是遒.』子實不優, 而弃百祿, 諸侯何害焉? 不然, 寡君之命使臣, 則有辭矣. 曰:『子以君師辱於敝邑, 不腆敝賦, 以犒從者. 畏君之震, 師徒橈敗. 吾子惠徼齊國之福, 不泯其社稷, 使繼舊好, 唯是先君之敝器, 土地不敢愛. 子又不許, 請收合餘燼, 背城借一. 敝邑之幸, 亦云從也; 況其不幸, 敢不唯命是聽?』」魯·衛諫曰:「齊疾我矣. 其死亡者, 皆親暱也. 子若不許, 讎我必甚. 唯子, 則又何求? 子得其國寶, 我亦得地, 而紓於難, 其榮多矣. 齊·晉亦唯天所授, 豈必晉?」晉人許之, 對曰:「羣臣帥賦輿, 以爲魯·衛請. 若苟有以藉口, 而復於寡君, 君之惠也. 敢不唯命是聽?」禽鄭自師逆公. 秋七月, 晉師及齊國佐盟於爰婁, 使齊人歸我汶陽之田. 公會晉師於上鄍, 賜三帥先路三命之服. 司馬·司空·輿帥·候正·亞旅皆受一命之服.

4.《尙書》太甲(上)

惟嗣王不惠于阿衡, 伊尹作書曰:「先王顧諟天之明命, 以承上下神祇, 社稷宗廟, 罔不祇肅. 天監厥德, 用集大命, 撫綏萬方. 惟尹躬克左右厥辟宅師, 肆嗣王丕承基緒. 惟尹躬先見于西邑夏, 自周有終, 相亦惟終; 其後嗣王, 罔克有終, 相亦罔終, 嗣王戒哉! 祇爾厥辟, 辟不辟, 忝厥祖.」

5.《尙書》盤庚(上)

「遲任有言曰:『人惟求舊, 器非求舊, 惟新.』古我先王暨乃祖乃父, 胥及逸勤, 予敢動用非罰? 世選爾勞, 予不掩爾善. 玆予大享于先王, 爾祖其從與享之. 作福作災, 予亦不敢動用非德. 予告汝于難, 若射之有志. 汝無侮老成人, 無弱孤有幼. 各長于厥居, 勉出乃力, 聽予一人之作猷. 無有遠邇, 用罪伐厥死, 用德彰厥善. 邦之臧, 惟汝衆; 邦之不臧, 惟予一人有佚罰. 凡爾衆, 其惟致告, 自今至于後日, 各恭爾事, 齊乃位, 度乃口. 罰及爾身, 弗可悔.」

311(商-5) 은무(殷武)

＊〈殷武〉: 殷나라 武丁, 즉 高宗을 가리킴.
＊이 시는 殷 高宗(武丁)의 제사에 불렀던 樂歌임.

<序>: <殷武>, 祀高宗也.

〈은무〉는 은나라 高宗의 제사에 부른 樂歌이다.

＊전체 6장. 3장은 6구씩, 2장은 7구씩, 12장은 5구(殷武: 六章. 三章章六句, 二章章七句, 一章章五句).

(1) 賦

撻彼殷武, 奮伐荊楚.

撻(달)흔 뎌 殷ㅅ 武로, 荊楚(형초)를 奮(분)ᄒᆞ야 伐ᄒᆞ샤,

날쌔기도 한 저 은나라 무정이시여, 분격하여 형초를 치시되,

采入其阻, 裒荊之旅.

그 阻(조)애 采入(미입)ᄒᆞ야, 荊의 旅를 裒(부)ᄒᆞ야,

험준한 그 땅 깊이 들어가, 형나라 많은 무리를 모아 잡아서,

有截其所, 湯孫之緒!

그 所를 截(절)케 ᄒᆞ니, 湯孫의 緒(셔)ㅣ샷다!

잘라서 가지런히 그곳을 다듬으니, 이는 湯의 후손 무정의 업적이로다!

【撻】날쌤. 〈毛傳〉에 "撻, 疾意也"라 하였고, 〈集傳〉에 "撻, 疾貌; 殷武, 殷王之武也"라 함.
【殷武】〈毛傳〉에 "殷武, 殷王武丁也"라 함.
【奮伐荊楚】〈毛傳〉에 "荊楚, 荊州之楚國也"라 함. 〈鄭箋〉에는 "有鐘鼓曰伐"이라 함.

【罙】'深'의 本字로 보며, 음은 〈音義〉에 '무'(面規反)이나 〈諺解〉에는 '미'로 읽었음. 이에 〈毛傳〉에 "罙, 深"이라 하였으나, 〈鄭箋〉에는 "罙, 冒也. 殷道衰而楚人叛, 高宗撻然奮揚威武, 出兵伐之, 冒入其險阻. 謂踰方城之隘, 克其軍率而俘虜, 其士衆"이라 하였고, 〈毛傳〉에도 〈集傳〉에 "罙, 冒"라 하여 雙聲互訓의 '무릅쓰다'(冒)의 뜻이라 함.

【裒】〈毛傳〉과 〈集傳〉에 "裒, 聚也"라 하여, 그들 무리를 잡아 포로로 함을 뜻함.

【截】끊어 정리함.

【湯孫】고종 무왕을 가리킴. 〈集傳〉에 "湯孫, 謂高宗"이라 함.

【緒】업적. 〈鄭箋〉에 "緒, 業也. 所, 猶處也. 高宗所伐之處, 國邑皆服, 其罪更自勑整截然. 齊壹是乃湯孫太甲之等功業"이라 함.

＊〈集傳〉에 "○舊說以此爲祀高宗之樂. 蓋自盤庚没而殷道衰, 楚人叛之, 高宗撻然用武以伐其國, 入其險阻, 以致其衆, 盡平其地, 使截然齊一, 皆高宗之功也.」《易》(旣濟卦 九三)曰:「高宗伐鬼方, 三年克之.」蓋謂此歟!"라 함.

(2) 賦

「維女荊楚, 居國南鄕.

"너 荊楚ㅣ, 國ㅅ 南鄕의 居ᄒᆞᄂᆞ니,

"너 형초의 무리들이여, 우리나라 남쪽 땅을 차지하여 살면서,

昔有成湯, 自彼氐羌,

녜 成湯(셩탕)이 겨실 ᄉᆡ, 뎌 氐羌(뎌강)으로브터,

옛날 탕왕 때에는, 저 서쪽 氐와 羌으로부터,

莫敢不來享, 莫敢不來王, 曰『商是常!』」

敢히 來ᄒᆞ야 享(향)티 아니 리 업스며, 敢히 來ᄒᆞ야 王티 아니 리 업서, 굴오ᄃᆡ '商애 이 常이라' ᄒᆞ더니라!"

감히 우리에게 조공을 바치지 않은 적이 없었고, 감히 찾아와 來朝해 하지 않은 적이 없었으며, '상나라는 변함없는 우리의 왕'이라 하였었느니라!"

【居國南鄕】〈毛傳〉에 "鄕, 所也"라 함.

【氐羌】서쪽 지역의 소수민족. 〈鄭箋〉에 "氐羌, 夷狄. 國在西方者也"라 하였고, 〈集傳〉에도 "氐羌, 夷狄國. 在西方"이라 함.
【享】조공해옴. 〈鄭箋〉과 〈集傳〉에 "享, 獻也"라 함.
【王】대대로 商王을 朝謁하러 옴. 〈鄭箋〉에 "世見曰王. '維女楚國近在荊州之域, 居中國之南方, 而背叛乎?'"라 함. 〈集傳〉에 "世見曰王"이라 함.
【曰商是常】"商은 나의 不變의 王"이라 했었음. 〈鄭箋〉에 "成湯之時, 乃氐羌遠夷之國, 來獻來見曰:「商王是吾常君也.」此所用責楚之義:「女乃遠夷之不如.」"라 함.
＊〈集傳〉에 "○蘇氏曰:「旣克之則告之曰:「爾雖遠, 亦居吾國之南耳. 昔成湯之世, 雖氐羌之遠, 猶莫敢不來朝, 曰『此商之常禮也.』」況汝荊楚曷敢不至哉?"라 함.

(3) 賦
「天命多辟, 設都于禹之績.
"天이 多辟(다벽)을 命ᄒ샤, 都(도)를 禹의 績(젹)ᄒ신ᄃᆡ 設ᄒ시니,
"하늘이 여러 제후들에 명하시되, 大禹의 업적을 이어 도읍을 정하시니,

歲事來辟, 勿予禍適!」
歲事(세ᄉᆞ)로 來ᄒᆞ야 辟ᄒᆞ야, 나를 禍適(화뎍)디 마롤 디어다!"
해마다 내조하여 나를 왕으로 모셨으니, 나에게 허물을 책하지 말 것이니라!"

「稼穡匪解!」
"稼穡(가쇡)을 解(ᄒᆡ)티 아니 ᄒ농이다!"
"농사일에 게으름이 없도록 하겠나이다!"

【多辟】〈毛傳〉에 "辟, 君"이라 함. 〈鄭箋〉에 "多, 衆也來"라 하였고, 〈集傳〉에 "多辟, 諸侯也"라 함.
【設都于禹之績】禹가 九州를 열어 소통시킨 것은, 조공을 바치기 쉽도록 길을 열어준 것이며, 그에 따라 계속 조공을 해 왔었음을 뜻함.《尙書》禹貢을 참조할 것.
【來辟】來王과 같음. 〈鄭箋〉에 "辟, 猶來王也. 天命乃令天下衆君諸侯, 立都於禹所治之功, 以歲時來朝觀於我"라 함. 〈集傳〉에 "來辟, 來王也"라 함.

【勿予禍適】'適'은 〈毛傳〉에 "適, 過也"라 하였고, 〈集傳〉에 "適, 謫通"이라 함. 꾸 짖음. 王引之 〈述聞〉에 "予, 猶施也. 禍讀過.《廣雅》:「適, 過責也.」'勿予過責', 言不 施過責也"라 함.

【稼穡匪解】농사일에 온 힘을 다하여 백성을 다스릴 것임을 다짐한 것. 荊楚가 복종하는 말로 봄. '解'는 게으름. 懈와 같음. 〈鄭箋〉에 "殷王者, 勿罪過與之禍, 適徒勑以勸民稼穡, 非可懈倦. 時楚不修諸侯之職, 此所用告曉楚之義也. 禹平水 土, 弼成五服而諸侯之國, 定是以云然"이라 함.

＊〈集傳〉에 "○言「天命諸侯, 各建都邑於禹所治之地, 而皆以歲事來至於商, 以祈 王之不譴, 曰:『我之稼穡, 不敢解也.』庶可以免咎矣.」言「荊楚既平, 而諸侯畏服 也.」"라 함.

(4) 賦

「天命降監, 下民有嚴.

"天의 命이 降監ᄒᆞ시ᄂᆞᆫ 디라, 下民이 嚴홈이 이시니,

"천명이 내려다보며 살피고 있고, 아래 백성들이 엄하게 지켜보고 있으 니,

不僭不濫, 不敢怠遑.

僭(참)티 아니며 濫(람)티 아니 ᄒᆞ야, 敢히 怠遑(티황)티 아니면,

상을 참월하지 말 것이며 벌도 남발하지 말 것이며, 감히 잠시라도 태 만하게 않으면,

命于下國, 封建厥福!」

下國의 命ᄒᆞ샤, 키 그 福을 建(건)ᄒᆞ시ᄂᆞ니라!"

그대 제후들에게 명하시어, 크게 그 복을 받도록 세워주시리라!"

【天命降監】〈鄭箋〉에 "降, 下"라 하였고, '監'은 〈集傳〉에 "監, 視"라 함.
【嚴】〈毛傳〉에 "嚴, 敬也"라 하였고, 〈集傳〉에 "嚴, 威也"라 함.
【不僭不濫】〈毛傳〉에 "不僭不濫", 賞不僭・刑不濫也"라 하였고, 〈集傳〉에 "僭, 賞 之差也;濫, 刑之過也"라 함.
【遑】짬, 틈, 餘暇, 잠깐의 시간. 〈鄭箋〉과 〈集傳〉에 "遑, 暇也"라 함.

【命于下國】〈鄭箋〉에 "天命乃下視下民, 有嚴明之君, 能明德愼罰, 不敢怠惰, 自暇
於政事者, 則命之於下國, 以爲天子大立其福. 謂命湯使由七十里王天下也. 時楚
僭號王位, 此又所用告曉楚之義"라 함.

【封】〈毛傳〉과 〈集傳〉에 "封, 大也"라 함.

＊〈集傳〉에 "○言「天命降監不在乎他, 皆在民之視聽, 則下民亦有嚴矣. 惟賞不僭·
刑不濫, 而不敢怠遑, 則天命之以天下, 而大建其福.」此高宗所以受命而中興也"
라 함.

(5) 賦

商邑翼翼, 四方之極.

商邑이 翼翼(익익)ᄒᆞ니, 四方의 極(극)이로다.

상나라 서울은 가지런하여, 천하의 좋은 본보기로다.

赫赫厥聲, 濯濯厥靈.

赫赫흔 그 聲이며, 濯濯(탁탁)흔 그 靈(령)이로소니,

빛나는 그 명성, 두드러지기가 신령을 존경하듯 하리니,

壽考且寧, 以保我後生!

壽考(슈고)ᄒᆞ고 ᄯᅩ 寧ᄒᆞ샤, 뻐 우리 後生을 保ᄒᆞ샷다!

장수를 누리고 게다가 편안하여, 우리 후손을 보우하리라!

【商邑翼翼】〈毛傳〉에 "商邑, 京師也"라 하였고, 〈集傳〉에 "商邑, 王都也; 翼翼, 整
敕貌"라 함.

【極】〈鄭箋〉에 "極, 中也. 商邑之禮俗, 翼翼然可則傚, 乃四方之中正也"라 하였고,
〈集傳〉에는 "極, 表也"라 함.

【赫赫】그 명성이 혁혁함. 〈集傳〉에 "赫赫, 顯盛也"라 함.

【濯濯】밝은 모습. 〈鄭箋〉에 "赫赫乎! 其出政教也. 濯濯乎! 其見尊敬也. 王乃壽考
且安, 以此全守我子孫. 此又用商德重告曉楚之義"라 하였고, 〈集傳〉에는 "濯濯,
光明也. 言「高宗中興之盛如此, 壽考且寧云者, 蓋高宗之享國五十有九年.」"이라 함.

【靈】尊敬을 받음. 신령을 대하듯 존경함.

【我後生】〈集傳〉에 "我後生, 謂後嗣子孫也"라 함.

(6) 賦

陟彼景山, 松柏丸丸.

뎌 景山(경산)의 陟(쳑)호니, 松栢(숑빅)이 丸丸(환환)호거늘,

저 景山에 오르니, 소나무와 잣나무 곧게 자라고 있거늘,

是斷是遷, 方斲是虔.

이에 斷호며 이에 遷호야, 方히 斲(쟉)호야 이에 虔(건)호니,

이를 자르고 옮겨다가, 다시 바르게 찍어내고 잘라서,

松桷有梴, 旅楹有閑, 寢成孔安!

松으로 혼 桷(각)이 梴(연)호며, 旅楹(려영)이 閑(한)호니, 寢(침)이 成홈애 심히 安호도다!

소나무 서까래는 길쭉하게, 진열한 기둥은 큼직하게, 정침을 완성하니 심히 안정되도다!

【景】〈集傳〉에 "景, 山名. 商所都也"라 함.

【丸丸】곧게 잘 자란 모습. 〈毛傳〉에 "丸丸, 易直也"라 하였고, 〈集傳〉에도 "丸丸, 直也"라 함.

【斷】자름, 벰.

【遷】〈毛傳〉과 〈集傳〉에 "遷, 徙"라 함.

【方斲是虔】〈集傳〉에 "方, 正也; 虔, 亦截也"라 함. 그러나 〈毛傳〉에는 "虔, 敬也"라 함. 馬瑞辰 〈通釋〉에는 "當讀爲虔劉之虔. 《方言》:「虔, 殺也.」《爾雅》:「虔, 伐劉幷訓.」"이라 함.

【桷】서까래.

【梴】〈毛傳〉과 〈集傳〉에 "梴, 長貌"라 함.

【旅】〈毛傳〉에 "旅, 陳也"라 하여 진열하여 세운 기둥들. 〈鄭箋〉에 "椹謂之虔升景山, 掄材木取松栢, 易直者斷而遷之. 正斲於椹上以爲桷, 與衆楹"이라 함. 〈集傳〉에는 "旅, 衆也"라 함.

【楹】기둥.

【閑】〈集傳〉에 "閑, 閑然而大也"라 함.

【寢】〈毛傳〉에 "寢, 路寢也"라 하였고, 寢殿. 〈鄭箋〉에 "路寢既成, 王居之甚安. 謂施政敎得其所也. 高宗之前王, 有廢政敎, 不脩寢廟者. 高宗復成湯之道, 故新路

寢焉"이라 함. 〈集傳〉에 "寢, 廟中之寢也; 安, 所以安高宗之神也. 此盖特爲百世不遷之廟, 不在三昭三穆之數, 旣成始祔而祭之之詩也. 然此章與〈閟宮〉之卒章, 文意略同. 未詳何謂?"라 함.

참고 및 관련 자료

1. 孔穎達〈正義〉
〈殷武〉詩者, 祀高宗之樂歌也. 高宗前世, 殷道中衰, 宮室不脩, 荊楚背叛. 高宗有德, 中興殷道, 伐荊楚·脩宮室. 旣崩之後, 子孫美之, 詩人追述其功而歌此詩也. 經六章, 首章言'伐楚之功」. 二章言'責楚之義」, 三章四章五章述其告曉, 荊楚末韋, 言其脩治寢廟, 皆是高宗生存所行. 故於祀而言之, 以美高宗也.

《詩經》 부록

1. 〈詩譜序〉 ·························· 鄭玄

詩之興也, 諒不於上皇之世. 大庭軒轅逮於高辛, 其時有亡載籍, 亦蔑云焉. 〈虞書〉曰:「詩言志, 歌永言.」聲依永, 律和聲. 然則詩之道, 放於此乎? 有夏承之篇章, 泯棄靡有孑遺. 邇及商王, 不風不雅. 何者? 論功頌德, 所以將順其美, 刺過譏失, 所以匡救其惡, 各於其黨, 則爲法者, 彰顯爲戒者者明. 周自后稷, 播種百穀, 黎民阻飢, 玆時乃粒, 自傳於此名也. 陶唐之末, 中葉公劉, 亦世修其業, 以明民共財. 文武之德, 光熙前緒, 以集大命於厥身, 遂爲天下父母, 使民有政有居. 其時詩風, 有〈周南〉〈召南〉, 〈雅〉有〈鹿鳴〉·〈文王〉之屬. 及成王·周公, 致太平, 制禮作樂, 而有頌聲興焉, 盛之至也. 本之由此〈風〉〈雅〉而來, 故皆錄之, 謂之詩之正經. 後王稍更陵遲, 懿王始受譖亨, 齊哀公夷身失禮之後, 邶不尊賢. 自是而下厲也幽也, 政教尤衰, 周室大壞, 〈十月之交〉·〈民勞〉·〈板〉·〈蕩〉勃爾俱作, 衆國紛然, 刺怨相尋. 五霸之末, 上無天子, 下無方伯, 善者誰賞, 惡者誰罰, 紀綱絶矣. 故孔子錄懿王·夷王時詩, 訖於陳靈公淫亂之事, 謂之'變風''變雅'. 以爲勤民恤功, 昭事上帝, 則受頌聲, 玄福如彼. 若違而弗用, 則被劫殺, 大禍如此. 吉凶之所由, 憂娛之萌, 漸昭昭在斯, 足作後王之鑒, 於是止矣.

夷·厲已上, 歲數不明, 大史年表, 自共和始歷, 宣·幽·平王, 而得春秋次第, 以立斯譜, 欲知源流淸濁之所處, 則循其上下, 而省之. 欲知風化芳臭氣澤之所及, 則傍行而觀之, 此詩之大綱也. 擧一綱而萬目, 張解一卷而衆篇明, 於力則鮮, 於思則寡, 其諸君子, 亦有樂於是與!

2. 〈毛詩正義序〉 ···················· 孔穎達

夫詩者, 論功頌德之歌, 止僻防邪之訓. 雖無爲而自發, 乃有益於生靈. 六情靜於中, 百物蕩於外, 情緣物動, 物感情遷, 若政遇醇和, 則歡娛被於朝野.

時當慘黷亦怨刺, 形於詠歌作之者, 所以暢懷舒憤. 聞之者, 足以塞違從正, 發諸情性, 諧於律呂. 故曰感天地, 動鬼神, 莫近於詩. 此乃詩之爲用, 其利大矣.

若夫哀樂之起, 冥於自然 ; 喜怒之端, 非由人事. 故燕雀表啁噍之感, 鸞鳳有歌舞之容. 然則詩理之先同, 夫開闢詩迹, 所用隨運而移上皇道質, 故諷諭之情寡, 中古政繁亦謳謌之理切, 唐虞乃見, 其初犧軒莫測. 其始於後, 時經五代, 篇有三千. 成康没而頌聲寝陳, 靈興而變風息. 先君宣父釐正遺文, 緝其精華, 褫其煩重, 上從周始, 下曁魯僖, 四百年間六詩備矣. 卜商闡其業, 雅頌與金石同和, 秦正燎其書, 簡牘與煙塵共盡. 漢氏之初. 詩分爲四, 申公騰芳於鄢郢, 毛氏光價於河閒, 貫長卿傳之於前. 鄭康成箋之. 於後晉宋二蕭之世, 其道大行, 齊魏兩河之閒, 玆風不墜. 其近代爲義疏者, 有全緩, 何胤舒瑗, 劉軌思, 劉醜, 劉焯, 劉炫等, 然悼炫並聰頴特達文, 而又儒擢秀幹於一時, 騁絶轡於千里. 固諸儒之所揖, 讓日下之, 無雙於其所作疏, 内特爲殊絶. 今奉勅刪定, 故據以爲本然. 焯炫等, 負恃才氣 輕鄙先達, 同其所異, 異其所同. 或應畧而反詳, 或宜詳而更畧, 準其繩墨, 差忒未免, 勘其會同時有顚躓. 今則削其所煩, 增其所簡, 唯意存於曲直, 非有心於愛憎. 謹與朝散大夫行, 太學博士, 臣王德韶, 徵事郎, 守四門博士, 臣齊威等, 對共討論, 辯詳得失, 至十六年. 又奉勅與前修疏人及給事郎, 守太學助教雲, 騎尉臣趙乾叶登仕郎, 守四門助教雲騎尉臣賈普曜等, 對勅使趙弘智, 覆更詳正凡爲四十卷. 庶以對揚聖範垂訓幼蒙, 故序其所見, 載之於卷首云爾.

3. 〈詩經集傳序〉 ………………… 朱熹

或有問於予曰 :「詩何爲而作也?」予應之曰 :「人生而靜天之性也. 感於物而動性之欲也. 夫旣有欲矣, 則不能無思, 旣有思矣, 則不能無言. 旣有言矣, 則言之所不能盡, 而發於咨嗟, 咏歎之餘者, 必有自然之音響節族(音奏), 而不能已焉. 此詩之所以作也.」曰:「然則, 其所以敎者, 何也?」曰:「詩者, 人心之感物, 而形於言之餘也. 心之所感, 有邪正. 故言之所形, 有是非, 惟聖人在上, 則其所感者, 無不正而其言, 皆足以爲敎, 其或感之之雜, 而所發, 不能無可擇者, 則上之人, 必思所以自反, 而因有以勸懲之, 是亦所以爲敎也. 昔周盛時, 上自郊廟朝廷, 而下達於鄕黨閭巷. 其言粹然, 無不出於正者 聖人固已協之聲律, 而用之鄕人, 用之邦國, 以化天下, 至於列國之詩. 則天子巡守, 亦必陳而觀之, 以行黜陟之典. 降自昭穆而後, 寖以陵夷. 至於東遷, 而遂廢不講矣. 孔子生於其時, 旣不得位, 無以行勸懲黜陟之政. 於是特擧其籍而討論, 音奏之. 去其重複, 正其紛亂, 而其善之, 不足以爲法惡之, 不足以爲戒者, 則亦刊而去之. 以從簡約, 示久遠, 使夫學者, 卽是而有, 以考其得失, 善者師之, 而惡者改焉. 是以其政雖不足, 以行於一時, 而其敎實, 被於萬世, 是則詩之所以爲敎者, 然也.」曰:「然則, 國風雅頌之體, 其不同若是, 何也?」曰:「吾聞之, 凡詩之所謂風者, 多出於里巷. 歌謠之作, 所謂男女相與詠歌, 各言其情者也. 惟周南·召南, 親被文王之化, 以成德, 而人皆有以得其性情之正, 故其發於言者. 樂而不過於淫哀, 而不及於傷, 是以二篇獨爲風詩之正經. 自邶而下, 則其國之治亂不同, 人之賢否亦異, 其所感而發者, 有邪正是非之不齊, 而所謂先王之風者, 於此焉變矣. 若夫雅·頌之篇, 則皆成周之世, 朝廷郊廟樂歌之辭, 其語和而莊, 其義寬而密, 其作者往往聖人之徒, 固所以爲萬世法程, 而不可易者也. 至於雅之變者, 亦皆一時賢人君子, 閔時病俗之所爲, 而聖人取之其忠厚惻怛之心, 陳善閉邪之意, 尤非後世能言之士所能及之, 此詩之爲經, 所以人事浹於下, 天道備於上, 而無一理之不具也.」曰:「然則, 其學之也, 當奈何?」曰:「本之二南以求其端, 參之列國, 以盡其變正之. 於雅以大其規和之, 於頌以要其止. 此學詩之大旨也. 於是乎章句以綱之, 訓詁以紀之, 諷詠以昌之, 涵濡以體之, 察之情性隱微之間, 審之言行樞機之始, 則脩身及家平, 均天下之道, 其亦不待他. 求而得之於此矣.」問者唯唯而退. 余時方輯《詩傳》, 因悉次是語, 以冠其篇云.

　淳熙四年(1177) 丁酉 冬十月 戊子 新安 朱熹 序

4. 〈毛詩正義提要〉(四庫全書) ················ 紀昀(등)

臣等謹按:「《毛詩正義》四十卷. 漢毛亨傳, 鄭元箋, 唐孔穎達疏.」《漢書》藝文志:「《毛詩》二十九卷,《毛詩古訓傳》三十卷.」然但稱毛公, 不著其名. 《後漢書》儒林傳始云「趙人毛長, 傳詩」, 是爲《毛詩》, 其長字不從艸.《隋書》經籍志載:「《毛詩》二十卷, 漢河間太守毛萇傳, 鄭氏箋.」於是詩傳始稱毛萇, 然鄭元《詩譜》曰:「魯人大毛公爲訓詁, 傳于其家. 河間獻王得而獻之. 以小毛公爲博士. 陸璣《毛詩草木蟲魚疏》亦云:「孔子刪詩, 授卜商, 商爲之序, 以授魯人曾申. 申授魏人李克, 克授魯人孟仲子; 仲子授根牟子; 根牟子授趙人荀卿, 荀卿授魯國毛亨. 毛亨作《訓詁傳》, 以授趙國毛萇. 時人謂亨爲大毛公, 萇爲小毛公.」據是二書, 則作傳者, 乃毛亨, 非毛萇. 故孔氏〈正義〉亦云大毛公爲其傳, 由小毛公而題毛也.《隋志》所云殊爲舛誤, 而流俗沿襲, 莫之能更. 朱彝尊《經義考》乃以《毛詩》二十九卷, 題'毛亨撰', 註曰:「佚.」《毛詩訓故傳》三十卷. 題'毛萇撰', 註曰:「存.」意主調停, 尤爲於古無據, 今參稽衆說, 定作傳者爲毛亨. 以鄭氏後漢人, 陸氏三國吳人, 并傳授《毛詩》淵源有自所言必不誣也. 鄭氏發明毛義, 自命曰〈箋〉.《博物志》曰:「毛公嘗爲北海郡守, 康成是此郡人, 故以爲敬.」推張華所言, 蓋以爲公府用記, 郡將用箋之意. 然康成生於漢末, 乃修敬於四百年前之太守, 殊無所取. 案《說文》曰:「箋. 表識書也.」鄭氏《六藝論》云:「註詩宗毛爲主, 毛義若隱畧, 則更表明. 如有不同, 卽下己意, 使可識別.」(案此論今佚, 此據〈正義〉所引) 然則康成特因毛傳而表識其傍, 如今人之簽記, 積而成帙, 故謂之〈箋〉, 無庸別曲說也. 自〈鄭箋〉旣行,《齊》·《魯》·《韓》三家遂廢.(案此陸德明《經典釋文》之說) 然箋與傳義, 亦時有異同. 魏王肅作《毛詩註》·《毛詩義駁》·《毛詩奏事》·《毛詩問難》諸書, 以申毛難鄭. 歐陽修引其釋衛風〈擊鼓〉五章, 謂「鄭不如王」(見《詩本義》), 王基又作《毛詩駁》, 以申鄭難王, 王麟引其駁〈芣苢〉一條, 謂「王不及鄭」(見《困學記聞》, 亦載《經典釋文》), 晉孫毓作《毛詩異同》, 評復申王說. 鄭統作《難》, 孫氏《毛詩評》, 又明鄭義(並見《經典釋文》), 祖分左右, 垂教百年至, 唐貞觀十六年

(642), 命孔穎達等, 因〈鄭箋〉爲正, 義乃論歸一定, 無復岐途.《毛傳》二十九卷,《隋志》附以〈鄭箋〉作二十卷, 疑爲康成所併, 穎達等以疏文繁重, 又析爲四十卷. 其書以劉焯《毛詩義疏》, 劉炫《毛詩述義》爲藁本. 故能融貫羣言, 包羅古義, 終唐之世, 人無異詞. 惟王讜《唐語林》, 記劉禹錫聽施士匃講《毛詩》. 所說「維鵜在梁, 陟彼岵兮」,「勿翦勿拜」,「維北有斗」, 四義, 稱毛未註. 然未嘗有所詆排也. 至宋鄭樵, 恃其才辯, 無故而發難端. 南渡諸儒, 始以掊擊毛鄭爲能事. 元延祐科擧條制, 詩雖兼用古註疏, 其時門戶已成. 講學者迄不遵用, 沿及明代, 胡廣等竊劉瑾之書, 作《詩經大全》, 著爲令典, 於是專宗朱《傳》, 漢學遂亡然. 朱子從鄭樵之說, 不過攻小序耳. 至於詩中訓詁, 用毛鄭者, 居多後儒不考古書, 不知小序自小序, 傳箋自傳箋. 閫然佐鬪, 遂併毛鄭而棄之. 是非惟不知毛鄭爲何語, 殆併朱子之傳, 亦不辯爲何語矣. 我國家經學昌明, 一洗前明之固陋. 乾隆八年(1743), 皇上特命校刊〈十三經註疏〉, 頒布學宮, 鼓篋之儒, 皆駸駸乎研求古學. 今特錄其書, 與小序同冠詩類之首, 以昭六義淵源, 其來有自孔門師授, 端緒炳然, 終不能以他說掩也.

　乾隆三十九年(1774)月 恭校上 總纂官 (臣)紀昀 (臣)陸錫熊 (臣)孫士毅 總校官(臣)陸費墀.

5. 〈詩經集傳提要〉(四庫全書) ················ 紀昀(등)

　臣等謹案《詩集傳》八卷, 宋朱子撰.《宋志》作二十卷, 今本八卷. 蓋坊刻所併. 朱子註《易》, 凡兩《易稿》, 其初著之《易傳》,《宋志》著錄, 今已散佚, 不知其說之同異. 註《詩》亦兩易稿. 凡呂祖謙〈讀詩記〉所稱朱氏曰者, 皆其初稾, 其說全宗小序, 後乃改從鄭樵之說(案朱子攻序用鄭樵說, 見于《語錄》. 朱升以爲用歐陽脩之說, 誤也). 是爲今本. 卷首自序作于淳熙四年, 中無一語斥小序. 蓋猶初稿. 序末時方輯《詩傳》, 是其證也. 其註《孟子》以〈柏舟〉爲仁人不遇；作〈白鹿洞賦〉以〈子衿〉爲刺學校之廢；周頌〈豐年〉篇小序, 辯說極言其誤, 而

《集傳》乃仍用小序說. 前後不符, 亦舊稿之刪改, 未盡者也. 楊愼《丹鉛錄》謂文公因呂成公大尊小序, 遂盡變其說, 雖臆度之詞, 或亦不無所因歟! 自是以後, 說詩者, 遂分攻序, 宗序兩家, 角立相爭, 而終不能以偏廢. 欽定《詩經彙纂》, 雖以《集傳》居先, 而序說亦皆附錄. 允爲持千古之平矣. 舊本附詩序辯說於後. 近時刊本, 皆刪去. 鄭元稱毛公以序分冠諸篇, 則毛公以前, 序本自爲一卷. 《隋志》·《唐志》, 亦與《毛詩》各見, 今已與辯說別著于錄. 玆不重載, 其間經文訛異, 馮嗣京所校正者, 如鄘風終焉. 允臧, 然誤焉. 王風牛羊下括, 括誤栝 ; 齊風不能辰夜, 辰誤晨 ; 小雅求爾新特, 爾誤我 ; 朔月辛卯, 月誤日 ; 胡然厲矣, 然誤爲 ; 家伯冢宰, 家誤冢 ; 如彼泉流, 泉流誤流泉 ; 爰其適歸, 爰誤奚. 大雅天降滔德, 滔誤慆 ; 如彼泉流, 亦誤流泉. 商頌「降予卿士, 予誤悮于, 凡十二條. 陳啓源所校正者, 召南無使尨也吠, 尨誤厖, 何彼襛矣, 襛悮穠 ; 衛風遠兄弟父母, 誤遠父母兄弟 ; 小雅言歸斯復, 斯誤思. 昊天大憮, 大誤泰. 〈楚茨〉以享以祀, 享誤饗 ; 福祿膍之, 膍誤媲 ; 不能趨, 趨誤趍 ; 不皇朝矣, 皇誤遑(下二章同) ; 大雅'淠彼涇舟', 淠誤渒 ; 以篤于周祜, 脫于字 ; 周頌旣右饗之, 饗誤享 ; 魯頌其旂茷茷, 誤茷茷 ; 商頌來格祁祁, 誤祈祈, 凡十四條. 又傳文訛異, 陳啓源所校正者, 召南〈騶虞〉篇'豝牝豕也', 牝誤牡 ; 〈終南〉篇'黻之狀亞象兩弓相背', 亞誤亞, 弓誤已 ; 〈南有嘉魚〉篇'鯉質鱒鱗', 鱗誤鯽. 又衍肌字. 〈甫田〉篇'或耘或耔', 引《漢書》苗生葉以上脫生, 字隤其上, 誤壝其土 ; 〈頍弁〉篇'賦而比也', 誤增'興又'二字. (案此輔廣詩童子問所增). 〈小宛〉篇'俗呼青雀', 雀誤觜 ; 〈文王有聲〉篇'淢成溝也', 成訛城 ; 〈召旻〉篇'池之竭矣', 章比也, 誤作賦 ; 〈閔予小子〉篇引大招'三公穆穆', 誤三公揖讓 ; 〈賚〉篇'此頌文王之功', 王誤武 ; 〈駉〉篇'此言魯侯牧馬之盛', 魯侯誤僖公, 凡十一條. 史榮所校正者, 王風〈伯兮〉篇'傳曰女爲悅已者容', 己下脫者字 ; 〈采葛〉篇'蕭, 荻也', 荻誤荻 ; 唐風〈葛生〉篇'域, 營域也', 營誤塋 ; 秦風〈蒹葭〉篇'小渚曰沚', 小誤水 ; 小雅〈四牡〉篇'今鵓鳩也' 鵓誤鵓 ; 〈蓼蕭〉篇'在衡曰鸞', 衡誤鑣 ; 〈采芑〉篇'卽今苦蕒菜', 蕒誤蕢 ; 〈正月〉篇'申包胥曰人定則勝天', 定誤衆 ; 〈小弁〉篇'江東呼爲鵯鳥', 鵯誤鴨 ; 〈巧言〉篇‘君子不能聖讒’, 聖誤堊, 凡十條. 蓋五經之中, 惟《詩》《易》讀習者, 十恒八九, 故書坊刊板, 亦最夥, 其輾轉傳訛, 亦爲最甚. 今悉釐正之, 俾不失眞, 至其音叶, 朱子初用吳棫《詩補音》(案棫《詩補音》與所作《韻補》爲兩書, 《書錄解題》所載. 甚明《經義考》合爲一書, 誤也.) 其孫鑑又意爲增損, 頗多舛迕. 史榮作《風雅遺音》已詳辯之. 玆不具論焉.

乾隆四十二年(1777) 十月 恭校上

總纂官 臣紀昀 臣陸錫熊 臣孫士毅 總校官 臣陸費墀.

6.《漢書》(30) 藝文志 六藝略 詩

《詩經》二十八卷, 魯·齊·韓三家.(應劭曰：「申公作《魯詩》, 后蒼作《齊詩》, 韓嬰作《韓詩》.」)

《魯故》二十五卷.《魯說》二十八卷.

《齊後氏故》二十卷

《齊孫氏故》二十七卷.《齊後氏傳》三十九卷.

《齊孫氏傳》二十八卷.

《齊雜記》十八卷.

《韓故》三十六卷.

《韓內傳》四卷.

《韓外傳》六卷.

《韓說》四十一卷.

《毛詩》二十九卷.

《毛詩故訓傳》三十卷.

凡《詩》六家, 四百一十六卷.

《書》曰：「詩言志, 歌詠言.」故哀樂之心感, 而歌詠之聲發. 誦其言謂之詩, 詠其聲謂之歌. 故古有采詩之官, 王者所以觀風俗, 知得失, 自考正也. 孔子純取周詩, 上采殷, 下取魯, 凡三百五篇, 遭秦而全者, 以其諷誦, 不獨在竹帛故也. 漢興, 魯申公爲《詩》訓故, 而齊轅固·燕韓生皆爲之傳. 或取《春秋》, 采雜說, 咸非其本義. 與不得已, 魯最爲近之. 三家皆列於學官. 又有毛公之學, 自謂子夏所傳, 而河間獻王好之, 未得立.

7.《漢書》(88) 儒林傳 ①申公 ②王式 ③轅固 ④後蒼 ⑤韓嬰 ⑥趙子 ⑦毛公

①申公

申公, 魯人也. 少與楚元王交俱事齊人浮丘伯受《詩》. 漢興, 高祖過魯, 申公以弟子從師入見於魯南宮. 呂太后時, 浮丘伯在長安, 楚元王遣子郢與申公俱卒學. 元王薨, 郢嗣立爲楚王, 令申公傅太子戊. 戊不好學, 病申公. 及戊立爲王, 胥靡申公. 申公愧之, 歸魯退居家教, 終身不出門. 復謝賓客, 獨王命召之乃往. 弟子自遠方至受業者千餘人, 申公獨以《詩經》爲訓故以教, 亡傳, 疑者則闕弗傳. 蘭陵王臧既從受《詩》, 已通, 事景帝爲太子少傅, 免去. 武帝初卽位, 臧乃上書宿衛, 累遷, 一歲至郎中令. 及代趙綰亦嘗受《詩》申公, 爲御史大夫. 綰·臧請立明堂以朝諸侯, 不能就其事, 乃言師申公. 於是上使使束帛加璧, 安車以蒲裹輪, 駕駟迎申公, 弟子二人乘軺傳從. 至, 見上, 上問治亂之事. 申公時已八十餘, 老, 對曰:「爲治者不在多言, 顧力行何如耳.」是時, 上方好文辭, 見申公對, 默然. 然已招致, 卽以爲太中大夫, 舍魯邸, 議明堂事. 竇太后喜《老子》言, 不說儒術, 得綰·臧之過, 以讓上曰:「此欲復爲新垣平也!」上因廢明堂事, 下綰·臧吏, 皆自殺. 申公亦病免歸, 數年卒. 弟子爲博士十餘人, 孔安國至臨淮太守, 周霸膠西內史, 夏寬城陽內史, 碭魯賜東海太守, 蘭陵繆生長沙內史, 徐偃膠西中尉, 鄒人闕門慶忌膠東內史, 其治官民皆有廉節稱. 其學官弟子行雖不備, 而至於大夫·郎·掌故以百數. 申公卒以《詩》·《春秋》授, 而瑕丘江公盡能傳之, 徒眾最盛. 及魯許生·免中徐公, 皆守學敎授. 韋賢治《詩》, 事大江公及許生, 又治《禮》, 至丞相. 傳子玄成, 以淮陽中尉論石渠, 後亦至丞相. 玄成及兄子賞以《詩》授哀帝, 至大司馬車騎將軍, 自有傳. 由是《魯詩》有韋氏學.

②王式

王式字翁思, 東平新桃人也. 事免中徐公及許生. 式爲昌邑王師. 昭帝崩, 昌邑王嗣立, 以行淫亂廢, 昌邑群臣皆下獄誅, 唯中尉王吉·郎中令龔遂以數諫減死論. 式系獄當死, 治事使者責問曰:「師何以無諫書?」式對曰:「臣以《詩》三百五篇朝夕授王, 至於忠臣孝子之篇, 未嘗不爲王反復誦之也; 至於危亡失道之君, 未嘗不流涕爲王深陳之也. 臣以三百五篇諫, 是以亡諫書.」使者以聞, 亦得減死論, 歸家不敎授. 山陽張長安幼君先事式, 後東平唐長賓·沛褚少孫亦來事式, 問經數篇, 式謝曰:「聞之於師具是矣, 自潤色之.」不肯復授. 唐生·褚生應博士弟子選, 詣博士, 摳衣登堂, 頌禮甚嚴, 試誦說, 有法, 疑者丘蓋不言. 諸博士驚問:「何師?」對曰:「事式.」皆素聞其賢, 共薦式. 詔除下爲博士. 式徵來, 衣博士衣而不冠, 曰:「刑餘之人, 何宜復充禮官?」既至, 止舍中, 會諸大夫·博士, 共持酒肉勞式, 皆注意高仰之, 博士江公世爲《魯詩》宗, 至江公著《孝經說》, 心嫉式, 謂歌吹諸生曰:「歌《驪駒》.」式曰:「聞之於師: 客歌《驪駒》, 主人歌《客毋庸歸》. 今日諸君爲主人, 日尙早, 未可也.」江翁曰:「經何以言之?」式曰:「在《曲禮》.」江翁曰:「何狗曲也!」式恥之, 陽醉逿地. 式客罷, 讓諸生曰:「我本不欲來, 諸生强勸我, 竟爲豎子所辱!」遂謝病免歸, 終於家. 張生·唐生·褚生皆爲博士. 張生論石渠, 至淮陽中尉. 唐生楚太傅. 由是《魯詩》有張·唐·褚氏之學. 張生兄子遊卿爲諫大夫, 以《詩》授元帝. 其門人琅邪王扶爲泗水中尉, 授陳留許晏爲博士. 由是張家有許氏學. 初, 薛廣德亦事王式, 以博士論石渠, 授龔舍. 廣德至御史大夫, 舍泰山太守, 皆有傳.

③轅固

轅固, 齊人也. 以治《詩》孝景時爲博士, 與黃生爭論於上前. 黃生曰:「湯·武非受命, 乃殺也.」固曰:「不然. 夫桀·紂荒亂, 天下之心皆歸湯·武, 湯·武因天下之心而誅桀·紂, 桀·紂之民弗爲使而歸湯·武, 湯·武不得已而立. 非受命爲何?」黃生曰:『冠雖敝必加於首, 履雖新必貫於足.』何者? 上下之分也. 今桀·紂雖失道, 然君上也; 湯·武雖聖, 臣下也. 夫主有失行, 臣不正言匡過以尊天子, 反因過而誅之, 代立南面, 非殺而何?」固曰:「必若云, 是高皇帝代秦即天子之位, 非邪?」於是上曰:「食肉毋食馬肝, 未爲不知味也; 言學者毋言湯·武受命, 不爲愚.」遂罷. 竇太后好《老子》書, 召問固. 固曰:「此家人言矣.」太后怒曰:「安得司空城旦書乎!」乃使固入圈擊彘. 上知太后怒, 而固直言無罪, 乃假固利兵. 下, 固刺彘正中其心, 彘應手而倒. 太后默然, 亡以復罪. 後上以固廉直, 拜爲清河太傅, 疾免. 武帝初即位, 復以賢良徵. 諸儒多嫉毀曰固老, 罷歸之. 時, 固已九十餘矣. 公孫弘亦徵, 仄目而事固. 固曰:「公孫子, 務正學以言, 無曲學以阿世!」諸齊以《詩》顯貴, 皆固之弟子也. 昌邑太傅夏侯始昌最明, 自有傳.

④後蒼

後蒼字近君, 東海郯人也. 事夏侯始昌. 始昌通《五經》, 蒼亦通《詩》·《禮》, 爲博士, 至少府, 授翼奉·蕭望之·匡衡. 奉爲諫大夫, 望之前將軍, 衡丞相, 皆有傳. 衡授琅邪師丹·伏理斿君·潁川滿昌君都. 君都爲詹事, 理高密太傅, 家世傳業. 丹大司空, 自有傳. 由是《齊詩》有翼·匡·師·伏之學. 滿昌授九江張邯·琅邪皮容·皆至大官, 徒衆尤盛.

⑤韓嬰

韓嬰, 燕人也. 孝文時爲博士, 景帝時至常山太傅. 嬰推詩人之意, 而作內·外《傳》數萬言, 其語頗與齊·魯間殊, 然歸一也. 淮南賁生受之. 燕·趙間言《詩》者由韓生. 韓生亦以《易》授人, 推《易》意而爲之傳. 燕·趙間好《詩》, 故其《易》微, 唯韓氏自傳之. 武帝時, 嬰嘗與董仲舒論於上前, 其人精悍, 處事分明, 仲舒不能難也. 後其孫商爲博士. 孝宣時, 涿郡韓生其後也, 以《易》徵, 待詔殿中, 曰:「所受《易》卽先太傅所傳也. 嘗受《韓詩》, 不如韓氏《易》深, 太傅故專傳之.」司隷校尉蓋寬饒本受《易》於孟喜, 見涿韓生說《易》而好之, 卽更從受焉嘻

⑥趙子

趙子, 河內人也. 事燕韓生, 授同郡蔡誼. 誼至丞相, 自有傳. 誼授同郡食子公與王吉. 吉爲昌邑王中尉, 自有傳. 食生爲博士, 授泰山栗豐. 吉授淄川長孫順. 順爲博士, 豐部刺史. 由是《韓詩》有王·食·長孫之學. 豐授山陽張就, 順授東海發福, 皆至大官, 徒衆尤盛.

⑦毛公

毛公, 趙人也. 治《濰》, 爲河間獻王博士, 授同國貫長卿. 長卿授解延年. 延年爲阿武令, 授徐敖. 敖授九江陳俠, 爲王莽講學大夫. 由是言《毛詩》者, 本之徐敖.

8. 《後漢書》(65) 鄭玄

鄭玄字康成, 北海高密人也. 八世祖崇, 哀帝時尚書僕射. 玄少爲鄉嗇夫, 得休歸, 常詣學官, 不樂爲吏, 父數怒之, 不能禁. 遂造太學受業, 師事京兆第五元先, 始通《京氏易》·《公羊春秋》·《三統历》·《九章筭術》. 又從東郡張恭祖受《周官》·《禮記》·《左氏春秋》·《韓詩》·《古文尚書》. 以山東無足問者, 乃西入關, 因涿郡盧植, 事扶風馬融.

融門徒四百餘人, 升堂進者五十餘生. 融素驕貴, 玄在門下, 三年不得見, 乃使高業弟子傳授於玄. 玄日夜尋誦, 未嘗怠倦. 會融集諸生考論圖緯, 聞玄善筭, 乃召見於樓上, 玄因從質諸疑義, 問畢辭歸. 融喟然謂門人曰:「鄭生

今去, 吾道東矣.」

玄自游學, 十餘年乃歸鄉里. 家貧, 客耕東萊, 學徒相隨已數百千人. 及黨事起, 乃與同郡孫嵩等四十餘人俱被禁錮, 遂隱修經業, 杜門不出. 時任城何休好《公羊》學, 遂著《公羊墨守》·《左氏膏肓》·《穀梁廢疾》; 玄乃發《墨守》, 鍼《膏肓》, 起《廢疾》. 休見而歎曰:「康成入吾室, 操吾矛, 以伐我乎!」初, 中興之後, 范升·陳元·李育·賈逵之徒爭論古今學, 後馬融答北地太守劉瓌及玄答何休, 義據通深, 由是古學遂明.

靈帝末, 黨禁解, 大將軍何進聞而辟之. 州郡以進權戚, 不敢違意, 遂迫脅玄, 不得已而詣之. 進為設几杖, 禮待甚優. 玄不受朝服, 而以幅巾見. 一宿逃去. 時年六十; 弟子河內趙商等自遠方至者數千. 後將軍袁隗表為侍中, 以父喪不行. 國相孔融深敬於玄, 屣履造門. 告高密縣為玄特立一鄉, 曰:「昔齊置『土鄉』, 越有『君子軍』, 皆異賢之意也. 鄭君好學, 實懷明德. 昔太史公·廷尉吳公·謁者僕射鄧公, 皆漢之名臣. 又南山四皓有園公·夏黃公, 潛光隱耀, 世嘉其高, 皆悉稱公. 然則公者仁德之正號, 不必三事大夫也. 今鄭君鄉宜曰『鄭公鄉』. 昔東海于公僅有一節, 猶或戒鄉人侈其門閭, 矧乃鄭公之德, 而無駟牡之路! 可廣開門衢, 令容高車, 號為『通德門』.」

董卓遷都長安, 公卿舉玄為趙相, 道斷不至. 會黃巾寇青部, 乃避地徐州, 徐州牧陶謙接以師友之禮. 建安元年, 自徐州還高密, 道遇黃巾賊數萬人, 見玄皆拜, 相約不敢入縣境. 玄後嘗疾篤, 自慮, 以書戒子益恩曰:「吾家舊貧, 不為父母群弟所容, 去廝役之吏, 游學周·秦之都, 往來幽·并·兗·豫之域, 獲觀乎在位通人, 處逸大儒, 得意者咸從捧手, 有所受焉. 遂博稽《六藝》, 粗覽傳記, 時覩祕書緯術之奧. 年過四十, 乃歸供養, 假田播殖, 以娛朝夕. 遇閹尹擅執, 坐黨禁錮, 十有四年, 而蒙赦令, 舉賢良方正有道, 辟大將軍三司府. 公車再召, 比牒並名, 早為宰相. 惟彼數公, 懿德大雅, 克堪王臣, 故宜式序. 吾自忖度, 無任於此, 但念述先聖之元意, 思整百家之不齊, 亦庶幾以竭吾才, 故聞命罔從. 而黃巾為害, 萍浮南北, 復歸邦鄉. 入此歲來, 已七十矣. 宿素衰落, 仍有失誤, 案之禮典, 便合傳家. 今我告爾以老, 歸爾以事, 將閑居以安性, 賈思以終業. 自非拜國君之命, 問族親之憂, 展敬墳墓, 觀省野物, 胡嘗扶杖出門乎! 家事大小, 汝一承之. 咨爾煢煢一夫, 曾無同生相依. 其勗求君子之道, 研鑽勿替, 敬愼威儀, 以近有德. 顯譽成於僚友, 德行立於已志. 若致聲稱, 亦有榮於所生, 可不深念邪! 可不深念邪! 吾雖無絨冕之緒, 頗有讓爵之高. 自樂以論贊之功, 庶不遺後人之羞, 末所愼愼者, 徒以亡親墳壟未成, 所好羣書率皆腐敝, 不得於禮堂寫定, 傳與其人. 日西方暮, 其可圖乎! 家今差多於昔, 勤力務時, 無恤飢寒. 菲饌食, 薄衣服, 節夫二者, 尚令吾寡恨. 若忽忘不識, 亦已焉哉!」

時, 大將軍袁紹總兵冀州, 遣使要玄, 大會賓客, 玄最後至, 乃延升上坐. 身長八尺, 飲酒一斛, 秀眉明目, 容儀溫偉. 紹客多豪俊, 並有才說, 見玄儒者, 未以通人許之, 競設異端, 百家互起. 玄依方辯對, 咸出問表, 皆得所未聞, 莫不嗟服. 時汝南應劭亦歸於紹, 因自贊曰:「故太山太守應中遠, 北面稱弟子何如?」玄笑曰:「仲尼之門考以四科, 回・賜之徒不稱官閥.」劭有慙色. 紹乃舉玄茂才, 表爲左中郎將, 皆不就. 公車徵爲大司農, 給安車一乘, 所過長吏送迎. 玄乃以病自乞還家.

五年春, 夢孔子告之曰:「起, 起, 今年歲在辰, 來年歲在巳.」既寤, 以讖合之, 知命當終, 有頃寢疾. 時袁紹與曹操相拒於官度, 令其子譚遣使逼玄隨軍, 不得已, 載病到元城縣, 疾篤不進, 其年六月卒, 年七十四. 遺令薄葬. 自郡守以下嘗受業者, 縗絰赴會千餘人.

門人相與撰玄荅諸弟子問《五經》, 依《論語》作《鄭志》八篇. 凡玄所注《周易》・《尚書》・《毛詩》・《儀禮》・《禮記》・《論語》・《孝經》・《尚書大傳》・《中候》・《乾象历》, 又著《天文七政論》・《魯禮禘祫義》・《六藝論》・《毛詩譜》・《駁許愼五經異義》・《荅臨孝存周禮難》, 凡百餘萬言.

玄質於辭訓, 通人頗譏其繁. 至於經傳洽孰, 稱爲純儒, 齊魯間宗之. 其門人山陽郗慮至御史大夫, 東萊王基・淸河崔琰著名於世. 又樂安國淵・任嘏, 時並童幼, 玄稱淵爲國器, 嘏有道德, 其餘亦多所鑒拔, 皆如其言. 玄唯有一子益恩, 孔融在北海, 舉爲孝廉；及融爲黃巾所圍, 益恩赴難隕身. 有遺腹子,玄以其手文似己, 名之曰小同.

論曰: 自秦焚《六經》, 聖文埃滅. 漢興, 諸儒頗修藝文; 及東京, 學者亦各名家. 而守文之徒, 滯固所稟, 異端紛紜, 互相詭激, 遂令經有數家, 家有數說, 章句多者或乃百餘萬言, 學徒勞而少功, 後生疑而莫正. 鄭玄括囊大典, 網羅衆家, 刪裁繁誣, 刊改漏失, 自是學者略知所歸. 王父豫章君每考先儒經訓, 而長於玄, 常以爲仲尼之門不能過也. 及傳授生徒, 並專以鄭氏家法云.

贊曰: 富平之緒, 承家載世. 伯仁先歸, 蟊我國祭. 玄定義乖, 褒修禮缺. 孔書遂明, 漢章中輟.

9. 《舊唐書》(79) 孔穎達

孔穎達, 字仲達, 冀州衡水人也. 祖碩, 后魏南台丞. 父安, 齊青州法曹參軍. 穎達八歲就學, 日誦千余言. 及長, 尤明《左氏傳》·《鄭氏尙書》·《王氏易》·《毛詩》·《禮記》, 兼善算历, 解屬文. 同郡劉焯名重海內, 穎達造其門. 焯初不之禮, 穎達請質疑滯, 多出其意表, 焯改容敬之. 穎達固辭歸, 焯固留不可. 還家, 以敎授爲務. 隋大業初, 舉明經高第, 授河內郡博士. 時煬帝征諸郡儒官集於東都, 令國子秘書學士與之論難, 穎達爲最. 時穎達少年, 而先輩宿儒恥爲之屈, 潛遣刺客圖之. 禮部尙書楊玄感舍之於家, 由是獲免. 補太學助敎. 屬隋亂, 避地於武牢. 太宗平王世充, 引爲秦府文學館學士. 武德九年, 擢授國子博士. 貞觀初, 封曲阜縣男, 轉給事中. 時太宗初卽位, 留心庶政, 穎達數進忠言, 益見親待. 太宗嘗問曰:「《論語》云:'以能問於不能, 以多問於寡, 有若無, 實若虛.'何謂也?」穎達對曰:「聖人設敎, 欲人謙光. 己雖有能, 不自矜大, 仍就不能之人求訪能事. 己之才藝雖多, 猶以爲少, 仍就寡少之人更求所益. 己之雖有, 其狀若無. 己之雖實, 其容若虛. 非唯匹庶, 帝王之德, 亦當如此. 夫帝王內蘊神明, 外須玄默, 使深不可測, 度不可知.《易》稱'以蒙養正, 以明夷莅衆', 若其位居尊極, 炫耀聰明, 以才淩人, 飾非拒諫,則上下情隔, 君臣道乖. 自古滅亡, 莫不由此也.」太宗深善其對. 六年, 累除國子司業. 歲余, 遷太子右庶子, 仍兼國子司業. 與諸儒議历及明堂, 皆從穎達之說. 又與魏徵撰成《隋史》, 加位散騎常侍. 十一年, 又與朝賢修定《五禮》, 所有疑滯, 咸諮決之. 書成, 進爵爲子, 賜物三百段. 庶人承乾令撰《孝經義疏》, 穎達因文見意, 更廣規諷之道, 學者稱之. 太宗以穎達在東宮數有匡諫, 與左庶子于志寧各賜黃金一斤·絹百匹. 十二年, 拜國子祭酒, 仍侍講東宮. 十四年, 太宗幸國學觀釋奠, 命穎達講《孝經》, 既畢, 穎達上《釋奠頌》, 手詔褒美. 后承乾不循法度, 穎達每犯顏進諫. 承乾乳母遂安夫人謂曰:「太子成長, 何宜屢致面折?」穎達對曰:「蒙國厚恩, 死無所恨.」諫諍逾切, 承乾不能納. 先是, 與顏師古·司馬才章·王恭·王琰等諸儒受詔撰定《五經》義訓, 凡一百八十卷, 名曰《五經正義》. 太宗下詔曰:「卿等博綜古今, 義理該洽, 考前儒之異說, 符聖人之幽旨, 實爲不朽.」付國子監施行, 賜穎達物三百段. 時又有太學博士馬嘉運駁穎達所撰《正義》, 詔更令詳定, 功竟未就. 十七年, 以年老致仕. 十八年, 圖形於淩煙閣, 贊曰:「道光列第, 風傳闕里. 精義霞開, 掞辭飆起.」二十二年卒, 陪葬昭陵, 贈太常卿, 謚曰憲.

10.《新唐書》(198) 儒學傳 孔穎達

孔穎達, 字仲達, 冀州衡水人. 八歲就學, 誦記日千餘言, 暗記《三禮義宗》. 及長, 明服氏《春秋傳》·鄭氏《尚書》·《詩》·《禮記》·王氏《易》, 善屬文, 通步历. 嘗造同郡劉焯, 焯名重海內, 初不之禮, 及請質所疑, 遂大畏服.

隋大業初, 舉明經高第, 授河內郡博士. 煬帝召天下儒官集東都, 詔國子秘書學士與論議, 穎達爲冠, 又年最少, 老師宿儒恥出其下, 陰遣客刺之, 匿楊玄感家得免. 補太學助教. 隋亂, 避地虎牢.

太宗平洛, 授文學館學士, 遷國子博士. 貞觀初, 封曲阜縣男, 轉給事中. 時帝新卽位, 穎達數以忠言進. 帝問:「孔子稱'以能問於不能, 以多問於寡,有若無, 實若虛', 何謂也?」對曰:「此聖人敎人謙耳. 己雖能, 仍就不能之人以咨所未能;己雖多, 仍就寡少之人更資其多. 內有道, 外若無;中雖實, 容若虛. 非特匹夫, 君德亦然. 故《易》稱'蒙以養正', '明夷以莅衆'. 若其據尊極之位, 炫聰耀明, 恃才以肆, 則上下不通, 君臣道乖. 自古滅亡, 莫不由此.」帝稱善. 除國子司業, 歲餘, 以太子右庶子兼司業. 與諸儒議历及明堂事, 多從其說. 以論撰勞, 加散騎常侍, 爵爲子.

皇太子令穎達撰《孝經章句》, 因文以盡箴諷. 帝知數爭太子失, 賜黃金一斤·絹百匹. 久之, 拜祭酒, 侍講東宮. 帝幸太學觀釋菜, 命穎達講經, 畢, 上《釋奠頌》, 有詔褒美. 後太子稍不法, 穎達爭不已, 乳夫人曰:「太子旣長, 不宜數面折之.」對曰:「蒙國厚恩, 雖死不恨.」劚切愈至. 後致仕, 卒, 陪葬昭陵, 贈太常卿, 諡曰憲.

初, 穎達與顏師古·司馬才章·王恭·王琰受詔撰《五經》義訓凡百餘篇, 號《義贊》, 詔改爲《正義》云. 雖包貫異家爲詳博, 然其中不能無謬冗, 博士馬嘉運駁正其失, 至相譏詆. 有詔更令裁定, 功未就. 永徽二年, 詔中書門下與國子三館博士·弘文館學士考正之, 於是尙書左僕射於志寧·右僕射張行成·侍中高季輔就加增損, 書始布下.

穎達子志, 終司業. 志子惠元, 力學寡言, 又爲司業, 擢累太子諭德. 三世司業, 時人美之.

11.《宋史》(429) 道學傳 朱熹

朱熹, 字元晦, 一字仲晦, 徽州婺源人. 父松字喬年, 中進士第. 胡世將·謝克家薦之, 除秘書省正字. 趙鼎都督川陝·荆·襄軍馬, 招松爲屬, 辭. 鼎再相, 除校書郎, 遷著作郎. 以御史中丞常同薦, 除度支員外郎, 兼史館校勘, 历司勳·吏部郎. 秦檜決策議和, 松與同列上章, 極言其不可. 檜怒, 風御史論松懷異自賢, 出知饒州, 未上, 卒.

熹幼穎悟, 甫能言, 父指天示之曰:「天也.」熹問曰:「天之上何物?」松異之. 就傅, 授以《孝經》, 一閱, 題其上曰：「不若是, 非人也.」嘗從群兒戲沙上, 獨端坐以指畫沙, 視之, 八卦也. 年十八貢於鄉, 中紹興十八年進士第. 主泉州同安簿, 選邑秀民充弟子員, 日與講說聖賢修己治人之道, 禁女婦之爲僧道者. 罷歸請祠, 監潭州南嶽廟. 明年, 以輔臣薦, 與徐度·呂廣問·韓元吉同召, 以疾辭. 孝宗卽位, 詔求直言, 熹上封事言：「聖躬雖未有過失, 而帝王之學不可以不熟講. 朝政雖未有闕遺, 而修攘之計不可以不早定. 利害休戚雖不可遍擧, 而本原之地不可以不加意. 陛下毓德之初, 親御簡策, 不過風誦文辭, 吟詠情性, 又頗留意於老子·釋氏之書. 夫記誦詞藻, 非所以探淵源而出治道；虛無寂滅, 非所以貫本末而立大中. 帝王之學, 必先格物致知, 以極夫事物之變, 使義理所存, 纖悉畢照, 則自然意誠心正, 而可以應天下之務.」次言：「修攘之計不時定者, 講和之說誤之也. 夫金人於我有不共戴天之仇, 則不可和也明矣. 願斷以義理之公, 閉關絶約, 任賢使能, 立紀綱, 厲風俗. 數年之后, 國富兵强, 視吾力之强弱, 觀彼釁之淺深, 徐起而圖之.」次言：「四海利病, 系斯民之休戚, 斯民休戚, 系守令之賢否. 監司者守令之綱, 朝廷者監司之本也. 欲斯民之得其所, 本原之地亦在朝廷而已. 今之監司, 奸贓狼籍·肆虐以病民者, 莫非宰執·台諫之親舊賓客. 其已失勢者, 既按見其交私之狀而斥去之；尙在勢者, 豈無其人, 顧陛下無自而知之耳.」

隆興元年, 復召. 入對, 其一言：「大學之道在乎格物以致其知. 陛下雖有生知之性, 高世之行, 而未嘗隨事以觀理, 卽理以應事. 是以擧措之間動涉疑貳, 聽納之際未免蔽欺, 平治之效所以未著.」其二言：「君父之仇不與共戴天. 今日所當爲者, 非戰無以復仇, 非守無以制勝.」且陳古先聖王所以强本折沖·威制遠人之道. 時相湯思退方倡和議, 除熹武學博士, 待次. 乾道元年, 促就職, 既至而洪適爲相, 復主和, 論不合, 歸.

三年, 陳俊卿·劉珙薦爲樞密院編修官, 待次. 五年, 丁內艱. 六年, 工部侍郎胡銓以詩人薦, 與王庭珪同召, 以未終喪辭. 七年, 既免喪, 復召, 以祿不及養辭. 九年, 梁克家相, 申前命, 又辭. 克家奏熹屢召不起, 宜蒙褒錄, 執政俱稱之, 上曰：「熹安貧守道, 廉退可嘉.」特改合入官, 主管台州崇道觀. 熹以求退得進, 於義未安, 再辭. 淳熙元年, 始拜命. 二年, 上欲獎用廉退, 以勵風俗, 龔茂良行丞相事以熹名進, 除秘書郎, 力辭, 且以手書遺茂良, 言一時權幸. 群小乘間讒毁, 乃因熹再辭, 卽從其請, 主管武夷山沖佑觀.

五年, 史浩再相, 除知南康軍, 降旨便道之官, 熹再辭, 不許. 至郡, 興利除害, 値歲不雨, 講求荒政, 多所全活. 訖事, 奏乞依格推賞納粟人. 間詣郡學, 引進士子與之講論. 訪白鹿洞書院遺址, 奏復其舊, 爲《學規》俾守之. 明年夏, 大旱, 詔監司·郡守條其民間利病, 遂上疏言:

天下之務莫大於恤民, 而恤民之本, 在人君正心術以立紀綱. 蓋天下之紀綱不能以自立, 必人主之心術公平正大, 無偏黨反側之私, 然后有所系而立. 君心不能以自正, 必親賢臣, 遠小人, 講明義理之歸, 閉塞私邪之路, 然后乃可得而正.

今宰相·台省·師傅·賓友·諫諍之臣皆失其職, 而陛下所與親密謀議者, 不過一二近習之臣. 上以蠱惑陛下之心志, 使陛下不信先王之大道, 而說於功利之卑說, 不樂莊士之讜言, 而安於私ＴＸ之鄙態. 下則招集天下士大夫之嗜利無恥者, 文武匯分, 各入其門. 所喜則陰爲引援, 擢置淸顯. 所惡則密行訾毁, 公肆擠排. 交通貨賂, 所盜者皆陛下之財. 命卿置將, 所竊者皆陛下之柄. 陛下所謂宰相·師傅·賓友·諫諍之臣, 或反出入其門牆, 承望其風旨; 其幸能自立者, 亦不過齪齪自守, 而未嘗敢一言以斥之; 其甚畏公論者, 乃能略警逐其徒黨之一二, 既不能深有所傷, 而終亦不敢正言以搗其囊橐窟穴之所在. 勢成威立, 中外靡然向之, 使陛下之號令黜陟不復出於朝廷, 而出於一二人之門, 名爲陛下獨斷, 而實此一二人者陰執其柄.

且云:「莫大之禍, 必至之憂, 近在朝夕, 而陛下獨未之知.」上讀之, 大怒曰:「是以我爲亡也.」熹以疾請祠, 不報.

陳俊卿以舊相守金陵, 過闕入見, 薦熹甚力. 宰相趙雄言於上曰:「士之好名, 陛下疾之愈甚, 則人之譽之愈衆, 無乃適所以高之. 不若因其長而用之, 彼漸當事任, 能否自見矣.」上以爲然, 乃除熹提擧江西常平茶鹽公事. 旋錄救荒之勞, 除直秘閣, 以前所奏納粟人未推賞, 辭.

會浙東大饑, 宰相王淮奏改熹提舉浙東常平茶鹽公事, 即日單車就道, 復以納粟人未推賞, 辭職名. 納粟賞行, 遂受職名. 入對, 首陳災異之由與修德任人之說, 次言:「陛下卽政之初, 蓋嘗選建英豪, 任以政事, 不幸其間不能盡得其人, 是以不復廣求賢哲, 而姑取軟熟易制之人以充其位. 於是左右私褻使令之賤, 始得以奉燕間, 備驅使, 而宰相之權日輕. 又慮其勢有所偏, 而因重以壅己也, 則時聽外廷之論, 將以陰察此輩之負犯而操切之. 陛下既未能循天理·公聖心, 以正朝廷之大體, 則固已失其本矣, 而又欲兼聽士大夫之言, 以爲駕馭之術, 則士大夫之進見有時, 而近習之從容無間. 士大夫之禮貌既莊而難親, 其議論又苦而難入, 近習便辟側媚之態既足以蠱心志, 其胥史狡獪之術又足以眩聰明. 是以雖欲微抑此輩, 而此輩之勢日重, 雖欲兼采公論, 而士大夫之勢日輕. 重者既挾其重, 以竊陛下之權, 輕者又借力於所重, 以爲竊位固寵之計. 日往月來, 浸淫耗蝕, 使陛下之德業日隳, 綱紀日壞, 邪佞充塞, 貨賂公行, 兵愁民怨, 盜賊間作, 災異數見, 饑饉薦臻. 群小相挺, 人人皆得滿其所欲, 惟有陛下了無所得, 而顧乃獨受其弊.」上爲動容. 所奏凡七事, 其一二事手書以防宣泄.

熹始拜命, 卽移書他郡, 募米商, 蠲其征, 及至, 則客舟之米已輻湊. 熹日鉤訪民隱, 按行境內, 單車屏徒從, 所至人不及知. 郡縣官吏憚其風采, 至自引去, 所部肅然. 凡丁錢·和買·役法·榷酤之政, 有不便於民者, 悉厘而革之. 從救荒之余, 隨事處畫, 必爲經久之計. 有短熹者, 謂其疏於爲政, 上謂王淮曰:「朱熹政事却有可觀.」

熹以前後奏請多所見抑, 幸而從者, 率稽緩後時, 蝗旱相仍, 不勝憂憤, 復奏言:「爲今之計, 獨有斷自聖心, 沛然發號, 責躬求言, 然后君臣相戒, 痛自省改. 其次惟有盡出內庫之錢, 以供大禮之費爲收糴之本, 詔戶部免征舊負, 詔漕臣依條檢放租稅, 詔宰臣沙汰被災路分州軍監司·守臣之無狀者, 遴選賢能, 責以荒政, 庶幾猶足下結人心, 消其乘時作亂之意. 不然, 臣恐所憂者不止於饑殍, 而將在於盜賊; 蒙其害者不止於官吏, 而上及於國家也.」

知台州唐仲友與王淮同里爲姻家, 吏部尙書鄭丙·侍御史張大經交薦之,遷江西提刑, 未行. 熹行部至台, 訟仲友者紛然, 按得其實, 章三上, 淮匿不以聞. 熹論愈力, 仲友亦自辯, 淮乃以熹章進呈, 上令宰屬看詳, 都司陳庸等乞令浙西提刑委淸强官究實, 仍令熹速往旱傷州郡相視. 熹時留台未行, 既奉詔, 益上章論, 前后六上, 淮不得已, 奪仲友江西新命以授熹, 辭不拜, 遂歸, 且乞奉祠.

時鄭丙上疏詆程氏之學以沮熹, 淮又擢太府寺丞陳賈爲監察御史. 賈面對, 首論近日搢紳有所謂「道學」者, 大率假名以濟僞, 願考察其人, 擯棄勿用. 蓋指熹也. 十年, 詔以熹累乞奉祠, 可差主管台州崇道觀, 既而連奉云台·鴻慶之祠者五年. 十四年, 周必大相, 除熹提點江西刑獄公事, 以疾辭, 不許, 遂行.

十五年, 淮罷相, 遂入奏, 首言近年刑獄失當, 獄官當擇其人. 次言經總制錢之病民, 及江西諸州科罰之弊. 而其末言:「陛下卽位二十七年, 因循荏苒, 無尺寸之效可以仰酬聖志. 嘗反覆思之, 無乃燕閑蠖濩之中, 虛明應物之地, 天理有所未純, 人欲有所未盡, 是以爲善不能充其量, 除惡不能去其根, 一念之頃, 公私邪正·是非得失之機, 交戰於其中. 故體貌大臣非不厚, 而便嬖側媚得以深被腹心之寄; 寤寐英豪非不切, 而柔邪庸繆得以久竊廊廟之權. 非不樂聞公議正論, 而有時不容; 非不堲讒說殄行, 而未免誤聽; 非不欲報復陵廟仇恥, 而未免畏怯苟安; 非不愛養生靈財力, 而未免歎息愁怨. 願陛下自今以往, 一念之頃必謹而察之: 此爲天理耶, 人欲耶? 果天理也, 則敬以充之, 而不使其少有壅閼; 果人欲也, 則敬以克之, 而不使其少有凝滯. 推而至於言語動作之間, 用人處事之際, 無不以是裁之, 則聖心洞然, 中外融澈, 無一毫之私欲得以介乎其間, 而天下之事將惟陛下所欲爲, 無不如志矣.」是行也, 有要之於路, 以爲「正心誠意」之論上所厭聞, 戒勿以爲言. 熹曰:「吾平生所學, 惟此四字, 豈可隱默以欺吾君乎?」及奏, 上曰:「久不見卿, 浙東之事, 朕自知之, 今當處卿淸要, 不復以州縣爲煩也.」

時曾覿已死, 王抃亦逐, 獨內侍甘昇尚在, 熹力以爲言. 上曰:「昇乃德壽所薦, 謂其有才耳.」熹曰:「小人無才, 安能動人主.」翌日, 除兵部郎官, 以足疾丐祠. 本部侍郎林栗嘗與熹論《易》·《西銘》不合, 劾熹:「本無學術, 徒竊張載·程頤緒余, 謂之'道學'. 所至輒攜門生數十人, 妄希孔·孟历聘之風, 邀索高價, 不肯供職, 其偽不可掩.」上曰:「林栗言似過.」周必大言熹上殿之日, 足疾未瘳, 勉强登對. 上曰:「朕亦見其跛曳.」左補闕薛叔似亦奏援熹, 乃令依舊職江西提刑. 太常博士叶適上疏與栗辨, 謂其言無一實者,「謂之道學」一語, 無實尤甚, 往日王淮表里台諫, 陰廢正人, 蓋用此術. 詔:「熹昨入對, 所論皆新任職事, 朕諒其誠, 復從所請, 可疾速之任.」會胡晉臣除侍御史, 首論栗執拗不通, 喜同惡異, 無事而指學者為黨, 乃黜栗知泉州. 熹再辭免, 除直寶文閣, 主管西京嵩山崇福宮. 未逾月再召, 熹又辭.

始, 熹嘗以為口陳之說有所未盡, 乞具封事以聞, 至是投匭進封事曰:

今天下大勢, 如人有重病, 內自心腹, 外達四支, 無一毛一發不受病者. 且以天下之大本與今日之急務, 為陛下言之: 大本者, 陛下之心; 急務則輔翼太子, 選任大臣, 振舉綱紀, 變化風俗, 愛養民力, 修明軍政, 六者是也.

古先聖王兢兢業業, 持守此心, 是以建師保之官, 列諫諍之職, 凡飲食·酒漿·衣服·次舍·器用·財賄與夫宦官·宮妾之政, 無一不領於冢宰. 使其左右前后, 一動一靜, 無不制以有司之法, 而無纖芥之隙·瞬息之頃, 得以隱其毫發之私. 陛下所以精一克復而持守其心, 果有如此之功乎? 所以修身齊家而正其左右, 果有如此之效乎? 宮省事禁, 臣固不得而知, 然爵賞之濫, 貨賂之流, 閭巷竊言, 久已不勝其籍籍, 則陛下所以修之家者, 恐其未有以及古之聖王也.

至於左右便嬖之私, 恩遇過當, 往者淵·覿·說·抃之徒勢焰熏灼, 傾動一時, 今已無可言矣. 獨有前日臣所面陳者, 雖蒙聖慈委曲開譬, 然臣之愚, 竊以為此輩但當使之守門傳命, 供掃除之役, 不當假借崇長, 使得逞邪媚·作淫巧於內, 以蕩上心, 立門庭·招權勢於外, 以累聖政. 臣聞之道路, 自王抃既逐之后, 諸將差除, 多出此人之手. 陛下竭生靈膏血以奉軍旅, 顧乃未嘗得一溫飽, 是皆將帥巧為名色, 奪取其糧, 肆行貨賂於近習, 以圖進用, 出入禁闥腹心之臣, 外交將帥, 共為欺蔽, 以至於此. 而陛下不悟, 反寵昵之, 以是為我之私人, 至使宰相不得議其制置之得失, 給諫不得論其除授之是非, 則陛下所以正其左右者, 未能及古之聖王又明矣.

至於輔翼太子, 則自王十朋·陳良翰之后, 宮僚之選號爲得人, 而能稱其職者, 蓋已鮮矣. 而又時使邪佞僉薄·闒冗庸妄之輩, 或得參錯於其間, 所謂講讀, 亦姑以應文備數, 而未聞其有箴規之效. 至於從容朝夕·陪侍遊燕者, 又不過使臣宦者數輩而已. 師傅·賓客既不復置, 而詹事·庶子有名無實, 其左右春坊遂直以使臣掌之, 既無以發其隆師親友·尊德樂義之心, 又無以防其戲慢媟狎·奇邪雜進之害. 宜討論前典, 置師傅·賓客之官, 罷去春坊使臣, 而使詹事·庶子各復其職.

至於選任大臣, 則以陛下之聰明, 豈不知天下之事, 必得剛明公正之人而后可任哉? 其所以常不得如此之人, 而反容鄙夫之竊位者, 直以一念之間, 未能徹其私邪之蔽, 而燕私之好, 便嬖之流, 不能盡由於法度, 若用剛明公正之人以爲輔相, 則恐其有以妨吾之事, 害吾之人, 而不得肆. 是以選擇之際, 常先排擯此等, 而后取凡疲懦軟熟·平日不敢直言正色之人而揣摩之, 又於其中得其至庸極陋·決可保其不至於有所妨者, 然后擧而加之於位. 是以除書未出, 而物色先定, 姓名未顯, 而中外已逆知其決非天下第一流矣.

至於振肅紀綱, 變化風俗, 則今日宮省之間, 禁密之地, 而天下不公之道, 不正之人, 顧乃得以窟穴盤據於其間. 而陛下目見耳聞, 無非不公不正之事, 則其所以熏烝銷鑠, 使陛下好善之心不著, 疾惡之意不深, 其害已有不可勝言者矣. 及其作奸犯法, 則陛下又未能深割私愛, 而付諸外廷之議, 論以有司之法, 是以紀綱不正於上, 風俗頹弊於下, 其爲患之日久矣. 而浙中爲尤甚. 大率習爲軟美之態·依阿之言, 以不分是非不辨曲直爲得計, 甚者以金珠爲脯醢, 以契劵爲詩文, 宰相可啖則啖宰相, 近習可通則通近習, 惟得之求, 無復廉恥. 一有剛毅正直·守道循理之士出乎其間, 則群譏衆排, 指爲「道學」, 而加以矯激之罪. 十數年來, 以此二字禁錮天下之賢人君子, 復如昔時所謂元祐學術者, 排擯詆辱, 必使無所容其身而后已, 此豈治世之事哉?

至於愛養民力, 修明軍政, 則自虞允文之爲相也, 盡取版曹歲入窠名之必可指擬者, 號爲歲終羨余之數, 而輸之內帑. 顧以其有名無實·積累掛欠·空載簿籍·不可催理者, 撥還版曹, 以爲內帑之積, 將以備他日用兵進取不時之須. 然自是以來二十余年, 內帑歲入不知幾何, 而認爲私貯, 典以私人, 宰相不得以式貢均節其出入, 版曹不得以簿書勾考其在亡, 日銷月耗, 以奉燕私之費者, 蓋不知其幾何矣, 而曷嘗聞其能用此錢以易敵人之首, 如太祖之言哉. 徒使版曹經費闕乏日甚, 督促日峻, 以至廢去祖宗以來破分良法, 而必以十分登足爲限; 以爲未足, 則又造爲比較監司·郡守殿最之法, 以誘脅之. 於是中外承風, 競爲苛急, 此民力之所以重困也.

諸將之求進也, 必先掊克士卒, 以殖私利, 然后以此自結於陛下之私人, 而轉以姓名達於陛下之貴將. 貴將得其姓名, 卽以付之軍中, 使自什伍以上節次保明, 稱其材武堪任將帥, 然后具奏牘而言之陛下之前. 陛下但見等級推先, 案牘具備, 則誠以爲公薦而可以得人矣, 而豈知其諧價輸錢, 已若晚唐之債帥哉? 夫將者, 三軍之司命, 而其選置之方乖刺如此, 則彼智勇材略之人, 孰肯抑心下首於宦官·宮妾之門, 而陛下之所得以爲將帥者, 皆庸夫走卒, 而猶望其修明軍政, 激勸士卒, 以强國勢, 豈不誤哉!

凡此六事, 皆不可緩, 而本在於陛下之一心. 一心正則六事無不正, 一有人心私欲以介乎其間, 則雖欲憊精勞力, 以求正夫六事者, 亦將徒爲文具, 而天下之事愈至於不可爲矣.

疏入, 夜漏下七刻, 上已就寢, 亟起秉燭, 讀之終篇. 明日, 除主管太一宮, 兼崇政殿說書. 熹力辭, 除秘閣修撰, 奉外祠.

光宗卽位, 再辭職名, 仍舊直寶文閣, 降詔獎諭. 居數月, 除江東轉運副使, 以疾辭, 改知漳州. 奏除屬縣無名之賦七百萬, 減經總制錢四百萬. 以習俗未知禮, 采古喪葬嫁娶之儀, 揭以示之, 命父老解說, 以教子弟. 土俗崇信釋氏, 男女聚僧廬爲傳經會, 女不嫁者爲庵舍以居, 熹悉禁之. 常病經界不行之害, 會朝論欲行泉·汀·漳三州經界, 熹乃訪事宜, 擇人物及方量之法上之. 而土居豪右侵漁貧弱者以爲不便, 沮之. 宰相留正, 泉人也, 其里黨亦多以爲不可行. 布衣吳禹圭上書訟其擾人, 詔且需后, 有旨先行漳州經界. 明年,以子喪請祠.

時史浩入見, 請收天下人望, 乃除熹秘閣修撰, 主管南京鴻慶宮. 熹再辭, 詔：「論撰之職, 以寵名儒.」乃拜命. 除荊湖南路轉運副使, 辭. 漳州經界竟報罷, 以言不用自劾. 除知靜江府, 辭, 主管南京鴻慶宮. 未幾, 差知潭州, 力辭. 黃裳爲嘉王府翊善, 自以學不及熹, 乞召爲宮僚, 王府直講彭龜年亦爲大臣言之. 留正曰：「正非不知熹, 但其性剛, 恐到此不合, 反爲累耳.」熹方再辭, 有旨：「長沙巨屏, 得賢爲重.」遂拜命. 會洞獠擾屬郡, 熹遣人諭以禍福, 皆降之. 申敕令, 嚴武備, 戢奸吏, 抑豪民. 所至興學校, 明教化, 四方學者畢至.

寧宗卽位, 趙汝愚首薦熹及陳傅良, 有旨赴行在奏事. 熹行且辭, 除煥章閣待制·侍講, 辭, 不許. 入對, 首言：「乃者, 太皇太后躬定大策, 陛下寅紹丕圖, 可謂處之以權, 而庶幾不失其正. 自頃至今三月矣, 或反不能無疑於逆順名實之際, 竊爲陛下憂之. 猶有可諉者, 亦曰陛下之心, 前日未嘗有求位之計, 今日未嘗忘思親之懷, 此則所以行權而不失其正之根本也. 充未嘗求位之心, 以盡負罪引慝之誠, 充未嘗忘親之心, 以致溫凊定省之禮, 而大倫正, 大本立矣.」復面辭待制·侍講, 上手剳：「卿經術淵源, 正資勸講, 次對之職, 勿復勞辭, 以副朕崇儒重道之意.」遂拜命.

會趙彥逾按視孝宗山陵, 以爲土肉淺薄, 下有水石. 孫逢吉覆按, 乞別求吉兆. 有旨集議, 台史憚之, 議中輟. 熹竟上議狀言：「壽皇聖德, 衣冠之藏, 當博訪名山, 不宜偏信台史, 委之水泉沙礫之中.」不報. 時論者以爲上未還大內, 則名體不正而疑議生；金使且來, 或有窺伺. 有旨修葺舊東宮, 爲屋三數百間, 欲徙居之. 熹奏疏言：

此必左右近習倡爲此說以誤陛下, 而欲因以遂其奸心. 臣恐不惟上帝震怒, 災異數出, 正當恐懼修省之時, 不當興此大役, 以咈譴告警動之意；亦恐畿甸百姓饑餓流離·阽於死亡之際, 或能怨望忿切, 以生他變. 不惟無以感格太上皇帝之心, 以致未有進見之期, 亦恐壽皇在殯, 因山未卜, 幾筵之奉不容少弛, 太皇太后·皇太后皆以尊老之年, 煢然在憂苦之中, 晨昏之養尤不可闕.

而四方之人, 但見陛下亟欲大治宮室, 速得成就, 一旦翩然委而去之, 以就安便, 六軍萬民之心將有扼腕不平者矣. 前鑑未遠, 甚可懼也.

又聞太上皇后懼忤太上皇帝聖意, 不欲其聞太上之稱, 又不欲其聞內禪之說, 此又慮之過者. 殊不知若但如此, 而不爲宛轉方便, 則父子之間, 上怨怒而下憂恐, 將何時而已. 父子大倫, 三綱所系, 久而不圖, 亦將有借其名以造謗生事者, 此又臣之所大懼也. 願陛下明詔大臣, 首罷修葺東宮之役, 而以其工料回就慈福·重華之間, 草創寢殿一二十間, 使粗可居. 若夫過宮之計, 則臣又願陛下下詔自責, 減省輿衛, 入宮之后, 暫變服色, 如唐肅宗之改服紫袍·執控馬前者, 以伸負罪引慝之誠, 則太上皇帝雖有忿怒之情, 亦且霍然消散, 而歡意浹洽矣.

至若朝廷之紀綱, 則臣又願陛下深詔左右, 勿預朝政. 其實有勳庸而所得褒賞未愜眾論者, 亦詔大臣公議其事, 稽考令典, 厚報其勞. 而凡號令之弛張, 人才之進退, 則一委之二三大臣, 使之反覆較量, 勿循己見, 酌取公論, 奏而行之. 有不當者, 繳駁論難, 擇其善者稱制臨決, 則不惟近習不得干預朝權, 大臣不得專任己私, 而陛下亦得以益明習天下之事, 而無所疑於得失之算矣.

若夫山陵之卜, 則願黜台史之說, 別求草澤, 以營新宮, 使壽皇之遺體得安於內, 而宗社生靈皆蒙福於外矣.

疏入不報, 然上亦未有怒熹意也. 每以所講編次成帙以進, 上亦開懷容納.

熹又奏勉上進德云:「願陛下日用之間, 以求放心爲之本, 而於玩經觀史, 親近儒學, 益用力焉. 數召大臣, 切劘治道, 群臣進對, 亦賜溫顏, 反覆詢訪, 以求政事之得失, 民情之休戚, 而又因以察其人才之邪正短長, 庶於天下之事各得其理.」熹奏:「禮經敕令, 子爲父, 嫡孫承重爲祖父, 皆斬衰三年; 嫡子當爲其父后, 不能襲位執喪, 則嫡孫繼統而代之執喪. 自漢文短喪, 历代因之, 天子遂無三年之喪. 爲父且然, 則嫡孫承重可知. 人紀廢壞, 三綱不明, 千有余年, 莫能厘正. 壽皇聖帝至性自天, 易月之外, 猶執通喪, 朝衣朝冠皆用大布, 所宜著在方冊, 爲萬世法程. 間者, 遺誥初頒, 太上皇帝偶違康

豫, 不能躬就喪次. 陛下以世嫡承大統, 則承重之服著在禮律, 所宜遵壽皇
已行之法. 一時倉卒, 不及詳議, 遂用漆紗淺黃之服, 不惟上違禮律, 且使壽
皇已行之禮舉而復墜, 臣竊痛之. 然既往之失不及追改, 唯有將來啓殯發引,
禮當復用初喪之服.」

會孝宗祔廟, 議宗廟迭毀之制, 孫逢吉·曾三復首請幷祧僖·宣二祖, 奉太
祖居第一室, 祫祭則正東向之位. 有旨集議: 僖·順·翼·宣四祖祧主, 宜有所
歸. 自太祖皇帝首尊四祖之廟, 治平間, 議者以世數浸遠, 請遷僖祖於夾室.
后王安石等奏, 僖祖有廟, 與稷·契無異, 請復其舊. 時相趙汝愚雅不以復祀
僖祖爲然, 侍從多從其說. 吏部尙書鄭僑欲且祧宣祖而祔孝宗. 熹以爲藏之
夾室, 則是以祖宗之主下藏於子孫之夾室, 神宗復奉以爲始祖, 已爲得禮之
正, 而合於人心, 所謂有舉之而莫敢廢者乎. 又擬爲《廟制》以辨, 以爲物豈有
無本而生者. 廟堂不以聞, 卽毀撤僖·宣廟室, 更創別廟以奉四祖.

始, 寧宗之立, 韓侂胄自謂有定策功, 居中用事. 熹憂其害政, 數以爲言, 且
約吏部侍郎彭龜年共論之. 會龜年出護使客, 熹乃上疏斥言左右竊柄之失,
在講筵復申言之. 御批云:「憫卿耆艾, 恐難立講, 已除卿宮觀.」汝愚袖御筆
還上, 且諫且拜. 內侍王德謙徑以御筆付熹, 台諫爭留, 不可. 樓鑰·陳傅良旋
封還錄黃, 修注官劉光祖·鄧馹封章交上. 熹行, 被命除寶文閣待制, 與州郡
差遣, 辭. 尋除知江陵府, 辭, 仍乞追還新舊職名, 詔依舊煥章閣待制, 提擧
南京鴻慶宮. 慶元元年初, 趙汝愚既相, 收召四方知名之士, 中外引領望治,
熹獨惕然以侂胄用事爲慮. 既屢爲上言, 以數以手書啓汝愚, 當用厚賞酬其
勞, 勿使得預朝政, 有「防微杜漸, 謹不可忽」之語. 汝愚方謂其易制, 不以爲
意. 及是, 汝愚亦以誣逐, 而朝廷大權悉歸侂胄矣.

熹始以廟議自劾, 不許, 以疾再乞休致, 詔:「辭職謝事, 非朕優賢之意, 依
舊秘閣修撰.」二年, 沈繼祖爲監察御史, 誣熹十罪, 詔落職罷祠, 門人蔡元
定亦送道州編管. 四年, 熹以年近七十; 申乞致仕, 五年, 依所請. 明年卒, 年
七十一. 疾且革, 手書屬其子在及門人范念德·黃干, 拳拳以勉學及修正遺書
爲言. 翌日, 正坐整衣冠, 就枕而逝.

熹登第五十年, 仕於外者僅九考, 立朝才四十日. 家故貧, 少依父友劉子羽, 寓建之崇安, 後徙建陽之考亭, 簞瓢屢空, 晏如也. 諸生之自遠而至者, 豆飯藜羹, 率與之共. 往往稱貸於人以給用, 而非其道義則一介不取也.

自熹去國, 侂冑勢益張. 何澹爲中司, 首論專門之學, 文詐沽名, 乞辨眞僞. 劉德秀仕長沙, 不爲張杙之徒所禮, 及爲諫官, 首論留正引僞學之罪.「僞學」之稱, 蓋自此始. 太常少卿胡紘言:「比年僞學猖獗, 圖爲不軌, 望宣諭大臣, 權住進擬.」遂召陳賈爲兵部侍郎. 未幾, 熹有奪職之命. 劉三傑以前御史論熹·汝愚·劉光祖·徐誼之徒, 前日之僞黨, 至此又變而爲逆黨. 即日除三傑右正言. 右諫議大夫姚愈論道學權臣結爲死黨, 窺伺神器. 乃命直學士院高文虎草詔諭天下, 於是攻僞日急, 選人余嘉至上書乞斬熹.

方是時, 士之繩趨尺步·稍以儒名者, 無所容其身. 從遊之士, 特立不顧者, 屏伏丘壑; 依阿巽懦者, 更名他師, 過門不入, 甚至變易衣冠, 狎遊市肆, 以自別其非黨. 而熹日與諸生講學不休, 或勸以謝遣生徒者, 笑而不答. 有籍田令陳景思者, 故相康伯之孫也, 與侂冑有姻連, 勸侂冑勿爲已甚, 侂冑意亦漸悔. 熹既沒, 將葬, 言者謂: 四方僞徒期會, 送僞師之葬, 會聚之間, 非妄談時人短長, 則繆議時政得失, 望令守臣約束. 從之.

嘉泰初, 學禁稍弛. 二年, 詔:「朱熹已致仕, 除華文閣待制, 與致仕恩澤.」后侂冑死, 詔賜熹遺表恩澤, 諡曰文. 尋贈中大夫, 特贈寶謨閣直學士. 理宗寶慶三年, 贈太師, 追封信國公, 改徽國.

始, 熹少時, 慨然有求道之志. 父松病亟, 嘗屬熹曰:「籍溪胡原仲·白水劉致中·屏山劉彦沖三人, 學有淵源, 吾所敬畏, 吾即死, 汝往事之, 而惟其言之聽.」三人, 謂胡憲·劉勉之·劉子翬也. 故熹之學既博求之經傳, 復遍交當世有識之士. 延平李侗老矣, 嘗學於羅從彦, 熹歸自同安, 不遠數百里, 徒步往從之.

其爲學, 大抵窮理以致其知, 反躬以踐其實, 而以居敬爲主. 嘗謂聖賢道統之傳散在方冊, 聖經之旨不明, 而道統之傳始晦. 於是竭其精力, 以研窮聖賢之經訓. 所著書有:《易》本義·啓蒙·《蓍卦考誤》,《詩集傳》,《大學中庸》

章句·或問·《論語》·《孟子》集注·《太極圖》·《通書》·《西銘解》·《楚辭》集注·辨證,
《韓文考異》; 所編次有 :《論孟集議》,《孟子指要》,《中庸輯略》,《孝經刊誤》,
《小學書》,《通鑑綱目》,《宋名臣言行錄》,《家禮》,《近思錄》,《河南程氏遺書》,
《伊洛淵源錄》, 皆行於世. 熹沒, 朝廷以其《大學》·《語》·《孟》·《中庸》訓說立於
學官. 又有《儀禮經傳通解》未脫稿, 亦在學官. 平生爲文凡一百卷, 生徒問答
凡八十卷, 別錄十卷.

理宗紹定末, 秘書郎李心傳乞以司馬光·周敦頤·邵雍·張載·程顥·程頤·朱
熹七人列於從祀, 不報. 淳祐元年正月, 上視學, 手詔以周·張·二程及熹從祀
孔子廟.

黃干曰:「道之正統待人而后傳, 自周以來, 任傳道之責者不過數人, 而能
使斯道章章較著者, 一二人而止耳. 由孔子而后, 曾子·子思繼其微, 至孟子而
始著. 由孟子而后, 周·程·張子繼其絕, 至熹而始著.」識者以爲知言.

熹子在紹定中爲吏部侍郎.

임동석(苗浦 林東錫)

慶北 榮州 上苗에서 출생. 忠北 丹陽 德尙골에서 성장. 丹陽初中 졸업. 京東高 서울 敎大 國際大 建國大 대학원 졸업. 雨田 辛鎬烈 선생에게 漢學 배움. 臺灣 國立臺灣師範 大學 國文硏究所(大學院) 博士班 졸업. 中華民國 國家文學博士(1983). 建國大學校 敎授. 文科大學長 역임. 成均館大 延世大 高麗大 外國語大 서울대 등 大學院 강의. 韓國中國言語學會 中國語文學硏究會 韓國中語中文學會 등 會長 역임. 저서에 《朝鮮譯學考》(中文)《中國學術槪論》《中韓對比語文論》. 편역서에《수레를 밀기 위해 내린 사람들》《栗谷先生詩文選》. 역서에《漢語音韻學講義》《廣開土王碑硏究》《東北民族源流》《龍鳳文化源流》《論語心得》〈漢語雙聲疊韻硏究〉등. 학술 논문 50여 편. 현 건국대 명예교수. 靑丘書堂 훈장.

임동석중국사상100

시경詩經

44

林東錫 譯註

1판 1쇄 발행/2020년 6월 1일
발행인 고정일
발행처 동서문화사
창업 1956. 12. 12. 등록 16-3799
서울 중구 마른내로 144(쌍림동)
☎546-0331~6 (FAX) 545-0331
www.dongsuhbook.com
잘못 만들어진 책은 바꾸어 드립니다.

*

*
사업자등록번호 211-87-75330
ISBN 978-89-497-1778-4 04080
ISBN 978-89-497-0542-2 (세트)